EVANGELISCHES GESANGBUCH

EVANGELISCHES GESANGBUCH

Ausgabe
für die Evangelische Kirche
in Hessen und Nassau

Herausgegeben auf Beschluss der Achten Kirchensynode
der Evangelischen Kirche in Hessen und Nassau
vom 3. Dezember 1993

Ausgabe 2015

© Evangelische Verlagsanstalt GmbH, Leipzig

Typographische Gestaltung und Notenentwurf:
Brigitte und Hans Peter Willberg
Satz- und Notenherstellung:
Universitätsdruckerei H. Stürtz AG, Würzburg
Schrift: Trump-Mediäval
Druck: CPI books GmbH, Germany
Papier: 36 g/qm Primapage, chlorfrei gebleicht
Alle Kunststoffeinbände lösungsmittel- und chlorfrei
Alle Rechte vorbehalten

ISBN 978-3-374-02154-3 (Kunststoff, blau)
ISBN 978-3-374-02155-0 (Zellulose, schwarz)
ISBN 978-3-374-02156-7 (Kunstleder, rot, Goldschnitt)
ISBN 978-3-374-02157-4 (Leder, schwarz, Goldschnitt)
ISBN 978-3-374-02158-1 (Großformat, Kunststoff, schwarz)

INHALT

SEITE 10	Gottesdienstordnungen
27	Verzeichnis der Lieder und Gesänge
61	Verzeichnis der Texte und Ordnungen
LIED	
1–652	Die Lieder und Gesänge
NUMMER	
701–760	Psalmgebete
761–790	Der Gottesdienst
791	Die Nottaufe
792–802	Die Beichte
803–811	Bekenntnisse
812–952	Gebete
953–954	Das Kirchenjahr
955–959	Liederkunde
960	Verzeichnis der Rechtsinhaber
961	Alphabetisches Verzeichnis

Dieses Gesangbuch wurde erarbeitet im Auftrag der Evangelischen Kirche in Deutschland und ihrer Gliedkirchen, der Evangelischen Kirche Augsburgischen und Helvetischen Bekenntnisses in Österreich sowie der Kirche Augsburgischer Konfession und der Reformierten Kirche im Elsass und in Lothringen (Frankreich).

Ein Nachdruck dieses Gesangbuchs (Stammausgabe) oder einzelner Teile daraus darf nur mit Genehmigung durch die Evangelische Kirche in Deutschland erfolgen.

Für die im Verzeichnis der geschützten Stücke am Ende des Gesangbuchs genannten Lieder und Texte bedarf es darüber hinaus der Genehmigung durch die Rechtsinhaber.

ZUM GEBRAUCH DIESES BUCHES

1.
Die Lieder sind in die Hauptabschnitte Kirchenjahr, Gottesdienst, Biblische Gesänge, Glaube – Liebe – Hoffnung und in kleinere Rubriken (z.B. Advent, Weihnachten) eingeteilt. Jede Rubrik beginnt mit einem für sie charakteristischen Leitlied. Die folgenden Lieder sind nach dem Zeitpunkt der Entstehung ihres Textes geordnet. Die Psalmlieder und die biblischen Erzähllieder sind nach der Ordnung der Bibel zusammengestellt, die liturgischen Gesänge nach der Ordnung des Gottesdienstes. Im Liederverzeichnis finden sich am Ende der Rubriken Hinweise auf solche Lieder, die in anderen Rubriken stehen, aber zugleich auch hierher gezählt werden können.

2.
Jedem Lied sind Angaben über Verfasser und Erstveröffentlichung bzw. älteste Quelle beigegeben. Eine Jahreszahl in Klammern bedeutet, dass das Lied wahrscheinlich in diesem Jahr entstanden ist. Die Angaben von mehreren Jahreszahlen und Orten weisen auf spätere Überarbeitungen hin. Nähere Erläuterungen s. Nr. 955.

3.
Ist über dem Lied eine Bibelstelle angegeben, so ist das ganze Lied dem genannten Bibeltext nachgebildet. Sind Bibelstellen unter einzelnen Strophen, ggf. mit einem*, aufgeführt, so dienen sie zur Erläuterung der Strophe oder des mit * versehenen Wortes.

4.
Mit ö gekennzeichnete Lieder stimmen in Text- und Melodiegestalt mit der von der interkonfessionellen und internationalen Arbeitsgemeinschaft Ökumenisches Liedgut erarbeiteten Fassung überein. Ein eingeklammertes (ö) weist darauf hin, dass von dieser Fassung (meist geringfügige) Abweichungen bestehen. Eine Liste dieser Lieder sowie von Liedern, deren Fassung mit dem katholischen Gesangbuch »Gotteslob« übereinstimmt, ist beigefügt (Nr. 958).

5.
Die Notenschrift drückt die musikalische Eigenart der Melodien aus den verschiedenen Stilepochen aus. Bei altkirchlichen Gesängen (z.B. Nr. 3, 156) sind Noten ohne Hals verwendet. Damit wird angedeutet, dass die Töne sich dem Sprachrhythmus anpassen und nicht auf eine bestimmte Dauer festgelegt werden.
Bei alten Melodien aus der Zeit vor 1600, die nicht regelmäßig-periodisch gebaut sind (z.B. Nr. 108, 143), wurde auf eine metrische Einteilung durch Striche verzichtet. Stattdessen wurde die »Grundschlag-Note« verwendet, die über dem Anfang der ersten Notenzeile den Pulsschlag der Melodie angibt. Dazu gehören auch die Weisen des Genfer Psalters (z.B. Nr. 279, 298). Ihre Zeilen sind durch Atempausen verbunden, deren Länge sich dem Fluss der Melodie anpasst. Spätere Melodien, die noch nicht einem festen, periodischen Betonungsschema folgen (z.B. Nr. 218, 497), wurden durch so genannte Mensurstriche (halbe Taktstriche) überschaubar gegliedert. Erst von der Mitte des 17. Jahrhunderts an sind Melodien im Zusammenhang mit festen Versmaßen in einem Betonungsschema gedacht, das durch das bis heute übliche Taktprinzip (z.B. Nr. 243, 359) wiedergegeben werden kann.

6.
Das Gesangbuch enthält eine Reihe von Liedern und Gesängen, die im Wechsel zu singen sind. Von dieser Möglichkeit sollte, wo immer es geht, Gebrauch gemacht werden, weil dadurch das Singen belebt wird und unterschiedliche Gruppen beteiligt werden können. Die verwendeten Abkürzungen bedeuten:

V = Vorsänger / Vorsängerin / Vorsängergruppe
A = Alle
L = Liturg / Liturgin
K = Kantor / Kantorin
G = Gemeinde
Ch = Chor
I / II = Gruppe I / Gruppe II

7.
Die vorliegende Ausgabe des Gesangbuchs bietet die Texte in der neuen Rechtschreibung. Das Gesangbuch hat sich jedoch einige von der Normrechtschreibung abweichende Eigenarten bewahrt. So wurde der Gebrauch des Apostrophs auf das Notwendige beschränkt, da bei dichterischer Sprache die zu häufige Verwendung des Zeichens störend wirkt.

8.
Dem Gesangbuch ist ein Verzeichnis der urheberrechtlich geschützten Stücke und ihrer Rechtsinhaber beigegeben. Eine Vervielfältigung dieser Stücke bedarf grundsätzlich der Genehmigung durch die Rechtsinhaber. Eine Ausnahme bildet unter bestimmten Bedingungen die Anfertigung von Kopien für gottesdienstliche Zwecke. Dies regelt ein Pauschalabkommen der Evangelischen Kirche in Deutschland mit der Vertretung der Rechtsinhaber.

9.
Das Gesangbuch will auch Aufgaben eines christlichen Haus- und Gemeindebuches wahrnehmen. So finden sich in ihm Gebete, Andachtsformen, Bekenntnis- und Katechismustexte, eine Übersicht über die Epochen der Liedgeschichte, Kurzangaben zur Lebensgeschichte aller Autoren und Autorinnen sowie weitere Übersichten.
Eine Anweisung für die Nottaufe findet sich unter Nr. 791, eine Anleitung für die Beichte unter Nr. 792–802, eine Hilfe für die Begleitung Sterbender unter Nr. 941–951.

10.
Die Liednummern 1 bis 535 stellen den gemeinsamen Bestand an Liedern und Gesängen in allen beteiligten Kirchen dar. Die Nummern 536 bis 652 bilden den Regionalteil für die Evangelische Kirche in Hessen und Nassau und für die Evangelische Kirche von Kurhessen-Waldeck. Darum beginnt bei 536 auch die Gruppeneinteilung von neuem.

DIE GOTTESDIENSTORDNUNGEN DER EKHN

FORM I

A   Gottesdienst in einfacher Form – Seite 11

B   Gottesdienst in einfacher Form
mit liturgischen Gesängen – Seite 12

C   Abendmahlsgottesdienst
in einfacher Form – Seite 14

D   Abendmahlsgottesdienst
in einfacher Form
mit liturgischen Gesängen – Seite 15

FORM II

A   Gottesdienst
mit liturgischen Gesängen – Seite 18

B   Abendmahlsgottesdienst
mit liturgischen Gesängen – Seite 21

Die Evangelische Kirche in Hessen und Nassau umfasst Gemeinden mit unterschiedlichen gottesdienstlichen Traditionen. Der Ursprung dieser Traditionen liegt in der niederländischen und der schweizerischen ebenso wie in der lutherischen Reformation. Die Gottesdienstordnungen der EKHN sind auch von der preußischen Gottesdienstreform des 19. Jahrhunderts beeinflusst.

Das Leitende Geistliche Amt der Evangelischen Kirche in Hessen und Nassau hat 1955 und 1978 diese Traditionen in Gottesdienstordnungen zusammengefasst. Sie sind als Form I und Form II in den Gemeinden bekannt. Für den Abdruck der Gottesdienstordnungen im Evangelischen Gesangbuch 1993/1994 sind kirchliche Weiterentwicklungen im Raum der EKHN und auch die Bemühungen um die »Erneuerte Agende« bedacht worden. So wird z.B. auf liturgische Gesänge des Liederteils hingewiesen; er hält noch weitere Gestaltungsmöglichkeiten für den Gottesdienst bereit.

FORM I

A GOTTESDIENST IN EINFACHER FORM

MUSIK ZUM EINGANG

EINGANGSLIED

IM NAMEN des Vaters und des Sohnes und des Heiligen Geistes

EINGANGSSPRUCH / PSALM

GEBET

SCHRIFTLESUNG

    [LIED oder CHORGESANG

    ZWEITE SCHRIFTLESUNG]

LIED VOR DER PREDIGT

PREDIGT

LIED NACH DER PREDIGT

ABKÜNDIGUNGEN

DANKOPFER

FÜRBITTENGEBET

    [STILLES GEBET]

VATER UNSER

SEGEN

MUSIK ZUM AUSGANG

B GOTTESDIENST IN EINFACHER FORM
mit liturgischen Gesängen

MUSIK ZUM EINGANG

EINGANGSLIED

IM NAMEN des Vaters und des Sohnes und des Heiligen Geistes

A - men.

EINGANGSSPRUCH / PSALM

Ehr sei dem Vater und dem Sohn und dem Hei - li - gen Geist, wie es war im An - fang, jetzt und im - mer - dar und von E - wig - keit zu E - wig - keit. A - men.

(oder: Liedstrophe)

GEBET

A - men.

SCHRIFTLESUNG

Hal-le-lu - ja, Hal-le-lu - ja, Hal-le-lu - ja.

Während der Passionszeit: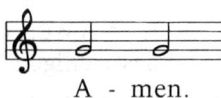
A - men.

[LIED oder CHORGESANG

ZWEITE SCHRIFTLESUNG

Lob sei dir, o Chris-te.]

LIED VOR DER PREDIGT

PREDIGT

LIED NACH DER PREDIGT

ABKÜNDIGUNGEN

DANKOPFER

FÜRBITTENGEBET

[STILLES GEBET]

VATER UNSER

SEGEN

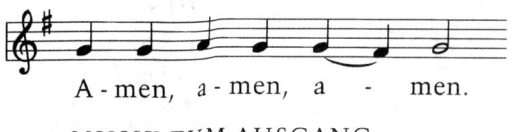
A-men, a-men, a - men.

MUSIK ZUM AUSGANG

GOTTESDIENSTORDNUNGEN

C ABENDMAHLSGOTTESDIENST IN EINFACHER FORM

MUSIK ZUM EINGANG

EINGANGSLIED

IM NAMEN des Vaters und des Sohnes und des Heiligen Geistes

EINGANGSSPRUCH / PSALM

GEBET

SCHRIFTLESUNG

    [LIED oder CHORGESANG

    ZWEITE SCHRIFTLESUNG]

LIED VOR DER PREDIGT

PREDIGT

LIED NACH DER PREDIGT

ABKÜNDIGUNGEN

DANKOPFER

FÜRBITTENGEBET

BEICHTE / ZUSPRUCH DER VERGEBUNG*

ABENDMAHLSLIED

VATER UNSER

EINSETZUNGSWORTE

    [CHRISTE, DU LAMM GOTTES (Nr. 190.2)]

AUSTEILUNG DES ABENDMAHLS

DANKGEBET

DANKLIED

SEGEN

MUSIK ZUM AUSGANG

* Beichte und Zuspruch der Vergebung fallen weg, wenn ein besonderer Beichtgottesdienst vorangegangen ist.

D ABENDMAHLSGOTTESDIENST
IN EINFACHER FORM
mit liturgischen Gesängen

MUSIK ZUM EINGANG

EINGANGSLIED

IM NAMEN des Vaters und des Sohnes und des Heiligen Geistes

A - men.

EINGANGSSPRUCH / PSALM

Ehr sei dem Va - ter und dem Sohn und dem Hei - li - gen Geist, wie es war im An - fang, jetzt und im-mer-dar und von E - wig-keit zu E - wig-keit. A - men.

(oder: Liedstrophe)

GEBET

A - men.

SCHRIFTLESUNG

Hal-le-lu-ja, Hal-le-lu-ja, Hal-le-lu-ja.

Während der Passionszeit: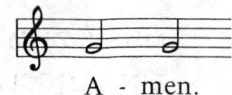

A - men.

[LIED oder CHORGESANG

ZWEITE SCHRIFTLESUNG

Lob sei dir, o Chris-te.]

LIED VOR DER PREDIGT

PREDIGT

LIED NACH DER PREDIGT

ABKÜNDIGUNGEN

DANKOPFER

FÜRBITTENGEBET

BEICHTE / ZUSPRUCH DER VERGEBUNG[*]

ABENDMAHLSLIED

VATER UNSER

EINSETZUNGSWORTE

    [CHRISTE, DU LAMM GOTTES *(Nr. 190.2)*]

AUSTEILUNG DES ABENDMAHLS

---

[*] *Beichte und Zuspruch der Vergebung fallen weg,
wenn ein besonderer Beichtgottesdienst vorangegangen ist.*

DANKGEBET

DANKLIED

SEGEN

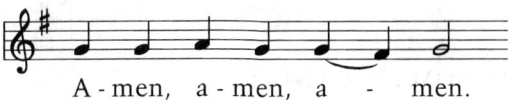

A - men, a - men, a - men.

MUSIK ZUM AUSGANG

FORM II

A

GOTTESDIENST

mit liturgischen Gesängen

MUSIK ZUM EINGANG

EINGANGSLIED

IM NAMEN des Vaters und des Sohnes und des Heiligen Geistes

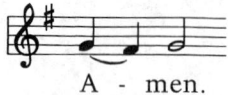

A - men.

EINGANGSSPRUCH / PSALM

Ehr sei dem Va-ter und dem Sohn und dem Hei-li-gen Geist, wie es war im An-fang, jetzt und im-mer-dar und von E-wig-keit zu E-wig-keit. A-men.

GOTTESDIENSTORDNUNGEN

SÜNDENBEKENNTNIS

Herr, erbarme dich — Herr, er-bar-me dich

Chris-te, er-bar-me dich

Herr, erbarm dich über uns.

(vollständig: Nr. 178.2)

GNADENVERKÜNDIGUNG

Eh-re sei Gott in der Hö-he und auf Er-den Fried, den Men-schen ein Wohl-ge-fal-len.

(vollständig: Nr. 180.1)

GRUSS UND GEBET

Der Herr sei mit euch — und mit dei-nem Geist

Gebet — A - men.

GOTTESDIENSTORDNUNGEN

SCHRIFTLESUNG

Hal-le-lu-ja, Hal-le-lu-ja, Hal-le-lu-ja.

Während der Passionszeit: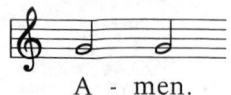
A - men.

LIED oder CHORGESANG

[ZWEITE SCHRIFTLESUNG

Lob sei dir, o Chris-te.]

GLAUBENSBEKENNTNIS

LIED VOR DER PREDIGT

PREDIGT

LIED NACH DER PREDIGT

ABKÜNDIGUNGEN

DANKOPFER

FÜRBITTENGEBET

[STILLES GEBET]

VATER UNSER

SEGEN

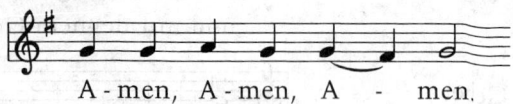
A-men, A-men, A - men.

MUSIK ZUM AUSGANG

B ABENDMAHLSGOTTESDIENST

mit liturgischen Gesängen

MUSIK ZUM EINGANG

EINGANGSLIED

IM NAMEN des Vaters und des Sohnes und des Heiligen Geistes

A - men.

EINGANGSSPRUCH / PSALM

Ehr sei dem Va-ter und dem Sohn und dem Hei-li-gen Geist, wie es war im An-fang, jetzt und im-mer-dar und von E-wig-keit zu E-wig-keit. A-men.

GOTTESDIENSTORDNUNGEN

SÜNDENBEKENNTNIS

Herr, erbarme dich

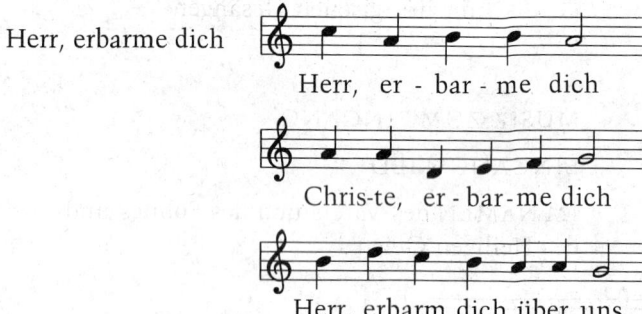

(vollständig: Nr. 178.2)

GNADENVERKÜNDIGUNG

(vollständig: Nr. 180.1)

GRUSS UND GEBET

Der Herr sei mit euch

Gebet

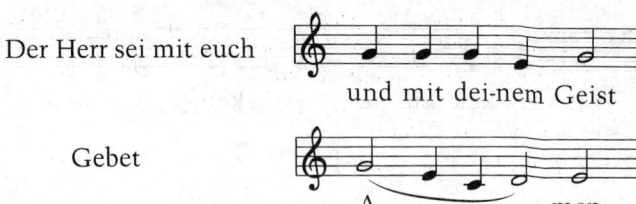

SCHRIFTLESUNG

Hal-le-lu-ja, Hal-le-lu-ja, Hal-le-lu-ja.

Während der Passionszeit: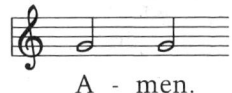
A - men.

LIED oder CHORGESANG

[ZWEITE SCHRIFTLESUNG

Lob sei dir, o Chris-te.]

GLAUBENSBEKENNTNIS

LIED VOR DER PREDIGT

PREDIGT

LIED NACH DER PREDIGT

ABKÜNDIGUNGEN

DANKOPFER

FÜRBITTENGEBET

BEICHTE / ZUSPRUCH DER VERGEBUNG*

ABENDMAHLSLIED

---

* *Beichte und Zuspruch der Vergebung fallen weg, wenn ein besonderer Beichtgottesdienst vorangegangen ist.*

GOTTESDIENSTORDNUNGEN

DANKSAGUNG

Der Herr sei mit euch — und mit deinem Geiste

Die Herzen in die Höhe — wir erheben sie zum Herren

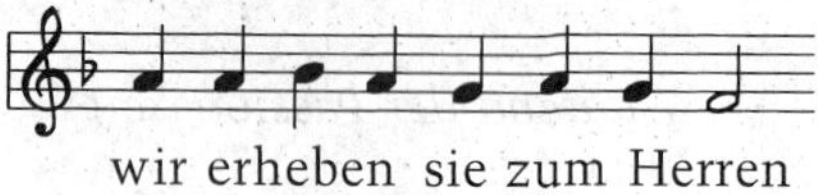

Lasset uns Dank sagen dem Herrn, unserm Gott — das ist würdig und recht.

LOBGEBET

Heilig, heilig, heilig ist der Herr Zebaoth; alle Lande sind seiner Ehre voll. Hosianna in der Höhe. Gelobet sei, der da kommt im Namen des Herrn. Hosianna in der Höhe.

FORM II B 25

VATER UNSER

EINSETZUNGSWORTE

[CHRISTE, DU LAMM GOTTES *(Nr. 190.2)*]

AUSTEILUNG DES ABENDMAHLS

DANKGEBET

DANKLIED

SEGEN

A - men, a - men, a - men.

MUSIK ZUM AUSGANG

LIEDER UND GESÄNGE

KIRCHENJAHR

ADVENT

1 Macht hoch die Tür
2 Er ist die rechte Freudensonn *(Kanon)*
3 Gott, heiliger Schöpfer aller Stern
4 Nun komm, der Heiden Heiland
5 Gottes Sohn ist kommen
6 Ihr lieben Christen, freut euch nun
7 O Heiland, reiß die Himmel auf
8 Es kommt ein Schiff, geladen
9 Nun jauchzet, all ihr Frommen
10 Mit Ernst, o Menschenkinder
11 Wie soll ich dich empfangen
12 Gott sei Dank durch alle Welt
13 Tochter Zion, freue dich
14 Dein König kommt in niedern Hüllen
15 Tröstet, tröstet, spricht der Herr
16 Die Nacht ist vorgedrungen
17 Wir sagen euch an den lieben Advent
18 Seht, die gute Zeit ist nah
19 O komm, o komm, du Morgenstern
20 Das Volk, das noch im Finstern wandelt
21 Seht auf und erhebt eure Häupter
22 Nun sei uns willkommen *(Kanon)*
536 Singet fröhlich im Advent

    69 *Der Morgenstern ist aufgedrungen*
  147 *Wachet auf, ruft uns die Stimme*
  149 *Es ist gewisslich an der Zeit*
  151 *Ermuntert euch, ihr Frommen*
  152 *Wir warten dein, o Gottes Sohn*

154 *Herr, mach uns stark im Mut, der dich bekennt*
178.6 *Tau aus Himmelshöhn (Advents-Kyrie)*
312 *Kam einst zum Ufer*
428 *Komm in unsre stolze Welt*
442 *Steht auf, ihr lieben Kinderlein*

Lieder zum Lobgesang der Maria:
Nr. 308–310, 600, 785.6

WEIHNACHTEN

23 Gelobet seist du, Jesu Christ
24 Vom Himmel hoch, da komm ich her
25 Vom Himmel kam der Engel Schar
26 Ehre sei Gott in der Höhe *(Kanon)*
27 Lobt Gott, ihr Christen alle gleich
28 Also hat Gott die Welt geliebt
29 Den die Hirten lobeten sehre
30 Es ist ein Ros entsprungen
31 Es ist ein Ros entsprungen *(Kanon)*
32 Zu Bethlehem geboren
33 Brich an, du schönes Morgenlicht
34 Freuet euch, ihr Christen alle
35 Nun singet und seid froh
36 Fröhlich soll mein Herze springen
37 Ich steh an deiner Krippen hier
38 Wunderbarer Gnadenthron
39 Kommt und lasst uns Christus ehren
40 Dies ist die Nacht, da mir erschienen
41 Jauchzet, ihr Himmel
42 Dies ist der Tag, den Gott gemacht
43 Ihr Kinderlein, kommet
44 O du fröhliche
45 Herbei, o ihr Gläub'gen
46 Stille Nacht

47 Freu dich, Erd und Sternenzelt
48 Kommet, ihr Hirten
49 Der Heiland ist geboren
50 Du Kind, zu dieser heilgen Zeit
51 Also liebt Gott die arge Welt
52 Wisst ihr noch, wie es geschehen
53 Als die Welt verloren
54 Hört, der Engel helle Lieder
55 O Bethlehem, du kleine Stadt
56 Weil Gott in tiefster Nacht erschienen
57 Uns wird erzählt von Jesus Christ
537 Singet frisch und wohlgemut
538 Vom Himmel hoch, o Engel, kommt
539 Was soll das bedeuten
540 Aus tausend Traurigkeiten *(Kanon)*
541 Singt Frieden auf Erden *(Kanon)*
542 Stern über Bethlehem

    60 *Freut euch, ihr lieben Christen all*
  179 *Allein Gott in der Höh sei Ehr*
180.4 *Allein Gott in der Höh sei Ehr*
       (Kanon)

JAHRESWENDE

58 Nun lasst uns gehn und treten
59 Das alte Jahr vergangen ist
60 Freut euch, ihr lieben Christen all
61 Hilf, Herr Jesu, lass gelingen
62 Jesus soll die Losung sein
63 Das Jahr geht still zu Ende
64 Der du die Zeit in Händen hast
65 Von guten Mächten treu und still umgeben
543 Alles ist eitel *(Kanon)*

  24 *Vom Himmel hoch, da komm ich her, Str. 15*
  34 *Freuet euch, ihr Christen alle, Str. 4*

173 *Der Herr behüte deinen Ausgang (Kanon)*
175 *Ausgang und Eingang (Kanon)*
261 *Herr, wohin sollen wir gehen (Kanon)*
296 *Ich heb mein Augen sehnlich auf*
329 *Bis hierher hat mich Gott gebracht*
391 *Jesu, geh voran*
394 *Nun aufwärts froh den Blick gewandt*
498 *In Gottes Namen fahren wir*

EPIPHANIAS

66 Jesus ist kommen, Grund ewiger Freude
67 Herr Christ, der einig Gotts Sohn
68 O lieber Herre Jesu Christ
69 Der Morgenstern ist aufgedrungen
70 Wie schön leuchtet der Morgenstern
71 O König aller Ehren
72 O Jesu Christe, wahres Licht
73 Auf, Seele, auf und säume nicht
74 Du Morgenstern, du Licht vom Licht
544 Der Weg ist so lang

5 *Gottes Sohn ist kommen*
51 *Also liebt Gott die arge Welt*
158 *O Christe, Morgensterne*
293 *Lobt Gott den Herrn, ihr Heiden all*
441 *Du höchstes Licht, du ewger Schein*
442 *Steht auf, ihr lieben Kinderlein*
557 *Ein Licht geht uns auf in der Dunkelheit*
593 *Licht, das in die Welt gekommen*

Lied zum Lobgesang des Simeon:
Nr. 519, 786.10

PASSION

- 75 Ehre sei dir, Christe
- 76 O Mensch, bewein dein Sünde groß
- 77 Christus, der uns selig macht
- 78 Jesu Kreuz, Leiden und Pein
- 79 Wir danken dir, Herr Jesu Christ, dass du für uns gestorben bist
- 80 O Traurigkeit, o Herzeleid
- 81 Herzliebster Jesu, was hast du verbrochen
- 82 Wenn meine Sünd' mich kränken
- 83 Ein Lämmlein geht und trägt die Schuld
- 84 O Welt, sieh hier dein Leben
- 85 O Haupt voll Blut und Wunden
- 86 Jesu, meines Lebens Leben
- 87 Du großer Schmerzensmann
- 88 Jesu, deine Passion
- 89 Herr Jesu, deine Angst und Pein
- 90 Ich grüße dich am Kreuzesstamm
- 91 Herr, stärke mich, dein Leiden zu bedenken
- 92 Christe, du Schöpfer aller Welt
- 93 Nun gehören unsre Herzen
- 94 Das Kreuz ist aufgerichtet
- 95 Seht hin, er ist allein im Garten
- 96 Du schöner Lebensbaum des Paradieses
- 97 Holz auf Jesu Schulter
- 98 Korn, das in die Erde
- 545 Wir gehn hinauf nach Jerusalem
- 546 Wer leben will wie Gott auf dieser Erde
- 547 Der Eselreiter

- 14 *Dein König kommt in niedern Hüllen*
- 190.1 *O Lamm Gottes, unschuldig*
- 190.4 *Siehe, das ist Gottes Lamm (Kanon)*
- 314 *Jesus zieht in Jerusalem ein*
- 350 *Christi Blut und Gerechtigkeit*

381 *Gott, mein Gott, warum hast du mich verlassen*
384 *Lasset uns mit Jesus ziehen*
789.2 *Bleibet hier und wachet mit mir*

OSTERN

99 Christ ist erstanden
100 Wir wollen alle fröhlich sein
101 Christ lag in Todesbanden
102 Jesus Christus, unser Heiland, der den Tod überwand
103 Gelobt sei Gott im höchsten Thron
104 Singen wir heut mit einem Mund
105 Erstanden ist der heilig Christ
106 Erschienen ist der herrlich Tag
107 Wir danken dir, Herr Jesu Christ, dass du vom Tod erstanden bist
108 Mit Freuden zart zu dieser Fahrt
109 Heut triumphieret Gottes Sohn
110 Die ganze Welt, Herr Jesu Christ
111 Frühmorgens, da die Sonn aufgeht
112 Auf, auf, mein Herz, mit Freuden
113 O Tod, wo ist dein Stachel nun
114 Wach auf, mein Herz, die Nacht ist hin
115 Jesus lebt, mit ihm auch ich
116 Er ist erstanden, Halleluja
117 Der schöne Ostertag
118 Der Herr ist auferstanden *(Kanon)*
548 Der Herr ist auferstanden *(Kanon)*
549 Trachtet nach dem, was droben ist *(Kanon)*
550 Das könnte den Herren der Welt ja so passen
551 Seht, der Stein ist weggerückt
552 Einer ist unser Leben
553 Besiegt hat Jesus Tod und Nacht

98　*Korn, das in die Erde*
178.7　*Der am Kreuze starb (Oster-Kyrie)*
　294　*Nun saget Dank und lobt den Herren*
　375　*Dass Jesus siegt, bleibt ewig ausgemacht*
　526　*Jesus, meine Zuversicht*
　559　*Welcher Engel wird uns sagen*
　652　*Christus spricht: Ich bin die Auferstehung*

HIMMELFAHRT

119 Gen Himmel aufgefahren ist
120 Christ fuhr gen Himmel
121 Wir danken dir, Herr Jesu Christ, dass du gen Himmel g'fahren bist
122 Auf Christi Himmelfahrt allein
123 Jesus Christus herrscht als König

　153　*Der Himmel, der ist, ist nicht der Himmel, der kommt*
　248　*Treuer Wächter Israel'*
　269　*Christus ist König, jubelt laut*

PFINGSTEN

124 Nun bitten wir den Heiligen Geist
125 Komm, Heiliger Geist, Herre Gott
126 Komm, Gott Schöpfer, Heiliger Geist
127 Jauchz, Erd, und Himmel, juble hell
128 Heilger Geist, du Tröster mein
129 Freut euch, ihr Christen alle
130 O Heilger Geist, kehr bei uns ein
131 O Heiliger Geist, o heiliger Gott
132 Ihr werdet die Kraft des Heiligen Geistes empfangen *(Kanon)*
133 Zieh ein zu deinen Toren
134 Komm, o komm, du Geist des Lebens
135 Schmückt das Fest mit Maien

LIEDER UND GESÄNGE

136 O komm, du Geist der Wahrheit
137 Geist des Glaubens, Geist der Stärke
554 Gottes Volk geht nicht allein
555 Unser Leben sei ein Fest
556 Zu Ostern in Jerusalem
557 Ein Licht geht uns auf in der Dunkelheit

120 Christ fuhr gen Himmel
156 Komm, Heiliger Geist, erfüll die Herzen
178.8 Send uns deinen Geist (Pfingst-Kyrie)
193 Erhalt uns, Herr, bei deinem Wort
255 O dass doch bald dein Feuer brennte
268 Strahlen brechen viele aus einem Licht
328 Dir, dir, o Höchster, will ich singen
390 Erneure mich, o ewigs Licht
532 Nun sich das Herz von allem löste

TRINITATIS

138 Gott der Vater steh uns bei
139 Gelobet sei der Herr
140 Brunn alles Heils, dich ehren wir
558 Vater unser im Himmel *(Kanon)*

Lieder zum Glaubensbekenntnis: Nr. 183, 184

179 Allein Gott in der Höh sei Ehr
193 Erhalt uns, Herr, bei deinem Wort

BESONDERE TAGE

JOHANNESTAG, 24. JUNI
141 Wir wollen singn ein' Lobgesang

202 Christ, unser Herr, zum Jordan kam
312 Kam einst zum Ufer

LIEDER UND GESÄNGE

MICHAELISTAG, 29. SEPTEMBER
142 Gott, aller Schöpfung heilger Herr
143 Heut singt die liebe Christenheit
559 Welcher Engel wird uns sagen

AN GEDENKTAGEN DER GLAUBENSZEUGEN
154 *Herr, mach uns stark im Mut,
   der dich bekennt, Str. 6*
273 *Ach Gott, vom Himmel sieh darein*
362 *Ein feste Burg ist unser Gott*

*Lieder zu Sammlung und Sendung:
Nr. 241–261*

BUSSTAG
144 Aus tiefer Not lasst uns zu Gott
145 Wach auf, wach auf, du deutsches Land
146 Nimm von uns, Herr, du treuer Gott

192 *Kyrie eleison (Litanei)*
242 *Herr, nun selbst den Wagen halt*
244 *Wach auf, wach auf, 's ist hohe Zeit*
248 *Treuer Wächter Israel'*
283 *Herr, der du vormals hast dein Land*
299 *Aus tiefer Not schrei ich zu dir*
366 *Wenn wir in höchsten Nöten sein*

Lieder zur Beichte: Nr. 230–237

ENDE DES KIRCHENJAHRES
147 Wachet auf, ruft uns die Stimme
148 Herzlich tut mich erfreuen
149 Es ist gewisslich an der Zeit
150 Jerusalem, du hochgebaute Stadt
151 Ermuntert euch, ihr Frommen
152 Wir warten dein, o Gottes Sohn

153 Der Himmel, der ist, ist nicht der Himmel, der kommt
154 Herr, mach uns stark im Mut, der dich bekennt
560 Es kommt die Zeit

> 5 *Gottes Sohn ist kommen*
> 6 *Ihr lieben Christen, freut euch nun*
> 20 *Das Volk, das noch im Finstern wandelt*
> 21 *Seht auf und erhebt eure Häupter*
> 298 *Wenn der Herr einst die Gefangnen*
> 426 *Es wird sein in den letzten Tagen*
> 429 *Lobt und preist die herrlichen Taten des Herrn*
> 450 *Morgenglanz der Ewigkeit*
> 518 *Mitten wir im Leben sind*
> 594 *Der Himmel geht über allen auf (Kanon)*
> 649 *Du gibst die Saat*

GOTTESDIENST

EINGANG UND AUSGANG

155 Herr Jesu Christ, dich zu uns wend
156 Komm, Heiliger Geist, erfüll die Herzen deiner Gläubigen
157 Lass mich dein sein und bleiben
158 O Christe, Morgensterne
159 Fröhlich wir nun all fangen an
160 Gott Vater, dir sei Dank gesagt
161 Liebster Jesu, wir sind hier, dich und dein Wort anzuhören
162 Gott Lob, der Sonntag kommt herbei
163 Unsern Ausgang segne Gott
164 Jesu, stärke deine Kinder
165 Gott ist gegenwärtig

LIEDER UND GESÄNGE

166 Tut mir auf die schöne Pforte
167 Wir wollen fröhlich singen
168 Du hast uns, Herr, gerufen
169 Der Gottesdienst soll fröhlich sein
170 Komm, Herr, segne uns
171 Bewahre uns, Gott
172 Sende dein Licht und deine Wahrheit *(Kanon)*
173 Der Herr behüte deinen Ausgang *(Kanon)*
174 Es segne und behüte uns *(Kanon)*
175 Ausgang und Eingang *(Kanon)*
176 Öffne meine Augen
561 Die Gnade unsers Herrn Jesu Christi
562 Segne und behüte
563 Wo zwei oder drei *(Kanon)*

Lieder vom Heiligen Geist (Pfingsten):
Nr. 124–137
Lieder vom Wort Gottes: Nr. 193–199

258 Zieht in Frieden eure Pfade
260 Gleichwie mich mein Vater gesandt hat
282 Wie lieblich schön, Herr Zebaoth
288 Nun jauchzt dem Herren, alle Welt
300 Lobt Gott, den Herrn der Herrlichkeit
339 Mein Herz ist bereit, Gott (Kanon)
347 Ach bleib mit deiner Gnade
348 Gott verspricht: Ich will dich segnen
421 Verleih uns Frieden gnädiglich
436 Herr, gib uns deinen Frieden (Kanon)
789.7 Bleib mit deiner Gnade bei uns

LITURGISCHE GESÄNGE

EHRE SEI DEM VATER (GLORIA PATRI)
177.1 Ehr sei dem Vater und dem Sohn *(1532)*
177.2 Ehr sei dem Vater und dem Sohn *(1532/1856)*
177.3 Ehre sei dem Vater und dem Sohn *(1987)*

LIEDER UND GESÄNGE

HERR, ERBARME DICH (KYRIE)
178.1 Kyrie eleison *(gregorianisch)*
178.2 Kyrie eleison *(Straßburg)*
178.3 Kyrie eleison *(Luther)*
178.4 Kyrie, Gott Vater in Ewigkeit
178.5 Herr, erbarme dich *(1952)*
178.6 Tau aus Himmelshöhn *(Advents-Kyrie)*
178.7 Der am Kreuze starb *(Oster-Kyrie)*
178.8 Send uns deinen Geist *(Pfingst-Kyrie)*
178.9 Kyrie eleison *(orthodox)*
178.10 Herr, erbarme dich *(1964)*
178.11 Herr, erbarme dich *(1973)*
178.12 Kyrie eleison *(Taizé)*
178.13 Kyrie eleison *(1983)*
178.14 Kyrie eleison *(Kanon)*
564 Im Frieden mach uns eins
565 Höre, höre uns, Gott *(Kanon)*

EHRE SEI GOTT IN DER HÖHE (GLORIA)
179 Allein Gott in der Höh sei Ehr
180.1 Ehre sei Gott in der Höhe *(Straßburg)*
180.2 Gott in der Höh sei Preis und Ehr
180.3 Ehre sei Gott in der Höhe *(1986)*
180.4 Allein Gott in der Höh sei Ehr *(Kanon)*
566 Gloria in excelsis Deo *(Kanon)*
567 Ehre sei Gott

26 *Ehre sei Gott in der Höhe (Kanon)*

LOBRUFE
181.1 Halleluja *(5. Psalmton)*
181.2 Halleluja *(8. Psalmton)*
181.3 Halleluja *(6. oder 9. Psalmton)*
181.4 Halleluja *(Kiew)*
181.5 Halleluja *(Zimbabwe)*
181.6 Laudate omnes gentes (Lobsingt, ihr Völker alle)
181.7 Jubilate Deo *(Kanon)*

181.8 Halleluja, Amen *(Kanon)*
182 Halleluja. Suchet zuerst Gottes Reich in dieser Welt
568 Preisen lasst uns Gott, den Herrn
569 Laudamus te, Domine *(Kanon)*

789.3 Freuet euch im Herrn
789.4 Halleluja

GLAUBENSBEKENNTNIS (CREDO)
183 Wir glauben all an einen Gott
184 Wir glauben Gott im höchsten Thron

HEILIG, HEILIG, HEILIG (SANCTUS)
185.1 Heilig *(Neuenrade)*
185.2 Heilig *(gregorianisch)*
185.3 Heilig *(Steinau)*
185.4 Agios o Theos (Heiliger Herre Gott)
185.5 Sanctus *(Kanon)*
570 Sanctus *(Kanon)*

VATER UNSER
186 Vater unser im Himmel
187 Vater unser in dem Himmel
188 Vater unser, Vater im Himmel

342 Es ist das Heil uns kommen her, Str. 8.9
344 Vater unser im Himmelreich
471 Die Nacht ist kommen, Str. 5

NACH DEN EINSETZUNGSWORTEN
189 Geheimnis des Glaubens: Deinen Tod, o Herr, verkünden wir

LAMM GOTTES (AGNUS DEI)
190.1 O Lamm Gottes, unschuldig
190.2 Christe, du Lamm Gottes
190.3 Lamm Gottes, du nimmst hinweg
190.4 Siehe, das ist Gottes Lamm *(Kanon)*

TE DEUM
191 Herr Gott, dich loben wir

331 *Großer Gott, wir loben dich*

LITANEI
192 Kyrie eleison

WORT GOTTES

193 Erhalt uns, Herr, bei deinem Wort
194 O Gott, du höchster Gnadenhort
195 Allein auf Gottes Wort will ich
196 Herr, für dein Wort sei hoch gepreist
197 Herr, öffne mir die Herzenstür
198 Herr, dein Wort, die edle Gabe
199 Gott hat das erste Wort
571 Nun geh uns auf, du Morgenstern
572 Gottes Wort ist wie Licht in der Nacht *(Kanon)*
573 Lobt den Herrn

246 *Ach bleib bei uns, Herr Jesu Christ*
295 *Wohl denen, die da wandeln*
452 *Er weckt mich alle Morgen*

TAUFE UND KONFIRMATION

200 Ich bin getauft auf deinen Namen
201 Gehet hin in alle Welt
202 Christ, unser Herr, zum Jordan kam
203 Ach lieber Herre Jesu Christ, der du ein Kindlein worden bist
204 Herr Christ, dein bin ich Eigen
205 Gott Vater, höre unsre Bitt
206 Liebster Jesu, wir sind hier, deinem Worte nachzuleben
207 Nun schreib ins Buch des Lebens
208 Gott Vater, du hast deinen Namen
209 Ich möcht', dass einer mit mir geht

210 Du hast mich, Herr, zu dir gerufen
211 Gott, der du alles Leben schufst
212 Voller Freude über dieses Wunder
574 Segne dieses Kind
575 Ein Kind ist angekommen
576 Ein kleines Kind, du großer Gott
577 Kind, du bist uns anvertraut

   261 *Herr, wohin sollen wir gehen (Kanon)*

ABENDMAHL

213 Kommt her, ihr seid geladen
214 Gott sei gelobet und gebenedeiet
215 Jesus Christus, unser Heiland, der von uns den Gotteszorn wandt
216 Du hast uns Leib und Seel gespeist
217 Herr Jesu Christe, mein getreuer Hirte
218 Schmücke dich, o liebe Seele
219 Herr Jesu Christ, du höchstes Gut
220 Herr, du wollest uns bereiten
221 Das sollt ihr, Jesu Jünger, nie vergessen
222 Im Frieden dein, o Herre mein
223 Das Wort geht von dem Vater aus
224 Du hast zu deinem Abendmahl
225 Komm, sag es allen weiter
226 Seht, das Brot, das wir hier teilen
227 Dank sei dir, Vater, für das ewge Leben
228 Er ist das Brot, er ist der Wein
229 Kommt mit Gaben und Lobgesang
578 Aus ungewissen Pfaden
579 Das Weizenkorn muss sterben
580 Dass du mich einstimmen lässt
581 Jesus Brot, Jesus Wein *(Kanon)*
582 Lasst uns Brot brechen
583 Er ruft die vielen her

   158 *O Christe, Morgensterne*

LIEDER UND GESÄNGE

BEICHTE

230 Schaffe in mir, Gott, ein reines Herze
231 Dies sind die heilgen Zehn Gebot
232 Allein zu dir, Herr Jesu Christ
233 Ach Gott und Herr, wie groß und schwer
234 So wahr ich lebe, spricht dein Gott
235 O Herr, nimm unsre Schuld
236 Ohren gabst du mir
237 Und suchst du meine Sünde
584 Meine engen Grenzen
585 Ich rede, wenn ich schweigen sollte

144 Aus tiefer Not lasst uns zu Gott
146 Nimm von uns, Herr, du treuer Gott
275 In dich hab ich gehoffet, Herr
299 Aus tiefer Not schrei ich zu dir
343 Ich ruf zu dir, Herr Jesu Christ
349 Ich freu mich in dem Herren
353 Jesus nimmt die Sünder an
381 Gott, mein Gott, warum hast du mich verlassen
382 Ich steh vor dir mit leeren Händen, Herr
389 Ein reines Herz, Herr, schaff in mir
392 Gott rufet noch. Sollt ich nicht endlich hören
404 Herr Jesu, Gnadensonne

TRAUUNG

238 Herr, vor dein Antlitz treten zwei
239 Freuet euch im Herren allewege
240 Du hast uns, Herr, in dir verbunden

134 Komm, o komm, du Geist des Lebens
329 Bis hierher hat mich Gott gebracht
352 Alles ist an Gottes Segen

391 *Jesu, geh voran*
395 *Vertraut den neuen Wegen*

Lob- und Danklieder: Nr. 316–340, 597–599, 601, 602, 605–609

SAMMLUNG UND SENDUNG

241 Wach auf, du Geist der ersten Zeugen
242 Herr, nun selbst den Wagen halt
243 Lob Gott getrost mit Singen
244 Wach auf, wach auf, 's ist hohe Zeit
245 Preis, Lob und Dank sei Gott dem Herren
246 Ach bleib bei uns, Herr Jesu Christ
247 Herr, unser Gott, lass nicht zuschanden werden
248 Treuer Wächter Israel'
249 Verzage nicht, du Häuflein klein
250 Ich lobe dich von ganzer Seelen
251 Herz und Herz vereint zusammen
252 Jesu, der du bist alleine
253 Ich glaube, dass die Heiligen
254 Wir wolln uns gerne wagen
255 O dass doch bald dein Feuer brennte
256 Einer ist's, an dem wir hangen
257 Der du in Todesnächten
258 Zieht in Frieden eure Pfade
259 Kommt her, des Königs Aufgebot
260 Gleichwie mich mein Vater gesandt hat
261 Herr, wohin sollen wir gehen *(Kanon)*
586 Herr, der du einst gekommen bist
587 Gott ruft dich, priesterliche Schar
588 Tragt in die Welt nun ein Licht
589 Komm, bau ein Haus
590 Herr, wir bitten: Komm und segne uns
591 Einsam bist du klein *(Kanon)*
592 Du Gott stützt mich *(Kanon)*

LIEDER UND GESÄNGE

- 72 *O Jesu Christe, wahres Licht*
- 201 *Gehet hin in alle Welt*
- 221 *Das sollt ihr, Jesu Jünger, nie vergessen*
- 227 *Dank sei dir, Vater, für das ewge Leben*
- 262 *Sonne der Gerechtigkeit (ökumenischer Text*
- 263 *Sonne der Gerechtigkeit*
- 276 *Ich will, solang ich lebe*
- 288 *Nun jauchzt dem Herren, alle Welt*
- 297 *Wo Gott der Herr nicht bei uns hält*
- 358 *Es kennt der Herr die Seinen*
- 555 *Unser Leben sei ein Fest*
- 564 *Im Frieden mach uns eins*
- 643 *Viele kleine Leute (Kanon)*

ÖKUMENE

- 262 Sonne der Gerechtigkeit *(ökumenischer Text)*
- 263 Sonne der Gerechtigkeit
- 264 Die Kirche steht gegründet
- 265 Nun singe Lob, du Christenheit
- 266 Der Tag, mein Gott, ist nun vergangen
- 267 Herr, du hast darum gebetet
- 268 Strahlen brechen viele aus einem Licht
- 269 Christus ist König, jubelt laut
- 593 Licht, das in die Welt gekommen
- 594 Der Himmel geht über allen auf *(Kanon)*

- 227 *Dank sei dir, Vater, für das ewge Leben*
- 337 *Lobet und preiset, ihr Völker, den Herrn (Kanon)*
- 456 *Vom Aufgang der Sonne (Kanon)*
- 490 *Der Tag ist um, die Nacht kehrt wieder*
- 616 *Auf der Spur des Hirten*
- 626 *Freude, die überfließt*
- 637 *Alle Knospen springen auf*

Lieder aus anderen Ländern und Sprachen sowie fremdsprachige Lieder s. Nr. 959

BIBLISCHE GESÄNGE

PSALMEN UND LOBGESÄNGE

- 270 Herr, unser Herrscher, wie herrlich bist du *(Ps 8)*
- 271 Wie herrlich gibst du, Herr, dich zu erkennen *(Ps 8)*
- 272 Ich lobe meinen Gott von ganzem Herzen *(Ps 9)*
- 273 Ach Gott, vom Himmel sieh darein *(Ps 12)*
- 274 Der Herr ist mein getreuer Hirt *(Ps 23)*
- 595 Die Erde ist des Herrn und was darinnen ist *(Ps 24)*
- 275 In dich hab ich gehoffet, Herr *(Ps 31)*
- 276 Ich will, solang ich lebe *(Ps 34)*
- 277 Herr, deine Güte reicht, so weit der Himmel ist *(Ps 36)*
- 278 Wie der Hirsch lechzt nach frischem Wasser *(Ps 42/43)*
- 279 Jauchzt, alle Lande, Gott zu Ehren *(Ps 66)*
- 280 Es wolle Gott uns gnädig sein *(Ps 67)*
- 281 Erhebet er sich, unser Gott *(Ps 68)*
- 282 Wie lieblich schön, Herr Zebaoth *(Ps 84)*
- 283 Herr, der du vormals hast dein Land *(Ps 85)*
- 284 Das ist köstlich *(Ps 92)*
- 285 Das ist ein köstlich Ding *(Ps 92)*
- 286 Singt, singt dem Herren neue Lieder *(Ps 98)*
- 287 Singet dem Herrn ein neues Lied *(Ps 98)*
- 288 Nun jauchzt dem Herren, alle Welt *(Ps 100)*
- 289 Nun lob, mein Seel, den Herren *(Ps 103)*
- 290 Nun danket Gott, erhebt und preiset *(Ps 105)*
- 291 Ich will dir danken, Herr *(Ps 108)*
- 292 Das ist mir lieb, dass du mich hörst *(Ps 116)*
- 293 Lobt Gott den Herrn, ihr Heiden all *(Ps 117)*
- 596 Laudate Dominum *(Ps 117)*
- 294 Nun saget Dank und lobt den Herren *(Ps 118)*

295 Wohl denen, die da wandeln *(Ps 119)*
296 Ich heb mein Augen sehnlich auf *(Ps 121)*
297 Wo Gott der Herr nicht bei uns hält *(Ps 124)*
298 Wenn der Herr einst die Gefangnen *(Ps 126)*
299 Aus tiefer Not schrei ich zu dir *(Ps 130)*
300 Lobt Gott, den Herrn der Herrlichkeit *(Ps 134)*
301 Danket Gott, denn er ist gut *(Ps 136)*
597 Mein ganzes Herz *(Ps 138)*
598 Gott ist mein Lied *(Ps 139)*
302 Du meine Seele, singe *(Ps 146)*
303 Lobe den Herren, o meine Seele *(Ps 146)*
304 Lobet den Herren, denn er ist sehr freundlich *(Ps 147)*
305 Singt das Lied der Freude über Gott *(Ps 148)*
306 Singt das Lied der Freude, der Freude *(Ps 148)*
307 Gedenk an uns, o Herr / Selig sind, die da geistlich arm sind *(Mt 5,3–10)*
599 Selig seid ihr *(Mt 6)*
308 Mein Seel, o Herr, muss loben dich *(Lk 1,46–55)*
309 Hoch hebt den Herrn mein Herz *(Lk 1,46–55)*
310 Meine Seele erhebt den Herren *(Kanon)* *(Lk 1,46–47)*
600 Magnificat anima mea Dominum *(Kanon)* *(Lk 1,46)*
601 Gottes Lob wandert *(Lk 1,46–55)*
602 Du hast gesagt: »Ich bin der Weg« *(Joh)*

> 381 *Gott, mein Gott, warum hast du mich verlassen (Ps 22,2)*
> 335 *Ich will den Herrn loben allezeit (Kanon) (Ps 34,2)*
> 361 *Befiehl du deine Wege (Ps 37,5)*
> 172 *Sende dein Licht und deine Wahrheit (Kanon) (Ps 43,3–4)*
> 362 *Ein feste Burg ist unser Gott (Ps 46)*

- 230 *Schaffe in mir, Gott, ein reines Herze (Ps 51,12–13)*
- 339 *Mein Herz ist bereit (Kanon) (Ps 57,8)*
- 340 *Ich will dem Herrn singen mein Leben lang (Kanon) (Ps 104,33)*
- 456 *Vom Aufgang der Sonne (Kanon) (Ps 113,3)*
- 333 *Danket dem Herrn! Wir danken dem Herrn (Ps 118,1)*
- 176 *Öffne meine Augen (Ps 119,18; Ps 69,33b)*
- 173 *Der Herr behüte deinen Ausgang (Kanon) (Ps 121,8)*
- 461 *Aller Augen warten auf dich, Herre (Ps 145,15–16)*
- 338 *Alte mit den Jungen sollen loben (Kanon) (Ps 148,12–13)*
- 182 *Halleluja. Suchet zuerst Gottes Reich in dieser Welt (Str. 1–3: Mt 5–7)*
- 785.6 *Meine Seele erhebt den Herren (Lk 1,46–55)*
- 26 *Ehre sei Gott in der Höhe (Kanon) (Lk 2,14)*
- 519 *Mit Fried und Freud ich fahr dahin (Lk 2,29–32)*
- 786.10 *Herr, nun lässt du deinen Diener (Lk 2,29–32)*
- 783.6 *Gelobet sei der Herr, der Gott Israels (Lk 2,68–79)*

BIBLISCHE ERZÄHLLIEDER

- 311 Abraham, Abraham, verlass dein Land *(1. Mose 12,1–9)*
- 312 Kam einst zum Ufer *(Mt 3,1–12; Lk 3,10–14)*
- 313 Jesus, der zu den Fischern lief *(Mt 4,18–22)*
- 314 Jesus zieht in Jerusalem ein *(Mt 21,1–11)*
- 315 Ich will zu meinem Vater gehn *(Lk 15,11–24)*
- 603 Zachäus, böser reicher Mann *(Lk 19,1–10)*

LIEDER UND GESÄNGE

604 Kennt ihr die Legende von Christophorus

- 103 *Gelobt sei Gott im höchsten Thron*
  (Mt 28,1–6)
- 105 *Erstanden ist der heilig Christ (Mk 16,1–7)*
- 24 *Vom Himmel hoch, da komm ich her*
  (Lk 2,9–16)
- 127 *Jauchz, Erd, und Himmel, juble hell*
  (Apg 2,1–13)
- 141 *Wir wollen singn ein' Lobgesang*
  (Joh 1,19–28; Mt 3,1–12)

Weitere biblische Lieder und Gesänge:

- 348 *Gott verspricht: Ich will dich segnen*
  (1. Mose 12,2)
- 231 *Dies sind die heilgen Zehn Gebot*
  (2. Mose 20,1–17)
- 140 *Brunn alles Heils, dich ehren wir*
  (4. Mose 6,24–26)
- 426 *Es wird sein in den letzten Tagen*
  (Jes 2,2–5)
- 20 *Das Volk, das noch im Finstern wandelt*
  (Jes 9,1–6)
- 30 *Es ist ein Ros entsprungen (Jes 11,1)*
- 15 *Tröstet, tröstet, spricht der Herr*
  (Jes 40,1–10)
- 321 *Nun danket alle Gott (Sirach 50,24–26)*
- 344 *Vater unser im Himmelreich (Mt 6,9–13)*
- 151 *Ermuntert euch, ihr Frommen (Mt 25,1–13)*
- 95 *Seht hin, er ist allein im Garten (Mt 26–27)*
- 196 *Herr, für dein Wort sei hoch gepreist*
  (Lk 8,4–15)
- 21 *Seht auf und erhebt eure Häupter*
  (Lk 21,28)
- 483 *Herr, bleibe bei uns (Kanon) (Lk 24,29)*

28 *Also hat Gott die Welt geliebt (Joh 3,16)*
261 *Herr, wohin sollen wir gehen (Kanon)*
    (Joh 6,68)
260 *Gleichwie mich mein Vater gesandt hat*
    (Joh 20,21; Lk 4,18)
342 *Es ist das Heil uns kommen her*
    (Röm 3,21–28)
351 *Ist Gott für mich, so trete (Röm 8,31–39)*
413 *Ein wahrer Glaube Gottes Zorn stillt*
    (1. Kor 13)
358 *Es kennt der Herr die Seinen (1. Kor 13,13)*
239 *Freuet euch im Herren allewege*
    (Phil 4,4–7)
359 *In dem Herren freuet euch (Phil 4,4–7)*
150 *Jerusalem, du hochgebaute Stadt (Offb 21)*
153 *Der Himmel, der ist (Offb 21)*

GLAUBE – LIEBE – HOFFNUNG

LOBEN UND DANKEN

316 Lobe den Herren, den mächtigen König
    (ökumenischer Text)
317 Lobe den Herren, den mächtigen König
318 O gläubig Herz, gebenedei
319 Die beste Zeit im Jahr ist mein
320 Nun lasst uns Gott dem Herren
321 Nun danket alle Gott
322 Nun danket all und bringet Ehr
323 Man lobt dich in der Stille
324 Ich singe dir mit Herz und Mund
325 Sollt ich meinem Gott nicht singen
326 Sei Lob und Ehr dem höchsten Gut
327 Wunderbarer König
328 Dir, dir, o Höchster, will ich singen

LIEDER UND GESÄNGE

329 Bis hierher hat mich Gott gebracht
330 O dass ich tausend Zungen hätte
331 Großer Gott, wir loben dich
332 Lobt froh den Herrn, ihr jugendlichen Chöre
333 Danket dem Herrn! Wir danken dem Herrn
334 Danke für diesen guten Morgen
335 Ich will den Herrn loben allezeit *(Kanon)*
336 Danket, danket dem Herrn *(Kanon)*
337 Lobet und preiset, ihr Völker, den Herrn *(Kanon)*
338 Alte mit den Jungen sollen loben *(Kanon)*
339 Mein Herz ist bereit *(Kanon)*
340 Ich will dem Herrn singen mein Leben lang *(Kanon)*
605 Danket dem Herrn *(Kanon)*
606 Dass ich springen darf
607 Lasst uns miteinander *(Kanon)*
608 Alles, was wir sind
609 Masithi Amen / Singt Amen

139 Gelobet sei der Herr
179 Allein Gott in der Höh sei Ehr
182 Halleluja. Suchet zuerst Gottes Reich in dieser Welt
191 Herr Gott, dich loben wir
398 In dir ist Freude
454 Auf und macht die Herzen weit
499 Erd und Himmel sollen singen
502 Nun preiset alle Gottes Barmherzigkeit
514 Gottes Geschöpfe, kommt zuhauf
638 Ich lobe meinen Gott

Lieder zum Lobgesang der Maria:
Nr. 308–310, 600, 785.6
Psalmlieder: Nr. 270, 276, 279, 284–286, 288, 289, 291–294, 300–305
Kanons: Nr. 180.4, 181.7, 448, 456

RECHTFERTIGUNG UND ZUVERSICHT

341 Nun freut euch, lieben Christen g'mein
342 Es ist das Heil uns kommen her
343 Ich ruf zu dir, Herr Jesu Christ
344 Vater unser im Himmelreich
345 Auf meinen lieben Gott
346 Such, wer da will, ein ander Ziel
347 Ach bleib mit deiner Gnade
348 Gott verspricht: Ich will dich segnen
349 Ich freu mich in dem Herren
350 Christi Blut und Gerechtigkeit
351 Ist Gott für mich, so trete
352 Alles ist an Gottes Segen
353 Jesus nimmt die Sünder an
354 Ich habe nun den Grund gefunden
355 Mir ist Erbarmung widerfahren
356 Es ist in keinem andern Heil
357 Ich weiß, woran ich glaube
358 Es kennt der Herr die Seinen
359 In dem Herren freuet euch
360 Die ganze Welt hast du uns überlassen
610 Herr, deine Liebe ist wie Gras und Ufer

    232 *Allein zu dir, Herr Jesu Christ*
    237 *Und suchst du meine Sünde*
    373 *Jesu, hilf siegen, du Fürste des Lebens*

ANGST UND VERTRAUEN

361 Befiehl du deine Wege
362 Ein feste Burg ist unser Gott
363 Kommt her zu mir, spricht Gottes Sohn
364 Was mein Gott will, gescheh allzeit
365 Von Gott will ich nicht lassen
366 Wenn wir in höchsten Nöten sein
367 Herr, wie du willst, so schick's mit mir

368 In allen meinen Taten
369 Wer nur den lieben Gott lässt walten
370 Warum sollt ich mich denn grämen
371 Gib dich zufrieden und sei stille
372 Was Gott tut, das ist wohlgetan
373 Jesu, hilf siegen, du Fürste des Lebens
374 Ich steh in meines Herren Hand
375 Dass Jesus siegt, bleibt ewig ausgemacht
376 So nimm denn meine Hände
377 Zieh an die Macht, du Arm des Herrn
378 Es mag sein, dass alles fällt
379 Gott wohnt in einem Lichte
380 Ja, ich will euch tragen
381 Gott, mein Gott, warum hast du mich verlassen
382 Ich steh vor dir mit leeren Händen, Herr
383 Herr, du hast mich angerührt
611 Harre, meine Seele
612 Fürchte dich nicht, gefangen in deiner Angst
613 Freunde, dass der Mandelzweig

    248 *Treuer Wächter Israel'*
    274 *Der Herr ist mein getreuer Hirt*
  789.2 *Bleibet hier und wachet mit mir*

UMKEHR UND NACHFOLGE

384 Lasset uns mit Jesus ziehen
385 Mir nach, spricht Christus, unser Held
386 Eins ist Not! Ach Herr, dies eine
387 Mache dich, mein Geist, bereit
388 O Durchbrecher aller Bande
389 Ein reines Herz, Herr, schaff in mir
390 Erneure mich, o ewigs Licht
391 Jesu, geh voran
392 Gott rufet noch. Sollt ich nicht endlich hören
393 Kommt, Kinder, lasst uns gehen

394 Nun aufwärts froh den Blick gewandt
395 Vertraut den neuen Wegen
614 Lass uns in deinem Namen, Herr
615 Kehret um
616 Auf der Spur des Hirten

   312 *Kam einst zum Ufer*
   315 *Ich will zu meinem Vater gehn*
   552 *Einer ist unser Leben*
789.5 *Unsere Augen sehn stets auf den Herren*

GEBORGEN IN GOTTES LIEBE

396 Jesu, meine Freude
397 Herzlich lieb hab ich dich, o Herr
398 In dir ist Freude
399 O Lebensbrünnlein tief und groß
400 Ich will dich lieben, meine Stärke
401 Liebe, die du mich zum Bilde
402 Meinen Jesus lass ich nicht
403 Schönster Herr Jesu
404 Herr Jesu, Gnadensonne
405 Halt im Gedächtnis Jesus Christ
406 Bei dir, Jesu, will ich bleiben
407 Stern, auf den ich schaue
408 Meinem Gott gehört die Welt
409 Gott liebt diese Welt
410 Christus, das Licht der Welt
411 Gott, weil er groß ist *(Kanon)*
617 Ich bete an die Macht der Liebe
618 Weiß ich den Weg auch nicht
619 Er hält die ganze Welt
620 Gottes Liebe ist wie die Sonne
621 Ins Wasser fällt ein Stein
622 Weißt du, wo der Himmel ist
623 Du bist da, wo Menschen leben *(Kanon)*

624 Lieber Gott, ich danke dir
625 Wir strecken uns nach dir
626 Freude, die überfließt

   251 *Herz und Herz vereint zusammen*
   427 *Solang es Menschen gibt auf Erden*
   452 *Er weckt mich alle Morgen*
   473 *Mein schönste Zier und Kleinod bist*
   488 *Bleib bei mir, Herr! Der Abend bricht herein*
   511 *Weißt du, wie viel Sternlein stehen*
   532 *Nun sich das Herz von allem löste*

NÄCHSTEN- UND FEINDESLIEBE

412 So jemand spricht: Ich liebe Gott
413 Ein wahrer Glaube Gotts Zorn stillt
414 Lass mich, o Herr, in allen Dingen
415 Liebe, du ans Kreuz für uns erhöhte
416 O Herr, mach mich zu einem Werkzeug deines Friedens
417 Lass die Wurzel unsers Handelns Liebe sein
418 Brich dem Hungrigen dein Brot
419 Hilf, Herr meines Lebens
420 Brich mit den Hungrigen dein Brot
627 Schalom, Schalom! Wo die Liebe wohnt
628 Herr, gib mir Mut zum Brückenbauen
629 Liebe ist nicht nur ein Wort
630 Wo ein Mensch Vertrauen gibt
631 In Gottes Namen wolln wir finden
632 Wenn das Brot, das wir teilen
633 Sanftmut den Männern

   82 *Wenn meine Sünd' mich kränken,* Str. 7
  343 *Ich ruf zu dir, Herr Jesu Christ*

LIEDER UND GESÄNGE

ERHALTUNG DER SCHÖPFUNG
FRIEDEN UND GERECHTIGKEIT

421 Verleih uns Frieden gnädiglich
422 Du Friedefürst, Herr Jesu Christ
423 Herr, höre, Herr, erhöre
424 Deine Hände, großer Gott
425 Gib uns Frieden jeden Tag
426 Es wird sein in den letzten Tagen
427 Solang es Menschen gibt auf Erden
428 Komm in unsre stolze Welt
429 Lobt und preist die herrlichen Taten des Herrn
430 Gib Frieden, Herr, gib Frieden
431 Gott, unser Ursprung, Herr des Raums
432 Gott gab uns Atem, damit wir leben
433 Hevenu schalom alejchem
(Wir wünschen Frieden euch allen)
434 Schalom chaverim
(Der Friede des Herrn geleite euch) *(Kanon)*
435 Dona nobis pacem *(Kanon)*
436 Herr, gib uns deinen Frieden *(Kanon)*
634 Die Erde ist des Herrn. Geliehen
635 Jeder Teil dieser Erde *(Kanon)*
636 We shall overcome
637 Alle Knospen springen auf
638 Ich lobe meinen Gott
639 Damit aus Fremden Freunde werden
640 Lass uns den Weg der Gerechtigkeit gehn
641 Friede mit dir *(Kanon)*
642 Weil Gott die Welt geschaffen hat
643 Viele kleine Leute *(Kanon)*

  20 *Das Volk, das noch im Finstern wandelt*
270 *Herr, unser Herrscher, wie herrlich bist du*
360 *Die ganze Welt hast du uns überlassen*
550 *Das könnte den Herren der Welt ja so passen*

560 *Es kommt die Zeit*
564 *Im Frieden mach uns eins*
595 *Die Erde ist des Herrn und was darinnen ist (Ps 24)*

MORGEN

437 Die helle Sonn leucht' jetzt herfür
438 Der Tag bricht an und zeiget sich
439 Es geht daher des Tages Schein
440 All Morgen ist ganz frisch und neu
441 Du höchstes Licht, du ewger Schein
442 Steht auf, ihr lieben Kinderlein
443 Aus meines Herzens Grunde
444 Die güldene Sonne bringt Leben und Wonne
445 Gott des Himmels und der Erden
446 Wach auf, mein Herz, und singe
447 Lobet den Herren alle, die ihn ehren
448 Lobet den Herren alle, die ihn ehren *(Kanon)*
449 Die güldne Sonne voll Freud und Wonne
450 Morgenglanz der Ewigkeit
451 Mein erst Gefühl sei Preis und Dank
452 Er weckt mich alle Morgen
453 Schon bricht des Tages Glanz hervor
454 Auf und macht die Herzen weit
455 Morgenlicht leuchtet
456 Vom Aufgang der Sonne *(Kanon)*
644 Nun ist vorbei die finstre Nacht

334 *Danke für diesen guten Morgen*

MITTAG UND DAS TÄGLICHE BROT

457 Der Tag ist seiner Höhe nah
458 Wir danken Gott für seine Gaben
459 Die Sonn hoch an dem Himmel steht
460 Lobet den Herrn und dankt ihm seine Gaben
461 Aller Augen warten auf dich, Herre

LIEDER UND GESÄNGE

462 Wir danken dir, Herr Jesu Christ, dass du unser Gast
463 Alle guten Gaben
464 Herr, gib uns unser täglich Brot
465 Komm, Herr Jesu, sei du unser Gast *(Kanon)*
466 Segne, Herr, was deine Hand *(Kanon)*

   336 *Danket, danket dem Herrn (Kanon)*
   649 *Du gibst die Saat*
 784.2 *Du starker Herrscher, wahrer Gott*

ABEND

467 Hinunter ist der Sonne Schein
468 Ach lieber Herre Jesu Christ, weil du ein Kind gewesen bist
469 Christe, du bist der helle Tag
470 Der du bist drei in Einigkeit
471 Die Nacht ist kommen
472 Der Tag hat sich geneiget
473 Mein schönste Zier und Kleinod bist
474 Mit meinem Gott geh ich zur Ruh
475 Werde munter, mein Gemüte
476 Die Sonn hat sich mit ihrem Glanz gewendet
477 Nun ruhen alle Wälder
478 Nun sich der Tag geendet hat
479 Der lieben Sonne Licht und Pracht
480 Nun schläfet man
481 Nun sich der Tag geendet, mein Herz zu dir sich wendet
482 Der Mond ist aufgegangen
483 Herr, bleibe bei uns *(Kanon)*
484 Müde bin ich, geh zur Ruh
485 Du Schöpfer aller Wesen
486 Ich liege, Herr, in deiner Hut
487 Abend ward, bald kommt die Nacht
488 Bleib bei mir, Herr! Der Abend bricht herein

489 Gehe ein in deinen Frieden
490 Der Tag ist um, die Nacht kehrt wieder
491 Bevor die Sonne sinkt
492 Ruhet von des Tages Müh *(Kanon)*
493 Eine ruhige Nacht *(Kanon)*
645 Der Abend kommt
646 Heut war ein schöner Tag

266 Der Tag, mein Gott, ist nun vergangen
786.5 Bevor des Tages Licht vergeht

ARBEIT

494 In Gottes Namen fang ich an
495 O Gott, du frommer Gott
496 Lass dich, Herr Jesu Christ
497 Ich weiß, mein Gott, dass all mein Tun
647 Hilf uns, Herr, in allen Dingen

AUF REISEN

498 In Gottes Namen fahren wir

254 Wir wolln uns gerne wagen
361 Befiehl du deine Wege
368 In allen meinen Taten

NATUR UND JAHRESZEITEN

499 Erd und Himmel sollen singen
500 Lobt Gott in allen Landen
501 Wie lieblich ist der Maien
502 Nun preiset alle Gottes Barmherzigkeit
503 Geh aus, mein Herz, und suche Freud
504 Himmel, Erde, Luft und Meer
505 Die Ernt ist nun zu Ende
506 Wenn ich, o Schöpfer, deine Macht
507 Himmels Au, licht und blau

508 Wir pflügen und wir streuen
509 Kein Tierlein ist auf Erden
510 Freuet euch der schönen Erde
511 Weißt du, wie viel Sternlein stehen
512 Herr, die Erde ist gesegnet
513 Das Feld ist weiß
514 Gottes Geschöpfe, kommt zuhauf
515 Laudato si
648 Des Jahres schöner Schmuck entweicht
649 Du gibst die Saat und auch die Ernte

    110 *Die ganze Welt, Herr Jesu Christ*
    304 *Lobet den Herren, denn er ist sehr freundlich*
    324 *Ich singe dir mit Herz und Mund*
    403 *Schönster Herr Jesu*

STERBEN UND EWIGES LEBEN
BESTATTUNG

516 Christus, der ist mein Leben
517 Ich wollt, dass ich daheime wär
518 Mitten wir im Leben sind
519 Mit Fried und Freud ich fahr dahin
520 Nun legen wir den Leib ins Grab
521 O Welt, ich muss dich lassen
522 Wenn mein Stündlein vorhanden ist
523 Valet will ich dir geben
524 Freu dich sehr, o meine Seele
525 Mach's mit mir, Gott, nach deiner Güt
526 Jesus, meine Zuversicht
527 Die Herrlichkeit der Erden
528 Ach wie flüchtig, ach wie nichtig
529 Ich bin ein Gast auf Erden
530 Wer weiß, wie nahe mir mein Ende
531 Noch kann ich es nicht fassen
532 Nun sich das Herz von allem löste

533 Du kannst nicht tiefer fallen
534 Herr, lehre uns, dass wir sterben müssen
535 Gloria sei dir gesungen
650 Begrabt den Leib in seine Gruft
651 Wir sind mitten im Leben
652 Christus spricht: Ich bin die Auferstehung

85 *O Haupt voll Blut und Wunden, Str. 9.10*
107 *Wir danken dir, Herr Jesu Christ, dass du vom Tod erstanden bist*
115 *Jesus lebt, mit ihm auch ich*
122 *Auf Christi Himmelfahrt allein*
345 *Auf meinen lieben Gott*
350 *Christi Blut und Gerechtigkeit*
363 *Kommt her zu mir, spricht Gottes Sohn*
367 *Herr, wie du willst, so schick's mit mir*
382 *Ich steh vor dir mit leeren Händen, Herr*
384 *Lasset uns mit Jesus ziehen*
397 *Herzlich lieb hab ich dich, o Herr*
402 *Meinen Jesus lass ich nicht*
450 *Morgenglanz der Ewigkeit*
543 *Alles ist eitel (Kanon)*
611 *Harre, meine Seele*

Lieder zum Ende des Kirchenjahres:
Nr. 147–154, 649

Kanons: 2, 22, 26, 31, 118, 132, 172–175, 176B, 178.14, 180.4, 181.7, 181.8, 185.5, 190.4, 261, 310, 335–340, 411, 434–436, 448, 456, 465, 466, 483, 492, 493, 540, 541, 543, 548, 549, 558, 563, 565, 566, 569, 570, 572, 581, 591, 592, 594, 600, 605, 607, 623, 635, 641, 643

Mehrstimmige Sätze: 13, 29, 30, 54, 65, 69, 70, 103, 140, 155, 167, 178.9, 178.10, 178.12, 181.4, 181.5, 181.6, 182, 185.4, 266, 276, 295, 307, 320, 324, 333, 380, 398, 437, 447, 461, 463, 467, 477, 482, 487, 535, 561, 596, 598, 599, 609, 612, 615, 618, 633

GEBETE, GEBETSGOTTESDIENSTE, BEKENNTNISSE, BEIGABEN

701–760 PSALMGEBETE

701 Einführung
702–760 Psalmen

761–802 DER GOTTESDIENST

761 Der Gottesdienst an Sonn- und Festtagen
762–779 Gebete zum Gottesdienst
780 Herkunft überlieferter Texte der Gebete zum Gottesdienst
781 Die Andacht

782–789 GOTTESDIENSTE ZU DEN TAGESZEITEN (STUNDENGEBET)

782 Einführung
783 Morgengebet (Mette)
784 Mittagsgebet
785 Abendgebet (Vesper)
786 Nachtgebet (Komplet)
787–788 Weitere Singpsalmen
789 Gemeinsames Gebet nach Taizé

790 Passionsandacht
791 Die Nottaufe (Taufe bei Lebensgefahr)
792–802 Die Beichte

GEBETE, GEBETSGOTTESDIENSTE

803–811 BEKENNTNISSE DER KIRCHE
803 Einführung
804 Das Apostolische Glaubensbekenntnis
805 Das Glaubensbekenntnis von Nizäa-Konstantinopel
806 Der Kleine Katechismus Dr. Martin Luthers
807 Der Heidelberger Katechismus (Auszug)
808 Das Augsburger Bekenntnis (1. Teil)

809 LEHRZEUGNISSE DER KIRCHE AUS DEM 20. JAHRHUNDERT

810 Die Theologische Erklärung der Bekenntnissynode von Barmen
811 Konkordie Reformatorischer Kirchen in Europa (Leuenberger Konkordie) (Auszug)

812–951 GEBETE

812 Vom Beten
813 Vater unser
814 Gebetsrufe
815–819 Am Morgen
820–824 Am Mittag
825–831 Frieden, Bewahrung der Schöpfung
832–851 Bei Tisch
852–859 Am Abend
860–870 Mit Kindern beten
871–899 Zu den Wochentagen
900–925 Zum Lebenskreis
926–938 In Not und Krankheit
939–951 Im Alter und beim Sterben
952 Herkunft überlieferter Texte der Gebetssammlung

953–954 DAS KIRCHENJAHR

953 Einführung
954 Liturgischer Kalender

955–960 BEIGABEN ZUR LIEDERKUNDE

955 Einführung
956 Liedgeschichte im Überblick
957 Die Dichter und Komponisten
958 Ökumenische Lieder
959 Lieder aus anderen Ländern und Sprachen
960 Verzeichnis urheberrechtlich geschützter Stücke und ihrer Rechtsinhaber

961 Alphabetisches Verzeichnis der Lieder und Gesänge

LIEDER UND GESÄNGE

KIRCHENJAHR

ADVENT

ö **I**

1. Macht hoch die Tür, die Tor macht weit;
es kommt der Herr der Herr-lich-keit,
ein Kö-nig al-ler Kö-nig-reich,
ein Hei-land al-ler Welt zu-gleich,
der Heil und Le-ben mit sich bringt;
der-hal-ben jauchzt, mit Freu-den singt:
Ge-lo-bet sei mein Gott,
mein Schöp-fer reich von Rat.

Ps 24,7-10

2. Er ist gerecht, ein Helfer wert; / Sanftmütigkeit ist sein Gefährt, / sein Königskron ist Heiligkeit, / sein Zepter ist Barmherzigkeit; / all unsre Not zum End er bringt, / derhalben jauchzt, mit Freuden singt: / Gelobet sei mein Gott, / mein Heiland groß von Tat.

3. O wohl dem Land, o wohl der Stadt, / so diesen König bei sich hat. / Wohl allen Herzen insgemein, / da dieser König ziehet ein. / Er ist die rechte Freudensonn, / bringt mit sich lauter Freud und Wonn. / Gelobet sei mein Gott, / mein Tröster früh und spat.

4. Macht hoch die Tür, die Tor macht weit, / eu'r Herz zum Tempel zubereit'. / Die Zweiglein der Gottseligkeit / steckt auf mit Andacht, Lust und Freud; / so kommt der König auch zu euch, / ja, Heil und Leben mit zugleich. / Gelobet sei mein Gott, / voll Rat, voll Tat, voll Gnad.

5. Komm, o mein Heiland Jesu Christ, / meins Herzens Tür dir offen ist. / Ach zieh mit deiner Gnade ein; / dein Freundlichkeit auch uns erschein. / Dein Heilger Geist uns führ und leit / den Weg zur ewgen Seligkeit. / Dem Namen dein, o Herr, / sei ewig Preis und Ehr.

T: GEORG WEISSEL (1623) 1642
M: HALLE 1704

ADVENT

ö 2

1. Er ist die rech - te Freu - den - sonn,
bringt mit sich lau - ter Freud und Wonn.
Ge - lo - bet sei mein Gott!

2. All unsre Not zum End er bringt, / derhalben jauchzt, mit Freuden singt: / Gelobet sei mein Gott!

3. Dein Heilger Geist uns führ und leit / den Weg zur ewgen Seligkeit. / Gelobet sei mein Gott!

T: VERSE AUS NR. 1
KANON FÜR 3 STIMMEN: PAUL ERNST RUPPEL 1955

Machet die Tore weit und die Türen in der Welt hoch, dass der König der Ehre einziehe!
Wer ist der König der Ehre?
Es ist der Herr, stark und mächtig, der Herr, mächtig im Streit.
Machet die Tore weit und die Türen in der Welt hoch, dass der König der Ehre einziehe!
Wer ist der König der Ehre?
Es ist der Herr Zebaoth; er ist der König der Ehre.

PSALM 24,7-10

KIRCHENJAHR

3 ö

1. Gott, heil-ger Schöp-fer al-ler Stern, er-leucht uns, die wir sind so fern, dass wir er-ken-nen Je-sus Christ, der für uns Mensch ge-wor-den ist.

2. Denn es ging dir zu Herzen sehr, / da wir gefangen waren schwer / und sollten gar des Todes sein; / drum nahm er auf sich Schuld und Pein.

3. Da sich die Welt zum Abend wandt, / der Bräut'gam Christus ward gesandt. / Aus seiner Mutter Kämmerlein / ging er hervor als klarer Schein.

4. Gezeigt hat er sein groß Gewalt, / dass es in aller Welt erschallt, / sich beugen müssen alle Knie / im Himmel und auf Erden hie.

5. Wir bitten dich, o heilger Christ, / der du zukünftig Richter bist, / lehr uns zuvor dein' Willen tun / und an dem Glauben nehmen zu.

6. Lob, Preis sei, Vater, deiner Kraft / und deinem Sohn, der all Ding schafft, / dem heilgen Tröster auch zugleich / so hier wie dort im Himmelreich.

A - men.

T: THOMAS MÜNTZER 1523
NACH DEM HYMNUS »CONDITOR ALME SIDERUM«
10. JH., BEI JOHANN LEISENTRIT 1567
M: KEMPTEN UM 1000

Lieber Herr und Gott: Wecke uns auf, damit wir bereit sind, wenn dein Sohn kommt, ihn mit Freuden zu empfangen und dir mit reinem Herzen zu dienen.

KIRCHENJAHR

1. Nun komm, der Heiden Heiland, der Jungfrauen Kind erkannt, dass sich wunder alle Welt, Gott solch Geburt ihm bestellt.

2. Er ging aus der Kammer sein, / dem königlichen Saal so rein, / Gott von Art und Mensch, ein Held; / sein' Weg er zu laufen eilt.

3. Sein Lauf kam vom Vater her / und kehrt wieder zum Vater, / fuhr hinunter zu der Höll / und wieder zu Gottes Stuhl.

4. Dein Krippen glänzt hell und klar, / die Nacht gibt ein neu Licht dar. / Dunkel muss nicht kommen drein, / der Glaub bleib immer im Schein.

5. Lob sei Gott dem Vater g'tan; / Lob sei Gott seim ein'gen Sohn, / Lob sei Gott dem Heilgen Geist / immer und in Ewigkeit.

T: MARTIN LUTHER 1524 NACH DEM HYMNUS
»VENI REDEMPTOR GENTIUM«
DES AMBROSIUS VON MAILAND UM 386
M: EINSIEDELN 12. JH., MARTIN LUTHER 1524

ADVENT

5

1. Gottes Sohn ist kommen uns allen zu Frommen hier auf diese Erden in armen Gebärden, dass er uns von Sünde freie und entbinde.

2. Er kommt auch noch heute / und lehret die Leute, / wie sie sich von Sünden / zur Buß sollen wenden, / von Irrtum und Torheit / treten zu der Wahrheit.

3. Die sich sein nicht schämen / und sein' Dienst annehmen / durch ein' rechten Glauben / mit ganzem Vertrauen, / denen wird er eben / ihre Sünd vergeben.

4. Denn er tut ihn' schenken / in den Sakramenten / sich selber zur Speisen, / sein Lieb zu beweisen, / dass sie sein genießen / in ihrem Gewissen.

5. Die also fest glauben / und beständig bleiben, / dem Herren in allem / trachten zu gefallen, / die werden mit Freuden / auch von hinnen scheiden.

6. Denn bald und behände / kommt ihr letztes Ende; / da wird er vom Bösen / ihre Seel erlösen / und sie mit sich führen / zu der Engel Chören.

KIRCHENJAHR

7. Wird von dannen kommen, wie dann wird vernommen, wenn die Toten werden erstehn von der Erden und zu seinen Füßen sich darstellen müssen.

8. Da wird er sie scheiden: / Seines Reiches Freuden / erben dann die Frommen; / doch die Bösen kommen / dahin, wo sie müssen / ihr Untugend büßen.

9. Ei nun, Herre Jesu, / richte unsre Herzen zu, / dass wir, alle Stunden / recht gläubig erfunden, / darinnen verscheiden / zur ewigen Freuden.

T: BÖHMISCHE BRÜDER 1544
M: »AVE HIERARCHIA« HOHENFURT 1410,
BÖHMISCHE BRÜDER 1501/1531

ADVENT

6

1. Ihr lieben Christen, freut euch nun,
bald wird erscheinen Gottes Sohn,
der unser Bruder worden ist,
das ist der lieb Herr Jesus Christ.

2. Der Jüngste Tag ist nun nicht fern. / Komm, Jesu Christe, lieber Herr! / Kein Tag vergeht, wir warten dein / und wollten gern bald bei dir sein.

3. Du treuer Heiland Jesu Christ, / dieweil die Zeit erfüllet ist, / die uns verkündet Daniel,* / so komm, lieber Immanuel. **Dan 7,13.14.27*

4. Der Teufel brächt uns gern zu Fall / und wollt uns gern verschlingen all; / er tracht' nach Leib, Seel, Gut und Ehr. / Herr Christ, dem alten Drachen wehr.

5. Ach lieber Herr, eil zum Gericht! / Lass sehn dein herrlich Angesicht, / das Wesen der Dreifaltigkeit. / Das helf uns Gott in Ewigkeit.

T: ERASMUS ALBER 1546
M: STEHT AUF, IHR LIEBEN KINDERLEIN (NR. 442)

KIRCHENJAHR

7 (Ö)

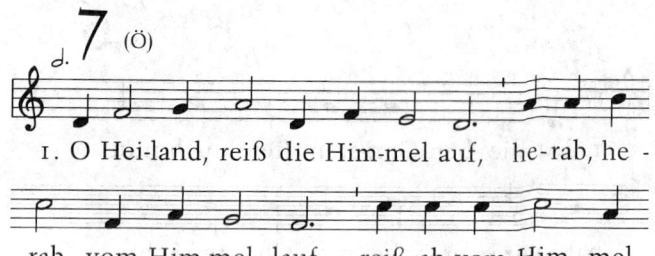

1. O Hei-land, reiß die Him-mel auf, he-rab, he-rab vom Him-mel lauf, reiß ab vom Him-mel Tor und Tür, reiß ab, wo Schloss und Rie-gel für.

Jes 64,1

2. O Gott, ein' Tau vom Himmel gieß, / im Tau herab, o Heiland, fließ. / Ihr Wolken, brecht und regnet aus / den König über Jakobs Haus. *Jes 45,8*

3. O Erd, schlag aus, schlag aus, o Erd, / dass Berg und Tal grün alles werd. / O Erd, herfür dies Blümlein bring, / o Heiland, aus der Erden spring. *Jes 11,1*

4. Wo bleibst du, Trost der ganzen Welt, / darauf sie all ihr Hoffnung stellt? / O komm, ach komm vom höchsten Saal, / komm, tröst uns hier im Jammertal.

5. O klare Sonn, du schöner Stern, / dich wollten wir anschauen gern; / o Sonn, geh auf, ohn deinen Schein / in Finsternis wir alle sein.

6. Hier leiden wir die größte Not, / vor Augen steht der ewig Tod. / Ach komm, führ uns mit starker Hand / vom Elend zu dem Vaterland.

7. Da wollen wir all danken dir, / unserm Erlöser, für und für; / da wollen wir all loben dich / zu aller Zeit und ewiglich.

T: FRIEDRICH SPEE 1622;
STR. 7 BEI DAVID GREGOR CORNER 1631
M: KÖLN 1638, AUGSBURG 1666

ADVENT
ö 8

1. Es kommt ein Schiff, geladen bis an sein' höchsten Bord, trägt Gottes Sohn voll Gnaden, des Vaters ewigs Wort.

2. Das Schiff geht still im Triebe, / es trägt ein teure Last; / das Segel ist die Liebe, / der Heilig Geist der Mast.

3. Der Anker haft' auf Erden, / da ist das Schiff am Land. / Das Wort will Fleisch uns werden, / der Sohn ist uns gesandt.

4. Zu Bethlehem geboren / im Stall ein Kindelein, / gibt sich für uns verloren; / gelobet muss es sein.

5. Und wer dies Kind mit Freuden / umfangen, küssen will, / muss vorher mit ihm leiden / groß Pein und Marter viel,

6. danach mit ihm auch sterben / und geistlich auferstehn, / das ewig Leben erben, / wie an ihm ist geschehn.

T: DANIEL SUDERMANN UM 1626 NACH
EINEM MARIENLIED AUS STRASSBURG 15. JH.
M: KÖLN 1608

KIRCHENJAHR

9 *Andere Melodie:*
Aus meines Herzens Grunde (Nr. 443)

1. Nun jauchzet, all ihr Frommen, zu dieser Gnadenzeit, weil unser Heil ist kommen, der Herr der Herrlichkeit, zwar ohne stolze Pracht, doch mächtig, zu verheeren und gänzlich zu zerstören des Teufels Reich und Macht.

2. Er kommt zu uns geritten / auf einem Eselein* / und stellt sich in die Mitten / für uns zum Opfer ein. / Er bringt kein zeitlich Gut, / er will allein erwerben / durch seinen Tod und Sterben, / was ewig währen tut.
*Mt 21,1-9

3. Kein Zepter, keine Krone / sucht er auf dieser Welt; / im hohen Himmelsthrone / ist ihm sein Reich bestellt. / Er will hier seine Macht / und Majestät verhüllen, / bis er des Vaters Willen / im Leiden hat vollbracht.

4. Ihr Mächtigen auf Erden, / nehmt diesen König an, / wollt ihr beraten werden / und gehn die rechte Bahn, / die zu dem Himmel führt; / sonst, wo ihr ihn verachtet / und nur nach Hoheit trachtet, / des Höchsten Zorn euch rührt.

ADVENT

5. Ihr Armen und Elenden / zu dieser bösen Zeit, / die ihr an allen Enden / müsst haben Angst und Leid, / seid dennoch wohlgemut, / lasst eure Lieder klingen, / dem König Lob zu singen, / der ist eu'r höchstes Gut.

6. Er wird nun bald erscheinen / in seiner Herrlichkeit / und all eu'r Klag und Weinen / verwandeln ganz in Freud. / Er ist's, der helfen kann; / halt' eure Lampen fertig / und seid stets sein gewärtig, / er ist schon auf der Bahn.

T : MICHAEL SCHIRMER 1640
M : JOHANN CRÜGER 1640

(Ö) 10

1. Mit Ernst, o Menschenkinder, das Herz in euch bestellt, den Gott aus Gnad allein der Welt zum Licht und Leben versprochen hat zu geben, bei allen kehren ein.

bald wird das Heil der Sünder, der wunderstarke Held,

KIRCHENJAHR

2. Bereitet doch fein tüchtig den Weg dem großen Gast; macht alle Bahnen recht, die Tal lasst sein erhöhet, macht niedrig, was hoch stehet, was krumm ist, gleich und schlicht. / macht seine Steige richtig, lasst alles, was er hasst;

Jes 40,3.4

3. Ein Herz, das Demut liebet, / bei Gott am höchsten steht; / ein Herz, das Hochmut übet, / mit Angst zugrunde geht; / ein Herz, das richtig ist / und folget Gottes Leiten, / das kann sich recht bereiten, / zu dem kommt Jesus Christ.

4. Ach mache du mich Armen / zu dieser heilgen Zeit / aus Güte und Erbarmen, / Herr Jesu, selbst bereit. / Zieh in mein Herz hinein / vom Stall und von der Krippen, / so werden Herz und Lippen / dir allzeit dankbar sein.

T: VALENTIN THILO 1642; STR. 4 LÜNEBURG 1657
M: VON GOTT WILL ICH NICHT LASSEN (NR. 365)

ADVENT

ö II

1. Wie soll ich dich empfangen und wie begegn ich dir, o aller Welt Verlangen, o meiner Seelen Zier? O Jesu, Jesu, setze mir selbst die Fackel bei, damit, was dich ergötze, mir kund und wissend sei.

2. Dein Zion streut dir Palmen / und grüne Zweige hin,* / und ich will dir in Psalmen / ermuntern meinen Sinn. / Mein Herze soll dir grünen / in stetem Lob und Preis / und deinem Namen dienen, / so gut es kann und weiß.

Mt 21,8

3. Was hast du unterlassen / zu meinem Trost und Freud, / als Leib und Seele saßen / in ihrem größten Leid? / Als mir das Reich genommen, / da Fried und Freude lacht, / da bist du, mein Heil, kommen / und hast mich froh gemacht.

4. Ich lag in schweren Banden, / du kommst und machst mich los; / ich stand in Spott und Schanden, / du kommst und machst mich groß / und hebst mich hoch zu Ehren / und schenkst mir großes Gut, / das sich nicht lässt verzehren, / wie irdisch Reichtum tut.

5. Nichts, nichts hat dich getrieben / zu mir vom Himmelszelt / als das geliebte Lieben, / damit du alle Welt / in ihren tausend Plagen / und großen Jammerlast, / die kein Mund kann aussagen, / so fest umfangen hast.

6. Das schreib dir in dein Herze, / du hochbetrübtes Heer, / bei denen Gram und Schmerze / sich häuft je mehr und mehr; / seid unverzagt, ihr habet / die Hilfe vor der Tür; / der eure Herzen labet / und tröstet, steht allhier.

7. Ihr dürft euch nicht bemühen / noch sorgen Tag und Nacht, / wie ihr ihn wollet ziehen / mit eures Armes Macht. / Er kommt, er kommt mit Willen, / ist voller Lieb und Lust, / all Angst und Not zu stillen, / die ihm an euch bewusst.

8. Auch dürft ihr nicht erschrecken / vor eurer Sünden Schuld; / nein, Jesus will sie decken / mit seiner Lieb und Huld. / Er kommt, er kommt den Sündern / zu Trost und wahrem Heil, / schafft, dass bei Gottes Kindern / verbleib ihr Erb und Teil.

9. Was fragt ihr nach dem Schreien / der Feind und ihrer Tück? / Der Herr wird sie zerstreuen / in einem Augenblick. / Er kommt, er kommt, ein König, / dem wahrlich alle Feind / auf Erden viel zu wenig / zum Widerstande seind.

10. Er kommt zum Weltgerichte: / zum Fluch dem, der ihm flucht, / mit Gnad und süßem Lichte / dem, der ihn liebt und sucht. / Ach komm, ach komm, o Sonne, / und hol uns allzumal / zum ewgen Licht und Wonne / in deinen Freudensaal.

T: PAUL GERHARDT 1653
M: JOHANN CRÜGER 1653

ADVENT

Andere Melodie:
Nun komm, der Heiden Heiland (Nr. 4) **12**

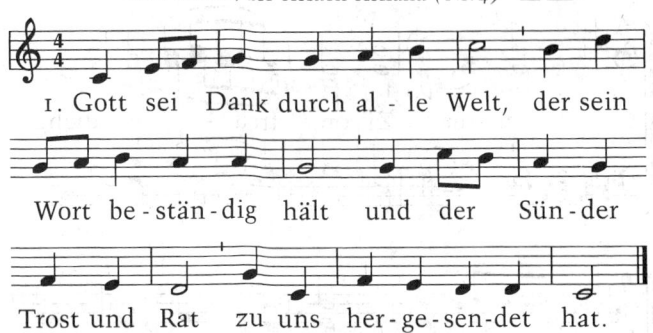

1. Gott sei Dank durch al-le Welt, der sein Wort be-stän-dig hält und der Sün-der Trost und Rat zu uns her-ge-sen-det hat.

2. Was der alten Väter Schar / höchster Wunsch und Sehnen war / und was sie geprophezeit, / ist erfüllt in Herrlichkeit.

3. Zions Hilf und Abrams Lohn,* / Jakobs Heil,* der Jungfrau Sohn, / der wohl zweigestammte Held / hat sich treulich eingestellt.   **1. Mose 15,1* **1. Mose 49,18*

4. Sei willkommen, o mein Heil! / Dir Hosianna, o mein Teil! / Richte du auch eine Bahn / dir in meinem Herzen an.

T: HEINRICH HELD 1658
M: FRANKFURT/MAIN 1659, HALLE 1704,
BEI JOHANN GEORG STÖTZEL 1744

KIRCHENJAHR

13

1. Tochter Zion, freue dich, jauchze laut, Jerusalem! Sieh, dein König kommt zu dir, ja er kommt, der Friedefürst.

ADVENT

Tochter Zion, freue dich, jauchze laut, Jerusalem!

Sach 9,9

2. Hosianna, Davids Sohn, / sei gesegnet deinem Volk! / Gründe nun dein ewig Reich, / Hosianna in der Höh! / Hosianna, Davids Sohn, / sei gesegnet deinem Volk!

3. Hosianna, Davids Sohn, / sei gegrüßet, König mild! / Ewig steht dein Friedensthron, / du, des ewgen Vaters Kind. / Hosianna, Davids Sohn, / sei gegrüßet, König mild!

T: FRIEDRICH HEINRICH RANKE (UM 1820) 1826
M UND SATZ: GEORG FRIEDRICH HÄNDEL 1747

KIRCHENJAHR

14

1. Dein Kö-nig kommt in nie-dern Hül-len,
ihn trägt der last-barn Es'-lin Fül-len,
emp-fang ihn froh, Je-ru-sa-lem!
Trag ihm ent-ge-gen Frie-dens-pal-men,
be-streu den Pfad mit grü-nen Hal-men;
so ist's dem Her-ren an-ge-nehm.

Mt 21,1-9

2. O mächt'ger Herrscher ohne Heere, / gewalt'ger Kämpfer ohne Speere, / o Friedefürst von großer Macht! / Es wollen dir der Erde Herren / den Weg zu deinem Throne sperren, / doch du gewinnst ihn ohne Schlacht.

3. Dein Reich ist nicht von dieser Erden, / doch aller Erde Reiche werden / dem, das du gründest, untertan. / Bewaffnet mit des Glaubens Worten / zieht deine Schar nach allen Orten / der Welt hinaus und macht dir Bahn.

4. Und wo du kommst herangezogen, / da ebnen sich des Meeres Wogen, / es schweigt der Sturm, von dir bedroht. / Du kommst, dass auf empörter Erde / der neue Bund gestiftet werde, / und schlägst in Fessel Sünd und Tod.

5. O Herr von großer Huld und Treue, / o komme du auch jetzt aufs Neue / zu uns, die wir sind schwer verstört. / Not ist es, dass du selbst hienieden / kommst, zu erneuen deinen Frieden, / dagegen sich die Welt empört.

6. O lass dein Licht auf Erden siegen, / die Macht der Finsternis erliegen / und lösch der Zwietracht Glimmen aus, / dass wir, die Völker und die Thronen, / vereint als Brüder wieder wohnen / in deines großen Vaters Haus.

T: FRIEDRICH RÜCKERT 1834
M: JOHANNES ZAHN 1853

Du, Tochter Zion, freue dich sehr, und du, Tochter Jerusalem, jauchze! Siehe, dein König kommt zu dir, ein Gerechter und ein Helfer, arm und reitet auf einem Esel, auf einem Füllen der Eselin. SACHARJA 9,9

KIRCHENJAHR

15 Jesaja 40,1–10

1. »Trös-tet, trös-tet«, spricht der Herr, »mein Volk, dass es nicht zage mehr.« Der Sünde Last, des Todes Fron nimmt von euch Christus, Gottes Sohn.

2. Freundlich, freundlich rede du / und sprich dem müden Volke zu: / »Die Qual ist um, der Knecht ist frei, / all Missetat vergeben sei.«

3. Ebnet, ebnet Gott die Bahn, / bei Tal und Hügel fanget an. / Die Stimme ruft: »Tut Buße gleich, / denn nah ist euch das Himmelreich.«

4. Sehet, sehet, alle Welt / die Herrlichkeit des Herrn erhellt. / Die Zeit ist hier, es schlägt die Stund, / geredet hat es Gottes Mund.

5. Alles, alles Fleisch ist Gras, / die Blüte sein wird bleich und blass. / Das Gras verdorrt, das Fleisch verblich, / doch Gottes Wort bleibt ewiglich.

6. Hebe deine Stimme, sprich / mit Macht, dass niemand fürchte sich. / Es kommt der Herr, eu'r Gott ist da / und herrscht gewaltig fern und nah.

T: WALDEMAR RODE 1938
M: HANS FRIEDRICH MICHEELSEN 1938

ADVENT

ö 16

1. Die Nacht ist vor-ge-drun-gen, der Tag ist nicht mehr fern. So sei nun Lob ge-sun-gen dem hel-len Mor-gen-stern! Auch wer zur Nacht ge-wei-net, der stim-me froh mit ein. Der Mor-gen-stern be-schei-net auch dei-ne Angst und Pein.

2. Dem alle Engel dienen, / wird nun ein Kind und Knecht. / Gott selber ist erschienen / zur Sühne für sein Recht. / Wer schuldig ist auf Erden, / verhüll nicht mehr sein Haupt. / Er soll errettet werden, / wenn er dem Kinde glaubt.

3. Die Nacht ist schon im Schwinden, / macht euch zum Stalle auf! / Ihr sollt das Heil dort finden, / das aller Zeiten Lauf / von Anfang an verkündet, / seit eure Schuld geschah. / Nun hat sich euch verbündet, / den Gott selbst ausersah.

4. Noch manche Nacht wird fallen auf Menschenleid und -schuld. Doch wandert nun mit allen der Stern der Gotteshuld. Beglänzt von seinem Lichte, hält euch kein Dunkel mehr, von Gottes Angesichte kam euch die Rettung her.

5. Gott will im Dunkel wohnen* / und hat es doch erhellt. / Als wollte er belohnen, / so richtet er die Welt. / Der sich den Erdkreis baute, / der lässt den Sünder nicht. / Wer hier dem Sohn vertraute, / kommt dort aus dem Gericht.

*1. Kön 8,12

T: JOCHEN KLEPPER 1938
M: JOHANNES PETZOLD 1939

ADVENT

ö 17

1. Wir sagen euch an den lieben Advent. / Sehet, die erste Kerze brennt! / Wir sagen euch an eine heilige Zeit. / Machet dem Herrn den Weg bereit.
Freut euch, ihr Christen, freuet euch sehr! / Schon ist nahe der Herr.

2. Wir sagen euch an den lieben Advent. / Sehet, die zweite Kerze brennt! / So nehmet euch eins um das andere an, / wie auch der Herr an uns getan.
Freut euch, ihr Christen, freuet euch sehr! / Schon ist nahe der Herr.

3. Wir sagen euch an den lieben Advent. / Sehet, die dritte Kerze brennt! / Nun tragt eurer Güte hellen Schein / weit in die dunkle Welt hinein.
Freut euch, ihr Christen, freuet euch sehr! / Schon ist nahe der Herr.

4. Wir sagen euch an den lieben Advent. / Sehet, die vierte Kerze brennt! / Gott selber wird kommen, er zögert nicht. / Auf, auf, ihr Herzen, und werdet licht!
Freut euch, ihr Christen, freuet euch sehr! / Schon ist nahe der Herr.

T: MARIA FERSCHL 1954
M: HEINRICH ROHR 1954

KIRCHENJAHR

18 *Auch im Kanon zu singen*

1. Seht, die gu-te Zeit ist nah,
   Gott kommt auf die Er - de,
   kommt und ist für al - le da,
   kommt, dass Frie-de wer - de,
   kommt, dass Frie-de wer - de.

2. Hirt und Kö-nig, Groß und Klein,
   Kran-ke und Ge-sun - de,
   Ar-me, Rei-che lädt er ein,
   freut euch auf die Stun - de,
   freut euch auf die Stun - de.

Dazu können die folgenden Begleitstimmen gesungen werden:

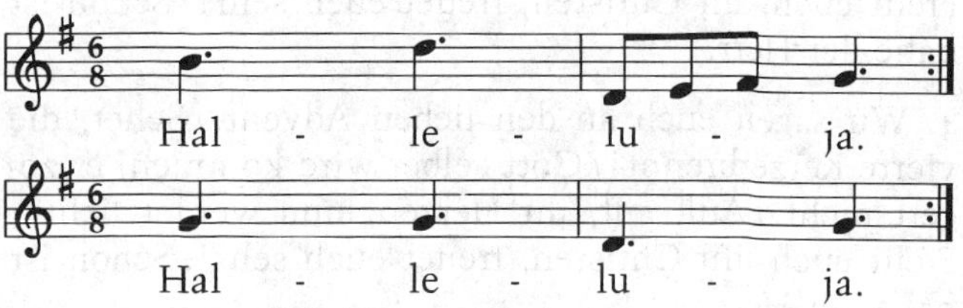

Hal - le - lu - ja.

Hal - le - lu - ja.

T: FRIEDRICH WALZ 1972
M: NACH EINEM WEIHNACHTSLIED AUS MÄHREN
BEGLEITSTIMMEN: RICHARD RUDOLF KLEIN

ADVENT

19

1. O komm, o komm, du Morgenstern,*
lass uns dich schauen, unsern Herrn.
Vertreib das Dunkel unserer Nacht
durch deines klaren Lichtes Pracht.
Freut euch, freut euch, der Herr ist nah.
Freut euch und singt Halleluja.

*Offb 22,16.17

2. O komm, du Sohn aus Davids Stamm, / du Friedensbringer, Osterlamm. / Von Schuld und Knechtschaft mach uns frei / und von des Bösen Tyrannei.
Freut euch, freut euch, der Herr ist nah. / Freut euch und singt Halleluja.

KIRCHENJAHR

3. O komm, o Herr, bleib bis ans End,
bis dass uns nichts mehr von dir trennt,
bis dich, wie es dein Wort verheißt,
der Freien Lied ohn Ende preist.
Freut euch, freut euch, der Herr ist nah.
Freut euch und singt Halleluja.

T: OTMAR SCHULZ 1975 NACH DEM ENGLISCHEN
»O COME, O COME EMMANUEL« VON
JOHN MASON NEALE 1851/1861 (STR. 1–2)
UND HENRY SLOANE COFFIN 1916 (STR. 3)
M: FRANKREICH 15. JH., BEI THOMAS HELMORE 1856

ADVENT

Jesaja 9,1-6   **20**

1. Das Volk, das noch im Finstern wandelt – bald sieht es Licht, ein großes Licht. Heb in den Himmel dein Gesicht und steh und lausche, weil Gott handelt.

2. Die ihr noch wohnt im Tal der Tränen, / wo Tod den schwarzen Schatten wirft: / Schon hört ihr Gottes Schritt, ihr dürft / euch jetzt nicht mehr verlassen wähnen.

3. Er kommt mit Frieden. Nie mehr Klagen, / nie Krieg, Verrat und bittre Zeit! / Kein Kind, das nachts erschrocken schreit, / weil Stiefel auf das Pflaster schlagen.

4. Die Liebe geht nicht mehr verloren. / Das Unrecht stürzt in vollem Lauf. / Der Tod ist tot. Das Volk jauchzt auf / und ruft: »Uns ist ein Kind geboren!«

5. Man singt: »Ein Sohn ist uns gegeben, / Sohn Gottes, der das Zepter hält, / der gute Hirt, das Licht der Welt, / der Weg, die Wahrheit und das Leben.«

6. Noch andre Namen wird er führen: / Er heißt Gottheld und Wunderrat / und Vater aller Ewigkeit. / Der Friedefürst wird uns regieren!

KIRCHENJAHR

7. Dann wird die arme Erde allen
ein Land voll Milch und Honig sein.
Das Kind zieht als ein König ein,
und Davids Thron wird niemals fallen.

8. Dann stehen Mensch und Mensch zusammen / vor eines Herren Angesicht, / und alle, alle schaun ins Licht, / und er kennt jedermann mit Namen.

T: JÜRGEN HENKYS 1981 NACH DEM NIEDERLÄNDISCHEN »HET VOLK DAT WANDELT IN HET DUISTER« VON JAN WILLEM SCHULTE NORDHOLT 1959
M: FRITS MEHRTENS 1959

ADVENT

21

Seht auf und erhebt eure Häupter, weil sich eure Erlösung naht, weil sich eure Erlösung naht.

T: LUKAS 21,28
M: VOLKER OCHS UM 1980

ö 22

Nun sei uns willkommen, Herre Christ, der du unser aller Herre bist, willkommen auf Erden.
(Erd.)

T: AACHEN 13./14. JH.
KANON FÜR 4 STIMMEN: WALTER REIN 1934
NACH EINER NIEDERLÄNDISCHEN MELODIEFASSUNG
UM 1600

WEIHNACHTEN

1. Ge-lo-bet seist du, Je-su Christ, dass du Mensch ge-bo-ren bist von ei-ner Jung-frau, das ist wahr; des freu-et sich der En-gel Schar. Ky-ri-e-leis.

2. Des ewgen Vaters einig Kind / jetzt man in der Krippen find't; / in unser armes Fleisch und Blut / verkleidet sich das ewig Gut. / Kyrieleis.

3. Den aller Welt Kreis nie beschloss, / der liegt in Marien Schoß; / er ist ein Kindlein worden klein, / der alle Ding erhält allein. / Kyrieleis.

4. Das ewig Licht geht da herein, / gibt der Welt ein' neuen Schein; / es leucht' wohl mitten in der Nacht / und uns des Lichtes Kinder macht. / Kyrieleis.

5. Der Sohn des Vaters, Gott von Art, / ein Gast in der Welt hier ward / und führt uns aus dem Jammertal, / macht uns zu Erben in seim Saal. / Kyrieleis.

WEIHNACHTEN

6. Er ist auf Erden kommen arm, / dass er unser sich erbarm / und in dem Himmel mache reich / und seinen lieben Engeln gleich. / Kyrieleis.

7. Das hat er alles uns getan, / sein groß Lieb zu zeigen an. / Des freu sich alle Christenheit / und dank ihm des in Ewigkeit. / Kyrieleis.

T: STR. I MEDINGEN UM 1380;
STR. 2–7 MARTIN LUTHER 1524
M: MEDINGEN UM 1460, WITTENBERG 1524

Lukas 2,9-16 ö 24

1. »Vom Him-mel hoch, da komm ich her, ich bring euch gu-te neu-e Mär; der gu-ten Mär bring ich so viel, da-von ich sing und sa-gen will.

2. Euch ist ein Kindlein heut geborn / von einer Jungfrau auserkorn, / ein Kindelein so zart und fein, / das soll eu'r Freud und Wonne sein.

3. Es ist der Herr Christ, unser Gott, / der will euch führn aus aller Not, / er will eu'r Heiland selber sein, / von allen Sünden machen rein.

4. Er bringt euch alle Seligkeit, / die Gott der Vater hat bereit', / dass ihr mit uns im Himmelreich / sollt leben nun und ewiglich.

5. So merket nun das Zeichen recht: / die Krippe, Windelein so schlecht, / da findet ihr das Kind gelegt, / das alle Welt erhält und trägt.«

6. Des lasst uns alle fröhlich sein / und mit den Hirten gehn hinein, / zu sehn, was Gott uns hat beschert, / mit seinem lieben Sohn verehrt.

7. Merk auf, mein Herz, und sieh dorthin; / was liegt doch in dem Krippelein? / Wes ist das schöne Kindelein? / Es ist das liebe Jesulein.

8. Sei mir willkommen, edler Gast! / Den Sünder nicht verschmähet hast / und kommst ins Elend her zu mir: / wie soll ich immer danken dir?

9. Ach Herr, du Schöpfer aller Ding, / wie bist du worden so gering, / dass du da liegst auf dürrem Gras, / davon ein Rind und Esel aß!

10. Und wär die Welt vielmal so weit, / von Edelstein und Gold bereit', / so wär sie doch dir viel zu klein, / zu sein ein enges Wiegelein.

11. Der Sammet und die Seiden dein, / das ist grob Heu und Windelein, / darauf du König groß und reich / herprangst, als wär's dein Himmelreich.

12. Das hat also gefallen dir, / die Wahrheit anzuzeigen mir, / wie aller Welt Macht, Ehr und Gut / vor dir nichts gilt, nichts hilft noch tut.

13. Ach mein herzliebes Jesulein, / mach dir ein rein sanft Bettelein, / zu ruhen in meins Herzens Schrein, / dass ich nimmer vergesse dein.

WEIHNACHTEN

14. Davon ich allzeit fröhlich sei, / zu springen, singen immer frei / das rechte Susaninne* schön, / mit Herzenslust den süßen Ton.
*Wiegenlied

15. Lob, Ehr sei Gott im höchsten Thron, / der uns schenkt seinen ein'gen Sohn. / Des freuet sich der Engel Schar / und singet uns solch neues Jahr.

T : MARTIN LUTHER 1535
M : MARTIN LUTHER 1539

Andere Melodie:
Vom Himmel hoch, da komm ich her (Nr. 24) **25**

1. Vom Him-mel kam der En-gel Schar, er-schien den Hir-ten of-fen-bar; sie sag-ten ihn': »Ein Kind-lein zart, das liegt dort in der Krip-pen hart

2. zu Bethlehem, in Davids Stadt, / wie Micha das verkündet hat, / es ist der Herre Jesus Christ, / der euer aller Heiland ist.«

3. Des sollt ihr alle fröhlich sein, / dass Gott mit euch ist worden ein. / Er ist geborn eu'r Fleisch und Blut, / eu'r Bruder ist das ewig Gut.

4. Was kann euch tun die Sünd und Tod? / Ihr habt mit euch den wahren Gott; / lasst zürnen Teufel und die Höll, / Gotts Sohn ist worden eu'r Gesell.

5. Er will und kann euch lassen nicht, / setzt ihr auf ihn eu'r Zuversicht; / es mögen euch viel fechten an: / dem sei Trotz, der's nicht lassen kann.

6. Zuletzt müsst ihr doch haben recht, / ihr seid nun worden Gotts Geschlecht. / Des danket Gott in Ewigkeit, / geduldig, fröhlich allezeit.

T: MARTIN LUTHER 1543
M: 15. JH., GEISTLICH WITTENBERG 1535

26 ö

1. Ehre sei Gott in der Höhe!
2. Friede auf Erden, auf Erden und den
3. Menschen ein Wohlgefallen. A-
4. -men, Amen.

T: LUKAS 2,14
KANON FÜR 4 STIMMEN: LUDWIG ERNST GEBHARDI
UM 1830

WEIHNACHTEN

ö 27

1. Lobt Gott, ihr Christen alle gleich, in seinem höchsten Thron, der heut schließt auf sein Himmelreich und schenkt uns seinen Sohn, und schenkt uns seinen Sohn.

2. Er kommt aus seines Vaters Schoß / und wird ein Kindlein klein, / er liegt dort elend, nackt und bloß / in einem Krippelein, / in einem Krippelein.

3. Er äußert sich all seiner G'walt, / wird niedrig und gering / und nimmt an eines Knechts Gestalt, / der Schöpfer aller Ding, / der Schöpfer aller Ding. *Phil 2,6-8*

4. Er wechselt mit uns wunderlich: / Fleisch und Blut nimmt er an / und gibt uns in seins Vaters Reich / die klare Gottheit dran, / die klare Gottheit dran.

5. Er wird ein Knecht und ich ein Herr; / das mag ein Wechsel sein! / Wie könnt es doch sein freundlicher, / das herze Jesulein, / das herze Jesulein!

6. Heut schließt er wieder auf die Tür / zum schönen Paradeis; / der Cherub steht nicht mehr dafür. / Gott sei Lob, Ehr und Preis, / Gott sei Lob, Ehr und Preis!

1. Mose 3,24

T: NIKOLAUS HERMAN 1560
M: NIKOLAUS HERMAN 1554

KIRCHENJAHR

28

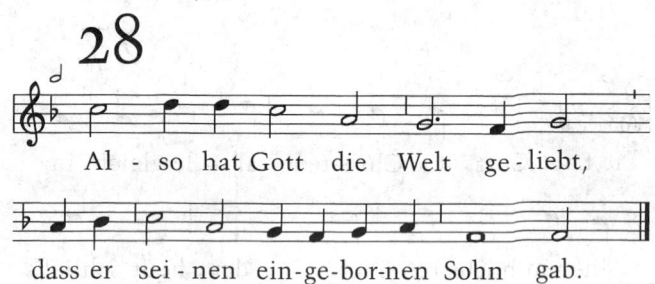

Al - so hat Gott die Welt ge - liebt,

dass er sei - nen ein-ge-bor-nen Sohn gab.

T: JOHANNES 3,16
M: VOLKER OCHS UM 1980

29

Gruppe I

1. Den die Hir - ten lo - be - ten seh - re
2. Zu dem die Kö - ni - ge ka-men ge - rit - ten,
3. Freut euch heu - te mit Ma - ri - a
4. Lobt, ihr Men - schen al - le glei - che,

Gruppe II

1. und die En - gel noch viel meh -
2. Gold, Weih-rauch, Myr - rhen brachten sie mit -
3. in der himm-li-schen Hie - rar - chi -
4. Got - tes Sohn vom Him - mel - rei -

Gruppe III

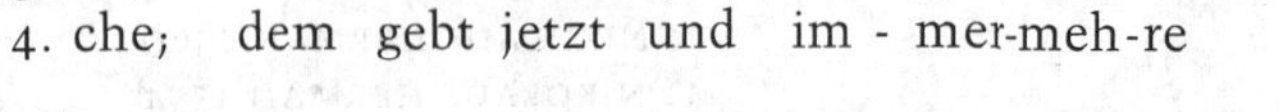

1. re, fürch - tet euch nun nim - mer-meh-re
2. te. Sie fie-len nieder auf ih - re Knie-e:
3. a, da die En - gel sin - gen al - le
4. che; dem gebt jetzt und im - mer-meh-re

WEIHNACHTEN

Gruppe IV

1. euch ist ge-born ein Kö-nig der Ehrn.
2. Ge-lo-bet seist du, Herr, all-hie.
3. in dem Him-mel hoch mit Schall.
4. Lob und Preis und Dank und Ehr.

Alle Gruppen / Chor

1. Heut sein die lie-ben En-ge-lein
2. »Sein' Sohn die gött-lich Ma-jes-tät
3. Da-nach san-gen die En-ge-lein:
4. Die Hir-ten spra-chen: »Nun wohl-an,

1. in hel-lem Schein er-schie-nen
2. euch ge-ben hat, ein' Men-schen
3. »Gebt Gott al-lein im Him-mel
4. so lasst uns gahn und die-se

1. bei der Nach-te den Hir-ten, die ihr'
2. las-sen wer-den. Ein Jung-frau ihn ge-
3. Preis und Eh-re. Groß Frie-de wird auf
4. Ding er-fah-ren, die uns der Herr hat

1. Schä-fe-lein bei Mon-den-schein im
2. bo-ren hat in Da-vids Stadt, da
3. Er-den sein, des solln sich freun die
4. kund-ge-tan: das Vieh lasst stahn, er

KIRCHENJAHR

1. wei-ten Feld bewachten: »Große Freud und gute Mär wolln wir euch offenbaren, die euch und aller Welt soll widerfahren.«
2. ihr ihn finden werdet liegend in eim Krippelein nackend, bloß und elende, dass er all euer Elend von euch wende.«
3. Menschen alle sehre und ein Wohlgefallen han: Der Heiland ist gekommen, hat euch zugut das Fleisch an sich genommen.«
4. wird's indes bewahren.« Da fanden sie das Kindelein in Tüchelein gehüllet, das alle Welt mit seiner Gnad erfüllet.

WEIHNACHTEN 29

T: 1. TEIL: BEI MATTHÄUS LUDECUS 1589 NACH
»QUEM PASTORES LAUDAVERE« 15. JH.
2. TEIL: NIKOLAUS HERMAN 1560 NACH
»NUNC ANGELORUM GLORIA« 14. JH.
3. TEIL: BEI JOHANNES KEUCHENTHAL 1573
NACH »MAGNUM NOMEN DOMINI« 9. JH.
M: HOHENFURT UM 1450, PRAG 1541,
BEI VALENTIN TRILLER 1555
SATZ: MICHAEL PRAETORIUS 1607

KIRCHENJAHR

30 (Ö) Jesaja 11,1

1. Es ist ein Ros entsprungen aus einer Wurzel zart,
wie uns die Alten sungen, von Jesse kam die Art
und hat ein Blümlein bracht

2. Das Blümlein, das ich meine, davon Jesaja sagt,
hat uns gebracht alleine Marie, die reine Magd;
aus Gottes ew'gem Rat

3. Das Blümelein so kleine, das duftet uns so süß;
mit seinem hellen Scheine vertreibt's die Finsternis.
Wahr' Mensch

4. O Jesu, bis zum Scheiden aus diesem Jammertal
lass dein Hilf uns geleiten hin in den Freudensaal,
in dei-

WEIHNACHTEN

KIRCHENJAHR

1. Es ist ein Ros entsprungen aus einer Wurzel zart, und hat ein Blümlein bracht mitten im kalten Winter wohl zu der halben Nacht.

wie uns die Alten sungen, von Jesse kam die Art

2. Das Blümlein, das ich meine, / davon Jesaja sagt, / hat uns gebracht alleine / Marie, die reine Magd; / aus Gottes ewgem Rat / hat sie ein Kind geboren, / welches uns selig macht.

3. Das Blümelein so kleine, / das duftet uns so süß; / mit seinem hellen Scheine / vertreibt's die Finsternis. / Wahr' Mensch und wahrer Gott, / hilft uns aus allem Leide, / rettet von Sünd und Tod.

4. O Jesu, bis zum Scheiden / aus diesem Jammertal / lass dein Hilf uns geleiten / hin in den Freudensaal, / in deines Vaters Reich, / da wir dich ewig loben; / o Gott, uns das verleih!

T: STR. 1–2 TRIER 1587/88;
STR. 3–4 BEI FRIDRICH LAYRIZ 1844
M: 16. JH., KÖLN 1599
SATZ: MICHAEL PRAETORIUS 1609

WEIHNACHTEN

31

Es ist ein Ros entsprungen aus einer Wurzel zart, wie uns die Alten sungen, von Jesse kam die Art.

TEXTUNTERLEGUNG: FRITZ JÖDE 1926 NACH NR. 30
KANON FÜR 4 STIMMEN: MELCHIOR VULPIUS
(VOR 1615) 1620

*Es wird ein Reis hervorgehen aus dem
Stamm Isais und ein Zweig aus seiner Wurzel
Frucht bringen. Auf ihm wird ruhen der Geist
des Herrn, der Geist der Weisheit und
des Verstandes, der Geist des Rates und der
Stärke, der Geist der Erkenntnis und der Furcht
des Herrn.* JESAJA 11,1.2

KIRCHENJAHR

32 (Ö)

1. Zu Bethlehem geboren ist uns ein Kindelein, das hab ich auserkoren, sein Eigen will ich sein, eia, eia, sein Eigen will ich sein.

2. In seine Lieb versenken / will ich mich ganz hinab; / mein Herz will ich ihm schenken / und alles, was ich hab, / eia, eia, und alles, was ich hab.

3. O Kindelein, von Herzen / will ich dich lieben sehr / in Freuden und in Schmerzen, / je länger mehr und mehr, / eia, eia, je länger mehr und mehr.

4. Dazu dein Gnad mir gebe, / bitt ich aus Herzensgrund, / dass dir allein ich lebe, / jetzt und zu aller Stund, / eia, eia, jetzt und zu aller Stund.

T: FRIEDRICH SPEE 1637
M: PARIS 1599; GEISTLICH KÖLN 1638

WEIHNACHTEN

33

1. Brich an, du schönes Morgenlicht,
und lass den Himmel tagen!
dass dieses schwache Knäbelein soll unser
Trost und Freude sein, dazu den Satan
zwingen und letztlich Frieden bringen.

Du Hirtenvolk, erschrecke nicht,
weil dir die Engel sagen,

2. Willkommen, süßer Bräutigam, / du König aller Ehren! / Willkommen, Jesu, Gottes Lamm, / ich will dein Lob vermehren; / ich will dir all mein Leben lang / von Herzen sagen Preis und Dank, / dass du, da wir verloren, / für uns bist Mensch geboren.

3. Lob, Preis und Dank, Herr Jesu Christ, / sei dir von mir gesungen, / dass du mein Bruder worden bist / und hast die Welt bezwungen; / hilf, dass ich deine Gütigkeit / stets preis in dieser Gnadenzeit / und mög hernach dort oben / in Ewigkeit dich loben.

T: JOHANN RIST 1641
M: JOHANN SCHOP 1641,
BEI WOLFGANG CARL BRIEGEL 1687 »ERMUNTRE DICH,
MEIN SCHWACHER GEIST«

KIRCHENJAHR

34 *Vor der ersten und nach der letzten Strophe kann das Halleluja gesungen werden.*

Hal-le-lu-ja, Hal-le-lu-ja, Hal-le-lu-ja,
Hal-le-lu-ja, Hal-le-lu-ja, Hal-le-lu-ja,
Hal-le-lu-ja, Hal-le-lu-ja, Hal-le-lu-ja,
Hal-le-lu-ja, Hal-le-lu-ja, Hal-le-lu-ja.

1. Freu-et euch, ihr Chris-ten al-le, freu-e sich, wer im-mer kann; Gott hat viel an uns ge-tan. Freu-et euch mit gro-ßem Schal-le, dass er uns so hoch ge-acht', sich mit uns be-freund't ge-macht. Freu-de, Freu-de über Freu-de:

WEIHNACHTEN

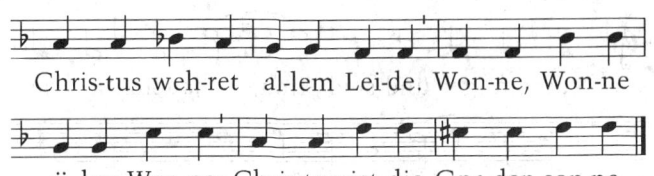

Chris-tus weh-ret al-lem Lei-de. Won-ne, Won-ne ü-ber Won-ne: Chris-tus ist die Gna-den-son-ne.

2. Siehe, siehe, meine Seele, / wie dein Heiland kommt zu dir, / brennt in Liebe für und für, / dass er in der Krippen Höhle / harte lieget dir zugut, / dich zu lösen durch sein Blut. / Freude, Freude über Freude: / Christus wehret allem Leide. / Wonne, Wonne über Wonne: / Christus ist die Gnadensonne.

3. Jesu, wie soll ich dir danken? / Ich bekenne, dass von dir / meine Seligkeit herrühr, / so lass mich von dir nicht wanken. / Nimm mich dir zu Eigen hin, / so empfindet Herz und Sinn / Freude, Freude über Freude: / Christus wehret allem Leide. / Wonne, Wonne über Wonne: / Christus ist die Gnadensonne.

4. Jesu, nimm dich deiner Glieder / ferner noch in Gnaden an; / schenke, was man bitten kann, / und erquick uns alle wieder; / gib der ganzen Christenschar / Frieden und ein selig Jahr. / Freude, Freude über Freude: / Christus wehret allem Leide. / Wonne, Wonne über Wonne: / Christus ist die Gnadensonne.

T: CHRISTIAN KEIMANN 1646
M: ANDREAS HAMMERSCHMIDT 1646

KIRCHENJAHR

35 (Ö)

1. Nun sin-get und seid froh, jauchzt al-le und sagt so: Un-sers Her-zens Won-ne liegt in der Krip-pen bloß und leucht' doch wie die Son-ne in sei-ner Mut-ter Schoß. Du bist A und O, du bist A und O.

Offb 1,8

2. Sohn Gottes in der Höh, / nach dir ist mir so weh. / Tröst mir mein Gemüte, / o Kindlein zart und rein, / durch alle deine Güte, / o liebstes Jesulein. / Zieh mich hin zu dir, / zieh mich hin zu dir.

3. Groß ist des Vaters Huld, / der Sohn tilgt unsre Schuld. / Wir warn all verdorben / durch Sünd und Eitelkeit, / so hat er uns erworben / die ewig Himmelsfreud. / O welch große Gnad, / o welch große Gnad!

WEIHNACHTEN

4. Wo ist der Freuden Ort? Nirgends mehr denn dort, da die Engel singen mit den Heilgen all und die Psalmen klingen im hohen Himmelssaal. Eia, wärn wir da, eia, wärn wir da.

T: HANNOVER 1646 NACH DEM LATEINISCH-
DEUTSCHEN »IN DULCI JUBILO« 14. JH.
UND LEIPZIG 1545 (STR. 3)
M: 14. JH., WITTENBERG 1529

Gott, du Grund der Freude, du hast durch die Geburt Jesu einen hellen Schein in unsere dunkle Welt gegeben. Hilf, dass dieses Licht auch uns erleuchtet. Lass es widerstrahlen in allem, was wir tun.

KIRCHENJAHR
36 (Ö)

1. Fröh-lich soll mein Her-ze sprin-gen
die-ser Zeit, da vor Freud al-le En-gel sin-gen.
Hört, hört, wie mit vol-len Chö-ren al-le Luft
lau-te ruft: Chris-tus ist ge-bo-ren!

2. Heute geht aus seiner Kammer / Gottes Held, der die Welt / reißt aus allem Jammer. / Gott wird Mensch dir, Mensch, zugute, / Gottes Kind, das verbind't / sich mit unserm Blute.

3. Sollt uns Gott nun können hassen, / der uns gibt, was er liebt / über alle Maßen? / Gott gibt, unserm Leid zu wehren, / seinen Sohn aus dem Thron / seiner Macht und Ehren.

4. Er nimmt auf sich, was auf Erden / wir getan, gibt sich dran, / unser Lamm zu werden, / unser Lamm, das für uns stirbet / und bei Gott für den Tod / Gnad und Fried erwirbet.

5. Nun er liegt in seiner Krippen, / ruft zu sich mich und dich, / spricht mit süßen Lippen: / »Lasset fahrn, o liebe Brüder, / was euch quält, was euch fehlt; / ich bring alles wieder.«

6. Ei so kommt und lasst uns laufen, / stellt euch ein, Groß und Klein, / eilt mit großen Haufen! / Liebt den, der vor Liebe brennet; / schaut den Stern, der euch gern / Licht und Labsal gönnet.

7. Die ihr schwebt in großem Leide, / sehet, hier ist die Tür / zu der wahren Freude; / fasst ihn wohl, er wird euch führen / an den Ort, da hinfort / euch kein Kreuz wird rühren.

8. Wer sich fühlt beschwert im Herzen, / wer empfind't seine Sünd / und Gewissensschmerzen, / sei getrost: hier wird gefunden, / der in Eil machet heil / die vergift'ten Wunden.

9. Die ihr arm seid und elende, / kommt herbei, füllet frei / eures Glaubens Hände. / Hier sind alle guten Gaben / und das Gold, da ihr sollt / euer Herz mit laben.

10. Süßes Heil, lass dich umfangen, / lass mich dir, meine Zier, / unverrückt anhangen. / Du bist meines Lebens Leben; / nun kann ich mich durch dich / wohl zufrieden geben.

11. Ich bin rein um deinetwillen: / Du gibst g'nug Ehr und Schmuck, / mich darein zu hüllen. / Ich will dich ins Herze schließen, / o mein Ruhm! Edle Blum, / lass dich recht genießen.

12. Ich will dich mit Fleiß bewahren; / ich will dir leben hier, / dir will ich hinfahren; / mit dir will ich endlich schweben / voller Freud ohne Zeit / dort im andern Leben.

T: PAUL GERHARDT 1653
M: JOHANN CRÜGER 1653

KIRCHENJAHR

37 (Ö)

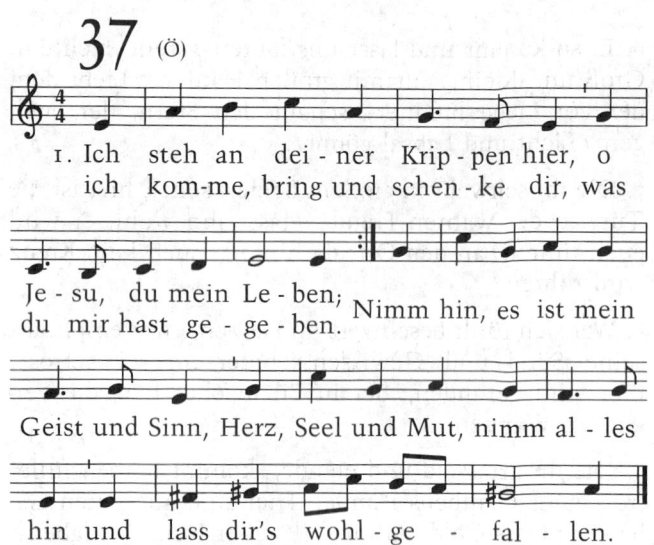

1. Ich steh an deiner Krippen hier, o Jesu, du mein Leben;
ich komme, bring und schenke dir, was du mir hast gegeben.
Nimm hin, es ist mein Geist und Sinn, Herz, Seel und Mut, nimm alles hin und lass dir's wohlgefallen.

2. Da ich noch nicht geboren war, / da bist du mir geboren / und hast mich dir zu Eigen gar, / eh ich dich kannt, erkoren. / Eh ich durch deine Hand gemacht, / da hast du schon bei dir bedacht, / wie du mein wolltest werden.

3. Ich lag in tiefster Todesnacht, / du warest meine Sonne, / die Sonne, die mir zugebracht / Licht, Leben, Freud und Wonne. / O Sonne, die das werte Licht / des Glaubens in mir zugericht', / wie schön sind deine Strahlen!

4. Ich sehe dich mit Freuden an / und kann mich nicht satt sehen; / und weil ich nun nichts weiter kann, / bleib ich anbetend stehen. / O dass mein Sinn ein Abgrund wär / und meine Seel ein weites Meer, / dass ich dich möchte fassen!

5. Wann oft mein Herz im Leibe weint / und keinen Trost kann finden, / rufst du mir zu: »Ich bin dein Freund, / ein Tilger deiner Sünden. / Was trauerst du, o Bruder mein? / Du sollst ja guter Dinge sein, / ich zahle deine Schulden.«

6. O dass doch so ein lieber Stern / soll in der Krippen liegen! / Für edle Kinder großer Herrn / gehören güldne Wiegen. / Ach Heu und Stroh ist viel zu schlecht, / Samt, Seide, Purpur wären recht, / dies Kindlein drauf zu legen!

7. Nehmt weg das Stroh, nehmt weg das Heu, / ich will mir Blumen holen, / dass meines Heilands Lager sei / auf lieblichen Violen; / mit Rosen, Nelken, Rosmarin / aus schönen Gärten will ich ihn / von oben her bestreuen.

8. Du fragest nicht nach Lust der Welt / noch nach des Leibes Freuden; / du hast dich bei uns eingestellt, / an unsrer statt zu leiden, / suchst meiner Seele Herrlichkeit / durch Elend und Armseligkeit; / das will ich dir nicht wehren.

9. Eins aber, hoff ich, wirst du mir, / mein Heiland, nicht versagen: / dass ich dich möge für und für / in, bei und an mir tragen. / So lass mich doch dein Kripplein sein; / komm, komm und lege bei mir ein / dich und all deine Freuden.

T: PAUL GERHARDT 1653
M: JOHANN SEBASTIAN BACH 1736

KIRCHENJAHR

38

1. Wun-der-ba-rer Gna-den-thron,
Got-tes und Ma-ri-en Sohn, Gott und
Mensch, ein klei-nes Kind, das man in der
Krip-pen find't, gro-ßer Held von E-wig-keit,
des-sen Macht und Herr-lich-keit
rühmt die gan-ze Chris-ten-heit:

2. Du bist arm und machst zugleich / uns an Leib und Seele reich. / Du wirst klein, du großer Gott, / und machst Höll und Tod zu Spott. / Aller Welt wird offenbar, / ja auch deiner Feinde Schar, / dass du, Gott, bist wunderbar.

3. Lass mir deine Güt und Treu / täglich werden immer neu. / Gott, mein Gott, verlass mich nicht, / wenn mich Not und Tod anficht. / Lass mich deine Herrlichkeit, / deine Wundergütigkeit / schauen in der Ewigkeit.

T: JOHANN OLEARIUS 1665
M: 15. JH. »IN NATALI DOMINI«,
BÖHMISCHE BRÜDER 1544, FRANKFURT/MAIN 1589
»DA CHRISTUS GEBOREN WAR«

39 WEIHNACHTEN

1. Kommt und lasst uns Christus ehren,
Herz und Sinnen zu ihm kehren;
singet fröhlich, lasst euch hören,
wertes Volk der Christenheit.

2. Sünd und Hölle mag sich grämen, / Tod und Teufel mag sich schämen; / wir, die unser Heil annehmen, / werfen allen Kummer hin.

3. Sehet, was hat Gott gegeben: / seinen Sohn zum ewgen Leben. / Dieser kann und will uns heben / aus dem Leid ins Himmels Freud.

4. Seine Seel ist uns gewogen, / Lieb und Gunst hat ihn gezogen, / uns, die Satan hat betrogen, / zu besuchen aus der Höh.

5. Jakobs Stern ist aufgegangen, / stillt das sehnliche Verlangen, / bricht den Kopf der alten Schlangen / und zerstört der Höllen Reich.

6. O du hochgesegnete Stunde, / da wir das von Herzensgrunde / glauben und mit unserm Munde / danken dir, o Jesulein.

7. Schönstes Kindlein in dem Stalle, / sei uns freundlich, bring uns alle / dahin, da mit süßem Schalle / dich der Engel Heer erhöht.

T: PAUL GERHARDT 1666
M: DEN DIE HIRTEN LOBETEN SEHRE (NR. 29, I. TEIL)

KIRCHENJAHR

40
Andere Melodie:
O dass ich tausend Zungen hätte (Nr. 330)

1. Dies ist die Nacht, da mir erschienen des großen Gottes Freundlichkeit;
das Kind, dem alle Engel dienen, bringt Licht in meine Dunkelheit,
und dieses Welt- und Himmelslicht weicht hunderttausend Sonnen nicht.

2. Lass dich erleuchten, meine Seele, / versäume nicht den Gnadenschein; / der Glanz in dieser kleinen Höhle / streckt sich in alle Welt hinein; / er treibet weg der Höllen Macht, / der Sünden und des Kreuzes Nacht.

3. In diesem Lichte kannst du sehen / das Licht der klaren Seligkeit; / wenn Sonne, Mond und Stern vergehen, / vielleicht noch in gar kurzer Zeit, / wird dieses Licht mit seinem Schein / dein Himmel und dein Alles sein.

4. Lass nur indessen helle scheinen / dein Glaubens- und dein Liebeslicht; / mit Gott musst du es treulich meinen, / sonst hilft dir diese Sonne nicht; / willst du genießen diesen Schein, / so darfst du nicht mehr dunkel sein.

WEIHNACHTEN

5. Drum, Jesu, schöne Weihnachtssonne, / bestrahle mich mit deiner Gunst; / dein Licht sei meine Weihnachtswonne / und lehre mich die Weihnachtskunst, / wie ich im Lichte wandeln soll / und sei des Weihnachtsglanzes voll.

T: KASPAR FRIEDRICH NACHTENHÖFER 1684
M: LANGENÖLS 1742,
BEI JOHANN BALTHASAR REIMANN 1747

Andere Melodie:
Lobe den Herren, den mächtigen König (Nr. 316) (Ö) 41

1. Jauchzet, ihr Himmel, frohlocket, ihr Engel, in Chören, singet dem Herren, dem Heiland der Menschen, zu Ehren! Sehet doch da: Gott will so freundlich und nah zu den Verlornen sich kehren.

2. Jauchzet, ihr Himmel, frohlocket, ihr Enden der Erden! / Gott und der Sünder, die sollen zu Freunden nun werden. / Friede und Freud / wird uns verkündiget heut; / freuet euch, Hirten und Herden!

KIRCHENJAHR

3. Sehet dies Wunder, wie tief sich der Höchste hier beuget; / sehet die Liebe, die endlich als Liebe sich zeiget! / Gott wird ein Kind, / träget und hebet die Sünd; / alles anbetet und schweiget.

4. Gott ist im Fleische: wer kann dies Geheimnis verstehen? / Hier ist die Pforte des Lebens nun offen zu sehen. / Gehet hinein, / eins mit dem Kinde zu sein, / die ihr zum Vater wollt gehen.

5. Hast du denn, Höchster, auch meiner noch wollen gedenken? / Du willst dich selber, dein Herze der Liebe, mir schenken. / Sollt nicht mein Sinn / innigst sich freuen darin / und sich in Demut versenken?

6. König der Ehren, aus Liebe geworden zum Kinde, / dem ich auch wieder mein Herze in Liebe verbinde: / Du sollst es sein, / den ich erwähle allein; / ewig entsag ich der Sünde.

7. Süßer Immanuel, werd auch in mir nun geboren, / komm doch, mein Heiland, denn ohne dich bin ich verloren! / Wohne in mir, / mach mich ganz eines mit dir, / der du mich liebend erkoren.

T: GERHARD TERSTEEGEN 1731
M: RUDOLF MAUERSBERGER 1926

WEIHNACHTEN

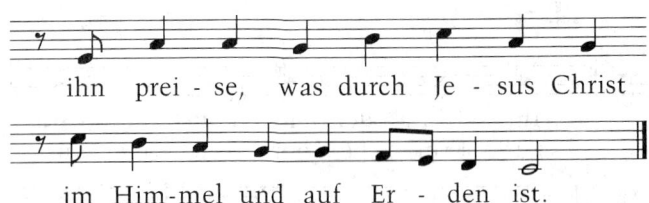

ihn prei - se, was durch Je - sus Christ
im Him-mel und auf Er - den ist.

2. Die Völker haben dein geharrt, / bis dass die Zeit erfüllet ward; / da sandte Gott von seinem Thron / das Heil der Welt, dich, seinen Sohn.

3. Wenn ich dies Wunder fassen will, / so steht mein Geist vor Ehrfurcht still; / er betet an und er ermisst, / dass Gottes Lieb unendlich ist.

4. Damit der Sünder Gnad erhält, / erniedrigst du dich, Herr der Welt, / nimmst selbst an unsrer Menschheit teil, / erscheinst im Fleisch und wirst uns Heil.

5. Herr, der du Mensch geboren wirst, / Immanuel und Friedefürst, / auf den die Väter hoffend sahn, / dich, Gott, Messias, bet ich an.

6. Du unser Heil und höchstes Gut, / vereinest dich mit Fleisch und Blut, / wirst unser Freund und Bruder hier / und Gottes Kinder werden wir.

7. Durch eines Sünde fiel die Welt, / ein Mittler ist's, der sie erhält. / Was zagt der Mensch, wenn der ihn schützt, / der in des Vaters Schoße sitzt?

8. Jauchzt, Himmel, die ihr ihn erfuhrt, / den Tag der heiligsten Geburt; / und Erde, die ihn heute sieht, / sing ihm, dem Herrn, ein neues Lied!

9. Dies ist der Tag, den Gott gemacht, / sein werd in aller Welt gedacht; / ihn preise, was durch Jesus Christ / im Himmel und auf Erden ist.

T: CHRISTIAN FÜRCHTEGOTT GELLERT 1757
M: VOM HIMMEL HOCH, DA KOMM ICH HER (NR. 24)

KIRCHENJAHR

43 (Ö)

1. Ihr Kinderlein, kommet, o kommet doch all,
zur Krippe her kommet, in Bethlehems Stall,
und seht, was in dieser hochheiligen Nacht
der Vater im Himmel für Freude uns macht.

2. O seht in der Krippe im nächtlichen Stall, / seht hier bei des Lichtleins hell glänzendem Strahl / in reinlichen Windeln das himmlische Kind, / viel schöner und holder, als Engel es sind.

3. Da liegt es, das Kindlein, auf Heu und auf Stroh, / Maria und Joseph betrachten es froh, / die redlichen Hirten knien betend davor, / hoch oben schwebt jubelnd der Engelein Chor.

4. O beugt wie die Hirten anbetend die Knie, / erhebet die Hände und danket wie sie; / stimmt freudig, ihr Kinder, – wer wollt sich nicht freun? – / stimmt freudig zum Jubel der Engel mit ein.

5. O betet: Du liebes, du göttliches Kind, / was leidest du alles für unsere Sünd! / Ach hier in der Krippe schon Armut und Not, / am Kreuze dort gar noch den bittern Tod.

6. So nimm unsre Herzen zum Opfer denn hin; / wir geben sie gerne mit fröhlichem Sinn. / Ach mache sie heilig und selig wie deins / und mach sie auf ewig mit deinem nur eins.

T: CHRISTOPH VON SCHMID (1798) 1811
M: JOHANN ABRAHAM PETER SCHULZ 1794;
GEISTLICH GÜTERSLOH 1832

ö 44

1. O du fröh-li-che, o du se-li-ge, Gna-den brin-gen-de Weih-nachts-zeit! Welt ging ver-lo-ren, Christ ist ge-bo-ren: Freu-e, freu-e dich, o Chris-ten-heit!

2. O du fröhliche, o du selige, / Gnaden bringende Weihnachtszeit! / Christ ist erschienen, uns zu versühnen: / Freue, freue dich, o Christenheit!

3. O du fröhliche, o du selige, / Gnaden bringende Weihnachtszeit! / Himmlische Heere jauchzen dir Ehre: / Freue, freue dich, o Christenheit!

T: STR. I JOHANNES DANIEL FALK (1816) 1819;
STR. 2-3 HEINRICH HOLZSCHUHER 1829
M: SIZILIEN VOR 1788,
BEI JOHANN GOTTFRIED HERDER 1807

KIRCHENJAHR

45

2. Du König der Ehren, Herrscher der Heerscharen, / verschmähst nicht zu ruhn in Marien Schoß, / Gott, wahrer Gott von Ewigkeit geboren.
O lasset uns anbeten, / o lasset uns anbeten, / o lasset uns anbeten den König!

3. Kommt, singet dem Herren, singt, ihr Engelchöre! / Frohlocket, frohlocket, ihr Seligen: / »Ehre sei Gott im Himmel und auf Erden!«
O lasset uns anbeten, / o lasset uns anbeten, / o lasset uns anbeten den König!

4. Ja, dir, der du heute Mensch für uns geboren, / Herr Jesu, sei Ehre und Preis und Ruhm, / dir, Fleisch gewordnes Wort des ewgen Vaters!*
O lasset uns anbeten, / o lasset uns anbeten, / o lasset uns anbeten den König!   *Joh 1,14

T: FRIEDRICH HEINRICH RANKE (1823) 1826
NACH »ADESTE FIDELES« VON JOHN FRANCIS WADE
(UM 1743) 1782
UND ÉTIENNE-JEAN-FRANÇOIS BORDERIES NACH 1794
M: JOHN READING(?) (VOR 1681) 1782

Alsbald war da bei dem Engel die Menge der himmlischen Heerscharen, die lobten Gott und sprachen: Ehre sei Gott in der Höhe und Friede auf Erden bei den Menschen seines Wohlgefallens.   LUKAS 2,13.14

KIRCHENJAHR

46 ö

1. Stille Nacht, heilige Nacht! Alles schläft, einsam wacht nur das traute, hochheilige Paar. Holder Knabe im lockigen Haar, schlaf in himmlischer Ruh, schlaf in himmlischer Ruh.

2. Stille Nacht, heilige Nacht! / Hirten erst kundgemacht, / durch der Engel Halleluja / tönt es laut von fern und nah: / Christ, der Retter, ist da, / Christ, der Retter, ist da!

3. Stille Nacht, heilige Nacht! / Gottes Sohn, o wie lacht / Lieb aus deinem göttlichen Mund, / da uns schlägt die rettende Stund, / Christ, in deiner Geburt, / Christ, in deiner Geburt.

T: JOSEPH MOHR (1816) 1838
M: FRANZ XAVER GRUBER (1818) 1838

WEIHNACHTEN

(Ö) 47

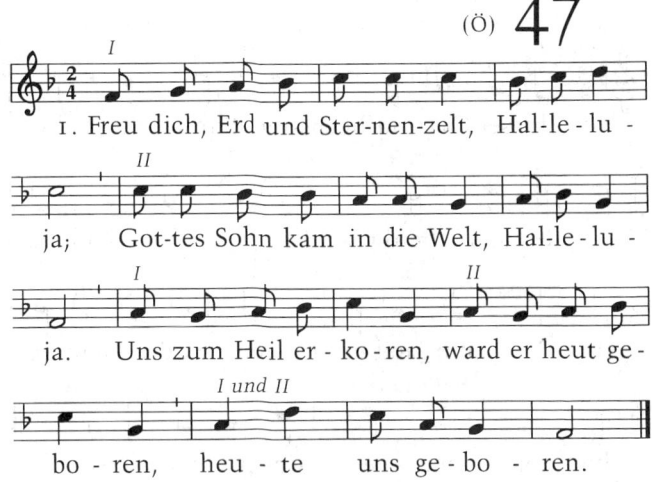

1. Freu dich, Erd und Ster-nen-zelt, Hal-le-lu-ja; Got-tes Sohn kam in die Welt, Hal-le-lu-ja. Uns zum Heil er-ko-ren, ward er heut ge-bo-ren, heu-te uns ge-bo-ren.

2. Seht, der schönsten Rose Flor, Halleluja, / sprießt aus Jesses Zweig empor, Halleluja.
Uns zum Heil erkoren, ward er heut geboren, / heute uns geboren.

3. Engel zu den Hirten spricht: Halleluja, / freut euch sehr und fürcht' euch nicht, Halleluja.
Uns zum Heil erkoren, ward er heut geboren, / heute uns geboren.

4. Hört's, ihr Menschen groß und klein, Halleluja, / Friede soll auf Erden sein, Halleluja.
Uns zum Heil erkoren, ward er heut geboren, / heute uns geboren.

KIRCHENJAHR

5. Ehr sei Gott im höchsten Thron, Halleluja, der uns schenkt sein' lieben Sohn, Halleluja. Uns zum Heil erkoren, ward er heut geboren, heute uns geboren.

T: STR. 1.2.5 LEITMERITZ 1844
NACH EINEM WEIHNACHTSLIED AUS BÖHMEN;
STR. 3–4 JOHANNES PRÖGER UM 1950
M: BÖHMEN 15. JH., LEITMERITZ 1844

Denn uns ist ein Kind geboren, ein Sohn ist uns gegeben, und die Herrschaft ruht auf seiner Schulter; und er heißt Wunder-Rat, Gott-Held, Ewig-Vater, Friede-Fürst; auf dass seine Herrschaft groß werde und des Friedens kein Ende auf dem Thron Davids und in seinem Königreich, dass er's stärke und stütze durch Recht und Gerechtigkeit von nun an bis in Ewigkeit.

JESAJA 9,5.6

WEIHNACHTEN

ö 48

1. Kom - met, ihr Hir - ten, ihr Män - ner und Fraun,
kom - met, das lieb - li - che Kind - lein zu schaun,
Chris-tus, der Herr, ist heu - te ge - bo - ren,
den Gott zum Hei - land euch hat er - ko - ren.
Fürch - tet euch nicht!

2. Lasset uns sehen in Bethlehems Stall, / was uns verheißen der himmlische Schall; / was wir dort finden, lasset uns künden, / lasset uns preisen in frommen Weisen. / Halleluja!

3. Wahrlich, die Engel verkündigen heut / Bethlehems Hirtenvolk gar große Freud: / Nun soll es werden Friede auf Erden, / den Menschen allen ein Wohlgefallen. / Ehre sei Gott!

T: CARL RIEDEL 1870
NACH EINEM WEIHNACHTSLIED AUS BÖHMEN
M: OLMÜTZ 1847

KIRCHENJAHR

49 ö

1. Der Hei-land ist ge-bo-ren,
sonst wärn wir gar ver-lo-ren
freu dich, du Chris-ten-heit,
in al-le E-wig-keit.

Kehrvers

Freut euch von Her-zen, ihr Chris-ten all,
kommt her zum Kind-lein in dem Stall;
freut euch von Her-zen, ihr Chris-ten all,
kommt her zum Kind-lein in dem Stall.

2. Das Kindlein auserkoren, / freu dich, du Christenheit, / das in dem Stall geboren, / hat Himmel und Erd erfreut.

Freut euch von Herzen, ihr Christen all, / kommt her zum Kindlein in dem Stall; / freut euch von Herzen, ihr Christen all, / kommt her zum Kindlein in dem Stall.

3. Die Engel lieblich singen, / freu dich, du Christenheit, / tun gute Botschaft bringen, / verkündigen große Freud!
Freut euch von Herzen, ihr Christen all, / kommt her zum Kindlein in dem Stall; / freut euch von Herzen, ihr Christen all, / kommt her zum Kindlein in dem Stall.

4. Der Gnadenbrunn tut fließen, / freu dich, du Christenheit, / tut alle das Kindlein grüßen, / kommt her zu ihm mit Freud.
Freut euch von Herzen, ihr Christen all, / kommt her zum Kindlein in dem Stall; / freut euch von Herzen, ihr Christen all, / kommt her zum Kindlein in dem Stall.

T: STR. I OBERÖSTERREICH 19. JH.; STR. 2–4 GLATZ
M: INNSBRUCK 1881/1883

Wir fassen keinen andern Gott als den, der in jenem Menschen ist, der vom Himmel kam. Ich fange bei der Krippe an. MARTIN LUTHER

KIRCHENJAHR

50

1. Du Kind, zu dieser heil-gen Zeit gedenken wir auch an dein Leid, das wir zu dieser späten Nacht durch unsre Schuld auf dich gebracht. Kyrieleison.

2. Die Welt ist heut voll Freudenhall. / Du aber liegst im armen Stall. / Dein Urteilsspruch ist längst gefällt, / das Kreuz ist dir schon aufgestellt. / Kyrieleison.

3. Die Welt liegt heut im Freudenlicht. / Dein aber harret das Gericht. / Dein Elend wendet keiner ab. / Vor deiner Krippe gähnt das Grab. / Kyrieleison.

4. Die Welt ist heut an Liedern reich. / Dich aber bettet keiner weich / und singt dich ein zu lindem Schlaf. / Wir häuften auf dich unsre Straf. / Kyrieleison.

5. Wenn wir mit dir einst auferstehn / und dich von Angesichte sehn, / dann erst ist ohne Bitterkeit / das Herz uns zum Gesange weit. / Hosianna.

T: JOCHEN KLEPPER 1938
M: VOLKER GWINNER 1970

WEIHNACHTEN

Andere Melodie: Kommt her zu mir, spricht Gottes Sohn (Nr. 363) 51

1. Also liebt Gott die arge Welt, / dass er ihr seinen Sohn und Held, / den einzigen, gegeben, / auf dass, wer glaubend bei ihm steht, / in Sünde nicht verloren geht / und hat das ewge Leben.

Joh 3,16

2. Nun preiset alle Gottes Tat, / erschienen ist die heilsam Gnad / in seinem lieben Sohne, / nimmt uns in Zucht, macht uns bereit, / dass Buße und Gottseligkeit / in unsern Herzen wohne. *Tit 2,11.12*

3. Er kam herab in unsre Not, / er trug die Schmach und litt den Tod / und wollt sich uns verbünden, / dass wir, von Schuld und Tod befreit, / ein neu Geschlecht am End der Zeit, / sein wahres Leben künden.

4. Drum blicket auf: Die Nacht vergeht, / der Morgenstern am Himmel steht / und leucht' durch Angst und Plage. / Seid fröhlich, glaubet unbeirrt, / dass Christus Jesus kommen wird / am großen Königstage.

KIRCHENJAHR

5. Al - so liebt Gott die ar - ge Welt,
dass er ihr sei - nen Sohn und Held
zum Hei - land hat ge - ge - ben.
Ach, Herr, führ dei - ne Kir - che nach
und lehr uns tra - gen Kreuz und Schmach,
hüt uns zum ew - gen Le - ben.

T: KURT MÜLLER-OSTEN 1939/1950
M: GERHARD SCHWARZ 1939

Also hat Gott die Welt geliebt, dass er seinen eingeborenen Sohn gab, damit alle, die an ihn glauben, nicht verloren werden, sondern das ewige Leben haben.

JOHANNES 3,16

WEIHNACHTEN

52

1. Wisst ihr noch, wie es geschehen? Immer werden wir's erzählen: wie wir einst den Stern gesehen mitten in der dunklen Nacht, mitten in der dunklen Nacht.

2. Stille war es um die Herde. / Und auf einmal war ein Leuchten / und ein Singen ob der Erde, / dass das Kind geboren sei, / dass das Kind geboren sei!

3. Eilte jeder, dass er's sähe / arm in einer Krippen liegen. / Und wir fühlten Gottes Nähe. / Und wir beteten es an, / und wir beteten es an.

4. Könige aus Morgenlanden / kamen reich und hoch geritten, / dass sie auch das Kindlein fanden. / Und sie beteten es an, / und sie beteten es an.

5. Und es sang aus Himmelshallen: / Ehr sei Gott! Auf Erden Frieden! / Allen Menschen Wohlgefallen, / Gottes Gnade allem Volk, / Gottes Gnade allem Volk!

6. Immer werden wir's erzählen, / wie das Wunder einst geschehen / und wie wir den Stern gesehen / mitten in der dunklen Nacht, / mitten in der dunklen Nacht.

T: HERMANN CLAUDIUS 1939
M: CHRISTIAN LAHUSEN 1939

KIRCHENJAHR

53

1. Als die Welt ver-lo-ren, Christus ward ge-bo-ren;
   in das nächt'-ge Dun-keln fällt ein strah-lend Fun-keln.
   Und die En-gel freu-dig sin-gen, un-term Him-mel hört man's klin-gen:
   Glo-ri-a, Glo-ri-a, Glo-ri-a in ex-cel-sis De - o!

2. Und die Engelscharen / bei den Hirten waren, / brachten frohe Kunde / von des Heilands Stunde: / »Bei den Herden nicht verweilet / und nach Bethlehem hin eilet.« / Gloria, Gloria, Gloria / in excelsis Deo!

3. Zu dem heilgen Kinde / eilten sie geschwinde, / konnten staunend sehen, / was da war geschehen: / Gott im Himmel schenkt uns allen / mit dem Kind sein Wohlgefallen. / Gloria, Gloria, Gloria / in excelsis Deo.

T: STR. 1–2 GUSTAV KUCZ 1955 NACH DEM
POLNISCHEN »GDY SIĘ CHRYSTUS RODZI«
VOR 1853; STR. 3 1988
M: POLEN VOR 1853

WEIHNACHTEN

1. Gdy się Chrystus rodzi / i na świat przychodzi, / Ciemna noc w jasnościach / promienistych brodzi. / Aniołowie się radują, / Pod niebiosa wyśpiewują: / Gloria, Gloria, Gloria / in excelsis Deo!

2. Mówią do pasterzy, / którzy trzód swych strzegli, / Aby do Betlejem / czym prędzej pobiegli, / Bo się narodził Zbawiciel, / Wszego świata Odkupiciel. / Gloria, Gloria, Gloria / in excelsis Deo!

Herr Gott, lieber Vater, aus Liebe zu uns
verlorenen Menschen hast du der Welt deinen
Sohn gesandt, dass wir ihn im Glauben
aufnehmen und durch ihn selig werden.
Wir bitten dich: Gib deinen Heiligen Geist
in unsere Herzen, dass wir in diesem Glauben
leben und bleiben.

KIRCHENJAHR

54 ö

1. Hört, der Engel helle Lieder
klingen das weite Feld entlang,
und die Berge hallen wider
von des Himmels Lobgesang:
Gloria, Gloria, Gloria
in excelsis Deo.

2. Hirten, warum wird gesungen? / Sagt mir doch eures Jubels Grund! / Welch ein Sieg ward denn errungen, / den uns die Chöre machen kund? / Gloria in excelsis Deo. / Gloria in excelsis Deo.

3. Sie verkünden uns mit Schalle, / dass der Erlöser nun erschien, / dankbar singen sie heut alle / an diesem Fest und grüßen ihn. / Gloria in excelsis Deo. / Gloria in excelsis Deo.

T: OTTO ABEL 1954 NACH DEM FRANZÖSISCHEN
»LES ANGES DANS NOS CAMPAGNES« 18. JH.
M: FRANKREICH 18. JH.
SATZ: THEOPHIL ROTHENBERG 1983

Und du, Bethlehem Efrata, die du klein bist unter den Städten in Juda, aus dir soll mir der kommen, der in Israel Herr sei, dessen Ausgang von Anfang und von Ewigkeit her gewesen ist.

MICHA 5,1

KIRCHENJAHR

55

1. O Bethlehem, du kleine Stadt, wie stille liegst du hier, du schläfst und goldne Sternelein ziehn leise über dir. Doch in den dunklen Gassen das ewge Licht heut scheint für alle, die da traurig sind und die zuvor geweint.

2. Des Herren heilige Geburt / verkündet hell der Stern, / ein ewger Friede sei beschert / den Menschen nah und fern; / denn Christus ist geboren / und Engel halten Wacht, / dieweil die Menschen schlafen / die ganze dunkle Nacht.

3. O heilig Kind von Bethlehem, / in unsre Herzen komm, / wirf alle unsre Sünden fort / und mach uns frei und fromm! / Die Weihnachtsengel singen / die frohe Botschaft hell: / Komm auch zu uns und bleib bei uns, / o Herr Immanuel.

T: HELMUT BARBE 1954 NACH DEM ENGLISCHEN
»O LITTLE TOWN OF BETHLEHEM«
VON PHILLIPS BROOKS 1868
M: ENGLAND 16. JH., RALPH VAUGHAN WILLIAMS 1906

WEIHNACHTEN

56

1. Weil Gott in tiefster Nacht erschienen, kann unsre Nacht nicht traurig sein! Der immer schon uns nahe war, stellt sich als Mensch den Menschen dar.

2. Weil Gott in tiefster Nacht erschienen, / kann unsre Nacht nicht traurig sein!
Bist du der eignen Rätsel müd? / Es kommt, der alles kennt und sieht!

3. Weil Gott in tiefster Nacht erschienen, / kann unsre Nacht nicht traurig sein!
Er sieht dein Leben unverhüllt, / zeigt dir zugleich dein neues Bild.

4. Weil Gott in tiefster Nacht erschienen, / kann unsre Nacht nicht traurig sein!
Nimm an des Christus Freundlichkeit, / trag seinen Frieden in die Zeit!

5. Weil Gott in tiefster Nacht erschienen, / kann unsre Nacht nicht traurig sein!
Schreckt dich der Menschen Widerstand, / bleib ihnen dennoch zugewandt!

Kehrvers nach der 5. Strophe siehe nächste Seite

KIRCHENJAHR

Kehrvers nach der 5. Strophe

Weil Gott in tiefs-ter Nacht er-schie-nen,
kann uns-re Nacht nicht end-los sein!

T UND M: DIETER TRAUTWEIN 1963

57 ö

1. Uns wird er-zählt von Je-sus Christ,
uns wird er-zählt von Je-sus Christ,
dass er als Mensch ge-bo-ren ist,
dass er als Mensch ge-bo-ren ist.
Christ ist ge-bo-ren! Christ ist ge-bo-ren!

I und II (auch im Kanon)
(1.) (2.) (3.)
Da-rü-ber freun wir uns.

2. Uns wird erzählt von Jesus Christ, / uns wird erzählt von Jesus Christ, / dass er ganz arm geworden ist, / dass er ganz arm geworden ist. / Christ ist geboren! / Christ ist geboren! / Darüber freun wir uns.

3. Uns wird erzählt von Jesus Christ, / uns wird erzählt von Jesus Christ, / dass er uns Bruder worden ist, / dass er uns Bruder worden ist. / Christ ist geboren! / Christ ist geboren! / Darüber freun wir uns.

4. Uns wird erzählt von Jesus Christ, / uns wird erzählt von Jesus Christ, / dass er die Tür zum Vater ist, / dass er die Tür zum Vater ist. / Christ ist geboren! / Christ ist geboren! / Darüber freun wir uns.

5. Uns wird erzählt von Jesus Christ, / uns wird erzählt von Jesus Christ, / dass er die Liebe Gottes ist, / dass er die Liebe Gottes ist. / Christ ist geboren! / Christ ist geboren! / Darüber freun wir uns.

T UND M: KURT ROMMEL 1967

Und alle, vor die es kam, wunderten sich über das, was ihnen die Hirten gesagt hatten. Maria aber behielt alle diese Worte und bewegte sie in ihrem Herzen. Und die Hirten kehrten wieder um, priesen und lobten Gott für alles, was sie gehört und gesehen hatten, wie denn zu ihnen gesagt war. LUKAS 2,18-20

JAHRESWENDE

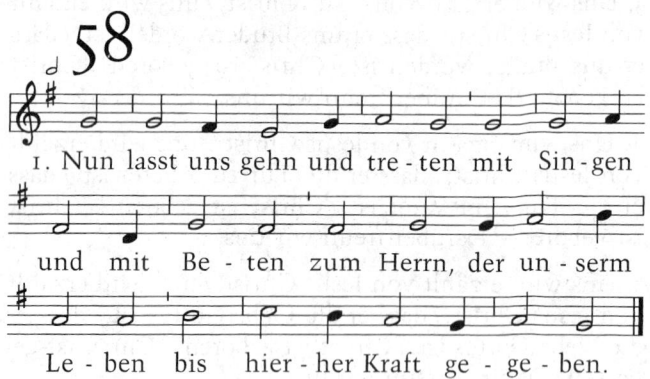

1. Nun lasst uns gehn und treten mit Singen und mit Beten zum Herrn, der unserm Leben bis hierher Kraft gegeben.

2. Wir gehn dahin und wandern / von einem Jahr zum andern, / wir leben und gedeihen / vom alten bis zum neuen

3. durch so viel Angst und Plagen, / durch Zittern und durch Zagen, / durch Krieg und große Schrecken, / die alle Welt bedecken.

4. Denn wie von treuen Müttern / in schweren Ungewittern / die Kindlein hier auf Erden / mit Fleiß bewahret werden,

5. also auch und nicht minder / lässt Gott uns, seine Kinder, / wenn Not und Trübsal blitzen, / in seinem Schoße sitzen.

6. Ach Hüter unsres Lebens, / fürwahr, es ist vergebens / mit unserm Tun und Machen, / wo nicht dein Augen wachen.

7. Gelobt sei deine Treue, / die alle Morgen neue; / Lob sei den starken Händen, / die alles Herzleid wenden.

8. Lass ferner dich erbitten, / o Vater, und bleib mitten / in unserm Kreuz und Leiden / ein Brunnen unsrer Freuden.

9. Gib mir und allen denen, / die sich von Herzen sehnen / nach dir und deiner Hulde, / ein Herz, das sich gedulde.

10. Schließ zu die Jammerpforten / und lass an allen Orten / auf so viel Blutvergießen / die Freudenströme fließen.

11. Sprich deinen milden Segen / zu allen unsern Wegen, / lass Großen und auch Kleinen / die Gnadensonne scheinen.

12. Sei der Verlassnen Vater, / der Irrenden Berater, / der Unversorgten Gabe, / der Armen Gut und Habe.

13. Hilf gnädig allen Kranken, / gib fröhliche Gedanken / den hochbetrübten Seelen, / die sich mit Schwermut quälen.

14. Und endlich, was das meiste, / füll uns mit deinem Geiste, / der uns hier herrlich ziere / und dort zum Himmel führe.

15. Das alles wollst du geben, / o meines Lebens Leben, / mir und der Christen Schare / zum sel'gen neuen Jahre.

T: PAUL GERHARDT 1653
M: NUN LASST UNS GOTT DEM HERREN (NR. 320)

KIRCHENJAHR

59 *Andere Melodie: Ach lieber Herre Jesu Christ, der du ein Kindlein worden bist (Nr. 203)*

1. Das alte Jahr vergangen ist; wir danken dir, Herr Jesu Christ, dass du uns in so großer G'fahr so gnädiglich behüt' dies Jahr.

2. Wir bitten dich, ewigen Sohn / des Vaters in dem höchsten Thron, / du wollst dein arme Christenheit / bewahren ferner allezeit.

3. Entzieh uns nicht dein heilsam Wort, / das ist der Seelen Trost und Hort; / vor falscher Lehr, Abgötterei / behüt uns, Herr, und steh uns bei.

4. Hilf, dass wir fliehn der Sünde Bahn / und fromm zu werden fangen an; / der Sünd' im alten Jahr nicht denk, / ein gnadenreiches Jahr uns schenk,

5. christlich zu leben, seliglich / zu sterben und hernach fröhlich / am Jüngsten Tage aufzustehn, / mit dir in' Himmel einzugehn,

6. zu loben und zu preisen dich / mit allen Engeln ewiglich. / O Jesu, unsern Glauben mehr / zu deines Namens Ruhm und Ehr.

T: STR. 1–2 NÜRNBERG 1568;
DAS GANZE LIED BEI JOHANN STEURLEIN 1588
M: 1. TEIL JOHANN STEURLEIN 1588,
2. TEIL MELCHIOR VULPIUS 1609,
DIE GANZE MELODIE BEI WOLFGANG CARL BRIEGEL 1687

60

1. Freut euch, ihr lieben Christen all,
lobsinget Gott mit hellem Schall,
ja singt und spielt aus Dankbarkeit
dem Herrn im Herzen allezeit,

2. dass er uns seinen liebsten Sohn / herabgesandt vons Himmels Thron, / zu helfen uns aus aller Not, / zu tilgen Teufel, Sünd und Tod.

3. Du mein herzliebstes Jesulein / wollst unser Herz und Sinn allein / dabei erhalten stet und fest, / dass du der recht Nothelfer bist;

4. wollst uns auch dies angehend Jahr / vor Leid behüten und Gefahr, / auch Krankheit, Tod und Kriegesnot / abwenden als ein gnäd'ger Gott,

5. auf dass dein Wort in diesem Land / zunehm und wachs ohn Widerstand, / auch Friede, Treu, Gerechtigkeit / befördert werd zu aller Zeit.

T: PRAG 1612
M: BARTHOLOMÄUS GESIUS 1605

61
Andere Melodie:
Tut mir auf die schöne Pforte (Nr. 166)

1. Hilf, Herr Jesu, lass gelingen, hilf, das neue Jahr geht an; lass es neue Kräfte bringen, dass aufs Neu ich wandeln kann. Neues Glück und neues Leben wollest du aus Gnaden geben.

2. Was ich sinne, was ich mache, / das gescheh in dir allein; / wenn ich schlafe, wenn ich wache, / wollest du, Herr, bei mir sein; / geh ich aus, wollst du mich leiten; / komm ich heim, steh mir zur Seiten.

3. Lass dies sein ein Jahr der Gnaden, / lass mich büßen meine Sünd', / hilf, dass sie mir nimmer schaden / und ich bald Verzeihung find, / Herr, in dir; denn du, mein Leben, / kannst die Sünd' allein vergeben.

4. Herr, du wollest Gnade geben, / dass dies Jahr mir heilig sei / und ich christlich könne leben / ohne Trug und Heuchelei, / dass ich noch allhier auf Erden / fromm und selig möge werden.

5. Jesus richte mein Beginnen, / Jesus bleibe stets bei mir, / Jesus zäume mir die Sinnen, / Jesus sei nur mein Begier, / Jesus sei mir in Gedanken, / Jesus lasse nie mich wanken!

6. Jesu, lass mich fröhlich enden / dieses angefangne Jahr. / Trage stets mich auf den Händen, / stehe bei mir in Gefahr. / Freudig will ich dich umfassen, / wenn ich soll die Welt verlassen.

T: JOHANN RIST 1642
M: JOHANN SCHOP 1642

KIRCHENJAHR

62 *Andere Melodie: Jesus, meine Zuversicht (Nr. 526)*

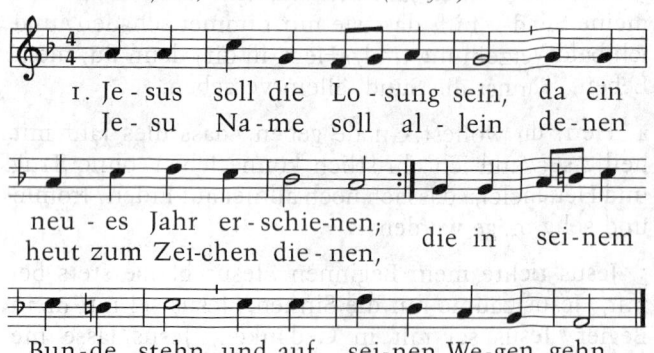

1. Jesus soll die Losung sein, da ein neues Jahr erschienen;
Jesu Name soll allein denen heut zum Zeichen dienen,
die in seinem Bunde stehn und auf seinen Wegen gehn.

2. Jesu Name, Jesu Wort / soll bei uns in Zion schallen, / und sooft wir an den Ort, / der nach ihm genannt ist, wallen, / mache seines Namens Ruhm / unser Herz zum Heiligtum.

3. Unsre Wege wollen wir / nur in Jesu Namen gehen. / Geht uns dieser Leitstern für, / so wird alles wohl bestehen / und durch seinen Gnadenschein / alles voller Segen sein.

4. Alle Sorgen, alles Leid / soll der Name uns versüßen; / so wird alle Bitterkeit / uns zur Freude werden müssen. / Jesu Nam sei Sonn und Schild, / welcher allen Kummer stillt.

5. Jesus, aller Bürger Heil / und der Stadt ein Gnadenzeichen, / auch des Landes bestes Teil, / dem kein Kleinod zu vergleichen, / Jesus, unser Trost und Hort, / sei die Losung fort und fort.

T: BENJAMIN SCHMOLCK 1726
M: MEINEN JESUS LASS ICH NICHT (NR. 402)

JAHRESWENDE

63

1. Das Jahr geht still zu Ende,
   nun sei auch still, mein Herz.
   In Gottes treue Hände
   leg ich nun Freud und Schmerz
   und was dies Jahr umschlossen, was
   Gott der Herr nur weiß, die Tränen, die geflossen, die Wunden brennend heiß.

2. Warum es so viel Leiden, / so kurzes Glück nur gibt? / Warum denn immer scheiden, / wo wir so sehr geliebt? / So manches Aug gebrochen / und mancher Mund nun stumm, / der erst noch hold gesprochen: / du armes Herz, warum?

3. Dass nicht vergessen werde, / was man so gern vergisst: / dass diese arme Erde / nicht unsre Heimat ist. / Es hat der Herr uns allen, / die wir auf ihn getauft, / in Zions goldnen Hallen / ein Heimatrecht erkauft.

4. Hier gehen wir und streuen / die Tränensaat ins Feld, / dort werden wir uns freuen / im sel'gen Himmelszelt; / wir sehnen uns hienieden / dorthin ins Vaterhaus / und wissen's: die geschieden, / die ruhen dort schon aus.

5. O das ist sichres Gehen / durch diese Erdenzeit: / nur immer vorwärts sehen / mit sel'ger Freudigkeit; / wird uns durch Grabeshügel / der klare Blick verbaut, / Herr, gib der Seele Flügel, / dass sie hinüberschaut.

6. Hilf du uns durch die Zeiten / und mache fest das Herz, / geh selber uns zur Seiten / und führ uns heimatwärts. / Und ist es uns hienieden / so öde, so allein, / o lass in deinem Frieden / uns hier schon selig sein.

T: ELEONORE REUSS (1857) 1867
M: BEFIEHL DU DEINE WEGE (NR. 361)

64

Ö *Andere Melodie:*
Kommt her zu mir, spricht Gottes Sohn (Nr. 363)

1. Der du die Zeit in Händen hast, Herr, nimm auch dieses Jahres Last und wandle sie in Segen. Nun von dir selbst in Jesus Christ die Mitte fest gewiesen ist, führ uns dem Ziel entgegen.

JAHRESWENDE

2. Da alles, was der Mensch beginnt, / vor seinen Augen noch zerrinnt, / sei du selbst der Vollender. / Die Jahre, die du uns geschenkt, / wenn deine Güte uns nicht lenkt, / veralten wie Gewänder.

3. Wer ist hier, der vor dir besteht? / Der Mensch, sein Tag, sein Werk vergeht: / Nur du allein wirst bleiben. / Nur Gottes Jahr währt für und für, / drum kehre jeden Tag zu dir, / weil wir im Winde treiben. *Ps 102,25-28*

4. Der Mensch ahnt nichts von seiner Frist. / Du aber bleibest, der du bist, / in Jahren ohne Ende. / Wir fahren hin durch deinen Zorn, / und doch strömt deiner Gnade Born / in unsre leeren Hände. *Ps 90,9*

5. Und diese Gaben, Herr, allein / lass Wert und Maß der Tage sein, / die wir in Schuld verbringen. / Nach ihnen sei die Zeit gezählt; / was wir versäumt, was wir verfehlt, / darf nicht mehr vor dich dringen.

6. Der du allein der Ewge heißt / und Anfang, Ziel und Mitte weißt / im Fluge unsrer Zeiten: / Bleib du uns gnädig zugewandt / und führe uns an deiner Hand, / damit wir sicher schreiten.

T: JOCHEN KLEPPER 1938
M: SIEGFRIED REDA 1960

KIRCHENJAHR

65

1. Von guten Mächten treu und still umgeben, behütet und getröstet wunderbar, so will ich diese Tage mit euch leben und mit euch gehen in ein neues Jahr.

2. Noch will das alte unsre Herzen quälen, / noch drückt uns böser Tage schwere Last. / Ach Herr, gib unsern aufgeschreckten Seelen / das Heil, für das du uns geschaffen hast.

3. Und reichst du uns den schweren Kelch, den bittern / des Leids, gefüllt bis an den höchsten Rand, / so nehmen wir ihn dankbar ohne Zittern / aus deiner guten und geliebten Hand.

4. Doch willst du uns noch einmal Freude schenken / an dieser Welt und ihrer Sonne Glanz, / dann wolln wir des Vergangenen gedenken / und dann gehört dir unser Leben ganz.

5. Lass warm und hell die Kerzen heute flammen, / die du in unsre Dunkelheit gebracht, / führ, wenn es sein kann, wieder uns zusammen. / Wir wissen es, dein Licht scheint in der Nacht.

6. Wenn sich die Stille nun tief um uns breitet, / so lass uns hören jenen vollen Klang / der Welt, die unsichtbar sich um uns weitet, / all deiner Kinder hohen Lobgesang.

JAHRESWENDE

T: DIETRICH BONHOEFFER (1944) 1945/1951
M UND SATZ: OTTO ABEL 1959

EPIPHANIAS

66

1. Je-sus ist kom-men, Grund e-wi-ger Freu-de; A und O, An-fang und En-de steht da.
Gottheit und Menschheit ver-ei-nen sich bei-de; Schöp-fer, wie kommst du uns Menschen so nah! Himmel und Er-de, er-zäh-let's den Hei-den: Je-sus ist kommen, Grund e-wi-ger Freu-den.

2. Jesus ist kommen, nun springen die Bande, / Stricke des Todes, die reißen entzwei. / Unser Durchbrecher ist nunmehr vorhanden; / er, der Sohn Gottes, der machet recht frei, / bringet zu Ehren aus Sünde und Schande; / Jesus ist kommen, nun springen die Bande.

EPIPHANIAS

3. Jesus ist kommen, der starke Erlöser, / bricht dem gewappneten Starken ins Haus, / sprenget des Feindes befestigte Schlösser, / führt die Gefangenen siegend heraus. / Fühlst du den Stärkeren, Satan, du Böser? / Jesus ist kommen, der starke Erlöser. Lk 11,21.22

4. Jesus ist kommen, der Fürste des Lebens, / sein Tod verschlinget den ewigen Tod. / Gibt uns, ach höret's doch ja nicht vergebens, / ewiges Leben, der freundliche Gott. / Glaubt ihm, so macht er ein Ende des Bebens. / Jesus ist kommen, der Fürste des Lebens.

5. Jesus ist kommen, der König der Ehren; / Himmel und Erde, rühmt seine Gewalt! / Dieser Beherrscher kann Herzen bekehren; / öffnet ihm Tore und Türen fein bald! / Denkt doch, er will euch die Krone gewähren. / Jesus ist kommen, der König der Ehren.

6. Jesus ist kommen, ein Opfer für Sünden, / Sünden der ganzen Welt träget dies Lamm. / Sündern die ewge Erlösung zu finden, / stirbt es aus Liebe am blutigen Stamm. / Abgrund der Liebe, wer kann dich ergründen? / Jesus ist kommen, ein Opfer für Sünden.

Joh 1,29

7. Jesus ist kommen, die Quelle der Gnaden: / Komme, wen dürstet, und trinke, wer will! / Holet für euren so giftigen Schaden / Gnade aus dieser unendlichen Füll! / Hier kann das Herze sich laben und baden. / Jesus ist kommen, die Quelle der Gnaden.

8. Jesus ist kommen, die Ursach zum Leben. / Hochgelobt sei der erbarmende Gott, / der uns den Ursprung des Segens gegeben; / dieser verschlinget Fluch, Jammer und Tod. / Selig, die ihm sich beständig ergeben! / Jesus ist kommen, die Ursach zum Leben.

9. Jesus ist kommen, sagt's aller Welt Enden. / Eilet, ach eilet zum Gnadenpanier! / Schwöret die Treue mit Herzen und Händen. / Sprechet: Wir leben und sterben mit dir. / Amen, o Jesu, du wollst uns vollenden. / Jesus ist kommen, sagt's aller Welt Enden.

T: JOHANN LUDWIG KONRAD ALLENDORF 1736
M: KÖTHEN UM 1733

67

1. Herr Christ, der ei-nig Gotts Sohn, Vaters in Ewigkeit, aus seim Herzen entsprossen, gleichwie geschrieben steht, er ist der Morgensterne, sein Glänzen streckt er ferne vor andern Sternen klar;

2. für uns ein Mensch geboren / im letzten Teil der Zeit, / dass wir nicht wärn verloren / vor Gott in Ewigkeit, / den Tod für uns zerbrochen, / den Himmel aufgeschlossen, / das Leben wiederbracht:

3. Lass uns in deiner Liebe / und Kenntnis nehmen zu, / dass wir am Glauben bleiben, / dir dienen im Geist so, / dass wir hier mögen schmecken / dein Süßigkeit im Herzen / und dürsten stets nach dir.

4\. Du Schöpfer aller Dinge, / du väterliche Kraft, / regierst von End zu Ende / kräftig aus eigner Macht. / Das Herz uns zu dir wende / und kehr ab unsre Sinne, / dass sie nicht irrn von dir.

5\. Ertöt uns durch dein Güte, / erweck uns durch dein Gnad. / Den alten Menschen kränke*, / dass der neu' leben mag / und hier auf dieser Erden / den Sinn und alls Begehren / und G'danken hab zu dir. *schwäche
Röm 6,1-4

T: ELISABETH CRUCIGER 1524
M: 15. JH.; GEISTLICH ERFURT 1524

68

1\. O lieber Herre Jesu Christ, der du unser Erlöser bist, nimm heut an unsre Danksagung aus Genaden.

2\. Du hast gesehen unsre Not, / da wir in Sünden waren tot, / und bist vom Himmel gestiegen / aus Genaden.

3\. Hast in Marien Jungfrauschaft / durch deines Heilgen Geistes Kraft / angenommen unsre Menschheit / aus Genaden.

4\. Du lehrest uns die neu Geburt* / und zeigest an die enge Pfort* / und den schmalen Steig zum Leben / aus Genaden. *Joh 3,3; *Mt 7,13.14

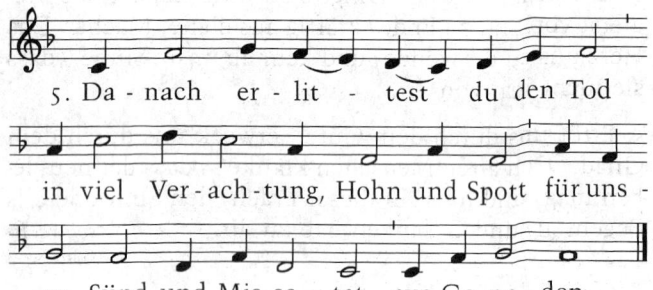

5. Danach erlittest du den Tod in viel Verachtung, Hohn und Spott für unsre Sünd und Missetat aus Genaden.

6. Du stiegest auf zum höchsten Thron / zu Gottes Rechten als sein Sohn, / uns ewiglich zu vertreten / aus Genaden.

7. O Christe, versammle dein Heer, / regiere es mit treuer Lehr / deinem Namen zu Lob und Ehr / aus Genaden.

8. Hilf durch dein Mühe und Arbeit, / dass es erlang die Seligkeit, / Lob zu singen in Ewigkeit / deiner Gnaden.

T: MICHAEL WEISSE 1531 NACH
»JESU, SALVATOR OPTIME« DES JAN HUS VOR 1415
M: 13. JH., JISTEBNITZ UM 1420,
BÖHMISCHE BRÜDER 1501/1531

EPIPHANIAS

69

1. Der Mor-gen-stern ist auf - ge-drun-gen, er leucht' da-her zu die-ser Stun - de hoch ü - ber Berg und tie - fe Tal, vor Freud singt uns der lie - ben En - gel Schar.

Offb 22,16

2. »Wacht auf«, singt uns der Wächter Stimme / vor Freuden auf der hohen Zinne: / »Wacht auf zu dieser Freudenzeit! / Der Bräut'gam kommt, nun machet euch bereit!« *Jes 52,8; Mt 25,1-13*

3. Christus im Himmel wohl bedachte, / wie er uns reich und selig machte / und wieder bräch ins Paradies, / darum er Gottes Himmel gar verließ.

4. O heilger Morgenstern, wir preisen / dich heute hoch mit frohen Weisen; / du leuchtest vielen nah und fern, / so leucht auch uns, Herr Christ, du Morgenstern!

T: STR. I 15. JH.; STR. 2–4 BEI DANIEL RUMPIUS 1587,
BEARBEITET VON OTTO RIETHMÜLLER 1932
M: 15. JH.; GEISTLICH BEI DANIEL RUMPIUS 1587
SATZ: MICHAEL PRAETORIUS 1609

KIRCHENJAHR

EPIPHANIAS 69

Offb 22,16

2. »Wacht auf«, singt uns der Wächter Stimme / vor Freuden auf der hohen Zinne: / »Wacht auf zu dieser Freudenzeit! / Der Bräut'gam kommt, nun machet euch bereit!« *Jes 52,8; Mt 25,1-13*

3. Christus im Himmel wohl bedachte, / wie er uns reich und selig machte / und wieder bracht ins Paradies, / darum er Gottes Himmel gar verließ.

4. O heilger Morgenstern, wir preisen / dich heute hoch mit frohen Weisen; / du leuchtest vielen nah und fern, / so leucht auch uns, Herr Christ, du Morgenstern!

KIRCHENJAHR

70 (Ö)

1. Wie schön leuchtet der Morgenstern
voll Gnad und Wahrheit von dem Herrn,
die süße Wurzel Jesse.
Du Sohn Davids aus Jakobs Stamm,
mein König und mein Bräutigam,
hast mir mein Herz besessen;
lieblich, freundlich, schön und herrlich,
groß und ehrlich, reich an Gaben,
hoch und sehr prächtig erhaben.

Jes 11,1; Offb 22,16

2. Ei meine Perl, du werte Kron, / wahr' Gottes und Mariën Sohn, / ein hochgeborner König! / Mein Herz heißt dich ein Himmelsblum; / dein süßes Evangelium / ist lauter Milch und Honig. / Ei mein Blümlein, / Hosianna! Himmlisch Manna, das wir essen, / deiner kann ich nicht vergessen.

EPIPHANIAS

3. Gieß sehr tief in das Herz hinein, / du leuchtend Kleinod, edler Stein, / mir deiner Liebe Flamme, / dass ich, o Herr, ein Gliedmaß bleib / an deinem auserwählten Leib, / ein Zweig an deinem Stamme. / Nach dir wallt mir / mein Gemüte, ewge Güte, bis es findet / dich, des Liebe mich entzündet.

4. Von Gott kommt mir ein Freudenschein, / wenn du mich mit den Augen dein / gar freundlich tust anblicken. / Herr Jesu, du mein trautes Gut, / dein Wort, dein Geist, dein Leib und Blut / mich innerlich erquicken. / Nimm mich freundlich / in dein Arme und erbarme dich in Gnaden; / auf dein Wort komm ich geladen.

5. Herr Gott Vater, mein starker Held, / du hast mich ewig vor der Welt / in deinem Sohn geliebet. / Dein Sohn hat mich ihm selbst vertraut, / er ist mein Schatz, ich seine Braut, / drum mich auch nichts betrübet. / Eia, eia, / himmlisch Leben wird er geben mir dort oben; / ewig soll mein Herz ihn loben.

6. Zwingt die Saiten in Cythara / und lasst die süße Musika / ganz freudenreich erschallen, / dass ich möge mit Jesulein, / dem wunderschönen Bräut'gam mein, / in steter Liebe wallen. / Singet, springet, / jubilieret, triumphieret, dankt dem Herren; / groß ist der König der Ehren.

7. Wie bin ich doch so herzlich froh, / dass mein Schatz ist das A und O, / der Anfang und das Ende. / Er wird mich doch zu seinem Preis / aufnehmen in das Paradeis; / des klopf ich in die Hände. / Amen, Amen, / komm du schöne Freudenkrone, bleib nicht lange; / deiner wart ich mit Verlangen.

KIRCHENJAHR

EPIPHANIAS 70

tri-um-phie-ret, dankt dem Her - ren;
groß ist der Kö-nig der Eh - ren.

T UND M: PHILIPP NICOLAI 1599
SATZ: JOHANN SEBASTIAN BACH 1731

Allmächtiger Gott und Vater, du hast deinen Sohn zum Licht der Welt gemacht. Wir bitten dich: Erfülle die ganze Erde mit dem Glanz, der von dir ausgeht, damit alle Menschen deine Herrlichkeit erfahren und anbeten.

KIRCHENJAHR

71

1. O König aller Ehren, / Herr Jesu, Davids Sohn, / dein Reich soll ewig währen, / im Himmel ist dein Thron; / hilf, dass allhier auf Erden / den Menschen weit und breit / dein Reich bekannt mög werden / zur Seelen Seligkeit.

2. Von deinem Reich auch zeugen / die Leut aus Morgenland; / die Knie sie vor dir beugen, / weil du ihn' bist bekannt. / Der neu Stern auf dich weiset, / dazu das göttlich Wort. / Drum man zu Recht dich preiset, / dass du bist unser Hort.

Mt 2,1-12

3. Du bist ein großer König, / wie uns die Schrift vermeld't, / doch achtest du gar wenig / vergänglich Gut und Geld, / prangst nicht auf stolzem Rosse, / trägst keine güldne Kron, / sitzt nicht im steinern Schlosse; / hier hast du Spott und Hohn.

4. Doch bist du schön gezieret, / dein Glanz erstreckt sich weit, / dein Güt allzeit regieret / und dein Gerechtigkeit. / Du wollst die Frommen schützen / durch dein Macht und Gewalt, / dass sie im Frieden sitzen, / die Bösen stürzen bald.

5. Du wollst dich mein erbarmen, / in dein Reich nimm mich auf, / dein Güte schenk mir Armen / und segne meinen Lauf. / Mein' Feinden wollst du wehren, / dem Teufel, Sünd und Tod, / dass sie mich nicht versehren; / rett mich aus aller Not.

6. Du wollst in mir entzünden / dein Wort, den schönen Stern, / dass falsche Lehr und Sünden / sein meinem Herzen fern. / Hilf, dass ich dich erkenne / und mit der Christenheit / dich meinen König nenne / jetzt und in Ewigkeit.

T: MARTIN BEHM 1606
M: ICH FREU MICH IN DEM HERREN (NR. 349)

Mache dich auf, werde licht; denn dein Licht kommt, und die Herrlichkeit des Herrn geht auf über dir! Denn siehe, Finsternis bedeckt das Erdreich und Dunkel die Völker; aber über dir geht auf der Herr, und seine Herrlichkeit erscheint über dir. JESAJA 60,1.2

KIRCHENJAHR

72 (Ö)

1. O Jesu Christe, wahres Licht,
erleuchte, die dich kennen nicht,
und bringe sie zu deiner Herd,
dass ihre Seel auch selig werd.

2. Erfülle mit dem Gnadenschein, / die in Irrtum verführet sein, / auch die, so heimlich ficht noch an / in ihrem Sinn ein falscher Wahn;

3. und was sich sonst verlaufen hat / von dir, das suche du mit Gnad / und ihr verwund't Gewissen heil, / lass sie am Himmel haben teil.

4. Den Tauben öffne das Gehör, / die Stummen richtig reden lehr, / die nicht bekennen wollen frei, / was ihres Herzens Glaube sei.

5. Erleuchte, die da sind verblend't, / bring her, die sich von uns getrennt, / versammle, die zerstreuet gehn, / mach feste, die im Zweifel stehn.

6. So werden sie mit uns zugleich / auf Erden und im Himmelreich / hier zeitlich und dort ewiglich / für solche Gnade preisen dich.

T: JOHANN HEERMANN 1630
M: NÜRNBERG 1676/1854

EPIPHANIAS

73

1. Auf, Seele, auf und säume nicht, es bricht das Licht herfür; der Wunderstern gibt dir Bericht, der Held sei vor der Tür, der Held sei vor der Tür.

2. Geh weg aus deinem Vaterhaus / zu suchen solchen Herrn / und richte deine Sinne aus / auf diesen Morgenstern, / auf diesen Morgenstern.

3. Gib Acht auf diesen hellen Schein, / der aufgegangen ist; / er führet dich zum Kindelein, / das heißet Jesus Christ, / das heißet Jesus Christ. *Mt 2,9*

4. Drum mache dich behände auf, / befreit von aller Last, / und lass nicht ab von deinem Lauf, / bis du dies Kindlein hast, / bis du dies Kindlein hast.

5. Halt dich im Glauben an das Wort, / das fest ist und gewiss; / das führet dich zum Lichte fort / aus aller Finsternis, / aus aller Finsternis.

6. Ach sinke du vor seinem Glanz / in tiefste Demut ein / und lass dein Herz erleuchten ganz / von solchem Freudenschein, / von solchem Freudenschein.

7. Gib dich ihm selbst zum Opfer dar / mit Geiste, Leib und Seel / und singe mit der Engel Schar: / »Hier ist Immanuel, / hier ist Immanuel.«

KIRCHENJAHR

8. Hier ist das Ziel, hier ist der Ort, wo man zum Le-ben geht; hier ist des Pa-ra-die-ses Pfort, die wie-der of-fen steht, die wie-der of-fen steht.

9. Hier fallen alle Sorgen hin, / zur Lust wird alle Pein; / es wird erfreuet Herz und Sinn / in diesem Jesulein, / in diesem Jesulein.

10. Der zeigt dir einen andern Weg, / als du vorher erkannt, / den stillen Ruh- und Friedenssteg / zum ewgen Vaterland, / zum ewgen Vaterland.

T: MICHAEL MÜLLER 1700/1704
M: LOBT GOTT, IHR CHRISTEN ALLE GLEICH (NR. 27)

EPIPHANIAS

Andere Melodie: Lobt Gott, den Herrn der Herrlichkeit (Nr. 300)

74

1. Du Mor-gen-stern, du Licht vom Licht,
das durch die Fins-ter-nis-se bricht,
du gingst vor al-ler Zei-ten Lauf
in un-er-schaff-ner Klar-heit auf.

2. Du Lebensquell, wir danken dir, / auf dich, Lebend'ger, hoffen wir; / denn du durchdrangst des Todes Nacht, / hast Sieg und Leben uns gebracht.

3. Du ewge Wahrheit, Gottes Bild, / der du den Vater uns enthüllt, / du kamst herab ins Erdental / mit deiner Gotterkenntnis Strahl.

4. Bleib bei uns, Herr, verlass uns nicht, / führ uns durch Finsternis zum Licht, / bleib auch am Abend dieser Welt / als Hilf und Hort uns zugesellt.

T: JOHANN GOTTFRIED HERDER (VOR 1800),
NACH 1817 BEARBEITET
M: STEHT AUF, IHR LIEBEN KINDERLEIN (NR. 442)

PASSION

2. Wä - re nicht ge - kom - men Chris - tus
in die Welt und hätt an - ge - nom - men
un - ser arm Ge - stalt und für uns - re
Sün - de ge - stor - ben wil - lig - lich, so hät -
ten wir müs - sen ver - dammt sein e - wig - lich.
Ky - ri - e e - le - i - son, Chris - te e -
le - i - son, Ky - ri - e e - le - i - son.

3. Da - rum wolln wir lo - ben, dan - ken
al - le - zeit dem Va - ter und Soh - ne
und dem Heil - gen Geist; bit - ten, dass sie
wol - len be - hü - ten uns hin - fort und dass
wir stets blei - ben bei sei - nem heil - gen Wort.
Ky - ri - e e - le - i - son, Chris - te e -
le - i - son, Ky - ri - e e - le - i - son.

T: STR. 1 SALZBURG UM 1350 NACH
»LAUS TIBI CHRISTE« 14. JH., NORDHAUSEN 1560;
STR. 2–3 HERMANN BONNUS 1542
M: SALZBURG UM 1350, KÖNIGSBERG 1527,
BEI LUCAS LOSSIUS 1553 »O WIR ARMEN SÜNDER«

KIRCHENJAHR

76

1. O Mensch, bewein dein Sünde groß,
da rum Christus seins Vaters Schoß
äußert* und kam auf Erden;
Den Toten er das Leben gab
und tat dabei all Krankheit ab*,
bis sich die Zeit herdrange,
dass er für uns geopfert würd,
trüg unsrer Sünden schwere Bürd
wohl an dem Kreuze lange.

von einer Jungfrau rein und zart
für uns er hier geboren ward,
er wollt der Mittler werden.

*Phil 2,7; *Mt 8,16.17

2. So lasst uns nun ihm dankbar sein, / dass er für uns litt solche Pein, / nach seinem Willen leben. / Auch lasst uns sein der Sünde Feind, / weil uns Gotts Wort so helle scheint, / Tag, Nacht danach tun streben, / die Lieb erzeigen jedermann, / die Christus hat an uns getan / mit seinem Leiden, Sterben. / O Menschenkind, betracht das recht, / wie Gottes Zorn die Sünde schlägt, / tu dich davor bewahren!

T: SEBALD HEYDEN UM 1530
M: MATTHÄUS GREITER 1525
»ES SIND DOCH SELIG ALLE, DIE« (ZU PSALM 119)

Allmächtiger Gott, du lässt uns das Leiden und Sterben deines Sohnes zu unserm Heil verkündigen. Wir bitten dich: Gib uns ein offenes Herz, dass wir seine Liebe und seinen Gehorsam erkennen und ihm nachfolgen.

KIRCHENJAHR

1. Christus, der uns selig macht,
kein Bös' hat begangen,
ward für uns zur Mitternacht
wie ein Dieb gefangen,
eilend zum Verhör gebracht
und fälschlich verklaget,
verhöhnt, verspeit und verlacht,
wie denn die Schrift saget.

2. In der ersten Stund am Tag, / da er sollte leiden, /
bracht man ihn mit harter Klag / Pilatus dem Heiden, /
der ihn unschuldig befand, / ohn Ursach des Todes, /
ihn derhalben von sich sandt / zum König Herodes.

3. Um drei hat der Gottessohn / Geißeln fühlen müssen; / sein Haupt ward mit einer Kron / von Dornen zerrissen; / gekleidet zu Hohn und Spott / ward er sehr geschlagen / und das Kreuz zu seinem Tod / musst er selber tragen.

4. Um sechs ward er nackt und bloß / an das Kreuz geschlagen, / an dem er sein Blut vergoss, / betet mit Wehklagen; / die Zuschauer spott'ten sein, / auch die bei ihm hingen, / bis die Sonne ihren Schein / entzog solchen Dingen.

5. Jesus schrie zur neunten Stund, / großer Qual verfallen, / ihm ward dargereicht zum Mund / Essigtrank mit Gallen; / da gab er auf seinen Geist / und die Erd erzittert, / des Tempels Vorhang zerreißt / und manch Fels zersplittert.

6. Da man hatt' zur Vesperzeit / die Schächer zerbrochen, / ward Jesus in seine Seit / mit dem Speer gestochen; / daraus Blut und Wasser rann, / die Schrift zu erfüllen, / wie Johannes zeigt an, / nur um unsertwillen.

Joh 19,31-37

7. Da der Tag sein Ende nahm, / der Abend war kommen, / ward Jesus vom Kreuzesstamm / durch Joseph genommen, / herrlich, nach der Väter Art, / in ein Grab geleget, / allda mit Hütern verwahrt, / wie Matthäus zeiget.

Mt 27,57-66

8. O hilf, Christe, Gottes Sohn, / durch dein bitter Leiden, / dass wir dir stets untertan / Sünd und Unrecht meiden, / deinen Tod und sein Ursach / fruchtbar nun bedenken, / dafür, wiewohl arm und schwach, / dir Dankopfer schenken.

T: MICHAEL WEISSE 1531 NACH
»PATRIS SAPIENTIA« 13. JH.
M: LEIPZIG UM 1500, BÖHMISCHE BRÜDER 1501/1531

KIRCHENJAHR

78
Andere Melodie:
Christus, der uns selig macht (Nr. 77)

1. Jesu Kreuz, Leiden und Pein, deins Heilands und Herren, betracht, christliche Gemein, ihm zu Lob und Ehren. Merk, was er gelitten hat, bis er ist gestorben, dich von deiner Missetat erlöst, Gnad erworben.

2. Jesus, wahrer Gottessohn / auf Erden erschienen, / fing bald in der Jugend an, / als ein Knecht zu dienen; / äußert sich der göttlich G'walt / und verbarg ihr Wesen, / lebt in menschlicher Gestalt; / daher wir genesen.

Phil 2,7

3. Jesus richtet aus sein Amt / an den Menschenkindern, / eh er ward zum Tod verdammt / für uns arme Sünder, / lehrt und rüst' die Jünger sein, / wusch ihn' ihre Füße, / setzt das heilig Nachtmahl ein, / macht ihn' das Kreuz süße.

4. Jesus ging nach Gottes Will / in' Garten zu beten; / dreimal er da niederfiel / in sein' großen Nöten, / rief sein' lieben Vater an / mit betrübtem Herzen, / von ihm blutiger Schweiß rann / von Ängsten und Schmerzen.

5. Jesus da gefangen ward, / gebunden geführet / und im Rat beschweret hart / und zu Hohn gezieret; / verdeckt, verspott' und verspeit, / jämmerlich geschlagen, / auch verdammt aus Hass und Neid / durch erdicht' Anklagen.

6. Jesus ward früh dargestellt / Pilatus dem Heiden; / ob der wohl sein Unschuld meld't, / dennoch musst er leiden, / ward gegeißelt und verkleid't, / mit Dornen gekrönet, / in seim großen Herzeleid / aufs schmählichst gehöhnet.

7. Jesus, verurteilt zum Tod, / musst sein Kreuz selbst tragen / in großer Ohnmacht und Not, / ward daran geschlagen; / hing mehr denn drei ganze Stund' / in groß Pein und Schmerzen; / bittre Galle schmeckt sein Mund. / O Mensch, nimm's zu Herzen!

8. Jesus rief am Kreuze laut: / »Ach, ich bin verlassen! / Hab dir doch, mein Gott, vertraut, / wollst mich nicht verstoßen. / Gnad dem, der mir Hohn beweist / jetzt in meim Elende. / Ich befehl nun meinen Geist / dir in deine Hände.«

9. Jesus ist das Weizenkorn, / das im Tod erstorben / und uns, die wir warn verlorn, / das Leben erworben; / bringt viel Frücht zu Gottes Preis, / derer wir genießen, / gibt sein' Leib zu einer Speis, / sein Blut zum Trank süße. *Joh 12,24*

10. Jesu, weil du bist erhöht / zu ewigen Ehren: / Unsern alten Adam töt, / den Geist tu ernähren; / zieh uns allesamt zu dir, / dass empor wir schweben; / begnad unsers Geists Begier / mit deim neuen Leben.

T: PETRUS HERBERT 1566 NACH DEM TSCHECHISCHEN
»VMUČENJ NASSEHO PÁNA GEZUKRYSTA« 1501
M: PRAG 1522, BÖHMISCHE BRÜDER 1501/1531

KIRCHENJAHR

79 (Ö)

1. Wir danken dir, Herr Jesu Christ,
dass du für uns gestorben bist
und hast uns durch dein teures Blut
gemacht vor Gott gerecht und gut,

2. und bitten dich, wahr' Mensch und Gott, / durch dein heilig fünf Wunden rot: / Erlös uns von dem ewgen Tod / und tröst uns in der letzten Not.

3. Behüt uns auch vor Sünd und Schand / und reich uns dein allmächtig Hand, / dass wir im Kreuz geduldig sein, / uns trösten deiner schweren Pein

4. und schöpfen draus die Zuversicht, / dass du uns wirst verlassen nicht, / sondern ganz treulich bei uns stehn, / dass wir durchs Kreuz ins Leben gehn.

T: CHRISTOPH FISCHER (VOR 1568)
1589 NIEDERDEUTSCH, 1597 HOCHDEUTSCH
M: NIKOLAUS HERMAN 1551

PASSION

80

1. O Trau-rig-keit, o Her-ze-leid! Ist das nicht zu be-kla-gen? Gott des Va-ters ei-nigs Kind wird ins Grab ge-tra-gen.

2. O große Not! / Gotts Sohn liegt tot. / Am Kreuz ist er gestorben; / hat dadurch das Himmelreich / uns aus Lieb erworben.

3. O Menschenkind, / nur deine Sünd / hat dieses angerichtet, / da du durch die Missetat / warest ganz vernichtet.

4. O selig ist / zu aller Frist, / der dieses recht bedenket, / wie der Herr der Herrlichkeit / wird ins Grab versenket.

5. O Jesu, du / mein Hilf und Ruh, / ich bitte dich mit Tränen: / Hilf, dass ich mich bis ins Grab / nach dir möge sehnen.

T: STR. I FRIEDRICH SPEE 1628;
STR. 2–5 JOHANN RIST 1641
M: MAINZ / WÜRZBURG 1628

KIRCHENJAHR

81 (Ö)

1. Herz-liebster Jesu, was hast du verbrochen, dass man ein solch scharf Urteil hat gesprochen? Was ist die Schuld, in was für Missetaten bist du geraten?

2. Du wirst gegeißelt und mit Dorn gekrönet, / ins Angesicht geschlagen und verhöhnet, / du wirst mit Essig und mit Gall getränket, / ans Kreuz gehenket.

3. Was ist doch wohl die Ursach solcher Plagen? / Ach, meine Sünden haben dich geschlagen; / ich, mein Herr Jesu, habe dies verschuldet, / was du erduldet.

4. Wie wunderbarlich ist doch diese Strafe! / Der gute Hirte leidet für die Schafe, / die Schuld bezahlt der Herre, der Gerechte, / für seine Knechte.

5. Der Fromme stirbt, der recht und richtig wandelt, / der Böse lebt, der wider Gott gehandelt; / der Mensch verdient den Tod und ist entgangen, / Gott wird gefangen.

6. O große Lieb, o Lieb ohn alle Maße, / die dich gebracht auf diese Marterstraße! / Ich lebte mit der Welt in Lust und Freuden / und du musst leiden.

7. Ach großer König, groß zu allen Zeiten, / wie kann ich g'nugsam solche Treu ausbreiten? / Keins Menschen Herz vermag es auszudenken, / was dir zu schenken.

8. Ich kann's mit meinen Sinnen nicht erreichen, / womit doch dein Erbarmung zu vergleichen; / wie kann ich dir denn deine Liebestaten / im Werk erstatten?

9. Ich werde dir zu Ehren alles wagen, / kein Kreuz nicht achten, keine Schmach und Plagen, / nichts von Verfolgung, nichts von Todesschmerzen / nehmen zu Herzen.

10. Weil's aber nicht besteht in eignen Kräften, / fest die Begierden an das Kreuz zu heften, / so gib mir deinen Geist, der mich regiere, / zum Guten führe.

11. Wann, o Herr Jesu, dort vor deinem Throne / wird stehn auf meinem Haupt die Ehrenkrone, / da will ich dir, wenn alles wird wohl klingen, / Lob und Dank singen.

T: JOHANN HEERMANN 1630
M: JOHANN CRÜGER 1640
NACH GUILLAUME FRANC 1543 (ZU PSALM 23)

1. Wenn meine Sünd' mich kränken,
so lass mich wohl bedenken,
o mein Herr Jesu Christ,
wie du gestorben bist
und alle meine Schuldenlast
am Stamm des heilgen Kreuzes
auf dich genommen hast.

2. O Wunder ohne Maßen, / wenn man's betrachtet recht: / Es hat sich martern lassen / der Herr für seinen Knecht; / es hat sich selbst der wahre Gott / für mich verlornen Menschen / gegeben in den Tod.

3. Was kann mir denn nun schaden / der Sünden große Zahl? / Ich bin bei Gott in Gnaden, / die Schuld ist allzumal / bezahlt durch Christi teures Blut, / dass ich nicht mehr darf fürchten / der Hölle Qual und Glut.

4. Drum sag ich dir von Herzen / jetzt und mein Leben lang / für deine Pein und Schmerzen, / o Jesu, Lob und Dank, / für deine Not und Angstgeschrei, / für dein unschuldig Sterben, / für deine Lieb und Treu.

5. Herr, lass dein heilig Leiden / mich reizen für und für, / mit allem Ernst zu meiden / die sündliche Begier, / dass mir nie komme aus dem Sinn, / wie viel es dich gekostet, / dass ich erlöset bin.

6. Mein Kreuz und meine Plagen, / sollt's auch sein Schmach und Spott, / hilf mir geduldig tragen; / gib, o mein Herr und Gott, / dass ich verleugne diese Welt / und folge dem Exempel, / das du mir vorgestellt.

7. Lass mich an andern üben, / was du an mir getan, / und meinen Nächsten lieben, / gern dienen jedermann / ohn Eigennutz und Heuchelschein / und, wie du mir erwiesen, / aus reiner Lieb allein.

8. Lass endlich deine Wunden / mich trösten kräftiglich / in meiner letzten Stunden / und des versichern mich: / weil ich auf dein Verdienst nur trau, / du werdest mich annehmen, / dass ich dich ewig schau.

T: JUSTUS GESENIUS 1646
M: LEIPZIG 1545

Wir sollen lernen, auf das Wort und Gottes Willen zu sehen, alsdann werden wir mit geduldigem Herzen alles erleiden, wie schwer es auch immer sein mag.

MARTIN LUTHER

KIRCHENJAHR
83

1. Ein Lämmlein geht und trägt die Schuld der Welt und ihrer Kinder;
es geht und büßet in Geduld die Sünden aller Sünder;
es geht dahin, wird matt und krank,
ergibt sich auf die Würgebank,
entsaget allen Freuden; es nimmet an
Schmach, Hohn und Spott, Angst, Wunden, Striemen, Kreuz und Tod
und spricht: »Ich will's gern leiden.«

Jes 53,4-7

2. Das Lämmlein ist der große Freund / und Heiland meiner Seelen; / den, den hat Gott zum Sündenfeind / und Sühner wollen wählen: / »Geh hin, mein Kind, und nimm dich an / der Kinder, die ich ausgetan / zur Straf und Zornesruten; / die Straf ist schwer, der Zorn ist groß, / du kannst und sollst sie machen los / durch Sterben und durch Bluten.«

3. »Ja, Vater, ja von Herzensgrund, / leg auf, ich will dir's tragen; / mein Wollen hängt an deinem Mund, / mein Wirken ist dein Sagen.« / O Wunderlieb, o Liebesmacht, / du kannst – was nie kein Mensch gedacht – / Gott seinen Sohn abzwingen. / O Liebe, Liebe, du bist stark, / du streckest den in Grab und Sarg, / vor dem die Felsen springen*. *Mt 27,52

4. Mein Lebetage will ich dich / aus meinem Sinn nicht lassen, / dich will ich stets, gleich wie du mich, / mit Liebesarmen fassen. / Du sollst sein meines Herzens Licht, / und wenn mein Herz in Stücke bricht, / sollst du mein Herze bleiben; / ich will mich dir, mein höchster Ruhm, / hiermit zu deinem Eigentum / beständiglich verschreiben.

5. Ich will von deiner Lieblichkeit / bei Nacht und Tage singen, / mich selbst auch dir nach Möglichkeit / zum Freudenopfer bringen. / Mein Bach des Lebens soll sich dir / und deinem Namen für und für / in Dankbarkeit ergießen; / und was du mir zugut getan, / das will ich stets, so tief ich kann, / in mein Gedächtnis schließen.

6. Das soll und will ich mir zunutz / zu allen Zeiten machen; / im Streite soll es sein mein Schutz, / in Traurigkeit mein Lachen, / in Fröhlichkeit mein Saitenspiel; / und wenn mir nichts mehr schmecken will, / soll mich dies Manna speisen; / im Durst soll's sein mein Wasserquell, / in Einsamkeit mein Sprachgesell / zu Haus und auch auf Reisen.

KIRCHENJAHR

7. Wenn endlich ich soll treten ein / in deines Reiches Freuden, / so soll dein Blut mein Purpur sein, / ich will mich darein kleiden; / es soll sein meines Hauptes Kron, / in welcher ich will vor den Thron / des höchsten Vaters gehen / und dir, dem er mich anvertraut, / als eine wohlgeschmückte Braut / an deiner Seite stehen.

T: PAUL GERHARDT 1647
M: WOLFGANG DACHSTEIN 1525
»AN WASSERFLÜSSEN BABYLON« (ZU PSALM 137)

84 (Ö)

1. O Welt, sieh hier dein Leben am Stamm des Kreuzes schweben, dein Heil sinkt in den Tod. Der große Fürst der Ehren lässt willig sich beschweren mit Schlägen, Hohn und großem Spott.

2. Wer hat dich so geschlagen, / mein Heil, und dich mit Plagen / so übel zugericht'? / Du bist ja nicht ein Sünder / wie wir und unsre Kinder, / von Übeltaten weißt du nicht.

3. Ich, ich und meine Sünden, / die sich wie Körnlein finden / des Sandes an dem Meer, / die haben dir erreget / das Elend, das dich schläget, / und deiner schweren Martern Heer.

4. Ich bin's, ich sollte büßen / an Händen und an Füßen / gebunden in der Höll; / die Geißeln und die Bande / und was du ausgestanden, / das hat verdienet meine Seel.

5. Du nimmst auf deinen Rücken / die Lasten, die mich drücken / viel schwerer als ein Stein; / du wirst ein Fluch*, dagegen / verehrst du mir den Segen; / dein Schmerzen muss mein Labsal sein. *Gal 3,13

6. Du setzest dich zum Bürgen, / ja lässest dich gar würgen / für mich und meine Schuld; / mir lässest du dich krönen / mit Dornen, die dich höhnen, / und leidest alles mit Geduld.

7. Ich bin, mein Heil, verbunden / all Augenblick und Stunden / dir überhoch und sehr; / was Leib und Seel vermögen, / das soll ich billig legen / allzeit an deinen Dienst und Ehr.

8. Nun, ich kann nicht viel geben / in diesem armen Leben, / eins aber will ich tun: / Es soll dein Tod und Leiden, / bis Leib und Seele scheiden, / mir stets in meinem Herzen ruhn.

9. Ich will's vor Augen setzen, / mich stets daran ergötzen, / ich sei auch, wo ich sei; / es soll mir sein ein Spiegel / der Unschuld und ein Siegel / der Lieb und unverfälschten Treu.

10. Ich will daraus studieren, / wie ich mein Herz soll zieren / mit stillem, sanftem Mut / und wie ich die soll lieben, / die mich doch sehr betrüben / mit Werken, so die Bosheit tut.

11. Wenn böse Zungen stechen, / mir Ehr und Namen brechen, / so will ich zähmen mich; / das Unrecht will ich dulden, / dem Nächsten seine Schulden / verzeihen gern und williglich.

12. Ich will ans Kreuz mich schlagen / mit dir und dem absagen, / was meinem Fleisch gelüst'; / was deine Augen hassen, / das will ich fliehn und lassen, / soviel mir immer möglich ist.

13. Dein Seufzen und dein Stöhnen / und die viel tausend Tränen, / die dir geflossen zu, / die sollen mich am Ende / in deinen Schoß und Hände / begleiten zu der ewgen Ruh.

T: PAUL GERHARDT 1647
M: O WELT, ICH MUSS DICH LASSEN (NR. 521)

85 (Ö)

1. O Haupt voll Blut und Wun-den,
voll Schmerz und vol-ler Hohn,
o Haupt, zum Spott ge-bun-den
mit ei-ner Dor-nen-kron,

PASSION

o Haupt, sonst schön gezieret
mit höchster Ehr und Zier,
jetzt aber hoch schimpfieret:
Gegrüßet seist du mir!

Spätere Form

1. O Haupt voll Blut und Wunden,
o Haupt, zum Spott gebunden
voll Schmerz und voller Hohn,
mit einer Dornenkron,
o Haupt, sonst schön gezieret mit höchster Ehr und Zier, jetzt aber hoch schimpfieret: Gegrüßet seist du mir!

2. Du edles Angesichte, / davor sonst schrickt und scheut / das große Weltgewichte: / wie bist du so bespeit, / wie bist du so erbleichet! / Wer hat dein Augenlicht, / dem sonst kein Licht nicht gleichet, / so schändlich zugericht'?

3. Die Farbe deiner Wangen, / der roten Lippen Pracht / ist hin und ganz vergangen; / des blassen Todes Macht / hat alles hingenommen, / hat alles hingerafft, / und daher bist du kommen / von deines Leibes Kraft.

4. Nun, was du, Herr, erduldet, / ist alles meine Last; / ich hab es selbst verschuldet, / was du getragen hast. / Schau her, hier steh ich Armer, / der Zorn verdienet hat. / Gib mir, o mein Erbarmer, / den Anblick deiner Gnad.

5. Erkenne mich, mein Hüter, / mein Hirte, nimm mich an. / Von dir, Quell aller Güter, / ist mir viel Guts getan; / dein Mund hat mich gelabet / mit Milch und süßer Kost, / dein Geist hat mich begabet / mit mancher Himmelslust.

6. Ich will hier bei dir stehen, / verachte mich doch nicht; / von dir will ich nicht gehen, / wenn dir dein Herze bricht; / wenn dein Haupt wird erblassen / im letzten Todesstoß, / alsdann will ich dich fassen / in meinen Arm und Schoß.

7. Es dient zu meinen Freuden / und tut mir herzlich wohl, / wenn ich in deinem Leiden, / mein Heil, mich finden soll. / Ach möcht ich, o mein Leben, / an deinem Kreuze hier / mein Leben von mir geben, / wie wohl geschähe mir!

8. Ich danke dir von Herzen, / o Jesu, liebster Freund, / für deines Todes Schmerzen, / da du's so gut gemeint. / Ach gib, dass ich mich halte / zu dir und deiner Treu / und, wenn ich nun erkalte, / in dir mein Ende sei.

9. Wenn ich einmal soll scheiden, / so scheide nicht von mir, / wenn ich den Tod soll leiden, / so tritt du dann herfür; / wenn mir am allerbängsten / wird um das Herze sein, / so reiß mich aus den Ängsten / kraft deiner Angst und Pein.

10. Erscheine mir zum Schilde, / zum Trost in meinem Tod, / und lass mich sehn dein Bilde / in deiner Kreuzesnot. / Da will ich nach dir blicken, / da will ich glaubensvoll / dich fest an mein Herz drücken. / Wer so stirbt, der stirbt wohl.

T: PAUL GERHARDT 1656 NACH »SALVE CAPUT CRUENTATUM« DES ARNULF VON LÖWEN VOR 1250
M: HANS LEO HASSLER 1601;
GEISTLICH BRIEG NACH 1601,
GÖRLITZ 1613 »HERZLICH TUT MICH VERLANGEN«

Fürwahr, er trug unsre Krankheit und lud auf sich unsre Schmerzen. Wir aber hielten ihn für den, der geplagt und von Gott geschlagen und gemartert wäre. Aber er ist um unsrer Missetat willen verwundet und um unsrer Sünde willen zerschlagen. Die Strafe liegt auf ihm, auf dass wir Frieden hätten, und durch seine Wunden sind wir geheilt. JESAJA 53,4.5

KIRCHENJAHR
86

1. Je-su, meines Lebens Leben, / Jesu, meines Todes Tod, / der du dich für mich gegeben in die tiefste Seelennot, / in das äußerste Verderben, nur dass ich nicht möchte sterben: tausend-, tausendmal sei dir, liebster Jesu, Dank dafür.

2. Du, ach du hast ausgestanden / Lästerreden, Spott und Hohn, / Speichel, Schläge, Strick und Banden, / du gerechter Gottessohn, / nur mich Armen zu erretten / von des Teufels Sündenketten. / Tausend-, tausendmal sei dir, / liebster Jesu, Dank dafür.

3. Du hast lassen Wunden schlagen, / dich erbärmlich richten zu, / um zu heilen meine Plagen, / um zu setzen mich in Ruh; / ach du hast zu meinem Segen / lassen dich mit Fluch belegen*. / Tausend-, tausendmal sei dir, / liebster Jesu, Dank dafür.   *Gal 3,13

4. Man hat dich sehr hart verhöhnet, / dich mit großem Schimpf belegt, / gar mit Dornen dich gekrönet: / Was hat dich dazu bewegt? / Dass du möchtest mich ergötzen, / mir die Ehrenkron aufsetzen. / Tausend-, tausendmal sei dir, / liebster Jesu, Dank dafür.

5. Du hast wollen sein geschlagen, / zu befreien mich von Pein, / fälschlich lassen dich anklagen, / dass ich könnte sicher sein; / dass ich möge Trost erlangen, / hast du ohne Trost gehangen. / Tausend-, tausendmal sei dir, / liebster Jesu, Dank dafür.

6. Du hast dich in Not gestecket, / hast gelitten mit Geduld, / gar den herben Tod geschmecket, / um zu büßen meine Schuld; / dass ich würde losgezählet, / hast du wollen sein gequälet. / Tausend-, tausendmal sei dir, / liebster Jesu, Dank dafür.

7. Deine Demut hat gebüßet / meinen Stolz und Übermut, / dein Tod meinen Tod versüßet; / es kommt alles mir zugut. / Dein Verspotten, dein Verspeien / muss zu Ehren mir gedeihen. / Tausend-, tausendmal sei dir, / liebster Jesu, Dank dafür.

8. Nun, ich danke dir von Herzen, / Herr, für alle deine Not: / für die Wunden, für die Schmerzen, / für den herben, bittern Tod; / für dein Zittern, für dein Zagen, / für dein tausendfaches Plagen, / für dein Angst und tiefe Pein / will ich ewig dankbar sein.

T: ERNST CHRISTOPH HOMBURG 1659
M: WOLFGANG WESSNITZER 1661

KIRCHENJAHR
87

1. Du gro-ßer Schmer-zens-mann, vom Va-ter so ge-schla-gen, Herr Je-su, dir sei Dank für al-le dei-ne Pla-gen: für dei-ne See-len-angst, für dei-ne Band und Not, für dei-ne Gei-ße-lung, für dei-nen bit-tern Tod.

2. Ach das hat unsre Sünd / und Missetat verschuldet, / was du an unsrer statt, / was du für uns erduldet. / Ach unsre Sünde bringt / dich an das Kreuz hinan; / o unbeflecktes Lamm, / was hast du sonst getan?

3. Dein Kampf ist unser Sieg, / dein Tod ist unser Leben; / in deinen Banden ist / die Freiheit uns gegeben. / Dein Kreuz ist unser Trost, / die Wunden unser Heil, / dein Blut das Lösegeld, / der armen Sünder Teil.

4. O hilf, dass wir auch uns / zum Kampf und Leiden wagen / und unter unsrer Last / des Kreuzes nicht verzagen; / hilf tragen mit Geduld / durch deine Dornenkron, / wenn's kommen soll mit uns / zum Blute, Schmach und Hohn.

PASSION

5. Dein Angst komm uns zugut, / wenn wir in Ängsten liegen; / durch deinen Todeskampf / lass uns im Tode siegen; / durch deine Bande, Herr, / bind uns, wie dir's gefällt; / hilf, dass wir kreuzigen / durch dein Kreuz Fleisch und Welt.

6. Lass deine Wunden sein / die Heilung unsrer Sünden, / lass uns auf deinen Tod / den Trost im Tode gründen. / O Jesu, lass an uns / durch dein Kreuz, Angst und Pein / dein Leiden, Kreuz und Angst / ja nicht verloren sein.

T: ADAM THEBESIUS (1652) 1663
M: MARTIN JAN (1652) 1663

Andere Melodie:
Christus, der uns selig macht (Nr. 77)

88

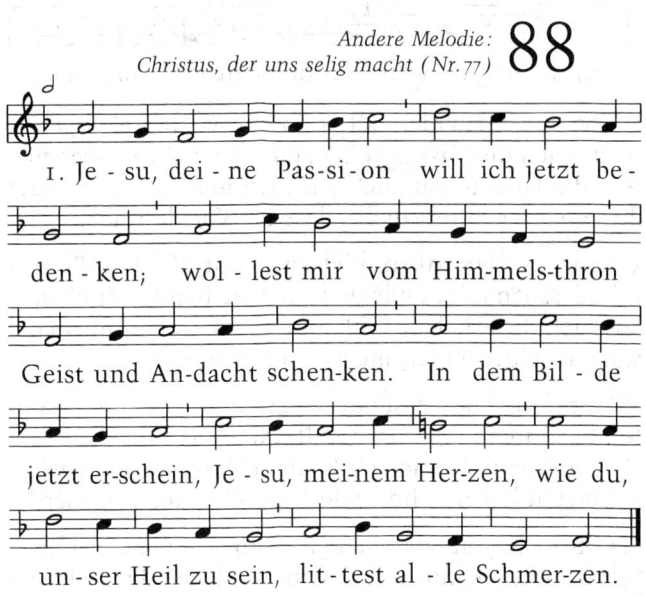

1. Je-su, dei-ne Pas-si-on will ich jetzt be-den-ken; wol-lest mir vom Him-mels-thron Geist und An-dacht schen-ken. In dem Bil-de jetzt er-schein, Je-su, mei-nem Her-zen, wie du, un-ser Heil zu sein, lit-test al-le Schmer-zen.

KIRCHENJAHR

2. Meine Seele sehen mach deine Angst und Bande, deine Schläge, deine Schmach, deine Kreuzesschande, deine Geißel, Dornenkron, Speer- und Nägelwunden, deinen Tod, o Gottessohn, der mich dir verbunden.

3. Aber lass mich nicht allein / deine Marter sehen, / lass mich auch die Ursach fein / und die Frucht verstehen. / Ach die Ursach war auch ich, / ich und meine Sünde: / diese hat gemartert dich, / dass ich Gnade finde.

4. Jesu, lehr bedenken mich / dies mit Buß und Reue; / hilf, dass ich mit Sünde dich / martre nicht aufs Neue. / Sollt ich dazu haben Lust / und nicht wollen meiden, / was du selber büßen musst / mit so großem Leiden?

5. Wenn mir meine Sünde will / machen heiß die Hölle, / Jesu, mein Gewissen still, / dich ins Mittel stelle. / Dich und deine Passion / lass mich gläubig fassen; / liebet mich sein lieber Sohn, / wie kann Gott mich hassen?

6. Gib auch, Jesu, dass ich gern / dir das Kreuz nachtrage, / dass ich Demut von dir lern / und Geduld in Plage, / dass ich dir geb Lieb um Lieb. / Indes lass dies Lallen / – bessern Dank ich dorten geb –, / Jesu, dir gefallen.

T: SIGMUND VON BIRKEN 1663
M: MELCHIOR VULPIUS 1609

PASSION

89

1. Herr Jesu, deine Angst und Pein
lass mir vor Augen allzeit sein,
und dein betrübtes Leiden
die Sünde zu vermeiden.
Lass mich an deine große Not und deinen herben, bittern Tod, so lang ich lebe, denken.

2. Die Wunden alle, die du hast, / hab ich dir helfen schlagen, / auch meine große Sündenlast / dir aufgelegt zu tragen. / Ach liebster Heiland, schone mein, / lass diese Schuld vergessen sein, / lass Gnad vor Recht ergehen.

3. Du hast verlassen deinen Thron, / bist in das Elend gangen, / ertrugest Schläge, Spott und Hohn, / musstest am Kreuze hangen, / auf dass du für uns schafftest Rat / und unsre schwere Missetat / bei Gott versöhnen möchtest.

4. Drum will ich jetzt in Dankbarkeit / von Herzen dir lobsingen, / und wenn du zu der Seligkeit / mich wirst hinkünftig bringen, / so will ich daselbst noch viel mehr / zusamt dem ganzen Himmelsheer / dich ewig dafür loben.

KIRCHENJAHR

5. Herr Jesu, deine Angst und Pein
lass meine letzte Zuflucht sein,
und dein betrübtes Leiden,
wenn ich von hier soll scheiden.
Ach hilf, dass ich durch deinen Tod
fein sanft beschließe meine Not
und selig sterbe. Amen.

T: PLÖN 1675 NACH TOBIAS CLAUSNITZER 1662
M: HERR JESU CHRIST, DU HÖCHSTES GUT (NR. 219)

Wir müssen uns immer wieder sehr lange und sehr ruhig in das Leben, Sprechen, Handeln, Leiden und Sterben Jesu versenken, um zu erkennen, was Gott verheißt und was er erfüllt. Gewiss ist, dass im Leiden unsere Freude, im Sterben unser Leben verborgen ist; gewiss ist, dass wir in dem allen in einer Gemeinschaft stehen, die uns trägt.

DIETRICH BONHOEFFER

90 PASSION

1. Ich grüße dich am Kreuzesstamm,
du hochgelobtes Gotteslamm,
mit andachtsvollem Herzen.
doch sieht mein Glaube wohl an dir,
dass Gottes Majestät und Zier
in diesem Leibe wohne
und dass du hier so würdig seist,
dass man dich Herr und König heißt
als auf dem Ehrenthrone.

2. Hier hängst du zwar in lauter Not
und bist gehorsam bis zum Tod,
vergehst in tausend Schmerzen;

PASSION

91

1. Herr, stärke mich, dein Leiden zu bedenken, mich in das Meer der Liebe zu versenken, die dich bewog, von aller Schuld des Bösen uns zu erlösen.

2. Vereint mit Gott, ein Mensch gleich uns auf Erden / und bis zum Tod am Kreuz gehorsam werden, / an unsrer statt gemartert und zerschlagen, / die Sünde tragen:
Phil 2,8

3. welch wundervoll hochheiliges Geschäfte! / Sinn ich ihm nach, so zagen meine Kräfte, / mein Herz erbebt; ich seh und ich empfinde / den Fluch der Sünde.

4. Gott ist gerecht, ein Rächer alles Bösen; / Gott ist die Lieb und lässt die Welt erlösen. / Dies kann mein Geist mit Schrecken und Entzücken / am Kreuz erblicken.

5. Seh ich dein Kreuz den Klugen dieser Erden / ein Ärgernis und eine Torheit werden: / so sei's doch mir, trotz allen frechen Spottes, / die Weisheit Gottes.
1. Kor 1,23.24

6. Es schlägt den Stolz und mein Verdienst darnieder, / es stürzt mich tief und es erhebt mich wieder, / lehrt mich mein Glück, macht mich aus Gottes Feinde / zu Gottes Freunde.

KIRCHENJAHR

7. Da du dich selbst für mich dahingegeben, / wie könnt ich noch nach meinem Willen leben? / Und nicht vielmehr, weil ich dir angehöre, / zu deiner Ehre.

8. Ich will nicht Hass mit gleichem Hass vergelten, / wenn man mich schilt, nicht rächend wiederschelten, / du Heiliger, du Herr und Haupt der Glieder, / schaltst auch nicht wieder.

9. Unendlich Glück! Du littest uns zugute. / Ich bin versöhnt in deinem teuren Blute. / Du hast mein Heil, da du für mich gestorben, / am Kreuz erworben.

10. Wenn endlich, Herr, mich meine Sünden kränken, / so lass dein Kreuz mir wieder Ruhe schenken. / Dein Kreuz, dies sei, wenn ich den Tod einst leide, / mir Fried und Freude.

T: CHRISTIAN FÜRCHTEGOTT GELLERT 1757
M: HERZLIEBSTER JESU, WAS HAST DU VERBROCHEN
(NR. 81)

92

1. Chris-te, du Schöp-fer al-ler Welt,

du Kö-nig, der die Gläub'-gen hält,

weil un-ser Bit-ten dir ge-fällt,

nimm un-ser Lob-lied an, o Held.

2. Kein Maß hat deine Gnad gekannt, / hat in Geduld mit starker Hand / durch Leid am Kreuz gelöst das Band, / das Adams Sünde um uns wand.

3. Vor dem die Sterne neigen sich, / du kamst ins Fleisch demütiglich, / darin zu leiden williglich; / in Todesschmerz dein Leib erblich.

4. Die Hand gebunden ausgestreckt, / zu lösen, was in Banden steckt, / hast du mit Gnad den Zorn bedeckt, / den Menschenschuld in Gott erweckt.

5. Du hangst am Kreuze sterbend hier / und doch erbebt die Erd vor dir, / der Geist der Kraft geht aus von dir, / die stolze Welt erblasst vor dir.

6. Jetzt um dein Siegerangesicht / des ewgen Vaters Glanz sich flicht, / jetzt mit des Geistes Kraft und Licht, / o König du, verlass uns nicht.

A - men.

T: THEODOR KLIEFOTH 1875 NACH DEM HYMNUS
»REX CHRISTE, FACTOR OMNIUM« 9. JH.
M: 9. JH., KÖNIGSBERG 1527,
BEI JOHANN HERMANN SCHEIN 1627

KIRCHENJAHR

93 *Andere Melodie:*
O Durchbrecher aller Bande (Nr. 388)

1. Nun gehören unsre Herzen ganz dem Mann von Golgatha, der in bittern Todesschmerzen das Geheimnis Gottes sah, das Geheimnis des Gerichtes über aller Menschen Schuld, das Geheimnis neuen Lichtes aus des Vaters ewger Huld.

2. Nun in heilgem Stilleschweigen / stehen wir auf Golgatha. / Tief und tiefer wir uns neigen / vor dem Wunder, das geschah, / als der Freie ward zum Knechte / und der Größte ganz gering, / als für Sünder der Gerechte / in des Todes Rachen ging.

3. Doch ob tausend Todesnächte / liegen über Golgatha, / ob der Hölle Lügenmächte / triumphieren fern und nah, / dennoch dringt als Überwinder / Christus durch des Sterbens Tor; / und die sonst des Todes Kinder, / führt zum Leben er empor.

4. Schweigen müssen nun die Feinde / vor dem Sieg von Golgatha. / Die begnadigte Gemeinde / sagt zu Christi Wegen: Ja! / Ja, wir danken deinen Schmerzen; / ja, wir preisen deine Treu; / ja, wir dienen dir von Herzen; / ja, du machst einst alles neu.

T: FRIEDRICH VON BODELSCHWINGH 1938
M: RICHARD LÖRCHER (1946) 1949

Ist Gott für uns, wer kann wider uns sein? Der auch seinen eigenen Sohn nicht verschont hat, sondern hat ihn für uns alle dahingegeben – wie sollte er uns mit ihm nicht alles schenken? Wer will die Auserwählten Gottes beschuldigen? Gott ist hier, der gerecht macht. Wer will verdammen? Christus Jesus ist hier, der gestorben ist, ja vielmehr, der auch auferweckt ist, der zur Rechten Gottes ist und uns vertritt.

RÖMER 8,31-34

KIRCHENJAHR

94 *Andere Melodie:*
O Welt, ich muß dich lassen (Nr. 521)

1. Das Kreuz ist aufgerichtet, der große Streit geschlichtet. Dass er das Heil der Welt in diesem Zeichen gründe, gibt sich für ihre Sünde der Schöpfer selber zum Entgelt.

2. Er wollte, dass die Erde / zum Stern des Kreuzes werde, / und der am Kreuz verblich, / der sollte wiederbringen, / die sonst verloren gingen, / dafür gab er zum Opfer sich.

3. Er schonte den Verräter, / ließ sich als Missetäter / verdammen vor Gericht, / schwieg still zu allem Hohne, / nahm an die Dornenkrone, / die Schläge in sein Angesicht.

PASSION

4. So hat es Gott gefallen, / so gibt er sich uns allen. / Das Ja erscheint im Nein, / der Sieg im Unterliegen, / der Segen im Versiegen, / die Liebe will verborgen sein.

5. Wir sind nicht mehr die Knechte / der alten Todesmächte / und ihrer Tyrannei. / Der Sohn, der es erduldet, / hat uns am Kreuz entschuldet. / Auch wir sind Söhne und sind frei.

T: KURT IHLENFELD 1967
M: MANFRED SCHLENKER 1977

Er, der in göttlicher Gestalt war, hielt es nicht für einen Raub, Gott gleich zu sein, sondern entäußerte sich selbst und nahm Knechtsgestalt an, ward den Menschen gleich und der Erscheinung nach als Mensch erkannt.
Er erniedrigte sich selbst und ward gehorsam bis zum Tode, ja zum Tode am Kreuz.
Darum hat ihn auch Gott erhöht und hat ihm den Namen gegeben, der über alle Namen ist, dass in dem Namen Jesu sich beugen sollen aller derer Knie, die im Himmel und auf Erden und unter der Erde sind, und alle Zungen bekennen sollen, dass Jesus Christus der Herr ist, zur Ehre Gottes, des Vaters. PHILIPPER 2,6-11

KIRCHENJAHR

95

Jesus in Gethsemane (Matthäus 26,36-46)

1. Seht hin, er ist allein im Garten.
Er fürchtet sich in dieser Nacht,
weil Qual und Sterben auf ihn warten
und keiner seiner Freunde wacht.

Du hast die Angst auf dich genommen,
du hast erlebt, wie schwer das ist.
Wenn über uns die Ängste kommen,
dann sei uns nah, Herr Jesus Christ!

Die Gefangennahme (Matthäus 26,47-56)

2. Seht hin, sie haben ihn gefunden. / Sie greifen ihn. Er wehrt sich nicht. / Dann führen sie ihn fest gebunden / dorthin, wo man sein Urteil spricht.
Du ließest dich in Bande schlagen, / dass du uns gleich und hilflos bist. / Wenn wir in unsrer Schuld verzagen, / dann mach uns frei, Herr Jesus Christ!

Vor dem Hohen Rat (Matthäus 26,57-68)

3. Seht hin, wie sie ihn hart verklagen, / man schlägt und spuckt ihm ins Gesicht / und will von ihm nur Schlechtes sagen. / Und keiner ist, der für ihn spricht!
Wenn wir an andern schuldig werden / und keiner unser Freund mehr ist, / wenn alles uns verklagt auf Erden, / dann sprich für uns, Herr Jesus Christ!

Vor Pilatus (Matthäus 27,15-30)

4. Seht, wie sie ihn mit Dornen krönen, / wie jeder ihn verspotten will, / wie sie ihn schlagen und verhöhnen. / Und er, er schweigt zu allem still.
Du leidest Hohn und Spott und Schmerzen – / und keiner, der voll Mitleid ist: / Wir haben harte, arme Herzen. / Erbarme dich, Herr Jesus Christ!

Das Lied kann auch im Wechsel zwischen zwei Gruppen gesungen werden.

T: FRIEDRICH WALZ 1971
M: 1. TEIL: GÖTZ WIESE 1986
2. TEIL: O DASS DOCH BALD DEIN FEUER BRENNTE
(NR. 255)

KIRCHENJAHR
96

1. Du schöner Lebensbaum des Paradieses, / gütiger Jesus, Gotteslamm auf Erden. / Du bist der wahre Retter unsres Lebens, / unser Befreier.

2. Nur unsretwegen hattest du zu leiden, / gingst an das Kreuz und trugst die Dornenkrone. / Für unsre Sünden musstest du bezahlen / mit deinem Leben.

3. Lieber Herr Jesus, wandle uns von Grund auf, / dass allen denen wir auch gern vergeben, / die uns beleidigt, die uns Unrecht taten, / selbst sich verfehlten.

4. Für diese alle wollen wir dich bitten, / nach deinem Vorbild laut zum Vater flehen, / dass wir mit allen Heilgen zu dir kommen / in deinen Frieden.

5. Wenn sich die Tage unsres Lebens neigen, / nimm unsren Geist, Herr, auf in deine Hände, / dass wir zuletzt von hier getröstet scheiden, / Lob auf den Lippen:

6. Dank sei dem Vater, unsrem Gott im Himmel, / er ist der Retter der verlornen Menschheit, / hat uns erworben Frieden ohne Ende, / ewige Freude.

T: DIETER TRAUTWEIN/VILMOS GYÖNGYÖSI 1974
NACH DEM UNGARISCHEN
»PARADICSOMNAK TE SZÉP ÉLÖ FÁJA«
VON IMRE PÉCZELI KIRÁLY VOR 1641
M: KLAUSENBURG 1744

1. Paradicsomnak te szép élő fája, / O, drága Jézus, Istennek Báránya, / Te vagy lelkünknek igaz Megváltója, / Szabaditója.

2. Értünk egyedül szörnyű kínt szenvedtél, / Megfeszíttetvén töviset viseltél, / Mi bűneinkért véreddel fizettél, / Megölettettél.

3. Jézusunk, kérünk, szenteld meg lelkünket, / Hogy megbocsássuk mi is a bűnöket / Mindeneknek, kik ellenünk vétettek, / És elestenek!

4. Adjad, hogy mi is értük könyörögjünk, / Téged követvén szívből esedezzünk. / Hogy sok szentekkel tehozzád mehessünk, / Üdvözülhessünk!

KIRCHENJAHR

97 ö

1. Holz auf Jesu Schulter, von der Welt verflucht, ward zum Baum des Lebens und bringt gute Frucht. Kyrie eleison, sieh, wohin wir gehn. Ruf uns aus den Toten, lass uns auferstehn.

2. Wollen wir Gott bitten, / dass auf unsrer Fahrt / Friede unsre Herzen / und die Welt bewahrt.
Kyrie eleison, / sieh, wohin wir gehn. / Ruf uns aus den Toten, / lass uns auferstehn.

3. Denn die Erde klagt uns / an bei Tag und Nacht. / Doch der Himmel sagt uns: / Alles ist vollbracht!
Kyrie eleison, / sieh, wohin wir gehn. / Ruf uns aus den Toten, / lass uns auferstehn.

4. Wollen wir Gott loben, / leben aus dem Licht. / Streng ist seine Güte, / gnädig sein Gericht.
Kyrie eleison, / sieh, wohin wir gehn. / Ruf uns aus den Toten, / lass uns auferstehn.

5. Denn die Erde jagt uns / auf den Abgrund zu. / Doch der Himmel fragt uns: / Warum zweifelst du?
Kyrie eleison, / sieh, wohin wir gehn. / Ruf uns aus den Toten, / lass uns auferstehn.

6. Hart auf deiner Schulter / lag das Kreuz, o Herr, / ward zum Baum des Lebens, / ist von Früchten schwer.
Kyrie eleison, / sieh, wohin wir gehn. / Ruf uns aus den Toten, / lass uns auferstehn.

T: JÜRGEN HENKYS (1975) 1977 NACH DEM
NIEDERLÄNDISCHEN »MET DE BOOM DES LEVENS«
VON WILLEM BARNARD 1963
M: IGNACE DE SUTTER 1964

Herr, wohin sollen wir gehen? Du hast Worte des ewigen Lebens; und wir haben geglaubt und erkannt: Du bist der Heilige Gottes.

JOHANNES 6,68.69

KIRCHENJAHR
98 ö

1. Korn, das in die Erde, in den Tod versinkt,
Keim, der aus dem Acker in den Morgen dringt –
Liebe lebt auf, die längst erstorben schien:
Liebe wächst wie Weizen und ihr Halm ist grün.

Joh 12,24

2. Über Gottes Liebe brach die Welt den Stab, / wälzte ihren Felsen vor der Liebe Grab. / Jesus ist tot. Wie sollte er noch fliehn? / Liebe wächst wie Weizen und ihr Halm ist grün.

3. Im Gestein verloren Gottes Samenkorn, / unser Herz gefangen in Gestrüpp und Dorn – / hin ging die Nacht, der dritte Tag erschien: / Liebe wächst wie Weizen und ihr Halm ist grün.

T: JÜRGEN HENKYS (1976) 1978 NACH DEM
ENGLISCHEN »NOW THE GREEN BLADE RISES«
VON JOHN MACLEOD CAMPBELL CRUM 1928
M: »NOËL NOUVELET« FRANKREICH 15. JH.

OSTERN

(Ö) 99

Christ ist erstanden von der Marter alle; des solln wir alle froh sein, Christ will unser Trost sein. Kyrieleis.

Wär er nicht erstanden, so wär die Welt vergangen; seit dass er erstanden ist, so lobn wir den Vater Jesu Christ'. Kyrieleis.

KIRCHENJAHR

Halleluja, Halleluja, Halleluja! Des solln wir alle froh sein, Christ will unser Trost sein. Kyrieleis.

T: BAYERN/ÖSTERREICH 12. BIS 15. JH.
M: SALZBURG 1160/1433,
TEGERNSEE 15. JH., WITTENBERG 1529

*Man singt mit Freuden vom Sieg in den
Hütten der Gerechten:
Die Rechte des Herrn behält den Sieg!
Ich werde nicht sterben, sondern leben
und des Herrn Werke verkündigen.
Dies ist der Tag, den der Herr macht;
lasst uns freuen und fröhlich an ihm sein.*

PSALM 118,15.17.24

OSTERN

ö 100

1. Wir wollen alle fröhlich sein in dieser österlichen Zeit; denn unser Heil hat Gott bereit'.
Halleluja, Halleluja, Halleluja, Halleluja, gelobt sei Christus, Marien Sohn.

2. Es ist erstanden Jesus Christ, / der an dem Kreuz gestorben ist, / dem sei Lob, Ehr zu aller Frist.
Halleluja, Halleluja, Halleluja, Halleluja, / gelobt sei Christus, Marien Sohn.

3. Er hat zerstört der Höllen Pfort, / die Seinen all herausgeführt / und uns erlöst vom ewgen Tod.
Halleluja, Halleluja, Halleluja, Halleluja, / gelobt sei Christus, Marien Sohn.

4. Es singt der ganze Erdenkreis / dem Gottessohne Lob und Preis, / der uns erkauft das Paradeis.
Halleluja, Halleluja, Halleluja, Halleluja, / gelobt sei Christus, Marien Sohn.

KIRCHENJAHR

5. Des freu sich alle Christenheit
und lobe die Dreifaltigkeit
von nun an bis in Ewigkeit.
Halleluja, Halleluja,
Halleluja, Halleluja,
gelobt sei Christus, Marien Sohn.

T: STR. 1 MEDINGEN UM 1380;
STR. 2–5 BEI CYRIAKUS SPANGENBERG 1568
NACH »RESURREXIT DOMINUS« 14. JH.
M: HOHENFURT 1410, BÖHMISCHE BRÜDER 1544,
WITTENBERG 1573

OSTERN

101

1. Christ lag in Todesbanden, für unsre Sünd gegeben, der ist wieder erstanden und hat uns bracht das Leben. Des wir sollen fröhlich sein, Gott loben und dankbar sein und singen Halleluja. Halleluja.

2. Den Tod niemand zwingen konnt bei allen Menschenkindern; das macht alles unsre Sünd, kein Unschuld war zu finden. Davon kam der Tod so bald und nahm über uns Gewalt, hielt uns in seim Reich gefangen. Halleluja.

3. Jesus Christus, Gottes Sohn, an unser statt ist kommen und hat die Sünd abgetan, damit dem Tod genommen all sein Recht und sein Gewalt; da bleibt nichts denn Tods Gestalt, den Stachel hat er verloren. Halleluja.

KIRCHENJAHR

4. Es war ein wunderlich Krieg, da Tod und Leben 'rungen; das Leben behielt den Sieg, es hat den Tod verschlungen. Die Schrift hat verkündet das, wie ein Tod den andern fraß, ein Spott aus

5. Hier ist das recht Osterlamm, davon wir sollen leben, das ist an des Kreuzes Stamm in heißer Lieb gegeben. Des Blut zeichnet unsre Tür,* das hält der Glaub dem Tod für, der Würger

6. So feiern wir das hoh Fest mit Herzensfreud und Wonne, das uns der Herr scheinen lässt. Er ist selber die Sonne, der durch seiner Gnaden Glanz erleucht' unsre Herzen ganz; der Sünden

7. Wir essen und leben wohl, zum süßen Brot geladen; der alte Sau'r-teig nicht soll sein bei dem Wort der Gnaden.* Christus will die Kost uns sein und speisen die Seel allein; der Glaub will

*1. Kor 5,6-8 *2. Mose 12,7

OSTERN

4. dem Tod ist wor-den.* Hal - le - lu - ja.
5. kann uns nicht rüh - ren. Hal - le - lu - ja.
6. Nacht ist ver - gan - gen. Hal - le - lu - ja.
7. keins an - dern le - ben. Hal - le - lu - ja.

*1. Kor 15,55

T: MARTIN LUTHER 1524
TEILWEISE NACH DER SEQUENZ »VICTIMAE PASCHALI
LAUDES« DES WIPO VON BURGUND VOR 1048
UND NACH NR. 99
M: MARTIN LUTHER 1524 NACH NR. 99

102

1. Je - sus Chris-tus, un - ser Hei - land, der den Tod ü - ber-wand, ist auf-er-stan-den, die Sünd hat er ge-fan-gen. Ky - ri - e e - le - i - son.

2. Der ohn Sünden war geboren, / trug für uns Gottes Zorn, / hat uns versöhnet, / dass Gott uns sein Huld gönnet. / Kyrie eleison.

3. Tod, Sünd, Leben und auch Gnad, / alls in Händen er hat; / er kann erretten / alle, die zu ihm treten. / Kyrie eleison.

T: MARTIN LUTHER 1524
M: MARTIN LUTHER 1529, LEIPZIG 1545

KIRCHENJAHR

103 Ö Matthäus 28,1-6

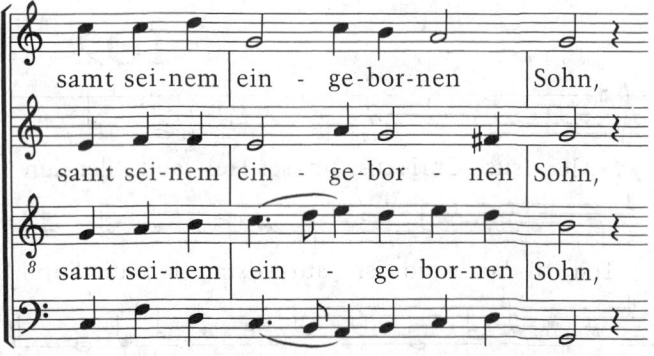

2. Des Morgens früh am dritten Tag, / da noch der Stein am Grabe lag, / erstand er frei ohn alle Klag. / Halleluja, Halleluja, Halleluja.

3. Der Engel sprach: »Nun fürcht' euch nicht; / denn ich weiß wohl, was euch gebricht. / Ihr sucht Jesus, den find't ihr nicht.« / Halleluja, Halleluja, Halleluja.

4. »Er ist erstanden von dem Tod, / hat überwunden alle Not; / kommt, seht, wo er gelegen hat.« / Halleluja, Halleluja, Halleluja.

OSTERN

5. Nun bitten wir dich, Jesu Christ, / weil du vom Tod erstanden bist, / verleihe, was uns selig ist. / Halleluja, Halleluja, Halleluja.

6. O mache unser Herz bereit, / damit von Sünden wir befreit / dir mögen singen allezeit: / Halleluja, Halleluja, Halleluja.

T: MICHAEL WEISSE 1531
M UND SATZ: MELCHIOR VULPIUS 1609

KIRCHENJAHR

104

1. Singen wir heut mit einem Mund in Eintracht und aus Herzensgrund dir, o Herr aller Heer, Christe, Lob und Preis und Ehr;
der für uns alle Missetat an dem Kreuz selbst gebüßet hat. Friedefürst, Osterheld, du hast nun den Feind gefällt.

Lob sei dir für und für, Jesus Christ, dass du bist sünd'ger Welt Heil und Held, der das Feld im Kampf mit Tod und Höll behält.

2. Christus hat alle Schrift erfüllt / und dadurch Todes Trotz gestillt, / und sein Wort auf dem Berg / hat zerstört des Teufels Werk. / Sünd und Schuld bleiben ohne Kraft, / wenn die Seel am Wort Gottes haft', / Christ, dem Herrn, sich ergibt / und von Herzen glaubt und liebt.
Lob sei dir für und für, Jesus Christ, / dass du bist sünd'ger Welt Heil und Held, / der das Feld im Kampf mit Tod und Höll behält.

3. Gib, dass wir, alle Gottes Kind', / deiner Wahrheit gehorsam sind, / dass wir stets bei dir stehn / und nicht mehr zurücke gehn. / Leite du, König, uns, und Held, / dass wir wandeln, wie dir's gefällt, / singen auch Lob und Ehr / mit dem ganzen Himmelsheer.

Lob sei dir für und für, Jesus Christ, / dass du bist sünd'ger Welt Heil und Held, / der das Feld im Kampf mit Tod und Höll behält.

T: MICHAEL WEISSE 1531,
BEARBEITET VON OTTO RIETHMÜLLER 1932
M: 10. JH., BEI THOMAS MÜNTZER 1524

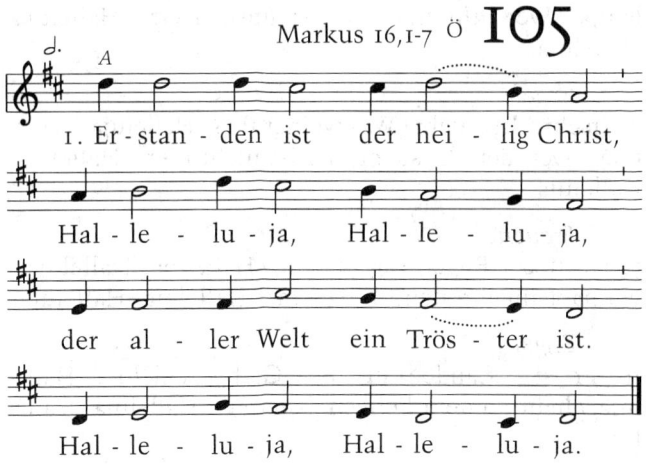

1. Erstanden ist der heilig Christ, Halleluja, Halleluja, der aller Welt ein Tröster ist. Halleluja, Halleluja.

2. Und wär er nicht erstanden, / Halleluja, Halleluja, / so wär die Welt vergangen. / Halleluja, Halleluja.

3. Und seit dass er erstanden ist, / Halleluja, Halleluja, / so loben wir den Herren Christ. / Halleluja, Halleluja.

KIRCHENJAHR

Evangelist:
4. Drei Frauen gehn des Morgens früh; / Halleluja, Halleluja, / den Herrn zu salben kommen sie. / Halleluja, Halleluja.

5. Sie suchen den Herrn Jesus Christ, / Halleluja, Halleluja, / der an dem Kreuz gestorben ist. / Halleluja, Halleluja.

Frauen:
6. Wer wälzt uns fort den schweren Stein, / Halleluja, Halleluja, / dass wir gelangn ins Grab hinein? / Halleluja, Halleluja.

7. Der Stein ist fort! Das Grab ist leer! / Halleluja, Halleluja. / Wer hilft uns? Wo ist unser Herr? / Halleluja, Halleluja.

Engel:
8. Erschrecket nicht! Was weinet ihr? / Halleluja, Halleluja. / Der, den ihr sucht, der ist nicht hier. / Halleluja, Halleluja.

Frauen:
9. Du lieber Engel, sag uns an, / Halleluja, Halleluja, / wo habt ihr ihn denn hingetan? / Halleluja, Halleluja.

Engel:
10. Er ist erstanden aus dem Grab, / Halleluja, Halleluja, / heut an dem heilgen Ostertag. / Halleluja, Halleluja.

Frauen:
11. Zeig uns den Herren Jesus Christ, / Halleluja, Halleluja, / der von dem Tod erstanden ist! / Halleluja, Halleluja.

Engel:
12. So tret't herzu und seht die Statt, / Halleluja, Halleluja, / wo euer Herr gelegen hat. / Halleluja, Halleluja.

Frauen:
13. Wir sehen's wohl, das Grab ist leer. / Halleluja, Halleluja. / Wo aber ist denn unser Herr? / Halleluja, Halleluja.

Engel:
14. Ihr sollt nach Galiläa gehn; / Halleluja, Halleluja, / dort werdet ihr den Heiland sehn. / Halleluja, Halleluja.

Frauen:
15. Du lieber Engel, Dank sei dir. / Halleluja, Halleluja. / Getröstet gehen wir von hier. / Halleluja, Halleluja.

Evangelist:
16. Nun singet alle voller Freud: / Halleluja, Halleluja. / Der Herr ist auferstanden heut. / Halleluja, Halleluja.

Alle:
17. Des solln wir alle fröhlich sein, / Halleluja, Halleluja, / und Christ soll unser Tröster sein. / Halleluja, Halleluja.

T: BÖHMISCHE BRÜDER 1544
NACH EINER DEUTSCHEN FASSUNG ENGELBERG 1372
VON »SURREXIT CHRISTUS HODIE« 13./14. JH.
M: 14. JH., HOHENFURT 1410,
BÖHMISCHE BRÜDER 1501/1531

KIRCHENJAHR
106 ö

1. Er-schie-nen ist der herr-lich Tag, dran nie-mand g'nug sich freu-en mag: Christ, un-ser Herr, heut tri-um-phiert, sein Feind er all ge-fan-gen führt. Hal-le-lu-ja.

2. Die alte Schlange, Sünd und Tod, / die Höll, all Jammer, Angst und Not / hat überwunden Jesus Christ, / der heut vom Tod erstanden ist. / Halleluja.

3. Sein' Raub der Tod musst geben her, / das Leben siegt und ward ihm Herr, / zerstöret ist nun all sein Macht. / Christ hat das Leben wiederbracht. / Halleluja.

4. Die Sonn, die Erd, all Kreatur, / alls, was betrübet war zuvor, / das freut sich heut an diesem Tag, / da der Welt Fürst darniederlag. / Halleluja.

5. Drum wollen wir auch fröhlich sein, / das Halleluja singen fein / und loben dich, Herr Jesu Christ; / zu Trost du uns erstanden bist. / Halleluja.

T UND M: NIKOLAUS HERMAN 1560

OSTERN

107

1. Wir danken dir, Herr Jesu Christ, dass du vom Tod erstanden bist und hast dem Tod zerstört sein Macht und uns zum Leben wiederbracht. Halleluja.

2. Wir bitten dich durch deine Gnad: / Nimm von uns unsre Missetat / und hilf uns durch die Güte dein, / dass wir dein treuen Diener sein. / Halleluja.

3. Gott Vater in dem höchsten Thron / samt seinem eingebornen Sohn, / dem Heilgen Geist in gleicher Weis / in Ewigkeit sei Lob und Preis! / Halleluja.

T: STR. 1 NIKOLAUS HERMAN 1560;
STR. 2 THOMAS HARTMANN 1604;
STR. 3 WIE NR. 109 STR. 6
M: ERSCHIENEN IST DER HERRLICH TAG (NR. 106)

KIRCHENJAHR

108

1. Mit Freu-den zart zu die-ser Fahrt lasst uns zu-gleich fröh-lich sin-gen,
beid, Groß und Klein, von Her-zen rein mit hel-lem Ton frei er-klin-gen.
Das e-wig Heil wird uns zu-teil, denn Je-sus Christ er-stan-den ist, welchs er lässt reich-lich ver-kün-den.

2. Er ist der Erst, der stark und fest / all unsre Feind hat bezwungen / und durch den Tod als wahrer Gott / zum neuen Leben gedrungen,* / auch seiner Schar verheißen klar / durch sein rein Wort, zur Himmelspfort / desgleichen Sieg zu erlangen. *1. Kor 15,20-25

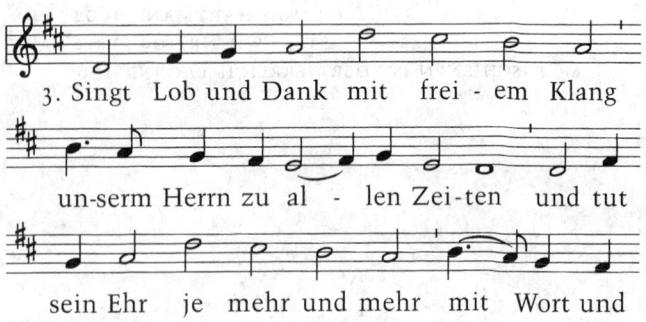

3. Singt Lob und Dank mit frei-em Klang un-serm Herrn zu al-len Zei-ten und tut sein Ehr je mehr und mehr mit Wort und

Tat weit ausbreiten: So wird er uns aus Lieb und Gunst nach unserm Tod, frei aller Not, zur ewgen Freude geleiten.

T: GEORG VETTER 1566
M: BÖHMISCHE BRÜDER 1566
NACH GUILLAUME FRANC 1543 (ZU PSALM 138)

109

1. Heut triumphieret Gottes Sohn, der von dem Tod erstanden schon, Halleluja, Halleluja, mit großer Pracht und Herrlichkeit, des dankn wir ihm in Ewigkeit. Halleluja, Halleluja.

KIRCHENJAHR

2. Dem Teufel hat er sein Gewalt zerstört, verheert ihm all Gestalt, Halleluja, Halleluja, wie pflegt zu tun ein großer Held, der seinen Feind gewaltig fällt. Halleluja, Halleluja.

3. O süßer Herre Jesu Christ, / der du der Sünder Heiland bist, / Halleluja, Halleluja, / führ uns durch dein Barmherzigkeit / mit Freuden in dein Herrlichkeit. / Halleluja, Halleluja.

4. Nun kann uns kein Feind schaden mehr, / ob er gleich murrt, ist's ohn Gefahr. / Halleluja, Halleluja. / Er liegt im Staub, der arge Feind, / wir aber Gottes Kinder seind. / Halleluja, Halleluja.

5. Dafür wir danken all zugleich / und sehnen uns ins Himmelreich. / Halleluja, Halleluja. / Zum sel'gen End Gott helf uns alln, / so singen wir mit großem Schalln: / Halleluja, Halleluja.

6. Gott Vater in dem höchsten Thron / samt seinem eingebornen Sohn, / Halleluja, Halleluja, / dem Heilgen Geist in gleicher Weis / in Ewigkeit sei Lob und Preis! / Halleluja, Halleluja.

T: KASPAR STOLZHAGEN 1591
M: BEI BARTHOLOMÄUS GESIUS 1601

OSTERN

Andere Melodie:
Erstanden ist der heilig Christ (Nr. 105) Ö **110**

1. Die ganze Welt, Herr Jesu Christ, / Halleluja, Halleluja, / in deiner Urständ fröhlich ist. / Halleluja, Halleluja.

2. Das himmlisch Heer im Himmel singt, / Halleluja, Halleluja, / die Christenheit auf Erden klingt. / Halleluja, Halleluja.

3. Jetzt grünet, was nur grünen kann, / Halleluja, Halleluja, / die Bäum zu blühen fangen an. / Halleluja, Halleluja.

4. Es singen jetzt die Vögel all, / Halleluja, Halleluja, / jetzt singt und klingt die Nachtigall. / Halleluja, Halleluja.

5. Der Sonnenschein jetzt kommt herein, / Halleluja, Halleluja, / und gibt der Welt ein' neuen Schein. / Halleluja, Halleluja.

6. Die ganze Welt, Herr Jesu Christ, / Halleluja, Halleluja, / in deiner Urständ fröhlich ist. / Halleluja, Halleluja.

T: FRIEDRICH SPEE 1623
M: KÖLN 1623

KIRCHENJAHR

III

1. Früh-mor-gens, da die Sonn auf-geht, mein Hei-land Chris-tus auf - er-steht. Ver-trie-ben ist der Sün-den Nacht, Licht, Heil und Le-ben wie-der-bracht. Hal-le - lu-ja.

2. Wenn ich des Nachts oft lieg in Not / verschlossen, gleich als wär ich tot, / lässt du mir früh die Gnadensonn / aufgehn: nach Trauern Freud und Wonn. / Halleluja.

3. Nicht mehr als nur drei Tage lang / mein Heiland bleibt ins Todes Zwang; / am dritten Tag durchs Grab er dringt, / mit Ehr sein Siegesfähnlein schwingt. / Halleluja.

4. Jetzt ist der Tag, da mich die Welt / mit Schmach am Kreuz gefangen hält; / drauf folgt der Sabbat in dem Grab, / darin ich Ruh und Frieden hab. / Halleluja.

5. In kurzem wach ich fröhlich auf, / mein Ostertag ist schon im Lauf; / ich wach auf durch des Herren Stimm, / veracht den Tod mit seinem Grimm. / Halleluja.

6. Am Kreuz lässt Christus öffentlich / vor allem Volke töten sich; / da er durchs Todes Kerker bricht, / lässt er's die Menschen sehen nicht. / Halleluja.

7. Sein Reich ist nicht von dieser Welt, / kein groß Gepräng ihm hier gefällt; / was schlicht und niedrig geht herein, / soll ihm das Allerliebste sein. / Halleluja.

8. Hier ist noch nicht ganz kundgemacht, / was er aus seinem Grab gebracht, / der große Schatz, die reiche Beut, / drauf sich ein Christ so herzlich freut. / Halleluja.

9. Der Jüngste Tag wird's zeigen an, / was er für Taten hat getan, / wie er der Schlangen Kopf zerknickt,* / die Höll zerstört, den Tod erdrückt. / Halleluja. *1.Mose 3,15*

10. Da werd ich Christi Herrlichkeit / anschauen ewig voller Freud, / ich werde sehn, wie alle Feind / zur Höllenpein gestürzet seind. / Halleluja.

11. O Wunder groß, o starker Held! / Wo ist ein Feind, den er nicht fällt? / Kein Angststein liegt so schwer auf mir, / er wälzt ihn von des Herzens Tür. / Halleluja.

12. Wie tief Kreuz, Trübsal oder Pein: / mein Heiland greift allmächtig drein, / führt mich heraus mit seiner Hand. / Wer mich will halten, wird zuschand'. / Halleluja.

13. Lebt Christus, was bin ich betrübt? / Ich weiß, dass er mich herzlich liebt; / wenn mir gleich alle Welt stürb ab, / g'nug, dass ich Christus bei mir hab. / Halleluja.

14. Mein Herz darf nicht entsetzen sich, / Gott und die Engel lieben mich; / die Freude, die mir ist bereit', / vertreibet Furcht und Traurigkeit. / Halleluja.

15. Für diesen Trost, o großer Held, / Herr Jesu, dankt dir alle Welt. / Dort wollen wir mit größerm Fleiß / erheben deinen Ruhm und Preis. / Halleluja.

T: JOHANN HEERMANN 1630
M: ERSCHIENEN IST DER HERRLICH TAG (NR. 106)

KIRCHENJAHR

112

1. Auf, auf, mein Herz, mit Freuden
nimm wahr, was heut geschicht;
Mein Heiland war gelegt da, wo man
uns hinträgt, wenn von uns unser
Geist gen Himmel ist gereist.
wie kommt nach großem Leiden
nun ein so großes Licht!

2. Er war ins Grab gesenket, / der Feind trieb groß Geschrei; / eh er's vermeint und denket, / ist Christus wieder frei / und ruft Viktoria, / schwingt fröhlich hier und da / sein Fähnlein als ein Held, / der Feld und Mut behält.

3. Das ist mir anzuschauen / ein rechtes Freudenspiel; / nun soll mir nicht mehr grauen / vor allem, was mir will / entnehmen meinen Mut / zusamt dem edlen Gut, / so mir durch Jesus Christ / aus Lieb erworben ist.

4. Die Höll und ihre Rotten, / die krümmen mir kein Haar; / der Sünden kann ich spotten, / bleib allzeit ohn Gefahr. / Der Tod mit seiner Macht / wird nichts bei mir geacht': / er bleibt ein totes Bild, / und wär er noch so wild.

5. Die Welt ist mir ein Lachen / mit ihrem großen Zorn, / sie zürnt und kann nichts machen, / all Arbeit ist verlorn. / Die Trübsal trübt mir nicht / mein Herz und Angesicht, / das Unglück ist mein Glück, / die Nacht mein Sonnenblick.

6. Ich hang und bleib auch hangen / an Christus als ein Glied; / wo mein Haupt durch ist gangen, / da nimmt er mich auch mit. / Er reißet durch den Tod, / durch Welt, durch Sünd, durch Not, / er reißet durch die Höll, / ich bin stets sein Gesell.

7. Er dringt zum Saal der Ehren, / ich folg ihm immer nach / und darf mich gar nicht kehren / an einzig Ungemach. / Es tobe, was da kann, / mein Haupt nimmt sich mein an, / mein Heiland ist mein Schild, / der alles Toben stillt.

8. Er bringt mich an die Pforten, / die in den Himmel führt, / daran mit güldnen Worten / der Reim gelesen wird: / »Wer dort wird mit verhöhnt, / wird hier auch mit gekrönt; / wer dort mit sterben geht, / wird hier auch mit erhöht.«

T: PAUL GERHARDT 1647
M: JOHANN CRÜGER 1647

KIRCHENJAHR

113 *Andere Melodie: Nun freut euch, lieben Christen g'mein (Nr. 341)*

1. O Tod, wo ist dein Stachel nun?
Was kann uns jetzt der Teufel tun,
Wo ist dein Sieg, o Hölle?
wie grausam er sich stelle?
Gott sei gedankt, der uns den Sieg
so herrlich hat nach diesem Krieg
durch Jesus Christ gegeben!

1. Kor 15,55.57

2. Wie sträubte sich die alte Schlang, / da Christus mit ihr kämpfte! / Mit List und Macht sie auf ihn drang / und dennoch er sie dämpfte. / Ob sie ihn in die Ferse sticht, / so sieget sie doch darum nicht, / der Kopf ist ihr zertreten. *1. Mose 3,15*

3. Lebendig Christus kommt herfür, / die Feind nimmt er gefangen, / zerbricht der Hölle Schloss und Tür, / trägt weg den Raub mit Prangen. / Nichts ist, das in dem Siegeslauf / den starken Held kann halten auf, / alls liegt da überwunden.

4. Des Herren Rechte, die behält / den Sieg und ist erhöhet; / des Herren Rechte mächtig fällt, / was ihr entgegenstehet. / Tod, Teufel, Höll und alle Feind / durch Christi Sieg bezwungen seind, / ihr Zorn ist kraftlos worden. *Ps 118,16*

5. Es war getötet Jesus Christ / und sieh, er lebet wieder. / Weil nun das Haupt erstanden ist, / stehn wir auch auf, die Glieder. / So jemand Christi Worten glaubt, / im Tod und Grabe der nicht bleibt; / er lebt, ob er gleich stirbet. *Joh 11,25*

6. Wer täglich hier durch wahre Reu / mit Christus auferstehet, / ist dort vom andern Tode frei, / derselb ihn nicht angehet. / Genommen ist dem Tod die Macht, / Unschuld und Leben wiederbracht / und unvergänglich Wesen. *2.Tim 1,10*

7. Das ist die reiche Osterbeut, / der wir teilhaftig werden: / Fried, Freude, Heil, Gerechtigkeit / im Himmel und auf Erden. / Hier sind wir still und warten fort, / bis unser Leib wird ähnlich dort / Christi verklärtem Leibe.

8. O Tod, wo ist dein Stachel nun? / Wo ist dein Sieg, o Hölle? / Was kann uns jetzt der Teufel tun / wie grausam er sich stelle? / Gott sei gedankt, der uns den Sieg / so herrlich hat in diesem Krieg / durch Jesus Christ gegeben!

T: LÜNEBURG 1657 NACH GEORG WEISSEL
(VOR 1635) 1644
M: ES IST DAS HEIL UNS KOMMEN HER (NR. 342)

KIRCHENJAHR

114

1. Wach auf, mein Herz, die Nacht ist hin,
Er - munt - re dei - nen Geist und Sinn,
die Sonn ist auf - ge - gan - gen.
den Hei - land zu um - fan - gen,
der heu - te durch des To - des Tür ge - bro - chen aus dem Grab her - für der gan - zen Welt zur Won - ne.

2. Steh aus dem Grab der Sünden auf / und such ein neues Leben, / vollführe deinen Glaubenslauf / und lass dein Herz sich heben / gen Himmel, da dein Jesus ist, / und such, was droben, als ein Christ, / der geistlich auferstanden.

3. Vergiss nun, was dahinten ist, / und tracht nach dem, was droben, / damit dein Herz zu jeder Frist / zu Jesus sei erhoben. / Tritt unter dich die böse Welt / und strebe nach des Himmels Zelt, / wo Jesus ist zu finden.

4. Quält dich ein schwerer Sorgenstein, / dein Jesus wird ihn heben; / es kann ein Christ bei Kreuzespein / in Freud und Wonne leben. / Wirf dein Anliegen auf den Herrn* / und sorge nicht, er ist nicht fern, / weil er ist auferstanden.

*Ps 55,23

5. Geh mit Maria Magdalen / und Salome zum Grabe, / die früh dahin aus Liebe gehn / mit ihrer Salbungsgabe, / so wirst du sehn, dass Jesus Christ / vom Tod heut auferstanden ist / und nicht im Grab zu finden.

6. Es hat der Löw aus Judas Stamm / heut siegreich überwunden, / und das erwürgte Gotteslamm / hat uns zum Heil erfunden / das Leben und Gerechtigkeit, / weil er nach überwundnem Streit / den Feind zur Schau getragen.
Kol 2,15

7. Drum auf, mein Herz, fang an den Streit, / weil Jesus überwunden; / er wird auch überwinden weit / in dir, weil er gebunden / der Feinde Macht, dass du aufstehst / und in ein neues Leben gehst / und Gott im Glauben dienest.

8. Scheu weder Teufel, Welt noch Tod / noch gar der Hölle Rachen. / Dein Jesus lebt, es hat kein Not, / er ist noch bei den Schwachen / und den Geringen in der Welt / als ein gekrönter Siegesheld; / drum wirst du überwinden.

9. Ach mein Herr Jesu, der du bist / vom Tode auferstanden, / rett uns aus Satans Macht und List / und aus des Todes Banden, / dass wir zusammen insgemein / zum neuen Leben gehen ein, / das du uns hast erworben.

10. Sei hochgelobt in dieser Zeit / von allen Gotteskindern / und ewig in der Herrlichkeit / von allen Überwindern, / die überwunden durch dein Blut; / Herr Jesu, gib uns Kraft und Mut, / dass wir auch überwinden.

T: LORENZ LORENZEN 1700
M: SEI LOB UND EHR DEM HÖCHSTEN GUT (NR. 326)

KIRCHENJAHR

115 (Ö)

1. Jesus lebt, mit ihm auch ich! Tod, wo sind nun deine Schrecken? Er, er lebt und wird auch mich von den Toten auferwecken. Er verklärt mich in sein Licht; dies ist meine Zuversicht.

Spätere Form

1. Jesus lebt, mit ihm auch ich! Tod, wo sind nun deine Schrecken? Er, er lebt und wird auch mich von den Toten auferwecken. Er verklärt mich in sein Licht; dies ist meine Zuversicht.

2. Jesus lebt! Ihm ist das Reich / über alle Welt gegeben; / mit ihm werd auch ich zugleich / ewig herrschen, ewig leben. / Gott erfüllt, was er verspricht; / dies ist meine Zuversicht.

3. Jesus lebt! Wer nun verzagt, / lästert ihn und Gottes Ehre. / Gnade hat er zugesagt, / dass der Sünder sich bekehre. / Gott verstößt in Christus nicht; / dies ist meine Zuversicht.

4. Jesus lebt! Sein Heil ist mein, / sein sei auch mein ganzes Leben; / reines Herzens will ich sein, / bösen Lüsten widerstreben. / Er verlässt den Schwachen nicht; / dies ist meine Zuversicht.

5. Jesus lebt! Ich bin gewiss, / nichts soll mich von Jesus scheiden, / keine Macht der Finsternis, / keine Herrlichkeit, kein Leiden. / Seine Treue wanket nicht; / dies ist meine Zuversicht.   *Röm 8,38.39*

6. Jesus lebt! Nun ist der Tod / mir der Eingang in das Leben. / Welchen Trost in Todesnot / wird er meiner Seele geben, / wenn sie gläubig zu ihm spricht: / »Herr, Herr, meine Zuversicht!«

T: CHRISTIAN FÜRCHTEGOTT GELLERT 1757
M: JESUS, MEINE ZUVERSICHT (NR. 526)

KIRCHENJAHR
116

1. Er ist erstanden, Halleluja!
Freut euch und singet, Halleluja!
Denn unser Heiland hat triumphiert,
all seine Feind gefangen er führt.

Kehrvers
Lasst uns lobsingen vor unserem Gott,
der uns erlöst hat vom ewigen Tod.
Sünd ist vergeben, Halleluja!
Jesus bringt Leben, Halleluja!

2. Er war begraben drei Tage lang. / Ihm sei auf ewig Lob, Preis und Dank; / denn die Gewalt des Tods ist zerstört; / selig ist, wer zu Jesus gehört.
Lasst uns lobsingen vor unserem Gott, / der uns erlöst hat vom ewigen Tod. / Sünd ist vergeben, Halleluja! / Jesus bringt Leben, Halleluja!

3. Der Engel sagte: »Fürchtet euch nicht! / Ihr suchet Jesus, hier ist er nicht. / Sehet, das Grab ist leer, wo er lag: / er ist erstanden, wie er gesagt.«
Lasst uns lobsingen vor unserem Gott, / der uns erlöst hat vom ewigen Tod. / Sünd ist vergeben, Halleluja! / Jesus bringt Leben, Halleluja!

4. »Geht und verkündigt, dass Jesus lebt, / darüber freu sich alles, was lebt. / Was Gott geboten, ist nun vollbracht, / Christ hat das Leben wiedergebracht.«
Lasst uns lobsingen vor unserem Gott, / der uns erlöst hat vom ewigen Tod. / Sünd ist vergeben, Halleluja! / Jesus bringt Leben, Halleluja!

5. Er ist erstanden, hat uns befreit; / dafür sei Dank und Lob allezeit. / Uns kann nicht schaden Sünd oder Tod, / Christus versöhnt uns mit unserm Gott.
Lasst uns lobsingen vor unserem Gott, / der uns erlöst hat vom ewigen Tod. / Sünd ist vergeben, Halleluja! / Jesus bringt Leben, Halleluja!

T: ULRICH S. LEUPOLD 1969
NACH DEM SUAHELI-LIED
»MFURAHINI, HALELUYA«
VON BERNARD KYAMANYWA 1966
M: AUS TANSANIA

Mfurahini, Haleluya, / Mkombozi amefufuka. / Amefufuka, Haleluya, Msifuni sasa yu hai.
Tumwimbie sote kwa furaha. / Yesu ametoka kaburini. / Kashinda kifo, Haleluya, / Haleluya, Yesu yu hai.

KIRCHENJAHR

117

1. Der schöne Ostertag! Ihr Menschen, kommt ins Helle! Christ, der begraben lag, brach heut aus seiner Zelle. Wär vorm Gefängnis noch der schwere Stein vorhanden, so glaubten wir umsonst. Doch nun ist er erstanden, erstanden, erstanden, erstanden!

2. Was euch auch niederwirft, / Schuld, Krankheit, Flut und Beben – / er, den ihr lieben dürft, / trug euer Kreuz ins Leben. / Läg er noch immer, wo die Frauen ihn nicht fanden, / so kämpften wir umsonst. / Doch nun ist er erstanden, / erstanden, erstanden, erstanden.

3. Muss ich von hier nach dort – / er hat den Weg erlitten. / Der Fluss reißt mich nicht fort, / seit Jesus ihn durchschritten. / Wär er geblieben, wo des Todes Wellen branden, / so hofften wir umsonst. / Doch nun ist er erstanden, / erstanden, erstanden, erstanden.

T: JÜRGEN HENKYS 1983 FREI NACH DEM ENGLISCHEN
»THIS JOYFUL EASTERTIDE« VON GEORGE RATCLIFFE
WOODWARD 1894 UND DESSEN NIEDERLÄNDISCHER
VORLAGE »HOE GROOT DE VRUGTEN ZIJN«
VON JOACHIM FRANTS OUDAAN 1684
M: BEI DIRK RAPHAELSZOON CAMPHUYSEN 1624

118

T: OSTERRUF DER ORTHODOXEN KIRCHE
KANON FÜR 2 STIMMEN: KARL MARX 1947

HIMMELFAHRT

119 ö

1. Gen Himmel aufgefahren ist, Halleluja, der Ehrenkönig Jesus Christ. Halleluja.

2. Er sitzt zu Gottes rechter Hand, / Halleluja, / herrscht über Himml und alle Land. / Halleluja.

3. Nun ist erfüllt, was g'schrieben ist, / Halleluja, / in Psalmen von dem Herren Christ. / Halleluja.

Ps 47,6; 68,19; 110,1

4. Drum jauchzen wir mit großem Schalln, / Halleluja, / dem Herren Christ zum Wohlgefalln. / Halleluja.

5. Der Heiligen Dreieinigkeit, / Halleluja, / sei Lob und Preis in Ewigkeit. / Halleluja.

T: BEI BARTHOLOMÄUS GESIUS 1601 NACH
»COELOS ASCENDIT HODIE« 16. JH.
M: MELCHIOR FRANCK 1627

HIMMELFAHRT

(Ö) 120

Christ fuhr gen Himmel. Was sandt er uns hernieder? Den Tröster, den Heiligen Geist, zu Trost der ganzen Christenheit. Kyrieleis.

Christ fuhr mit Schallen von seinen Jüngern allen. Er segnet' sie mit seiner Hand und sandte sie in alle Land. Kyrieleis.

Halleluja, Halleluja, Halleluja! Des solln wir alle froh sein, Christ will unser Trost sein. Kyrieleis.

T: CRAILSHEIM 1480, LEIPZIG 1545
M: CHRIST IST ERSTANDEN (NR. 99)

KIRCHENJAHR

121

1. Wir dan-ken dir, Herr Je-su Christ, dass du gen Him-mel g'fah-ren bist: Hal-le-lu-ja, Hal-le-lu-ja, o star-ker Gott Im-ma-nu-el, stärk uns an Leib, stärk uns an Seel. Hal-le-lu-ja, Hal-le-lu-ja.

2. Nun freu sich alle Christenheit / und sing und spring ohn alles Leid. / Halleluja, Halleluja. / Gott Lob und Dank im höchsten Thron, / weil unser Bruder Gottes Sohn. / Halleluja, Halleluja.

3. Gen Himmel aufgefahren hoch, / ist er doch allzeit bei uns noch; / Halleluja, Halleluja; / sein Macht und Reich unendlich ist, / wahr' Gott und Mensch zu aller Frist. / Halleluja, Halleluja.

4. Durch ihn der Himmel unser ist. / Hilf uns, o Bruder Jesu Christ, / Halleluja, Halleluja, / dass wir nur trauen fest auf dich / und durch dich leben ewiglich. / Halleluja, Halleluja.

T: BEI MICHAEL PRAETORIUS 1607
M: HEUT TRIUMPHIERET GOTTES SOHN (NR. 109)

HIMMELFAHRT

122

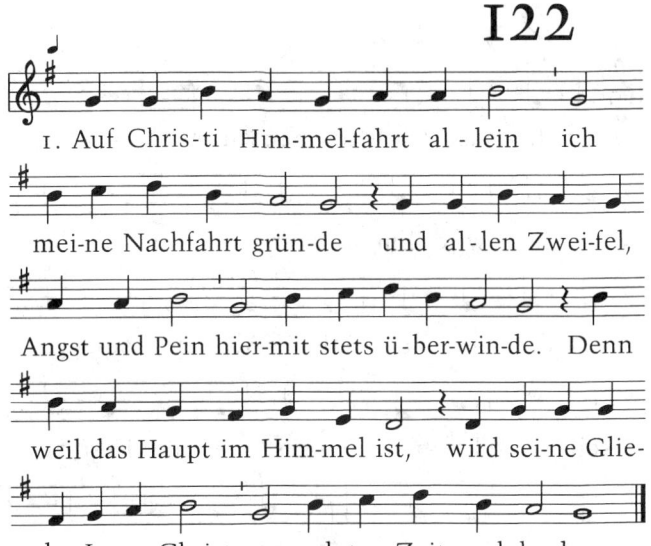

1. Auf Christi Himmelfahrt allein ich meine Nachfahrt gründe und allen Zweifel, Angst und Pein hiermit stets überwinde. Denn weil das Haupt im Himmel ist, wird seine Glieder Jesus Christ zur rechten Zeit nachholen.

Joh 12,32

2. Weil er gezogen himmelan / und große Gab empfangen, / mein Herz auch nur im Himmel kann, / sonst nirgends, Ruh erlangen; / denn wo mein Schatz gekommen hin, / da ist auch stets mein Herz und Sinn, / nach ihm mich sehr verlanget.

3. Ach Herr, lass diese Gnade mich / von deiner Auffahrt spüren, / dass mit dem wahren Glauben ich / mag meine Nachfahrt zieren / und dann einmal, wenn's dir gefällt, / mit Freuden scheiden aus der Welt. / Herr, höre doch mein Flehen!

T: ERNST SONNEMANN 1661
NACH JOSUA WEGELIN 1636
M: ES IST GEWISSLICH AN DER ZEIT (NR. 149)

KIRCHENJAHR

123

1. Jesus Christus herrscht als König,
alles wird ihm untertänig, alles
legt ihm Gott zu Fuß. Aller Zunge
soll bekennen, Jesus sei der Herr zu
nennen, dem man Ehre geben muss.

Eph 1,20-22; Phil 2,9-11

2. Fürstentümer und Gewalten, / Mächte, die die Thronwacht halten, / geben ihm die Herrlichkeit; / alle Herrschaft dort im Himmel, / hier im irdischen Getümmel / ist zu seinem Dienst bereit. *Offb 5,8-14*

3. Gott ist Herr, der Herr ist Einer, / und demselben gleichet keiner, / nur der Sohn, der ist ihm gleich; / dessen Stuhl ist unumstößlich, / dessen Leben unauflöslich, / dessen Reich ein ewig Reich.

4. Gleicher Macht und gleicher Ehren / sitzt er unter lichten Chören / über allen Cherubim; / in der Welt und Himmel Enden / hat er alles in den Händen, / denn der Vater gab es ihm.

5. Nur in ihm, o Wundergaben, / können wir Erlösung haben, / die Erlösung durch sein Blut. / Hört's: Das Leben ist erschienen, / und ein ewiges Versühnen / kommt in Jesus uns zugut.

6. Jesus Christus ist der Eine, / der gegründet die Gemeine, / die ihn ehrt als teures Haupt. / Er hat sie mit Blut erkaufet, / mit dem Geiste sie getaufet, / und sie lebet, weil sie glaubt.

7. Gebt, ihr Sünder, ihm die Herzen, / klagt, ihr Kranken, ihm die Schmerzen, / sagt, ihr Armen, ihm die Not. / Wunden müssen Wunden heilen, / Heilsöl weiß er auszuteilen, / Reichtum schenkt er nach dem Tod.

8. Zwar auch Kreuz drückt Christi Glieder / hier auf kurze Zeiten nieder, / und das Leiden geht zuvor. / Nur Geduld, es folgen Freuden; / nichts kann sie von Jesus scheiden, / und ihr Haupt zieht sie empor.

9. Ihnen steht der Himmel offen, / welcher über alles Hoffen, / über alles Wünschen ist. / Die geheiligte Gemeine / weiß, dass eine Zeit erscheine, / da sie ihren König grüßt.

10. Jauchz ihm, Menge heilger Knechte, / rühmt, vollendete Gerechte / und du Schar, die Palmen trägt, / und ihr Zeugen mit der Krone / und du Chor vor seinem Throne, / der die Gottesharfen schlägt. *Offb 7,9-17; 15,2*

11. Ich auch auf der tiefsten Stufen, / ich will glauben, reden, rufen, / ob ich schon noch Pilgrim bin: / Jesus Christus herrscht als König, / alles sei ihm untertänig; / ehret, liebet, lobet ihn!

T: PHILIPP FRIEDRICH HILLER (1755) 1757
M: ALLES IST AN GOTTES SEGEN (NR. 352)

PFINGSTEN

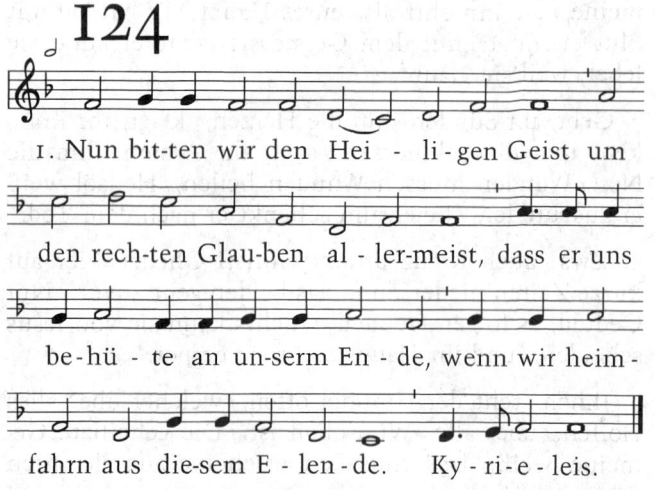

124

1. Nun bitten wir den Heiligen Geist um den rechten Glauben allermeist, dass er uns behüte an unserm Ende, wenn wir heimfahrn aus diesem Elende. Kyrieleis.

2. Du wertes Licht, gib uns deinen Schein, / lehr uns Jesus Christ kennen allein, / dass wir an ihm bleiben, dem treuen Heiland, / der uns bracht hat zum rechten Vaterland. / Kyrieleis.

3. Du süße Lieb, schenk uns deine Gunst, / lass uns empfinden der Lieb Inbrunst, / dass wir uns von Herzen einander lieben / und im Frieden auf einem Sinn bleiben. / Kyrieleis.

PFINGSTEN

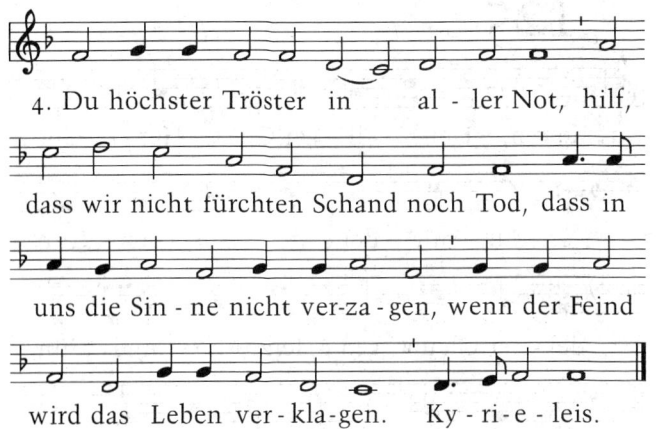

4. Du höchster Tröster in aller Not, hilf, dass wir nicht fürchten Schand noch Tod, dass in uns die Sinne nicht verzagen, wenn der Feind wird das Leben verklagen. Kyrieleis.

T: STR. 1 13. JH.; STR. 2–4 MARTIN LUTHER 1524
M: 13. JH., JISTEBNITZ UM 1420, WITTENBERG 1524

Herr Jesus Christus, du König der Herrlichkeit, du bist erhöht über alle Welt. Wir bitten dich: Lass uns nicht allein und ohne Trost, sondern sende uns den verheißenen Geist, dass er uns in aller Anfechtung beistehe und dahin bringe, wohin du vorangegangen bist.

KIRCHENJAHR

125 (Ö)

1. Komm, Heiliger Geist, Herre Gott,
erfüll mit deiner Gnaden Gut
deiner Gläub'gen Herz, Mut und Sinn,
dein brennend Lieb entzünd in ihn'.
O Herr, durch deines Lichtes Glanz
zum Glauben du versammelt hast
das Volk aus aller Welt Zungen.
Das sei dir, Herr, zu Lob gesungen.
Halleluja, Halleluja.

PFINGSTEN

2. Du heiliges Licht, edler Hort, / lass leuchten uns des Lebens Wort / und lehr uns Gott recht erkennen, / von Herzen Vater ihn nennen. / O Herr, behüt vor fremder Lehr, / dass wir nicht Meister suchen mehr / denn Jesus mit rechtem Glauben / und ihm aus ganzer Macht vertrauen. / Halleluja, Halleluja.

3. Du heilige Glut, süßer Trost, / nun hilf uns, fröhlich und getrost / in deim Dienst beständig bleiben, / die Trübsal uns nicht wegtreiben. / O Herr, durch dein Kraft uns bereit / und wehr des Fleisches Ängstlichkeit, / dass wir hier ritterlich ringen, / durch Tod und Leben zu dir dringen. / Halleluja, Halleluja.

T: STR. I EBERSBERG UM 1480 NACH DER ANTIPHON
»VENI SANCTE SPIRITUS, REPLE« 11. JH. (NR. 156);
STR. 2–3 MARTIN LUTHER 1524
M: EBERSBERG UM 1480, ERFURT 1524

126

1. Komm, Gott Schöp-fer, Hei-li-ger Geist,
be-such das Herz der Men-schen dein,
mit Gna-den sie füll, denn du weißt,
dass sie dein Ge-schöp-fe sein.

KIRCHENJAHR

2. Denn du bist der Tröster genannt,
des Allerhöchsten Gabe teu'r,
ein geistlich Salb an uns gewandt,
ein lebend Brunn, Lieb und Feu'r.

3. Zünd uns ein Licht an im Verstand, / gib uns ins Herz der Lieb Inbrunst, / das schwach Fleisch in uns, dir bekannt, / erhalt fest dein Kraft und Gunst.

4. Du bist mit Gaben siebenfalt* / der Finger an Gotts rechter Hand; / des Vaters Wort gibst du gar bald / mit Zungen in alle Land. **Jes 11,2*

5. Des Feindes List treib von uns fern, / den Fried schaff bei uns deine Gnad, / dass wir deim Leiten folgen gern / und meiden der Seelen Schad.

6. Lehr uns den Vater kennen wohl, / dazu Jesus Christ, seinen Sohn, / dass wir des Glaubens werden voll, / dich, beider Geist, zu verstehn.

7. Gott Vater sei Lob und dem Sohn, / der von den Toten auferstand, / dem Tröster sei dasselb getan / in Ewigkeit alle Stund.

T: MARTIN LUTHER 1524 NACH DEM HYMNUS
»VENI CREATOR SPIRITUS«
DES HRABANUS MAURUS 809
M: KEMPTEN UM 1000, ERFURT 1524,
MARTIN LUTHER 1529

PFINGSTEN

127

1. Jauchz, Erd, und Himmel, juble hell,
die Wunder Gotts mit Freud erzähl,
die er heut hat begangen
dass es mit Geist getaufet werd.
Der kam mit Feuers Glut zur Erd,
mit starkem Sturmestoben;
das Haus erfüllt er überall,
zerteilt man Zungen sah im Saal,
und all den Herren loben.

an seim trostlosen Häuflein klein,
das saß in friedsamer Gemein
und betet mit Verlangen,

Apg 2,1-13

2. Auf tat sich ganz des Himmels Schrein; / man wähnt, sie wären voller Wein, / all Welt sich drüber wundert. / In fremden Zungen reden sie, / bezeugen Gottes Großtat hie, / von seinem Geist ermuntert. / So machen sie sich auf den Plan, / Christus zu lehren fangn sie an, / dass er der Herr sei worden / und dass man lasse von der Sünd / und durch die Tauf werd Gottes Kind: / das sei der christlich Orden.* *Berufung*

3. Ach Herr, nun gib, dass uns auch find / in Fried und Flehn dein sel'ger Wind; / weh rein vom Sündenstaube / ganz das Gemüt und füll das Haus / deiner Gemeind, dein Werk richt aus, / dass aufgeh rechter Glaube / und unsre Zung ganz Feuer werd, / nichts rede als dein Lob auf Erd / und was den Nächsten bauet. / Brenn rein die sündige Natur, / mach uns zur neuen Kreatur, / ob's unserm Fleisch auch grauet.

4. Komm, Feuer Gottes, Heilger Geist, / erfüll die Herzen allermeist / mit deiner Liebe Brennen. / Von dir allein muss sein gelehrt, / wer sich durch Buß zu Gott bekehrt; / gib himmlisches Erkennen. / Der fleischlich Mensch sich nicht versteht / auf göttlich Ding und irregeht; / in Wahrheit wollst uns leiten / und uns erinnern aller Lehr, / die uns gab Christus, unser Herr, / dass wir sein Reich ausbreiten.

5. Wie mit dem Vater und dem Sohn / du eins bist in des Himmels Thron / im ewgen Liebesbunde, / also mach uns auch alle eins, / dass sich absondre unser keins, / nimm weg der Trennung Sünde / und halt zusammen Gottes Kind, / die in der Welt zerstreuet sind / durch falsche G'walt und Lehre, / dass sie am Haupt fest halten an, / loben Christus mit jedermann, / suchen allein sein Ehre.

6. Durch dich besteht der neue Bund, / ohn dich wird Gott niemandem kund, / du neuerst unsre Herzen / und rufst darin dem Vater zu, / schaffst uns viel Fried und große Ruh / und tröstest uns in Schmerzen, / dass uns auch Leiden Ehre ist, / da du durch Lieb gegossen bist / in unser Herz ohn Klage. / Du leitest uns auf ebnem Weg / und führst uns hier den rechten Steg, / weckst uns am Jüngsten Tage.

7. Du, der lebend'ge Brunnenquell, / der Gottes Stadt durchfließet hell, / erquickest das Gemüte. / Durch dich besteht des Vaters Bau; / du willst und gibst, dass man dir trau, / du bist die Gottesgüte. / Irden Geschirr sind wir und weich, / brechen gar leicht von jedem Streich; / du selbst wollst uns bewahren, / uns brennen wohl in deiner Glut, / dass uns der Feind nicht Schaden tut, / wenn wir von hinnen fahren.

T: AMBROSIUS BLARER UM 1533/34
M: O MENSCH, BEWEIN DEIN SÜNDE GROSS (NR. 76)

KIRCHENJAHR
128

1. Heilger Geist, du Tröster mein, hoch vom Himmel uns erschein mit dem Licht der Gnaden dein.

2. Komm, Vater der armen Herd, / komm mit deinen Gaben wert, / uns erleucht auf dieser Erd.

3. O du sel'ge Gnadensonn, / füll das Herz mit Freud und Wonn / aller, die dich rufen an.

4. Ohn dein Beistand, Hilf und Gunst / ist all unser Tun und Kunst / vor Gott ganz und gar umsonst.

5. Lenk uns nach dem Willen dein, / wärm die kalten Herzen fein, / bring zurecht, die irrig sein.

6. Gib dem Glauben Kraft und Halt, / Heilger Geist, und komme bald / mit den Gaben siebenfalt.* *Jes 11,2*

7. Führ uns durch die Lebenszeit, / gib im Sterben dein Geleit, / hol uns heim zur ewgen Freud.

T: MARTIN MOLLER 1584 NACH DER SEQUENZ
»VENI SANCTE SPIRITUS ET EMITTE«
DES STEPHAN LANGTON UM 1200
M: 15. JH., BREMEN 1633

PFINGSTEN

129

1. Freut euch, ihr Christen alle, Gott schenkt uns seinen Sohn; lobt ihn mit großem Schalle, er sendet auch vom Thron des Himmels seinen Geist, der uns durchs Wort recht lehret, des Glaubens Licht vermehret und uns auf Christus weist.

2. Er lässet offenbaren / als unser höchster Hort / uns, die wir Toren waren, / das himmlisch Gnadenwort. / Wie groß ist seine Güt! / Nun können wir ihn kennen / und unsern Vater nennen, / der uns allzeit behüt'.

3. Verleih, dass wir dich lieben, / o Gott von großer Huld, / durch Sünd dich nicht betrüben, / vergib uns unsre Schuld, / führ uns auf ebner Bahn, / hilf, dass wir dein Wort hören / und tun nach deinen Lehren: / das ist recht wohlgetan.

4. Von oben her uns sende / den Geist, den edlen Gast; / der stärket uns behände, / wenn uns drückt Kreuzeslast. / Tröst uns in Todespein, / mach auf die Himmelstüre, / uns miteinander führe / zu deinem Freudenschein!

T: GEORG WERNER 1639
M: ZIEH EIN ZU DEINEN TOREN (NR. 133)

130 (Ö)

1. O Heil-ger Geist, kehr bei uns ein
und lass uns dei-ne Wohnung sein, o komm,
du Her-zens-son-ne.
Du Him-mels-licht, lass dei-nen Schein
bei uns und in uns kräf-tig sein zu steter Freud und Won-ne.
Son-ne, Won-ne, himmlisch Le-ben willst du ge-ben, wenn wir beten; zu dir kom-men wir ge-tre-ten.

2. Du Quell, draus alle Weisheit fließt, / die sich in fromme Seelen gießt: / Lass deinen Trost uns hören, / dass wir in Glaubenseinigkeit / auch können alle Chris-

tenheit / dein wahres Zeugnis lehren. / Höre, lehre, / dass wir können Herz und Sinnen dir ergeben, / dir zum Lob und uns zum Leben.

3. Steh uns stets bei mit deinem Rat / und führ uns selbst auf rechtem Pfad, / die wir den Weg nicht wissen. / Gib uns Beständigkeit, dass wir / getreu dir bleiben für und für, / auch wenn wir leiden müssen. / Schaue, baue, / was zerrissen und beflissen, dich zu schauen / und auf deinen Trost zu bauen.

4. Lass uns dein edle Balsamkraft / empfinden und zur Ritterschaft / dadurch gestärket werden, / auf dass wir unter deinem Schutz / begegnen aller Feinde Trutz / mit freudigen Gebärden. / Lass dich reichlich / auf uns nieder, dass wir wieder Trost empfinden, / alles Unglück überwinden.

5. O starker Fels und Lebenshort, / lass uns dein himmelsüßes Wort / in unsern Herzen brennen, / dass wir uns mögen nimmermehr / von deiner weisheitsreichen Lehr / und treuen Liebe trennen. / Fließe, gieße / deine Güte ins Gemüte, dass wir können / Christus unsern Heiland nennen.

6. Du süßer Himmelstau, lass dich / in unsre Herzen kräftiglich / und schenk uns deine Liebe, / dass unser Sinn verbunden sei / dem Nächsten stets mit Liebestreu / und sich darinnen übe. / Kein Neid, kein Streit / dich betrübe, Fried und Liebe müssen schweben, / Fried und Freude wirst du geben.

7. Gib, dass in reiner Heiligkeit / wir führen unsre Lebenszeit, / sei unsers Geistes Stärke, / dass uns forthin sei unbewusst / die Eitelkeit, des Fleisches Lust / und seine toten Werke. / Rühre, führe / unser Sinnen und Beginnen von der Erden, / dass wir Himmelserben werden.

T: MICHAEL SCHIRMER 1640
M: WIE SCHÖN LEUCHTET DER MORGENSTERN (NR. 70)

131

1. O Heiliger Geist, o heiliger Gott, du Tröster wert in aller Not, du bist gesandt vons Himmels Thron von Gott dem Vater und dem Sohn. O Heiliger Geist, o heiliger Gott!

2. O Heiliger Geist, o heiliger Gott, / gib uns die Lieb zu deinem Wort; / zünd an in uns der Liebe Flamm, / danach zu lieben allesamt. / O Heiliger Geist, o heiliger Gott!

3. O Heiliger Geist, o heiliger Gott, / mehr' unsern Glauben immerfort; / an Christus niemand glauben kann, / es sei denn durch dein Hilf getan. / O Heiliger Geist, o heiliger Gott!

4. O Heiliger Geist, o heiliger Gott, / erleucht uns durch dein göttlich Wort; / lehr uns den Vater kennen schon, / dazu auch seinen lieben Sohn. / O Heiliger Geist, o heiliger Gott!

5. O Heiliger Geist, o heiliger Gott, / du zeigst den Weg zur Himmelspfort; / lass uns hier kämpfen ritterlich / und zu dir dringen seliglich. / O Heiliger Geist, o heiliger Gott!

PFINGSTEN

6. O Heiliger Geist, o heiliger Gott, / verlass uns nicht in Not und Tod. / Wir sagen dir Lob, Ehr und Dank / allzeit und unser Leben lang. / O Heiliger Geist, o heiliger Gott!

T: JOHANNES NIEDLING (?) 1651
M: KÖLN 1623, SAMUEL SCHEIDT 1650

ö 132

Ihr werdet die Kraft des Heiligen Geistes, des Heiligen Geistes empfangen

im Kanon

1. und werdet meine Zeugen sein,
2. und werdet meine Zeugen sein, mei-
3. ne Zeugen, meine Zeugen sein.

Ihr werdet die Kraft des Heiligen Geistes, des Heiligen Geistes empfangen.

T: APOSTELGESCHICHTE 1,8
M UND KANON FÜR 3 STIMMEN (NACH NR. 131):
PAUL ERNST RUPPEL 1964

KIRCHENJAHR

133

1. Zieh ein zu deinen Toren, sei meines Herzens Gast, der du, da ich geboren, mich neu geboren hast, o hochgeliebter Geist des Vaters und des Sohnes, mit beiden gleichen Thrones, mit beiden gleich gepreist.

2. Zieh ein, lass mich empfinden / und schmecken deine Kraft, / die Kraft, die uns von Sünden / Hilf und Errettung schafft. / Entsünd'ge meinen Sinn, / dass ich mit reinem Geiste / dir Ehr und Dienste leiste, / die ich dir schuldig bin.

3. Ich war ein wilder Reben, / du hast mich gut gemacht; / der Tod durchdrang mein Leben, / du hast ihn umgebracht / und in der Tauf erstickt / als wie in einer Flute / mit dessen Tod und Blute, / der uns im Tod erquickt.

4. Du bist das heilig Öle, / dadurch gesalbet ist / mein Leib und meine Seele / dem Herren Jesus Christ / zum wahren Eigentum, / zum Priester und Propheten, / zum König, den in Nöten / Gott schützt vom Heiligtum.

5. Du bist ein Geist, der lehret, / wie man recht beten soll; / dein Beten wird erhöret, / dein Singen klinget wohl, / es steigt zum Himmel an, / es lässt nicht ab und dringet, / bis der die Hilfe bringet, / der allen helfen kann.

6. Du bist ein Geist der Freuden, / von Trauern hältst du nichts, / erleuchtest uns im Leiden / mit deines Trostes Licht. / Ach ja, wie manches Mal / hast du mit süßen Worten / mir aufgetan die Pforten / zum güldnen Freudensaal.

7. Du bist ein Geist der Liebe, / ein Freund der Freundlichkeit, / willst nicht, dass uns betrübe / Zorn, Zank, Hass, Neid und Streit. / Der Feindschaft bist du Feind, / willst, dass durch Liebesflammen / sich wieder tun zusammen, / die voller Zwietracht seind.

8. Du, Herr, hast selbst in Händen / die ganze weite Welt, / kannst Menschenherzen wenden, / wie dir es wohlgefällt; / so gib doch deine Gnad / zu Fried und Liebesbanden, / verknüpf in allen Landen, / was sich getrennet hat.

9. Erhebe dich und steu're / dem Herzleid auf der Erd, / bring wieder und erneu're / die Wohlfahrt deiner Herd. / Lass blühen wie zuvor / die Länder, so verheeret, / die Kirchen, so zerstöret / durch Krieg und Feuerszorn.

10. Beschirm die Obrigkeiten, / richt auf des Rechtes Thron, / steh treulich uns zur Seiten; / schmück wie mit einer Kron / die Alten mit Verstand, / mit Frömmigkeit die Jugend, / mit Gottesfurcht und Tugend / das Volk im ganzen Land.

11. Erfülle die Gemüter / mit reiner Glaubenszier, / die Häuser und die Güter / mit Segen für und für. / Vertreib den bösen Geist, / der dir sich widersetzet / und, was dein Herz ergötzet, / aus unsern Herzen reißt.

12. Gib Freudigkeit und Stärke, / zu stehen in dem Streit, / den Satans Reich und Werke / uns täglich anerbeut. / Hilf kämpfen ritterlich, / damit wir überwinden / und ja zum Dienst der Sünden / kein Christ ergebe sich.

13. Richt unser ganzes Leben / allzeit nach deinem Sinn; / und wenn wir's sollen geben / ins Todes Rachen hin, / wenn's mit uns hier wird aus, / so hilf uns fröhlich sterben / und nach dem Tod ererben / des ewgen Lebens Haus.

T: PAUL GERHARDT 1653
M: JOHANN CRÜGER 1653

134

1. Komm, o komm, du Geist des Lebens, wahrer Gott von Ewigkeit, deine Kraft sei nicht vergebens, sie erfüll uns jederzeit; so wird Geist und Licht und Schein in dem dunklen Herzen sein.

2. Gib in unser Herz und Sinnen / Weisheit, Rat, Verstand und Zucht, / dass wir anders nichts beginnen / als nur, was dein Wille sucht; / dein Erkenntnis werde groß / und mach uns von Irrtum los.

3. Lass uns stets dein Zeugnis fühlen, / dass wir Gottes Kinder sind, / die auf ihn alleine zielen, / wenn sich Not und Drangsal find't, / denn des Vaters liebe Rut / ist uns allewege gut. *Röm 8,16*

4. Reiz uns, dass wir zu ihm treten / frei mit aller Freudigkeit; / seufz auch in uns, wenn wir beten, / und vertritt uns allezeit; / so wird unsre Bitt erhört / und die Zuversicht vermehrt. *Röm 8,26*

5. Wird uns auch nach Troste bange, / dass das Herz oft rufen muss: / »Ach mein Gott, mein Gott, wie lange?«, / o so mache den Beschluss; / sprich der Seele tröstlich zu / und gib Mut, Geduld und Ruh.

6. O du Geist der Kraft und Stärke, / du gewisser, neuer Geist, / fördre in uns deine Werke, / wenn des Satans Macht sich weist; / wappne uns in diesem Krieg / und erhalt in uns den Sieg.

7. Herr, bewahr auch unsern Glauben, / dass kein Teufel, Tod noch Spott / uns denselben möge rauben. / Du bist unser Schutz und Gott; / sagt das Fleisch gleich immer Nein, / lass dein Wort gewisser sein.

8. Wenn wir endlich sollen sterben, / so versichre uns je mehr / als des Himmelreiches Erben / jener Herrlichkeit und Ehr, / die uns unser Gott erkiest / und nicht auszusprechen ist.

T: HEINRICH HELD 1658
M: MEININGEN 1693

KIRCHENJAHR

135
Andere Melodie:
Jesu, meine Freude (Nr. 396)

1. Schmückt das Fest mit Maien, lasset Blumen streuen, zündet Opfer an; denn der Geist der Gnaden hat sich eingeladen, machet ihm die Bahn! Nehmt ihn ein, so wird sein Schein euch mit Licht und Heil erfüllen und den Kummer stillen.

Ps 118,27

2. Tröster der Betrübten, / Siegel der Geliebten, / Geist voll Rat und Tat, / starker Gottesfinger, / Friedensüberbringer, / Licht auf unserm Pfad: / Gib uns Kraft und Lebenssaft, / lass uns deine teuren Gaben / zur Genüge laben.

3. Lass die Zungen brennen, / wenn wir Jesus nennen, / führ den Geist empor; / gib uns Kraft zu beten / und vor Gott zu treten, / sprich du selbst uns vor. / Gib uns Mut, du höchstes Gut, / tröst uns kräftiglich von oben / bei der Feinde Toben.

4. Güldner Himmelsregen, / schütte deinen Segen / auf der Kirche Feld; / lasse Ströme fließen, / die das Land begießen, / wo dein Wort hinfällt, / und verleih, dass es gedeih, / hundertfältig Früchte bringe, / alles ihm gelinge.

Jes 44,3

5. Gib zu allen Dingen / Wollen und Vollbringen, / führ uns ein und aus; / wohn in unsrer Seele, / unser Herz erwähle / dir zum eignen Haus; / wertes Pfand, mach uns bekannt, / wie wir Jesus recht erkennen / und Gott Vater nennen.

6. Hilf das Kreuz uns tragen, / und in finstern Tagen / sei du unser Licht; / trag nach Zions Hügeln / uns mit Glaubensflügeln / und verlass uns nicht, / wenn der Tod, die letzte Not, / mit uns will zu Felde liegen, / dass wir fröhlich siegen.

7. Lass uns hier indessen / nimmermehr vergessen, / dass wir Gott verwandt; / dem lass uns stets dienen / und im Guten grünen / als ein fruchtbar Land, / bis wir dort, du werter Hort, / bei den grünen Himmelsmaien / ewig uns erfreuen.

T: BENJAMIN SCHMOLCK 1715
M: BEI CHRISTIAN FRIEDRICH WITT 1715

KIRCHENJAHR
136 (Ö)

1. O komm, du Geist der Wahrheit, und kehre bei uns ein, verbreite Licht und Klarheit, verbanne Trug und Schein. Gieß aus dein heilig Feuer, rühr Herz und Lippen an, dass jeglicher getreuer den Herrn bekennen kann.

2. O du, den unser größter / Regent uns zugesagt: / Komm zu uns, werter Tröster, / und mach uns unverzagt. / Gib uns in dieser schlaffen / und glaubensarmen Zeit / die scharf geschliffnen Waffen / der ersten Christenheit.

3. Unglaub und Torheit brüsten / sich frecher jetzt als je; / darum musst du uns rüsten / mit Waffen aus der Höh. / Du musst uns Kraft verleihen, / Geduld und Glaubenstreu / und musst uns ganz befreien / von aller Menschenscheu.

4. Es gilt ein frei Geständnis / in dieser unsrer Zeit, / ein offenes Bekenntnis / bei allem Widerstreit, / trotz aller Feinde Toben, / trotz allem Heidentum / zu preisen und zu loben / das Evangelium.

5. In aller Heiden Lande / erschallt dein kräftig Wort, / sie werfen Satans Bande / und ihre Götzen fort; / von allen Seiten kommen / sie in das Reich herein; / ach soll es uns genommen, / für uns verschlossen sein?

6. O wahrlich, wir verdienen / solch strenges Strafgericht; / uns ist das Licht erschienen, / allein wir glauben nicht. / Ach lasset uns gebeugter / um Gottes Gnade flehn, / dass er bei uns den Leuchter / des Wortes lasse stehn.

7. Du Heilger Geist, bereite / ein Pfingstfest nah und fern; / mit deiner Kraft begleite / das Zeugnis von dem Herrn. / O öffne du die Herzen / der Welt und uns den Mund, / dass wir in Freud und Schmerzen / das Heil ihr machen kund.

T: PHILIPP SPITTA (1827) 1833
M: LOB GOTT GETROST MIT SINGEN (NR. 243)

Glaube ist eine lebendige, verwegene Zuversicht auf Gottes Gnade, so gewiss, dass er tausendmal dafür sterben würde. Und solche Zuversicht und Erkenntnis göttlicher Gnade macht fröhlich, trotzig und lustig gegen Gott und alle Kreaturen; das wirkt der Heilige Geist im Glauben.

MARTIN LUTHER

KIRCHENJAHR

137

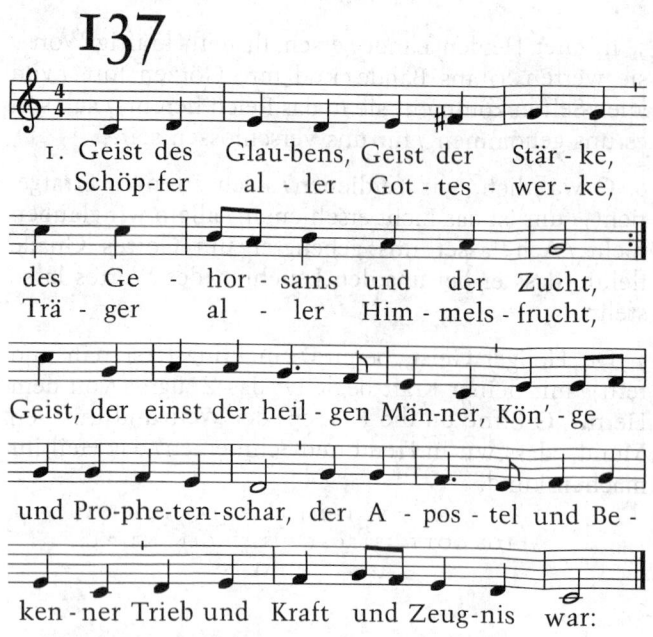

1. Geist des Glaubens, Geist der Stärke,
Schöpfer aller Gotteswerke,
des Gehorsams und der Zucht,
Träger aller Himmelsfrucht,
Geist, der einst der heilgen Männer, Kön'ge
und Prophetenschar, der Apostel und Bekenner
Trieb und Kraft und Zeugnis war:

2. Rüste du mit deinen Gaben / auch uns schwache Kinder aus, / Kraft und Glaubensmut zu haben, / Eifer für des Herren Haus; / eine Welt mit ihren Schätzen, / Menschengunst und gute Zeit, / Leib und Leben dranzusetzen / in dem großen, heilgen Streit.

3. Gib uns Abrahams gewisse, / feste Glaubenszuversicht, / die durch alle Hindernisse, / alle Zweifel siegend bricht; / die nicht bloß dem Gnadenbunde / trauet froh und unbewegt, / auch das Liebste jede Stunde / Gott zu Füßen niederlegt.   *1. Mose 15,1-6*

4. Gib uns Moses Flehn und Beten / um Erbarmung und Geduld, / wenn durch freches Übertreten / unser Volk häuft Schuld auf Schuld. / Lass uns nicht mit kaltem Herzen / unter den Verdorbnen stehn, / nein, mit Moses heilgen Schmerzen / für sie seufzen, weinen, flehn.

2. Mose 32,11-14

5. Gib uns Davids Mut, zu streiten / mit den Feinden Israels, / sein Vertraun in Leidenszeiten / auf den Herren, seinen Fels; / Feindeslieb und Freundestreue, / seinen königlichen Geist / und ein Herz, das voller Reue / Gottes Gnade sucht und preist.   *1. Sam 17*

6. Gib Elias heilge Strenge, / wenn den Götzen dieser Zeit / die verführte blinde Menge / Tempel und Altäre weiht, / dass wir nie vor ihnen beugen / Haupt und Knie, auch nicht zum Schein, / sondern fest als deine Zeugen / dastehn, wenn auch ganz allein.   *1. Kön 18*

7. Gib uns der Apostel hohen, / ungebeugten Zeugenmut, / aller Welt trotz Spott und Drohen / zu verkünden Christi Blut. / Lass die Wahrheit uns bekennen, / die uns froh und frei gemacht; / gib, dass wir's nicht lassen können, / habe du die Übermacht.   *Apg 4,1-22*

8. Schenk gleich Stephanus uns Frieden / mitten in der Angst der Welt, / wenn das Los, das uns beschieden, / in den schwersten Kampf uns stellt. / In dem rasenden Getümmel / schenk uns Glaubensheiterkeit, / öffn im Sterben uns den Himmel, / zeig uns Jesu Herrlichkeit.

Apg 7,54-60

9. Geist des Glaubens, Geist der Stärke, / des Gehorsams und der Zucht, / Schöpfer aller Gotteswerke, / Träger aller Himmelsfrucht, / Geist, du Geist der heilgen Männer, / Kön'ge und Prophetenschar, / der Apostel und Bekenner: / auch bei uns werd offenbar!

T: PHILIPP SPITTA 1833
M: O DURCHBRECHER ALLER BANDE (NR. 388)

TRINITATIS

TRINITATIS

A - men, A - men, das sei wahr, so sin - gen wir Hal - le - lu - ja.

T: MARTIN LUTHER 1524 NACH EINER
DEUTSCHEN LITANEI 15. JH.
M: HALBERSTADT UM 1500, WITTENBERG 1524

139

1. Gelobet sei der Herr,
mein Gott, mein Licht, mein Leben,
mein Schöpfer, der mir hat
mein' Leib und Seel gegeben,
mein Vater, der mich schützt von Mutterleibe an,
der alle Augenblick viel Guts an mir getan.

KIRCHENJAHR

Spätere Form

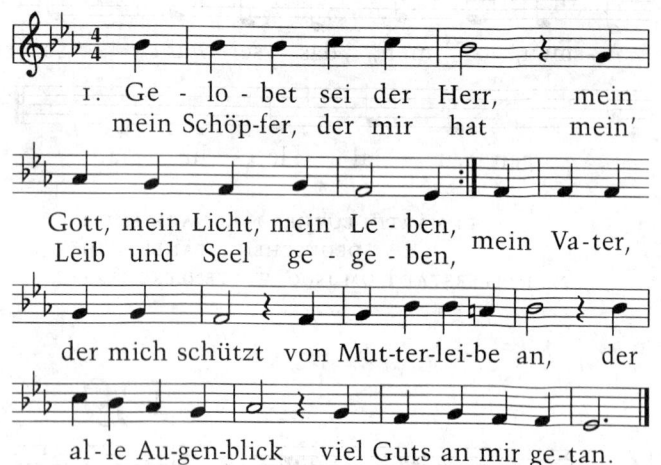

1. Ge-lo-bet sei der Herr, mein Gott, mein Licht, mein Le-ben, mein Schöp-fer, der mir hat mein' Leib und Seel ge-ge-ben, mein Va-ter, der mich schützt von Mut-ter-lei-be an, der al-le Au-gen-blick viel Guts an mir ge-tan.

2. Gelobet sei der Herr, / mein Gott, mein Heil, mein Leben, / des Vaters liebster Sohn, / der sich für mich gegeben, / der mich erlöset hat / mit seinem teuren Blut, / der mir im Glauben schenkt / das allerhöchste Gut.

3. Gelobet sei der Herr, / mein Gott, mein Trost, mein Leben, / des Vaters werter Geist, / den mir der Sohn gegeben, / der mir mein Herz erquickt, / der mir gibt neue Kraft, / der mir in aller Not / Rat, Trost und Hilfe schafft.

4. Gelobet sei der Herr, / mein Gott, der ewig lebet, / den alles lobet, was / in allen Lüften schwebet; / gelobet sei der Herr, / des Name heilig heißt, / Gott Vater, Gott der Sohn / und Gott der werte Geist,

5. dem wir das Heilig jetzt / mit Freuden lassen klingen / und mit der Engelschar / das Heilig, Heilig singen, / den herzlich lobt und preist / die ganze Christenheit: / Gelobet sei mein Gott / in alle Ewigkeit! *Jes 6,2.3*

T: JOHANN OLEARIUS 1665
M: NUN DANKET ALLE GOTT (NR. 321)

TRINITATIS

4. Mose 6,24-26 Ö **140**

1. Brunn alles Heils, dich ehren wir
und öffnen unsern Mund vor dir;
aus deiner Gottheit Heiligtum
dein hoher Segen auf uns komm.

2. Der Herr, der Schöpfer, bei uns bleib, / er segne uns nach Seel und Leib, / und uns behüte seine Macht / vor allem Übel Tag und Nacht.

3. Der Herr, der Heiland, unser Licht, / uns leuchten lass sein Angesicht, / dass wir ihn schaun und glauben frei, / dass er uns ewig gnädig sei.

4. Der Herr, der Tröster, ob uns schweb, / sein Antlitz über uns erheb, / dass uns sein Bild werd eingedrückt, / und geb uns Frieden unverrückt.

5. Gott Vater, Sohn und Heilger Geist, / o Segensbrunn, der ewig fließt: / durchfließ Herz, Sinn und Wandel wohl, / mach uns deins Lobs und Segens voll!

KIRCHENJAHR

TRINITATIS 140

2. Der Herr, der Schöpfer, bei uns bleib, / er segne uns nach Seel und Leib, / und uns behüte seine Macht / vor allem Übel Tag und Nacht.

3. Der Herr, der Heiland, unser Licht, / uns leuchten lass sein Angesicht, / dass wir ihn schaun und glauben frei, / dass er uns ewig gnädig sei.

4. Der Herr, der Tröster, ob uns schweb, / sein Antlitz über uns erheb, / dass uns sein Bild werd eingedrückt, / und geb uns Frieden unverrückt.

5. Gott Vater, Sohn und Heilger Geist, / o Segensbrunn, der ewig fließt: / durchfließ Herz, Sinn und Wandel wohl, / mach uns deins Lobs und Segens voll!

T: GERHARD TERSTEEGEN 1745
M: LOBT GOTT, DEN HERRN DER HERRLICHKEIT (NR. 300)
SATZ: CLAUDE GOUDIMEL 1565

BESONDERE TAGE

JOHANNESTAG, 24. JUNI

141 Johannes 1,19-28; Matthäus 3,1-12

1. Wir wollen singn ein' Lobgesang
Christus dem Herrn zu Preis und Dank,
der Sankt Johann vorausgesandt,
durch ihn sein Ankunft macht bekannt.

2. Die Buß er predigt in der Wüst: / »Euer Leben ihr bessern müsst, / das Himmelreich kommt jetzt herbei, / tut rechte Buß ohn Heuchelei!«

3. Man fragt ihn, ob er Christus wär. / »Ich bin's nicht, bald wird kommen er, / der lang vor mir gewesen ist, / der Welt Heiland, der wahre Christ.«

4. Er zeigt ihn mit dem Finger an, / sprach: »Siehe, das ist Gottes Lamm, / das trägt die Sünd der ganzen Welt, / sein Opfer Gott allein gefällt.

5. Ich bin viel zu gering dazu, / dass ich auflösen sollt sein Schuh; / taufen wird er mit Feu'r und Geist, / wahrer Sohn Gotts er ist und heißt.«

6. Wir danken dir, Herr Jesu Christ, / des Vorläufer Johannes ist; / hilf, dass wir folgen seiner Lehr, / so tun wir dir die rechte Ehr.

T: NIKOLAUS HERMAN 1560
NACH »AETERNO GRATIAS PATRI«
VON PHILIPP MELANCHTHON 1539
M: BARTHOLOMÄUS GESIUS 1603 NACH NR. 469

MICHAELISTAG, 29. SEPTEMBER

(Ö) 142

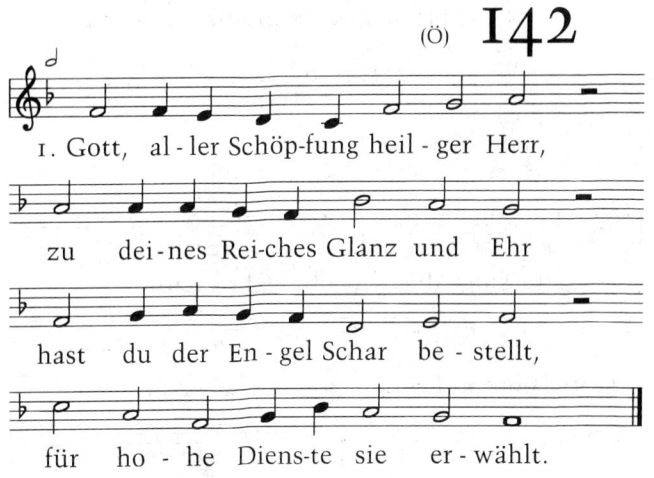

1. Gott, aller Schöpfung heil'ger Herr, zu deines Reiches Glanz und Ehr hast du der Engel Schar bestellt, für hohe Dienste sie erwählt.

2. Sie stehen weit um deinen Thron; / du bist ihr Leben, ihre Kron. / Gewaltig ruft ihr strahlend Heer: / Wer ist wie Gott – wer ist wie er?

3. Stets schauen sie dein Angesicht / und freuen sich in deinem Licht. / Dein Anblick macht sie stark und rein; / dein heilger Odem hüllt sie ein.

4. Mit Weisheit sind sie angetan; / sie brennen, leuchten, beten an. / Ein großes Lob ertönt im Chor: / ihr »Heilig, Heilig« steigt empor.

5. Du sendest sie als Boten aus: / dein Wort geht in die Welt hinaus. / Groß ist in ihnen deine Kraft; / dein Arm sind sie, der Wunder schafft.

6. Lass deine Engel um uns sein; / durch sie geleite Groß und Klein, / bis wir mit ihnen dort im Licht / einst stehn vor deinem Angesicht.

T: ERNST HOFMANN (1971) 1975
M: LOBT GOTT, DEN HERRN DER HERRLICHKEIT
(NR. 300)

143

1. Heut singt die liebe Christenheit Gott Lob und Dank in Ewigkeit für seine Engelscharen, die uns in Angst, Not und Gefahr auf viele Weisen wunderbar behüten und bewahren.

2. Sie glänzen wie der Sonnenschein, / wie Feuerflammen hell und rein / als Gottes gute Geister. / Von überirdischer Natur / sind sie die schönste Kreatur, / und Christus ist ihr Meister.

3. Sie stehn vor Gottes Angesicht / und spiegeln seiner Hoheit Licht / als Helfer und Vertraute. / Sie singen dir, Allherrscher du, / ihr »Heilig, heilig, heilig!« zu, / wie es Jesaja schaute. *Jes 6,3*

4. Des Himmels Heer durch alle Welt / führt Michael, der starke Held, / zu Gottes Dienst und Ehren. / Die Engel streiten Tag und Nacht, / um Satans böse List und Macht / beizeiten abzuwehren. *Offb 12,7*

5. Der alte Drache schlummert nicht. / Wie er in unser Leben bricht, / sinnt er zu jeder Stunde. / Er trachtet uns nach Hab und Gut, / nach Herz und Seele, Leib und Blut / und schlägt uns manche Wunde.

6. Er stiftet uns zur Zwietracht an, / verführt zu Unrecht jedermann, / zu Feindschaft, Mord und Kriegen, / zerrüttet Gottes Ordnung bald / und will die Erde mit Gewalt / zerstören und besiegen.

7. Wo ihm nicht wehrt der Engel Schar, / an Leib und Seele, Haut und Haar / blieb keiner mehr behütet. / Mit Feuer, Wasser, Wind und Schnee / bereitet er der Menschheit Weh, / das hart und grausam wütet.

8. Wir danken dir, Herr Jesu Christ, / dass du der Herr der Engel bist / und uns die Wächter sendest. / Erhalte uns in deiner Hut / und rette uns, Herr, durch dein Blut, / wenn du den Streit beendest.

T: DETLEV BLOCK 1985 NACH DER ÜBERTRAGUNG
DES HYMNUS »DICIMUS GRATES TIBI«
VON PHILIPP MELANCHTHON (1539) 1543
DURCH NIKOLAUS HERMAN 1560
M: 16. JH.; GEISTLICH NÜRNBERG UM 1555

BUSSTAG

1. Aus tiefer Not lasst uns zu Gott
von ganzem Herzen schreien,
bitten, dass er aus seiner Gnad
uns woll vom Übel befreien
und alle Sünd und Missetat,
die unser Fleisch begangen hat,
als Vater uns verzeihen.

Ps 130,1

2. O Gott und Vater, sieh doch an / uns Armen und Elenden, / die wir sehr übel han getan / mit Herzen, Mund und Händen; / verleih uns, dass wir Buße tun / und sie in Christus, deinem Sohn, / zur Seligkeit vollenden.

3. Zwar unsre Schuld ist groß und schwer, / von uns nicht auszurechnen; / doch dein Barmherzigkeit ist mehr, / die kein Mensch kann aussprechen: / die suchen und begehren wir / und hoffen, du lässt es an dir / uns nimmermehr gebrechen.

4. Du willst nicht, dass der Sünder sterb / und zur Verdammnis fahre, / sondern dass er dein Gnad erwerb / und sich darin bewahre; / so hilf uns nun, o Herre Gott, / auf dass uns nicht der ewge Tod / in Sünden widerfahre.

5. Wir opfern uns dir arm und bloß, / durch Reue tief geschlagen; / o nimm uns auf in deinen Schoß / und lass uns nicht verzagen. / O hilf, dass wir getrost und frei / ohn arge List und Heuchelei / dein Joch zum Ende tragen.

6. Sprich uns durch deine Boten zu, / gib Zeugnis dem Gewissen, / stell unser Herz durch sie zur Ruh, / tu uns durch sie zu wissen, / wie Christus vor deim Angesicht / all unsre Sachen hab geschlicht': / den Trost lass uns genießen.

7. Erhalt in unsers Herzens Grund / deinen göttlichen Samen / und hilf, dass wir den neuen Bund / in deines Sohnes Namen / vollenden in aller Wahrheit, / also der Krone der Klarheit / teilhaftig werden. Amen.

T: MICHAEL WEISSE 1531
M: AUS TIEFER NOT SCHREI ICH ZU DIR (NR. 299 II)

KIRCHENJAHR

145

1. Wach auf, wach auf, du deut-sches Land! Du hast ge-nug ge-schla-fen. Be-denk, was Gott an dich ge-wandt, wo-zu er dich er-schaf-fen. Be-denk, was Gott dir hat ge-sandt und dir ver-traut sein höchs-tes Pfand, drum magst du wohl auf-wa-chen.

2. Gott hat dir Christus, seinen Sohn, / die Wahrheit und das Leben, / sein liebes Evangelium / aus lauter Gnad gegeben; / denn Christus ist allein der Mann, / der für der Welt Sünd g'nug getan, / kein Werk hilft sonst daneben.

3. Für solche Gnad und Güte groß / sollst du dem Herren danken, / nicht laufen aus seim Gnadenschoß, / von seinem Wort nicht wanken, / dich halten, wie sein Wort dich lehrt, / dadurch wird Gottes Reich gemehrt, / geholfen auch den Kranken.

4. Du solltest bringen gute Frucht, / so du recht gläubig wärest, / in Lieb und Treu, in Buß und Zucht, / wie du solchs selbst begehrest, / in Gottes Furcht dich halten fein / und suchen Gottes Ehr allein, / dass du niemand beschwerest.

5. Die Wahrheit wird jetzt unterdrückt, / will niemand Wahrheit hören; / die Lüge wird gar fein geschmückt, / man hilft ihr oft mit Schwören; / dadurch wird Gottes Wort veracht', / die Wahrheit höhnisch auch verlacht, / die Lüge tut man ehren.

6. Gott warnet täglich für und für, / das zeugen seine Zeichen, / denn Gottes Straf ist vor der Tür, / Deutschland *(o Land)*, lass dich erweichen, / tu rechte Buße in der Zeit, / weil Gott dir noch sein Gnad anbeut / und tut sein Hand dir reichen.

7. Das helfe Gott uns allen gleich, / dass wir von Sünden lassen, / und führe uns zu seinem Reich, / dass wir das Unrecht hassen. / Herr Jesu Christe, hilf uns nun / und gib uns deinen Geist dazu, / dass wir dein Warnung fassen.

T UND M: JOHANN WALTER 1561

Da unser Herr und Meister Jesus Christus spricht: »Tut Buße«, hat er gewollt, dass das ganze Leben der Gläubigen Buße sei.

MARTIN LUTHER, 1.THESE DER 95 THESEN VON 1517

KIRCHENJAHR

146

1. Nimm von uns, Herr, du treu-er Gott, die schwe-re Straf und gro-ße Not, die wir mit Sün-den oh-ne Zahl ver-die-net ha-ben all-zu-mal. Be-hüt vor Krieg und teu-rer Zeit, vor Seu-chen, Feu'r und gro-ßem Leid.

2. Erbarm dich deiner bösen Knecht, / wir flehn um Gnad und nicht um Recht; / denn so du, Herr, den rechten Lohn / uns geben wolltst nach unserm Tun, / so müsst die ganze Welt vergehn / und könnt kein Mensch vor dir bestehn.

3. Ach Herr Gott, durch die Treue dein / mit Trost und Rettung uns erschein. / Beweis an uns dein große Gnad / und straf uns nicht auf frischer Tat, / wohn uns mit deiner Güte bei, / dein Zorn und Grimm fern von uns sei.

4. Gedenk an deines Sohnes Tod, / sieh an sein heilig Wunden rot. / Die sind ja für die ganze Welt / die Zahlung und das Lösegeld. / Des trösten wir uns allezeit / und hoffen auf Barmherzigkeit.

5. Leit uns mit deiner rechten Hand / und segne unser Stadt und Land; / gib uns allzeit dein heilig Wort, / behüt vors Teufels List und Mord; / ein selig End wollst uns verleihn, / auf dass wir ewig bei dir sein.

T: MARTIN MOLLER 1584
NACH »AUFER IMMENSAM, DEUS, AUFER IRAM«
WITTENBERG 1541
M: VATER UNSER IM HIMMELREICH (NR. 344)

Erforsche mich, Gott, und erkenne mein Herz;
prüfe mich und erkenne, wie ich's meine.
Und sieh, ob ich auf bösem Wege bin,
und leite mich auf ewigem Wege.

PSALM 139,23.24

ENDE DES KIRCHENJAHRES

147 ö

1. »Wa-chet auf«, ruft uns die Stim - me
der Wäch-ter sehr hoch auf der Zin - ne,
»wach auf, du Stadt Je - ru - sa - lem!
Mit - ter-nacht heißt die-se Stun - de«;
sie ru - fen uns mit hel-lem Mun - de:
»Wo seid ihr klu - gen Jung-frau - en?
Wohl - auf, der Bräut'-gam kommt,
steht auf, die Lam - pen nehmt!

ENDE DES KIRCHENJAHRES

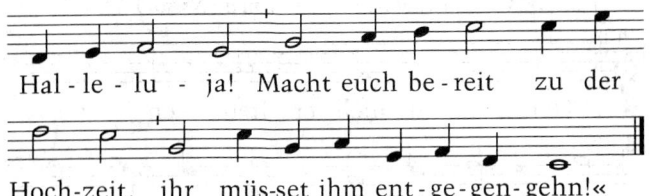

Hal-le-lu-ja! Macht euch be-reit zu der Hoch-zeit, ihr müs-set ihm ent-ge-gen-gehn!«

Mt 25,1-13; Jes 52,8

2. Zion hört die Wächter singen, / das Herz tut ihr vor Freude springen, / sie wachet und steht eilend auf. / Ihr Freund kommt vom Himmel prächtig, / von Gnaden stark, von Wahrheit mächtig, / ihr Licht wird hell, ihr Stern geht auf. / Nun komm, du werte Kron, / Herr Jesu, Gottes Sohn! / Hosianna! / Wir folgen all zum Freudensaal / und halten mit das Abendmahl.

3. Gloria sei dir gesungen / mit Menschen- und mit Engelzungen, / mit Harfen und mit Zimbeln schön. / Von zwölf Perlen sind die Tore* / an deiner Stadt; wir stehn im Chore / der Engel hoch um deinen Thron. / Kein Aug hat je gespürt, / kein Ohr hat mehr gehört / solche Freude. / Des jauchzen wir und singen dir / das Halleluja für und für. *Offb 21,21*

T UND M: PHILIPP NICOLAI 1599
SATZ STR. 3: NR. 535

KIRCHENJAHR

148 *Andere Melodie: Wie lieblich ist der Maien (Nr. 501)*

1. Herzlich tut mich erfreuen die liebe Sommerzeit,* wenn Gott wird schön erneuen alles zur Ewigkeit. Den Himmel und die Erde wird Gott neu schaffen gar, all Kreatur soll werden ganz herrlich, schön und klar.

*Bild für Ewigkeit

2. Kein Zung kann je erreichen / die ewig Schönheit groß; / man kann's mit nichts vergleichen, / die Wort sind viel zu bloß. / Drum müssen wir solchs sparen / bis an den Jüngsten Tag; / dann wollen wir erfahren, / was Gott ist und vermag.

3. Da werden wir mit Freuden / den Heiland schauen an, / der durch sein Blut und Leiden / den Himmel aufgetan, / die lieben Patriarchen, / Propheten allzumal, / die Märt'rer und Apostel / bei ihm in großer Zahl.

4. Also wird Gott erlösen / uns gar von aller Not, / vom Teufel, allem Bösen, / von Trübsal, Angst und Spott, / von Trauern, Weh und Klagen, / von Krankheit, Schmerz und Leid, / von Schwermut, Sorg und Zagen, / von aller bösen Zeit.

5. Er wird uns fröhlich leiten / ins ewig Paradeis, / die Hochzeit zu bereiten / zu seinem Lob und Preis. / Da wird sein Freud und Wonne / in rechter Lieb und Treu / aus Gottes Schatz und Bronne / und täglich werden neu.

6. Da wird man hören klingen / die rechten Saitenspiel, / die Musikkunst wird bringen / in Gott der Freuden viel, / die Engel werden singen, / all Heilgen Gottes gleich / mit himmelischen Zungen / ewig in Gottes Reich.

7. Mit Gott wir werden halten / das ewig Abendmahl, / die Speis wird nicht veralten / auf Gottes Tisch und Saal; / wir werden Früchte essen / vom Baum des Lebens stets, / vom Brunn der Lebensflüsse / trinken zugleich mit Gott.

8. Wir werden stets mit Schalle / vor Gottes Stuhl und Thron / mit Freuden singen alle / ein neues Lied gar schön: / »Lob, Ehr, Preis, Kraft und Stärke / Gott Vater und dem Sohn, / des Heilgen Geistes Werke / sei Lob und Dank getan.« *Offb 7,12*

9. Ach Herr, durch deine Güte / führ mich auf rechter Bahn; / Herr Christ, mich wohl behüte, / sonst möcht ich irregahn. / Halt mich im Glauben feste / in dieser bösen Zeit, / hilf, dass ich mich stets rüste / zur ewgen Hochzeitsfreud.

T: JOHANN WALTER 1552; STR. 9 DRESDEN 1557
M: WITTENBERG 1545; GEISTLICH WITTENBERG 1552

KIRCHENJAHR

149

1. Es ist gewisslich an der Zeit, dass Gottes Sohn wird kommen in seiner großen Herrlichkeit, zu richten Bös und Fromme. Da wird das Lachen werden teu'r, wenn alles wird vergehn im Feu'r, wie Petrus davon schreibet.

2. Petr 3,7

2. Posaunen wird man hören gehn / an aller Welten Ende, / darauf bald werden auferstehn / die Toten all behände; / die aber noch das Leben han, / die wird der Herr von Stunde an / verwandeln und erneuen.

1. Kor 15,52

3. Danach wird man ablesen bald / ein Buch, darin geschrieben, / was alle Menschen, jung und alt, / auf Erden je getrieben; / da denn gewiss ein jedermann / wird hören, was er hat getan / in seinem ganzen Leben.

Offb 20,12.15

4. O weh dem Menschen, welcher hat / des Herren Wort verachtet / und nur auf Erden früh und spat / nach großem Gut getrachtet! / Er wird fürwahr gar schlecht bestehn / und mit dem Satan müssen gehn / von Christus in die Hölle.

5. O Jesu, hilf zur selben Zeit / von wegen deiner Wunden, / dass ich im Buch der Seligkeit / werd angezeichnet funden. / Daran ich denn auch zweifle nicht, / denn du hast ja den Feind gericht' / und meine Schuld bezahlet.

6. Derhalben mein Fürsprecher sei, / wenn du nun wirst erscheinen, / und lies mich aus dem Buche frei, / darinnen stehn die Deinen, / auf dass ich samt den Brüdern mein / mit dir geh in den Himmel ein, / den du uns hast erworben.

7. O Jesu Christ, du machst es lang / mit deinem Jüngsten Tage; / den Menschen wird auf Erden bang / von wegen vieler Plage. / Komm doch, komm doch, du Richter groß, / und mach uns bald in Gnaden los / von allem Übel. Amen.

T: BARTHOLOMÄUS RINGWALDT (1582) 1586
NACH DER SEQUENZ »DIES IRAE, DIES ILLA« 12. JH.
UND EINEM DEUTSCHEN LIED UM 1565
M: MARTIN LUTHER 1529

KIRCHENJAHR

150 (Ö) Offenbarung 21

1. Je-ru-sa-lem, du hoch-ge-bau-te Stadt, wollt Gott, ich wär in dir! Mein seh-nend Herz so groß Ver-lan-gen hat und ist nicht mehr bei mir. Weit ü-ber Berg und Ta-le, weit ü-ber Flur und Feld schwingt es sich ü-ber al - - le und eilt aus die-ser Welt.

2. O schöner Tag / und noch viel schönre Stund, / wann wirst du kommen schier, / da ich mit Lust, / mit freiem Freudenmund / die Seele geb von mir / in Gottes treue Hände / zum auserwählten Pfand, / dass sie mit Heil anlände / in jenem Vaterland?

3. O Ehrenburg, / nun sei gegrüßet mir, / tu auf der Gnaden Pfort! / Wie große Zeit / hat mich verlangt nach dir, / eh ich bin kommen fort / aus jenem bösen Leben, / aus jener Nichtigkeit / und mir Gott hat gegeben / das Erb der Ewigkeit.

4. Was für ein Volk, / was für ein edle Schar / kommt dort gezogen schon? / Was in der Welt / an Auserwählten war, / seh ich: sie sind die Kron*, / die Jesus mir, der Herre, / entgegen hat gesandt, / da ich noch war so ferne / in meinem Tränenland.   *Das Höchste, Vollendete

5. Propheten groß / und Patriarchen hoch, / auch Christen insgemein, / alle, die einst / trugen des Kreuzes Joch / und der Tyrannen Pein, / schau ich in Ehren schweben, / in Freiheit überall, / mit Klarheit hell umgeben, / mit sonnenlichtem Strahl.

6. Wenn dann zuletzt / ich angelanget bin / im schönen Paradeis, / von höchster Freud / erfüllet wird der Sinn, / der Mund von Lob und Preis. / Das Halleluja reine / man spielt in Heiligkeit, / das Hosianna feine / ohn End in Ewigkeit

7. mit Jubelklang, / mit Instrumenten schön, / in Chören ohne Zahl, / dass von dem Schall / und von dem süßen Ton / sich regt der Freudensaal, / mit hunderttausend Zungen, / mit Stimmen noch viel mehr, / wie von Anfang gesungen / das große Himmelsheer.

T: JOHANN MATTHÄUS MEYFART 1626
M: MELCHIOR FRANCK 1663, DARMSTADT 1698

KIRCHENJAHR

151
Matthäus 25,1-13
Andere Melodie: Valet will ich dir geben (Nr. 523)

1. Er-mun-tert euch, ihr From-men, zeigt eu-rer Lam-pen Schein! Der A-bend ist ge-kom-men, die finst-re Nacht bricht ein. Es hat sich auf-ge-ma-chet der Bräu-ti-gam mit Pracht. Auf, be-tet, kämpft und wa-chet! Bald ist es Mit-ter-nacht.

2. Macht eure Lampen fertig / und füllet sie mit Öl / und seid des Heils gewärtig, / bereitet Leib und Seel! / Die Wächter Zions schreien: / »Der Bräutigam ist nah!« / Begegnet ihm im Reigen / und singt: Halleluja!

3. Ihr klugen Jungfrauen alle, / hebt nun das Haupt empor / mit Jauchzen und mit Schalle / zum frohen Engelchor! / Wohlan, die Tür ist offen, / die Hochzeit ist bereit. / Erfüllt ist euer Hoffen: / der Bräut'gam ist nicht weit.

4. Er wird nicht lang verziehen, / drum schlafet nicht mehr ein; / man sieht die Bäume blühen; / der schöne Frühlingsschein / verheißt Erquickungszeiten; / die Abendröte zeigt / den schönen Tag von weitem, / davor das Dunkle weicht.

5. Begegnet ihm auf Erden, / ihr, die ihr Zion liebt, / mit freudigen Gebärden / und seid nicht mehr betrübt; / es sind die Freudenstunden / gekommen, und der Braut / wird, weil sie überwunden, / die Krone nun vertraut.

6. Die ihr Geduld getragen / und mitgestorben seid, / sollt nun nach Kreuz und Klagen / in Freuden ohne Leid / mitleben und -regieren / und vor des Lammes Thron / mit Jauchzen triumphieren / in eurer Siegeskron. *2.Tim 2,11.12*

7. Hier ist die Stadt der Freuden, / Jerusalem, der Ort, / wo die Erlösten weiden, / hier ist die sichre Pfort, / hier sind die güldnen Gassen, / hier ist das Hochzeitsmahl, / hier soll sich niederlassen / die Braut im Freudensaal.

Offb 21,2.10

8. O Jesu, meine Wonne, / komm bald und mach dich auf; / geh auf, ersehnte Sonne, / und eile deinen Lauf. / O Jesu, mach ein Ende / und führ uns aus dem Streit; / wir heben Haupt und Hände / nach der Erlösungszeit.

T: LORENZ LORENZEN 1700
M: HERZLICH TUT MICH ERFREUEN (NR. 148)

Wir warten auf einen neuen Himmel und eine neue Erde nach seiner Verheißung, in denen Gerechtigkeit wohnt. 2. PETRUS 3,13

KIRCHENJAHR
152

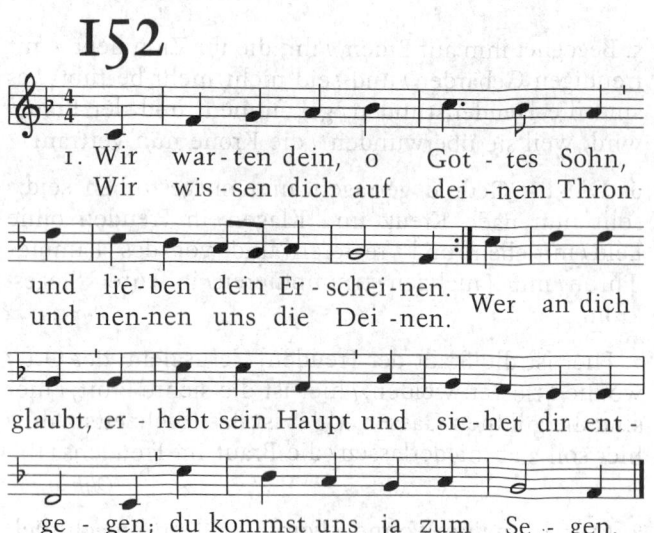

1. Wir warten dein, o Gottes Sohn,
und lieben dein Erscheinen.
Wir wissen dich auf deinem Thron
und nennen uns die Deinen.
Wer an dich glaubt,
erhebt sein Haupt
und siehet dir entgegen;
du kommst uns ja zum Segen.

2. Wir warten deiner mit Geduld / in unsern Leidenstagen; / wir trösten uns, dass du die Schuld / am Kreuz hast abgetragen; / so können wir / nun gern mit dir / uns auch zum Kreuz bequemen, / bis du es weg wirst nehmen.

3. Wir warten dein; du hast uns ja / das Herz schon hingenommen. / Du bist uns zwar im Geiste nah, / doch sollst du sichtbar kommen; / da willst uns du / bei dir auch Ruh, / bei dir auch Freude geben, / bei dir ein herrlich Leben.

4. Wir warten dein, du kommst gewiss, / die Zeit ist bald vergangen; / wir freuen uns schon überdies / mit kindlichem Verlangen. / Was wird geschehn, / wenn wir dich sehn, / wenn du uns heim wirst bringen, / wenn wir dir ewig singen!

T: PHILIPP FRIEDRICH HILLER 1767
M: WAS GOTT TUT, DAS IST WOHLGETAN (NR. 372)

ENDE DES KIRCHENJAHRES

Offenbarung 21 **153**

1. Der Himmel, der ist, ist nicht der Himmel, der kommt, wenn einst Himmel und Erde vergehen.

2. Der Himmel, der kommt, / das ist der kommende Herr, / wenn die Herren der Erde gegangen.

3. Der Himmel, der kommt, / das ist die Welt ohne Leid, / wo Gewalttat und Elend besiegt sind.

4. Der Himmel, der kommt, / das ist die fröhliche Stadt / und der Gott mit dem Antlitz des Menschen.

5. Der Himmel, der kommt, / grüßt schon die Erde, die ist, / wenn die Liebe das Leben verändert.

T: KURT MARTI 1971
M: WINFRIED HEURICH 1980

KIRCHENJAHR
154

1. Herr, mach uns stark im Mut, der dich bekennt, dass unser Licht vor allen Menschen brennt! Lass uns dich schaun im ewigen Advent. Halleluja, Halleluja.

2. Tief liegt des Todes Schatten auf der Welt. / Aber dein Glanz die Finsternis erhellt. / Dein Lebenshauch bewegt das Totenfeld. / Halleluja, Halleluja! *Hes 37,1-10*

3. Welch ein Geheimnis wird an uns geschehn! / Leid und Geschrei und Schmerz muss dann vergehn, / wenn wir von Angesicht dich werden sehn. / Halleluja, Halleluja!

4. Aber noch tragen wir der Erde Kleid. / Uns hält gefangen Irrtum, Schuld und Leid; / doch deine Treue hat uns schon befreit. / Halleluja, Halleluja!

5. So mach uns stark im Mut, der dich bekennt, / dass unser Licht vor allen Menschen brennt! / Lass uns dich schaun im ewigen Advent! / Halleluja, Halleluja!

An Gedenktagen von Glaubenszeugen:

6. Mit allen Heilgen beten wir dich an. / Sie gingen auf dem Glaubensweg voran / und ruhn in dir, der unsern Sieg gewann! / Halleluja, Halleluja!

T: STR. 1–5 ANNA MARTINA GOTTSCHICK 1972;
STR. 6 JÜRGEN HENKYS 1988 NACH »FOR ALL THE SAINTS« VON WILLIAM WALSHAM HOW 1864
M: RALPH VAUGHAN WILLIAMS 1906

GOTTESDIENST

EINGANG UND AUSGANG

ö 155

1. Herr Jesu Christ, dich zu uns wend, dein' Heilgen Geist du zu uns send; mit Hilf und Gnad er uns regier und uns den Weg zur Wahrheit führ.

2. Tu auf den Mund zum Lobe dein, / bereit das Herz zur Andacht fein, / den Glauben mehr, stärk den Verstand, / dass uns dein Nam werd wohlbekannt,

3. bis wir singen mit Gottes Heer: / »Heilig, heilig ist Gott der Herr!«, / und schauen dich von Angesicht / in ewger Freud und sel'gem Licht.

4. Ehr sei dem Vater und dem Sohn, / dem Heilgen Geist in einem Thron; / der Heiligen Dreieinigkeit / sei Lob und Preis in Ewigkeit.

T: WILHELM II. VON SACHSEN-WEIMAR (?) 1648;
STR. 4 GOTHA 1651
M: GOCHSHEIM/REDWITZ 1628, GÖRLITZ 1648
SATZ: GOTHA 1651

156

Komm, Heiliger Geist, erfüll die Herzen deiner Gläubigen und entzünd in ihnen das Feuer deiner göttlichen Liebe, der du in Mannigfaltigkeit der Zungen die Völker der ganzen Welt ver-

EINGANG UND AUSGANG

sam-melt hast in Ei-nig-keit des Glau-bens.

Hal - le - lu - ja, Hal - le - lu - ja.

T: NÖRDLINGEN 1522, ERFURT 1525 NACH DER
ANTIPHON »VENI SANCTE SPIRITUS, REPLE« 11.JH.
M: 11.JH., WIEDERHOLT BEARBEITET

Andere Melodie:
Ich weiß, woran ich glaube (Nr. 357) **157**

Lass mich dein sein und blei - ben,
von dir lass mich nichts trei - ben,

du treu - er Gott und Herr,
halt mich bei dei - ner Lehr. Herr,

lass mich nur nicht wan - ken, gib mir Be-

stän - dig - keit; da - für will ich dir

dan - ken in al - le E - wig - keit.

T: NIKOLAUS SELNECKER 1572
M: VALET WILL ICH DIR GEBEN (NR. 523)

GOTTESDIENST
158

1. O Christe, Morgensterne, leucht uns mit hellem Schein; schein uns vons Himmels Throne an diesem dunklen Ort mit deinem reinen Wort.

2. Petr 1,19

2. O Jesu, Trost der Armen, / mein Herz heb ich zu dir; / du wirst dich mein erbarmen, / dein Gnade schenken mir, / das trau ich gänzlich dir.

3. Du hast für mich vergossen / am Kreuz dein teures Blut: / Das lass mich, Herr, genießen, / tröst mich durch deine Güt; / hilf mir, das ist mein Bitt.

4. O Jesu, Lob und Ehre / sing ich dir allezeit; / den Glauben in mir mehre, / dass ich nach dieser Zeit / mit dir eingeh zur Freud.

T: LEIPZIG 1579 NACH DEM WELTLICHEN
»ER IST DER MORGENSTERNE«, ZWICKAU 1531
M: 16. JH.; GEISTLICH LEIPZIG 1585,
BEI BARTHOLOMÄUS GESIUS 1605

EINGANG UND AUSGANG

159

1. Fröh-lich wir nun all fan-gen an den Got-tes-dienst mit Schal-le,
weil Gott ihn ja will von uns han und lässt sich's wohl-ge-fal-len.
Zu je-der Stund an al-lem Ort, da wir je-mals ge-hört sein Wort,
will er's mit Freud uns loh-nen.

2. O selig über selig sind, / die in seim Dienst sich üben; / Gotts treue Diener, Erbn und Kind / sie sind, die er tut lieben, / will sie auch in seins Himmels Thron / mit der Freuden- und Lebenskron / beschenken und begnaden.

3. O Gott, nimm an zu Lob und Preis / das Beten und das Singen, / in unser Herz dein' Geist ausgieß, / dass es viel Früchte bringe / des Glaubens aus deim heilgen Wort, / dass wir dich preisen hier und dort. / Fröhlich wir nun anfangen.

T: ZACHÄUS FABER 1601
M: STRASSBURG 1538

GOTTESDIENST
160

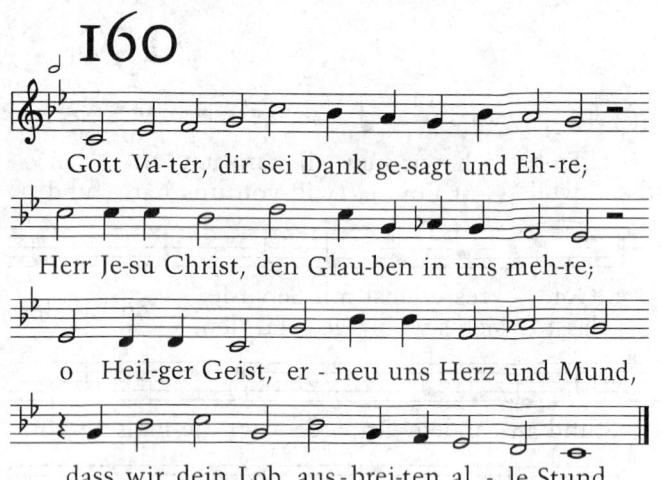

Gott Vater, dir sei Dank gesagt und Ehre;
Herr Jesu Christ, den Glauben in uns mehre;
o Heilger Geist, erneu uns Herz und Mund,
dass wir dein Lob ausbreiten alle Stund.

T: DAVID DENICKE 1652
M: WIE HERRLICH GIBST DU, HERR,
DICH ZU ERKENNEN (NR. 271)

Allmächtiger Gott, gib, dass dein Wort bei uns nicht ein steinernes Herz und eine eiserne Stirn vorfindet, sondern den gelehrigen Sinn, der sich dir erwartungsvoll öffnet. Lass uns erfahren, dass du unser Vater bist, und stärke uns in dem Vertrauen, dass du uns als deine Kinder angenommen hast.

JOHANNES CALVIN

EINGANG UND AUSGANG

ö 161

1. Liebs-ter Jesu, wir sind hier, dich und dein Wort anzuhören; lenke Sinnen und Begier auf die süßen Himmelslehren, dass die Herzen von der Erden ganz zu dir gezogen werden.

2. Unser Wissen und Verstand / ist mit Finsternis verhüllet, / wo nicht deines Geistes Hand / uns mit hellem Licht erfüllet; / Gutes denken, tun und dichten / musst du selbst in uns verrichten.

3. O du Glanz der Herrlichkeit, / Licht vom Licht, aus Gott geboren: / mach uns allesamt bereit, / öffne Herzen, Mund und Ohren; / unser Bitten, Flehn und Singen / lass, Herr Jesu, wohl gelingen.

T: TOBIAS CLAUSNITZER 1663
M: JOHANN RUDOLF AHLE 1664,
BEI WOLFGANG CARL BRIEGEL 1687

GOTTESDIENST
162

1. Gott Lob, der Sonntag kommt herbei, die Woche wird nun wieder neu. Heut hat mein Gott das Licht gemacht, mein Heil hat mir das Leben bracht. Halleluja.

2. Das ist der Tag, da Jesus Christ / vom Tod für mich erstanden ist / und schenkt mir die Gerechtigkeit, / Trost, Leben, Heil und Seligkeit. / Halleluja.

3. Das ist der rechte Sonnentag, / da man sich nicht g'nug freuen mag, / da wir mit Gott versöhnet sind, / dass nun ein Christ heißt Gottes Kind. / Halleluja.

4. Mein Gott, lass mir dein Lebenswort, / führ mich zur Himmelsehrenpfort, / lass mich hier leben heiliglich / und dir lobsingen ewiglich. / Halleluja.

T: JOHANN OLEARIUS 1671
M: ERSCHIENEN IST DER HERRLICH TAG (NR. 106)

EINGANG UND AUSGANG

ö 163

Unsern Ausgang segne Gott,
unsern Eingang gleichermaßen,
segne unser täglich Brot,
segne unser Tun und Lassen,
segne uns mit sel'gem Sterben
und mach uns zu Himmelserben.

Ps 121,8

T: HARTMANN SCHENCK (1674) 1680
M: LIEBSTER JESU, WIR SIND HIER (NR. 161)

Der Herr behüte dich vor allem Übel,
er behüte deine Seele.
Der Herr behüte deinen Ausgang und Eingang
von nun an bis in Ewigkeit.

PSALM 121,7.8

GOTTESDIENST
164

Jesu, stärke deine Kinder
und mach aus denen Überwinder,
die du erkauft mit deinem Blut!
Schaffe in uns neues Leben,
dass wir uns stets zu dir erheben,
wenn uns entfallen will der Mut!
Gieß aus auf uns den Geist, dadurch die Liebe
fließt in die Herzen: So halten wir getreu
an dir im Tod und Leben für und für.

T: WILHELM ERASMUS ARENDS 1714
M: WACHET AUF, RUFT UNS DIE STIMME (NR. 147)

EINGANG UND AUSGANG

ö 165

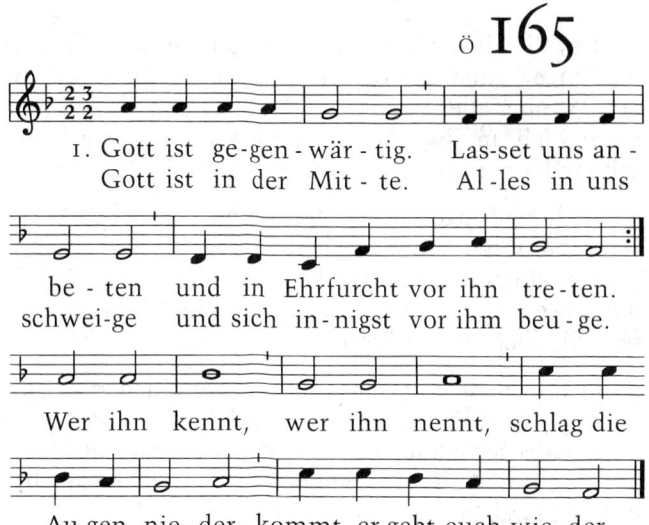

1. Gott ist gegenwärtig. Lasset uns anbeten und in Ehrfurcht vor ihn treten.
Gott ist in der Mitte. Alles in uns schweige und sich innigst vor ihm beuge.
Wer ihn kennt, wer ihn nennt, schlag die Augen nieder; kommt, ergebt euch wieder.

2. Gott ist gegenwärtig, / dem die Cherubinen / Tag und Nacht gebücket dienen. / Heilig, heilig, heilig!, / singen ihm zur Ehre / aller Engel hohe Chöre. / Herr, vernimm / unsre Stimm, / da auch wir Geringen / unsre Opfer bringen.   *Jes 6,3*

3. Wir entsagen willig / allen Eitelkeiten, / aller Erdenlust und Freuden; / da liegt unser Wille, / Seele, Leib und Leben / dir zum Eigentum ergeben. / Du allein / sollst es sein, / unser Gott und Herre, / dir gebührt die Ehre.

4. Majestätisch Wesen, / möcht ich recht dich preisen / und im Geist dir Dienst erweisen. / Möcht ich wie die Engel / immer vor dir stehen / und dich gegenwärtig sehen. / Lass mich dir / für und für / trachten zu gefallen, / liebster Gott, in allem.

5. Luft, die alles füllet, / drin wir immer schweben, / aller Dinge Grund und Leben, / Meer ohn Grund und Ende, / Wunder aller Wunder: / ich senk mich in dich hinunter. / Ich in dir, / du in mir, / lass mich ganz verschwinden, / dich nur sehn und finden.

6. Du durchdringest alles; / lass dein schönstes Lichte, / Herr, berühren mein Gesichte. / Wie die zarten Blumen / willig sich entfalten / und der Sonne stille halten, / lass mich so / still und froh / deine Strahlen fassen / und dich wirken lassen.

7. Mache mich einfältig, / innig, abgeschieden, / sanft und still in deinem Frieden; / mach mich reines Herzens, / dass ich deine Klarheit / schauen mag in Geist und Wahrheit; / lass mein Herz / überwärts / wie ein' Adler schweben / und in dir nur leben.

8. Herr, komm in mir wohnen, / lass mein' Geist auf Erden / dir ein Heiligtum noch werden; / komm, du nahes Wesen, / dich in mir verkläre, / dass ich dich stets lieb und ehre. / Wo ich geh, / sitz und steh, / lass mich dich erblicken / und vor dir mich bücken.

T: GERHARD TERSTEEGEN (VOR 1727) 1729
M: WUNDERBARER KÖNIG (NR. 327)

EINGANG UND AUSGANG

166

1. Tut mir auf die schö-ne Pfor-te, führt in Got-tes Haus mich ein; ach wie wird an die-sem Or-te mei-ne See-le fröh-lich sein! Hier ist Got-tes An-ge-sicht, hier ist lau-ter Trost und Licht.

2. Ich bin, Herr, zu dir gekommen, / komme du nun auch zu mir. / Wo du Wohnung hast genommen, / da ist lauter Himmel hier. / Zieh in meinem Herzen ein, / lass es deinen Tempel sein.

3. Lass in Furcht mich vor dich treten, / heilige du Leib und Geist, / dass mein Singen und mein Beten / ein gefällig Opfer heißt. / Heilige du Mund und Ohr, / zieh das Herze ganz empor.

4. Mache mich zum guten Lande, / wenn dein Samkorn auf mich fällt. / Gib mir Licht in dem Verstande / und was mir wird vorgestellt, / präge du im Herzen ein, / lass es mir zur Frucht gedeihn.   Mt 13,23

5. Stärk in mir den schwachen Glauben, / lass dein teures Kleinod mir / nimmer aus dem Herzen rauben, / halte mir dein Wort stets für, / dass es mir zum Leitstern dient / und zum Trost im Herzen grünt.

6. Rede, Herr, so will ich hören / und dein Wille werd erfüllt; / nichts lass meine Andacht stören, / wenn der Brunn des Lebens quillt; / speise mich mit Himmelsbrot, / tröste mich in aller Not.

T: BENJAMIN SCHMOLCK 1734
M: JOACHIM NEANDER 1680, DARMSTADT 1698

GOTTESDIENST
167 (Ö)

1. Wir wollen fröhlich singen Gott, unserm lieben Herrn; der geb, dass es gelinge zu seinem Lob und Ehrn.

Kehrvers
Lobet Gott, lobet Gott, der uns führt aus aller Not, lobet Gott, lobet Gott, der uns führt aus aller Not. Halleluja, Halleluja, Halleluja.

2. Wir wollen fröhlich sagen, / wie Gott uns herzlich liebt / und auch in bösen Tagen / uns stets das Beste gibt.
Lobet Gott, lobet Gott, / der uns führt aus aller Not, / lobet Gott, lobet Gott, / der uns führt aus aller Not.

3. Wir wollen fröhlich fassen / die starke Vaterhand; / sie führt auf rechten Straßen / bis in das fernste Land.
Lobet Gott, lobet Gott, / der uns führt aus aller Not, / lobet Gott, lobet Gott, / der uns führt aus aller Not.

4. So wolln wir fröhlich wandern / durch diese Welt und Zeit, / bis Gott uns in der andern / die Heimat hält bereit.
Lobet Gott, lobet Gott, / der uns führt aus aller Not, / lobet Gott, lobet Gott, / der uns führt aus aller Not.

T: THEO SCHMID 1957, STR. I NACH
EINEM ANSINGELIED BEI VALENTIN TRILLER 1555
M UND SATZ: ERICH GRUBER 1953
NACH VALENTIN TRILLER 1555

GOTTESDIENST
168 ö

1. Du hast uns, Herr, gerufen und darum sind wir hier. Du hast uns, Herr, gerufen und darum sind wir hier. Wir sind jetzt deine Gäste und danken dir. Wir sind jetzt deine Gäste und danken dir.

2. Du legst uns deine Worte und deine Taten vor. / Du legst uns deine Worte und deine Taten vor. / Herr, öffne unsre Herzen und unser Ohr. / Herr, öffne unsre Herzen und unser Ohr.

3. Herr, sammle die Gedanken und schick uns deinen Geist. / Herr, sammle die Gedanken und schick uns deinen Geist, / der uns das Hören lehrt und dir folgen heißt, / der uns das Hören lehrt und dir folgen heißt.

4. Wenn wir jetzt weitergehen, dann sind wir nicht allein. / Wenn wir jetzt weitergehen, dann sind wir nicht allein. / Der Herr hat uns versprochen, bei uns zu sein. / Der Herr hat uns versprochen, bei uns zu sein.

5. Wir nehmen seine Worte und Taten mit nach Haus. / Wir nehmen seine Worte und Taten mit nach Haus / und richten unser Leben nach seinem aus, / und richten unser Leben nach seinem aus.

6. Er hat mit seinem Leben gezeigt, was Liebe ist. / Er hat mit seinem Leben gezeigt, was Liebe ist. / Bleib bei uns heut und morgen, Herr Jesu Christ. / Bleib bei uns heut und morgen, Herr Jesu Christ.

T UND M: KURT ROMMEL 1967

169

1. Der Gottesdienst soll fröhlich sein. So fangen wir nun an. Gott lädt uns alle zu sich ein und keines ist dafür zu klein. Singt nun Halleluja, Halleluja, Halleluja. So fangen wir nun an.
La la la la la la la la la la la la la la la.

3. Wir sagen Gott, was uns bedrückt. / Er hört uns ganz gewiss. / Wenn er uns einen Kummer schickt, / wenn uns mal nichts gelingt und glückt.
Singt nun Halleluja, Halleluja, Halleluja. / Er hört uns ganz gewiss.

4. Wir singen Gott ein schönes Lied. / Vergesst nur nicht den Dank. / Er, der uns täglich Gutes gibt, / zeigt uns damit, dass er uns liebt.
Singt nun Halleluja, Halleluja, Halleluja. / Vergesst nur nicht den Dank.

5. Der Gottesdienst soll fröhlich sein. / So fangen wir nun an. / Gott lädt uns alle zu sich ein / und keines ist dafür zu klein.
Singt nun Halleluja, Halleluja, Halleluja. / So fangen wir nun an.

T UND M: MARTIN GOTTHARD SCHNEIDER 1975

EINGANG UND AUSGANG
170

1. Komm, Herr, segne uns, dass wir uns nicht trennen, / sondern überall uns zu dir bekennen. Nie sind wir allein, stets sind wir die Deinen. Lachen oder Weinen wird gesegnet sein.

2. Keiner kann allein Segen sich bewahren. / Weil du reichlich gibst, müssen wir nicht sparen. / Segen kann gedeihn, wo wir alles teilen, / schlimmen Schaden heilen, lieben und verzeihn.

3. Frieden gabst du schon, Frieden muss noch werden, / wie du ihn versprichst uns zum Wohl auf Erden. / Hilf, dass wir ihn tun, wo wir ihn erspähen – / die mit Tränen säen, werden in ihm ruhn.

4. Komm, Herr, segne uns, dass wir uns nicht trennen, / sondern überall uns zu dir bekennen. / Nie sind wir allein, stets sind wir die Deinen. / Lachen oder Weinen wird gesegnet sein.

T UND M: DIETER TRAUTWEIN 1978

GOTTESDIENST

171

1. Be-wah-re uns, Gott, be-hü-te uns, Gott, sei mit uns auf un-sern We-gen. Sei Quel-le und Brot in Wüs-ten-not, sei um uns mit dei-nem Se-gen.

2. Bewahre uns, Gott, / behüte uns, Gott, / sei mit uns in allem Leiden. / Voll Wärme und Licht / im Angesicht, / sei nahe in schweren Zeiten, / voll Wärme und Licht / im Angesicht, / sei nahe in schweren Zeiten.

3. Bewahre uns, Gott, / behüte uns, Gott, / sei mit uns vor allem Bösen. / Sei Hilfe, sei Kraft, / die Frieden schafft, / sei in uns, uns zu erlösen, / sei Hilfe, sei Kraft, / die Frieden schafft, / sei in uns, uns zu erlösen.

4. Bewahre uns, Gott, / behüte uns, Gott, / sei mit uns durch deinen Segen. / Dein Heiliger Geist, / der Leben verheißt, / sei um uns auf unsern Wegen, / dein Heiliger Geist, / der Leben verheißt, / sei um uns auf unsern Wegen.

T: EUGEN ECKERT (1985) 1987
M: ANDERS RUUTH (UM 1968) 1984
»LA PAZ DEL SEÑOR«

EINGANG UND AUSGANG

ö 172

Sen-de dein Licht und dei-ne Wahrheit, dass sie mich lei-ten zu dei-ner Wohnung und ich dir dan-ke, dass du mir hilfst.

T: NACH PSALM 43,3-4
KANON FÜR 3 STIMMEN:
MÜNDLICH ÜBERLIEFERT

173

Der Herr be-hü-te dei-nen Aus-gang und Ein-gang von nun an, von nun an bis in E - - wig-keit.

T: PSALM 121,8
KANON FÜR 3 STIMMEN:
HELMUT BORNEFELD 1947

GOTTESDIENST

174

Es seg-ne und be-hü-te uns
Gott Va-ter, Sohn, Gott Heil-ger Geist,
A - - - - men.

T: SEGENSBITTE AUS DER LITURGIE
KANON FÜR 3 STIMMEN:
HERMANN STERN UM 1943

175 ö

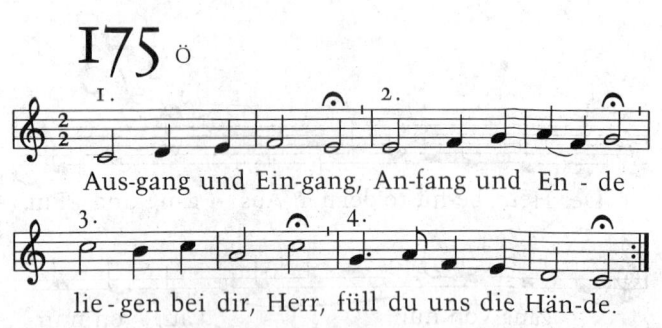

Aus-gang und Ein-gang, An-fang und En-de
lie-gen bei dir, Herr, füll du uns die Hän-de.

T UND KANON FÜR 4 STIMMEN:
JOACHIM SCHWARZ 1962

EINGANG UND AUSGANG

176

Spruch
Öffne meine Augen, dass sie sehen die Wunder an deinem Gesetz.

Schluss
Amen.

Kanon
1. Die Gott suchen, die Gott suchen,
3. denen wird das Herz aufleben,
4. denen wird das Herz aufleben.

Es folgt der Spruch mit Amen.

T: PSALM 119,18; PSALM 69,33
M UND KANON FÜR 4 STIMMEN:
FRIEDEMANN GOTTSCHICK 1983

LITURGISCHE GESÄNGE

EHRE SEI DEM VATER (GLORIA PATRI)
177.1

Ehr sei dem Vater und dem Sohn und dem Heiligen Geist, wie es war im Anfang, jetzt und immerdar und von Ewigkeit zu Ewigkeit. Amen.

M: SOEST 1532

Die Gnade unseres Herrn Jesus Christus und die Liebe Gottes und die Gemeinschaft des Heiligen Geistes sei mit euch allen!

2. KORINTHER 13,13

LITURGISCHE GESÄNGE

M: SOEST 1532 IN DER FASSUNG BAYERN 1856

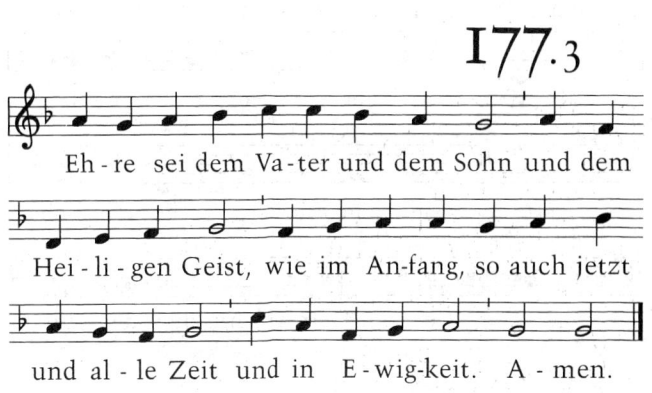

M: GÖTZ WIESE 1987

GOTTESDIENST

HERR, ERBARME DICH (KYRIE)

178.1

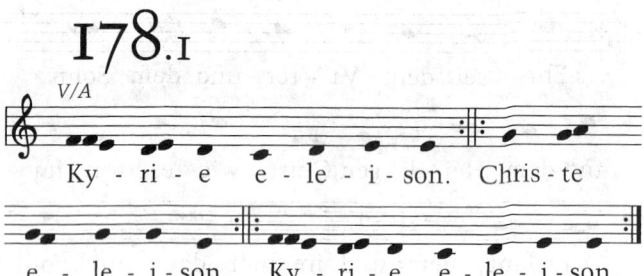

Kyrie eleison. Christe eleison. Kyrie eleison.

M: GREGORIANISCHES KYRIE

178.2

Kyrie eleison. Herr, erbarme dich.
Christe eleison. Christe, erbarme dich.
Kyrie eleison. Herr, erbarm dich über uns.

M: STRASSBURG 1524

LITURGISCHE GESÄNGE

178.3

Ky - ri - e   e - le - i - son. Chris - te
oder: Her - re Gott, er - bar - me dich. Chris - te,

e - le - i - son. Ky - ri - e   e - le - i - son.
er - bar - me dich. Her - re Gott, er - bar - me dich.

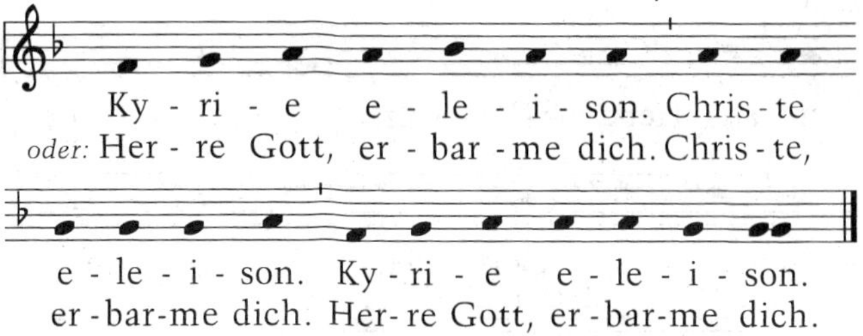

M: MARTIN LUTHER 1526

178.4

Ch
Ky - ri - e,   Gott Va - ter in E - wig - keit,

groß ist dein Barm - her - zig - keit,   al - ler Ding

A
ein Schöp - fer und Re - gie - rer: e - le - i - son.

Ch
Chris - te, al - ler Welt Trost, uns Sün - der al - lein

hast er - löst. O Je - su, Got - tes Sohn, un - ser Mitt -

ler bist in dem höchs - ten Thron, zu dir schrei - en

GOTTESDIENST

wir aus Herzensbegier: eleison.

Kyrie, Gott Heiliger Geist,
tröst, stärk uns im Glauben allermeist,
dass wir am letzten End fröhlich abscheiden
aus diesem Elend: eleison.

T UND M: NAUMBURG 1537/38 NACH
»KYRIE FONS BONITATIS« UM 950

178.5 ö

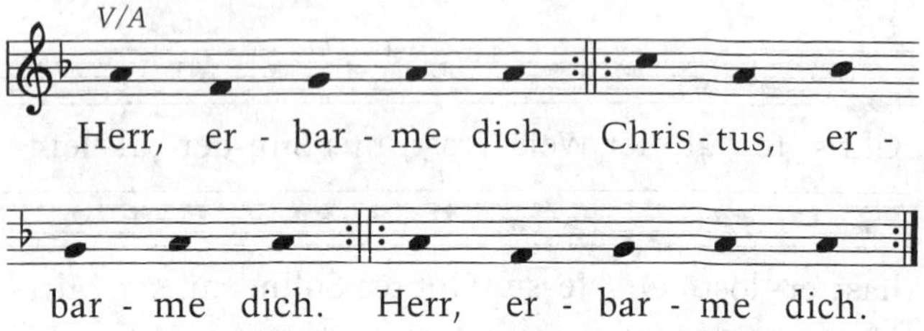

Herr, erbarme dich. Christus, erbarme dich. Herr, erbarme dich.

M: HEINRICH ROHR 1952 NACH DEM
GREGORIANISCHEN KYRIE XVI 11./12. JH.

LITURGISCHE GESÄNGE

Advents-Kyrie ö 178.6

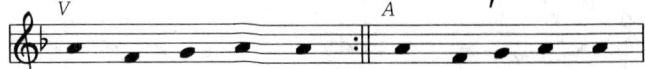

Tau aus Himmelshöhn,
Heil, um das wir flehn,   Herr, er-bar-me dich.

Licht, das die Nacht erhellt,
Trost der ver-lor-nen Welt,   Christus erbarme dich.

Komm vom Him-melsthron,
Je-sus, Menschensohn,   Herr, er-bar-me dich.

T: MARIA LUISE THURMAIR 1952
M: HERR, ERBARME DICH (NR. 178.5)

Oster-Kyrie ö 178.7

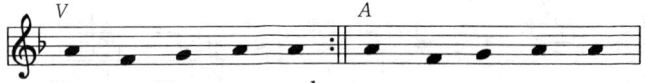

Der am Kreu-ze starb
und uns Heil er-warb,   Herr, er-bar-me dich.

Sie-ger im To-desstreit,
Kö-nig der Herrlichkeit,   Christus, erbarme dich.

Der den Tod be-zwingt
und das Le-ben bringt,   Herr, er-bar-me dich.

T: MARIA LUISE THURMAIR 1975
M: HERR, ERBARME DICH (NR. 178.5)

GOTTESDIENST

178.8 ö Pfingst-Kyrie

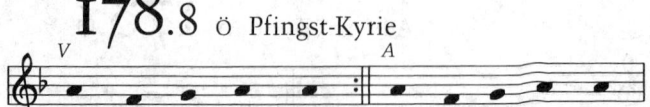

Send uns dei-nen Geist,
der uns be-ten heißt, Herr, er-bar-me dich.

Lass uns als Wai-sen nicht,
zeig uns des Trösters Licht, Christus, erbarme dich.

Dass das Herz entbrennt,
dei-nen Weg er-kennt, Herr, er-bar-me dich.

T: MARIA LUISE THURMAIR 1974
M: HERR, ERBARME DICH (NR. 178.5)

178.9

Ky-ri-e e-lei-son, Ky-ri-e e-lei-son,

Ky-ri-e e-le- - -i-son.

M UND SATZ: ORTHODOXE LITURGIE AUS DER UKRAINE

LITURGISCHE GESÄNGE

ö 178.10

Herr, erbarme dich. Christus, erbarme dich. Herr, erbarme dich.

M UND SATZ: JOSEF SEUFFERT 1964

178.11

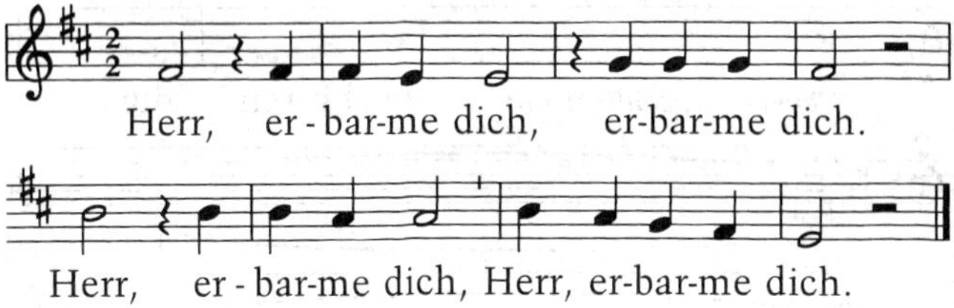

Herr, erbarme dich, erbarme dich.
Herr, erbarme dich, Herr, erbarme dich.

M: PETER JANSSENS 1973

GOTTESDIENST

178.12

M UND SATZ: JACQUES BERTHIER, TAIZÉ 1978

LITURGISCHE GESÄNGE

178.13

M: EWALD WEISS 1983

GOTTESDIENST

178.14

1.+3. Ky - ri - e, Ky - ri - e, Ky - ri - e e - lei - son,
2. Chris - te, Chris - te, Chris - te e - lei - son,

Ky - ri - e e - lei - son, e - le - i - son!
Chris - te e - lei - son, e - le - i - son!

KANON FÜR 4 STIMMEN: HERBERT BEUERLE 1952

EHRE SEI GOTT IN DER HÖHE (GLORIA)

179 (Ö)

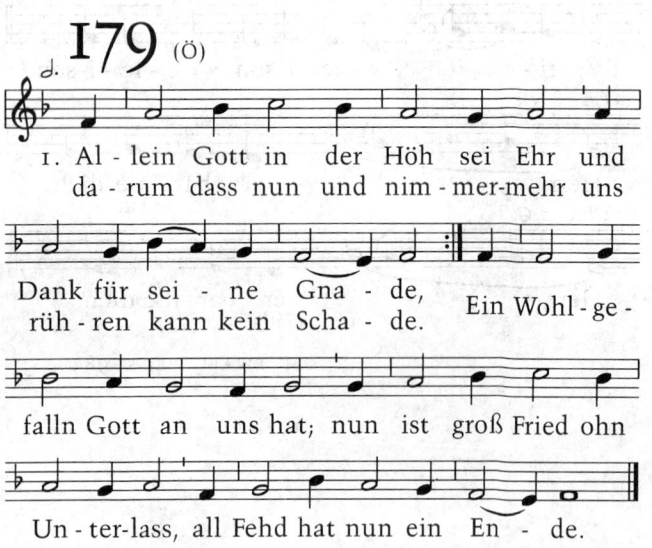

1. Al - lein Gott in der Höh sei Ehr und
   Dank für sei - ne Gna - de,
   Ein Wohl - ge - falln Gott an uns hat; nun ist groß Fried ohn Un - ter - lass, all Fehd hat nun ein En - de.
   da - rum dass nun und nim - mer - mehr uns
   rüh - ren kann kein Scha - de.

2. Wir loben, preisn, anbeten dich; / für deine Ehr wir danken, / dass du, Gott Vater, ewiglich / regierst ohn alles Wanken. / Ganz ungemessn ist deine Macht, / allzeit geschieht, was du bedacht. / Wohl uns solch eines Herren!

3. O Jesu Christ, Sohn eingeborn / des allerhöchsten Vaters, / Versöhner derer, die verlorn, / du Stiller unsers Haders, / Lamm Gottes, heilger Herr und Gott: / nimm an die Bitt aus unsrer Not, / erbarm dich unser aller.

4. O Heilger Geist, du höchstes Gut, / du allerheilsamst' Tröster: / vor Teufels G'walt fortan behüt, / die Jesus Christ erlöset / durch große Mart'r und bittern Tod; / abwend all unsern Jamm'r und Not! / Darauf wir uns verlassen.

T: NIKOLAUS DECIUS (1523) 1525 NACH DEM
»GLORIA IN EXCELSIS DEO« 4. JH.;
STR. 4: JOACHIM SLÜTER 1525
M: NIKOLAUS DECIUS (1523) 1539 NACH DEM
GLORIA EINER OSTERMESSE 10. JH.

Aber Gott, dem ewigen König, dem Unvergänglichen und Unsichtbaren, der allein Gott ist, sei Ehre und Preis in Ewigkeit! Amen.

1. TIMOTHEUS 1,17

LITURGISCHE GESÄNGE

die Sünd der Welt: er-barm dich un - ser,
der du hin-nimmst die Sünd der Welt:
nimm an un-ser Ge - bet, der du sit-zest
zu der Rech-ten des Va - ters: er-barm dich
un - ser. Denn du bist al - lein hei - lig,
du bist al-lein der Herr, du bist al-lein
der Höchst, Je - su Chris - te, mit dem
Heil-gen Geist in der Herr-lich - keit Gott des
Va - ters. A - - - men.

M: STRASSBURG 1524

GOTTESDIENST

180.2 ö

Gott in der Höh sei Preis und Ehr, den Menschen Fried auf Erden.
Allmächt'ger Vater, höchster Herr, du sollst verherrlicht werden. Herr Jesus Christus, Gottes Sohn, wir rühmen deinen Namen; du wohnst mit Gott dem Heilgen Geist im Licht des Vaters. Amen.

T: ÖKUMENISCHE FASSUNG 1971
NACH »GLORIA IN EXCELSIS DEO« 4. JH.
M: AUGSBURG 1659

LITURGISCHE GESÄNGE

180.3

L Ehre sei Gott in der Höhe und Friede auf Erden bei den Menschen seines Wohlgefallens.

G Wir loben dich, wir beten dich an, wir preisen deine große Herrlichkeit.

L Wir sagen dir Dank um deiner großen Ehre willen, Herr Gott, himmlischer König, Gott, allmächtiger Vater.

G Wir loben dich, wir beten dich an, wir preisen deine große Herrlichkeit.

L Herr, eingeborner Sohn, Jesus Christus, du Allerhöchster. Herr Gott, Lamm Gottes, ein Sohn des Vaters, der du hinnimmst die Sünde der Welt, erbarme dich unser.

G Wir loben dich, wir beten dich an, wir preisen deine große Herrlichkeit.

L Du bist allein heilig. Du bist allein der Herr, du bist allein der Höchste, Jesus Christus, mit dem Heiligen Geist in der Herrlichkeit Gottes des Vaters.

G Wir loben dich, wir beten dich an, wir preisen deine große Herrlichkeit.

A - men.

Die L-Abschnitte können auch gesungen werden (gleich bleibender Ton oder Psalmton).

M: HARALD GÖRANSSON 1985

GOTTESDIENST

180.4

Allein Gott in der Höh sei Ehr
und Dank für seine Gnade.
Soli Deo gloria!

Dazu kann gesungen werden (Einsatz bei ↓):

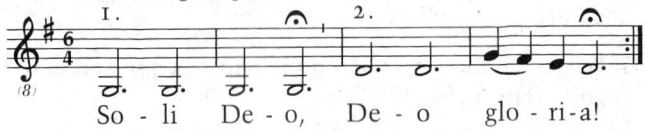

Soli Deo, Deo gloria!

KANON FÜR 3 STIMMEN: HERBERT BEUERLE 1975
NACH NR. 179

LOBRUFE

181.1

Halleluja, Halleluja,
Halleluja, Halleluja.

M: GREGORIANISCHE ANTIPHON ZUM 5. PSALMTON

LITURGISCHE GESÄNGE

ö 181.2

Hal-le-lu-ja, Hal-le-lu-ja, Hal-le-lu-ja.

M: GREGORIANISCHE ANTIPHON ZUM 8. PSALMTON

ö 181.3

Hal-le-lu-ja, Hal-le-lu-ja, Hal-le-lu-ja.

M: GREGORIANISCHE ANTIPHON ZUM 6. ODER 9. PSALMTON

181.4

M UND SATZ: ORTHODOXE LITURGIE AUS KIEW

GOTTESDIENST
181.5

M UND SATZ: DUMISANI ABRAHAM MARAIRE 1965

Gelobt sei der Herr, der Gott Israels,
von Ewigkeit zu Ewigkeit,
und alles Volk spreche: Amen!
Halleluja!

PSALM 106,48

LITURGISCHE GESÄNGE

ö 181.6

T: NACH PSALM 117,1
M UND SATZ: JACQUES BERTHIER, TAIZÉ 1978

GOTTESDIENST

181.7 ö

Deutscher Text: Jauchzet Gott, dem Herren

KANON FÜR 6 STIMMEN: MICHAEL PRAETORIUS 1610

181.8 ö

KANON FÜR 2 STIMMEN: MÜNDLICH ÜBERLIEFERT

LITURGISCHE GESÄNGE

182

Mt 6,33

GOTTESDIENST

3. Be-tet, und ihr sollt es nicht ver-geb-lich tun.

3. Su-chet, und ihr wer-det fin-den.

3. Klopft an, und euch wird die Tü-re auf-ge-tan.

3. Hal-le-lu-ja, Hal-le-lu-ja.

4. Lasst Gottes Licht durch euch scheinen in der Welt, / dass sie den Weg zu ihm findet / und sie mit euch jeden Tag Gott lobt und preist. / Halleluja, Halleluja. *Mt 5,16*

5. Ihr seid das Volk, das der Herr sich ausersehn. / Seid eines Sinnes und Geistes. / Ihr seid getauft durch den Geist zu einem Leib. / Halleluja, Halleluja. *1. Kor 12,13*

6. So wie die Körner, auf Erden weit verstreut, / zu einem Brote geworden, / so führt der Herr die zusammen, die er liebt. / Halleluja, Halleluja.

Weihnachten:
7. Freut euch, ihr Christen, verkündigt, was geschehn: / Gott gibt die Welt nicht verloren, / er lässt uns nicht in den Finsternissen stehn. / Christus, der Herr, ist geboren.

Ostern:
8. Freut euch, ihr Christen, erstanden ist der Herr: / Er lebt und wir sollen leben. / Not, Angst und Tod kann uns nicht besiegen mehr: / Gott hat den Sieg uns gegeben.

Pfingsten:
9. Freut euch, ihr Christen, nehmt wahr, was Gott verheißt, / dass wir im Dunkel nicht treiben: / Wahrheit und Licht und die Kraft, durch seinen Geist / in seiner Liebe zu bleiben.

T: STR. 1–6 MÜNDLICH ÜBERLIEFERT NACH DEM ENGLISCHEN »SEEK YE FIRST THE KINGDOM OF THE LORD«; STR. 7–9 GERHARD HOPFER 1975
M UND SATZ: KAREN LAFFERTY

GOTTESDIENST

GLAUBENSBEKENNTNIS (CREDO)

183

1. Wir glauben all an einen Gott, Schöpfer Himmels und der Erden, der sich zum Vater geben hat, dass wir seine Kinder werden. Er will uns allzeit ernähren, Leib und Seel auch wohl bewahren; allem
2. Wir glauben auch an Jesus Christ, seinen Sohn und unsern Herren, der ewig bei dem Vater ist, gleicher Gott von Macht und Ehren, von Maria, der Jungfrauen, ist ein wahrer Mensch geboren durch den
3. Wir glauben an den Heilgen Geist, Gott mit Vater und dem Sohne, der aller Schwachen Tröster heißt und mit Gaben zieret schöne, die ganz Christenheit auf Erden hält in einem Sinn gar eben; hier all

LITURGISCHE GESÄNGE

1. Un-fall will er weh-ren, kein Leid soll uns wi-der-fah-ren. Er sor-get für uns, hüt' und wacht; es steht al-les in sei-ner Macht.
2. Heil-gen Geist im Glau-ben; für uns, die wir warn ver-lo-ren, am Kreuz ge-stor-ben und vom Tod wie-der auf-er-stan-den durch Gott.
3. Sünd ver-ge-ben wer-den, das Fleisch soll auch wie-der le-ben. Nach die-sem E-lend ist be-reit' uns ein Le-ben in E-wig-keit.

Nach der 3. Strophe: A - - - men. *oder:* A-men.

T: MARTIN LUTHER 1524
NACH EINER LATEINISCHEN
UND DEUTSCHEN STROPHE
BRESLAU 1417 UND ZWICKAU UM 1500
M: 15. JH., WITTENBERG 1524

GOTTESDIENST

184 ö

1. Wir glauben Gott im höchsten Thron,
wir glauben Christum, Gottes Sohn,
aus Gott geboren vor der Zeit,
allmächtig, allgebenedeit.

2. Wir glauben Gott, den Heilgen Geist, / den Tröster, der uns unterweist, / der fährt, wohin er will und mag, / und stark macht, was daniederlag.

3. Den Vater, dessen Wink und Ruf / das Licht aus Finsternissen schuf, / den Sohn, der annimmt unsre Not, / litt unser Kreuz, starb unsern Tod.

4. Der niederfuhr und auferstand, / erhöht zu Gottes rechter Hand, / und kommt am Tag, vorherbestimmt, / da alle Welt ihr Urteil nimmt.

5. Den Geist, der heilig insgemein / lässt Christen Christi Kirche sein, / bis wir, von Sünd und Fehl befreit, / ihn selber schaun in Ewigkeit.

A - - - men.

T: RUDOLF ALEXANDER SCHRÖDER 1937
M: CHRISTIAN LAHUSEN (VOR 1945) 1948

LITURGISCHE GESÄNGE

HEILIG, HEILIG, HEILIG (SANCTUS)
Jesaja 6,3; Matthäus 21,9

185.1

Heilig, heilig, heilig ist Gott, der Herre Zebaoth: Voll sind Himmel und Erde seiner Herrlichkeit. Hosianna in der Höhe. Gelobet sei, der da kommt im Namen des Herren, Hosianna in der Höhe.

M: NEUENRADE 1564 NACH JÜDISCHEN
MELODIEFORMELN, CHRISTLICH 12./13. JH.

GOTTESDIENST

185.2

Hei - lig, hei - lig, hei - lig ist Gott, der Her - re Ze - ba - oth, al - le Lan - de sind sei - ner Eh - re voll. Ho - si - an - na in der Hö - he. Ge - lo - bet sei, der da kommt im Na - men des Her - ren. Ho - si - an - na in der Hö - he.

M: GREGORIANISCH 13. JH.

185.3

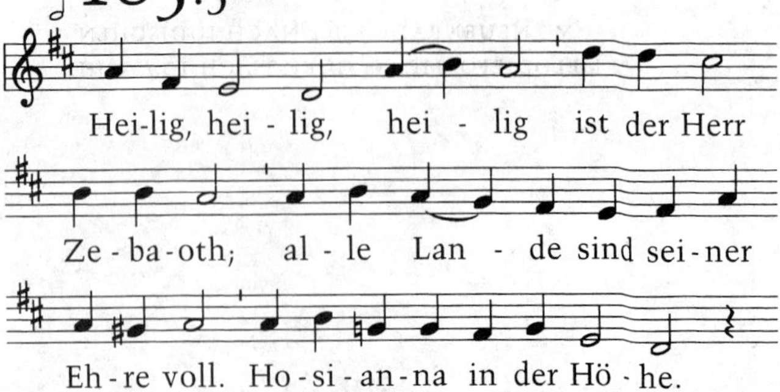

Hei - lig, hei - lig, hei - lig ist der Herr Ze - ba - oth; al - le Lan - de sind sei - ner Eh - re voll. Ho - si - an - na in der Hö - he.

LITURGISCHE GESÄNGE

Gelobet sei, der da kommt im Namen des Herrn. Hosianna in der Höhe.

M: STEINAU/ODER 1726

185.4

Agios o Theos, agios ischiros, agios athanatos, eleison imas.
Heiliger Herre Gott, heiliger starker Gott, heiliger unsterblicher Gott, erbarm dich über uns.

T, M UND SATZ:
ORTHODOXE LITURGIE AUS GRIECHENLAND

GOTTESDIENST

185.5

1. Sanc - tus, sanc - tus, sanc - tus,
2. sanc - tus, sanc - tus, sanc - tus. Ho-
3. san - na, ho - san - na, ho - san - na, ho - san - na, ho-
4. san - na, ho - san - na.

KANON FÜR 4 STIMMEN:
MÜNDLICH ÜBERLIEFERT

* *am Schluss:* sanc - tus. / san - na.

*Heilig, heilig, heilig ist der Herr Zebaoth,
alle Lande sind seiner Ehre voll!*

JESAJA 6,3

LITURGISCHE GESÄNGE

VATER UNSER Matthäus 6,9-13

ö 186

Vater unser im Himmel. Geheiligt werde dein Name. Dein Reich komme. Dein Wille geschehe, wie im Himmel, so auf Erden. Unser tägliches Brot gib uns heute. Und vergib uns unsere Schuld, wie auch wir vergeben unsern Schuldigern. Und führe uns nicht in Versuchung, sondern erlöse uns von dem Bösen. Denn dein ist das Reich und die Kraft und die Herrlichkeit in Ewigkeit. Amen.

M: ÖKUMENISCHE FASSUNG 1973 NACH
EINEM GREGORIANISCHEN VATERUNSER

M: FRANKFURT / MAIN 1567

LITURGISCHE GESÄNGE
188

GOTTESDIENST

LITURGISCHE GESÄNGE

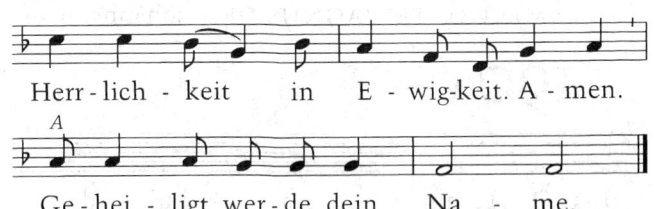

TEXTGESTALTUNG UND M: ERNST ARFKEN 1958
NACH EINEM WESTINDISCHEN CALYPSO

NACH DEN EINSETZUNGSWORTEN

ö 189

T UND M: NACH EINER ALTKIRCHLICHEN
ABENDMAHLSLITURGIE AUS SYRIEN

GOTTESDIENST

LAMM GOTTES (AGNUS DEI) Johannes 1,29

190.1 (Ö)

1.-3. O Lamm Gottes, unschuldig
am Stamm des Kreuzes geschlachtet,
allzeit erfunden geduldig,
wiewohl du warest verachtet,
all Sünd hast du getragen,
sonst müssten wir verzagen.

1.-2. Erbarm dich unser, o Jesu.
3. Gib deinen Frieden, o Jesu.

T: NIKOLAUS DECIUS (1523) 1531 NACH DEM
ALTKIRCHLICHEN »AGNUS DEI«
M: NIKOLAUS DECIUS (1523)
ERFURT 1542 (SÜDDEUTSCHE FORM),
MAGDEBURG 1545 (NORDDEUTSCHE FORM);
ÖKUMENISCHE FASSUNG 1973

LITURGISCHE GESÄNGE

(Ö) 190.2

M: MARTIN LUTHER (1525) 1528

GOTTESDIENST

190.3

Lamm Gottes, du nimmst hinweg die Sünde der Welt: Erbarme dich unser. Erbarme dich unser. Lamm Gottes, du nimmst hinweg die Sünde der Welt: Gib uns deinen Frieden. Gib uns deinen Frieden.

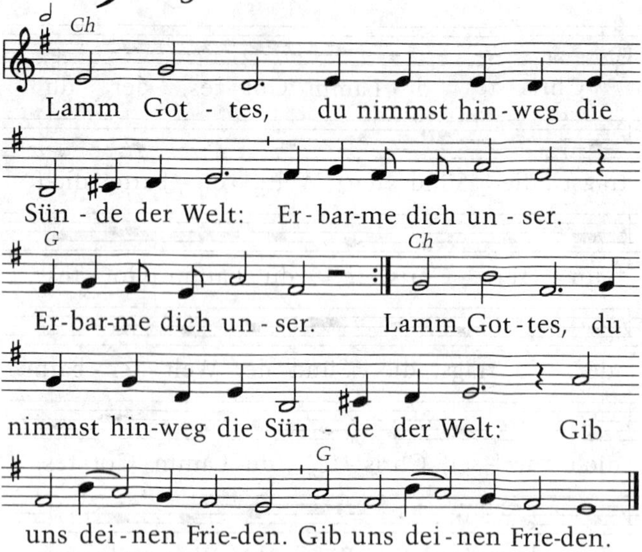

M: EWALD WEISS 1983

190.4 ö

Siehe, das ist Gottes Lamm, das der Welt Sünde trägt.

Die Stimmen schließen nacheinander.

T: JOHANNES 1,29
KANON FÜR 2 BIS 6 STIMMEN: ROLF SCHWEIZER 1972

LITURGISCHE GESÄNGE

TE DEUM
191

Herr Gott, dich loben wir,

Herr Gott, wir danken dir.

Dich, Vater in Ewigkeit,

ehrt die Welt weit und breit.

All Engel und Himmelsheer

und was dienet deiner Ehr,

auch Cherubim und Seraphim

singen immer mit hoher Stimm:

»Heilig ist unser Gott,

heilig ist unser Gott,

heilig ist unser Gott, der Herre Zebaoth.«

(Jes 6,2.3)

GOTTESDIENST

I

Dein gött-lich Macht und Herr-lich-keit
Der hei-li-gen zwölf Bo-ten Zahl
die teu-ren Mär-t'rer all-zu-mal
Die gan-ze wer-te Chris-ten-heit
Dich, Gott Va-ter im höchs-ten Thron,
den Heil-gen Geist und Trös-ter wert

II

geht über Him-mel und Er-den weit.
und die lie-ben Pro-phe-ten all,
lo-ben dich, Herr, mit gro-ßem Schall.
rühmt dich auf Er-den al-le-zeit.
dei-nen rech-ten und ein'-gen Sohn,
mit rech-tem Dienst sie lobt und ehrt.

Du König der Eh-ren, Je-su Christ,
der Jung-frau Leib nicht hast ver-schmäht,
Du hast dem Tod zer-stört sein Macht
Du sitzt zur Rech-ten Got-tes gleich
Ein Rich-ter du zu-künf-tig bist

Gott Va-ters ew-ger Sohn du bist;
zu erlö-sen das mensch-lich Ge-schlecht.
und all Chris-ten zum Him-mel bracht.
mit al-ler Ehr ins Va-ters Reich.
al-les, das tot und le-bend ist.

LITURGISCHE GESÄNGE 191

I
Nun hilf uns, Herr, den Dienern dein,
II
die mit deim teu'rn Blut erlöset sein;
lass uns im Himmel haben teil
mit den Heilgen in ew'gem Heil.
Hilf deinem Volk, Herr Jesu Christ,
und segne, das dein Erbteil ist,
wart und pfleg ihr' zu aller Zeit
und heb sie hoch in Ewigkeit.

Täglich, Herr Gott, wir loben dich
und ehrn dein' Namen stetiglich.

GOTTESDIENST

I

Be - hüt uns heut, o treu - er Gott,
Sei uns gnä - dig, o Her - re Gott,
Zeig uns dei - ne Barm - her - zig - keit,

II

vor al - ler Sünd und Mis - se - tat.
sei uns gnä - dig in al - ler Not.
wie uns - re Hoff - nung zu dir steht.

Auf dich hof - fen wir, lie - ber Herr,

in Schan - den lass uns nim - mer - mehr.

I und II

A - - men.

T UND M: MARTIN LUTHER 1529
NACH DEM »TE DEUM LAUDAMUS« 4. JH.

LITURGISCHE GESÄNGE

LITANEI
192

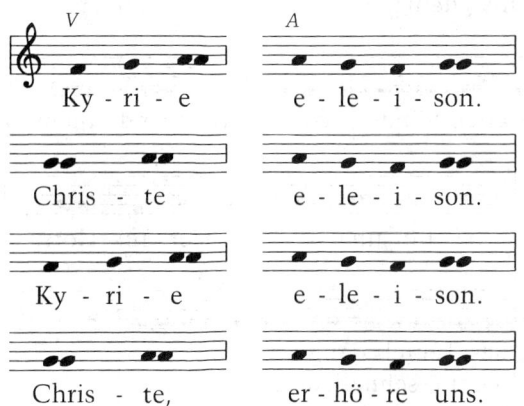

Kyrie eleison.
Christe eleison.
Kyrie eleison.
Christe, erhöre uns.

Herr Gott Vater im Himmel,
Herr Gott Sohn, der Welt Heiland,
Herr Gott Heiliger Geist,

erbarm dich über uns.
erbarm dich über uns.
erbarm dich über uns.

GOTTESDIENST

Sei uns gnädig, verschon uns, lieber Herre Gott.
Sei uns gnädig, hilf uns, lieber Herre Gott.

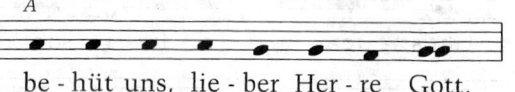

Vor allen Sünden, vor Verirrung und al-lem Ü-bel

behüt uns, lie-ber Her-re Gott.

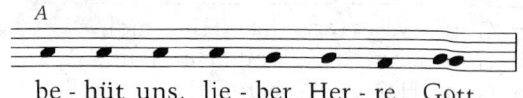

Vor des Teufels Trug und List,
vor bösem, schnellem Tod,
vor Krieg und Blutvergießen,
vor Gewalt und Feindschaft,
vor Feuers- und Wassersnot, vor dem e-wi-gen Tod

behüt uns, lie-ber Her-re Gott.

Durch deine heilige Geburt,
durch dein Kreuz und deinen
Tod, durch dein Aufer - stehn und Himmelfahrt

hilf uns, lie-ber Her-re Gott.

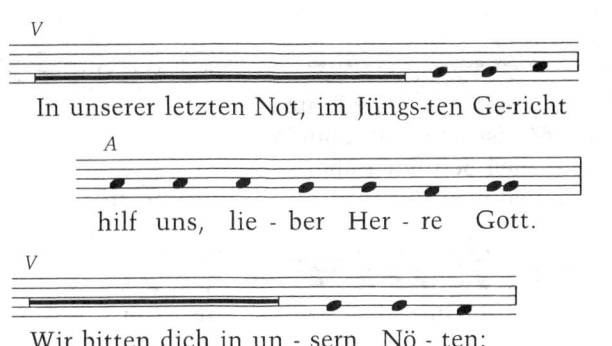

V In unserer letzten Not, im Jüngsten Gericht

A hilf uns, lieber Herre Gott.

V Wir bitten dich in unsern Nöten:

A Du wollst uns hören, lieber Herre Gott.

V Und deine heilige christliche Kirche
regieren und führen,
alle Diener der Kirche im
heilsamen Wort und heiligen Leben erhalten,

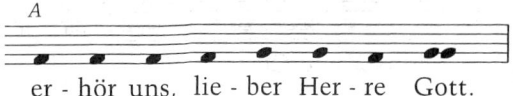

A erhör uns, lieber Herre Gott.

V Allen Ärgernissen wehren, alle
Irrenden und Verführten wiederbringen, den Satan unter unsere Füße treten,

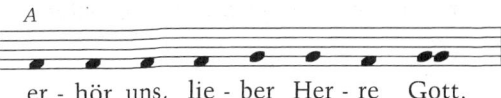

A erhör uns, lieber Herre Gott.

GOTTESDIENST

V

Treue Arbeiter in deine Ernte senden,
deinen Geist und Kraft zum Worte
geben, allen Betrübten und Verzagten
helfen und sie trös - ten,

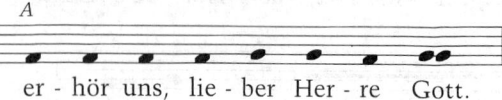

er - hör uns, lie - ber Her - re Gott.

V

Den Völkern Frieden und Eintracht
geben, alle, die uns regieren,
leiten und schützen und
unsere Stadt (unseren Ort) segnen und be - hü - ten,

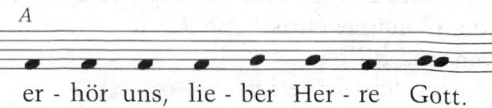

er - hör uns, lie - ber Her - re Gott.

V

Allen, die in Not und Gefahr sind,
mit Hilfe erscheinen,
allen Schwangeren und Stillenden
gesunde Kinder und Gedeihen geben,
allen Kranken, Einsamen und Gefange- nen beistehn,

er - hör uns, lie - ber Her - re Gott.

LITURGISCHE GESÄNGE 192

V

Aller Menschen dich erbarmen,
den Verfolgern deiner Gemeinde
vergeben, die Lästerer zur Wahrheit be - keh - ren,

A

er - hör uns, lie - ber Her - re   Gott.

V

Die Früchte auf dem Feld bewahren,
(unsere Deiche und Schleusen
in Obhut nehmen,)(unsere Bergwerke
erhalten und segnen)*   und uns gnä - dig schützen,

A

er - hör uns, lie - ber Her - re   Gott.

V

O Je - su Christ, Got - tes Sohn,

A

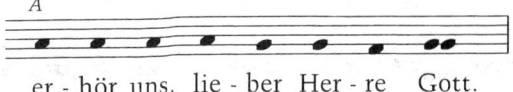

er - hör uns, lie - ber Her - re   Gott.

*Hier können weitere Gebetsanliegen
eingefügt werden.

GOTTESDIENST

O du Gottes-lamm, das der Welt Sünde trägt, erbarm dich über uns.
O du Gottes-lamm, das der Welt Sünde trägt, erbarm dich über uns.
O du Gottes-lamm, das der Welt Sünde trägt, verleih uns steten Fried.

Christe, erhöre uns.
Kyrie eleison.
Christe eleison.
Kyrie eleison. Amen.

T UND M: MARTIN LUTHER 1529
NACH EINER MITTELALTERLICHEN LITANEI

WORT GOTTES

193

1. Er-halt uns, Herr, bei deinem Wort und steure deiner Feinde Mord, die Jesus Christus, deinen Sohn, wollen stürzen von deinem Thron.

2. Beweis dein Macht, Herr Jesu Christ, / der du Herr aller Herren bist, / beschirm dein arme Christenheit, / daß sie dich lob in Ewigkeit.

3. Gott Heilger Geist, du Tröster wert, / gib deim Volk einerlei Sinn auf Erd, / steh bei uns in der letzten Not, / g'leit uns ins Leben aus dem Tod.

T UND M: MARTIN LUTHER 1543
(MELODIE NACH NR. 4)

GOTTESDIENST

194

1. O Gott, du höchster Gnadenhort,
verleih, dass uns dein göttlich Wort
von Ohren so zu Herzen dring,
dass es sein Kraft und Schein vollbring.

2. Der einig Glaub ist diese Kraft, / der fest an Jesus Christus haft'; / die Werk der Lieb sind dieser Schein, / dadurch wir Christi Jünger sein.

3. Verschaff bei uns auch, lieber Herr, / dass wir durch deinen Geist je mehr / in dein'r Erkenntnis nehmen zu / und endlich bei dir finden Ruh.

T: KONRAD HUBERT 1545
M: HERR JESU CHRIST, DICH ZU UNS WEND (NR. 155)

WORT GOTTES

195

1. Allein auf Gottes Wort will ich mein Grund und Glauben bauen. Das soll mein Schatz sein ewiglich, dem ich allein will trauen. Auch menschlich Weisheit will ich nicht dem göttlich Wort vergleichen, was Gottes Wort klar spricht und richt', dem soll doch alles weichen.

2. Alleine Christus ist mein Trost, / der für mich ist gestorben, / mich durch sein Blut vom Tod erlöst, / die Seligkeit erworben. / Hat meine Sünd getragen gar, / bezahlt an seinem Leibe, / das ist vor Gott gewisslich wahr, / hilf Gott, dass ich's fest glaube.

3. Gott Vater, Sohn und Heilger Geist, / hilf, dass mein Glaub dich preise. / Mein Fleisch dem Geist Gehorsam leist, / des Glaubens Frucht beweise. / Hilf, Herre Christ, aus aller Not, / wenn ich von hinnen scheide, / und führe mich auch aus dem Tod / zur Seligkeit und Freude.

T: JOHANN WALTER 1566
M: 15. JH.; GEISTLICH WITTENBERG 1526
»O HERRE GOTT, DEIN GÖTTLICH WORT«

GOTTESDIENST

196 Lukas 8,4-15

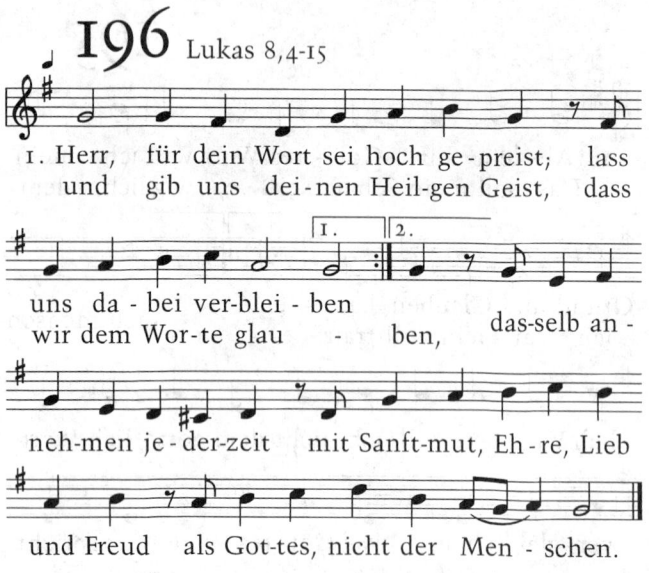

1. Herr, für dein Wort sei hoch gepreist; lass uns dabei verbleiben und gib uns deinen Heilgen Geist, dass wir dem Worte glauben, dasselb annehmen jederzeit mit Sanftmut, Ehre, Lieb und Freud als Gottes, nicht der Menschen.

2. Öffn uns die Ohren und das Herz, / dass wir das Wort recht fassen, / in Lieb und Leid, in Freud und Schmerz / es aus der Acht nicht lassen; / dass wir nicht Hörer nur allein / des Wortes, sondern Täter sein, / Frucht hundertfältig bringen.

3. Am Weg der Same wird sofort / vom Teufel hingenommen; / in Fels und Steinen kann das Wort / die Wurzel nicht bekommen; / der Same, der in Dornen fällt, / von Sorg und Lüsten dieser Welt / verdirbet und ersticket.

4. Ach hilf, Herr, dass wir werden gleich / dem guten, fruchtbarn Lande / und sein an guten Werken reich / in unserm Amt und Stande, / viel Früchte bringen in Geduld, / bewahren deine Lehr und Huld / in feinem, gutem Herzen.

WORT GOTTES

5. Dein Wort, o Herr, lass allweg sein / die Leuchte unsern Füßen; / erhalt es bei uns klar und rein; / hilf, dass wir draus genießen / Kraft, Rat und Trost in aller Not, / dass wir im Leben und im Tod / beständig darauf trauen.
Ps 119,105

6. Gott Vater, lass zu deiner Ehr / dein Wort sich weit ausbreiten. / Hilf, Jesu, dass uns deine Lehr / erleuchten mög und leiten. / O Heilger Geist, dein göttlich Wort / lass in uns wirken fort und fort / Glaub, Lieb, Geduld und Hoffnung.

T: DAVID DENICKE 1659
M: JOHANN WALTER 1524
»ES SPRICHT DER UNWEISEN MUND WOHL«

Herr, unser Gott! Wir danken dir, dass dein lebendiges Wort in diese Welt und auch zu uns gekommen ist. Erhalte uns, dass wir seine Hörer bleiben und täglich neu werden. Gib, dass es aufwecke die Schlafenden, dass es tröste die Betrübten, dass es zurechtweise die Irrenden, dass es unser aller Sünden bedecke und uns alle aufrufe zu einem Leben in der Liebe und in der Hoffnung, das dir wohlgefällig sei.

KARL BARTH

GOTTESDIENST

197

1. Herr, öffne mir die Herzenstür,
zieh mein Herz durch dein Wort zu dir,
lass mich dein Wort bewahren rein,
lass mich dein Kind und Erbe sein.

2. Dein Wort bewegt des Herzens Grund, / dein Wort macht Leib und Seel gesund, / dein Wort ist's, das mein Herz erfreut, / dein Wort gibt Trost und Seligkeit.

3. Ehr sei dem Vater und dem Sohn, / dem Heilgen Geist in einem Thron; / der Heiligen Dreieinigkeit / sei Lob und Preis in Ewigkeit.

T: JOHANN OLEARIUS 1671; STR. 3 WIE NR. 155 STR. 4
M: HERR JESU CHRIST, DICH ZU UNS WEND (NR. 155)

WORT GOTTES

Andere Melodie:
Herz und Herz vereint zusammen (Nr. 251) **198**

1. Herr, dein Wort, die edle Gabe, / diesen Schatz erhalte mir; / denn ich zieh es aller Habe / und dem größten Reichtum für. / Wenn dein Wort nicht mehr soll gelten, / worauf soll der Glaube ruhn? / Mir ist's nicht um tausend Welten, / aber um dein Wort zu tun.

2. Halleluja, Ja und Amen! / Herr, du wollest auf mich sehn, / dass ich mög in deinem Namen / fest bei deinem Worte stehn. / Lass mich eifrig sein beflissen, / dir zu dienen früh und spat, / und zugleich zu deinen Füßen / sitzen, wie Maria tat.

Lk 10,39

T: STR. 1 NIKOLAUS LUDWIG VON ZINZENDORF 1725;
STR. 2 CHRISTIAN GREGOR 1778
NACH JOACHIM NEANDER 1680
M: O DURCHBRECHER ALLER BANDE (NR. 388)

GOTTESDIENST

199 ö

1. Gott hat das erste Wort. Es schuf aus Nichts die Welten und wird allmächtig gelten und gehn von Ort zu Ort.

Joh 1,1-3

2. Gott hat das erste Wort. / Eh wir zum Leben kamen, / rief er uns schon mit Namen / und ruft uns fort und fort.

3. Gott hat das letzte Wort, / das Wort in dem Gerichte / am Ziel der Weltgeschichte, / dann an der Zeiten Bord.

4. Gott hat das letzte Wort. / Er wird es neu uns sagen / dereinst nach diesen Tagen / im ewgen Lichte dort.

5. Gott steht am Anbeginn / und er wird alles enden. / In seinen starken Händen / liegt Ursprung, Ziel und Sinn.

T: MARKUS JENNY 1970 NACH DEM NIEDERLÄNDISCHEN
»GOD HEEFT HET EERSTE WOORD« VON JAN WIT 1965
M: GERARD KREMER (1959) 1965

1. God heeft het eerste woord. Hij heeft in den beginne het licht doen overwinnen, Hij spreekt nog altijd voort.

2. God heeft het eerste woord. / Voor wij ter wereld kwamen, / riep Hij ons reeds bij name, / zijn roep wordt nog gehoord.

3. God heeft het laatste woord. / Wat Hij van oudsher zeide, / wordt aan het eind der tijden / in heel zijn rijk gehoord.

4. God staat aan het begin / en Hij komt aan het einde. / Zijn woord is van het zijnde / oorsprong en doel en zin.

Himmel und Erde werden vergehen;
meine Worte aber werden nicht vergehen.

MARKUS 13,31

TAUFE UND KONFIRMATION

200

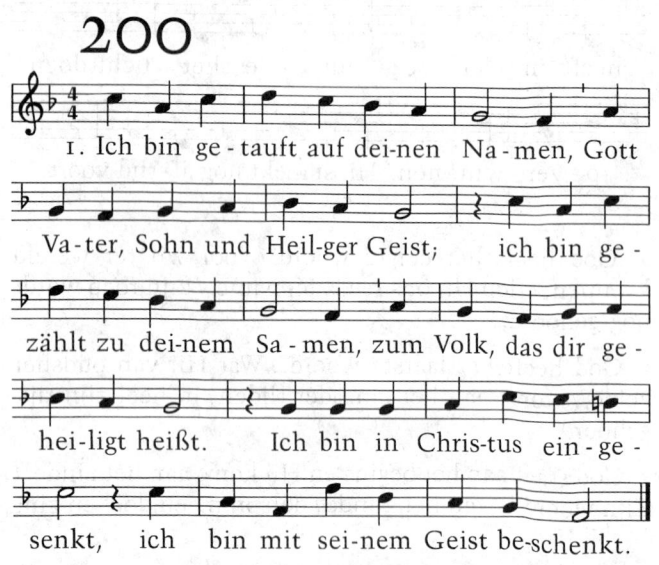

1. Ich bin ge-tauft auf dei-nen Na-men, Gott Va-ter, Sohn und Heil-ger Geist; ich bin ge-zählt zu dei-nem Sa-men, zum Volk, das dir ge-hei-ligt heißt. Ich bin in Chris-tus ein-ge-senkt, ich bin mit sei-nem Geist be-schenkt.

2. Du hast zu deinem Kind und Erben, / mein lieber Vater, mich erklärt; / du hast die Frucht von deinem Sterben, / mein treuer Heiland, mir gewährt; / du willst in aller Not und Pein, / o guter Geist, mein Tröster sein.

3. Doch hab ich dir auch Furcht und Liebe, / Treu und Gehorsam zugesagt; / ich hab, o Herr, aus reinem Triebe / dein Eigentum zu sein gewagt; / hingegen sagt ich bis ins Grab / des Satans schnöden Werken ab.

4. Mein treuer Gott, auf deiner Seite / bleibt dieser Bund wohl feste stehn; / wenn aber ich ihn überschreite, / so lass mich nicht verloren gehn; / nimm mich, dein Kind, zu Gnaden an, / wenn ich hab einen Fall getan.

5. Ich gebe dir, mein Gott, aufs Neue / Leib, Seel und Herz zum Opfer hin; / erwecke mich zu neuer Treue / und nimm Besitz von meinem Sinn. / Es sei in mir kein Tropfen Blut, / der nicht, Herr, deinen Willen tut.

6. Lass diesen Vorsatz nimmer wanken, / Gott Vater, Sohn und Heilger Geist. / Halt mich in deines Bundes Schranken, / bis mich dein Wille sterben heißt. / So leb ich dir, so sterb ich dir, / so lob ich dich dort für und für.

T: JOHANN JAKOB RAMBACH 1735
M: O DASS ICH TAUSEND ZUNGEN HÄTTE (NR. 330)

Herr Gott, lieber Vater, du hast uns in der heiligen Taufe das neue Leben geschenkt. Wir bitten dich: Gib, dass wir dir treu bleiben und unsern Glauben durch Taten der Liebe üben, bis wir vollendet werden in deinem Reich.

GOTTESDIENST

201 ö

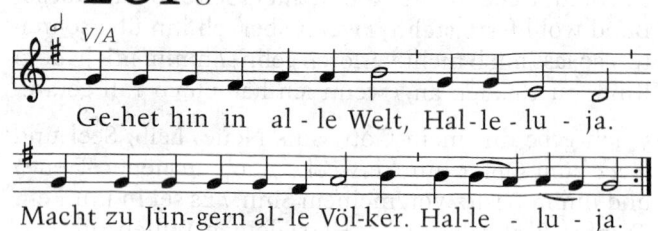

Ge-het hin in al-le Welt, Hal-le-lu-ja.
Macht zu Jün-gern al-le Völ-ker. Hal-le - lu - ja.

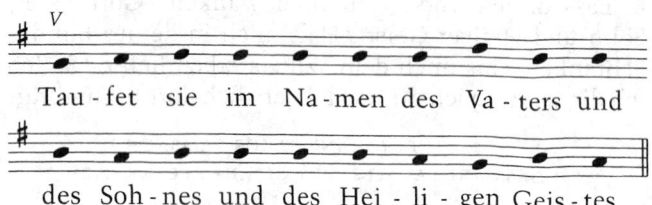

Tau-fet sie im Na-men des Va-ters und
des Soh-nes und des Hei - li - gen Geis-tes.

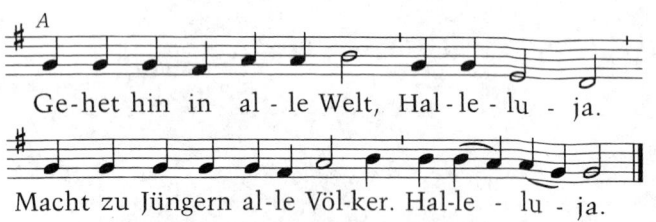

Ge-het hin in al-le Welt, Hal-le-lu - ja.
Macht zu Jüngern al-le Völ-ker. Hal-le - lu - ja.

T: TAUFBEFEHL MATTHÄUS 28,19
M: ÖKUMENISCHE FASSUNG 1983 NACH EINEM
GREGORIANISCHEN RESPONSORIUM-BREVE-MODELL

TAUFE UND KONFIRMATION

Andere Melodie:
Es wolle Gott uns gnädig sein (Nr.280) **202**

1. Christ, unser Herr, zum Jordan kam
nach seines Vaters Willen,
von Sankt Johann die Taufe nahm,
sein Werk und Amt zu erfüllen.
Da wollt er stiften uns ein Bad,
zu waschen uns von Sünden,
ersäufen auch den bittern Tod
durch sein selbst Blut und Wunden,
es galt ein neues Leben.

Mt 3,13-17

2. So hört und merket alle wohl, / was Gott selbst Taufe nennet / und was ein Christe glauben soll, / der sich zu ihm bekennet. / Gott spricht und will, dass Wasser sei, / doch nicht allein schlicht Wasser, / sein heilig Wort ist auch dabei / mit reichem Geist ohn Maßen: / der ist allhier der Täufer.

3. Solchs hat er uns gezeiget klar / mit Bildern und mit Worten. / Des Vaters Stimm man offenbar / daselbst am Jordan hörte; / er sprach: »Das ist mein lieber Sohn, / an dem ich hab Gefallen; / den will ich euch befohlen han, / dass ihr ihn höret alle / und folget seinem Lehren.«

4. Auch Gottes Sohn hier selber steht / in seiner zarten Menschheit, / der Heilig Geist herniederfährt / in Taubenbild verkleidet, / dass wir nicht sollen zweifeln dran: / Wenn wir getaufet werden, / all drei Person' getaufet han, / dadurch bei uns auf Erden / zu wohnen sich begeben.

5. Sein Jünger heißt der Herre Christ: / »Geht hin, all Welt zu lehren, / dass sie verlorn in Sünden ist, / sich soll zur Buße kehren; / wer glaubet und sich taufen lässt, / soll dadurch selig werden; / ein neugeborner Mensch er heißt, / der nicht mehr könne sterben, / das Himmelreich soll erben.« *Mk 16,15*

6. Wer nicht glaubt dieser großen Gnad, / der bleibt in seinen Sünden / und ist verdammt zum ewgen Tod / tief in der Höllen Grunde. / Nichts hilft sein eigen Heiligkeit, / all sein Tun ist verloren, / die Erbsünd macht's zur Nichtigkeit, / darin er ist geboren, / vermag sich selbst nicht helfen.

7. Das Aug allein das Wasser sieht, / wie Menschen Wasser gießen; / der Glaub im Geist die Kraft versteht / des Blutes Jesu Christi; / und ist vor ihm ein rote Flut, / von Christi Blut gefärbet, / die allen Schaden heilen tut, / von Adam her geerbet, / auch von uns selbst begangen.

T: MARTIN LUTHER (1541) 1543
M: MARTIN LUTHER (?) 1524

TAUFE UND KONFIRMATION

203

1. Ach lieber Herre Jesu Christ,
der du ein Kindlein worden bist,
von einer Jungfrau rein geborn,
dass wir nicht möchten sein verlorn,

2. du hast die Kinder nicht veracht', / da sie sind worden zu dir bracht, / du hast dein Händ auf sie gelegt, / sie schön umfangen und gesagt:

3. »Die Kinder lasset kommen her / zu mir, ihn' niemand solches wehr, / denn solcher ist das Himmelreich, / die man mir bringt, beid, arm und reich.«

Mk 10,13-16

4. Ich bitt, lass dir befohlen sein, / ach lieber Herr, dies Kindelein, / behüte es vor allem Leid / und alle in der Christenheit.

5. Durch deine Engel es bewahr / vor Unfall, Schaden und Gefahr; / erbarm dich seiner gnädiglich, / gib deinen Segen mildiglich.

6. Gib Gnad, dass es gerate wohl / zu deinen Ehrn und Wohlgefalln, / auf dass es hier gottseliglich, / hernach auch lebe ewiglich.

T: JOHANNES FREDER (UM 1555) 1565 NIEDERDEUTSCH
M: BEI JOHANNES ECCARD 1597,
KÖNIGSBERG 1602, LEIPZIG 1625
»O JESU CHRIST, MEINS LEBENS LICHT«

204

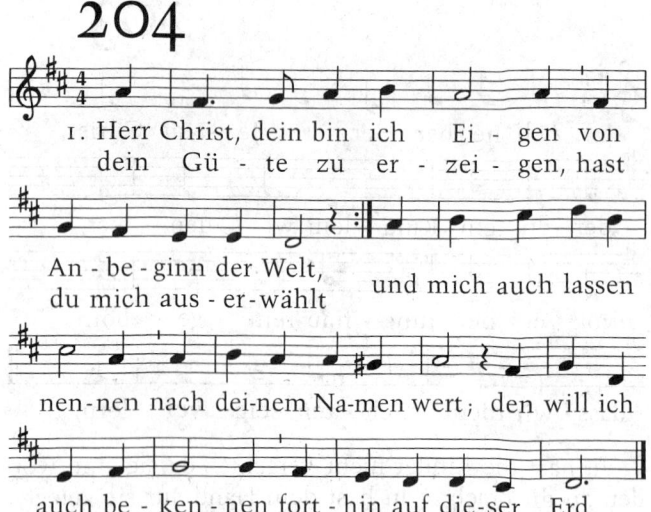

1. Herr Christ, dein bin ich Eigen von Anbeginn der Welt, dein Güte zu erzeigen, hast du mich auserwählt und mich auch lassen nennen nach deinem Namen wert; den will ich auch bekennen forthin auf dieser Erd.

2. Herr Christ, dein bin ich Eigen / durch dein Allmächtigkeit, / dein Güte zu erzeigen, / beschirmst du mich allzeit. / In meinen jungen Jahren / hast du mich, Herr, ernährt, / lass mir's auch widerfahren, / wenn ich nun älter werd.

3. Herr Christ, dein bin ich Eigen, / den Glauben schenkst du mir, / dein Güte zu erzeigen, / dass ich halt fest an dir. / Den Teufel, Welt und Sünden, / weil sie sind wider mich, / hilf du mir überwinden, / das bitt ich inniglich.

4. Herr Christ, dein bin ich Eigen / im Leben und im Tod; / wirst mir dein Güt erzeigen / auch in des Todes Not, / dass sanft und still abscheide / die Seel von meinem Leib / zu dir ins Himmels Freude / und bei dir ewig bleib.

T: CHRISTIANA CUNRAD (VOR 1625) 1644
M: AUGSBURG 1621

TAUFE UND KONFIRMATION

1. Gott Vater, höre unsre Bitt: Teil diesem Kind den Segen mit, erzeig ihm deine Gnade, lass's sein dein Kind, nimm weg sein Sünd, dass ihm dieselb nicht schade.

2. Herr Christe, nimm es gnädig auf / durch dieses Bad der heilgen Tauf / zu deinem Glied und Erben, / damit es dein mög allzeit sein / im Leben und im Sterben.

3. Und du, o werter Heilger Geist, / samt Vater und dem Sohn gepreist, / wollst gleichfalls zu uns kommen, / damit jetzund in deinen Bund / es werde aufgenommen.

4. O Heilige Dreieinigkeit, / dir sei Lob, Ehr und Dank bereit' / für diese große Güte. / Gib, dass dafür wir dienen dir; / vor Sünden uns behüte.

T: JOHANN BORNSCHÜRER 1676
M: IN DICH HAB ICH GEHOFFET, HERR (NR. 275)

GOTTESDIENST
206

1. Liebs-ter Je-su, wir sind hier,
deinem Worte nachzuleben;
weil du den Befehl gegeben,
dass man sie zu dir hinführe,
denn das Himmelreich ist ihre.

2. Ja, es schallet allermeist / dieses Wort in unsern Ohren: / »Wer durch Wasser und durch Geist / nicht zuvor ist neu geboren, / wird von dir nicht aufgenommen / und in Gottes Reich nicht kommen.« *Joh 3,5*

3. Darum eilen wir zu dir; / nimm das Pfand von unsern Armen; / tritt mit deinem Glanz herfür / und erzeige dein Erbarmen, / dass es dein Kind hier auf Erden / und im Himmel möge werden.

4. Hirte, nimm das Schäflein an; / Haupt, mach es zu deinem Gliede; / Himmelsweg, zeig ihm die Bahn; / Friedefürst, sei du sein Friede; / Weinstock, hilf, dass diese Rebe / auch im Glauben dich umgebe.

5. Nun wir legen an dein Herz, / was vom Herzen ist gegangen. / Führ die Seufzer himmelwärts / und erfülle das Verlangen; / ja den Namen, den wir geben, / schreib ins Lebensbuch zum Leben.

T: BENJAMIN SCHMOLCK 1704
M: LIEBSTER JESU, WIR SIND HIER (NR. 161)

TAUFE UND KONFIRMATION

ö 207

1. Nun schreib ins Buch des Lebens, Herr, ihre Namen ein, und lass sie nicht vergebens dir zugeführet sein.

Offb 20,12

2. Ach präge jedem Kinde / dein Wort recht tief ins Herz, / dass es, bewahrt vor Sünde, / dir dien in Freud und Schmerz.

3. Du, der du selbst das Leben, / der Weg, die Wahrheit bist, / uns allen wollst du geben / dein Heil, Herr Jesu Christ.

Joh 14,6

T: STRASSBURG 1850
M: CHRISTUS, DER IST MEIN LEBEN (NR. 516)

Fürchte dich nicht, denn ich habe dich erlöst; ich habe dich bei deinem Namen gerufen; du bist mein!

JESAJA 43,1

GOTTESDIENST
208

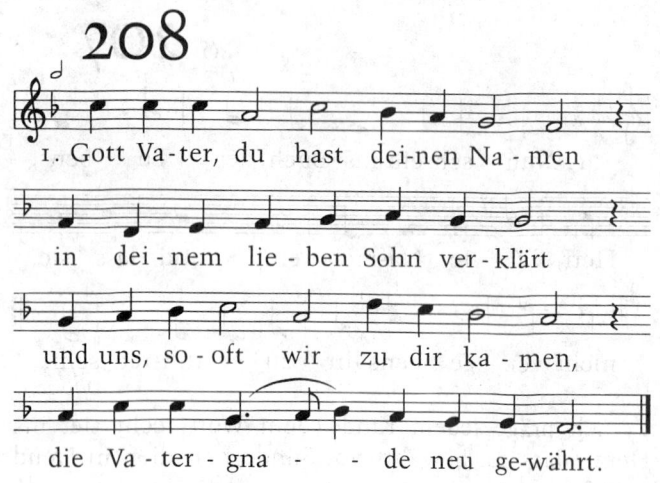

1. Gott Vater, du hast deinen Namen in deinem lieben Sohn verklärt und uns, so oft wir zu dir kamen, die Vater-gna - - de neu gewährt.

2. So rufe dieses Kind mit Namen, / das nun nach deinem Sohne heißt. / Wir glauben, du Dreiein'ger! Amen! / Zum Wasser gabst du Wort und Geist.

3. Erhalte uns bei deinem Namen! / Dein Sohn hat es für uns erfleht. / Geist, Wort und Wasser mach zum Samen / der Frucht des Heils, die nie vergeht!

T: JOCHEN KLEPPER 1941
M: JOHANNES PETZOLD 1948

TAUFE UND KONFIRMATION

1. Ich möcht', dass einer mit mir geht, der's Leben kennt, der mich versteht, der mich zu allen Zeiten kann geleiten. Ich möcht', dass einer mit mir geht.

2. Ich wart', dass einer mit mir geht, / der auch im Schweren zu mir steht, / der in den dunklen Stunden / mir verbunden. / Ich wart', dass einer mit mir geht.

3. Es heißt, dass einer mit mir geht, / der's Leben kennt, der mich versteht, / der mich zu allen Zeiten / kann geleiten. / Es heißt, dass einer mit mir geht.

4. Sie nennen ihn den Herren Christ, / der durch den Tod gegangen ist; / er will durch Leid und Freuden / mich geleiten. / Ich möcht', dass er auch mit mir geht.

T UND M: HANNS KÖBLER 1964

GOTTESDIENST

210

1. Du hast mich, Herr, zu dir ge-ru-fen,
2. Wie du ge-stor-ben und er-standen,
3. Gib mei-nem Le-ben gro-ße Freu-de
4. Wenn Angst und Zwei-fel in mir wachsen,
5. Herr, sen-de mich wie dei-ne Jün-ger,

1. und in der Tau-fe be-kenn ich dich.
2. sterb und er-ste-he ich, Herr, mit dir.
3. und Kraft, für an-de-re da zu sein.
4. dann schen-ke du mir neu-en Mut.
5. und ge-he du mir selbst vo-ran.

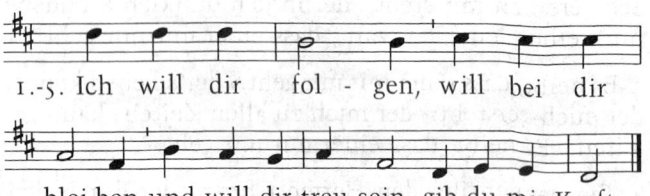

1.-5. Ich will dir fol-gen, will bei dir blei-ben und will dir treu sein; gib du mir Kraft.

T UND M: OTMAR SCHULZ (1974) 1978

TAUFE UND KONFIRMATION

1. Gott, der du alles Leben schufst und uns durch Christus zu dir rufst, wir danken dir für dieses Kind und alles Glück, das nun beginnt.

2. Wir bitten dich, Herr Jesu Christ, / weil du ein Freund der Kinder bist, / nimm dich des jungen Lebens an, / dass es behütet wachsen kann.

3. Eh wir entscheiden Ja und Nein, / gilt schon für uns: gerettet sein. / Dank sei dir, dass das Heil der Welt / nicht mit uns selber steht und fällt.

4. So segne nun auch dieses Kind / und die, die seine Nächsten sind. / Wo Schuld belastet, Herr, verzeih. / Wo Angst bedrückt, mach Hoffnung frei.

5. Gott, der du durch die Taufe jetzt / im Glauben einen Anfang setzt, / gib auch den Mut zum nächsten Schritt. / Zeig uns den Weg und geh ihn mit.

T: DETLEV BLOCK 1978
M: O JESU CHRISTE, WAHRES LICHT (NR. 72)

GOTTESDIENST

212

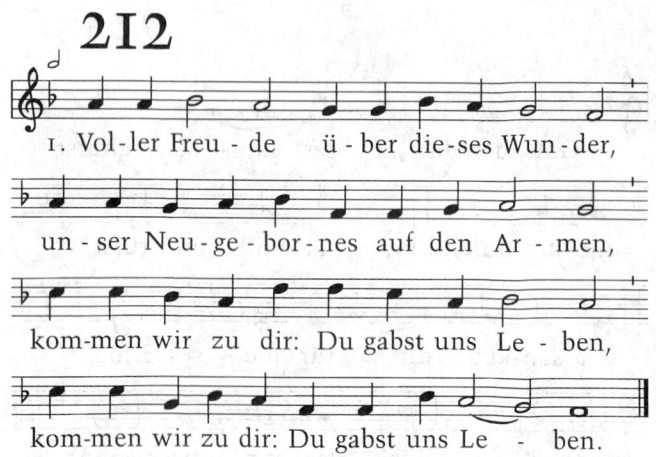

1. Voller Freude über dieses Wunder, unser Neugebornes auf den Armen, kommen wir zu dir: Du gabst uns Leben, kommen wir zu dir: Du gabst uns Leben.

2. Bange vor der unbekannten Zukunft / legen wir dies Kind in deine Arme. / Du willst taufen. Das gibt uns Gewissheit. / Du willst taufen. Das gibt uns Gewissheit.

3. Staunend hören wir: Du bist ganz nahe. / Der das Weltall trägt mit seinen Tiefen, / wartet auf die Kleinen und empfängt uns, / wartet auf die Kleinen und empfängt uns.

4. Deine Liebe wirkt die neue Schöpfung, / öffnet, die sonst fest verschlossen wären, / eint im Glauben uns mit deinem Christus, / eint im Glauben uns mit deinem Christus.

5. Unsre Zeit kommt bald an ihre Grenze, / aber deine Taufversprechen bleiben. / Wir verlöschen. Deine Kerze leuchtet. / Wir verlöschen. Deine Kerze leuchtet.

TAUFE UND KONFIRMATION

6. Du bist reicher, als wir sagen können. / Hilf uns, dass wir aus der Taufe leben: / staunend, unerschrocken, voller Freude, / staunend, unerschrocken, voller Freude.

T: JÜRGEN HENKYS 1982
NACH DEM NORWEGISCHEN
»FYLT AV GLEDE OVER LIVETS UNDER«
VON SVEIN ELLINGSEN (1971) 1973
M: EGIL HOVLAND 1977

Es sollen wohl Berge weichen und Hügel hinfallen, aber meine Gnade soll nicht von dir weichen, und der Bund meines Friedens soll nicht hinfallen, spricht der Herr, dein Erbarmer.

JESAJA 54,10

ABENDMAHL

213

1. Kommt her, ihr seid geladen, der Heiland rufet euch; der süße Herr der Gnaden, an Huld und Liebe reich, der Erd und Himmel lenkt, will Gastmahl mit euch halten und wunderbar gestalten, was er in Liebe schenkt.

Lk 14,17

2. Kommt her, verzagte Sünder, / und werft die Ängste weg, / kommt her, versöhnte Kinder, / hier ist der Liebesweg. / Empfangt die Himmelslust, / die heilge Gottesspeise, / die auf verborgne Weise / erquicket jede Brust.

3. Kommt her, betrübte Seelen, / die Not und Jammer drückt, / mit Gott euch zu vermählen, / der wunderbar beglückt. / Kommt, legt auf ewig ab / der Sünde bange Säumnis; / empfanget das Geheimnis, / das Gott vom Himmel gab.

4. O Wonne kranker Herzen, / die mir von oben kam! / Verwunden sind die Schmerzen, / getröstet ist der Gram. / Was von dem Himmel fließt, / hat lieblich sich ergossen; / mein Herz ist gar durchflossen / vom süßen Liebesgeist.

5. Drum jauchze, meine Seele, / hell aus der Sündennacht! / Verkünde und erzähle / die tiefe Wundermacht, / die unermesslich süß, / ein Born der Liebe, quillet / und jeden Jammer stillet, / der fast verzweifeln ließ.

6. Drum jauchze, meine Seele, / drum jauchze deinem Herrn! / Verkünde und erzähle / die Gnade nah und fern, / den Wunderborn im Blut, / die sel'ge Himmelsspeise, / die auf verborgne Weise / dir gibt das höchste Gut.

T: ERNST MORITZ ARNDT 1819
M: ZIEH EIN ZU DEINEN TOREN (NR. 133)

Herr, ich bin nicht wert, dass du unter mein Dach gehst, sondern sprich nur ein Wort, so wird meine Seele gesund. NACH MATTHÄUS 8,8

GOTTESDIENST

214 (Ö)

1. Gott sei gelobet und gebenedeiet, der uns selber hat gespeiset
mit seinem Fleische und mit seinem Blute; das gib uns, Herr Gott, zugute.
Kyrieleison.
Herr, du nahmest menschlichen Leib an,
der von deiner Mutter Maria kam.
Durch dein Fleisch und dein Blut hilf uns,
Herr, aus aller Not. Kyrieleison.

2. Der heilig Leib, der ist für uns gegeben zum Tod, dass wir dadurch

3. Gott geb uns allen seiner Gnade Segen, dass wir gehn auf seinen

ABENDMAHL

le - ben. Nicht größ-re Gü - te konn - te
We - gen in rech-ter Lieb und brü-der-

er uns schen-ken, da - bei wir sein solln
li-cher Treu - e, dass uns die Speis nicht

ge - den - ken. Ky - ri - e - le - i - son.
ge - reu - e. Ky - ri - e - le - i - son.

Herr, dein Lieb so groß dich zwun-gen hat,
Herr, dein Hei - lig Geist uns nim-mer lass,

dass dein Blut an uns groß Wun - der tat
der uns geb zu hal - ten rech - te Maß,

und be-zahlt uns-re Schuld, dass uns Gott
dass dein arm Chris-ten-heit leb in Fried

ist wor-den hold. Ky - ri - e - le - i - son.
und Ei - nig-keit. Ky - ri - e - le - i - son.

T: STR. I MEDINGEN UM 1350;
STR. 2–3 MARTIN LUTHER 1524
M: MAINZ UM 1390, WITTENBERG 1524

GOTTESDIENST
215

1. Jesus Christus, unser Heiland, der von uns den Gotteszorn wandt, durch das bitter Leiden sein half er uns aus der Höllen Pein.

2. Dass wir nimmer des vergessen, / gab er uns sein' Leib zu essen, / verborgen im Brot so klein, / und zu trinken sein Blut im Wein.

3. Du sollst Gott den Vater preisen, / dass er dich so wohl wollt speisen / und für deine Missetat / in den Tod sein' Sohn geben hat.

4. Du sollst glauben und nicht wanken, / dass's ein Speise sei den Kranken, / den' ihr Herz von Sünden schwer / und vor Angst ist betrübet sehr.

5. Er spricht selber: »Kommt, ihr Armen, / lasst mich über euch erbarmen; / kein Arzt ist dem Starken Not, / sein Kunst wird an ihm gar ein Spott.

6. Hättst du dir was 'konnt erwerben, / was braucht ich für dich zu sterben? / Dieser Tisch auch dir nicht gilt, / so du selber dir helfen willt.«

ABENDMAHL

7. Glaubst du das von Herzensgrunde / und bekennest mit dem Munde, / so du bist recht wohlgeschickt / und die Speise dein Seel erquickt.

8. Die Frucht soll auch nicht ausbleiben: / Deinen Nächsten sollst du lieben, / dass er dein genießen kann, / wie dein Gott hat an dir getan.

T: MARTIN LUTHER 1524 TEILWEISE NACH DEM HYMNUS »JESUS CHRISTUS NOSTRA SALUS« DES JOHANN VON JENSTEIN VOR 1400
M: HOHENFURT 1410, ERFURT 1524

216

Du hast uns Leib und Seel gespeist;
dass unser Glaub und Lieb dich preist,
nun gib uns, so zu leben,
die uns dein Gnad will geben;
dass durch dein Treu die Sünd uns reu,
für die dein Sohn vergossen sein teures Blut, das uns zugut den Himmel hat erschlossen.

T: THOMAS BLARER UM 1533/34
M: WAS MEIN GOTT WILL, GESCHEH ALLZEIT (NR. 364)

217

1. Herr Jesu Christe, mein getreuer Hirte, komm, mit Gnaden mich bewirte. Kyrieleison. Dein arm Schäflein wollest du weiden auf Israels Bergen mit Freuden und zum frischen Wasser führn, da das Leben her tut rührn. Kyrieleison.

   Bei dir alleine find ich Heil und Leben, was mir fehlt, kannst du mir geben.

2. All ander Speis und Trank ist ganz vergebens, / du bist selbst das Brot des Lebens, / kein Hunger plaget den, der von dir isset, / alles Jammers er vergisset. / Kyrieleison. / Du bist die lebendige Quelle, / zu dir ich mein Herzkrüglein stelle; / lass mit Trost es fließen voll, / so wird meiner Seele wohl. / Kyrieleison.

3. Lass mich recht trauern über meine Sünde, / doch den Glauben auch anzünde, / den wahren Glauben, mit dem ich dich fasse, / mich auf dein Verdienst verlasse. / Kyrieleison. / Gib mir ein recht bußfertig Herze, / dass ich mit der Sünde nicht scherze / noch durch falsche Sicherheit / mich bring um die Seligkeit. / Kyrieleison.

4. Du rufest alle, Herr, zu dir in Gnaden, / die mühselig und beladen; / all ihre Missetat willst du verzeihen, / ihrer Bürde sie befreien. / Kyrieleison. / Ach komm selbst, leg an deine Hände / und die schwere Last von mir wende, / mache mich von Sünden frei, / dir zu dienen Kraft verleih. / Kyrieleison. *Mt 11,28*

T: JOHANN HEERMANN 1630
M: GOTT SEI GELOBET UND GEBENEDEIET (NR. 214)

Allmächtiger Gott, himmlischer Vater, da wir allein in Jesus Christus, deinem lieben Sohn, dir wohlgefallen können, so lass uns in diesem Mahl die Gemeinschaft mit unserm Herrn in Glauben und Dankbarkeit empfangen. Tröste uns durch deine ewige Güte und stärke uns im neuen Leben. Hilf, dass wir dir in Treue und Gehorsam dienen zum Preis deines göttlichen Namens und zur Auferbauung deiner Gemeinde.

MARTIN BUCER

218

1. Schmü-cke dich, o lie-be See-le,
lass die dunk-le Sün-den-höh-le,
komm ans hel-le Licht ge-gan-gen,
fan-ge herr-lich an zu pran-gen!
Denn der Herr voll Heil und Gna-den will dich jetzt zu Gas-te la-den; der den Him-mel kann ver-wal-ten, will jetzt Her-berg in dir hal-ten.

2. Ach wie hungert mein Gemüte, / Menschenfreund, nach deiner Güte; / ach wie pfleg ich oft mit Tränen / mich nach deiner Kost zu sehnen; / ach wie pfleget mich zu dürsten / nach dem Trank des Lebensfürsten, / dass in diesem Brot und Weine / Christus sich mit mir vereine.

3. Heilge Freude, tiefes Bangen, / nimmt mein Herze jetzt gefangen. / Das Geheimnis dieser Speise / und die unerforschte Weise / machet, dass ich früh vermerke, / Herr, die Größe deiner Werke. / Ist auch wohl ein Mensch zu finden, / der dein Allmacht sollt ergründen?

4. Nein, Vernunft, die muss hier weichen, / kann dies Wunder nicht erreichen, / dass dies Brot nie wird verzehrt, / ob es gleich viel Tausend nähret, / und dass mit dem Saft der Reben / uns wird Christi Blut gegeben. / Gottes Geist nur kann uns leiten, / dies Geheimnis recht zu deuten!

5. Jesu, meine Lebenssonne, / Jesu, meine Freud und Wonne, / Jesu, du mein ganz Beginnen, / Lebensquell und Licht der Sinnen: / hier fall ich zu deinen Füßen; / lass mich würdiglich genießen / diese deine Himmelsspeise / mir zum Heil und dir zum Preise.

6. Jesu, wahres Brot des Lebens, / hilf, dass ich doch nicht vergebens / oder mir vielleicht zum Schaden / sei zu deinem Tisch geladen. / Lass mich durch dies heilge Essen / deine Liebe recht ermessen, / dass ich auch, wie jetzt auf Erden, / mög dein Gast im Himmel werden.

T: JOHANN FRANCK (STR. I 1646) 1649/1653
M: JOHANN CRÜGER 1649

Wir danken dir, unser Vater, für das Leben und die Erkenntnis, die du uns geoffenbart hast durch Jesus, deinen Knecht. Dir sei Ehre in Ewigkeit. Wie dies gebrochene Brot zerstreut war auf den Bergen und zusammengebracht eins wurde, so werde deine Kirche zusammengebracht von den Enden der Erde in dein Reich.

AUS DER ÄLTESTEN CHRISTLICHEN
KIRCHENORDNUNG (DIDACHE UM 100)

GOTTESDIENST

219

Andere Melodie:
Aus tiefer Not schrei ich zu dir (Nr. 299 II)

1. Herr Jesu Christ, du höchstes Gut,
du Brunnquell aller Gnaden,
zu deiner Liebe Herrlichkeit
und unsrer Seelen Seligkeit
zu essen und zu trinken.

wir kommen, deinen Leib und Blut,
wie du uns hast geladen,

2. O Jesu, mach uns selbst bereit / zu diesem hohen Werke, / schenk uns dein schönes Ehrenkleid / durch deines Geistes Stärke. / Hilf, dass wir würd'ge Gäste sein / und werden dir gepflanzet ein / zum ewgen Himmelswesen.

3. Bleib du in uns, dass wir in dir / auch bis ans Ende bleiben; / lass Sünd und Not uns für und für / nicht wieder von dir treiben, / bis wir durch deines Nachtmahls Kraft / eingehn zur Himmelsbürgerschaft / und ewig selig werden.

T: CHEMNITZ 1713
M: GÖRLITZ 1587, DRESDEN 1593

ABENDMAHL

220

Herr, du wollest uns bereiten
zu deines Mahles Seligkeiten;
sei mitten unter uns, o Gott!
Lass uns, Leben zu empfahen,
mit glaubensvollem Herzen nahen
und sprich uns los von Sünd und Tod.
Wir sind, o Jesu, dein; dein lass uns
ewig sein! Amen, Amen. Anbetung dir!
Einst feiern wir das große Abendmahl mit dir.

T: FRIEDRICH GOTTLIEB KLOPSTOCK 1758,
BEARBEITET VON ALBERT KNAPP 1837
M: WACHET AUF, RUFT UNS DIE STIMME (NR. 147)

GOTTESDIENST

221

1. Das sollt ihr, Jesu Jünger, nie vergessen: Wir sind, die wir von einem Brote essen, aus einem Kelche trinken, Jesu Glieder, Schwestern und Brüder.

1. Kor 10,16.17

2. Wenn wir in Frieden beieinander wohnten, / Gebeugte stärkten und die Schwachen schonten, / dann würden wir den letzten heilgen Willen / des Herrn erfüllen.

3. Ach dazu müsse deine Lieb uns dringen! / Du wollest, Herr, dies große Werk vollbringen, / dass unter einem Hirten eine Herde / aus allen werde.

T: JOHANN ANDREAS CRAMER 1780
M: LOBET DEN HERRN UND DANKT IHM SEINE GABEN
(NR. 460)

ABENDMAHL

ö 222

1. Im Frieden dein, o Herre mein, lass ziehn mich meine Straßen. Wie mir dein Mund gegeben kund, schenkst Gnad du ohne Maßen, hast mein Gesicht das sel'ge Licht, den Heiland, schauen lassen.

Lk 2,29-32

2. Mir armem Gast bereitet hast / das reiche Mahl der Gnaden. / Das Lebensbrot stillt Hungers Not, / heilt meiner Seele Schaden. / Ob solchem Gut jauchzt Sinn und Mut / mit alln, die du geladen.

3. O Herr, verleih, dass Lieb und Treu / in dir uns all verbinden, / dass Hand und Mund zu jeder Stund / dein Freundlichkeit verkünden, / bis nach der Zeit den Platz bereit' / an deinem Tisch wir finden.

T: FRIEDRICH SPITTA 1898 NACH EINEM LIED
ZUM LOBGESANG DES SIMEON (LUKAS 2,29-32)
VON JOHANN ENGLISCH VOR 1530
M: WOLFGANG DACHSTEIN VOR 1530

223

1. Das Wort geht von dem Vater aus und bleibt doch ewiglich zu Haus, geht zu der Welten Abendzeit, das Werk zu tun, das uns befreit.

2. Da von dem eignen Jünger gar / der Herr zum Tod verraten war, / gab er als neues Testament / den Seinen sich im Sakrament,

3. gab zwiefach sich in Wein und Brot; / sein Fleisch und Blut, getrennt im Tod, / macht durch des Mahles doppelt Teil / den ganzen Menschen satt und heil.

4. Der sich als Bruder zu uns stellt, / gibt sich als Brot zum Heil der Welt, / bezahlt im Tod das Lösegeld, / geht heim zum Thron als Siegesheld.

5. Der du am Kreuz das Heil vollbracht, / des Himmels Tür uns aufgemacht: / gib deiner Schar im Kampf und Krieg / Mut, Kraft und Hilf aus deinem Sieg.

6. Dir, Herr, der drei in Einigkeit, / sei ewig alle Herrlichkeit. / Führ uns nach Haus mit starker Hand / zum Leben in das Vaterland.

T: OTTO RIETHMÜLLER 1932/1934 NACH DEM HYMNUS
»VERBUM SUPERNUM PRODIENS«
DES THOMAS VON AQUIN 1264
M: WIR DANKEN DIR, HERR JESU CHRIST (NR. 79)

ABENDMAHL

Andere Melodie:
Was mein Gott will, gescheh allzeit (Nr.364) **224**

1. Du hast zu deinem Abendmahl als Gäste uns geladen.
Nun stehn wir, Herr, in deinem Saal mühselig und beladen.
Wir tragen unsrer Wege Leid, viel Sorgen, Schuld und Schmerzen.
Ob Reich, ob Arm, dich irrt kein Kleid, du weißt die Not der Herzen.

2. Ach Herr, vor dir ist keiner reich / und keiner los und ledig; / spricht einer hier dem andern gleich: / Gott sei mir Sünder gnädig! / Du aber ludest uns zu dir, / den Hunger uns zu stillen, / willst uns aus lauter Liebe hier / die leeren Hände füllen.

3. Nun segne, Herr, uns Brot und Wein, / deins Tisches edle Gaben! / Du selbst willst gegenwärtig sein / und wunderbar uns laben. / Gib über Bitten und Verstehn, / wie du versprachst zu geben! / In dem, was unsre Augen sehn, / gib dich uns selbst zum Leben!

T: ARNO PÖTZSCH (1941) 1947
M: GOTTHOLD VEIGEL 1951/1988

GOTTESDIENST

225 (Ö)

Kehrvers

Komm, sag es allen weiter, ruf es in jedes Haus hinein! Komm, sag es allen weiter: Gott selber lädt uns ein.

Strophen

1. Sein Haus hat offne Türen, er ruft uns in Geduld, will alle zu sich führen, auch die mit Not und Schuld.

Der Kehrvers wird nach jeder Strophe wiederholt.

2. Wir haben sein Versprechen: / Er nimmt sich für uns Zeit, / wird selbst das Brot uns brechen, / kommt, alles ist bereit.

3. Zu jedem will er kommen, / der Herr in Brot und Wein. / Und wer ihn aufgenommen, / wird selber Bote sein.

T: FRIEDRICH WALZ 1964
M: NACH DEM SPIRITUAL
»GO, TELL IT ON THE MOUNTAINS«

ABENDMAHL

226

1. Seht, das Brot, das wir hier tei-len, das ein je-der von uns nimmt, ist uns von dem Herrn ge-ge-ben, im-mer will er bei uns sein, im-mer will er bei uns sein.

2. Seht, das Brot, das wir hier teilen, / das ein jeder von uns nimmt, / ruft nach Brot, um zu ernähren / alle Hungernden der Welt, / alle Hungernden der Welt.

3. Seht, der Kelch, den wir jetzt teilen, / den ein jeder von uns nimmt, / ist ein Zeichen für den Frieden, / für den Bund in Christi Blut, / für den Bund in Christi Blut.

4. Seht, der Kelch, den wir jetzt teilen, / den ein jeder von uns nimmt, / mahnt uns, dass auch wir versöhnen / und verbinden, was getrennt, / und verbinden, was getrennt.

5. Seht, was wir hier heute feiern, / was wir miteinander tun, / will den Tod des Herrn bezeugen, / bis er wiederkommt in Kraft, / bis er wiederkommt in Kraft.

6. Seht, was wir hier heute feiern, / was wir miteinander tun, / will uns neu mit ihm verbünden, / dass wir tun, was er getan, / dass wir tun, was er getan.

T: LOTHAR ZENETTI (1969) 1972
M: ROLF SCHWEIZER 1983

GOTTESDIENST

227 ö

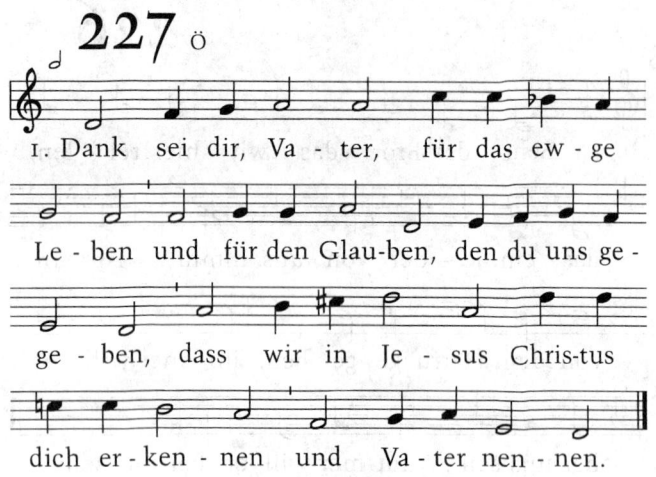

1. Dank sei dir, Vater, für das ewge Leben und für den Glauben, den du uns gegeben, dass wir in Jesus Christus dich erkennen und Vater nennen.

2. Jedes Geschöpf lebt von der Frucht der Erde; / doch dass des Menschen Herz gesättigt werde, / hast du vom Himmel Speise uns gegeben / zum ewgen Leben.

3. Wir, die wir alle essen von dem Mahle / und die wir trinken aus der heilgen Schale, / sind Christi Leib, sind seines Leibes Glieder, / Schwestern und Brüder.

4. Aus vielen Körnern ist ein Brot geworden: / So führ auch uns, o Herr, aus allen Orten / zu einer Kirche durch dein Wort zusammen / in Jesu Namen.

5. In einem Glauben lass uns dich erkennen, / in einer Liebe dich den Vater nennen, / eins lass uns sein wie Beeren einer Traube, / dass die Welt glaube.

6. Gedenke, Herr, die Kirche zu erlösen, / sie zu befreien aus der Macht des Bösen, / als Zeugen deiner Liebe uns zu senden / und zu vollenden.

T: MARIA LUISE THURMAIR 1970
M: LOBET DEN HERRN UND DANKT IHM SEINE GABEN
(NR. 460)

ABENDMAHL
228

1. Er ist das Brot, er ist der Wein, steht auf und esst, der Weg ist weit. Es schütze euch der Herr, er wird von Angst befrein, es schütze euch der Herr, er wird von Angst befrein.

1. Kön 19,7

2. Er ist das Brot, er ist der Wein, / kommt, schmeckt und seht, die Not ist groß. / Es stärke euch der Herr, er wird euch Schuld verzeihn, / es stärke euch der Herr, er wird euch Schuld verzeihn.

3. Er ist das Brot, er ist der Wein, / steht auf und geht, die Hoffnung wächst. / Es segne euch der Herr, er lässt euch nicht allein, / es segne euch der Herr, er lässt euch nicht allein.

T: ECKART BÜCKEN 1980
M: JOACHIM SCHWARZ 1980

2. Christus eint uns und gibt am Heil / seines Mahles uns allen teil, / lehrt uns leben von Gott bejaht. / Wahre Liebe schenkt Wort und Tat.
Erde, atme auf, / Wort, nimm deinen Lauf! / Er, der lebt, gebot: / Teilt das Brot!

3. Jesus ruft uns. Wir sind erwählt, / Frucht zu bringen, wo Zweifel quält. / Gott, der überall zu uns hält, / gibt uns Wort und Brot für die Welt.
Erde, atme auf, / Wort, nimm deinen Lauf! / Er, der lebt, gebot: / Teilt das Brot!

T: DETLEV BLOCK 1988 NACH DEM ENGLISCHEN
»LET US TALENTS AND TONGUES EMPLOY«
VON FRED KAAN 1975
M: DOREEN POTTER 1972 NACH EINEM
VOLKSLIED AUS JAMAICA

1. Let us talents and tongues employ, / reaching out with a shout of joy: / Bread is broken, the wine is poured, / Christ is spoken and seen and heard.
Jesus lives again / earth can breathe again, / pass the Word around: / Loaves abound!

2. Christ is able to make us one, / at his table he sets the tone, / teaching people to live to bless, / love in word and in deed express.
Jesus lives again / earth can breathe again, / pass the Word around: / Loaves abound!

3. Jesus calls us in, sends us out / bearing fruit in a world of doubt, / gives us love to tell, bread to share: / God-Immanuel everywhere!
Jesus lives again / earth can breathe again, / pass the Word around: / Loaves abound!

BEICHTE

230

Schaffe in mir, Gott, ein reines Herze und gib mir einen neuen, gewissen Geist. Verwirf mich nicht, verwirf mich nicht von deinem Angesicht, von deinem Angesicht und nimm deinen Heiligen Geist nicht von mir.

T: NACH PSALM 51,12-13
M: JOHANN GEORG WINER 1648,
CORNELIUS HEINRICH DRETZEL 1731

BEICHTE

2. Mose 20,1-17 **231**

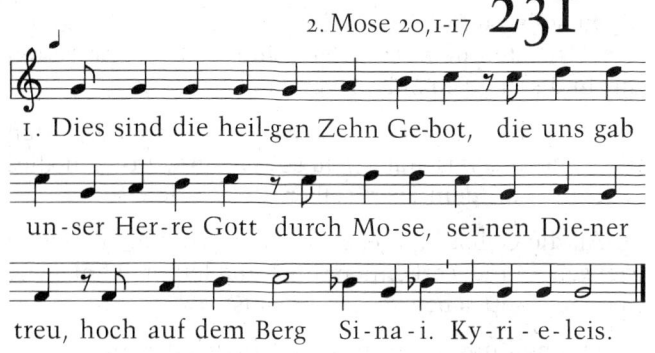

1. Dies sind die heil-gen Zehn Ge-bot, die uns gab un-ser Her-re Gott durch Mo-se, sei-nen Die-ner treu, hoch auf dem Berg Si-na-i. Ky-ri-e-leis.

2. Ich bin allein dein Gott, der Herr, / kein Götter sollst du haben mehr; / du sollst mir ganz vertrauen dich, / von Herzensgrund lieben mich. / Kyrieleis.

3. Du sollst nicht brauchen zu Unehrn / den Namen Gottes, deines Herrn; / du sollst nicht preisen recht noch gut, / ohn was Gott selbst red't und tut. / Kyrieleis.

4. Du sollst heilgen den siebten Tag, / dass du und dein Haus ruhen mag; / du sollst von deim Tun lassen ab, / dass Gott sein Werk in dir hab. / Kyrieleis.

5. Du sollst ehrn und gehorsam sein / dem Vater und der Mutter dein / und wo dein Hand ihn' dienen kann; / so wirst du langes Leben han. / Kyrieleis.

6. Du sollst nicht töten zorniglich, / nicht hassen noch selbst rächen dich, / Geduld haben und sanften Mut / und auch dem Feind tun das Gut. / Kyrieleis.

7. Dein Eh' sollst du bewahren rein, / dass auch dein Herz kein' andern mein, / und halten keusch das Leben dein / mit Zucht und Mäßigkeit fein. / Kyrieleis.

8. Du sollst nicht stehlen Geld noch Gut, / nicht wuchern jemands Schweiß und Blut; / du sollst auftun dein milde Hand / den Armen in deinem Land. / Kyrieleis.

9. Du sollst kein falscher Zeuge sein, / nicht lügen auf den Nächsten dein; / sein Unschuld sollst auch retten du / und seine Schand decken zu. / Kyrieleis.

10. Du sollst deins Nächsten Weib und Haus / begehren nicht, noch etwas draus; / du sollst ihm wünschen alles Gut, / wie dir dein Herz selber tut. / Kyrieleis.

11. All die Gebot uns geben sind, / dass du dein Sünd, o Menschenkind, / erkennen sollst und lernen wohl, / wie man vor Gott leben soll. / Kyrieleis.

12. Das helf uns der Herr Jesus Christ, / der unser Mittler worden ist; / es ist mit unserm Tun verlorn, / verdienen doch eitel Zorn. / Kyrieleis.

T: MARTIN LUTHER 1524
M: IN GOTTES NAMEN FAHREN WIR (NR. 498)

232

1. Al-lein zu dir, Herr Je-su Christ,
   Ich weiß, dass du mein Trös-ter bist,
   mein Hoff-nung steht auf Er - den.
   kein Trost mag mir sonst wer - den.
   Von An-be-ginn ist nichts er-korn, auf
   Er-den ward kein Mensch ge-born, der

mir aus Nö-ten hel-fen kann; ich ruf dich an, zu dem ich mein Ver-trau-en han.

2. Mein Sünd' sind schwer und übergroß / und reuen mich von Herzen; / derselben mach mich frei und los / durch deinen Tod und Schmerzen; / und zeige deinem Vater an, / daß du hast g'nug für mich getan, / so werd ich los der Sünden Last. / Erhalt mich fest / in dem, was du versprochen hast.

3. Gib mir durch dein Barmherzigkeit / den wahren Christenglauben, / auf daß ich deine Gütigkeit / mög inniglich anschauen, / vor allen Dingen lieben dich / und meinen Nächsten gleich wie mich. / Am letzten End dein Hilf mir send, / damit behend / des Teufels List sich von mir wend.

4. Ehr sei Gott in dem höchsten Thron, / dem Vater aller Güte, / und Jesus Christ, seim lieben Sohn, / der uns allzeit behüte, / und Gott, dem werten Heilgen Geist, / der uns allzeit sein Hilfe leist, / daß wir ihm wohlgefällig sein / hier in der Zeit / und folgen ihm in Ewigkeit.

T: KONRAD HUBERT VOR 1540;
STR. 4: NÜRNBERG UM 1540
M: PAUL HOFHAIMER 1512;
GEISTLICH WITTENBERG UM 1541, LEIPZIG 1545

GOTTESDIENST

233

1. Ach Gott und Herr, wie groß und schwer sind mein begangne Sünden! Da ist niemand, der helfen kann, auf dieser Welt zu finden.

2. Lief ich gleich weit / zu dieser Zeit / bis an der Erde Enden, / wollt ledig sein / des Kreuzes mein, / würd ich es doch nicht wenden.

3. Zu dir flieh ich; / verstoß mich nicht, / wie ich's wohl hab verdienet. / Ach Gott, zürn nicht, / geh nicht ins G'richt, / dein Sohn hat mich versühnet.

4. Gib, Herr, Geduld, / vergiss die Schuld, / schaff ein gehorsam Herze, / dass ich nur nicht, / wie's wohl geschicht, / murrend mein Heil verscherze.

5. Handle mit mir, / wie's dünket dir, / durch dein Gnad will ich's leiden; / nur wollst du mich / nicht ewiglich, / mein Gott, dort von dir scheiden.

T: MARTIN RUTILIUS (1604) 1613
M: LEIPZIG 1625, THORN 1638,
BEI CHRISTOPH PETER 1655

BEICHTE

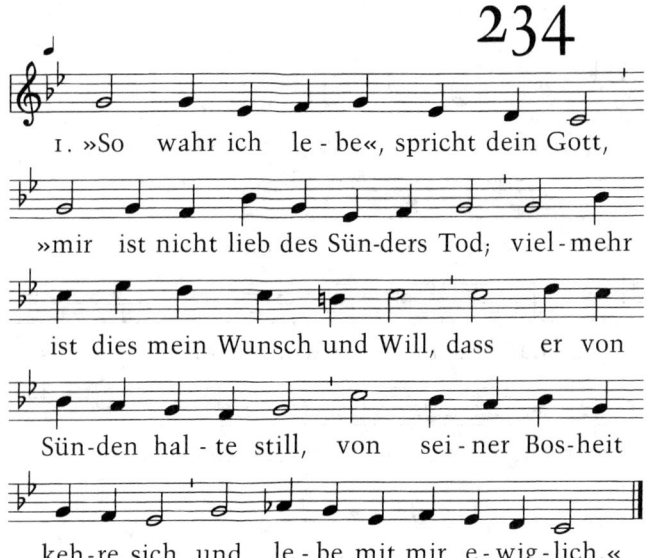

1. »So wahr ich le-be«, spricht dein Gott, »mir ist nicht lieb des Sünders Tod; vielmehr ist dies mein Wunsch und Will, dass er von Sünden halte still, von seiner Bosheit kehre sich und lebe mit mir ewiglich.«

Hes 33,11

2. Dies Wort bedenk, o Menschenkind, / verzweifle nicht in deiner Sünd; / hier findest du Trost, Heil und Gnad, / die Gott dir zugesaget hat, / und zwar mit einem teuern Eid. / O selig, dem die Sünd ist leid!

3. Doch hüte dich vor Sicherheit, / denk nicht: »Zur Buß ist noch wohl Zeit, / ich will erst fröhlich sein auf Erd; / wann ich des Lebens müde werd, / alsdann will ich bekehren mich, / Gott wird wohl mein erbarmen sich.«

4. Wahr ist's: Gott ist wohl stets bereit / dem Sünder mit Barmherzigkeit; / doch wer auf Gnade sündigt hin, / fährt fort in seinem bösen Sinn / und seiner Seele selbst nicht schont, / dem wird mit Ungnad abgelohnt.

GOTTESDIENST

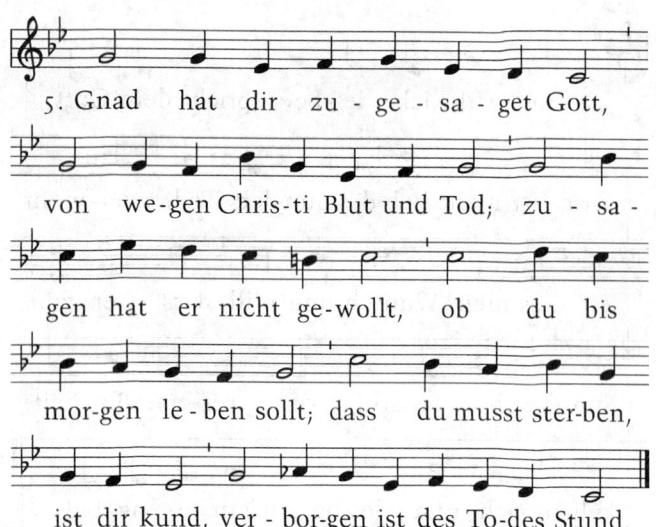

5. Gnad hat dir zugesaget Gott, von wegen Christi Blut und Tod; zusagen hat er nicht gewollt, ob du bis morgen leben sollt; dass du musst sterben, ist dir kund, verborgen ist des Todes Stund.

6. Heut lebst du, heut bekehre dich! / Eh morgen kommt, kann's ändern sich; / wer heut ist frisch, gesund und rot, / ist morgen krank, ja wohl gar tot. / So du nun stirbest ohne Buß, / dein Seel und Leib dort brennen muss.

7. Hilf, o Herr Jesu, hilf du mir, / dass ich noch heute komm zu dir / und Buße tu den Augenblick, / eh mich der schnelle Tod hinrück, / auf dass ich heut und jederzeit / zu meiner Heimfahrt sei bereit.

T: JOHANN HEERMANN 1630,
STR. I NACH NIKOLAUS HERMAN 1560
M: VATER UNSER IM HIMMELREICH (NR. 344)

BEICHTE

ö 235

1. O Herr, nimm uns-re Schuld, mit der wir uns be-las-ten, und füh-re selbst die Hand, mit der wir nach dir tas-ten.

2. Wir trauen deiner Macht / und sind doch oft in Sorgen. / Wir glauben deinem Wort und fürchten doch das Morgen.

3. Wir kennen dein Gebot, / einander beizustehen, / und können oft nur uns und unsre Nöte sehen.

4. O Herr, nimm unsre Schuld, / die Dinge, die uns binden, / und hilf, dass wir durch dich den Weg zum andern finden.

T UND M: HANS-GEORG LOTZ 1964

Die freie Güte Gottes lässt dem Menschen nur übrig: den Glauben und die Dankbarkeit.

KARL BARTH

GOTTESDIENST

236 ö

1. Oh-ren gabst du mir, hö-ren kann ich nicht: Der du Tau-be heilst, Herr, er-barm dich mein, er-barm dich mein.

2. Augen gabst du mir, / sehen kann ich nicht: / Der du Blinde heilst, / Herr, erbarm dich mein, / erbarm dich mein.

3. Hände gabst du mir, / schaffen kann ich nicht: / Der du Lahme heilst, / Herr, erbarm dich mein, / erbarm dich mein.

4. Lippen gabst du mir, / loben kann ich nicht: / Der du Stumme heilst, / Herr, erbarm dich mein, / erbarm dich mein.

5. Leben gabst du mir, / glauben kann ich nicht: / Der du Tote rufst, / Herr, erbarm dich mein, / erbarm dich mein.

6. Menschen gabst du mir, / lieben kann ich nicht: / Der du Wunder tust, / Herr, erbarm dich mein, / erbarm dich mein.

T: PAUL ERNST RUPPEL 1965
M: JOHANNES PETZOLD 1972

BEICHTE

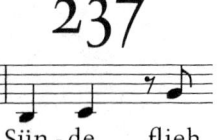

1. Und suchst du meine Sünde, flieh ich von dir zu dir, Ursprung, in den ich münde, du fern und nah bei mir.

2. Wie ich mich wend und drehe, / geh ich von dir zu dir; / die Ferne und die Nähe / sind aufgehoben hier.

3. Von dir zu dir mein Schreiten, / mein Weg und meine Ruh, / Gericht und Gnad, die beiden / bist du – und immer du.

T: SCHALOM BEN-CHORIN (UM 1950) 1966
M: KURT BOSSLER 1967

Wenn du, Herr, Sünden anrechnen willst –
Herr, wer wird bestehen?
Denn bei dir ist die Vergebung,
dass man dich fürchte.
Ich harre des Herrn, meine Seele harret,
und ich hoffe auf sein Wort.   PSALM 130,3-5

TRAUUNG

238 (Ö)

1. Herr, vor dein Antlitz treten zwei, um künftig eins zu sein und so einander Lieb und Treu bis in den Tod zu weihn.

2. Sprich selbst das Amen auf den Bund, / der sie vor dir vereint; / hilf, dass ihr Ja von Herzensgrund / für immer sei gemeint.

3. Zusammen füge Herz und Herz, / dass nichts hinfort sie trennt; / erhalt sie eins in Freud und Schmerz / bis an ihr Lebensend.

T: VIKTOR FRIEDRICH VON STRAUSS UND TORNEY 1843
M: NUN DANKET ALL UND BRINGET EHR (NR. 322)

TRAUUNG

Philipper 4,4-7 ö **239**

1. Freu-et euch im Her-ren al - le - we-ge!
Dass er Hand in Hand zum Bund euch le-ge,
A - ber-mals ver-nehmt es: Freu-et euch!
neigt sich Gott zu euch vom Him-mel-reich.
Eu - re Lie - be, die euch hier ver-bin-det,
ist von sei-ner Lie-bes-huld ver-klärt.
Wo in Gott der Mensch zum Men-schen fin-det,
ist der Se-gen stets noch ein - ge - kehrt.

2. Lasst die Lindigkeit, die ihr erfahren, / kund sein allen Menschen, die ihr zählt. / Kündet fortan von dem Wunderbaren, / das in dieser Stunde euch beseelt. / Euer Gott ist unter euch getreten! / Segnend war er euren Herzen nah! / Ja, in euren Taten und Gebeten / sei bezeugt, was euch von ihm geschah.

4. Und der Friede Gottes, welcher höher / als Vernunft und Erdenweisheit ist, / sei in eurem Bund euch täglich näher / und bewahre euch in Jesus Christ. / Er bewahre euer Herz und Sinne! / Gottes Friede sei euch zum Geleit! / Er sei mit euch heute zum Beginne; / er vollende euch in Ewigkeit!

5. Freut euch. Doch die Freude aller Frommen / kenne auch der Freude tiefsten Grund. / Gott wird einst in Christus wiederkommen! / Dann erfüllt sich erst der letzte Bund! / Er, der nah war, wird noch einmal nahen. / Seine Herrschaft wird ohn Ende sein. / Die sein Reich schon hier im Glauben sahen, / holt der König dann mit Ehren ein.

T: JOCHEN KLEPPER 1941
M: FRIEDRICH HOFMANN 1981/82

Freuet euch in dem Herrn allewege, und abermals sage ich: Freuet euch! Eure Güte lasst kund sein allen Menschen! Der Herr ist nahe! Sorgt euch um nichts, sondern in allen Dingen lasst eure Bitten in Gebet und Flehen mit Danksagung vor Gott kundwerden!
Und der Friede Gottes, der höher ist als alle Vernunft, bewahre eure Herzen und Sinne in Christus Jesus.   PHILIPPER 4,4-7

240

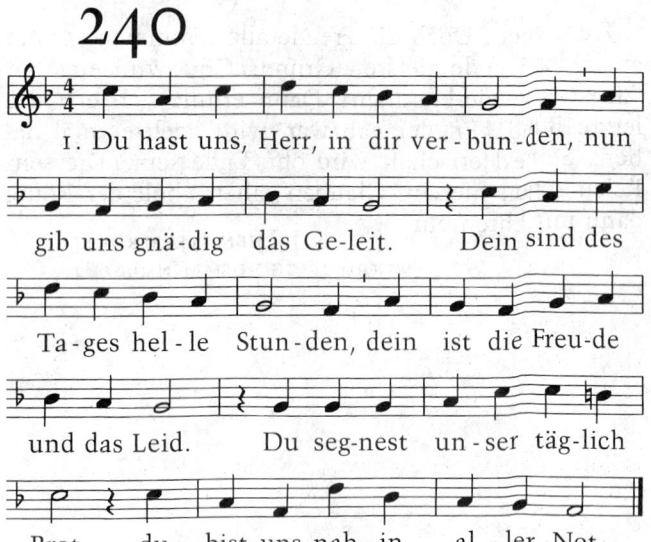

1. Du hast uns, Herr, in dir verbunden, nun gib uns gnädig das Geleit. Dein sind des Tages helle Stunden, dein ist die Freude und das Leid. Du segnest unser täglich Brot, du bist uns nah in aller Not.

2. Lass unsre Liebe ohne Wanken, / die Treue lass beständig sein. / Halt uns in Worten und Gedanken / von Zorn, Betrug und Lüge rein. / Lass uns doch füreinander stehn, / gib Augen, andrer Last zu sehn.

3. Lehr uns, einander zu vergeben, / wie du in Christus uns getan. / Herr, gib uns teil an deinem Leben, / dass nichts von dir uns scheiden kann. / Mach uns zu deinem Lob bereit, / heut, morgen und in Ewigkeit.

T: WALTER HEINECKE 1968
M: O DASS ICH TAUSEND ZUNGEN HÄTTE (NR. 330)

SAMMLUNG UND SENDUNG

241

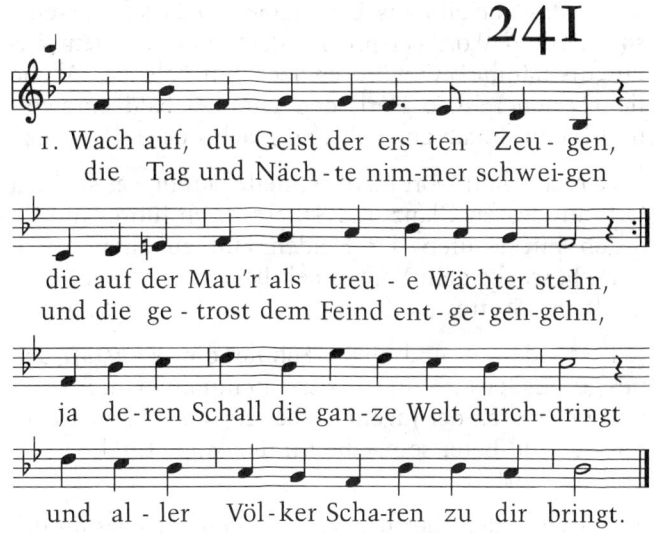

1. Wach auf, du Geist der ers-ten Zeu-gen,
die auf der Mau'r als treu-e Wächter stehn,
ja de-ren Schall die gan-ze Welt durch-dringt
und al-ler Völ-ker Scha-ren zu dir bringt.

die Tag und Näch-te nim-mer schwei-gen
und die ge-trost dem Feind ent-ge-gen-gehn,

Jes 62,6.7

2. O dass dein Feuer bald entbrennte, / o möcht es doch in alle Lande gehn! / Ach Herr, gib doch in deine Ernte / viel Knechte, die in treuer Arbeit stehn. / O Herr der Ernte, siehe doch darein: / Die Ernt ist groß, die Zahl der Knechte klein.

3. Dein Sohn hat ja mit klaren Worten / uns diese Bitt in unsern Mund gelegt. / O siehe, wie an allen Orten / sich deiner Kinder Herz und Sinn bewegt, / dich herzinbrünstig hierum anzuflehn; / drum hör, o Herr, und sprich: »Es soll geschehn.«

4. So gib dein Wort mit großen Scharen, / die in der Kraft Evangelisten sein; / lass eilend Hilf uns widerfahren / und brich in Satans Reich mit Macht hinein. / O breite, Herr, auf weitem Erdenkreis / dein Reich bald aus zu deines Namens Preis!

5. Ach dass die Hilf aus Zion käme! / O dass dein Geist, so wie dein Wort verspricht, / dein Volk aus dem Gefängnis nähme! / O würd es doch nur bald vor Abend licht! / Ach reiß, o Herr, den Himmel bald entzwei / und komm herab zur Hilf und mach uns frei! *Ps 14,7*

6. Ach lass dein Wort recht schnelle laufen, / es sei kein Ort ohn dessen Glanz und Schein. / Ach führe bald dadurch mit Haufen / der Heiden Füll zu allen Toren ein! / Ja wecke dein Volk Israel* bald auf / und also segne deines Wortes Lauf! **Röm 11,25-32*

7. Lass jede hoh und niedre Schule / die Werkstatt deines guten Geistes sein, / ja sitze du nur auf dem Stuhle / und präge dich der Jugend selber ein, / dass treuer Lehrer viel und Beter sein, / die für die ganze Kirche flehn und schrein!

8. Du wirst dein herrlich Werk vollenden, / der du der Welten Heil und Richter bist; / du wirst der Menschheit Jammer wenden, / so dunkel jetzt dein Weg, o Heilger, ist. / Drum hört der Glaub nie auf, zu dir zu flehn; / du tust doch über Bitten und Verstehn.

T: KARL HEINRICH VON BOGATZKY 1750;
STR. 8 BEARBEITET VON ALBERT KNAPP 1837
M: DIR, DIR, O HÖCHSTER, WILL ICH SINGEN (NR. 328)

SAMMLUNG UND SENDUNG

242

1. *Herr,* nun selbst den Wagen halt!
   Bald abseit geht sonst die Fahrt;
   das brächt Freud dem Widerpart, der
   dich veracht so freventlich.

2. *Gott,* erhöh deins Namens Ehr;
   wehr und straf der Bösen Grimm;
   weck die Schaf mit deiner Stimm, die
   dich lieb haben inniglich.

3. *Hilf,* dass alle Bitterkeit
   scheid, o Herr, und alte Treu
   wiederkehr und werde neu, dass
   wir ewig lobsingen dir.

T: HULDRYCH ZWINGLI (UM 1525) 1536/37,
HOCHDEUTSCH VON FRIEDRICH SPITTA 1897
M: HULDRYCH ZWINGLI (1529) 1536/37

GOTTESDIENST
243

1. Lob Gott getrost mit Singen, froh-
lock, du christlich Schar!
Dir soll es nicht misslingen, Gott
hilft dir immerdar.
Ob du gleich hier musst tragen viel Widerwärtigkeit, sollst du doch nicht verzagen;
er hilft aus allem Leid.

2. Dich hat er sich erkoren, / durch sein Wort aufer-
baut, / bei seinem Eid geschworen, / dieweil du ihm vertraut, / dass er deiner will pflegen / in aller Angst und
Not, / dein Feinde niederlegen, / die schmähen dich mit
Spott.

3. Kann und mag auch verlassen / ein Mutter je ihr
Kind / und also gar verstoßen, / dass es kein Gnad mehr
find't? / Und ob sich's möcht begeben, / dass sie so gar
abfiel: / Gott schwört bei seinem Leben, / er dich nicht
lassen will.

Jes 49,14-16

4. Darum lass dich nicht schrecken, / o du christgläub'ge Schar! / Gott wird dir Hilf erwecken / und dein selbst nehmen wahr. / Er wird seim Volk verkünden / sehr freudenreichen Trost, / wie sie von ihren Sünden / sollen werden erlöst.

5. Es tut ihn nicht gereuen, / was er vorlängst gedeut', / sein Kirche zu erneuen / in dieser fährlichn Zeit. / Er wird herzlich anschauen / dein' Jammer und Elend, / dich herrlich auferbauen / durch Wort und Sakrament.

6. Gott solln wir fröhlich loben, / der sich aus großer Gnad / durch seine milden Gaben / uns kundgegeben hat. / Er wird uns auch erhalten / in Lieb und Einigkeit / und unser freundlich walten / hier und in Ewigkeit.

T: BÖHMISCHE BRÜDER 1544
M: 16. JH. »ENTLAUBT IST UNS DER WALDE«;
GEISTLICH NÜRNBERG UM 1535,
BÖHMISCHE BRÜDER 1544,
BEI OTTO RIETHMÜLLER 1932

Mein Herz ist fröhlich in dem Herrn,
mein Haupt ist erhöht in dem Herrn.
Mein Mund hat sich weit aufgetan wider meine
Feinde, denn ich freue mich deines Heils.

1. SAMUEL 2,1

GOTTESDIENST

244 ö

1. Wach auf, wach auf, 's ist hohe Zeit, / Christ, sei mit deiner Hilf nicht weit! / Das wütend ungestüme Meer / läuft an mit Macht und drängt uns sehr.

2. Hilfst du nicht bald, so ist's geschehn, / zugrund wir müssen eilends gehn. / Bedroh der Wellen wild Gebrüll, / so legt es sich und wird ganz still.

3. Ach Herr, um deines Namens Ehr / halt uns im Fried bei deiner Lehr; / gib deiner Kirche gute Ruh, / Gesundheit und Gedeihn dazu.

4. Darüber auch das Allerbest: / dass wir im Glauben stark und fest / dich preisen und den Namen dein, / dir leben, dein lieb Völklein sein,

5. aus deinem Geist ganz neu geborn; / den gib uns, Herr, sonst ist's verlorn. / Dies alles unser Herz begehrt, / wiewohl wir deren keins sind wert.

6. Haben das Widerspiel verschuld't, / zum Zorn gereizt oft dein Geduld, / dein treue Warnung auch veracht't, / all Zucht und Ehrbarkeit verlacht.

7. Und ist vielleicht das Maß jetzt voll, / dass unsre Sünde haben soll / verdiente Straf, so g'schieht uns recht / als einem ungetreuen Knecht.

8. Jedoch, dieweil dein Wort ist gut, / so wehr all derer Übermut, / die uns dabei nicht lassen stehn / und es vertrieben möchten sehn.

9. Mach uns vor ihnen nicht zu Spott; / die Sach ist dein, o starker Gott. / Gib uns den Feinden nicht zur Schand; / wir fallen gern in deine Hand.

10. Bekehr den Feind zu Christi Lehr, / dass er mit uns dich lob und ehr / und alle Welt des inne werd, / dass du groß Wunder tust auf Erd.

T: AMBROSIUS BLARER 1561
M: DER TAG BRICHT AN UND ZEIGET SICH (NR. 438)

Die christliche Kirche ist eine Gemeinschaft von hoffenden Gläubigen, die sich weder vor dem Leben noch vor dem Tode, weder vor der Gegenwart noch vor der Zukunft fürchten müssen. REINHOLD NIEBUHR

245

1. Preis, Lob und Dank sei Gott dem Herren, / der seiner Menschen Jammer wehrt / und sammelt draus zu seinen Ehren / sich eine ewge Kirch auf Erd, / die er von Anfang schön erbauet / als seine auserwählte Stadt, / die allezeit auf ihn vertrauet / und tröst' sich solcher großen Gnad.

2. Der Heilig Geist darin regieret, / hat seine Hüter eingesetzt; / die wachen stets, wie sich's gebühret, / dass Gottes Haus sei unverletzt; / die führn das Predigtamt darinnen / und zeigen an das ewig Licht; / darin wir Bürgerrecht gewinnen / durch Glauben, Lieb und Zuversicht.

3. Die recht in dieser Kirche wohnen, / die werden in Gott selig sein; / des Todes Flut wird sie verschonen, / denn Gottes Arche schließt sie ein. / Für sie ist Christi Blut vergossen, / das sie im Glauben nehmen an, / und werden Gottes Hausgenossen, / sind ihm auch willig untertan.
1. Mose 6–8

4. Obwohl die Pforten offen stehen / und hell das Licht des Tages scheint, / kann doch hinein nicht jeder gehen, / zu sein mit Gott dem Herrn vereint. / Es ist kein Weg, denn nur der Glaube / an Jesus Christus, unsern Herrn; / wer den nicht geht, muss draußen bleiben, / solang er sich nicht will bekehrn.

5. Also wird nun Gottes Gemeine / gepflegt, erhalten in der Zeit; / Gott, unser Hort, schützt sie alleine / und segnet sie in Ewigkeit. / Auch nach dem Tod will er ihr geben / aus Christi Wohltat, Füll und Gnad / das freudenreiche ewge Leben. / Das gib auch uns, Herr unser Gott!

T: PETRUS HERBERT 1566
M: NUN SAGET DANK UND LOBT DEN HERREN (NR. 294)

GOTTESDIENST

246

1. Ach bleib bei uns, Herr Jesu Christ, weil es nun Abend* worden ist; dein göttlich Wort, das helle Licht, lass ja bei uns auslöschen nicht.

*Weltabend, letzte Zeit

2. In dieser schwern, betrübten Zeit / verleih uns, Herr, Beständigkeit, / dass wir dein Wort und Sakrament / behalten rein bis an das End.

3. Herr Jesu, hilf, dein Kirch erhalt, / wir sind arg, sicher, träg und kalt; / gib Glück und Heil zu deinem Wort, / schaff, dass es schall an allem Ort.

4. Erhalt uns nur bei deinem Wort / und wehr des Teufels Trug und Mord. / Gib deiner Kirche Gnad und Huld, / Fried, Einigkeit, Mut und Geduld.

5. Den stolzen Geistern wehre doch, / die sich mit G'walt erheben hoch / und bringen stets was Neues her, / zu fälschen deine rechte Lehr.

6. Die Sach und Ehr, Herr Jesu Christ, / nicht unser, sondern dein ja ist; / darum so steh du denen bei, / die sich auf dich verlassen frei.

7. Dein Wort ist unsers Herzens Trutz / und deiner Kirche wahrer Schutz; / dabei erhalt uns, lieber Herr, / dass wir nichts andres suchen mehr.

T: NÜRNBERG 1611; STR. 1 1579 NACH »VESPERA IAM
VENIT« VON PHILIPP MELANCHTHON 1551;
STR. 2–7 NIKOLAUS SELNECKER (VOR 1572) 1578
M: ERHALT UNS, HERR, BEI DEINEM WORT (NR. 193)

247

1. Herr, unser Gott, lass nicht zuschanden werden die, so in ihren Nöten und Beschwerden bei Tag und Nacht auf deine Güte hoffen und zu dir rufen, und zu dir rufen.

2. Mache zuschanden alle, die dich hassen, / die sich allein auf ihre Macht verlassen. / Ach kehre dich mit Gnaden zu uns Armen, / lass dich's erbarmen, / lass dich's erbarmen,

GOTTESDIENST

3. und schaff uns Beistand wider unsre Feinde! / Wenn du ein Wort sprichst, werden sie bald Freunde. / Herr, wehre der Gewalt auf dieser Erde, / dass Friede werde, / dass Friede werde.

4. Wir haben niemand, dem wir uns vertrauen, / vergebens ist's, auf Menschenhilfe bauen. / Wir traun auf dich, wir schrein in Jesu Namen: / Hilf, Helfer! Amen. / Hilf, Helfer! Amen.

T: JOHANN HEERMANN 1630
M: MATTHÄUS APELLES VON LÖWENSTERN 1644
»CHRISTE, DU BEISTAND DEINER KREUZGEMEINE«

248

1. Treu-er Wäch-ter Is-ra-el', des sich freu-et mei-ne Seel, der du weißt um al-les Leid dei-ner ar-men Chris-ten-heit, o du Wäch-ter, der du nicht schläfst noch schlum-merst, zu uns richt dein hilf-rei-ches An-ge-sicht.

Ps 121,4

2. Schau, wie große Not und Qual / trifft dein Volk jetzt überall; / täglich wird der Trübsal mehr. / Hilf, ach hilf, schütz deine Lehr. / Wir verderben, wir vergehn, / nichts wir sonst vor Augen sehn, / wo du nicht bei uns wirst stehn.

3. Jesu, der du Jesus heißt, / als ein Jesus Hilfe leist! / Hilf mit deiner starken Hand, / Menschenhilf hat sich gewandt. / Eine Mauer um uns bau, / dass dem Feinde davor grau, / er mit Zittern sie anschau.

4. Deines Vaters starker Arm, / komm und unser dich erbarm. / Lass jetzt sehen deine Macht, / drauf wir hoffen Tag und Nacht; / aller Feinde Rotten trenn, / dass dich alle Welt erkenn, / aller Herren Herren nenn.

5. Andre traun auf ihre Kraft, / auf ihr Glück und Ritterschaft, / deine Christen traun auf dich, / auf dich traun sie festiglich. / Lass sie werden nicht zuschand', / bleib ihr Helfer und Beistand, / sind sie dir doch all bekannt.

6. Du bist ja der Held und Mann, / der den Kriegen steuern kann, / der da Spieß und Schwert zerbricht, / der die Bogen macht zunicht, / der die Wagen gar verbrennt / und der Menschen Herzen wend't, / dass der Krieg gewinnt ein End.   *Ps 46,10*

7. Jesu, wahrer Friedefürst, / der du Frieden bringen wirst, / weil du hast durch deinen Tod / wiederbracht den Fried bei Gott: / Gib uns Frieden gnädiglich! / So wird dein Volk freuen sich, / dafür ewig preisen dich.

T: JOHANN HEERMANN 1630
M: WUNDERBARER GNADENTHRON (NR. 38)

249

1. Ver-za-ge nicht, du Häuf-lein klein,
ob-schon die Fein - de wil-lens sein,
dich gänz-lich zu ver-stö - ren,
und su-chen dei - nen Un-ter- gang,
da-von dir wird recht angst und bang:
Es wird nicht lan-ge wäh - - ren.

2. Tröste dich nur, dass deine Sach / ist Gottes, dem befiehl die Rach / und lass es ihn nur walten. / Er wird durch einen Gideon,* / den er wohl weiß, dir helfen schon, / dich und sein Wort erhalten.   *Ri 6–8

3. So wahr Gott Gott ist und sein Wort, / muss Teufel, Welt und Höllenpfort / und was dem tut anhangen / endlich werden zu Hohn und Spott; / Gott ist mit uns und wir mit Gott, / den Sieg wolln wir erlangen.

4. Ach Gott, gib indes deine Gnad, / dass wir all Sünd und Missetat / in rechter Buß erkennen / und glauben fest an Jesus Christ, / zu helfen er ein Meister ist, / wie er sich selbst tut nennen.

5. Hilf, dass wir auch nach deinem Wort / gottselig leben immerfort / zu Ehren deinem Namen, / dass uns dein guter Geist regier, / auf ebner Bahn zum Himmel führ / durch Jesus Christus, Amen.

T: JAKOB FABRICIUS 1632
M: KOMMT HER ZU MIR, SPRICHT GOTTES SOHN
(NR. 363)

Fürchte dich nicht, du kleine Herde!
Denn es hat eurem Vater wohlgefallen, euch
das Reich zu geben. LUKAS 12,32

250

1. Ich lobe dich von ganzer Seelen, dass du auf diesem Erdenkreis dir wollen eine Kirch erwählen zu deines Namens Lob und Preis, darinnen sich viel Menschen finden in einer heiligen Gemein, die da von allen ihren Sünden durch Christi Blut gewaschen sein.

2. Du rufest auch noch heutzutage, / dass jedermann erscheinen soll; / man höret immer deine Klage, / dass nicht dein Haus will werden voll. / Deswegen schickst du auf die Straßen, / zu laden alle, die man find't; / du willst auch die berufen lassen, / die blind und lahm und elend sind.

Lk 14,16-24

3. Du, Gott, hast dir aus vielen Zungen / der Völker eine Kirch gemacht, / darin dein Lob dir wird gesungen / in einer wunderschönen Pracht, / die sämtlich unter Christus stehen / als ihrem königlichen Haupt / und in Gemeinschaft dies begehen, / was jeder Christ von Herzen glaubt.

4. Wir wolln uns nicht auf Werke gründen, / weil doch kein Mensch vor Gott gerecht; / und will sich etwas Gutes finden, / so sind wir dennoch böse Knecht. / Mit Glauben müssen wir empfangen, / was Christi Leiden uns bereit'; / im Glauben müssen wir erlangen / der Seelen Heil und Seligkeit. *Röm 3,28*

5. Erhalt uns, Herr, im rechten Glauben / noch fernerhin bis an das End; / ach lass uns nicht die Schätze rauben: / dein heilig Wort und Sakrament. / Erfüll die Herzen deiner Christen / mit Gnade, Segen, Fried und Freud, / durch Liebesfeu'r sie auszurüsten / zur ungefärbten Einigkeit.

T: FRIEDRICH KONRAD HILLER 1711
M: NUN SAGET DANK UND LOBT DEN HERREN (NR. 294)

GOTTESDIENST
251

1. Herz und Herz vereint zusammen / sucht in Gottes Herzen Ruh. / Lasset eure Liebesflammen / lodern auf den Heiland zu. / Er das Haupt, wir seine Glieder, / er das Licht und wir der Schein, / er der Meister, wir die Brüder, / er ist unser, wir sind sein.

2. Kommt, ach kommt, ihr Gnadenkinder, / und erneuert euren Bund, / schwöret unserm Überwinder / Lieb und Treu aus Herzensgrund; / und wenn eurer Liebeskette / Festigkeit und Stärke fehlt, / o so flehet um die Wette, / bis sie Jesus wieder stählt.

3. Legt es unter euch, ihr Glieder, / auf so treues Lieben an, / dass ein jeder für die Brüder / auch das Leben lassen kann. / So hat uns der Freund geliebet, / so vergoss er dort sein Blut; / denkt doch, wie es ihn betrübet, / wenn ihr euch selbst Eintrag tut.

4. Halleluja, welche Höhen, / welche Tiefen reicher Gnad, / dass wir dem ins Herze sehen, / der uns so geliebet hat; / dass der Vater aller Geister, / der der Wunder Abgrund ist, / dass du, unsichtbarer Meister, / uns so fühlbar nahe bist.

5. Ach du holder Freund, vereine / deine dir geweihte Schar, / dass sie es so herzlich meine, / wie's dein letzter Wille war. / Ja verbinde in der Wahrheit, / die du selbst im Wesen bist, / alles, was von deiner Klarheit / in der Tat erleuchtet ist.

6. Liebe, hast du es geboten, / dass man Liebe üben soll, / o so mache doch die toten, / trägen Geister lebensvoll. / Zünde an die Liebesflamme, / dass ein jeder sehen kann: / Wir, als die von einem Stamme, / stehen auch für einen Mann.

7. Lass uns so vereinigt werden, / wie du mit dem Vater bist, / bis schon hier auf dieser Erden / kein getrenntes Glied mehr ist, / und allein von deinem Brennen / nehme unser Licht den Schein; / also wird die Welt erkennen, / dass wir deine Jünger sein.

T: NIKOLAUS LUDWIG VON ZINZENDORF (1723) 1725,
BEARBEITET VON CHRISTIAN GREGOR 1778
UND ALBERT KNAPP 1837
M: 17. JH.; GEISTLICH BAMBERG 1732,
HERRNHAAG UM 1735

252

1. Je-su, der du bist al-lei-ne Haupt und Kö-nig der Ge-mei-ne: Seg-ne mich, dein ar-mes Glied; wollst mir neu-en Ein-fluss ge-ben dei-nes Geis-tes, dir zu le-ben; stär-ke mich durch dei-ne Güt.

2. Ach dein Lebensgeist durchdringe, / Gnade, Kraft und Segen bringe / deinen Gliedern allzumal, / wo sie hier zerstreuet wohnen / unter allen Nationen, / die du kennest überall.

3. O wie lieb ich, Herr, die Deinen, / die dich suchen, die dich meinen; / o wie köstlich sind sie mir! / Du weißt, wie mich's oft erquicket, / wenn ich Seelen hab erblicket, / die sich ganz ergeben dir.

4. Ich umfasse, die dir dienen; / ich verein'ge mich mit ihnen, / und vor deinem Angesicht / wünsch ich Zion tausend Segen; / stärke sie in deinen Wegen, / leite sie in deinem Licht.

5. Die in Kreuz und Leiden leben, / stärke, dass sie ganz ergeben / ihre Seel in deine Hand; / lass sie dadurch werden kleiner / und von allen Schlacken reiner, / ganz und gar in dich gewandt.

6. Lass die Deinen noch auf Erden / ganz nach deinem Herzen werden; / mache deine Kinder schön, / abgeschieden, klein und stille, / sanft, einfältig, wie dein Wille / und wie du sie gern willst sehn.

7. Sonderlich gedenke deren, / die es, Herr, von mir begehren, / dass ich für sie beten soll. / Auf dein Herz will ich sie legen, / gib du jedem solchen Segen, / wie es Not; du kennst sie wohl.

8. Teuer hast du uns erworben, / da du bist am Kreuz gestorben; / denke, Jesu, wir sind dein. / Halt uns fest, solang wir leben / und in dieser Wüste schweben; / lass uns nimmermehr allein,

9. bis wir einst mit allen Frommen / dort bei dir zusammenkommen / und, von allen Flecken rein, / da vor deinem Throne stehen, / uns in dir, dich in uns sehen, / ewig eins in dir zu sein.

T: GERHARD TERSTEEGEN 1731
M: ALLES IST AN GOTTES SEGEN (NR. 352)

Herr, unser Gott, sei mit uns; mit deinem Geiste berühre uns, dass unsere Herzen etwas empfangen mögen und wir Freude haben können auch im Leben des Kampfes und der Anfechtung und im Leben vieler Not, auch des Todes. Behüte uns in deinem Wort und lass es uns immer wieder Licht werden, damit wir auch dir folgen und deinen Willen tun können. Sei mit uns auf allen unseren Wegen und leite du alles mit deiner Hand.

CHRISTOPH BLUMHARDT

253

1. Ich glaube, dass die Heiligen im Geist Gemeinschaft haben, weil sie in einer Gnade stehn und eines Geistes Gaben. So viele Christus nennet sein, die haben alles Gut gemein und alle Himmelsschätze.

2. Denn in der neuen Kreatur / ist keiner klein noch größer; / wir haben *einen* Christus nur, / den einigen Erlöser. / Das Licht, das Heil, der Morgenstern, / Wort, Tauf und Nachtmahl unsres Herrn / ist allen gleich geschenket.

3. Wir haben alle überdies / Gemeinschaft an dem Leiden, / am Kreuz, an der Bekümmernis, / an Spott und Traurigkeiten; / wir tragen, doch nicht ohne Ruhm, / allzeit das Sterben Jesu um / an dem geplagten Leibe.

Gal 6,17

4. So trägt ein Glied des andern Last / um seines Hauptes willen; / denn wer der andern Lasten fasst, / lernt das Gesetz erfüllen, / worin uns Christus vorangeht. / Dies königlich Gebot besteht / in einem Worte: Liebe.

Gal 6,2

5. Ich will mich der Gemeinschaft nicht / der Heiligen entziehen; / wenn meinen Nächsten Not anficht, / so will ich ihn nicht fliehen. / Hab ich Gemeinschaft an dem Leid, / so lass mich an der Herrlichkeit / auch einst Gemeinschaft haben.

T: PHILIPP FRIEDRICH HILLER 1731
M: BIS HIERHER HAT MICH GOTT GEBRACHT (NR. 329)

Denn wie der Leib einer ist und doch viele Glieder hat, alle Glieder des Leibes aber, obwohl sie viele sind, doch ein Leib sind: so auch Christus. Denn wir sind durch einen Geist alle zu einem Leib getauft.

1. KORINTHER 12,12.13

GOTTESDIENST

254

Erste Melodie

1. Wir wolln uns ger-ne wa-gen, in un-sern Ta-gen der Ru-he ab-zu-sa-gen, die's Tun ver-gisst. Wir wolln nach Ar-beit fra-gen, wo wel-che ist, nicht an dem Amt ver-za-gen, uns fröh-lich pla-gen und uns-re Steine tra-gen aufs Bau-ge-rüst.

Zweite Melodie

1. Wir wolln uns ger-ne wa-gen, in un-sern Ta-gen der Ru-he ab-zu-sa-gen, die's Tun ver-gisst. Wir wolln nach Ar-beit

SAMMLUNG UND SENDUNG

fra - gen, wo wel - che ist, nicht an dem Amt ver - za - gen, uns fröh - lich pla - gen und uns-re Stei-ne tra - gen aufs Bau - ge - rüst.

2. Die Liebe wird uns leiten, / den Weg bereiten / und mit den Augen deuten / auf mancherlei, / ob's etwa Zeit zu streiten, / ob's Rasttag sei. / Wir sehen schon von weitem / die Grad und Zeiten / verheißner Seligkeiten: / nur treu, nur treu!

3. Wir sind nicht einsam blieben, / wir wolln uns üben / mit größern Gnadentrieben / als eins allein. / Wir sind am Stamm geblieben / der Kreuzgemein. / Drum gilt's gemeinsam lieben, / sich mit betrüben / und unsre Lasten schieben, / die Christi sein.

4. Wir sind in ihm zufrieden; / was uns hienieden / als Last von ihm beschieden, / hat sein Gewicht; / doch ist das Joch für jeden / drauf eingericht'. / Drum mag der Leib ermüden: / Wir gehn im Frieden, / von Jesus ungeschieden, / und sterben nicht.

T: NIKOLAUS LUDWIG VON ZINZENDORF STR.1 1736;
STR. 2–4 1733
ERSTE MELODIE: MANFRED SCHLENKER 1986
ZWEITE MELODIE: GUSTAV PEZOLD 1911

1. O dass doch bald dein Feuer brennte, du unaussprechlich Liebender, und bald die ganze Welt erkennte, dass du bist König, Gott und Herr!

2. Zwar brennt es schon in heller Flamme, / jetzt hier, jetzt dort, in Ost und West, / dir, dem für uns erwürgten Lamme, / ein herrlich Pfingst- und Freudenfest;

3. und noch entzünden Himmelsfunken / so manches kalte, tote Herz / und machen Durst'ge freudetrunken / und heilen Sünd und Höllenschmerz.

4. Verzehre Stolz und Eigenliebe / und sondre ab, was unrein ist, / und mehre jener Flamme Triebe, / die dir nur glüht, Herr Jesu Christ.

5. Erwecke, läutre und vereine / des ganzen Christenvolkes Schar / und mach in deinem Gnadenscheine / dein Heil noch jedem offenbar.

6. Du unerschöpfter Quell des Lebens, / allmächtig starker Gotteshauch, / dein Feuermeer ström nicht vergebens. / Ach zünd in unsern Herzen auch.

7. Schmelz alles, was sich trennt, zusammen / und baue deinen Tempel aus; / lass leuchten deine heilgen Flammen / durch deines Vaters ganzes Haus.

8. Beleb, erleucht, erwärm, entflamme / doch bald die ganze weite Welt / und zeig dich jedem Völkerstamme / als Heiland, Friedefürst und Held.

9. Dann tönen dir von Millionen / der Liebe Jubelharmonien, / und alle, die auf Erden wohnen, / knien vor den Thron des Lammes hin.

T: GEORG FRIEDRICH FICKERT 1812
M: GUILLAUME FRANC 1543
(ZUM ZEHN-GEBOTE-LIED)

Herr, erwecke deine Kirche und fange bei mir an. Herr, baue deine Gemeinde auf und fange bei mir an. Herr, lass Frieden und Gotteserkenntnis überall auf Erden kommen und fange bei mir an. Herr, bringe deine Liebe und Wahrheit zu allen Menschen und fange bei mir an. AUS CHINA

2. Nicht wir haben dich erwählet, / du selbst hast unsre Zahl gezählet / nach deinem ewgen Gnadenrat; / unsre Kraft ist schwach und nichtig, / und keiner ist zum Werke tüchtig, / der nicht von dir die Stärke hat. / Drum brich den eignen Sinn, / denn Armut ist Gewinn / für den Himmel; / wer in sich schwach, / folgt, Herr, dir nach / und trägt mit Ehren deine Schmach.

3. O Herr Jesu, Ehrenkönig, / die Ernt ist groß, der Schnitter wenig, / drum sende treue Zeugen aus. / Send auch uns hinaus in Gnaden, / viel arme Gäste dir zu laden / zum Mahl in deines Vaters Haus. / Wohl dem, den deine Wahl / beruft zum Abendmahl / im Reich Gottes! / Da ruht der Streit, / da währt die Freud / heut, gestern und in Ewigkeit.

4. Sieh auf deine Millionen, / die noch im Todesschatten wohnen, / von deinem Himmelreiche fern. / Seit Jahrtausenden ist ihnen / kein Evangelium erschienen, / kein gnadenreicher Morgenstern. / Glanz der Gerechtigkeit, / geh auf, denn es ist Zeit! / Komm, Herr Jesu, / zieh uns voran / und mach uns Bahn, / gib deine Türen aufgetan.

5. Heiland, deine größten Dinge / beginnest du still und geringe. / Was sind wir Armen, Herr, vor dir? / Aber du wirst für uns streiten / und uns mit deinen Augen leiten; / auf deine Kraft vertrauen wir. / Dein Senfkorn, arm und klein, / wächst ohne großen Schein / doch zum Baume, / weil du, Herr Christ, / sein Hüter bist, / dem es von Gott vertrauet ist.

Mt 13,31.32

T: ALBERT KNAPP (1822) 1824
M: WACHET AUF, RUFT UNS DIE STIMME (NR. 147)

GOTTESDIENST

257

1. Der du in Todesnächten erkämpft das Heil der Welt
und dich als den Gerechten zum Bürgen dargestellt,
der du den Feind bezwungen, den Himmel aufgetan:
Dir stimmen unsre Zungen ein Halleluja an.

2. Im Himmel und auf Erden / ist alle Macht nun dein, / bis alle Völker werden / zu deinen Füßen sein, / bis die von Süd und Norden, / bis die von Ost und West / sind deine Gäste worden / bei deinem Hochzeitsfest.

3. Noch werden sie geladen, / noch gehn die Boten aus, / um mit dem Ruf der Gnaden / zu füllen dir dein Haus. / Es ist kein Preis zu teuer, / es ist kein Weg zu schwer, / hinauszustreun dein Feuer / ins weite Völkermeer.

4. O sammle deine Herden / dir aus der Völker Zahl, / dass viele selig werden / und ziehn zum Abendmahl. / Schließ auf die hohen Pforten, / es strömt dein Volk heran; / wo noch nicht Tag geworden, / da zünd dein Feuer an!

Offb 19,9

T: CHRISTIAN GOTTLOB BARTH 1827
M: VALET WILL ICH DIR GEBEN (NR. 523)

SAMMLUNG UND SENDUNG

258

Zieht in Frieden eure Pfade.
Mit euch des großen Gottes Gnade
und seiner heil'gen Engel Wacht! Wenn euch
Jesu Hände schirmen, geht's unter Sonnenschein und Stürmen
getrost und froh bei Tag und Nacht. Lebt wohl, lebt
wohl im Herrn! Er sei euch nimmer fern
spät und frühe. Vergesst uns nicht in seinem Licht und wenn ihr sucht sein Angesicht.

T: GUSTAV KNAK 1843
M: WACHET AUF, RUFT UNS DIE STIMME (NR. 147)

GOTTESDIENST

259

1. Kommt her, des Königs Aufgebot, die seine Fahne fassen,
dass freudig wir in Drang und Not sein Lob erschallen lassen.
Er hat uns seiner Wahrheit Schatz zu wahren anvertrauet.
Für ihn wir treten auf den Platz, und wo's den Herzen grauet,
zum König aufgeschauet.

2. Ob auch der Feind mit großem Trutz / und mancher List will stürmen, / wir haben Ruh und sichern Schutz / durch seines Armes Schirmen. / Wie Gott zu unsern Vätern trat / auf ihr Gebet und Klagen, / wird er, zu Spott dem feigen Rat, / uns durch die Fluten tragen. / Mit ihm wir wollen's wagen.

3. Er mache uns im Glauben kühn / und in der Liebe reine. / Er lasse Herz und Zunge glühn, / zu wecken die Gemeine. / Und ob auch unser Auge nicht / in seinen Plan mag dringen: / Er führt durch Dunkel uns zum Licht, / lässt Schloss und Riegel springen. / Des wolln wir fröhlich singen!

T: FRIEDRICH SPITTA 1898
M: HEINRICH SCHÜTZ 1661 (ZU PSALM 97)

Ewiger, gütiger Gott, schau gnädig auf deine Kirche, denn du allein bist ihre Macht und ihr Schutz. Halte uns fest, dass wir nicht straucheln und fallen, sondern bestehen in dem Kampf, der uns bestimmt ist.

GOTTESDIENST
260 ö

SAMMLUNG UND SENDUNG

Einstimmig oder im Kanon

Gleich-wie mich mein Va-ter ge-sandt hat, so sen-de ich euch.

T: JOHANNES 20,21; LUKAS 4,18
M: PAUL ERNST RUPPEL 1963

261

Herr, wo-hin, Herr, wo-hin sol-len wir ge - hen? Du hast Wor-te des e-wi-gen Le - - - bens, hast Wor-te des e - - wi-gen Le - bens.

T: JOHANNES 6,68
KANON FÜR 3 STIMMEN: ALFRED STIER 1949

ÖKUMENE

262 ö

1. Son-ne der Ge-rech-tig-keit, ge-he auf zu uns-rer Zeit; brich in dei-ner Kir-che an, dass die Welt es se-hen kann. Er-barm dich, Herr.

Mal 3,20

2. Weck die tote Christenheit / aus dem Schlaf der Sicherheit, / dass sie deine Stimme hört, / sich zu deinem Wort bekehrt. / Erbarm dich, Herr.

3. Schaue die Zertrennung an, / der sonst niemand wehren kann; / sammle, großer Menschenhirt, / alles, was sich hat verirrt. / Erbarm dich, Herr.

4. Tu der Völker Türen auf; / deines Himmelreiches Lauf / hemme keine List noch Macht. / Schaffe Licht in dunkler Nacht. / Erbarm dich, Herr.

5. Gib den Boten Kraft und Mut, / Glauben, Hoffnung, Liebesglut, / und lass reiche Frucht aufgehn, / wo sie unter Tränen sä'n. / Erbarm dich, Herr.

6. Lass uns deine Herrlichkeit / sehen auch in dieser Zeit / und mit unsrer kleinen Kraft / suchen, was den Frieden schafft. / Erbarm dich, Herr.

7. Lass uns eins sein, Jesu Christ, / wie du mit dem Vater bist, / in dir bleiben allezeit / heute wie in Ewigkeit. / Erbarm dich, Herr.

T UND M: NR. 263,
ÖKUMENISCHE FASSUNG 1973

263

1. Sonne der Gerechtigkeit, / gehe auf zu unsrer Zeit; / brich in deiner Kirche an, / dass die Welt es sehen kann. / Erbarm dich, Herr. *Mal 3,20*

2. Weck die tote Christenheit / aus dem Schlaf der Sicherheit; / mache deinen Ruhm bekannt / überall im ganzen Land. / Erbarm dich, Herr.

3. Schaue die Zertrennung an, / der kein Mensch sonst wehren kann; / sammle, großer Menschenhirt, / alles, was sich hat verirrt. / Erbarm dich, Herr.

4. Tu der Völker Türen auf, / deines Himmelreiches Lauf / hemme keine List noch Macht. / Schaffe Licht in dunkler Nacht. / Erbarm dich, Herr.

5. Gib den Boten Kraft und Mut, / Glaubenshoffnung, Liebesglut, / lass viel Früchte deiner Gnad / folgen ihrer Tränensaat. / Erbarm dich, Herr.

GOTTESDIENST

6. Lass uns deine Herrlichkeit ferner sehn in dieser Zeit und mit unsrer kleinen Kraft üben gute Ritterschaft. Erbarm dich, Herr.

7. Kraft, Lob, Ehr und Herrlichkeit / sei dem Höchsten allezeit, / der, wie er ist drei in ein, / uns in ihm lässt eines sein. / Erbarm dich, Herr.

T: STR.1.6 CHRISTIAN DAVID (1728) 1741;
STR.2.4.5 CHRISTIAN GOTTLOB BARTH 1827;
STR.3.7 JOHANN CHRISTIAN NEHRING 1704,
NEU GESTALTET VON OTTO RIETHMÜLLER 1932
M: BÖHMEN 1467, NÜRNBERG 1556;
GEISTLICH BÖHMISCHE BRÜDER 1566

ÖKUMENE

264

1. Die Kirche steht gegründet allein auf Jesus Christ, sie, die des großen Gottes erneute Schöpfung ist. Vom Himmel kam er nieder und wählte sie zur Braut, hat sich mit seinem Blute ihr ewig angetraut.

1. Kor 3,11; Offb 21,2

2. Erkorn aus allen Völkern, / doch als ein Volk gezählt, / ein Herr ist's und ein Glaube, / ein Geist, der sie beseelt, / und einen heilgen Namen / ehrt sie, ein heilges Mahl, / und eine Hoffnung teilt sie / kraft seiner Gnadenwahl.

3. Schon hier ist sie verbunden / mit dem, der ist und war, / hat selige Gemeinschaft / mit der Erlösten Schar, / mit denen, die vollendet. / Zu dir, Herr, rufen wir: / Verleih, dass wir mit ihnen / dich preisen für und für.

T: ANNA THEKLA VON WELING 1898 NACH DEM
ENGLISCHEN »THE CHURCH'S ONE FOUNDATION«
VON SAMUEL JOHN STONE 1866
M :. SAMUEL SEBASTIAN WESLEY 1864

GOTTESDIENST

1. The Church's one foundation is Jesus Christ her Lord; she is his new creation by water and the word: From heaven he came and sought her to be his holy bride; with his own blood he bought her, and for her life he died.

2. Elect from every nation, / yet one o'er all the earth, / her charter of salvation / one Lord, one faith, one birth, / one holy name she blesses, / partakes one holy food, / and to one hope she presses / with every grace endued.

3. Yet she in earth hath union / with God the Three in One, / and mystic sweet communion / with those whose rest is won; / o happy ones and holy! / Lord, give us grace that we / like them, the meek and lowly, / on high may dwell with Thee.

ÖKUMENE

ö 265

1. Nun singe Lob, du Christenheit, dem Vater, Sohn und Geist, der allerorts und allezeit sich gütig uns erweist,

2. der Frieden uns und Freude gibt, / den Geist der Heiligkeit, / der uns als seine Kirche liebt, / ihr Einigkeit verleiht.

3. Er lasse uns Geschwister sein, / der Eintracht uns erfreun, / als seiner Liebe Widerschein / die Christenheit erneun.

4. Du guter Hirt, Herr Jesus Christ, / steh deiner Kirche bei, / dass über allem, was da ist, / ein Herr, ein Glaube sei.

5. Herr, mache uns im Glauben treu / und in der Wahrheit frei, / dass unsre Liebe immer neu / der Einheit Zeugnis sei.

T: GEORG THURMAIR (1964) 1967
M: NUN DANKET ALL UND BRINGET EHR (NR. 322)

GOTTESDIENST

266 ö

1. Der Tag, mein Gott, ist nun vergangen und wird vom Dunkel überweht. Am Morgen hast du Lob empfangen, zu dir steigt unser Nachtgebet.

2. Die Erde rollt dem Tag entgegen; / wir ruhen aus in dieser Nacht / und danken dir, wenn wir uns legen, / dass deine Kirche immer wacht.

3. Denn unermüdlich, wie der Schimmer / des Morgens um die Erde geht, / ist immer ein Gebet und immer / ein Loblied wach, das vor dir steht.

4. Die Sonne, die uns sinkt, bringt drüben / den Menschen überm Meer das Licht: / Und immer wird ein Mund sich üben, / der Dank für deine Taten spricht.

5. So sei es, Herr: Die Reiche fallen, / dein Thron allein wird nicht zerstört; / dein Reich besteht und wächst, bis allen / dein großer, neuer Tag gehört.

T: GERHARD VALENTIN 1964 NACH DEM ENGLISCHEN
»THE DAY THOU GAVEST, LORD, IS ENDED«
VON JOHN F. ELLERTON 1870
M UND SATZ: CLEMENT COTTERILL SCHOLEFIELD 1874

1. The day thou gavest, Lord, is ended, / The darkness falls at thy behest; / To thee our morning hymns ascended, / Thy praise shall sanctify our rest.

2. We thank thee that thy Church unsleeping, / While earth rolls onward into light, / Through all the world her watch is keeping, / And rests not now by day or night.

3. As o'er each continent and island / The dawn leads on another day, / The voice of prayer is never silent, / Nor dies the strain of praise away.

4. The sun that bids us rest is waking / Our brethren 'neath the western sky, / And hour by hour fresh lips are making / Thy wondrous doings heard on high.

5. So be it, Lord; thy throne shall never, / Like earth's proud empires, pass away: / Thy kingdom stands, and grows for ever, / Till all thy creatures own thy sway.

GOTTESDIENST
267

1. Herr, du hast darum gebetet, dass wir alle eines sein. Hilf du selber uns zur Einheit, denn die Kirche ist ja dein.

Joh 17,20.21

2. Lass den Christen uns begegnen, / die in andern Kirchen stehn / und sich dort – wie wir es hier tun – / mühen, deinen Weg zu gehn,

3. die mit andern Stimmen loben / deinen Namen, Jesus Christ, / der für sie – wie auch für uns, Herr – / Name ohnegleichen ist.

4. Lass uns zueinander stehen, / ganz so, wie es dir gefällt, / lass dein Reich in Wahrheit kommen, / Herr, in unsre müde Welt.

5. Dein Volk ist nicht unsre Kirche, / unsre Konfession allein, / denn dein Volk, Herr, ist viel größer. / Brich mit deinem Reich herein!

T UND M: OTMAR SCHULZ 1967/1971

ÖKUMENE
268

1. Strahlen brechen viele aus einem Licht. Unser Licht heißt Christus. Strahlen brechen viele aus einem Licht – und wir sind eins durch ihn.

2. Zweige wachsen viele aus einem Stamm. / Unser Stamm heißt Christus. / Zweige wachsen viele aus einem Stamm – / und wir sind eins durch ihn.

3. Gaben gibt es viele, Liebe vereint. / Liebe schenkt uns Christus. / Gaben gibt es viele, Liebe vereint – / und wir sind eins durch ihn.

4. Dienste leben viele aus einem Geist, / Geist von Jesus Christus. / Dienste leben viele aus einem Geist – / und wir sind eins durch ihn.

5. Glieder sind es viele, doch nur ein Leib. / Wir sind Glieder Christi. / Glieder sind es viele, doch nur ein Leib – / und wir sind eins durch ihn.

T: DIETER TRAUTWEIN 1976
NACH DEM SCHWEDISCHEN
»LÅGORNA ÄR MÅNGA, LJUSET ÄR ETT«
VON ANDERS FROSTENSON (1972) 1974
M: OLLE WIDESTRAND 1974

GOTTESDIENST

1. Lågorna är många, ljuset är ett, ljuset Jesus Kristus, lågorna är många, ljuset är ett, vi är ett i honom!

2. Grenarna är många, trädet är ett, / trädet – Jesus Kristus, / grenarna är många, trädet är ett, / vi är ett i honom!

3. Gåvorna är många, Anden är en, / finns i Jesus Kristus, / gåvorna är många, Anden är en, / vi är ett i honom!

4. Tjänsterna är många, Herren är en, / Herren Jesus Kristus, / tjänsterna är många, Herren är en, / vi är ett i honom!

5. Lemmarna är många, kroppen är en, / Jesu Kristi kyrka, / lemmarna är många, kroppen är en, / vi är ett i honom!

ÖKUMENE

269 Andere Melodie: Gelobt sei Gott im höchsten Thron (Nr. 103)

1. Christus ist König, jubelt laut! Brüder und Schwestern, auf ihn schaut. Die Welt soll sehn, wem ihr vertraut. Halleluja, Halleluja, Halleluja.

2. Groß ist der Herr, ihr Freunde, singt. / Festliche Lieder vor ihn bringt. / Gemeinsam Gottes Lob erklingt. / Halleluja, Halleluja, Halleluja.

3. Ihr Christen alle, Frau und Mann, / fangt wie die Jünger Jesu an, / getreu zu folgen Gottes Plan. / Halleluja, Halleluja, Halleluja.

4. Die Macht der Liebe neu vereint, / was heute noch geschieden scheint. / Im Dienst des Herrn ist niemand Feind. / Halleluja, Halleluja, Halleluja.

5. Nach Gottes Willen wird geschehn, / dass wir vereint die Kirche sehn, / bereit, zu neuem Dienst zu gehn. / Halleluja, Halleluja, Halleluja.

T: WALTER SCHULZ 1983 NACH DEM ENGLISCHEN
»CHRIST IS THE KING, O FRIENDS REJOICE«
VON GEORGE KENNEDY ALLEN BELL 1931
M: CHARLES RICHARD ANDERS (1975) 1978

BIBLISCHE
GESÄNGE

PSALMEN UND LOBGESÄNGE

Im Wechsel zwischen zwei Gruppen   Psalm 8   **270**

1. Herr, unser Herrscher, wie herrlich bist du! Erde und Himmel sind voll deiner Ehre. Kinder und Säuglinge künden dein Lob.

2. Kinder und Säuglinge künden dein Lob, / spotten der Übermacht all deiner Feinde. / Hoch wölbt dein Himmel sich auch über sie.

3. Hoch wölbt dein Himmel sich auch über sie. / Seh ich die Sonne, den Mond und die Sterne – / was ist der Mensch, dass du seiner gedenkst?

4. Was ist der Mensch, dass du seiner gedenkst? / Des Menschen Kind, dass du seiner dich annimmst? / Du hast ihn herrlich erhoben zu dir.

5. Du hast ihn herrlich erhoben zu dir, / hast ihn erwählt dir zum Freund und Gehilfen. / Die ganze Welt hast du ihm anvertraut.

6. Die ganze Welt hast du ihm anvertraut, / alles Geschaffene, alles, was lebt. / Herr, unser Herrscher, wie herrlich bist du!

T UND M: JOHANNES PETZOLD 1975

BIBLISCHE GESÄNGE

271 ö Psalm 8; Römer 8

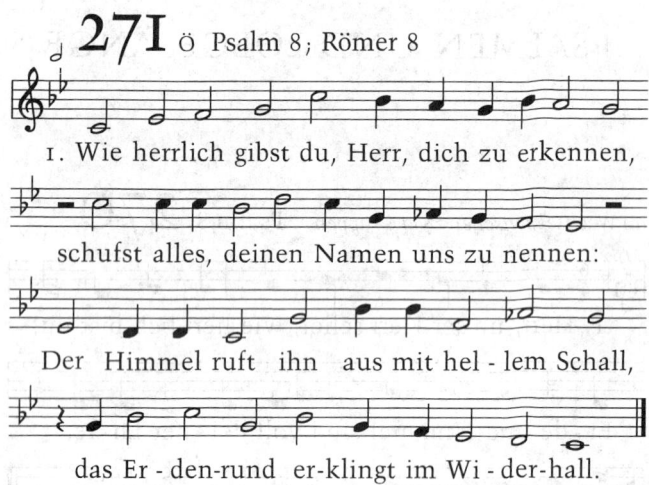

1. Wie herrlich gibst du, Herr, dich zu erkennen, schufst alles, deinen Namen uns zu nennen: Der Himmel ruft ihn aus mit hel-lem Schall, das Er-den-rund er-klingt im Wi-der-hall.

2. Verborgen hast du dich den klugen Weisen / und lässest die Unmündigen dich preisen. / Den Leugner widerlegt des Säuglings Mund; / der Kinder Lallen tut dich, Vater, kund.

3. Wenn ich den Blick zu deinen Sternen wende / und zu dem Mond, den Werken deiner Hände – / was ist der Mensch, dass du, Herr, sein gedenkst, / des Menschen Kind, dass du ihm Liebe schenkst?

4. Und doch hast du am höchsten ihn gestellet, / ganz nah ihn deiner Gottheit zugesellet, / hast ihn gekrönt mit Hoheit und mit Pracht, / dass er beherrsche, was du hast gemacht.

5. Gabst ihm zum Dienst die Schafe und die Stiere, / machtest ihm untertan die wilden Tiere, / des Himmels Vögel und der Fische Heer, / das seine Pfade zieht durchs große Meer.

6. Doch ach, der Mensch ist von den Wesen allen / am tiefsten in die Schuld und Schand gefallen. / Statt Herr ist er der Sklave der Natur; / nach seiner Freiheit seufzt die Kreatur.

7. Drum stieg herab von seinem Himmelsthrone / Jesus und ward zum wahren Menschensohne, / erniedrigte sich selbst bis in den Tod / und wendete der Menschheit Schand und Not.

8. Die ganze Schöpfung soll sich vor ihm beugen, / Menschen- und Engelzungen es bezeugen, / dass er ihr Herr zur Ehr des Vaters ist. / Wie herrlich strahlt dein Name, Jesus Christ!

T: WILHELM VISCHER 1944
M: GUILLAUME FRANC 1542,
LOYS BOURGEOIS 1551

BIBLISCHE GESÄNGE

272

T: GITTA LEUSCHNER NACH PSALM 9,2-3
M: CLAUDE FRAYSSE 1976

PSALMEN UND LOBGESÄNGE

Psalm 12 **273**

1. Ach Gott, vom Himmel sieh darein und lass dich des erbarmen, wie wenig sind der Heilgen dein, verlassen sind wir Armen. Dein Wort man lässt nicht haben wahr, der Glaub ist auch verloschen gar bei allen Menschenkindern.

2. Sie lehren eitel falsche List, / was eigen Witz erfindet; / ihr Herz nicht eines Sinnes ist / in Gottes Wort gegründet; / der wählet dies, der andre das, / sie trennen uns ohn alle Maß / und gleißen schön von außen.

3. Gott wolle wehren allen gar, / die falschen Schein uns lehren, / dazu ihr Zung stolz offenbar / spricht: »Trotz! Wer will's uns wehren? / Wir haben Recht und Macht allein, / was wir setzen, gilt allgemein; / wer ist, der uns sollt meistern?«

BIBLISCHE GESÄNGE

4. Da-rum spricht Gott: »Ich muss auf sein, die Ar-men sind ver-stö-ret; ihr Seuf-zen dringt zu mir he-rein, ich hab ihr Klag er-hö-ret. Mein heil-sam Wort soll auf den Plan, ge-trost und frisch sie grei-fen an und sein die Kraft der Ar-men.«

5. Das Silber, durchs Feu'r siebenmal / bewährt, wird lauter funden; / von Gotts Wort man erwarten soll / desgleichen alle Stunden. / Es will durchs Kreuz bewähret sein, / da wird sein Kraft erkannt und Schein / und leucht stark in die Lande.

6. Ehr sei Gott Vater und dem Sohn / und auch dem Heilgen Geiste, / wie es im Anfang war und nun, / der uns sein Hilfe leiste, / dass wir sein Wort behalten rein, / im rechten Glaubn beständig sein / bis an das Ende. Amen.

T UND M: MARTIN LUTHER 1524;
STR. 6 STRASSBURG 1545

PSALMEN UND LOBGESÄNGE

Psalm 23 274

1. Der Herr ist mein getreuer Hirt,
hält mich in seiner Hute,
Er weidet mich ohn Unterlass,
da aufwächst das wohlschmeckend Gras
seines heilsamen Wortes.

darin mir gar nicht mangeln wird
jemals an einem Gute.

2. Zum reinen Wasser er mich weist, / das mich erquickt so gute, / das ist sein werter Heilger Geist, / der mich macht wohlgemute; / er führet mich auf rechter Straß / in seim Gebot ohn Unterlass / um seines Namens willen.

3. Ob ich wandert im finstern Tal, / fürcht ich doch kein Unglücke / in Leid, Verfolgung und Trübsal, / in dieser Welte Tücke: / Denn du bist bei mir stetiglich, / dein Stab und Stecken trösten mich, / auf dein Wort ich mich lasse.

BIBLISCHE GESÄNGE

4. Du b'reitest vor mir einen Tisch / vor mein' Feind' allenthalben, / machst mein Herz unverzaget frisch; / mein Haupt tust du mir salben / mit deinem Geist, der Freuden Öl, / und schenkest voll ein meiner Seel / deiner geistlichen Freuden.

5. Gutes und viel Barmherzigkeit / folgen mir nach im Leben, / und ich werd bleiben allezeit / im Haus des Herren eben / auf Erd in der christlichen G'mein, / und nach dem Tode werd ich sein / bei Christus, meinem Herren.

T: AUGSBURG 1531
M: JOHANN WALTER 1524

275 Psalm 31

1. In dich hab ich gehoffet, Herr;
hilf, dass ich nicht zuschanden werd
noch ewiglich zu Spotte.
Das bitt ich dich: Erhalte mich
in deiner Treu, mein Gotte.

2. Dein gnädig Ohr neig her zu mir, / erhör mein Bitt, tu dich herfür, / eil, bald mich zu erretten. / In Angst und Weh ich lieg und steh; / hilf mir in meinen Nöten.

3. Mein Gott und Schirmer, steh mir bei; / sei mir ein Burg, darin ich frei / und ritterlich mög streiten, / ob mich gar sehr der Feinde Heer / anficht auf beiden Seiten.

4. Du bist mein Stärk, mein Fels, mein Hort, / mein Schild, mein Kraft – sagt mir dein Wort –, / mein Hilf, mein Heil, mein Leben, / mein starker Gott in aller Not; / wer mag mir widerstreben?

5. Mir hat die Welt trüglich gericht' / mit Lügen und falschem Gedicht / viel Netz und heimlich Stricke; / Herr, nimm mein wahr in dieser G'fahr, / b'hüt mich vor falscher Tücke.

6. Herr, meinen Geist befehl ich dir; / mein Gott, mein Gott, weich nicht von mir, / nimm mich in deine Hände. / O wahrer Gott, aus aller Not / hilf mir am letzten Ende.

7. Preis, Ehre, Ruhm und Herrlichkeit / sei Vater, Sohn und Geist bereit', / Lob seinem heilgen Namen. / Die göttlich Kraft mach uns sieghaft / durch Jesus Christus. Amen.

T: ADAM REISSNER 1533
M: BÖHMEN 15.JH., ZÜRICH UM 1552

BIBLISCHE GESÄNGE

276 Psalm 34

1. Ich will, so lang ich lebe, rühmen den Herren mein, im Herzen stets mir schwebe das Lob der Ehren sein; mein Mund soll allezeit des Herren Ruhm verkünden, dass Elende empfinden in Trübsal Trost und

PSALMEN UND LOBGESÄNGE

Freud, in Trübsal Trost und Freud.

2. Lasst uns beisammen stehen, / ihr lieben Christenleut, / des Herren Nam erhöhen / in Lieb und Einigkeit. / Ich rief in meiner Not; / als in Gefahr mein Leben, / den Feinden übergeben, / half mir der treue Gott, / half mir der treue Gott.

3. All, die im Glauben stehen, / sieht Gott in Gnaden an, / lässt sie mit ihrem Flehen / zu seinem Herzen nahn. / Sein Antlitz ist gericht', / zu tilgen von der Erden / all, die erfunden werden, / dass sie ihn fürchten nicht, / dass sie ihn fürchten nicht.

4. Viel muss der G'rechte leiden, / das ist des Herren Will; / doch wird's verkehrt in Freuden / mit Gnad, drum halt nur still! / Gott fasst in seine Huld / all seine treuen Knechte, / die halten seine Rechte, / löst sie von aller Schuld, / löst sie von aller Schuld.

5. Ehr sei im Himmel droben / Gott Vater, Sohn und Geist. / Ihn wolln wir ewig loben, / der uns sein Gnad erweist. / O Herr, dreiein'ger Gott, / lass uns dein Güt empfinden / und hilf uns überwinden, / führ uns aus aller Not, / führ uns aus aller Not.

T: CORNELIUS BECKER 1602;
STR. 5 CHRISTHARD MAHRENHOLZ 1953
M UND SATZ: HEINRICH SCHÜTZ 1628

BIBLISCHE GESÄNGE

277 Ö Psalm 36

Kehrvers
Herr, deine Güte reicht, so weit der Himmel ist, und deine Wahrheit, so weit die Wolken gehen.

Strophen
1. Deine Gerechtigkeit steht wie die Berge, und dein Gericht ist tief wie das Meer. Menschen und Tieren willst du, Herr, ein Helfer sein.

Der Kehrvers wird nach jeder Strophe wiederholt.

2. Was deine Güte ist, lehr mich begreifen, / und deine Wahrheit mach mir bekannt; / denn ich verstehe nichts, wenn du es mir nicht sagst.

3. Täglich umgeben mich Worte und Stimmen, / aber ich höre gar nicht mehr hin; / denn deine Stimme höre ich nicht mehr heraus.

4. Wenn ich nichts hören kann, hilf mir dich rufen; / hilf mir dich hören, wenn du mich rufst; / hilf mir gehorchen, wenn du mich berufen willst.

5. Dein Wort der Wahrheit ist unsre Bewahrung; / aus deinem Leben leben wir auch; / und wir erkennen erst in deinem Licht das Licht.

T: KEHRVERS UND STR. I PSALM 36,6-7;
STR. 2–5 GERHARD VALENTIN 1965
M: HERBERT BEUERLE 1965

Wie köstlich ist deine Güte, Gott,
dass Menschenkinder unter dem Schatten
deiner Flügel Zuflucht haben!
Sie werden satt von den reichen Gütern
deines Hauses, und du tränkst sie mit Wonne
wie mit einem Strom.
Denn bei dir ist die Quelle des Lebens,
und in deinem Lichte sehen wir das Licht.

PSALM 36,8-10

BIBLISCHE GESÄNGE

278 Psalm 42/43

1. Wie der Hirsch lechzt nach frischem Wasser, so schreit meine Seele, Gott, zu dir. Meine Seele dürstet nach Gott, nach dem lebendigen Gott.

2. Werde ich endlich dahin kommen, / dass Gott mich sein Antlitz schauen lässt? / Tag und Nacht sind Tränen mein Brot, / weil man sagt: Wo ist dein Gott?

3. Doch mein Herz hilft mir zu bedenken, / wie einst ich zum Hause Gottes zog / mit Frohlocken, Lob und voll Dank / mitten in feiernder Schar.

Kehrstrophe

Was betrübst du dich, meine Seele, und bist so unruhig, harre doch auf Gott! Dankbar werde ich ihm noch sein, weil er mir hilft als mein Gott.

4. Du, Herr, kennst meiner Seele Trauer, / ich denke an dich im fernen Land. / Fluten rauschen, Tiefen bedrohn, / Wellen gehn über mich hin.

5. Güte schickt mir der Herr am Tage, / und nachts singe ich mein Lied für ihn, / zu ihm spreche ich mein Gebet, / sage zu Gott, meinem Fels:

6. Warum hast du mich so vergessen, / dass Trauer mich drückt, bedrängt vom Feind? / Wie ein Mord ist's, wenn sie mich schmähn / mit ihrem: Wo ist dein Gott?

Kehrstrophe

7. Schaffe Recht, führe meine Sache, / errette von falschem, bösem Volk! / Denn du bist der Gott, der mich stärkt. / Warum verstößt du mich so?

8. Sende Licht, sende deine Wahrheit, / sie leiten und bringen mich zu dir, / hin zu deinem heiligen Berg, / hin zu dem Ort, wo du wohnst.

9. Zum Altar Gottes will ich treten, / zum Gott, der die Freude jubeln lässt, / dass ich dir, Gott, danke im Lied, / singe zur Harfe, mein Gott.

Kehrstrophe

T: DIETER TRAUTWEIN 1983
M: VOLKER OCHS 1984

279 Psalm 66

1. Jauchzt, alle Lande, Gott zu Ehren,
rühmt seines Namens Herrlichkeit,
und feierlich ihn zu verklären,
sei Stimm und Saite ihm geweiht.
Sprecht: Wunderbar sind deine Werke,
o Gott, die du hervorgebracht;
auch Feinde fühlen deine Stärke
und zittern, Herr, vor deiner Macht.

2. Dir beuge sich der Kreis der Erde, / dich bete jeder willig an, / dass laut dein Ruhm besungen werde / und alles dir bleib untertan. / Kommt alle her, schaut Gottes Werke, / die er an Menschenkindern tat! / Wie wunderbar ist seine Stärke, / die er an uns verherrlicht hat!

3. Ins Trockne wandelt er die Meere, / gebot dem Strom, vor uns zu fliehn; / wir freuten uns der Macht und Ehre, / die uns hieß durch die Fluten ziehn. / Gott herrschet allgewaltig immer, / da er auf alle Völker schaut. / Vor ihm gelingt's Empörern nimmer, / es stürzet, wer auf Menschen baut.

4. Rühmt, Völker, unsern Gott; lobsinget, / jauchzt ihm, der uns sich offenbart, / der uns vom Tod zum Leben bringet, / vor Straucheln unsern Fuß bewahrt. / Du läuterst uns durch heißes Leiden, / wie Silber rein wird in der Glut, / durch Leiden führst du uns zu Freuden; / ja, alles, was du tust, ist gut.

5. Du hast uns oft verstrickt in Schlingen, / den Lenden Lasten angehängt; / du ließest Menschen auf uns dringen, / hast ringsumher uns eingeengt. / Oft wollten wir den Mut verlieren / im Feuer und in Wassersnot, / doch kamst du, uns herauszuführen, / und speistest uns mit Himmelsbrot.

6. Ich will zu deinem Tempel wallen, / dort bring ich dir mein Opfer dar, / bezahl mit frohem Wohlgefallen / Gelübde, die ich schuldig war, / Gelübde, die in banger Stunde / – an allem, nicht an dir verzagt – / ich dir, o Gott, mit meinem Munde / so feierlich hab zugesagt.

7. Die ihr Gott fürchtet, ich erzähle: / Kommt, hört und betet mit mir an! / Hört, was der Herr an meiner Seele / für große Dinge hat getan. / Rief ich ihn an mit meinem Munde, / wenn Not von allen Seiten drang, / so war oft zu derselben Stunde / auf meiner Zung ein Lobgesang.

8. Gelobt sei Gott und hochgepriesen, / denn mein Gebet verwirft er nicht; / er hat noch nie mich abgewiesen / und ist in Finsternis mein Licht. / Zwar elend, dürftig bin ich immer / und schutzlos unter Feinden hier; / doch er, der Herr, verlässt mich nimmer, / wend't seine Güte nie von mir.

T: MATTHIAS JORISSEN 1798
M: NUN SAGET DANK UND LOBT DEN HERREN (NR. 294)

Französisch

1. Vous, tous les peuples de la terre, / Acclamez Dieu, chantez de joie, / Louez le Dieu en qui espère, / Sur qui s'appuie tout homme droit. / Seigneur dont la force est terrible, / Tes oeuvres nous ont étonnés; / Ceux qui se croyaient invincibles / Tu les contrains à s'incliner.

2. Dieu a changé en terre ferme / La mer où son peuple a passé. / A l'oppression il a mis terme : / Redressez-vous, applaudissez! / L'autorité que Dieu exerce / Sans se lasser veille en tous lieux, / Pour déjouer l'oeuvre perverse. / Pour abaisser les orgueilleux.

3. Quand tu veux éprouver notre âme / Comme au creuset l'or ou l'argent, / Tu nous fais traverser la flamme, / Tu fais déborder les torrents. / Mais, Seigneur, tu maintiens nos têtes / Au-dessus des flots déchaînés, / Dans le fracas de la tempête / Tu soutiens nos coeurs effrayés.

4. Seigneur, accepte mon offrande / Ces mains levées en ton honneur. / Je veux que partout l'on entende / L'oeuvre de mon libérateur : / Béni sois-tu, Dieu secourable, / Toi qui jamais n'as écarté / Le moindre appel du misérable. / Mais près de lui t'es arrêté.

PSALMEN UND LOBGESÄNGE

Psalm 67 280

1. Es wolle Gott uns gnädig sein
und seinen Segen geben,
dass wir erkennen seine Werk
und was ihm lieb auf Erden,
und Jesus Christus, Heil und Stärk,
bekannt den Heiden werden
und sie zu Gott bekehren.

(Melodiewiederholung:)
sein Antlitz uns mit hellem Schein
erleucht zum ewgen Leben,

2. So danken, Gott, und loben dich / die Heiden überalle, / und alle Welt, die freue sich / und sing mit großem Schalle, / dass du auf Erden Richter bist / und lässt die Sünd nicht walten; / dein Wort die Hut und Weide ist, / die alles Volk erhalten, / in rechter Bahn zu wallen.

3. Es danke, Gott, und lobe dich / das Volk in guten Taten; / das Land bringt Frucht und bessert sich, / dein Wort ist wohlgeraten. / Uns segne Vater und der Sohn, / uns segne Gott der Heilig Geist, / dem alle Welt die Ehre tu, / vor ihm sich fürchte allermeist. / Nun sprecht von Herzen: Amen.

T: MARTIN LUTHER 1524
M: 15. JH., BEI LUDWIG SENFL 1522,
MATTHÄUS GREITER 1524 ODER MAGDEBURG 1524

2. Der Herr, der dort im Himmel wohnt, / und hier im Heiligtume thront, / will unser stets gedenken; / will unsrer Waisen Vater sein, / will unsrer Witwen Helfer sein, / und keiner darf sie kränken. / Er ist es, der Verlorne liebt / und ihnen eine Wohnung gibt / nach einer langen Irre. / Er macht sein Volk aus Banden los, / er macht es reich, er macht es groß, / lässt Sünder in der Dürre.

3. Anbetung, Ehre, Dank und Ruhm / sei unserm Gott im Heiligtum, / der Tag für Tag uns segnet; / dem Gott, der Lasten auf uns legt, / doch uns mit unsern Lasten trägt / und uns mit Huld begegnet. / Sollt ihm, dem Herrn der Herrlichkeit, / dem Gott vollkommner Seligkeit, / nicht Ruhm und Ehr gebühren? / Er kann, er will, er wird in Not / vom Tode selbst und durch den Tod / uns zu dem Leben führen.

4. Durch deines Gottes Huld allein / kannst du geführt und sicher sein; / mein Volk, sieh seine Werke! / Herr, führ an uns und unserm Haus / dein Heil, dein Werk in Gnaden aus, / nur du bist unsre Stärke. / Dann sehen Herrscher deinen Ruhm / und werden in dein Heiligtum / dir ihre Gaben bringen, / sich dir, dem wahren Gotte, weihn, / in deiner Gnade sich erfreun / und deinen Ruhm besingen.

5. Gott, machtvoll in dem Heiligtum, / erschütternd strahlet hier dein Ruhm, / wir fallen vor dir nieder. / Der Herr ist Gott, der Herr ist Gott, / der Herr ist seines Volkes Gott, / er, er erhebt uns wieder. / Wie er sein Volk so zärtlich liebt, / den Schwachen Kraft und Stärke gibt! / Kommt, heiligt seinen Namen! / Sein Auge hat uns stets bewacht, / ihm sei Anbetung, Ehr und Macht. / Gelobt sei Gott! Ja, Amen.

T: MATTHIAS JORISSEN 1798
M: O MENSCH, BEWEIN DEIN SÜNDE GROSS (NR. 76)

BIBLISCHE GESÄNGE

282 (Ö) Psalm 84

1. Wie lieb-lich schön, Herr Ze-ba-oth, ist dei-ne Woh-nung, o mein Gott; wie seh-net sich mein Herz zu ge-hen, wo du dich hast ge-of-fen-bart, und bald in dei-ner Ge-gen-wart im Vor-hof nah am Thron zu ste-hen. Dort jauch-zet Leib und Seel in mir, o Gott des Le-bens, auf zu dir.

2. Die Schwalb, der Sperling find't ein Haus, / sie brüten ihre Jungen aus, / du gibst Befriedigung und Leben, / Herr Zebaoth, du wirst auch mir / – mein Herr, mein Gott, ich traue dir – / bei deinem Altar Freude geben. / O selig, wer dort allezeit / in deinem Lobe sich erfreut.

3. Wohl, wohl dem Menschen in der Welt, / der dich für seine Stärke hält, / von Herzen deinen Weg erwählet! / Geht hier sein Pfad durchs Tränental, / er findet auch in Not und Qual, / dass Trost und Kraft ihm nimmer fehlet; / von dir herab fließt mild und hell / auf ihn der reiche Segensquell.

4. Wir wandern in der Pilgerschaft / und gehen fort von Kraft zu Kraft, / vor Gott in Zion zu erscheinen. / Hör mein Gebet, Herr Zebaoth, / vernimm's, vernimm's, o Jakobs Gott. / Erquicke mich auch mit den Deinen; / bis wir vor deinem Throne stehn / und dort anbetend dich erhöhn.

5. Du unser Schild, Gott, schau uns an, / schau uns in dem Gesalbten an. / Ein Tag in deinem Haus ist besser / denn tausend, ohn dich nah zu sehn; / ja auf der Schwelle nur zu stehn / an meines Gottes Haus, ist größer, / als lang in stolzer Ruh der Welt / zu wohnen in der Bösen Zelt.

6. Denn Gott der Herr ist Sonn und Schild, / er deckt uns, er ist gut und mild, / er wird uns Gnad und Ehre geben. / Nichts mangelt dem, der in der Not / auf Gott vertraut; er hilft im Tod, / er selber ist der Frommen Leben. / Heil dem, der stets in dieser Welt, / Herr Zebaoth, an dich sich hält.

T: MATTHIAS JORISSEN 1798
M: PIERRE DAVANTÈS 1562

BIBLISCHE GESÄNGE

283 Psalm 85

1. Herr, der du vormals hast dein Land
mit Gnaden angeblicket,
der du die Sünd und Missetat,
die es zuvor begangen hat,
hast väterlich verziehen:
und des gefangnen Volkes Band
gelöst und es erquicket,

2. Willst du, o Vater, uns denn nicht / nun einmal wieder laben? / Und sollen wir an deinem Licht / nicht wieder Freude haben? / Ach gieß aus deines Himmels Haus, / Herr, deine Güt und Segen aus / auf uns und unsre Häuser.

3. Ach dass ich hören sollt das Wort / erschallen bald auf Erden, / dass Friede sollt an allem Ort, / wo Christen wohnen, werden! / Ach dass uns doch Gott sagte zu / des Krieges Schluss, der Waffen Ruh / und alles Unglücks Ende!

4. Ach dass doch diese böse Zeit / bald wiche guten Tagen, / damit wir in dem großen Leid / nicht möchten ganz verzagen. / Doch ist ja Gottes Hilfe nah, / und seine Gnade stehet da / all denen, die ihn fürchten.

5. Wenn wir nur fromm sind, wird sich Gott / schon wieder zu uns wenden, / den Krieg und alle andre Not / nach Wunsch und also enden, / dass seine Ehr in unserm Land / und allenthalben werd erkannt, / ja stetig bei uns wohne.

6. Die Güt und Treue werden schön / einander grüßen müssen; / Gerechtigkeit wird einhergehn, / und Friede wird sie küssen; / die Treue wird mit Lust und Freud / auf Erden blühn, Gerechtigkeit / wird von dem Himmel schauen.

7. Der Herr wird uns viel Gutes tun, / das Land wird Früchte geben, / und die in seinem Schoße ruhn, / die werden davon leben; / Gerechtigkeit wird dennoch stehn / und stets in vollem Schwange gehn / zur Ehre seines Namens.

T: PAUL GERHARDT 1653
M: AUS TIEFER NOT SCHREI ICH ZU DIR (NR. 299 II)

Herr, unser Beschützer, hilf allen, die für Frieden in der Welt arbeiten. Sieh in Gnade auf alle, die unter Angst, Ungerechtigkeit, Krieg und Verfolgung leiden. Nimm die Schutzlosen in deine Obhut. Lösche Hass und Verachtung aus, brich Mauern zwischen den Menschen nieder. Erfülle die Kirche in unserem Land und alle Christenheit auf Erden mit deinem Geist. Und vereine uns schließlich in deinem ewigen Frieden.

NATHAN SÖDERBLOM

BIBLISCHE GESÄNGE

284 Psalm 92

1. Das ist köst-lich, dir zu sa-gen Lob und Preis! Dei-ne Gü-te, von der ich zu sin-gen weiß, dei-nen Na-men, Al-ler-höchs-ter, rühm ich gern; ü-ber-all will ich ver-kün-den: Lobt den Herrn!

2. Morgens jauchz ich: Deine Gnade ist mein Lied. / Und die schönsten Instrumente tönen mit: / Noch zur Nachtzeit leuchtet deine Wahrheit mir, / deiner Ehre dient mein armes Lied zur Zier.

3. Wunderbar ist's, wie du täglich Trost gewährst, / der du uns mit deiner Hände Schöpfung ehrst; / du schufst alle deine Werke uns zugut, / und ich bin geborgen stets in deiner Hut.

4. Wie ein Palmbaum grün und kräftig werd ich stehn, / wachsen werd ich wie die Zeder auf den Höhn / und dem Sturme trotzend leben in der Welt. / Denk an Gott nur und vergiss nicht, wer dich hält!

T: GÜNTER RUTENBORN (1971) 1983 NACH DEM
UNGARISCHEN »MELY IGEN JÓ AZ UR ISTENT
DÍCSÉRNI« VON MIHÁLY SZTÁRAI (VOR 1575) 1593
M: 16. JH., LEUTSCHAU (?) 1651

PSALMEN UND LOBGESÄNGE

Psalm 92 (Ö) 285

Kehrvers

Das ist ein köst-lich Ding, dem Her-ren danken und lob-singen dei-nem Namen, das ist ein köstlich Ding, dem Herren danken und lob-singen dei-nem Namen, du Höchs-ter.

Strophen

1. Des Mor-gens dei-ne Gna-de und des Nachts dei-ne Wahrheit ver-kün-di-gen auf den zehn Sai-ten und Psal-ter, mit Spie-len auf der Har-fe.

Der Kehrvers wird nach jeder Strophe wiederholt.

2. Du lässt uns fröhlich singen / von den Werken, die, Herr, deine Hand gemacht. / Wie tief sind deine Gedanken; / du, Höchster, bleibest ewig.

3. Die deine Rechte halten, / werden grünen und blühen und fruchtbar sein. / Sie werden nimmer vergehen, / denn du bist ihre Stärke.

T: AUS PSALM 92
M: ROLF SCHWEIZER 1966

BIBLISCHE GESÄNGE

286 Psalm 98

1. Singt, singt dem Herren neue Lieder, / er ist's allein, der Wunder tut. / Seht, seine Rechte sieget wieder, / sein heilger Arm gibt Kraft und Mut. / Wo sind nun alle unsre Leiden? / Der Herr schafft Ruh und Sicherheit; / er selber offenbart den Heiden / sein Recht und seine Herrlichkeit.

2. Der Herr gedenkt an sein Erbarmen, / und seine Wahrheit stehet fest; / er trägt sein Volk auf seinen Armen / und hilft, wenn alles uns verlässt. / Bald schaut der ganze Kreis der Erde, / wie unsers Gottes Huld erfreut. / Gott will, dass sie ein Eden werde; / rühm, Erde, Gottes Herrlichkeit!

3. Frohlocket, jauchzet, rühmet alle, / erhebet ihn mit Lobgesang! / Sein Lob tön im Posaunenschalle, / in Psalter- und in Harfenklang! / Auf, alle Völker, jauchzt zusammen, / Gott macht, dass jeder jauchzen kann; / sein Ruhm, sein Lob muss euch entflammen, / kommt, betet euren König an!

4. Das Weltmeer brause aller Enden, / jauchzt, Erde, Menschen, jauchzt vereint! / Die Ströme klatschen wie mit Händen; / ihr Berge, hüpft, der Herr erscheint! / Er kommt, er naht sich, dass er richte / den Erdkreis in Gerechtigkeit / und zwischen Recht und Unrecht schlichte; / des sich die Unschuld ewig freut.

T: MATTHIAS JORISSEN 1798
M: NUN SAGET DANK UND LOBT DEN HERREN (NR. 294)

Ermuntert einander mit Psalmen und Lobgesängen und geistlichen Liedern, singt und spielt dem Herrn in eurem Herzen und sagt Dank Gott, dem Vater, allezeit für alles, im Namen unseres Herrn Jesus Christus.

EPHESER 5,19.20

BIBLISCHE GESÄNGE

287 ö Psalm 98

Der Kehrvers wird nach jeder Strophe wiederholt.

2. Du meinst, Gott sei sehr verborgen, / seine Macht sei klein und gering? / Gott sähe nicht das, was dich bedrückt? / Sieh auf dein Leben, er hat dich bewahrt!

3. Du kennst oftmals deinen Weg nicht, / und du weißt nicht recht, was du sollst; / doch da schickt dir Gott die Hilfe zu: / den einen Menschen, der dich gut versteht.

4. Du musst nur zu sehen lernen, / wie er dich so väterlich führt; / auch heute gibt er dir seine Hand, / so greif doch zu und schlage sie nicht aus!

> T: KEHRVERS UND STR. I PSALM 98,1-2;
> STR. 2–4 PAULUS STEIN 1963
> M: ROLF SCHWEIZER 1963

»Singet dem Herrn ein neues Lied, singet dem Herrn, alle Welt!« Denn Gott hat unser Herz und Mut fröhlich gemacht durch seinen lieben Sohn, welchen er für uns gegeben hat zur Erlösung von Sünden, Tod und Teufel. Wer solchs mit Ernst gläubet, der kanns nicht lassen, er muss fröhlich und mit Lust davon singen und sagen, dass es andere auch hören und herzukommen.

MARTIN LUTHER,
VORREDE ZUM BABSTSCHEN GESANGBUCH

BIBLISCHE GESÄNGE

288 (Ö) Psalm 100

1. Nun jauchzt dem Herren, alle Welt!
Kommt her, zu seinem Dienst euch stellt,
kommt mit Frohlocken, säumet nicht,
kommt vor sein heilig Angesicht.

2. Erkennt, dass Gott ist unser Herr, / der uns erschaffen ihm zur Ehr, / und nicht wir selbst: Durch Gottes Gnad / ein jeder Mensch sein Leben hat.

3. Er hat uns ferner wohl bedacht / und uns zu seinem Volk gemacht, / zu Schafen, die er ist bereit / zu führen stets auf gute Weid.

4. Die ihr nun wollet bei ihm sein, / kommt, geht zu seinen Toren ein / mit Loben durch der Psalmen Klang, / zu seinem Vorhof mit Gesang.

5. Dankt unserm Gott, lobsinget ihm, / rühmt seinen Namen mit lauter Stimm; / lobsingt und danket allesamt! / Gott loben, das ist unser Amt.

6. Er ist voll Güt und Freundlichkeit, / voll Lieb und Treu zu jeder Zeit; / sein Gnad währt immer dort und hier / und seine Wahrheit für und für.

7. Gott Vater in dem höchsten Thron / und Jesus Christ, sein ein'ger Sohn, / samt Gott, dem werten Heilgen Geist, / sei nun und immerdar gepreist.

T: DAVID DENICKE 1646 NACH
CORNELIUS BECKER 1602; STR.7 LÜNEBURG 1652
M: UM 1358, HAMBURG 1598, HANNOVER 1646

Was soll unsere allergrößte und beständigste Sorge sein? Dass wir im Leben, im Sterben und nach dem Tod, also in Zeit und Ewigkeit, mit Gott als unserem alleinigen höchsten Gut unzertrennlich vereinigt sein mögen.

PHILIPP JACOB SPENER

BIBLISCHE GESÄNGE

289 (Ö) Psalm 103

1. Nun lob, mein Seel, den Herren, was in mir ist, den Namen sein.
Sein Wohltat tut er mehren, vergiss es nicht, o Herze mein.
Hat dir dein Sünd vergeben und heilt dein Schwachheit groß, errett' dein armes Leben, nimmt dich in seinen Schoß, mit reichem Trost beschüttet, verjüngt, dem Adler gleich; der Herr schafft Recht, behütet, die leidn in seinem Reich.

2. Er hat uns wissen lassen / sein herrlich Recht und sein Gericht, / dazu sein Güt ohn Maßen, / es mangelt an Erbarmung nicht; / sein' Zorn lässt er wohl fahren, / straft nicht nach unsrer Schuld, / die Gnad tut er nicht sparen, / den Schwachen ist er hold; / sein Güt ist hoch erhaben / ob den', die fürchten ihn; / so fern der Ost vom Abend, / ist unsre Sünd dahin.

3. Wie sich ein Mann erbarmet / ob seiner jungen Kindlein klein, / so tut der Herr uns Armen, / wenn wir ihn kindlich fürchten rein. / Er kennt das arm Gemächte / und weiß, wir sind nur Staub, / ein bald verwelkt Geschlechte, / ein Blum und fallend Laub: / Der Wind nur drüber wehet, / so ist es nimmer da, / also der Mensch vergehet, / sein End, das ist ihm nah.

4. Die Gottesgnad alleine / steht fest und bleibt in Ewigkeit / bei seiner lieben G'meine, / die steht in seiner Furcht bereit, / die seinen Bund behalten. / Er herrscht im Himmelreich. / Ihr starken Engel, waltet / seins Lobs und dient zugleich / dem großen Herrn zu Ehren / und treibt sein heiligs Wort! / Mein Seel soll auch vermehren / sein Lob an allem Ort.

5. Sei Lob und Preis mit Ehren / Gott Vater, Sohn und Heilgem Geist! / Der wolle in uns mehren, / was er aus Gnaden uns verheißt, / dass wir ihm fest vertrauen, / uns gründen ganz auf ihn, / von Herzen auf ihn bauen, / dass unser Mut und Sinn / ihm allezeit anhangen. / Drauf singen wir zur Stund: / Amen, wir werden's erlangen, / glaubn wir von Herzensgrund.

T: JOHANN GRAMANN (UM 1530) 1540;
STR. 5 KÖNIGSBERG 1549
M: 15. JH. »WEISS MIR EIN BLÜMLEIN BLAUE«;
GEISTLICH HANS KUGELMANN (UM 1530) 1540

BIBLISCHE GESÄNGE

290 ö Psalm 105

1. Nun danket Gott, erhebt und preiset
die Gnaden, die er euch erweiset,
und zeiget allen Völkern an
die Wunder, die der Herr getan.
O Volk des Herrn, sein Eigentum,
besinge deines Gottes Ruhm.

2. Fragt nach dem Herrn und seiner Stärke; / der Herr ist groß in seinem Werke. / Sucht doch sein freundlich Angesicht: / Den, der ihn sucht, verlässt er nicht. / Denkt an die Wunder, die er tat, / und was sein Mund versprochen hat.

3. O Israel, Gott herrscht auf Erden. / Er will von dir verherrlicht werden; / er denket ewig seines Bunds / und der Verheißung seines Munds, / die er den Vätern kundgetan: / Ich lass euch erben Kanaan.

4. Sie haben seine Treu erfahren, / da sie noch fremd und wenig waren; / sie zogen unter Gottes Hand / von einem Land zum andern Land. / Er schützte und bewahrte sie, / und seine Huld verließ sie nie.

5. Gott zog des Tages vor dem Volke, / den Weg zu weisen, in der Wolke, / und machte ihm die Nächte hell; / ließ springen aus dem Fels den Quell, / tat Wunder durch sein Machtgebot / und speiste sie mit Himmelsbrot.

6. Das tat der Herr, weil er gedachte / des Bunds, den er mit Abram machte. / Er führt an seiner treuen Hand / sein Volk in das verheißne Land, / damit es diene seinem Gott / und dankbar halte sein Gebot.

7. O seht, wie Gott sein Volk regieret, / aus Angst und Not zur Ruhe führet. / Er hilft, damit man immerdar / sein Recht und sein Gesetz bewahr. / O wer ihn kennet, dient ihm gern. / Gelobet sei der Nam des Herrn.

T: STR. 1.3.4.6 JOHANNES STAPFER 1775;
STR. 2.5.7 MATTHIAS JORISSEN 1798
M: PIERRE DAVANTÈS 1562

BIBLISCHE GESÄNGE

291 Ö Psalm 108

Kehrvers

Ich will dir danken, Herr, unter den Völkern, ich will dir lobsingen unter den Leuten.

Strophen

1. Denn deine Gnade reicht, so weit der Himmel ist, und deine Wahrheit, so weit die Wolken gehn.
2. Herr Gott, erhebe weit über den Himmel dich und deine Ehre weit über alle Land.
3. Ehr sei dem Vater Gott, Ehr sei dem Sohne Gott, Ehr sei dem Heilgen Geist, Gott in Ewigkeit.

Der Kehrvers wird nach jeder Strophe wiederholt.

T: PSALM 108,4-6
M: PAUL ERNST RUPPEL 1964

PSALMEN UND LOBGESÄNGE

Psalm 116 292

1. Das ist mir lieb, dass du mich hörst und dich in Gnaden zu mir kehrst; drum will ich all mein Leben lang anrufen dich mit Lob und Dank.

2. Mich banden Höllenangst und Tod, / ich kam in Jammer und in Not, / da rief ich deinen Namen, Herr, / errette mich, Barmherziger.

3. Lass mich in Einfalt trauen dir, / wenn ich erliege, hilf du mir! / Ich bin gewiss: Du bist mir gut; / das gibt mir den getrosten Mut.

4. Dem Tod entriss mich deine Hand, / ich lebe, Herr, in deinem Land, / ich glaube, darum rede ich / und predige, mein Heiland, dich.

5. Ich danke dir von Herzensgrund / und tue deinen Namen kund / vor allem Volk in der Gemeind, / die sich zu deinem Lob vereint.

T: HEINRICH VOGEL 1948
M: JOHANNES PETZOLD 1966

BIBLISCHE GESÄNGE

293 Psalm 117

1. Lobt Gott den Herrn, ihr Heiden all,
preist ihn, ihr Völker allzumal,
lobt Gott von Herzensgrunde,
dankt ihm zu aller Stunde,
dass er euch auch erwählet hat
und mitgeteilet seine Gnad
in Christus, seinem Sohne.

2. Denn seine groß Barmherzigkeit / tut über uns stets walten, / sein Wahrheit, Gnad und Gütigkeit / erscheinet Jung und Alten / und währet bis in Ewigkeit, / schenkt uns aus Gnad die Seligkeit; / drum singet Halleluja.

T: JOACHIM SARTORIUS 1591
M: MELCHIOR VULPIUS 1609

PSALMEN UND LOBGESÄNGE

Psalm 118 ö **294**

1. Nun saget Dank und lobt den Herren,
denn groß ist seine Freundlichkeit,
und seine Gnad und Güte währen
von Ewigkeit zu Ewigkeit.
Du, Gottes Volk, sollst es verkünden:
Groß ist des Herrn Barmherzigkeit;
er will sich selbst mit uns verbünden
und wird uns tragen durch die Zeit.

2. Nicht sterben werd ich, sondern leben; / gezüchtigt wurde ich vom Herrn, / dem Tode aber nicht gegeben; / drum rühm ich Gottes Taten gern. / Mit Freuden singen die Gerechten / in neuen Liedern überall: / Gott schafft den Sieg mit seiner Rechten. / Gelobt sei Gott mit Jubelschall.

BIBLISCHE GESÄNGE

3. Hoch tut euch auf, ihr heilgen Tore, / ihr Tore der Gerechtigkeit. / Lasst danken uns in hellem Chore / dem großen Herrn der Herrlichkeit. / Lasst jauchzen uns und fröhlich singen: / Dies ist der Tag, den Gott gemacht. / Hilf, Herr, o hilf, lass wohl gelingen. / Ein Wunder hat der Herr vollbracht.

4. Er, der da kommt in Gottes Namen, / sei hochgelobt zu jeder Zeit. / Gesegnet seid ihr allzusammen, / die ihr von Gottes Hause seid. / Nun saget Dank und lobt den Herren, / denn groß ist seine Freundlichkeit, / und seine Gnad und Güte währen / von Ewigkeit zu Ewigkeit.

T: STR. 1.4 NACH AMBROSIUS LOBWASSER (1565) 1573;
STR. 2–3 FRITZ ENDERLIN 1952
M: GUILLAUME FRANC 1543, LOYS BOURGEOIS 1551

295 (Ö) Psalm 119

PSALMEN UND LOBGESÄNGE

2. Von Herzensgrund ich spreche: / Dir sei Dank allezeit, / weil du mich lehrst die Rechte / deiner Gerechtigkeit. / Die Gnad auch ferner mir gewähr; / ich will dein Rechte halten, / verlass mich nimmermehr.

3. Mein Herz hängt treu und feste / an dem, was dein Wort lehrt. / Herr, tu bei mir das Beste, / sonst ich zuschanden werd. / Wenn du mich leitest, treuer Gott, / so kann ich richtig laufen / den Weg deiner Gebot.

4. Dein Wort, Herr, nicht vergehet, / es bleibet ewiglich, / soweit der Himmel gehet, / der stets beweget sich; / dein Wahrheit bleibt zu aller Zeit / gleichwie der Grund der Erden, / durch deine Hand bereit'.

T: CORNELIUS BECKER 1602
M UND SATZ: HEINRICH SCHÜTZ 1661

BIBLISCHE GESÄNGE

296 Psalm 121

1. Ich heb mein Au-gen sehn-lich auf
und seh die Ber-ge hoch hi-nauf,
wann mir mein Gott vom Him-mels-thron
mit sei-ner Hilf zu-stat-ten komm.

2. Mein Hilfe kommt mir von dem Herrn, / er hilft uns ja von Herzen gern; / Himmel und Erd hat er gemacht, / hält über uns die Hut und Wacht.

3. Er führet dich auf rechter Bahn, / wird deinen Fuß nicht gleiten lan; / setz nur auf Gott dein Zuversicht; / der dich behütet, schläfet nicht.

4. Der treue Hüter Israel' / bewahret dir dein Leib und Seel; / er schläft nicht, weder Tag noch Nacht, / wird auch nicht müde von der Wacht.

5. Vor allem Unfall gnädiglich / der fromme Gott behütet dich; / unter dem Schatten seiner Gnad / bist du gesichert früh und spat.

6. Der Sonne Hitz, des Mondes Schein / sollen dir nicht beschwerlich sein. / Gott wendet alle Trübsal schwer / zu deinem Nutz und seiner Ehr.

7. Kein Übel muss begegnen dir, / des Herren Schutz ist gut dafür; / in Gnad bewahrt er deine Seel / vor allem Leid und Ungefäll.

8. Der Herr dein' Ausgang stets bewahr, / sind Weg und Steg auch voll Gefahr, / bring dich nach Haus in seim Geleit / von nun an bis in Ewigkeit.

T: CORNELIUS BECKER 1602
M: WENN WIR IN HÖCHSTEN NÖTEN SEIN (NR. 366)

Psalm 124 297

1. Wo Gott der Herr nicht bei uns hält,
und unsrer Sach er nicht zufällt
wenn unsre Feinde toben,
im Himmel hoch dort oben,
wo er Israels Schutz nicht ist
und selber bricht der Feinde List,
so ist's mit uns verloren.

2. Was Menschenkraft und -witz anfängt, / soll uns billig nicht schrecken; / er sitzet an der höchsten Stätt, / der wird ihrn Rat aufdecken. / Wenn sie's aufs Klügste greifen an, / so geht doch Gott ein andre Bahn; / es steht in seinen Händen.

3. Auf uns so zornig ist ihr Sinn; / wo Gott hätt das zugeben, / verschlungen hätten sie uns hin / mit ganzem Leib und Leben; / wir wärn als die ein Flut ersäuft / und über die groß Wasser läuft / und mit Gewalt verschwemmet.

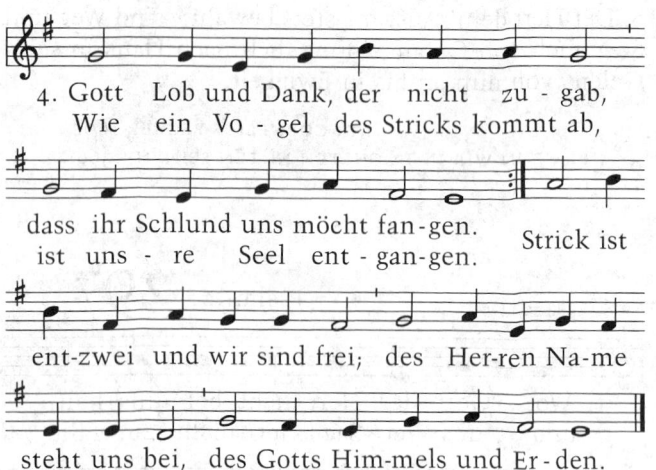

4. Gott Lob und Dank, der nicht zu-gab, dass ihr Schlund uns möcht fan-gen. Wie ein Vo-gel des Stricks kommt ab, ist uns-re Seel ent-gan-gen. Strick ist ent-zwei und wir sind frei; des Her-ren Na-me steht uns bei, des Gotts Him-mels und Er-den.

5. Ach Herr Gott, wie reich tröstest du, / die gänzlich sind verlassen. / Der Gnaden Tür steht nimmer zu. / Vernunft kann das nicht fassen, / sie spricht: »Es ist nun alls verlorn«, / da doch das Kreuz hat neu geborn, / die deiner Hilfe warten.

6. Den Himmel hast du und die Erd, / Herr, unser Gott, gegründet; / gib, dass dein Licht uns helle werd, / lass unser Herz entzündet / in rechter Lieb des Glaubens dein / bis an das End beständig sein. / Die Welt lass immer murren.

T: STR. 1.2.5.6 JUSTUS JONAS 1524;
STR. 3–4 MARTIN LUTHER 1524
»WÄR GOTT NICHT MIT UNS DIESE ZEIT«
M: WITTENBERG 1529

PSALMEN UND LOBGESÄNGE

Psalm 126 — 298

1. Wenn der Herr einst die Gefangnen ihrer Bande ledig macht, o dann schwinden die vergangnen Leiden wie ein Traum der Nacht; dann wird unser Herz sich freun, unser Mund voll Lachens sein; jauchzend werden wir erheben den, der Freiheit uns gegeben.

2. Herr, erhebe deine Rechte, / richt auf uns den Vaterblick; / rufe die verstoßnen Knechte / bald ins Vaterland zurück. / Ach, der Pfad ist steil und weit, / kürze unsre Prüfungszeit; / führ uns, wenn wir treu gestritten, / in des Friedens stille Hütten.

3. Ernten werden wir mit Freuden, / was wir weinend ausgesät; / jenseits reift die Frucht der Leiden / und des Sieges Palme weht. / Unser Gott auf seinem Thron, / er, er selbst ist unser Lohn; / die ihm lebten, die ihm starben, / bringen jauchzend ihre Garben.

T: SAMUEL GOTTLIEB BÜRDE 1787
M: FREU DICH SEHR, O MEINE SEELE (NR. 524)

BIBLISCHE GESÄNGE

299 (Ö) Psalm 130

Erste Melodie

1. Aus tie-fer Not schrei ich zu dir,
   Herr Gott, er-hör mein Ru-fen.
   Dein gnä-dig' Oh-ren kehr zu mir
   und mei-ner Bitt sie öff-ne;
   denn so du willst das se-hen an,
   was Sünd und Un-recht ist ge-tan,
   wer kann, Herr, vor dir blei-ben?

Zweite Melodie

1. Aus tie-fer Not schrei ich zu dir,
   Herr Gott, er-hör mein Ru-fen.
   Dein gnä-dig' Oh-ren kehr zu mir
   und mei-ner Bitt sie öff-ne;

denn so du willst das se-hen an,
was Sünd und Un-recht ist ge-tan,
wer kann, Herr, vor dir blei - ben?

2. Bei dir gilt nichts denn Gnad und Gunst, / die Sünde zu vergeben; / es ist doch unser Tun umsonst / auch in dem besten Leben. / Vor dir niemand sich rühmen kann, / des muss dich fürchten jedermann / und deiner Gnade leben.

3. Darum auf Gott will hoffen ich, / auf mein Verdienst nicht bauen; / auf ihn mein Herz soll lassen sich / und seiner Güte trauen, / die mir zusagt sein wertes Wort; / das ist mein Trost und treuer Hort, / des will ich allzeit harren.

4. Und ob es währt bis in die Nacht / und wieder an den Morgen, / doch soll mein Herz an Gottes Macht / verzweifeln nicht noch sorgen. / So tu Israel rechter Art, / der aus dem Geist erzeuget ward, / und seines Gotts erharre.

5. Ob bei uns ist der Sünden viel, / bei Gott ist viel mehr Gnade; / sein Hand zu helfen hat kein Ziel, / wie groß auch sei der Schade. / Er ist allein der gute Hirt, / der Israel erlösen wird / aus seinen Sünden allen.

T UND ERSTE MELODIE: MARTIN LUTHER 1524
ZWEITE MELODIE: WOLFGANG DACHSTEIN 1524,
ZÜRICH UM 1533/34

BIBLISCHE GESÄNGE

300 Psalm 134

1. Lobt Gott, den Herrn der Herrlichkeit,
ihr, seine Knechte, steht geweiht
zu seinem Dienste Tag und Nacht;
lobsinget seiner Ehr und Macht!

2. Hebt eure Hände auf und geht / zum Throne seiner Majestät / in eures Gottes Heiligtum, / bringt seinem Namen Preis und Ruhm!

3. Gott heilge dich in seinem Haus / und segne dich von Zion aus, / der Himmel schuf und Erd und Meer. / Jauchzt, er ist aller Herren Herr!

T: MATTHIAS JORISSEN 1798
M: LOYS BOURGEOIS 1551
»HERR GOTT, DICH LOBEN ALLE WIR«

PSALMEN UND LOBGESÄNGE

Psalm 136 ö **301**

1. Danket Gott, denn er ist gut; groß ist alles, was er tut.

Kehrvers

1.-12. Seine Huld währt alle Zeit, waltet bis in Ewigkeit.

2. Preiset Gott und gebt ihm Ehr; / er ist aller Herren Herr.
3. Er tut Wunder, er allein, / alles rief er in das Sein,
4. der durch seiner Allmacht Ruf / Erd und Himmel weise schuf,
5. der die Sterne hat gemacht, / Sonn und Mond für Tag und Nacht.
6. Er hat Israel befreit / aus Ägyptens Dienstbarkeit.
7. Er zerschlug Pharaos Heer, / führt' das Volk durchs Rote Meer.
8. Führte es mit starker Hand / durch die Wüste in sein Land.
9. Dankt ihm, der in dieser Nacht / unsrer Niedrigkeit gedacht,
10. der uns nicht verderben ließ, / den Bedrängern uns entriss.
11. Er speist alles, was da lebt. / Alle Schöpfung ihn erhebt.
12. Danket Gott, denn er ist gut; / groß ist alles, was er tut.

Das Lied kann auch strophenweise im Wechsel gesungen werden.

T: ÖKUMENISCHE FASSUNG 1971
NACH CHRISTOPH JOHANNES RIGGENBACH 1868
M: PIERRE DAVANTÈS 1562

BIBLISCHE GESÄNGE

302 (Ö) Psalm 146

1. Du meine Seele, singe, / wohlauf und singe schön / dem, welchem alle Dinge / zu Dienst und Willen stehn. / Ich will den Herren droben / hier preisen auf der Erd; / ich will ihn herzlich loben, / solang ich leben werd.

2. Wohl dem, der einzig schauet / nach Jakobs Gott und Heil! / Wer dem sich anvertrauet, / der hat das beste Teil, / das höchste Gut erlesen, / den schönsten Schatz geliebt; / sein Herz und ganzes Wesen / bleibt ewig unbetrübt.

3. Hier sind die starken Kräfte, / die unerschöpfte Macht; / das weisen die Geschäfte, / die seine Hand gemacht: / der Himmel und die Erde / mit ihrem ganzen Heer, / der Fisch unzähl'ge Herde / im großen wilden Meer.

4. Hier sind die treuen Sinnen, / die niemand Unrecht tun, / all denen Gutes gönnen, / die in der Treu beruhn. / Gott hält sein Wort mit Freuden / und was er spricht, geschicht; / und wer Gewalt muss leiden, / den schützt er im Gericht.

5. Er weiß viel tausend Weisen, / zu retten aus dem Tod, / ernährt und gibet Speisen / zur Zeit der Hungersnot, / macht schöne rote Wangen / oft bei geringem Mahl; / und die da sind gefangen, / die reißt er aus der Qual.

6. Er ist das Licht der Blinden, / erleuchtet ihr Gesicht, / und die sich schwach befinden, / die stellt er aufgericht'. / Er liebet alle Frommen, / und die ihm günstig sind, / die finden, wenn sie kommen, / an ihm den besten Freund.

7. Er ist der Fremden Hütte, / die Waisen nimmt er an, / erfüllt der Witwen Bitte, / wird selbst ihr Trost und Mann. / Die aber, die ihn hassen, / bezahlet er mit Grimm, / ihr Haus und wo sie saßen, / das wirft er um und um.

8. Ach ich bin viel zu wenig, / zu rühmen seinen Ruhm; / der Herr allein ist König, / ich eine welke Blum. / Jedoch weil ich gehöre / gen Zion in sein Zelt, / ist's billig, dass ich mehre / sein Lob vor aller Welt.

T: PAUL GERHARDT 1653
M: JOHANN GEORG EBELING 1666

BIBLISCHE GESÄNGE

303 Psalm 146

1. Lobe den Herren, o meine Seele! Ich will ihn loben bis in' Tod; Der Leib und Seel gegeben hat, werde gepriesen früh und spat. Halleluja, Halleluja.

weil ich noch Stunden auf Erden zähle, will ich lobsingen meinem Gott.

2. Fürsten sind Menschen, vom Weib geboren, / und kehren um zu ihrem Staub; / ihre Anschläge sind auch verloren, / wenn nun das Grab nimmt seinen Raub. / Weil denn kein Mensch uns helfen kann, / rufe man Gott um Hilfe an. / Halleluja, Halleluja.

3. Selig, ja selig ist der zu nennen, / des Hilfe der Gott Jakobs ist, / welcher vom Glauben sich nicht lässt trennen / und hofft getrost auf Jesus Christ. / Wer diesen Herrn zum Beistand hat, / findet am besten Rat und Tat. / Halleluja, Halleluja.

4. Dieser hat Himmel, Meer und die Erden / und was darinnen ist gemacht; / alles muss pünktlich erfüllet werden, / was er uns einmal zugedacht. / Er ist's, der Herrscher aller Welt, / welcher uns ewig Treue hält. / Halleluja, Halleluja.

5. Zeigen sich welche, die Unrecht leiden, / er ist's, der ihnen Recht verschafft; / Hungrigen will er zur Speis bereiten, / was ihnen dient zur Lebenskraft; / die hart Gebundnen macht er frei, / und seine Gnad ist mancherlei. / Halleluja, Halleluja.

6. Sehende Augen gibt er den Blinden, / erhebt, die tief gebeuget gehn; / wo er kann einige Fromme finden, / die lässt er seine Liebe sehn. / Sein Aufsicht ist des Fremden Trutz, / Witwen und Waisen hält er Schutz. / Halleluja, Halleluja.

7. Aber der Gottesvergessnen Tritte / kehrt er mit starker Hand zurück, / dass sie nur machen verkehrte Schritte / und fallen selbst in ihren Strick. / Der Herr ist König ewiglich; / Zion, dein Gott sorgt stets für dich. / Halleluja, Halleluja.

8. Rühmet, ihr Menschen, den hohen Namen / des, der so große Wunder tut. / Alles, was Odem hat, rufe Amen / und bringe Lob mit frohem Mut. / Ihr Kinder Gottes, lobt und preist / Vater und Sohn und Heilgen Geist! / Halleluja, Halleluja.

T: JOHANN DANIEL HERRNSCHMIDT 1714
M: ANSBACH 1664/65, HALLE 1714

BIBLISCHE GESÄNGE

304 Psalm 147

1. Lobet den Herren, denn er ist sehr freundlich; es ist sehr köstlich, unsern Gott zu loben, sein Lob ist schön und lieblich anzuhören. Lobet den Herren!

2. Singt umeinander dem Herren mit Danken, / lobt ihn mit Harfen, unsern Gott, mit Psalmen, / denn er ist mächtig und von großen Kräften. / Lobet den Herren!

3. Er kann den Himmel mit Wolken bedecken / und gibet Regen, wann er will, auf Erden; / er lässt Gras wachsen hoch auf dürren Bergen. / Lobet den Herren!

4. Der allem Fleische gibet seine Speise, / dem Vieh sein Futter väterlicherweise, / den jungen Raben, die ihn tun anrufen. / Lobet den Herren!

5. Danket dem Herren, Schöpfer aller Dinge; / der Brunn des Lebens tut aus ihm entspringen / gar hoch vom Himmel her aus seinem Herzen. / Lobet den Herren!

6. O Jesu Christe, Sohn des Allerhöchsten, / gib du die Gnade allen frommen Christen, / dass sie dein' Namen ewig preisen, Amen. / Lobet den Herren!

T: LEIPZIG 1565
M: LOBET DEN HERREN ALLE, DIE IHN EHREN (NR. 447)

PSALMEN UND LOBGESÄNGE

Psalm 148 Ö **305**

1. Singt das Lied der Freu-de ü-ber Gott!
Lobt ihn laut, der euch er-schaf-fen hat.
Preist ihn, hel-le Ster-ne, lobt ihn, Son-ne, Mond,
auch im Welt-all fer - ne sei-ne Eh-re wohnt:
Singt das Lied der Freu-de ü-ber Gott!

2. Singt das Lied der Freude über Gott! / Lobt ihn laut, der euch erschaffen hat. / Preist ihn, ihr Gewitter, Hagel, Schnee und Wind. / Lobt ihn, alle Tiere, die auf Erden sind: / Singt das Lied der Freude über Gott!

3. Singt das Lied der Freude über Gott! / Lobt ihn laut, der euch erschaffen hat. / Stimmt mit ein, ihr Menschen, preist ihn, Groß und Klein, / seine Hoheit rühmen soll ein Fest euch sein: / Singt das Lied der Freude über Gott!

4. Singt das Lied der Freude über Gott! / Lobt ihn laut, der euch erschaffen hat. / Er wird Kraft uns geben, Glanz und Licht wird sein, / in das dunkle Leben leuchtet hell sein Schein: / Singt das Lied der Freude über Gott!

T UND M: DIETER HECHTENBERG 1968

BIBLISCHE GESÄNGE

306 Ö Psalm 148

Kehrvers (Kanon)

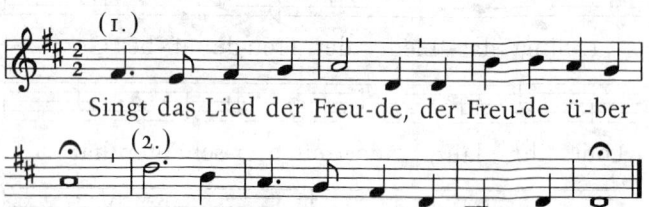

Singt das Lied der Freu-de, der Freu-de ü-ber Gott! Lobt ihn laut, der euch er-schaf-fen hat.

Strophen

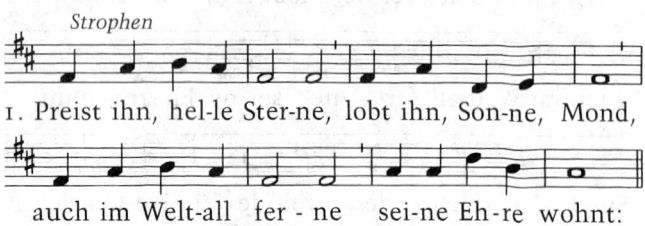

1. Preist ihn, hel-le Ster-ne, lobt ihn, Son-ne, Mond, auch im Welt-all fer-ne sei-ne Eh-re wohnt:

Der Kehrvers wird nach jeder Strophe wiederholt.

2. Preist ihn, ihr Gewitter, / Hagel, Schnee und Wind. / Lobt ihn, alle Tiere, / die auf Erden sind:

3. Stimmt mit ein, ihr Menschen, / preist ihn, Groß und Klein, / seine Hoheit rühmen / soll ein Fest euch sein:

4. Er wird Kraft uns geben, / Glanz und Licht wird sein, / in das dunkle Leben / leuchtet hell sein Schein:

T: DIETER HECHTENBERG 1968 (NR. 305)
M: HARTMUT BIETZ 1971

BIBLISCHE GESÄNGE

Kehrvers

Ge - denk an uns, o Herr, wenn du in dein Reich kommst.

3. Se - lig sind die Sanft-mü - ti - gen;
4. Se - lig sind, die da hungern und dürsten nach der Ge-rech-tig-keit;

3. denn sie werden das Erdreich be - sit - zen.
4. denn sie sollen satt werden.

BIBLISCHE GESÄNGE

T: SELIGPREISUNGEN MATTHÄUS 5,3-10
M: KIEW 17.JH.; SATZ: MÜNDLICH ÜBERLIEFERT

Ich schäme mich des Evangeliums nicht; denn es ist eine Kraft Gottes, die selig macht alle, die daran glauben. RÖMER 1,16

BIBLISCHE GESÄNGE

308 Lukas 1,46-55
Der Lobgesang der Maria (Magnificat)

1. Mein Seel, o Herr, muss loben dich, du bist mein Heil, des freu ich mich, dass du nicht fragst nach weltlich' Pracht und hast mich Arme nicht veracht'

2. und angesehn mein Niedrigkeit. / Des wird von nun an weit und breit / mich selig preisen jedermann, / weil du groß Ding an mir getan.

3. Du bist auch mächtig, lieber Herr, / dein große Macht stirbt nimmermehr; / dein Nam ist alles Rühmens wert, / drum man dich willig preist und ehrt.

4. Du bist barmherzig insgemein / dem, der dich herzlich fürcht' allein, / und hilfst dem Armen immerdar, / wenn er muss leiden groß Gefahr.

5. Der Menschen Hoffart muss vergehn, / mag nicht vor deiner Hand bestehn; / wer sich verlässt auf seine Pracht, / dem hast du bald ein End gemacht.

6. Du machst zunicht der Menschen Rat, / das sind, Herr, deine Wundertat'; / was sie gedenken wider dich, / das geht doch allzeit hinter sich.

7. Wer niedrig ist und klein geacht', / an dem übst du dein göttlich Macht / und machst ihn einem Fürsten gleich, / die Reichen arm, die Armen reich.

8. Das tust du, Herr, zu dieser Zeit, / gedenkest der Barmherzigkeit; / Israel willst du Hilfe tun / durch deinen auserwählten Sohn.

9. Wir haben's nicht verdient um dich, / dass du mit uns fährst gnädiglich; / zu unsern Vätern ist geschehn / ein Wort, das hast du angesehn.

10. Auch Abraham hast du geschworn, / dass wir nicht sollten sein verlorn, / uns zugesagt das Himmelreich / und unsern Kindern ewiglich.

11. Gott Vater und dem ein'gen Sohn, / dem Heilgen Geist in einem Thron / sei Ehr und Preis von uns bereit' / von nun an bis in Ewigkeit.

T: ERASMUS ALBER STR. 1 1534/1536;
STR. 2–11 (VOR 1553) 1555
M: BEI BARTHOLOMÄUS GESIUS 1603,
MICHAEL PRAETORIUS 1607

Ich lobe dich, Herr, errettet durch deine Barmherzigkeit. Ich lobe dich, Herr, geehrt durch deine Erniedrigung. Ich lobe dich, Herr, geführt durch deine Milde. Ich lobe dich, Herr, regiert durch deine Weisheit. Ich lobe dich, Herr, beschirmt durch deine Gewalt. Ich lobe dich, Herr, geheiligt durch deine Gnade. Ich lobe dich, Herr, erleuchtet durch dein inneres Licht. Ich lobe dich, Herr, erhöht durch deine Güte.

MECHTHILD VON MAGDEBURG

BIBLISCHE GESÄNGE

309
Lukas 1,46-55
Der Lobgesang der Maria (Magnificat)

1. Hoch hebt den Herrn mein Herz und meine Seele, den großen Gott, dem ich mein Heil befehle. Dass er mein Heiland ist, frohlockt mein Geist, der seinen Gott, den Herrn und Retter, preist.

2. Er hat auf meine Niedrigkeit gesehen, / und große Dinge sind an mir geschehen. / Barmherzig ist er jeglichem Geschlecht, / wo Furcht des Herrn bewahrt sein heilig Recht.

3. Gewaltige stößt er von ihren Thronen; / wer niedrig stand, darf hoch in Ehren wohnen. / Die Reichen lässt er leer im Überfluss, / macht Arme reich, macht satt, wer darben muss.

4. Er denkt wohl der Barmherzigkeit und Güte, / dass er die Seinen väterlich behüte. / Wie er verhieß: Sein Volk, sein Eigentum / bleibt ewiglich zu seines Namens Ruhm.

T: FRITZ ENDERLIN 1952
M: WIE HERRLICH GIBST DU, HERR,
DICH ZU ERKENNEN (NR. 271)

PSALMEN UND LOBGESÄNGE

310

T: LUKAS 1,46-47
KANON FÜR 3 STIMMEN:
PAUL ERNST RUPPEL 1938

Lasst das Wort Christi reichlich unter euch wohnen: Lehrt und ermahnt einander in aller Weisheit; mit Psalmen, Lobgesängen und geistlichen Liedern singt Gott dankbar in euren Herzen. Und alles, was ihr tut mit Worten oder mit Werken, das tut alles im Namen des Herrn Jesus und dankt Gott, dem Vater, durch ihn.

KOLOSSER 3,16.17

BIBLISCHE ERZÄHLLIEDER

311 ö 1. Mose 12,1-9

»Abraham, Abraham, verlass dein Land und deinen Stamm! Abraham, Abraham, verlass dein Land und deinen Stamm!

1. Mach dich auf die lange Reise in ein Land, das ich dir weise. Du sollst gegen allen Schein Vater meines Volkes sein.

2. Abraham, Abraham, / verlass dein Land und deinen Stamm! / Abraham, Abraham, / verlass dein Land und deinen Stamm!
Ich versprech dir meinen Segen, / bin mit dir auf allen Wegen; / alle Menschen, groß und klein, / solln in dir gesegnet sein.«

BIBLISCHE ERZÄHLLIEDER

3. Abraham, Abraham / verlässt sein Land und seinen Stamm. / Abraham, Abraham / verlässt sein Land und seinen Stamm.
Auf das Wort hin will er's wagen; / ohne Klagen, ohne Fragen / steht er auf und zieht er fort, / Richtung zeigt ihm Gottes Wort.

T: DIETHARD ZILS NACH DEM NIEDERLÄNDISCHEN
»ABRAHAM, ABRAHAM, VERLAAT JE LAND«
VON HANNA LAM 1968
M: WIM TER BURG 1968

BIBLISCHE GESÄNGE

312 Matthäus 3,1-12; Lukas 3,10-14

1. Kam einst zum Ufer nach Gottes Wort und Plan ein Prediger und Rufer, Johannes hieß der Mann. Kam einst zum Ufer, Johannes hieß der Mann.

2. So steht geschrieben: / Was krumm ist, macht gerad. / Macht groß, was klein geblieben, / und eben jeden Pfad. / So steht geschrieben: / Macht eben jeden Pfad.

3. Täufer, was liefst du / umher in Fell und Gurt / wie ein Prophet? Was riefst du / dort an der Jordanfurt? / Täufer, was riefst du / dort an der Jordanfurt?

4. »Aufschaun, umkehren, / loslassen, was nicht hält! / Das Wort des Herren hören: / Bald wird der Baum gefällt. / Aufschaun, umkehren! / Sonst wird der Baum gefällt.«

5. Täufer, was sollen / wir tun, wenn er jetzt kommt? / »Dem Herrn die Ehre zollen / und glauben seinem Bund.« / Täufer, was sollen / wir tun, wenn er jetzt kommt?

6. »Teilt Brot und Mantel, / raubt niemandem sein Gut / und macht mit eurem Wandel / bedrückten Menschen Mut. / Teilt Brot und Mantel, / macht allen Menschen Mut.«

7. Volk, auserkoren, / damit du Rufer wirst: / Ein Kind ist dir geboren / und das heißt Friedefürst. / Kind, uns geboren, / du bist der Friedefürst.

T: JÜRGEN HENKYS (1975) 1977 NACH DEM
NIEDERLÄNDISCHEN »KWAM VAN GODSWEGE«
VON HUUB OOSTERHUIS 1962/1973
M: JAAP GERAEDTS (1965) 1973

*Jesus kam nach Galiläa und predigte
das Evangelium Gottes und sprach:
Die Zeit ist erfüllt und das Reich Gottes
ist herbeigekommen. Tut Buße und glaubt
an das Evangelium!* MARKUS 1,14.15

BIBLISCHE GESÄNGE

313

1. Jesus, der zu den Fischern lief und Simon und Andreas rief, sich doch ein Herz zu fassen, die Netze zu verlassen – vielleicht kommt er auch heut vorbei, ruft mich und dich, zwei oder drei, doch alles aufzugeben und treu ihm nachzuleben.

Mt 4,18-22

2. Jesus, der durch die Straßen kam, / den Mann vom Zoll zur Seite nahm / und bei ihm wohnen wollte, / dass der sich freuen sollte – / vielleicht kommt er auch heut vorbei, / fragt mich und dich, zwei oder drei: / Wollt ihr mir euer Leben / und was ihr lieb habt, geben? *Mt 9,9-13*

3. Der durch die Welt geht und die Zeit, / ruft nicht, wie man beim Jahrmarkt schreit. / Er spricht das Herz an, heute, / und sammelt seine Leute. / Und blieben wir auch lieber stehn – / zu wem denn sollen wir sonst gehn? / Er will uns alles geben, / die Wahrheit und das Leben.

T: JÜRGEN HENKYS (1975) 1977 NACH DEM NIEDER-
LÄNDISCHEN »JEZUS DIE LANGS HET WATER LIEP«
VON AD DEN BESTEN 1961
M: FRITS MEHRTENS 1961

BIBLISCHE ERZÄHLLIEDER

Matthäus 21,1-11   Ö   **314**

1. Jesus zieht in Jerusalem ein, Hosianna! Alle Leute fangen auf der Straße an zu schrein: Hosianna, Hosianna, Hosianna in der Höh! Hosianna, Hosianna, Hosianna in der Höh!

2. Jesus zieht in Jerusalem ein, Hosianna! / Seht, er kommt geritten, auf dem Esel sitzt der Herr, Hosianna, Hosianna, Hosianna in der Höh! / Hosianna, Hosianna, Hosianna in der Höh!

3. Jesus zieht in Jerusalem ein, Hosianna! / Kommt und legt ihm Zweige von den Bäumen auf den Weg! Hosianna, Hosianna, Hosianna in der Höh! / Hosianna, Hosianna, Hosianna in der Höh!

4. Jesus zieht in Jerusalem ein, Hosianna! / Kommt und breitet Kleider auf der Straße vor ihm aus! Hosianna, Hosianna, Hosianna in der Höh! / Hosianna, Hosianna, Hosianna in der Höh!

BIBLISCHE GESÄNGE

6. Jesus zieht in Jerusalem ein, Hosianna! / Kommt und lasst uns bitten, statt das »Kreuzige« zu schrein: Komm, Herr Jesus, komm, Herr Jesus, komm, Herr Jesus, auch zu uns. / Komm, Herr Jesus, komm, Herr Jesus, komm, Herr Jesus, auch zu uns.

T UND M: GOTTFRIED NEUBERT 1968

BIBLISCHE ERZÄHLLIEDER

Lukas 15,11-24 **315**

1. Ich will zu meinem Vater gehn heut am Tag. Er wird ein jedes Wort verstehn, das ich wag, das ich wag.

2. Weil es noch ein Zuhause gibt, / lauf ich hin. / Ich weiß, dass mich mein Vater liebt, / wie ich bin, wie ich bin.

3. Er ist's, der dich von fern erblickt, / tief im Staub. / Sein Herz hat er vorausgeschickt. / Sieh und glaub! Sieh und glaub!

4. Er ist's, der dir entgegenläuft / weit, wie weit; / der dich mit Liebe überhäuft / und verzeiht und verzeiht.

5. Den Lumpenrock schafft man beiseit – / brennt wie Spreu. / Nun trägst du Schuh und Ring und Kleid / funkelnd neu, funkelnd neu.

6. Hoch hebt das Fest der Heimkehr an, / nie erschaut. / Die Freude, die nur danken kann, / jubelt laut, jubelt laut.

7. Lasst uns zu unserm Vater gehn, / ich und du. / Er ruft, bis alle ihn verstehn: / Kommt herzu! Kommt herzu!

T: LOTTE DENKHAUS 1975
M: DIETER TRAUTWEIN 1976

GLAUBE
LIEBE
HOFFNUNG

LOBEN UND DANKEN

ö 316

1. Lobe den Herren, den mächtigen König der Ehren, / lob ihn, o Seele, vereint mit den himmlischen Chören. / Kommet zuhauf, Psalter und Harfe, wacht auf, lasset den Lobgesang hören!

2. Lobe den Herren, der alles so herrlich regieret, / der dich auf Adelers Fittichen sicher geführet, / der dich erhält, / wie es dir selber gefällt; / hast du nicht dieses verspüret?

3. Lobe den Herren, der künstlich und fein dich bereitet, / der dir Gesundheit verliehen, dich freundlich geleitet. / In wie viel Not / hat nicht der gnädige Gott / über dir Flügel gebreitet!

4. Lobe den Herren, der sichtbar dein Leben gesegnet, / der aus dem Himmel mit Strömen der Liebe geregnet. / Denke daran, / was der Allmächtige kann, / der dir mit Liebe begegnet.

GLAUBE – LIEBE – HOFFNUNG

5. Lobe den Herren, was in mir ist, lobe den Namen. /
Lob ihn mit allen, die seine Verheißung bekamen. / Er
ist dein Licht, / Seele, vergiss es ja nicht. / Lob ihn in
Ewigkeit. Amen.

T UND M: NR. 317,
ÖKUMENISCHE FASSUNG 1973

Englisch
1. Praise to the Lord, the Almighty, the King of creation; / O my soul, praise him, for he is thy health and salvation: / all ye who hear, / now to his temple draw near, / joining in glad adoration.

Französisch
1. Célébrons le Seigneur, notre Dieu et notre Père. / Tout-puissant créateur, et des cieux et de la terre. / Ce Dieu d'amour / De ses enfants, chaque jour / Veut exaucer la prière.

Schwedisch
1. Herren, vår Gud, är en konung i makt och i ära. / Kom, alla folk, att vårt eviga lov honom bära! / Himmel och jord / bärs av hans kraftiga ord, / allt han sitt hägn vill beskära.

Polnisch
1. Pochwal, mój duchu, Mocarza wielkiego wszechświata! / Niechaj się w sercu mym prośba z podzięką przeplata. / W górę się zwróć! / Psalmie i harfo, się zbudź! / Niechaj pieśń w niebo ulata.

Tschechisch
1. Chvaliž Hospodina, slávy vždy Krále mocného, / ó duše má, nebo tužba to srdce je mého. / Shromažd'te se, / harfy at'tón ozve se, / zpívejte chvalozpěv jeho!

317

1. Lobe den Herren, den mächtigen König der Ehren, / meine geliebete Seele, das ist mein Begehren. / Kommet zuhauf, / Psalter und Harfe, wacht auf, / lasset den Lobgesang hören!

2. Lobe den Herren, der alles so herrlich regieret, / der dich auf Adelers Fittichen sicher geführet, / der dich erhält, / wie es dir selber gefällt; / hast du nicht dieses verspüret?

3. Lobe den Herren, der künstlich und fein dich bereitet, / der dir Gesundheit verliehen, dich freundlich geleitet. / In wie viel Not / hat nicht der gnädige Gott / über dir Flügel gebreitet!

4. Lobe den Herren, der deinen Stand sichtbar gesegnet, / der aus dem Himmel mit Strömen der Liebe geregnet. / Denke daran, / was der Allmächtige kann, / der dir mit Liebe begegnet.

5. Lobe den Herren, was in mir ist, lobe den Namen. / Alles, was Odem hat, lobe mit Abrahams Samen. / Er ist dein Licht, / Seele, vergiss es ja nicht. / Lobende, schließe mit Amen!

T: JOACHIM NEANDER 1680
M: 17. JH.; GEISTLICH STRALSUND 1665,
HALLE 1741

GLAUBE – LIEBE – HOFFNUNG

318

1. O gläubig Herz, gebenedei und gib Lob deinem Herren! Gedenk, dass er dein Vater sei, den du allzeit sollst ehren, dieweil du keine Stund ohn ihn mit aller Sorg in deinem Sinn dein Leben kannst ernähren.

2. Er ist's, der dich von Herzen liebt / und sein Gut mit dir teilet, / dir deine Missetat vergibt / und deine Wunden heilet, / dich waffnet zum geistlichen Krieg, / dass dir der Feind nicht obenlieg / und deinen Schatz zerteile.

3. Er ist barmherzig und sehr gut / den Armen und Elenden, / die sich von allem Übermut / zu seiner Wahrheit wenden; / er nimmt sie als ein Vater auf / und gibt, dass sie den rechten Lauf / zur Seligkeit vollenden.

4. Wie sich ein treuer Vater neigt / und Guts tut seinen Kindern, / also hat sich auch Gott erzeigt / allzeit uns armen Sündern; / er hat uns lieb und ist uns hold, / vergibt uns gnädig alle Schuld, / macht uns zu Überwindern.

5. Er gibt uns seinen guten Geist, / erneuet unsre Herzen, / dass wir vollbringen, was er heißt, / ob's auch das Fleisch mag schmerzen. / Er hilft uns hier mit Gnad und Heil, / verheißt uns auch ein herrlich Teil / von den ewigen Schätzen.

6. Nach unsrer Ungerechtigkeit / hat er uns nicht vergolten, / sondern erzeigt Barmherzigkeit, / da wir verderben sollten. / Mit seiner Gnad und Gütigkeit / ist uns und allen er bereit, / die ihm von Herzen hulden.

7. Was er nun angefangen hat, / das will er auch vollenden; / nur geben wir uns seiner Gnad, / opfern uns seinen Händen / und tun daneben unsern Fleiß, / hoffend, er werd zu seinem Preis / all unsern Wandel wenden.

8. O Vater, steh uns gnädig bei, / weil wir sind im Elende, / dass unser Tun aufrichtig sei / und nehm ein löblich Ende; / o leucht uns mit deim hellen Wort, / dass uns an diesem dunklen Ort / kein falscher Schein verblende.

9. O Gott, nimm an zu Lob und Dank, / was wir einfältig singen, / und gib dein Wort mit freiem Klang, / lass's durch die Herzen dringen. / O hilf, dass wir mit deiner Kraft / durch recht geistliche Ritterschaft / des Lebens Kron erringen.

T: MICHAEL WEISSE 1531
M: BEI MICHAEL PRAETORIUS 1609

GLAUBE – LIEBE – HOFFNUNG

319

Frau Musika spricht:

1. Die beste Zeit im Jahr ist mein,
da singen alle Vögelein,
Himmel und Erden ist der voll,
viel gut Gesang, der lautet wohl.

2. Voran die liebe Nachtigall / macht alles fröhlich überall / mit ihrem lieblichen Gesang, / des muss sie haben immer Dank.

3. Vielmehr der liebe Herre Gott, / der sie also geschaffen hat, / zu sein die rechte Sängerin, / der Musika ein Meisterin.

4. Dem singt und springt sie Tag und Nacht, / seins Lobes sie nichts müde macht: / Den ehrt und lobt auch mein Gesang / und sagt ihm einen ewgen Dank.

T: MARTIN LUTHER 1538
M: BÖHMISCHE BRÜDER 1544, STRASSBURG 1572,
KARL LÜTGE 1917

LOBEN UND DANKEN

320

1. Nun lasst uns Gott dem Herren Dank sagen und ihn ehren für alle seine Gaben, die wir empfangen haben.

2. Den Leib, die Seel, das Leben / hat er allein uns geben; / dieselben zu bewahren, / tut er nie etwas sparen.

3. Nahrung gibt er dem Leibe; / die Seele muss auch bleiben, / wiewohl tödliche Wunden / sind kommen von der Sünden.

4. Ein Arzt ist uns gegeben, / der selber ist das Leben; / Christus, für uns gestorben, / der hat das Heil erworben.

5. Sein Wort, sein Tauf, sein Nachtmahl / dient wider alles Unheil; / der Heilig Geist im Glauben / lehrt uns darauf vertrauen.

GLAUBE – LIEBE – HOFFNUNG

6. Durch ihn ist uns vergeben die Sünd, geschenkt das Leben. Im Himmel solln wir haben, o Gott, wie große Gaben!

7. Wir bitten deine Güte, / wollst uns hinfort behüten, / uns Große mit den Kleinen; / du kannst's nicht böse meinen.

8. Erhalt uns in der Wahrheit, / gib ewigliche Freiheit, / zu preisen deinen Namen / durch Jesus Christus. Amen.

T: LUDWIG HELMBOLD 1575
M: BEI NIKOLAUS SELNECKER 1587
SATZ: JOHANN CRÜGER 1649

LOBEN UND DANKEN

Sirach 50,24-26 Ö **321**

1. Nun dan-ket al - le Gott mit Her-zen,
der gro - ße Din -ge tut an uns und
Mund und Hän - den,
al - len En - den,
der uns von Mut-ter-leib und Kin-des-bei-nen an un-zäh-lig viel zu - gut bis hier-her hat ge - tan.

Spätere Form

GLAUBE – LIEBE – HOFFNUNG

2. Der ewig reiche Gott / woll uns bei unserm Leben / ein immer fröhlich Herz / und edlen Frieden geben / und uns in seiner Gnad / erhalten fort und fort / und uns aus aller Not / erlösen hier und dort.

3. Lob, Ehr und Preis sei Gott / dem Vater und dem Sohne / und Gott dem Heilgen Geist / im höchsten Himmelsthrone, / ihm, dem dreiein'gen Gott, / wie es im Anfang war / und ist und bleiben wird / so jetzt und immerdar.

T UND M: MARTIN RINCKART (UM 1630) 1636
(MELODIEFASSUNG NACH JOHANN CRÜGER 1647)

Englisch

1. Now thank we all our God / with hearts and hands and voices, / who wondrous things has done, / in whom his world rejoices; / who from our mother's arms / has blest us on our way / with countless gifts of love, / and still is ours today.

2. O may this bounteous God / through all our life be near us, / with ever joyful hearts / and blessed peace to cheer us; / and keep us in his grace, / and guide us when perplex'd, / and free us from all ills, / in this world and the next.

3. All praise and thanks to God / the Father now be given, / the Son, and him who reigns / with them in highest heaven: / the one eternal God / whom earth and heav'n adore; / for thus it was, is now, / and shall be evermore.

LOBEN UND DANKEN

Französisch

1. Béni soit le Seigneur, / le Créateur, le Père; / Son amour resplendit / sur notre terre entière. / Il nous a tout donné; / tout nous vient de ses mains, / Et la vie et la joie, / et le pain et le vin.

2. Béni soit le Seigneur, / le Fils du Dieu qui aime, / Qui pour nous se fit homme / et qui s'offrit lui-même. / Il devint serviteur / cloué sur une croix / Et Dieu l'a élevé / plus haut que tous les rois.

3. Béni soit le Seigneur, / l'Esprit Saint pur et sage / Qui de l'amour du Père / et du Fils est le gage. / C'est lui qui nous unit / et nous fait retrouver / Le chemin de l'amour / et de la liberté.

ö 322

1. Nun danket all und bringet Ehr, ihr Menschen in der Welt, dem, dessen Lob der Engel Heer im Himmel stets vermeld't.

2. Ermuntert euch und singt mit Schall / Gott, unserm höchsten Gut, / der seine Wunder überall / und große Dinge tut;

3. der uns von Mutterleibe an / frisch und gesund erhält / und, wo kein Mensch nicht helfen kann, / sich selbst zum Helfer stellt;

Sir 50,24

4. der, ob wir ihn gleich hoch betrübt, / doch bleibet guten Muts, / die Straf erlässt, die Schuld vergibt / und tut uns alles Guts.

5. Er gebe uns ein fröhlich Herz, / erfrische Geist und Sinn / und werf all Angst, Furcht, Sorg und Schmerz / ins Meeres Tiefe hin.

6. Er lasse seinen Frieden ruhn / auf unserm Volk und Land; / er gebe Glück zu unserm Tun / und Heil zu allem Stand.

7. Er lasse seine Lieb und Güt / um, bei und mit uns gehn, / was aber ängstet und bemüht, / gar ferne von uns stehn.

8. Solange dieses Leben währt, / sei er stets unser Heil, / und wenn wir scheiden von der Erd, / verbleib er unser Teil.

9. Er drücke, wenn das Herze bricht, / uns unsre Augen zu / und zeig uns drauf sein Angesicht / dort in der ewgen Ruh.

T: PAUL GERHARDT 1647
M: JOHANN CRÜGER 1653 NACH PIERRE DAVANTÈS 1562 (ZU PSALM 89)

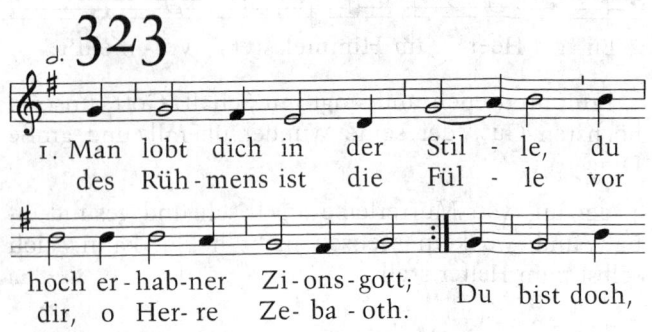

323

1. Man lobt dich in der Stil - le, du
   des Rüh - mens ist die Fül - le vor

hoch er - hab - ner Zi - ons - gott;   Du bist doch,
dir, o Her - re Ze - ba - oth.

LOBEN UND DANKEN

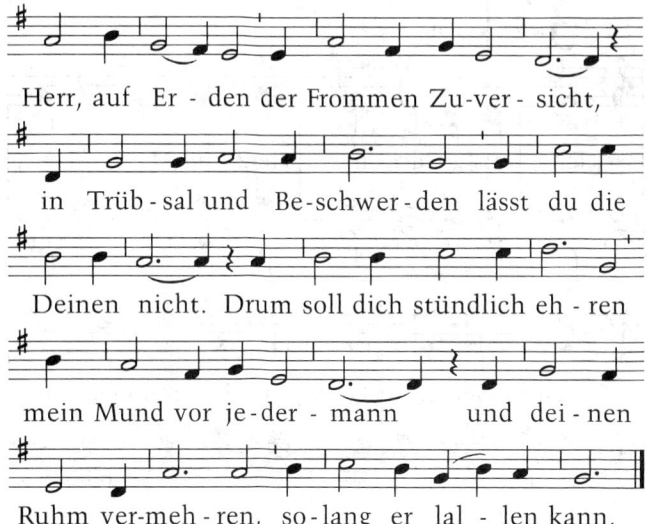

Herr, auf Erden der Frommen Zuversicht, in Trübsal und Beschwerden lässt du die Deinen nicht. Drum soll dich stündlich ehren mein Mund vor jedermann und deinen Ruhm vermehren, solang er lallen kann.

Ps 65,2

2. Es müssen, Herr, sich freuen / von ganzer Seel und jauchzen hell, / die unaufhörlich schreien: / »Gelobt sei der Gott Israel'!« / Sein Name sei gepriesen, / der große Wunder tut / und der auch mir erwiesen / das, was mir nütz und gut. / Nun, dies ist meine Freude, / zu hangen fest an dir, / dass nichts von dir mich scheide, / solang ich lebe hier.

3. Herr, du hast deinen Namen / sehr herrlich in der Welt gemacht; / denn als die Schwachen kamen, / hast du gar bald an sie gedacht. / Du hast mir Gnad erzeiget; / nun, wie vergelt ich's dir? / Ach bleibe mir geneiget, / so will ich für und für / den Kelch des Heils erheben* / und preisen weit und breit / dich hier, mein Gott, im Leben / und dort in Ewigkeit.

*Ps 116,13

T: JOHANN RIST 1651/1654
M: NUN LOB, MEIN SEEL, DEN HERREN (NR. 289)

GLAUBE – LIEBE – HOFFNUNG

324 (Ö)

1. Ich singe dir mit Herz und Mund, Herr, meines Herzens Lust; ich sing und mach auf Erden kund, was mir von dir bewusst.

2. Ich weiß, dass du der Brunn der Gnad / und ewge Quelle bist, / daraus uns allen früh und spat / viel Heil und Gutes fließt.

3. Was sind wir doch? Was haben wir / auf dieser ganzen Erd, / das uns, o Vater, nicht von dir / allein gegeben werd?

4. Wer hat das schöne Himmelszelt / hoch über uns gesetzt? / Wer ist es, der uns unser Feld / mit Tau und Regen netzt?

5. Wer wärmet uns in Kält und Frost? / Wer schützt uns vor dem Wind? / Wer macht es, dass man Öl und Most / zu seinen Zeiten find't?

6. Wer gibt uns Leben und Geblüt? / Wer hält mit seiner Hand / den güldnen, werten, edlen Fried / in unserm Vaterland?

7. Ach Herr, mein Gott, das kommt von dir, / du, du musst alles tun, / du hältst die Wach an unsrer Tür / und lässt uns sicher ruhn.

8. Du nährest uns von Jahr zu Jahr, / bleibst immer fromm und treu / und stehst uns, wenn wir in Gefahr / geraten, treulich bei.

9. Du strafst uns Sünder mit Geduld / und schlägst nicht allzusehr, / ja endlich nimmst du unsre Schuld / und wirfst sie in das Meer.

10. Wenn unser Herze seufzt und schreit, / wirst du gar leicht erweicht / und gibst uns, was uns hoch erfreut / und dir zur Ehr gereicht.

11. Du zählst, wie oft ein Christe wein / und was sein Kummer sei; / kein Zähr- und Tränlein ist so klein, / du hebst und legst es bei.

12. Du füllst des Lebens Mangel aus / mit dem, was ewig steht, / und führst uns in des Himmels Haus, / wenn uns die Erd entgeht.

13. Wohlauf, mein Herze, sing und spring / und habe guten Mut! / Dein Gott, der Ursprung aller Ding, / ist selbst und bleibt dein Gut.

14. Er ist dein Schatz, dein Erb und Teil, / dein Glanz und Freudenlicht, / dein Schirm und Schild, dein Hilf und Heil, / schafft Rat und lässt dich nicht.

GLAUBE – LIEBE – HOFFNUNG

15. Was kränkst du dich in deinem Sinn / und grämst dich Tag und Nacht? / Nimm deine Sorg und wirf sie hin / auf den, der dich gemacht.

16. Hat er dich nicht von Jugend auf / versorget und ernährt? / Wie manches schweren Unglücks Lauf / hat er zurückgekehrt!

17. Er hat noch niemals was versehn / in seinem Regiment, / nein, was er tut und lässt geschehn, / das nimmt ein gutes End.

18. Ei nun, so lass ihn ferner tun / und red ihm nicht darein, / so wirst du hier im Frieden ruhn / und ewig fröhlich sein.

T: PAUL GERHARDT 1653
M: NUN DANKET ALL UND BRINGET EHR (NR. 322)
SATZ: JOHANN CRÜGER 1653

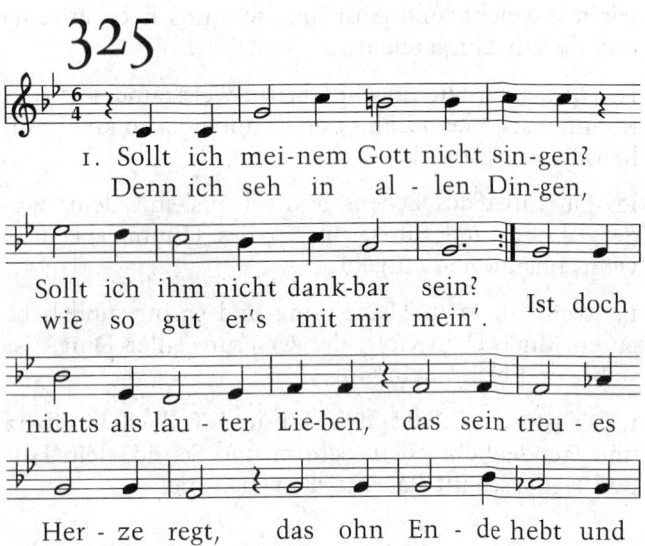

325

1. Sollt ich meinem Gott nicht singen?
Denn ich seh in allen Dingen,
Sollt ich ihm nicht dankbar sein?
wie so gut er's mit mir mein'. Ist doch nichts als lauter Lieben, das sein treues Herze regt, das ohn Ende hebt und

trägt, die in sei-nem Dienst sich ü-ben.
Al - les Ding währt sei - ne Zeit,
Got - tes Lieb in E - wig - keit.

2. Wie ein Adler sein Gefieder / über seine Jungen streckt, / also hat auch hin und wieder / mich des Höchsten Arm bedeckt, / alsobald im Mutterleibe, / da er mir mein Wesen gab / und das Leben, das ich hab / und noch diese Stunde treibe. / Alles Ding währt seine Zeit, / Gottes Lieb in Ewigkeit.

3. Sein Sohn ist ihm nicht zu teuer, / nein, er gibt ihn für mich hin, / dass er mich vom ewgen Feuer / durch sein teures Blut gewinn. / O du unergründ'ter Brunnen, / wie will doch mein schwacher Geist, / ob er sich gleich hoch befleißt, / deine Tief ergründen können? / Alles Ding währt seine Zeit, / Gottes Lieb in Ewigkeit.

4. Seinen Geist, den edlen Führer, / gibt er mir in seinem Wort, / dass er werde mein Regierer / durch die Welt zur Himmelspfort; / dass er mir mein Herz erfülle / mit dem hellen Glaubenslicht, / das des Todes Macht zerbricht / und die Hölle selbst macht stille. / Alles Ding währt seine Zeit, / Gottes Lieb in Ewigkeit.

5. Meiner Seele Wohlergehen / hat er ja recht wohl bedacht; / will dem Leibe Not entstehen, / nimmt er's gleichfalls wohl in Acht. / Wenn mein Können, mein Vermögen / nichts vermag, nichts helfen kann, / kommt mein Gott und hebt mir an / sein Vermögen beizulegen. / Alles Ding währt seine Zeit, / Gottes Lieb in Ewigkeit.

GLAUBE – LIEBE – HOFFNUNG

6. Himmel, Erd und ihre Heere / hat er mir zum Dienst bestellt; / wo ich nur mein Aug hinkehre, / find ich, was mich nährt und hält: / Tier und Kräuter und Getreide; / in den Gründen, in der Höh, / in den Büschen, in der See, / überall ist meine Weide. / Alles Ding währt seine Zeit, / Gottes Lieb in Ewigkeit.

7. Wenn ich schlafe, wacht sein Sorgen / und ermuntert mein Gemüt, / dass ich alle liebe Morgen / schaue neue Lieb und Güt. / Wäre mein Gott nicht gewesen, / hätte mich sein Angesicht / nicht geleitet, wär ich nicht / aus so mancher Angst genesen. / Alles Ding währt seine Zeit, / Gottes Lieb in Ewigkeit.

8. Seine Strafen, seine Schläge, / ob sie mir gleich bitter seind, / dennoch, wenn ich's recht erwäge, / sind es Zeichen, dass mein Freund, / der mich liebet, mein gedenke / und mich von der schnöden Welt, / die uns hart gefangen hält, / durch das Kreuze zu ihm lenke. / Alles Ding währt seine Zeit, / Gottes Lieb in Ewigkeit.

9. Das weiß ich fürwahr und lasse / mir's nicht aus dem Sinne gehn: / Christenkreuz hat seine Maße / und muss endlich stillestehn. / Wenn der Winter ausgeschneiet, / tritt der schöne Sommer ein; / also wird auch nach der Pein, / wer's erwarten kann, erfreuet. / Alles Ding währt seine Zeit, / Gottes Lieb in Ewigkeit.

10. Weil denn weder Ziel noch Ende / sich in Gottes Liebe find't, / ei so heb ich meine Hände / zu dir, Vater, als dein Kind, / bitte, wollst mir Gnade geben, / dich aus aller meiner Macht / zu umfangen Tag und Nacht / hier in meinem ganzen Leben, / bis ich dich nach dieser Zeit / lob und lieb in Ewigkeit.

T: PAUL GERHARDT 1653
M: JOHANN SCHOP 1641

LOBEN UND DANKEN

Andere Melodie:
Bis hierher hat mich Gott gebracht (Nr.329) (Ö) **326**

1. Sei Lob und Ehr dem höchsten Gut,
dem Vater aller Güte,
dem Gott, der alle Wunder tut,
dem Gott, der mein Gemüte
mit seinem reichen Trost erfüllt,
dem Gott, der allen Jammer stillt.
Gebt unserm Gott die Ehre!

2. Es danken dir die Himmelsheer, / o Herrscher aller Thronen; / und die auf Erden, Luft und Meer / in deinem Schatten wohnen, / die preisen deine Schöpfermacht, / die alles also wohl bedacht. / Gebt unserm Gott die Ehre!

3. Was unser Gott geschaffen hat, / das will er auch erhalten, / darüber will er früh und spat / mit seiner Güte walten. / In seinem ganzen Königreich / ist alles recht, ist alles gleich. / Gebt unserm Gott die Ehre!

4. Ich rief zum Herrn in meiner Not: / »Ach Gott, vernimm mein Schreien!« / Da half mein Helfer mir vom Tod / und ließ mir Trost gedeihen. / Drum dank, ach Gott, drum dank ich dir; / ach danket, danket Gott mit mir! / Gebt unserm Gott die Ehre!

5. Der Herr ist noch und nimmer nicht / von seinem Volk geschieden; / er bleibet ihre Zuversicht, / ihr Segen, Heil und Frieden. / Mit Mutterhänden leitet er / die Seinen stetig hin und her. / Gebt unserm Gott die Ehre!

6. Wenn Trost und Hilf ermangeln muss, / die alle Welt erzeiget, / so kommt, so hilft der Überfluss, / der Schöpfer selbst, und neiget / die Vateraugen denen zu, / die sonsten nirgends finden Ruh. / Gebt unserm Gott die Ehre!

7. Ich will dich all mein Leben lang, / o Gott, von nun an ehren, / man soll, Gott, deinen Lobgesang / an allen Orten hören. / Mein ganzes Herz ermuntre sich, / mein Geist und Leib erfreue dich! / Gebt unserm Gott die Ehre!

8. Ihr, die ihr Christi Namen nennt, / gebt unserm Gott die Ehre; / ihr, die ihr Gottes Macht bekennt, / gebt unserm Gott die Ehre! / Die falschen Götzen macht zu Spott; / der Herr ist Gott, der Herr ist Gott! / Gebt unserm Gott die Ehre!

9. So kommet vor sein Angesicht / mit jauchzenvollem Springen; / bezahlet die gelobte Pflicht / und lasst uns fröhlich singen: / Gott hat es alles wohl bedacht / und alles, alles recht gemacht. / Gebt unserm Gott die Ehre!

T: JOHANN JAKOB SCHÜTZ 1675
M: JOHANN CRÜGER 1653 NACH NR. 294

LOBEN UND DANKEN

327

1. Wun-der-ba-rer Kö-nig, Herr-scher von uns
   al-len, lass dir un-ser Lob ge-fal-len.
   Hilf uns noch, stärk uns doch; lass die
   Zun-ge sin-gen, lass die Stim-me klin-gen.

   Dei-ne Va-ter-gü-te hast du las-sen
   flie-ßen, ob wir schon dich oft ver-lie-ßen.

2. Himmel, lobe prächtig / deines Schöpfers Taten / mehr als aller Menschen Staaten. / Großes Licht der Sonne, / schieße deine Strahlen, / die das große Rund bemalen. / Lobet gern, / Mond und Stern, / seid bereit, zu ehren / einen solchen Herren.

3. O du meine Seele, / singe fröhlich, singe, / singe deine Glaubenslieder; / was den Odem holet, / jauchze, preise, klinge; / wirf dich in den Staub darnieder. / Er ist Gott / Zebaoth, / er nur ist zu loben / hier und ewig droben.

4. Halleluja bringe, / wer den Herren kennet, / wer den Herren Jesus liebet; / Halleluja singe, / welcher Christus nennet, / sich von Herzen ihm ergibet. / O wohl dir! / Glaube mir: / Endlich wirst du droben / ohne Sünd ihn loben.

T UND M: JOACHIM NEANDER 1680

GLAUBE – LIEBE – HOFFNUNG

328

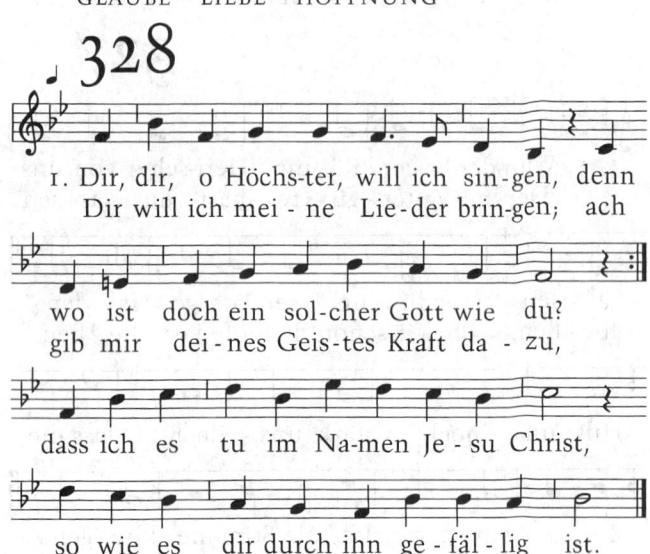

1. Dir, dir, o Höchster, will ich singen, denn
Dir will ich meine Lieder bringen; ach
wo ist doch ein solcher Gott wie du?
gib mir deines Geistes Kraft dazu,
dass ich es tu im Namen Jesu Christ,
so wie es dir durch ihn gefällig ist.

2. Zieh mich, o Vater, zu dem Sohne, / damit dein Sohn mich wieder zieh zu dir; / dein Geist in meinem Herzen wohne / und meine Sinne und Verstand regier, / dass ich den Frieden Gottes schmeck und fühl / und dir darob im Herzen sing und spiel.

3. Verleih mir, Höchster, solche Güte, / so wird gewiss mein Singen recht getan; / so klingt es schön in meinem Liede, / und ich bet dich im Geist und Wahrheit an; / so hebt dein Geist mein Herz zu dir empor, / dass ich dir Psalmen sing im höhern Chor.

4. Denn der kann mich bei dir vertreten / mit Seufzern, die ganz unaussprechlich sind; / der lehret mich recht gläubig beten, / gibt Zeugnis meinem Geist, dass ich dein Kind / und ein Miterbe Jesu Christi sei, / daher ich »Abba, lieber Vater!« schrei.

Röm 8,15.16.26

5. Was mich dein Geist selbst bitten lehret, / das ist nach deinem Willen eingericht' / und wird gewiss von dir erhöret, / weil es im Namen deines Sohns geschicht, / durch welchen ich dein Kind und Erbe bin / und nehme von dir Gnad um Gnade hin.

6. Wohl mir, dass ich dies Zeugnis habe! / Drum bin ich voller Trost und Freudigkeit / und weiß, dass alle gute Gabe, / die ich von dir verlanget jederzeit, / die gibst du und tust überschwänglich mehr, / als ich verstehe, bitte und begehr.

7. Wohl mir, ich bitt in Jesu Namen, / der mich zu deiner Rechten selbst vertritt, / in ihm ist alles Ja und Amen, / was ich von dir im Geist und Glauben bitt. / Wohl mir, Lob dir jetzt und in Ewigkeit, / dass du mir schenkest solche Seligkeit.

T: BARTHOLOMÄUS CRASSELIUS 1695
M: HAMBURG 1690, HALLE 1704

Der Geist hilft unsrer Schwachheit auf.
Denn wir wissen nicht, was wir beten sollen,
wie sich's gebührt; sondern der Geist selbst
vertritt uns mit unaussprechlichem Seufzen.
Der aber die Herzen erforscht, der weiß, worauf
der Sinn des Geistes gerichtet ist; denn er
vertritt die Heiligen, wie es Gott gefällt.
Wir wissen aber, dass denen, die Gott lieben,
alle Dinge zum Besten dienen.

RÖMER 8,26-28

GLAUBE – LIEBE – HOFFNUNG

329 ö

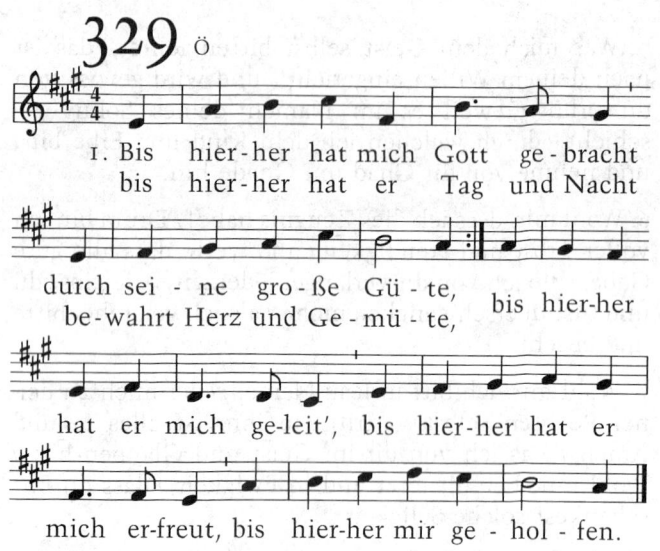

1. Bis hier-her hat mich Gott ge-bracht
durch sei-ne gro-ße Gü-te,
bis hier-her hat er Tag und Nacht
be-wahrt Herz und Ge-mü-te,
bis hier-her hat er mich ge-leit',
bis hier-her hat er mich er-freut,
bis hier-her mir ge-hol-fen.

2. Hab Lob und Ehr, hab Preis und Dank / für die bisher'ge Treue, / die du, o Gott, mir lebenslang / bewiesen täglich neue. / In mein Gedächtnis schreib ich an: / Der Herr hat Großes mir getan, / bis hierher mir geholfen.

3. Hilf fernerweit, mein treuster Hort, / hilf mir zu allen Stunden. / Hilf mir an all und jedem Ort, / hilf mir durch Jesu Wunden. / Damit sag ich bis in den Tod: / Durch Christi Blut hilft mir mein Gott; / er hilft, wie er geholfen.

T: ÄMILIE JULIANE VON SCHWARZBURG-RUDOLSTADT
(VOR 1685) 1699
M: PETER SOHREN 1668, HALLE 1704
»DU LEBENSBROT, HERR JESU CHRIST«

LOBEN UND DANKEN

330

1. O dass ich tausend Zungen hätte und einen tausendfachen Mund, so stimmt ich damit um die Wette vom allertiefsten Herzensgrund ein Loblied nach dem andern an von dem, was Gott an mir getan.

2. O dass doch meine Stimme schallte / bis dahin, wo die Sonne steht; / o dass mein Blut mit Jauchzen wallte, / solang es noch im Laufe geht; / ach wär ein jeder Puls ein Dank / und jeder Odem ein Gesang!

3. Ihr grünen Blätter in den Wäldern, / bewegt und regt euch doch mit mir; / ihr schwanken Gräslein in den Feldern, / ihr Blumen, lasst doch eure Zier / zu Gottes Ruhm belebet sein / und stimmet lieblich mit mir ein.

4. Ach alles, alles, was ein Leben / und einen Odem in sich hat, / soll sich mir zum Gehilfen geben, / denn mein Vermögen ist zu matt, / die großen Wunder zu erhöhn, / die allenthalben um mich stehn.

GLAUBE – LIEBE – HOFFNUNG

5. Wer überströmet mich mit Segen?
Bist du es nicht, o reicher Gott!
Wer schützet mich auf meinen Wegen?
Du, du, o Herr Gott Zebaoth!
Auch in der größesten Gefahr
ward deines Trostes ich gewahr.

6. Ich will von deiner Güte singen, / solange sich die Zunge regt; / ich will dir Freudenopfer bringen, / solange sich mein Herz bewegt; / ja wenn der Mund wird kraftlos sein, / so stimm ich doch mit Seufzen ein.

7. Ach nimm das arme Lob auf Erden, / mein Gott, in allen Gnaden hin. / Im Himmel soll es besser werden, / wenn ich bei deinen Engeln bin. / Da sing ich dir im höhern Chor / viel tausend Halleluja vor.

T: JOHANN MENTZER 1704
M: BEI JOHANN BALTHASAR KÖNIG 1738

LOBEN UND DANKEN

ö 331

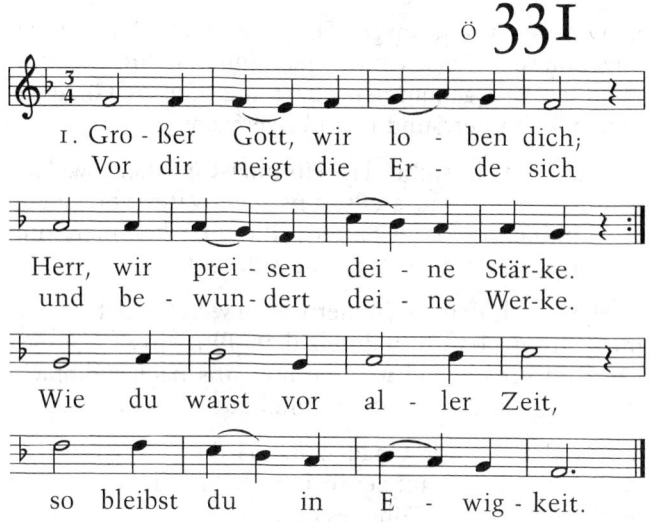

1. Gro-ßer Gott, wir lo-ben dich; / Herr, wir prei-sen dei-ne Stär-ke. / Vor dir neigt die Er-de sich / und be-wun-dert dei-ne Wer-ke. / Wie du warst vor al-ler Zeit, / so bleibst du in E-wig-keit.

2. Alles, was dich preisen kann, / Cherubim und Seraphinen, / stimmen dir ein Loblied an, / alle Engel, die dir dienen, / rufen dir stets ohne Ruh / »Heilig, heilig, heilig!« zu. *Jes 6,3*

3. Heilig, Herr Gott Zebaoth! / Heilig, Herr der Himmelsheere! / Starker Helfer in der Not! / Himmel, Erde, Luft und Meere / sind erfüllt von deinem Ruhm; / alles ist dein Eigentum.

4. Der Apostel heilger Chor, / der Propheten hehre Menge / schickt zu deinem Thron empor / neue Lob- und Dankgesänge; / der Blutzeugen lichte Schar / lobt und preist dich immerdar.

5. Dich, Gott Vater auf dem Thron, / loben Große, loben Kleine. / Deinem eingebornen Sohn / singt die heilige Gemeinde, / und sie ehrt den Heilgen Geist, / der uns seinen Trost erweist.

6. Du, des Vaters ewger Sohn, / hast die Menschheit angenommen, / bist vom hohen Himmelsthron / zu uns auf die Welt gekommen, / hast uns Gottes Gnad gebracht, / von der Sünd uns frei gemacht.

7. Durch dich steht das Himmelstor / allen, welche glauben, offen; / du stellst uns dem Vater vor, / wenn wir kindlich auf dich hoffen; / du wirst kommen zum Gericht, / wenn der letzte Tag anbricht.

8. Herr, steh deinen Dienern bei, / welche dich in Demut bitten. / Kauftest durch dein Blut uns frei, / hast den Tod für uns gelitten; / nimm uns nach vollbrachtem Lauf / zu dir in den Himmel auf.

9. Sieh dein Volk in Gnaden an. / Hilf uns, segne, Herr, dein Erbe; / leit es auf der rechten Bahn, / dass der Feind es nicht verderbe. / Führe es durch diese Zeit, / nimm es auf in Ewigkeit.

10. Alle Tage wollen wir / dich und deinen Namen preisen / und zu allen Zeiten dir / Ehre, Lob und Dank erweisen. / Rett aus Sünden, rett aus Tod, / sei uns gnädig, Herre Gott!

11. Herr, erbarm, erbarme dich. / Lass uns deine Güte schauen; / deine Treue zeige sich, / wie wir fest auf dich vertrauen. / Auf dich hoffen wir allein: / Lass uns nicht verloren sein.

T: IGNAZ FRANZ 1768 NACH DEM
»TE DEUM LAUDAMUS« 4. JH.
M: LÜNEBURG 1668, WIEN UM 1776, LEIPZIG 1819

LOBEN UND DANKEN

ö 332

1. Lobt froh den Herrn, ihr jugendlichen Chöre! Er höret gern ein Lied zu seiner Ehre: Lobt froh den Herrn, lobt froh den Herrn!

2. Es schall empor zu seinem Heiligtume / aus unserm Chor ein Lied zu seinem Ruhme: / Lobt froh den Herrn, lobt froh den Herrn!

3. Vom Preise voll lass unser Herz dir singen! / Das Loblied soll zu deinem Throne dringen: / Lobt froh den Herrn, lobt froh den Herrn!

4. Einst kommt die Zeit, wo wir auf tausend Weisen / – o Seligkeit! – dich, unsern Vater, preisen / von Ewigkeit zu Ewigkeit.

T: GEORG GESSNER 1795
M: HANS GEORG NÄGELI 1815

GLAUBE – LIEBE – HOFFNUNG

333

1. Danket dem Herrn! Wir danken dem Herrn, denn er ist freundlich, und seine Güte währet ewiglich, sie währet ewiglich, sie währet ewiglich.

Ps 118,1

2. Lobet den Herrn! / Ja, lobe den Herrn / auch meine Seele; / vergiss es nie, was er dir Guts getan, / was er dir Guts getan, / was er dir Guts getan! *Ps 103,2*

3. Sein ist die Macht! / Allmächtig ist Gott; / sein Tun ist weise, / und seine Huld ist jeden Morgen neu, / ist jeden Morgen neu, / ist jeden Morgen neu!

4. Groß ist der Herr; / ja groß ist der Herr; / sein Nam ist heilig, / und alle Welt ist seiner Ehre voll, / ist seiner Ehre voll, / ist seiner Ehre voll!

5. Betet ihn an! / Anbetung dem Herrn; / mit hoher Ehrfurcht / werd auch von uns sein Name stets genannt, / sein Name stets genannt, / sein Name stets genannt!

6. Singet dem Herrn! / Lobsinget dem Herrn / in frohen Chören, / denn er vernimmt auch unsern Lobgesang, / auch unsern Lobgesang, / auch unsern Lobgesang!

T: KARL FRIEDRICH WILHELM HERROSEE VOR 1810
M UND SATZ: KARL FRIEDRICH SCHULZ 1810

Danket dem Herrn und rufet an seinen Namen;
verkündigt sein Tun unter den Völkern!
Singet und spielet ihm,
redet von allen seinen Wundern!
Rühmet seinen heiligen Namen;
es freue sich das Herz derer,
die den Herrn suchen!

PSALM 105,1-3

GLAUBE – LIEBE – HOFFNUNG

334

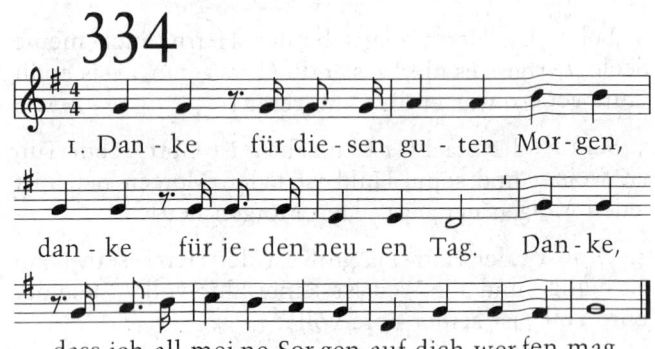

1. Dan-ke für die-sen gu-ten Mor-gen, dan-ke für je-den neu-en Tag. Dan-ke, dass ich all mei-ne Sor-gen auf dich wer-fen mag.

2. Danke für alle guten Freunde, / danke, o Herr, für jedermann. / Danke, wenn auch dem größten Feinde / ich verzeihen kann.

3. Danke für meine Arbeitsstelle, / danke für jedes kleine Glück. / Danke für alles Frohe, Helle / und für die Musik.

4. Danke für manche Traurigkeiten, / danke für jedes gute Wort. / Danke, dass deine Hand mich leiten / will an jedem Ort.

5. Danke, dass ich dein Wort verstehe, / danke, dass deinen Geist du gibst. / Danke, dass in der Fern und Nähe / du die Menschen liebst.

6. Danke, dein Heil kennt keine Schranken, / danke, ich halt mich fest daran. / Danke, ach Herr, ich will dir danken, / dass ich danken kann.

T UND M: MARTIN GOTTHARD SCHNEIDER (1961) 1963

LOBEN UND DANKEN

335

Ich will den Herrn loben allezeit, allezeit, sein Lob soll immerdar in meinem Munde sein, in meinem Munde sein, sein Lob, sein Lob soll immerdar in meinem Munde sein, in meinem Munde sein, in meinem Munde sein.

T: PSALM 34,2
KANON FÜR 3 STIMMEN:
GEORG PHILIPP TELEMANN UM 1735

GLAUBE – LIEBE – HOFFNUNG

336 ö

Danket, danket dem Herrn,
Rendons grâce au Seigneur.
denn er ist sehr freundlich,
Il est charitable,
seine Güt und Wahrheit
Sa bonté, sa vérité
währet ewiglich.
Durent pour l'éternité.

T: NACH PSALM 106,1
KANON FÜR 4 STIMMEN: 18. JH.

LOBEN UND DANKEN

ö 337

T UND KANON FÜR 3 STIMMEN:
MÜNDLICH ÜBERLIEFERT

338

T: PSALM 148,12–13
KANON FÜR 3 STIMMEN:
PAUL ERNST RUPPEL 1954

GLAUBE – LIEBE – HOFFNUNG

339

Mein Herz ist bereit, Gott, dass ich singe und lobe, mein Herz ist bereit.

T: PSALM 57,8
KANON FÜR 4 STIMMEN:
PAUL ERNST RUPPEL 1937

340

Ich will dem Herrn singen mein Leben lang und meinen Gott loben, und meinen Gott loben, solange ich bin.

T: PSALM 104,33
KANON FÜR 3 STIMMEN:
JOHANNES PETZOLD 1969

RECHTFERTIGUNG UND ZUVERSICHT

341

1. Nun freut euch, lie-ben Chris-ten g'mein,
dass wir ge-trost und all in ein
und lasst uns fröh-lich sprin - gen,
mit Lust und Lie - be sin - gen,
was Gott an uns ge-wen-det hat und sei-ne
sü-ße Wun-der-tat; gar teu'r hat er's er-wor-ben.

2. Dem Teufel ich gefangen lag, / im Tod war ich verloren, / mein Sünd mich quälte Nacht und Tag, / darin ich war geboren. / Ich fiel auch immer tiefer drein, / es war kein Guts am Leben mein, / die Sünd hatt' mich besessen.

3. Mein guten Werk, die galten nicht, / es war mit ihn' verdorben; / der frei Will hasste Gotts Gericht, / er war zum Gutn erstorben; / die Angst mich zu verzweifeln trieb, / dass nichts denn Sterben bei mir blieb, / zur Höllen musst ich sinken.

GLAUBE – LIEBE – HOFFNUNG

4. Da jammert Gott in Ewigkeit / mein Elend übermaßen; / er dacht an sein Barmherzigkeit, / er wollt mir helfen lassen; / er wandt zu mir das Vaterherz, / es war bei ihm fürwahr kein Scherz, / er ließ's sein Bestes kosten.

5. Er sprach zu seinem lieben Sohn: / »Die Zeit ist hier zu erbarmen; / fahr hin, meins Herzens werte Kron, / und sei das Heil dem Armen / und hilf ihm aus der Sünden Not, / erwürg für ihn den bittern Tod / und lass ihn mit dir leben.«

6. Der Sohn dem Vater g'horsam ward, / er kam zu mir auf Erden / von einer Jungfrau rein und zart; / er sollt mein Bruder werden. / Gar heimlich führt er sein Gewalt, / er ging in meiner armen G'stalt, / den Teufel wollt er fangen.

7. Er sprach zu mir: »Halt dich an mich, / es soll dir jetzt gelingen; / ich geb mich selber ganz für dich, / da will ich für dich ringen; / denn ich bin dein und du bist mein, / und wo ich bleib, da sollst du sein, / uns soll der Feind nicht scheiden.

8. Vergießen wird er mir mein Blut, / dazu mein Leben rauben; / das leid ich alles dir zugut, / das halt mit festem Glauben. / Den Tod verschlingt das Leben mein, / mein Unschuld trägt die Sünde dein, / da bist du selig worden.

9. Gen Himmel zu dem Vater mein / fahr ich von diesem Leben; / da will ich sein der Meister dein, / den Geist will ich dir geben, / der dich in Trübnis trösten soll / und lehren mich erkennen wohl / und in der Wahrheit leiten.

10. Was ich getan hab und gelehrt, / das sollst du tun und lehren, / damit das Reich Gotts werd gemehrt / zu Lob und seinen Ehren; / und hüt dich vor der Menschen Satz,* / davon verdirbt der edle Schatz: / Das lass ich dir zur Letze.«   *Satzung, Lehre

T UND M: MARTIN LUTHER 1523

342 Römer 3,21-28

1. Es ist das Heil uns kommen her
von Gnad und lauter Güte;
der Glaub sieht Jesus Christus an,
der hat für uns genug getan,
er ist der Mittler worden.

die Werk, die helfen nimmermehr,
sie können nicht behüten.

2. Was Gott im G'setz geboten hat, / da man es nicht konnt halten, / erhob sich Zorn und große Not / vor Gott so mannigfalten; / vom Fleisch wollt nicht heraus der Geist, / vom G'setz erfordert allermeist; / es war mit uns verloren.

GLAUBE – LIEBE – HOFFNUNG

3. Doch musst das G'setz er-fül-let sein,
sonst wärn wir all ver-dor-ben.
Drum schickt Gott sei-nen Sohn he-rein,
der sel-ber Mensch ist wor-den;
das ganz Ge-setz hat er er-füllt,
da-mit seins Va-ters Zorn ge-stillt,
der ü-ber uns ging al - le.

4. Und wenn es nun erfüllet ist / durch den, der es konnt halten, / so lerne jetzt ein frommer Christ / des Glaubens recht Gestalte. / Nicht mehr denn: »Lieber Herre mein, / dein Tod wird mir das Leben sein, / du hast für mich bezahlet.«

5. Daran ich keinen Zweifel trag, / dein Wort kann nicht betrügen. / Nun sagst du, dass kein Mensch verzag / – das wirst du nimmer lügen –: / »Wer glaubt an mich und wird getauft, / demselben ist der Himmel erkauft, / dass er nicht werd verloren.«
Mk 16,16

6. Es ist gerecht vor Gott allein, / der diesen Glauben fasset; / der Glaub gibt einen hellen Schein, / wenn er die Werk nicht lasset; / mit Gott der Glaub ist wohl daran, / dem Nächsten wird die Lieb Guts tun, / bist du aus Gott geboren.

7. Die Werk, die kommen g'wisslich her / aus einem rechten Glauben; / denn das nicht rechter Glaube wär, / wolltst ihn der Werk berauben. / Doch macht allein der Glaub gerecht; / die Werk, die sind des Nächsten Knecht, / dran wir den Glauben merken.

8. Sei Lob und Ehr mit hohem Preis / um dieser Guttat willen / Gott Vater, Sohn und Heilgem Geist. / Der woll mit Gnad erfüllen, / was er in uns ang'fangen hat / zu Ehren seiner Majestät, / dass heilig werd sein Name;

9. sein Reich zukomm; sein Will auf Erd / g'scheh wie im Himmelsthrone; / das täglich Brot noch heut uns werd; / woll unsrer Schuld verschonen, / wie wir auch unsern Schuldnern tun; / lass uns nicht in Versuchung stehn; / lös uns vom Übel. Amen. *Mt 6,9-13*

T: PAUL SPERATUS 1523
M: MAINZ UM 1390, NÜRNBERG 1523/24

Das christliche Leben besteht nicht im Sein, sondern im Werden, nicht im Sieg, sondern im Kampf, nicht in der Gerechtigkeit, sondern in der Rechtfertigung. MARTIN LUTHER

GLAUBE – LIEBE – HOFFNUNG

1. Ich ruf zu dir, Herr Jesu Christ,
ich bitt, erhör mein Klagen;
verleih mir Gnad zu dieser Frist,
lass mich doch nicht verzagen.
Den rechten Glauben, Herr, ich mein,
den wollest du mir geben,
dir zu leben,
meim Nächsten nütz zu sein,
dein Wort zu halten eben.

2. Ich bitt noch mehr, o Herre Gott / – du kannst es mir wohl geben –, / dass ich nicht wieder werd zu Spott; / die Hoffnung gib daneben; / voraus, wenn ich muss hier davon, / dass ich dir mög vertrauen / und nicht bauen / auf all mein eigen Tun, / sonst wird's mich ewig reuen.

3. Verleih, dass ich aus Herzensgrund / den Feinden mög vergeben; / verzeih mir auch zu dieser Stund, / schaff mir ein neues Leben; / dein Wort mein Speis lass allweg sein, / damit mein Seel zu nähren, / mich zu wehren, / wenn Unglück schlägt herein, / das mich bald möcht verkehren.

RECHTFERTIGUNG UND ZUVERSICHT

4. Lass mich kein Lust noch Furcht von dir / in dieser Welt abwenden; / beständig sein ans End gib mir, / du hast's allein in Händen; / und wem du's gibst, der hat's umsonst, / es mag niemand erwerben / noch ererben / durch Werke deine Gunst, / die uns errett' vom Sterben.

5. Ich lieg im Streit und widerstreb, / hilf, o Herr Christ, dem Schwachen; / an deiner Gnad allein ich kleb, / du kannst mich stärker machen. / Kommt nun Anfechtung her, so wehr, / dass sie mich nicht umstoße; / du kannst machen, / dass mir's nicht bringt Gefähr. / Ich weiß, du wirst's nicht lassen.

T: JOHANN AGRICOLA (?) UM 1526/27
M: HAGENAU UM 1526/27, WITTENBERG 1529

2. Geheiligt werd der Name dein, / dein Wort bei uns hilf halten rein, / dass auch wir leben heiliglich, / nach deinem Namen würdiglich. / Behüt uns, Herr, vor falscher Lehr, / das arm verführet Volk bekehr.

3. Es komm dein Reich zu dieser Zeit / und dort hernach in Ewigkeit. / Der Heilig Geist uns wohne bei / mit seinen Gaben mancherlei; / des Satans Zorn und groß Gewalt / zerbrich, vor ihm dein Kirch erhalt.

4. Dein Will gescheh, Herr Gott, zugleich / auf Erden wie im Himmelreich. / Gib uns Geduld in Leidenszeit, / gehorsam sein in Lieb und Leid; / wehr und steu'r allem Fleisch und Blut, / das wider deinen Willen tut.

5. Gib uns heut unser täglich Brot / und was man b'darf zur Leibesnot; / behüt uns, Herr, vor Unfried, Streit, / vor Seuchen und vor teurer Zeit, / dass wir in gutem Frieden stehn, / der Sorg und Geizens müßig gehn.

6. All unsre Schuld vergib uns, Herr, / dass sie uns nicht betrübe mehr, / wie wir auch unsern Schuldigern / ihr Schuld und Fehl vergeben gern. / Zu dienen mach uns all bereit / in rechter Lieb und Einigkeit.

7. Führ uns, Herr, in Versuchung nicht, / wenn uns der böse Geist anficht; / zur linken und zur rechten Hand / hilf uns tun starken Widerstand / im Glauben fest und wohlgerüst' / und durch des Heilgen Geistes Trost.

8. Von allem Übel uns erlös; / es sind die Zeit und Tage bös. / Erlös uns vom ewigen Tod / und tröst uns in der letzten Not. / Bescher uns auch ein seligs End, / nimm unsre Seel in deine Händ.

RECHTFERTIGUNG UND ZUVERSICHT

9. Amen, das ist: Es werde wahr. / Stärk unsern Glauben immerdar, / auf dass wir ja nicht zweifeln dran, / was wir hiermit gebeten han / auf dein Wort, in dem Namen dein. / So sprechen wir das Amen fein.

T: MARTIN LUTHER 1539
M: TISCHSEGEN DES MÖNCH VON SALZBURG VOR 1396,
BÖHMISCHE BRÜDER 1531, MARTIN LUTHER 1539

(Ö) 345

1. Auf meinen lieben Gott trau ich in Angst und Not; der kann mich allzeit retten aus Trübsal, Angst und Nöten, mein Unglück kann er wenden, steht alls in seinen Händen.

2. Ob mich mein Sünd anficht, / will ich verzagen nicht; / auf Christus will ich bauen / und ihm allein vertrauen, / ihm tu ich mich ergeben / im Tod und auch im Leben.

3. Ob mich der Tod nimmt hin, / ist Sterben mein Gewinn, / und Christus ist mein Leben; / dem tu ich mich ergeben; / ich sterb heut oder morgen, / mein Seel wird er versorgen. *Phil 1,21*

4. O mein Herr Jesu Christ, / der du geduldig bist / für mich am Kreuz gestorben: / Hast mir das Heil erworben, / auch uns allen zugleiche / das ewig Himmelreiche.

5. Amen zu aller Stund / sprech ich aus Herzensgrund; / du wollest selbst uns leiten, / Herr Christ, zu allen Zeiten, / auf dass wir deinen Namen / ewiglich preisen. Amen.

> T: LÜBECK VOR 1603,
> WITTENBERG UND NÜRNBERG 1607
> M: JAKOB REGNART 1574; GEISTLICH 1578,
> BEI JOHANN HERMANN SCHEIN 1627

346

1. Such, wer da will, ein an-der Ziel,
die Se-lig-keit zu fin - den;
mein Herz al-lein be-dacht soll sein,
auf Chris-tus sich zu grün - den.

RECHTFERTIGUNG UND ZUVERSICHT

Sein Wort sind wahr, sein Werk sind klar, sein heil-ger Mund hat Kraft und Grund, all Feind zu ü-ber-win-den.

2. Such, wer da will, Nothelfer viel, / die uns doch nichts erworben; / hier ist der Mann, der helfen kann, / bei dem nie was verdorben. / Uns wird das Heil durch ihn zuteil, / uns macht gerecht der treue Knecht, / der für uns ist gestorben.

3. Ach sucht doch den, lasst alles stehn, / die ihr das Heil begehret; / er ist der Herr, und keiner mehr, / der euch das Heil gewähret. / Sucht ihn all Stund von Herzensgrund, / sucht ihn allein; denn wohl wird sein / dem, der ihn herzlich ehret.

4. Meins Herzens Kron, mein Freudensonn / sollst du, Herr Jesu, bleiben; / lass mich doch nicht von deinem Licht / durch Eitelkeit vertreiben; / bleib du mein Preis, dein Wort mich speis, / bleib du mein Ehr, dein Wort mich lehr, / an dich stets fest zu glauben.

5. Wend von mir nicht dein Angesicht, / lass mich im Kreuz nicht zagen; / weich nicht von mir, mein höchste Zier, / hilf mir mein Leiden tragen. / Hilf mir zur Freud nach diesem Leid; / hilf, dass ich mag nach dieser Klag / dort ewig dir Lob sagen.

T: GEORG WEISSEL (1623) 1642
M: JOHANN STOBÄUS 1613

GLAUBE – LIEBE – HOFFNUNG

347 (Ö)

1. Ach bleib mit deiner Gnade bei uns, Herr Jesu Christ, dass uns hinfort nicht schade des bösen Feindes List.

2. Ach bleib mit deinem Worte / bei uns, Erlöser wert, / dass uns sei hier und dorte / dein Güt und Heil beschert.

3. Ach bleib mit deinem Glanze / bei uns, du wertes Licht; / dein Wahrheit uns umschanze, / damit wir irren nicht.

4. Ach bleib mit deinem Segen / bei uns, du reicher Herr; / dein Gnad und alls Vermögen / in uns reichlich vermehr.

5. Ach bleib mit deinem Schutze / bei uns, du starker Held, / dass uns der Feind nicht trutze / noch fäll die böse Welt.

6. Ach bleib mit deiner Treue / bei uns, mein Herr und Gott; / Beständigkeit verleihe, / hilf uns aus aller Not.

T: JOSUA STEGMANN 1627
M: CHRISTUS, DER IST MEIN LEBEN (NR. 516)

RECHTFERTIGUNG UND ZUVERSICHT

348

Gott verspricht: Ich will dich segnen und du sollst ein Segen sein.

T: 1. MOSE 12,2
M: VOLKER OCHS UM 1980

349

1. Ich freu mich in dem Herren aus meines Herzens Grund,
bin fröhlich Gott zu Ehren jetzt und zu aller Stund,
mit Freuden will ich singen zu Lob dem Namen sein,
ganz lieblich soll erklingen ein neues Liedelein.

GLAUBE – LIEBE – HOFFNUNG

2. In Sünd war ich verloren, sündlich war all mein Tun, nun bin ich neu geboren in Christus, Gottes Sohn; der hat mir Heil erworben durch seinen bittern Tod, weil er am Kreuz gestorben für meine Missetat.

3. All Sünd ist nun vergeben / und zugedecket fein, / darf mich nicht mehr beschämen / vor Gott, dem Herren mein. / Ich bin ganz neu geschmücket / mit einem schönen Kleid, / gezieret und gesticket / mit Heil und G'rechtigkeit.

4. Dafür will ich ihm sagen / Lob und Dank allezeit, / mit Freud und Ehren tragen / dies köstliche Geschmeid, / will damit herrlich prangen / vor Gottes Majestät, / hoff darin zu erlangen / die ewge Seligkeit.

T UND M: BARTHOLOMÄUS HELDER
(VOR 1635) 1646/1648

RECHTFERTIGUNG UND ZUVERSICHT

1. Christi Blut und Gerechtigkeit,
das ist mein Schmuck und Ehrenkleid,
damit will ich vor Gott bestehn,
wenn ich zum Himmel werd eingehn.

2. Drum soll auch dieses Blut allein / mein Trost und meine Hoffnung sein. / Ich bau im Leben und im Tod / allein auf Jesu Wunden rot.

3. Solang ich noch hienieden bin, / so ist und bleibet das mein Sinn: / Ich will die Gnad in Jesu Blut / bezeugen mit getrostem Mut.

4. Gelobet seist du, Jesu Christ, / dass du ein Mensch geboren bist / und hast für mich und alle Welt / bezahlt ein ewig Lösegeld.

5. Du Ehrenkönig Jesu Christ, / des Vaters ein'ger Sohn du bist; / erbarme dich der ganzen Welt / und segne, was sich zu dir hält.

T: STR. I LEIPZIG 1638;
STR. 2–5 NIKOLAUS LUDWIG VON ZINZENDORF 1739,
BEARBEITET VON CHRISTIAN GREGOR 1778
M: WIR DANKEN DIR, HERR JESU CHRIST (NR. 79)

GLAUBE – LIEBE – HOFFNUNG

351 Römer 8,31-39

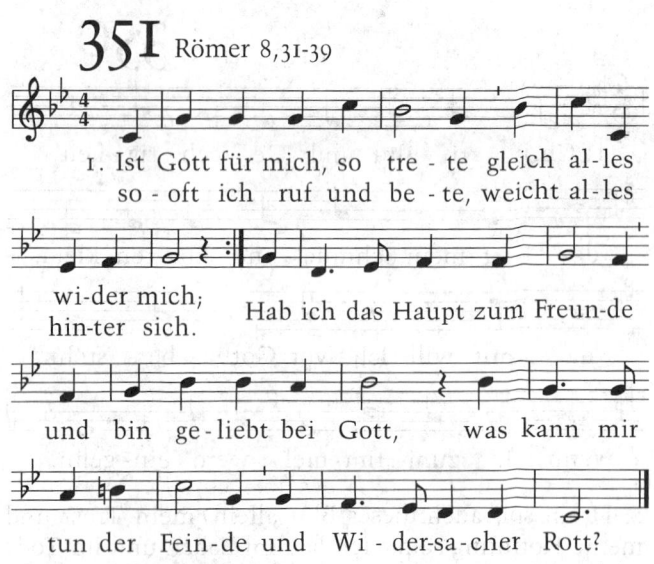

1. Ist Gott für mich, so trete gleich alles wider mich; so oft ich ruf und bete, weicht alles hinter sich. Hab ich das Haupt zum Freunde und bin geliebt bei Gott, was kann mir tun der Feinde und Widersacher Rott?

2. Nun weiß und glaub ich feste, / ich rühm's auch ohne Scheu, / dass Gott, der Höchst und Beste, / mein Freund und Vater sei / und dass in allen Fällen / er mir zur Rechten steh / und dämpfe Sturm und Wellen / und was mir bringet Weh.

3. Der Grund, da ich mich gründe, / ist Christus und sein Blut; / das machet, dass ich finde / das ewge, wahre Gut. / An mir und meinem Leben / ist nichts auf dieser Erd; / was Christus mir gegeben, / das ist der Liebe wert.

1. Kor 3,11

4. Mein Jesus ist mein Ehre, / mein Glanz und schönes Licht. / Wenn der nicht in mir wäre, / so dürft und könnt ich nicht / vor Gottes Augen stehen / und vor dem Sternensitz, / ich müsste stracks vergehen / wie Wachs in Feuershitz.

5. Der, der hat ausgelöschet, / was mit sich führt den Tod; / der ist's, der mich rein wäschet, / macht schneeweiß, was ist rot. / In ihm kann ich mich freuen, / hab einen Heldenmut, / darf kein Gerichte scheuen, / wie sonst ein Sünder tut.

6. Nichts, nichts kann mich verdammen, / nichts nimmt mir meinen Mut: / Die Höll und ihre Flammen / löscht meines Heilands Blut. / Kein Urteil mich erschrecket, / kein Unheil mich betrübt, / weil mich mit Flügeln decket / mein Heiland, der mich liebt.

7. Sein Geist wohnt mir im Herzen, / regiert mir meinen Sinn, / vertreibet Sorg und Schmerzen, / nimmt allen Kummer hin; / gibt Segen und Gedeihen / dem, was er in mir schafft, / hilft mir das Abba schreien / aus aller meiner Kraft. *Röm 8,15*

8. Und wenn an meinem Orte / sich Furcht und Schrecken find't, / so seufzt und spricht er Worte, / die unaussprechlich sind / mir zwar und meinem Munde, / Gott aber wohl bewusst, / der an des Herzens Grunde / ersiehet seine Lust. *Röm 8,26*

9. Sein Geist spricht meinem Geiste / manch süßes Trostwort zu: / wie Gott dem Hilfe leiste, / der bei ihm suchet Ruh, / und wie er hab erbauet / ein edle neue Stadt, / da Aug und Herze schauet, / was es geglaubet hat.

10. Da ist mein Teil und Erbe / mir prächtig zugericht'; / wenn ich gleich fall und sterbe, / fällt doch mein Himmel nicht. / Muss ich auch gleich hier feuchten / mit Tränen meine Zeit, / mein Jesus und sein Leuchten / durchsüßet alles Leid.

GLAUBE – LIEBE – HOFFNUNG

11. Die Welt, die mag zerbrechen, / du stehst mir ewiglich; / kein Brennen, Hauen, Stechen / soll trennen mich und dich; / kein Hunger und kein Dürsten, / kein Armut, keine Pein, / kein Zorn der großen Fürsten / soll mir ein Hindrung sein.

12. Kein Engel, keine Freuden, / kein Thron, kein Herrlichkeit, / kein Lieben und kein Leiden, / kein Angst und Fährlichkeit, / was man nur kann erdenken, / es sei klein oder groß: / Der keines soll mich lenken / aus deinem Arm und Schoß.

13. Mein Herze geht in Sprüngen / und kann nicht traurig sein, / ist voller Freud und Singen, / sieht lauter Sonnenschein. / Die Sonne, die mir lachet, / ist mein Herr Jesus Christ; / das, was mich singen machet, / ist, was im Himmel ist.

T: PAUL GERHARDT 1653
M: ENGLAND UM 1590,
GEISTLICH AUGSBURG 1609

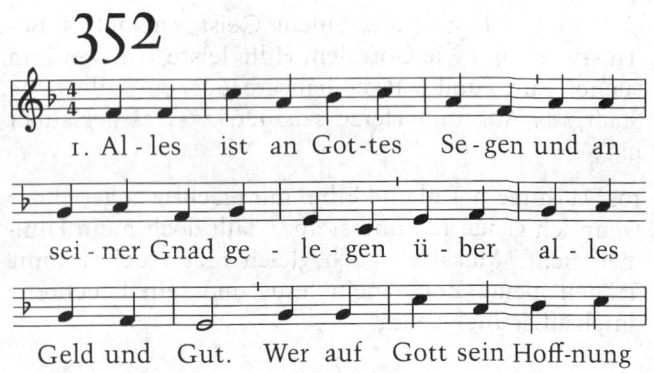

352

1. Al-les ist an Got-tes Se-gen und an sei-ner Gnad ge-le-gen ü-ber al-les Geld und Gut. Wer auf Gott sein Hoff-nung

RECHTFERTIGUNG UND ZUVERSICHT

set-zet, der be-hält ganz un-ver-let-zet ei - nen frei - en Hel - den - mut.

2. Der mich bisher hat ernähret / und mir manches Glück bescheret, / ist und bleibet ewig mein. / Der mich wunderbar geführet / und noch leitet und regieret, / wird forthin mein Helfer sein.

3. Sollt ich mich bemühn um Sachen, / die nur Sorg und Unruh machen / und ganz unbeständig sind? / Nein, ich will nach Gütern ringen, / die mir wahre Ruhe bringen, / die man in der Welt nicht find't.

4. Hoffnung kann das Herz erquicken; / was ich wünsche, wird sich schicken, / wenn es meinem Gott gefällt. / Meine Seele, Leib und Leben / hab ich seiner Gnad ergeben / und ihm alles heimgestellt.

5. Er weiß schon nach seinem Willen / mein Verlangen zu erfüllen, / es hat alles seine Zeit. / Ich hab ihm nichts vorzuschreiben; / wie Gott will, so muss es bleiben, / wann Gott will, bin ich bereit.

6. Soll ich hier noch länger leben, / will ich ihm nicht widerstreben, / ich verlasse mich auf ihn. / Ist doch nichts, das lang bestehet, / alles Irdische vergehet / und fährt wie ein Strom dahin.

T: NÜRNBERG 1676
M: JOHANN LÖHNER 1691,
BEI JOHANN ADAM HILLER 1793

GLAUBE – LIEBE – HOFFNUNG

353

1. Je-sus nimmt die Sün-der an.
welche von der rech-ten Bahn
Sa-get doch dies Trost-wort al-len,
auf ver-kehr-ten Weg ver-fal-len.
Hier ist, was sie ret-ten kann:
Je-sus nimmt die Sün-der an.

2. Keiner Gnade sind wir wert; / doch hat er in seinem Worte / eidlich sich dazu erklärt. / Sehet nur, die Gnadenpforte / ist hier völlig aufgetan: / Jesus nimmt die Sünder an.

3. Wenn ein Schaf verloren ist, / suchet es ein treuer Hirte; / Jesus, der uns nie vergisst, / suchet treulich das Verirrte, / dass es nicht verderben kann: / Jesus nimmt die Sünder an. *Lk 15,1-7*

4. Kommet alle, kommet her, / kommet, ihr betrübten Sünder! / Jesus rufet euch, und er / macht aus Sündern Gottes Kinder. / Glaubet's doch und denket dran: / Jesus nimmt die Sünder an.

5. Ich Betrübter komme hier / und bekenne meine Sünden; / lass, mein Heiland, mich bei dir / Gnade zur Vergebung finden, / dass dies Wort mich trösten kann: / Jesus nimmt die Sünder an.

6. Ich bin ganz getrosten Muts: / Ob die Sünden blutrot wären, / müssen sie kraft deines Bluts / dennoch sich in schneeweiß kehren, / da ich gläubig sprechen kann: / Jesus nimmt die Sünder an.

7. Mein Gewissen quält mich nicht, / will mich das Gesetz verklagen; / der mich frei und ledig spricht, / hat die Schulden abgetragen, / dass mich nichts verdammen kann: / Jesus nimmt die Sünder an.

8. Jesus nimmt die Sünder an; / mich hat er auch angenommen / und den Himmel aufgetan, / dass ich selig zu ihm kommen / und auf den Trost sterben kann: / Jesus nimmt die Sünder an.

T: ERDMANN NEUMEISTER 1718
M: MEINEN JESUS LASS ICH NICHT (NR. 402)

Barmherziger, treuer Gott, du vergibst uns Sündern täglich alle Schuld und willst, dass auch wir einander vergeben. Überwinde unsere harten Herzen, dass wir barmherzig miteinander umgehen und von deiner Versöhnung leben.

GLAUBE – LIEBE – HOFFNUNG

354

1. Ich habe nun den Grund gefunden, der meinen Anker ewig hält; wo anders als in Jesu Wunden? Da lag er vor der Zeit der Welt, der Grund, der unbeweglich steht, wenn Erd und Himmel untergeht.

2. Es ist das ewige Erbarmen, / das alles Denken übersteigt; / es sind die offnen Liebesarme / des, der sich zu den Sündern neigt, / dem allemal das Herze bricht, / wir kommen oder kommen nicht.

3. Wir sollen nicht verloren werden, / Gott will, uns soll geholfen sein; / deswegen kam der Sohn auf Erden / und nahm hernach den Himmel ein, / deswegen klopft er für und für / so stark an unsers Herzens Tür.

4. O Abgrund, welcher alle Sünden / durch Christi Tod verschlungen hat! / Das heißt die Wunde recht verbinden, / da findet kein Verdammen statt, / weil Christi Blut beständig schreit: / Barmherzigkeit, Barmherzigkeit!

5. Darein will ich mich gläubig senken, / dem will ich mich getrost vertraun / und, wenn mich meine Sünden kränken, / nur bald nach Gottes Herzen schaun; / da findet sich zu aller Zeit / unendliche Barmherzigkeit.

6. Wird alles andre weggerissen, / was Seel und Leib erquicken kann, / darf ich von keinem Troste wissen / und scheine völlig ausgetan, / ist die Errettung noch so weit: / Mir bleibet doch Barmherzigkeit.

7. Bei diesem Grunde will ich bleiben, / solange mich die Erde trägt; / das will ich denken, tun und treiben, / solange sich ein Glied bewegt; / so sing ich einstens höchst erfreut: / O Abgrund der Barmherzigkeit!

T: JOHANN ANDREAS ROTHE (VOR 1722) 1727
M: O DASS ICH TAUSEND ZUNGEN HÄTTE (NR. 330)

Das ist gewisslich wahr und ein Wort, des Glaubens wert, dass Christus Jesus in die Welt gekommen ist, die Sünder selig zu machen.

1. TIMOTHEUS 1,15

GLAUBE – LIEBE – HOFFNUNG

355

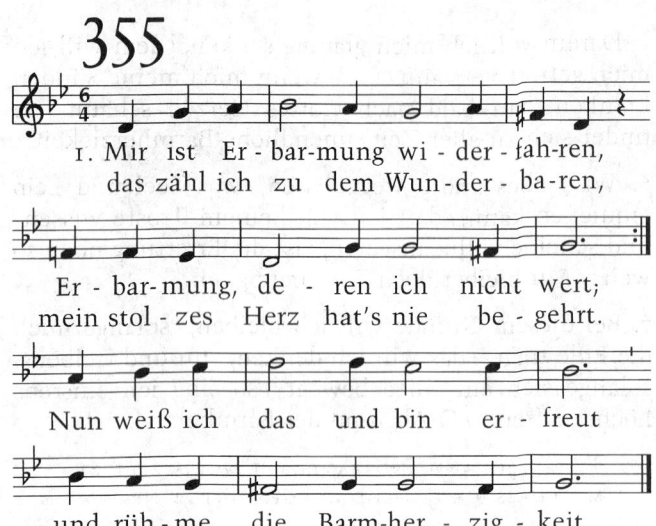

1. Mir ist Erbarmung widerfahren,
das zähl ich zu dem Wunderbaren,
Erbarmung, deren ich nicht wert;
mein stolzes Herz hat's nie begehrt.
Nun weiß ich das und bin erfreut
und rühme die Barmherzigkeit.

2. Ich hatte nichts als Zorn verdienet / und soll bei Gott in Gnaden sein; / Gott hat mich mit sich selbst versühnet / und macht durchs Blut des Sohns mich rein. / Wo kam dies her, warum geschieht's? / Erbarmung ist's und weiter nichts.

3. Das muss ich dir, mein Gott, bekennen, / das rühm ich, wenn ein Mensch mich fragt; / ich kann es nur Erbarmung nennen, / so ist mein ganzes Herz gesagt. / Ich beuge mich und bin erfreut / und rühme die Barmherzigkeit.

4. Dies lass ich kein Geschöpf mir rauben, / dies soll mein einzig Rühmen sein; / auf dies Erbarmen will ich glauben, / auf dieses bet ich auch allein, / auf dieses duld ich in der Not, / auf dieses hoff ich noch im Tod.

5. Gott, der du reich bist an Erbarmen, / reiß dein Erbarmen nicht von mir / und führe durch den Tod mich Armen / durch meines Heilands Tod zu dir; / da bin ich ewig recht erfreut / und rühme die Barmherzigkeit.

T: PHILIPP FRIEDRICH HILLER 1767
M: WER NUR DEN LIEBEN GOTT LÄSST WALTEN (NR. 369)

Andere Melodie: Es ist das Heil uns kommen her (Nr. 342)

356

1. Es ist in keinem andern Heil, kein Name sonst gegeben, als nur der Name Jesus Christ, der selig macht und Retter ist: Ihm sei Lob, Preis und Ehre.

in dem uns Gnade wird zuteil und Fried und ewges Leben,

Apg 4,12

2. Herr Christ, um deines Namens Ehr / halt uns in deinem Frieden, / den Glauben stärk, die Liebe mehr', / dein Gnad sei uns beschieden; / gib Hoffnung uns in dieser Zeit, / führ uns zu deiner Herrlichkeit. / Dir sei Lob, Preis und Ehre!

T: STR. 1 JOHANN ANASTASIUS FREYLINGHAUSEN 1714,
STR. 2 OTTO BRODDE 1971
M: HEINRICH SCHÜTZ 1628 (ZU PSALM 33)

GLAUBE – LIEBE – HOFFNUNG

357

1. Ich weiß, woran ich glaube, / ich weiß, was fest besteht, / ich weiß, was ewig bleibet, wo alles wankt und fällt, wo Wahn die Weisen treibet und Trug die Klugen prellt.
   wenn alles hier im Staube wie Sand und Staub verweht;

2.Tim 1,12

2. Ich weiß, was ewig dauert, / ich weiß, was nimmer lässt; / mit Diamanten mauert / mir's Gott im Herzen fest. / Die Steine sind die Worte, / die Worte hell und rein, / wodurch die schwächsten Orte / gar feste können sein.

3. Auch kenn ich wohl den Meister, / der mir die Feste baut, / er heißt der Herr der Geister, / auf den der Himmel schaut, / vor dem die Seraphinen / anbetend niederknien, / um den die Engel dienen: / Ich weiß und kenne ihn.

4. Das ist das Licht der Höhe, / das ist der Jesus Christ, / der Fels, auf dem ich stehe, / der diamanten ist, / der nimmermehr kann wanken, / der Heiland und der Hort, / die Leuchte der Gedanken, / die leuchten hier und dort.

5. So weiß ich, was ich glaube, / ich weiß, was fest besteht / und in dem Erdenstaube / nicht mit als Staub verweht; / ich weiß, was in dem Grauen / des Todes ewig bleibt / und selbst auf Erdenauen / schon Himmelsblumen treibt.

T: ERNST MORITZ ARNDT 1819
M: HEINRICH SCHÜTZ 1628/1661 (ZU PSALM 138)

Ein Christenmensch ist ein freier Herr
über alle Dinge und niemand untertan.
Ein Christenmensch ist ein dienstbarer Knecht
aller Dinge und jedermann untertan.

MARTIN LUTHER,
VON DER FREIHEIT EINES
CHRISTENMENSCHEN

GLAUBE – LIEBE – HOFFNUNG

358
1. Korinther 13,13
Andere Melodie: Ich freu mich (Nr. 349)

1. Es kennt der Herr die Seinen
und hat sie stets gekannt,
er lässt sie nicht verderben,
er führt sie aus und ein,
im Leben und im Sterben
sind sie und bleiben sein.
die Großen und die Kleinen
in jedem Volk und Land;

2. Er kennet seine Scharen / am Glauben, der nicht schaut / und doch dem Unsichtbaren, / als säh er ihn, vertraut; / der aus dem Wort gezeuget / und durch das Wort sich nährt / und vor dem Wort sich beuget / und mit dem Wort sich wehrt.

3. Er kennt sie als die Seinen / an ihrer Hoffnung Mut, / die fröhlich auf dem einen, / dass er der Herr ist, ruht, / in seiner Wahrheit Glanze / sich sonnet frei und kühn, / die wunderbare Pflanze, / die immerdar ist grün.

4. Er kennt sie an der Liebe, / die seiner Liebe Frucht / und die mit lauterm Triebe / ihm zu gefallen sucht, / die andern so begegnet, / wie er das Herz bewegt, / die segnet, wie er segnet, / und trägt, wie er sie trägt.

5. So kennt der Herr die Seinen, / wie er sie stets gekannt, / die Großen und die Kleinen / in jedem Volk und Land / am Werk der Gnadentriebe / durch seines Geistes Stärk, / an Glauben, Hoffnung, Liebe / als seiner Gnade Werk.

6. So hilf uns, Herr, zum Glauben / und halt uns fest dabei; / lass nichts die Hoffnung rauben; / die Liebe herzlich sei! / Und wird der Tag erscheinen, / da dich die Welt wird sehn, / so lass uns als die Deinen / zu deiner Rechten stehn.

T: PHILIPP SPITTA 1843
M: ICH WEISS, WORAN ICH GLAUBE (NR. 357)

Nun aber bleiben Glaube, Hoffnung, Liebe, diese drei; aber die Liebe ist die größte unter ihnen.

1. KORINTHER 13,13

GLAUBE – LIEBE – HOFFNUNG

359 Philipper 4

1. In dem Herren freuet euch, freut euch allewege. Der am Kreuz den Sieg errang, der ins Reich der Himmel drang, ist nah auf eurem Stege.

2. Mag der Feind mit Finsternis / euren Schritt umhüllen, / seid nur um den Herrn geschart, / dessen Heil und Gegenwart / all Stund euch kann erfüllen.

3. Kündet eure Lindigkeit / allen Augen, Ohren. / Keiner bannt den Sieger mehr, / Christus mit dem lichten Heer / erscheint schon vor den Toren.

4. Werft das stolze Sorgen fort, / bittet Gott mit Danken. / Sieh, es leuchtet seine Gnad / über eurem schmalen Pfad, / führt euch durch alle Schranken.

5. Friede höher als Vernunft, / Licht von höchster Zinne, / wird dir heut und jeder Frist / hüten ganz in Jesus Christ / das Herz und alle Sinne.

6. O so freu dich in dem Herrn, / Kirche, allezeiten. / Musst du dulden Kreuz und Not, / Gottes Sohn hebt aus dem Tod / sein Volk in Ewigkeiten.

T: KURT MÜLLER-OSTEN 1941
M: CHRISTIAN LAHUSEN (1946) 1948

RECHTFERTIGUNG UND ZUVERSICHT

360

1. Die ganze Welt hast du uns überlassen, doch wir begreifen deine Großmut nicht. Du gibst uns frei, wir laufen eigne Wege in diesem unermesslich weiten Raum.
Gott schenkt Freiheit, seine größte Gabe gibt er seinen Kindern.

2. Du lässt in deiner Liebe uns gewähren. / Dein Name ist unendliche Geduld. / Und wir sind frei: zu hoffen und zu glauben, / und wir sind frei zu Trotz und Widerstand.
Gott schenkt Freiheit, seine größte Gabe / gibt er seinen Kindern.

GLAUBE – LIEBE – HOFFNUNG

Zweite Melodie

1. Die ganze Welt hast du uns überlassen, doch wir begreifen deine Großmut nicht. Du gibst uns frei, wir laufen eigne Wege in diesem unermesslich weiten Raum.

Kehrvers
Gott schenkt Freiheit, seine größte Gabe gibt er seinen Kindern.

2. Du lässt in deiner Liebe uns gewähren. / Dein Name ist unendliche Geduld. / Und wir sind frei: zu hoffen und zu glauben, / und wir sind frei zu Trotz und Widerstand.

Gott schenkt Freiheit, seine größte Gabe / gibt er seinen Kindern.

3. Wir wollen leben und uns selbst behaupten. / Doch deine Freiheit setzen wir aufs Spiel. / Nach unserm Willen soll die Welt sich ordnen. / Wir bauen selbstgerecht den Turm der Zeit.
Gott schenkt Freiheit, seine größte Gabe / gibt er seinen Kindern.

4. Wir richten Mauern auf, wir setzen Grenzen / und wohnen hinter Gittern unsrer Angst. / Wir sind nur Menschen, die sich fürchten können, / wir brachten selbst uns in Gefangenschaft.
Gott schenkt Freiheit, seine größte Gabe / gibt er seinen Kindern.

5. Wenn du uns richtest, Herr, sind wir verloren. / Auf unsern Schultern lastet schwere Schuld. / Lass deine Gnade, Herr, vor Recht ergehen; / von gestern und von morgen sprich uns los.
Gott schenkt Freiheit, seine größte Gabe / gibt er seinen Kindern.

6. Gib uns die Wege frei, die zu dir führen, / denn uns verlangt nach deinem guten Wort. / Du machst uns frei, zu lieben und zu hoffen, / das gibt uns Zuversicht für jeden Tag.
Gott schenkt Freiheit, seine größte Gabe / gibt er seinen Kindern.

T: CHRISTA WEISS 1965
ERSTE MELODIE: MANFRED SCHLENKER 1977
ZWEITE MELODIE: HANS RUDOLF SIEMONEIT 1965

ANGST UND VERTRAUEN

361 ö Psalm 37,5

1. *Be - fiehl* du deine Wege und was dein Herze kränkt
der allertreusten Pflege des, der den Himmel lenkt.
Der Wolken, Luft und Winden gibt Wege, Lauf und Bahn,
der wird auch Wege finden, da dein Fuß gehen kann.

2. *Dem Herren* musst du trauen, / wenn dir's soll wohlergehn; / auf sein Werk musst du schauen, / wenn dein Werk soll bestehn. / Mit Sorgen und mit Grämen / und mit selbsteigner Pein / lässt Gott sich gar nichts nehmen, / es muss erbeten sein.

3. *Dein* ewge Treu und Gnade, / o Vater, weiß und sieht, / was gut sei oder schade / dem sterblichen Geblüt; / und was du dann erlesen, / das treibst du, starker Held, / und bringst zum Stand und Wesen, / was deinem Rat gefällt.

4. *Weg* hast du allerwegen, / an Mitteln fehlt dir's nicht; / dein Tun ist lauter Segen, / dein Gang ist lauter Licht; / dein Werk kann niemand hindern, / dein Arbeit darf nicht ruhn, / wenn du, was deinen Kindern / ersprießlich ist, willst tun.

5. *Und* ob gleich alle Teufel / hier wollten widerstehn, / so wird doch ohne Zweifel / Gott nicht zurücke gehn; / was er sich vorgenommen / und was er haben will, / das muss doch endlich kommen / zu seinem Zweck und Ziel.

6. *Hoff*, o du arme Seele, / hoff und sei unverzagt! / Gott wird dich aus der Höhle, / da dich der Kummer plagt, / mit großen Gnaden rücken; / erwarte nur die Zeit, / so wirst du schon erblicken / die Sonn der schönsten Freud.

7. *Auf*, auf, gib deinem Schmerze / und Sorgen gute Nacht, / lass fahren, was das Herze / betrübt und traurig macht; / bist du doch nicht Regente, / der alles führen soll, / Gott sitzt im Regimente / und führet alles wohl.

8. *Ihn*, ihn lass tun und walten, / er ist ein weiser Fürst / und wird sich so verhalten, / dass du dich wundern wirst, / wenn er, wie ihm gebühret, / mit wunderbarem Rat / das Werk hinausgeführet, / das dich bekümmert hat.

9. *Er* wird zwar eine Weile / mit seinem Trost verziehn / und tun an seinem Teile, / als hätt in seinem Sinn / er deiner sich begeben / und sollt'st du für und für / in Angst und Nöten schweben, / als frag er nichts nach dir.

GLAUBE – LIEBE – HOFFNUNG

10. *Wird's* aber sich befinden, / dass du ihm treu verbleibst, / so wird er dich entbinden, / da du's am mindsten glaubst; / er wird dein Herze lösen / von der so schweren Last, / die du zu keinem Bösen / bisher getragen hast.

11. *Wohl* dir, du Kind der Treue, / du hast und trägst davon / mit Ruhm und Dankgeschreie / den Sieg und Ehrenkron; / Gott gibt dir selbst die Palmen / in deine rechte Hand, / und du singst Freudenpsalmen / dem, der dein Leid gewandt.

12. *Mach End*, o Herr, mach Ende / mit aller unsrer Not; / stärk unsre Füß und Hände / und lass bis in den Tod / uns allzeit deiner Pflege / und Treu empfohlen sein, / so gehen unsre Wege / gewiss zum Himmel ein.

> T: PAUL GERHARDT 1653
> M: BARTHOLOMÄUS GESIUS 1603;
> BEI GEORG PHILIPP TELEMANN 1730

362 nach Psalm 46

1. Ein fes - te Burg ist un - ser Gott, ein gu - te Wehr und Waf - fen.
   Er hilft uns frei aus al - ler Not, die uns jetzt hat be - trof - fen.
   Der alt bö - se Feind mit Ernst er's jetzt meint; groß

ANGST UND VERTRAUEN

2. Mit unsrer Macht ist nichts getan, / wir sind gar bald verloren; / es streit' für uns der rechte Mann, / den Gott hat selbst erkoren. / Fragst du, wer der ist? / Er heißt Jesus Christ, / der Herr Zebaoth, / und ist kein andrer Gott, / das Feld muss er behalten.

GLAUBE – LIEBE – HOFFNUNG

3. Und wenn die Welt voll Teufel wär und wollt uns gar verschlingen,
so fürchten wir uns nicht so sehr, es soll uns doch gelingen.
Der Fürst dieser Welt, wie sau'r er sich stellt, tut er uns doch nicht;
das macht, er ist gericht': Ein Wörtlein kann ihn fällen.

4. Das Wort sie sollen lassen stahn / und kein' Dank dazu haben; / er ist bei uns wohl auf dem Plan / mit seinem Geist und Gaben. / Nehmen sie den Leib, / Gut, Ehr, Kind und Weib: / Lass fahren dahin, / sie haben's kein' Gewinn, / das Reich muss uns doch bleiben.

T UND M: MARTIN LUTHER 1529

ANGST UND VERTRAUEN

363

1. »Kommt her zu mir«, spricht Gottes Sohn, »all die ihr seid beschweret nun, mit Sünden hart beladen, ihr Jungen, Alten, Frau und Mann, ich will euch geben, was ich han, will heilen euren Schaden.

Mt 11,28-30

2. Mein Joch ist sanft, leicht meine Last, / und jeder, der sie willig fasst, / der wird der Höll entrinnen. / Ich helf ihm tragen, was zu schwer; / mit meiner Hilf und Kraft wird er / das Himmelreich gewinnen.«

3. Heut ist der Mensch schön, jung und rank, / sieh, morgen ist er schwach und krank, / bald muss er auch gar sterben; / gleichwie die Blumen auf dem Feld / also wird diese schöne Welt / in einem Nu verderben.

4. Dem Reichen hilft doch nicht sein Gut, / dem Jungen nicht sein stolzer Mut, / er muss aus diesem Maien; / wenn einer hätt die ganze Welt, / Silber und Gold und alles Geld, / doch muss er an den Reihen*.

*Reigen, Totentanz

GLAUBE – LIEBE – HOFFNUNG

5. Dem G'lehrten hilft doch nicht sein Kunst, / die weltlich Pracht ist gar umsonst, / wir müssen alle sterben. / Wer sich in Christus nicht bereit', / solange währt die Gnadenzeit, / ewig muss er verderben.

6. Höret und merkt, ihr lieben Leut, / die ihr jetzt Gott ergeben seid: / Lasst euch die Müh nicht reuen, / halt' fest am heilgen Gotteswort, / das ist eu'r Trost und höchster Hort, / Gott wird euch schon erfreuen.

7. Und was der ewig gütig Gott / in seinem Wort versprochen hat, / geschworn bei seinem Namen, / das hält und gibt er g'wiss fürwahr. / Er helf uns zu der Heilgen Schar / durch Jesus Christus! Amen.

T: GEORG GRÜNWALD 1530
M: UM 1504; GEISTLICH 1530, NÜRNBERG 1534

364

1. Was mein Gott will, gescheh allzeit, sein Will, der ist der beste.
Zu helfen dem er ist bereit, der an ihn glaubet feste.
Er hilft aus Not, der treue Gott, er tröst' die Welt ohn

ANGST UND VERTRAUEN

Ma - ßen. Wer Gott ver-traut, fest auf ihn baut, den will er nicht ver - las - sen.

2. Gott ist mein Trost, mein Zuversicht, / mein Hoffnung und mein Leben; / was mein Gott will, das mir geschicht, / will ich nicht widerstreben. / Sein Wort ist wahr, denn all mein Haar / er selber hat gezählet. / Er hüt' und wacht, stets für uns tracht', / auf dass uns gar nichts fehlet.

3. Drum, muss ich Sünder von der Welt / hinfahrn nach Gottes Willen / zu meinem Gott, wenn's ihm gefällt, / will ich ihm halten stille. / Mein arme Seel ich Gott befehl / in meiner letzten Stunden: / Du treuer Gott, Sünd, Höll und Tod / hast du mir überwunden.

4. Noch eins, Herr, will ich bitten dich, / du wirst mir's nicht versagen: / Wenn mich der böse Geist anficht, / lass mich, Herr, nicht verzagen. / Hilf, steu'r und wehr, ach Gott, mein Herr, / zu Ehren deinem Namen. / Wer das begehrt, dem wird's gewährt. / Drauf sprech ich fröhlich: Amen.

T: ALBRECHT VON PREUSSEN (1547) UM 1554;
STR. 4 NÜRNBERG UM 1555
M: CLAUDIN DE SERMISY 1529;
GEISTLICH ANTWERPEN 1540

GLAUBE – LIEBE – HOFFNUNG

365 (Ö)

1. Von Gott will ich nicht lassen,
denn er lässt nicht von mir,
führt mich durch alle Straßen,
da ich sonst irrte sehr.
Er reicht mir seine Hand,
den Abend und den Morgen
tut er mich wohl versorgen,
wo ich auch sei im Land.

2. Wenn sich der Menschen Hulde / und Wohltat all verkehrt, / so find't sich Gott gar balde, / sein Macht und Gnad bewährt. / Er hilft aus aller Not, / errett' von Sünd und Schanden, / von Ketten und von Banden / und wenn's auch wär der Tod.

3. Auf ihn will ich vertrauen / in meiner schweren Zeit; / es kann mich nicht gereuen, / er wendet alles Leid. / Ihm sei es heimgestellt; / mein Leib, mein Seel, mein Leben / sei Gott dem Herrn ergeben; / er schaff's, wie's ihm gefällt!

4. Es tut ihm nichts gefallen, / denn was mir nützlich ist. / Er meint's gut mit uns allen, / schenkt uns den Herren Christ, / sein' eingebornen Sohn; / durch ihn er uns bescheret, / was Leib und Seel ernähret. / Lobt Gott im Himmelsthron!

5. Lobt ihn mit Herz und Munde, / welchs er uns beides schenkt; / das ist ein sel'ge Stunde, / darin man sein gedenkt; / denn sonst verdirbt all Zeit, / die wir zubringn auf Erden. / Wir sollen selig werden / und bleibn in Ewigkeit.

6. Auch wenn die Welt vergehet / mit ihrem Stolz und Pracht, / nicht Ehr noch Gut bestehet, / die wir so groß geacht': / Wir werden nach dem Tod / tief in die Erd begraben; / wenn wir geschlafen haben, / will uns erwecken Gott.

7. Obwohl ich hier schon dulde / viel Widerwärtigkeit, / wie ich auch wohl verschulde, / kommt doch die Ewigkeit, / ist aller Freuden voll, / die ohne alles Ende, / dieweil ich Christus kenne, / mir widerfahren soll.

8. Das ist des Vaters Wille, / der uns geschaffen hat. / Sein Sohn hat Guts die Fülle / erworben uns und Gnad. / Auch Gott der Heilig Geist / im Glauben uns regieret, / zum Reich der Himmel führet. / Ihm sei Lob, Ehr und Preis!

T: LUDWIG HELMBOLD 1563, NÜRNBERG 1569
M: LYON 1557; GEISTLICH ERFURT 1563

GLAUBE – LIEBE – HOFFNUNG

366 ö

1. Wenn wir in höchsten Nöten sein
und wissen nicht, wo aus noch ein,
und finden weder Hilf noch Rat,
ob wir gleich sorgen früh und spat,

2. so ist dies unser Trost allein, / dass wir zusammen insgemein / dich anrufen, o treuer Gott, / um Rettung aus der Angst und Not,

3. und heben unser Aug und Herz / zu dir in wahrer Reu und Schmerz / und flehen um Begnadigung / und aller Strafen Linderung,

4. die du verheißest gnädiglich / allen, die darum bitten dich / im Namen deins Sohns Jesu Christ, / der unser Heil und Fürsprech ist.

5. Drum kommen wir, o Herre Gott, / und klagen dir all unsre Not, / weil wir jetzt stehn verlassen gar / in großer Trübsal und Gefahr.

6. Sieh nicht an unsre Sünde groß, / sprich uns davon aus Gnaden los, / steh uns in unserm Elend bei, / mach uns von allen Plagen frei,

7. auf dass von Herzen können wir / nachmals mit Freuden danken dir, / gehorsam sein nach deinem Wort, / dich allzeit preisen hier und dort.

T: PAUL EBER 1566 NACH »IN TENEBRIS NOSTRAE«
VON JOACHIM CAMERARIUS UM 1546
M: JOHANN BAPTISTA SERRANUS 1567 NACH NR. 255

ANGST UND VERTRAUEN

367

1. Herr, wie du willst, so schick's mit mir im Leben und im Sterben;
allein zu dir steht mein Begier, lass mich, Herr, nicht verderben.
Erhalt mich nur in deiner Huld, sonst wie du willst; gib mir Geduld,
denn dein Will ist der beste.

2. Zucht, Ehr und Treu verleih mir, Herr, / und Lieb zu deinem Worte; / behüt mich, Herr, vor falscher Lehr / und gib mir hier und dorte, / was dienet mir zur Seligkeit; / wend ab all Ungerechtigkeit / in meinem ganzen Leben.

3. Soll ich einmal nach deinem Rat / von dieser Welt abscheiden, / verleih mir, Herr, nur deine Gnad, / dass es gescheh mit Freuden. / Mein' Leib und Seel befehl ich dir; / o Herr, ein selig End gib mir / durch Jesus Christus. Amen.

T: KASPAR BIENEMANN (1574) 1582
M: AUS TIEFER NOT SCHREI ICH ZU DIR (NR. 299 II)

GLAUBE – LIEBE – HOFFNUNG

368

1. In allen meinen Taten
lass ich den Höchsten raten,
der alles kann und hat;
er muss zu allen Dingen,
soll's anders wohl gelingen,
mir selber geben Rat und Tat.

2. Nichts ist es spät und frühe / um alle meine Mühe, / mein Sorgen ist umsonst; / er mag's mit meinen Sachen / nach seinem Willen machen, / ich stell's in seine Vatergunst.

3. Es kann mir nichts geschehen, / als was er hat ersehen / und was mir selig ist. / Ich nehm es, wie er's gibet; / was ihm von mir beliebet, / dasselbe hab auch ich erkiest.

4. Ich traue seiner Gnaden, / die mich vor allem Schaden, / vor allem Übel schützt; / leb ich nach seinen Sätzen, / so wird mich nichts verletzen, / nichts fehlen, was mir ewig nützt.

5. Er wolle meiner Sünden / in Gnaden mich entbinden, / durchstreichen meine Schuld; / er wird auf solch Verbrechen / nicht stracks das Urteil sprechen / und haben noch mit mir Geduld.

ANGST UND VERTRAUEN

6. Ihm hab ich mich ergeben / zu sterben und zu leben, / sobald er mir gebeut; / es sei heut oder morgen, / dafür lass ich ihn sorgen, / er weiß allein die rechte Zeit.

7. So sei nun, Seele, deine* / und traue dem alleine, / der dich geschaffen hat. / Es gehe, wie es gehe, / dein Vater in der Höhe, / der weiß zu allen Sachen Rat.

*sei ganz du selbst

T: PAUL FLEMING (1633) 1642
M: O WELT, ICH MUSS DICH LASSEN (NR. 521)

ö 369

1. Wer nur den lieben Gott lässt walten und hoffet auf ihn allezeit,
den wird er wunderbar erhalten in aller Not und Traurigkeit.
Wer Gott, dem Allerhöchsten, traut,
der hat auf keinen Sand gebaut.

2. Was helfen uns die schweren Sorgen, / was hilft uns unser Weh und Ach? / Was hilft es, dass wir alle Morgen / beseufzen unser Ungemach? / Wir machen unser Kreuz und Leid / nur größer durch die Traurigkeit.

3. Man halte nur ein wenig stille / und sei doch in sich selbst vergnügt, / wie unsers Gottes Gnadenwille, / wie sein Allwissenheit es fügt; / Gott, der uns sich hat auserwählt, / der weiß auch sehr wohl, was uns fehlt.

4. Er kennt die rechten Freudenstunden, / er weiß wohl, wann es nützlich sei; / wenn er uns nur hat treu erfunden / und merket keine Heuchelei, / so kommt Gott, eh wir's uns versehn, / und lässet uns viel Guts geschehn.

5. Denk nicht in deiner Drangsalshitze, / dass du von Gott verlassen seist / und dass ihm der im Schoße sitze, / der sich mit stetem Glücke speist. / Die Folgezeit verändert viel / und setzet jeglichem sein Ziel.

6. Es sind ja Gott sehr leichte Sachen / und ist dem Höchsten alles gleich: / den Reichen klein und arm zu machen, / den Armen aber groß und reich. / Gott ist der rechte Wundermann, / der bald erhöhn, bald stürzen kann.

7. Sing, bet und geh auf Gottes Wegen, / verricht das Deine nur getreu / und trau des Himmels reichem Segen, / so wird er bei dir werden neu. / Denn welcher seine Zuversicht / auf Gott setzt, den verlässt er nicht.

T UND M: GEORG NEUMARK (1641) 1657

ANGST UND VERTRAUEN

370

1. Wa-rum sollt ich mich denn grä-men? Hab ich doch Chris-tus noch, wer will mir den neh-men? Wer will mir den Him-mel rau-ben, den mir schon Got-tes Sohn bei-ge-legt im Glau-ben?

2. Nackend lag ich auf dem Boden, / da ich kam, da ich nahm / meinen ersten Odem; / nackend werd ich auch hinziehen, / wenn ich werd von der Erd / als ein Schatten fliehen. *Hiob 1,21*

3. Gut und Blut, Leib, Seel und Leben / ist nicht mein, Gott allein / ist es, der's gegeben. / Will er's wieder zu sich kehren, / nehm er's hin; ich will ihn / dennoch fröhlich ehren. *Hiob 2,10*

4. Schickt er mir ein Kreuz zu tragen, / dringt herein Angst und Pein, / sollt ich drum verzagen? / Der es schickt, der wird es wenden; / er weiß wohl, wie er soll / all mein Unglück enden.

5. Gott hat mich in guten Tagen / oft ergötzt; sollt ich jetzt / nicht auch etwas tragen? / Fromm ist Gott und schärft mit Maßen / sein Gericht, kann mich nicht / ganz und gar verlassen.

6. Satan, Welt und ihre Rotten / können mir nichts mehr hier / tun als meiner spotten. / Lass sie spotten, lass sie lachen! / Gott, mein Heil, wird in Eil / sie zuschanden machen.

7. Unverzagt und ohne Grauen / soll ein Christ, wo er ist, / stets sich lassen schauen. / Wollt ihn auch der Tod aufreiben, / soll der Mut dennoch gut / und fein stille bleiben.

8. Kann uns doch kein Tod nicht töten, / sondern reißt unsern Geist / aus viel tausend Nöten, / schließt das Tor der bittern Leiden / und macht Bahn, da man kann / gehn zu Himmelsfreuden.

9. Allda will in süßen Schätzen / ich mein Herz auf den Schmerz / ewiglich ergötzen. / Hier ist kein recht Gut zu finden; / was die Welt in sich hält, / muss im Nu verschwinden.

10. Was sind dieses Lebens Güter? / Eine Hand voller Sand, / Kummer der Gemüter. / Dort, dort sind die edlen Gaben, / da mein Hirt Christus wird / mich ohn Ende laben.

11. Herr, mein Hirt, Brunn aller Freuden, / du bist mein, ich bin dein, / niemand kann uns scheiden. / Ich bin dein, weil du dein Leben / und dein Blut mir zugut / in den Tod gegeben;

12. du bist mein, weil ich dich fasse / und dich nicht, o mein Licht, / aus dem Herzen lasse. / Lass mich, lass mich hingelangen, / da du mich und ich dich / leiblich werd umfangen.

T: PAUL GERHARDT 1653
M: JOHANN GEORG EBELING 1666

ANGST UND VERTRAUEN

371

1. Gib dich zufrieden und sei stille
in dem Gotte deines Lebens!
In ihm ruht aller Freuden Fülle,
ohn ihn mühst du dich vergebens;
er ist dein Quell und deine Sonne,
scheint täglich hell zu deiner Wonne.
Gib dich zufrieden!

2. Er ist voll Lichtes, Trosts und Gnaden, / ungefärbten, treuen Herzens; / wo er steht, tut dir keinen Schaden / auch die Pein des größten Schmerzens. / Kreuz, Angst und Not kann er bald wenden, / ja auch den Tod hat er in Händen. / Gib dich zufrieden!

3. Wie dir's und andern oft ergehe, / ist ihm wahrlich nicht verborgen; / er sieht und kennet aus der Höhe / der betrübten Herzen Sorgen. / Er zählt den Lauf der heißen Tränen / und fasst zuhauf all unser Sehnen. / Gib dich zufrieden!

4. Wenn gar kein Einz'ger mehr auf Erden, / dessen Treue du darfst trauen, / alsdann will er dein Treuster werden / und zu deinem Besten schauen. / Er weiß dein Leid und heimlich Grämen, / auch weiß er Zeit, dir's abzunehmen. / Gib dich zufrieden!

5. Er hört die Seufzer deiner Seelen, / und des Herzens stilles Klagen, / und was du keinem darfst erzählen, / magst du Gott gar kühnlich sagen. / Er ist nicht fern, steht in der Mitten, / hört bald und gern der Armen Bitten. / Gib dich zufrieden!

6. Lass dich dein Elend nicht bezwingen, / halt an Gott, so wirst du siegen; / ob alle Fluten einhergingen, / dennoch musst du oben liegen. / Denn wenn du wirst zu hoch beschweret, / hat Gott, dein Fürst, dich schon erhöret. / Gib dich zufrieden!

7. Was sorgst du für dein armes Leben, / wie du's halten wollst und nähren? / Der dir das Leben hat gegeben, / wird auch Unterhalt bescheren. / Er hat ein Hand, voll aller Gaben, / da See und Land sich muss von laben. / Gib dich zufrieden!

8. Der allen Vöglein in den Wäldern / ihr bescheidnes Körnlein weiset, / der Schaf und Rinder in den Feldern / alle Tage tränkt und speiset, / der wird viel mehr dich Einz'gen füllen / und dein Begehr und Notdurft stillen. / Gib dich zufrieden!

9. Sprich nicht: »Ich sehe keine Mittel, / wo ich such, ist nichts zum Besten.« / Denn das ist Gottes Ehrentitel: / helfen, wenn die Not am größten. / Wenn ich und du ihn nicht mehr spüren, / tritt er herzu, uns wohl zu führen. / Gib dich zufrieden!

10. Bleibt gleich die Hilf in etwas lange, / wird sie dennoch endlich kommen; / macht dir das Harren Angst und Bange, / glaube mir, es ist dein Frommen. / Was langsam schleicht, fasst man gewisser, / und was verzieht, ist desto süßer. / Gib dich zufrieden!

11. Nimm nicht zu Herzen, was die Rotten / deiner Feinde von dir dichten; / lass sie nur immer weidlich spotten, / Gott wird's hören und recht richten. / Ist Gott dein Freund und deiner Sachen, / was kann dein Feind, der Mensch, groß machen? / Gib dich zufrieden!

12. Hat er doch selbst auch wohl das Seine, / wenn er's sehen könnt und wollte. / Wo ist ein Glück so klar und reine, / dem nicht etwas fehlen sollte? / Wo ist ein Haus, das könnte sagen: / »Ich weiß durchaus von keinen Plagen«? / Gib dich zufrieden!

13. Es kann und mag nicht anders werden: / alle Menschen müssen leiden; / was webt und lebet auf der Erden, / kann das Unglück nicht vermeiden. / Des Kreuzes Stab schlägt unsre Lenden / bis in das Grab, da wird sich's enden. / Gib dich zufrieden!

14. Es ist ein Ruhetag vorhanden, / da uns unser Gott wird lösen; / er wird uns reißen aus den Banden / dieses Leibs und allem Bösen. / Es wird einmal der Tod herspringen / und aus der Qual uns sämtlich bringen. / Gib dich zufrieden!

15. Er wird uns bringen zu den Scharen / der Erwählten und Getreuen, / die hier mit Frieden abgefahren, / sich auch nun im Frieden freuen, / da sie den Grund, der nicht kann brechen, / den ewgen Mund selbst hören sprechen: / »Gib dich zufrieden!«

T: PAUL GERHARDT 1666/67
M: JAKOB HINTZE 1670

GLAUBE – LIEBE – HOFFNUNG

372 (Ö)

1. Was Gott tut, das ist wohl-ge-tan,
wie er fängt sei-ne Sa-chen an,
es bleibt ge-recht sein Wil-le;
will ich ihm hal-ten stil-le.
Er ist mein Gott, der in der Not mich wohl weiß
zu er-hal-ten; drum lass ich ihn nur wal-ten.

2. Was Gott tut, das ist wohlgetan, / er wird mich nicht betrügen; / er führet mich auf rechter Bahn; / so lass ich mir genügen / an seiner Huld / und hab Geduld, / er wird mein Unglück wenden, / es steht in seinen Händen.

3. Was Gott tut, das ist wohlgetan, / er wird mich wohl bedenken; / er als mein Arzt und Wundermann / wird mir nicht Gift einschenken / für Arzenei; / Gott ist getreu, / drum will ich auf ihn bauen / und seiner Güte trauen.

4. Was Gott tut, das ist wohlgetan, / er ist mein Licht und Leben, / der mir nichts Böses gönnen kann; / ich will mich ihm ergeben / in Freud und Leid, / es kommt die Zeit, / da öffentlich erscheinet, / wie treulich er es meinet.

5. Was Gott tut, das ist wohlgetan; / muss ich den Kelch gleich schmecken, / der bitter ist nach meinem Wahn, / lass ich mich doch nicht schrecken, / weil doch zuletzt / ich werd ergötzt / mit süßem Trost im Herzen; / da weichen alle Schmerzen.

6. Was Gott tut, das ist wohlgetan, / dabei will ich verbleiben. / Es mag mich auf die raue Bahn / Not, Tod und Elend treiben, / so wird Gott mich / ganz väterlich / in seinen Armen halten; / drum lass ich ihn nur walten.

T: SAMUEL RODIGAST 1675
M: SEVERUS GASTORIUS (1675) 1679

Es kommt nicht darauf an, dass wir dem Leiden entgehen, sondern dass das Leiden seinen Zweck erreicht.
EVA VON TIELE-WINCKLER

GLAUBE – LIEBE – HOFFNUNG

373

1. Jesu, hilf siegen, du Fürste des Lebens; sieh, wie die Finsternis dringet herein, wie sie ihr höllisches Heer nicht vergebens mächtig aufführet, mir schädlich zu sein. Satan, der sinnet auf allerhand Ränke, wie er mich sichte, verstöre und kränke.

2. Jesu, hilf siegen. Wenn in mir die Sünde, / Eigenlieb, Hoffart und Missgunst sich regt, / wenn ich die Last der Begierden empfinde / und sich mein tiefes Verderben darlegt: / Hilf mir, dass ich vor mir selbst mag erröten / und durch dein Leiden mein sündlich' Fleisch töten.

3. Jesu, hilf siegen und lass mich nicht sinken; / wenn sich die Kräfte der Lügen aufblähn / und mit dem Scheine der Wahrheit sich schminken, / lass doch viel heller dann deine Kraft sehn. / Steh mir zur Rechten, o König und Meister, / lehre mich kämpfen und prüfen die Geister.

4. Jesu, hilf siegen im Wachen und Beten; / Hüter, du schläfst ja und schlummerst nicht ein; / lass dein Gebet mich unendlich vertreten, / der du versprochen, mein Fürsprech zu sein. / Wenn mich die Nacht mit Ermüdung will decken, / wollst du mich, Jesu, ermuntern und wecken.

5. Jesu, hilf siegen. Wenn alles verschwindet / und ich mein Nichts und Verderben nur seh, / wenn kein Vermögen zu beten sich findet, / wenn ich vor Angst und vor Zagen vergeh, / ach Herr, so wollst du im Grunde der Seelen / dich mit dem innersten Seufzen vermählen.

6. Jesu, hilf siegen und lass mir's gelingen, / dass ich das Zeichen des Sieges erlang; / so will ich ewig dir Lob und Dank singen, / Jesu, mein Heiland, mit frohem Gesang. / Wie wird dein Name da werden gepriesen, / wo du, o Held, dich so mächtig erwiesen.

T: JOHANN HEINRICH SCHRÖDER 1695
M: JESUS IST KOMMEN, GRUND EWIGER FREUDE (NR. 66)

Unser Glaube ist der Sieg, der die Welt überwunden hat.
1. JOHANNES 5,4

GLAUBE – LIEBE – HOFFNUNG

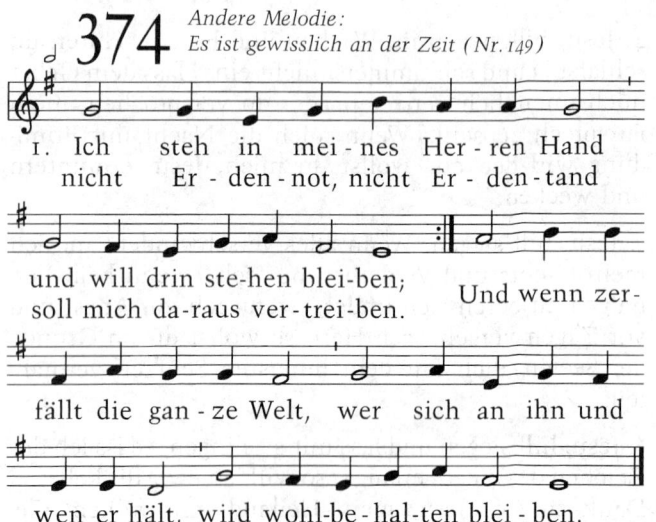

374 *Andere Melodie:*
Es ist gewisslich an der Zeit (Nr. 149)

1. Ich steh in meines Herren Hand und will drin stehen bleiben; nicht Erdennot, nicht Erdentand soll mich daraus vertreiben. Und wenn zerfällt die ganze Welt, wer sich an ihn und wen er hält, wird wohlbehalten bleiben.

2. Er ist ein Fels, ein sichrer Hort, / und Wunder sollen schauen, / die sich auf sein wahrhaftig Wort / verlassen und ihm trauen. / Er hat's gesagt / und darauf wagt / mein Herz es froh und unverzagt / und lässt sich gar nicht grauen.

3. Und was er mit mir machen will, / ist alles mir gelegen; / ich halte ihm im Glauben still / und hoff auf seinen Segen; / denn was er tut, / ist immer gut, / und wer von ihm behütet ruht, / ist sicher allerwegen.

4. Ja wenn's am schlimmsten mit mir steht, / freu ich mich seiner Pflege; / ich weiß: Die Wege, die er geht, / sind lauter Wunderwege. / Was böse scheint, / ist gut gemeint; / er ist doch nimmermehr mein Feind / und gibt nur Liebesschläge.

5. Und meines Glaubens Unterpfand / ist, was er selbst verheißen, / dass nichts mich seiner starken Hand / soll je und je entreißen. / Was er verspricht, / das bricht er nicht; / er bleibet meine Zuversicht, / ich will ihn ewig preisen.

T: PHILIPP SPITTA 1833
M: WO GOTT DER HERR NICHT BEI UNS HÄLT (NR. 297)

375

1. Dass Jesus siegt, bleibt ewig ausgemacht, sein wird die ganze Welt; denn alles ist nach seines Todes Nacht in seine Hand gestellt. Nachdem am Kreuz er ausgerungen, hat er zum Thron sich aufgeschwungen. Ja, Jesus siegt!

GLAUBE – LIEBE – HOFFNUNG

2. Ja, Jesus siegt, ob-schon das Volk des Herrn noch hart dar-nie-der-liegt. Wenn Sa-tans Pfeil ihm auch von nah und fern mit List ent-ge-gen-fliegt, löscht Je-su Arm die Feu-er-brän-de; das Feld be-hält der Herr am En-de. Ja, Je-sus siegt!

3. Ja, Jesus siegt! Seufzt eine große Schar / noch unter Satans Joch, / die sehnend harrt auf das Erlösungsjahr, / das zögert immer noch: / So wird zuletzt aus allen Ketten / der Herr die Kreatur erretten. / Ja, Jesus siegt!

4. Ja, Jesus siegt! Wir glauben es gewiss / und glaubend kämpfen wir. / Wie du uns führst durch alle Finsternis, / wir folgen, Jesu, dir. / Denn alles muss vor dir sich beugen, / bis auch der letzte Feind wird schweigen. / Ja, Jesus siegt!

T: JOHANN CHRISTOPH BLUMHARDT (1852) 1877
M: JOHANN RUDOLF AHLE 1662 »ES IST GENUG«

ANGST UND VERTRAUEN

ö 376

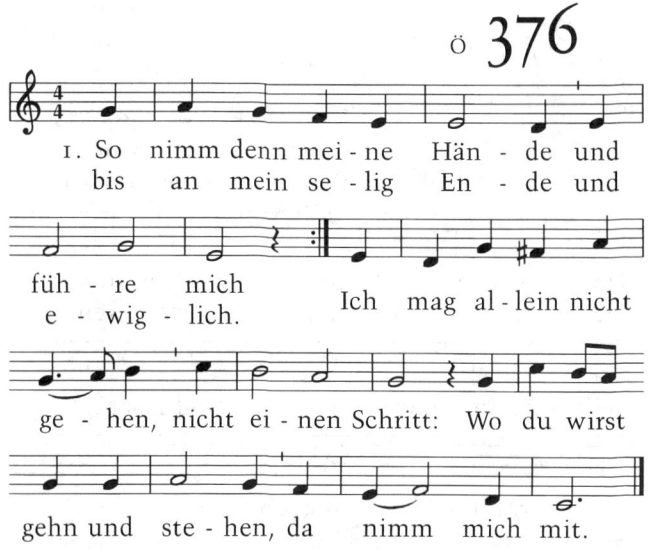

1. So nimm denn meine Hände und führe mich
ewiglich. Ich mag allein nicht gehen, nicht einen Schritt: Wo du wirst gehn und stehen, da nimm mich mit bis an mein selig Ende und ewiglich.

2. In dein Erbarmen hülle / mein schwaches Herz / und mach es gänzlich stille / in Freud und Schmerz. / Lass ruhn zu deinen Füßen / dein armes Kind: / Es will die Augen schließen / und glauben blind.

3. Wenn ich auch gleich nichts fühle / von deiner Macht, / du führst mich doch zum Ziele / auch durch die Nacht: / So nimm denn meine Hände / und führe mich / bis an mein selig Ende / und ewiglich!

T: JULIE HAUSMANN 1862
M: FRIEDRICH SILCHER 1842

GLAUBE – LIEBE – HOFFNUNG

377 (Ö)

1. Zieh an die Macht, du Arm des Herrn, wohl-auf und hilf uns strei-ten. Wir sind im Kamp-fe Tag und Nacht, o Herr, nimm gnä-dig uns in Acht und steh uns an der Sei-ten.

Noch hilfst du dei-nem Vol-ke gern, wie du ge-tan vor-zei-ten.

Jes 51,9

2. Mit dir, du starker Heiland du, / muss uns der Sieg gelingen; / wohl gilt's, zu streiten immerzu, / bis einst wir dir lobsingen. / Nur Mut, die Stund ist nimmer weit, / da wir nach allem Kampf und Streit / die Lebenskron erringen.

3. Drängt uns der Feind auch um und um, / wir lassen uns nicht grauen; / du wirst aus deinem Heiligtum / schon unsre Not erschauen. / Fort streiten wir in deiner Hut / und widerstehen bis aufs Blut / und wollen dir nur trauen.

4. Herr, du bist Gott! In deine Hand / o lass getrost uns fallen. / Wie du geholfen unserm Land, / so hilfst du fort noch allen, / die dir vertraun und deinem Bund / und freudig dir von Herzensgrund / ihr Loblied lassen schallen.

T: FRIEDRICH OSER 1865
M: LOBT GOTT DEN HERRN, IHR HEIDEN ALL (NR. 293)

ANGST UND VERTRAUEN

378

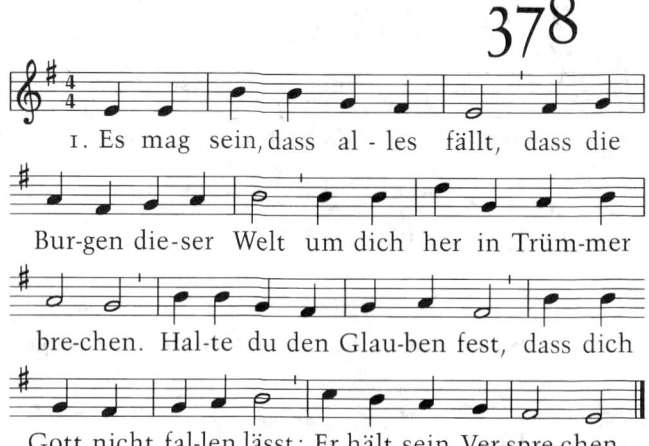

1. Es mag sein, dass alles fällt, dass die Burgen dieser Welt um dich her in Trümmer brechen. Halte du den Glauben fest, dass dich Gott nicht fallen lässt: Er hält sein Versprechen.

2. Es mag sein, dass Trug und List / eine Weile Meister ist; / wie Gott will, sind Gottes Gaben. / Rechte nicht um Mein und Dein; / manches Glück ist auf den Schein, / lass es Weile haben.

3. Es mag sein, dass Frevel siegt, / wo der Fromme niederliegt; / doch nach jedem Unterliegen / wirst du den Gerechten sehn / lebend aus dem Feuer gehn, / neue Kräfte kriegen.

4. Es mag sein – die Welt ist alt – / Missetat und Missgestalt / sind in ihr gemeine Plagen. / Schau dir's an und stehe fest: / Nur wer sich nicht schrecken lässt, / darf die Krone tragen.

5. Es mag sein, so soll es sein! / Fass ein Herz und gib dich drein; / Angst und Sorge wird's nicht wenden. / Streite, du gewinnst den Streit! / Deine Zeit und alle Zeit / stehn in Gottes Händen.

T: RUDOLF ALEXANDER SCHRÖDER (1936) 1939
M: PAUL GEILSDORF 1940

GLAUBE – LIEBE – HOFFNUNG

379

Andere Melodie: Befiehl du deine Wege (Nr. 361)

1. Gott wohnt in einem Lichte, dem keiner nahen kann. Von seinem Angesichte trennt uns der Sünde Bann. Unsterblich und gewaltig ist unser Gott allein, will König tausendfaltig, Herr aller Herren sein.

1.Tim 6,16

2. Und doch bleibt er nicht ferne, / ist jedem von uns nah. / Ob er gleich Mond und Sterne / und Sonnen werden sah, / mag er dich doch nicht missen / in der Geschöpfe Schar, / will stündlich von dir wissen / und zählt dir Tag und Jahr.

Apg 17,27

3. Auch deines Hauptes Haare / sind wohl von ihm gezählt. / Er bleibt der Wunderbare, / dem kein Geringstes fehlt. / Den keine Meere fassen / und keiner Berge Grat, / hat selbst sein Reich verlassen, / ist dir als Mensch genaht.

Mt 10,30

4. Er macht die Völker bangen / vor Welt- und Endgericht / und trägt nach dir Verlangen, / lässt auch den Ärmsten nicht. / Aus seinem Glanz und Lichte / tritt er in deine Nacht: / Und alles wird zunichte, / was dir so Bange macht.

ANGST UND VERTRAUEN

5. Nun darfst du in ihm leben / und bist nie mehr allein, / darfst in ihm atmen, weben / und immer bei ihm sein. / Den keiner je gesehen / noch künftig sehen kann, / will dir zur Seite gehen / und führt dich himmelan.

Apg 17,28

T: JOCHEN KLEPPER 1938
M: STRASSBURG 1539, GUILLAUME FRANC 1542
»AUS MEINES JAMMERS TIEFE« (ZU PSALM 130)

GLAUBE – LIEBE – HOFFNUNG

1. Ja, ich will euch tragen bis zum Alter hin. Und ihr sollt einst sagen, dass ich gnädig bin.

2. Ihr sollt nicht ergrauen, / ohne dass ich's weiß, / müsst dem Vater trauen, / Kinder sein als Greis.

3. Ist mein Wort gegeben, / will ich es auch tun, / will euch milde heben: / Ihr dürft stille ruhn.

4. Stets will ich euch tragen / recht nach Retterart. / Wer sah mich versagen, / wo gebetet ward?

5. Denkt der vor'gen Zeiten, / wie, der Väter Schar / voller Huld zu leiten, / ich am Werke war.

6. Denkt der frühern Jahre, / wie auf eurem Pfad / euch das Wunderbare / immer noch genaht.

7. Lasst nun euer Fragen, / Hilfe ist genug. / Ja, ich will euch tragen, / wie ich immer trug.

T: JOCHEN KLEPPER 1938
M UND SATZ: SAMUEL ROTHENBERG 1939

ANGST UND VERTRAUEN

ö 381

1. Gott, mein Gott, warum hast du mich verlassen? So sang einst König David, hörtest du ihn? So schrie einst König David, hal-fest du ihm? Gott, mein Gott, warum hast du mich verlassen?

Ps 22,2; Mt 27,46

2. Gott, mein Gott, warum gibst du keine Antwort? / Gott, mein Gott, warum gibst du keine Antwort? / So sang einst König David, so klage auch ich, / ein Schatten und kein Mensch mehr; ferne bist du. / Gott, mein Gott, warum gibst du keine Antwort?

3. Gott, mein Gott, warum hast du mich verlassen? / Gott, mein Gott, warum hast du mich verlassen? / So schrie der Welten Christus, blutend am Kreuz, / ein Spott den Leuten allen – hörtest du ihn? / Gott, mein Gott, warum hast du mich verlassen?

4. Gott, mein Gott, warum gibst du keine Antwort? / Gott, mein Gott, warum gibst du keine Antwort? / So rufe ich mit David – höre auf uns! / Du hörtest doch auf Christus, schreiend am Kreuz? / Gott, mein Gott, stärke meinen armen Glauben.

T UND M: FRIEDEMANN GOTTSCHICK (1965) 1967

GLAUBE – LIEBE – HOFFNUNG

382 ö

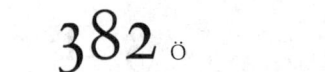

1. Ich steh vor dir mit lee-ren Hän-den, Herr;

fremd wie dein Na-me sind mir dei-ne We - ge.

Seit Menschen le-ben, ru-fen sie nach Gott;

mein Los ist Tod, hast du nicht an-dern Se - gen?

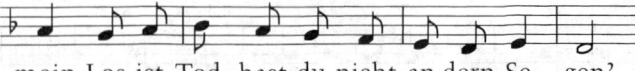

Bist du der Gott, der Zu-kunft mir ver-heißt?

Ich möch-te glau-ben, komm du mir ent-ge-gen.

2. Von Zweifeln ist mein Leben übermannt, / mein Unvermögen hält mich ganz gefangen. / Hast du mit Namen mich in deine Hand, / in dein Erbarmen fest mich eingeschrieben? / Nimmst du mich auf in dein gelobtes Land? / Werd ich dich noch mit neuen Augen sehen?

3. Sprich du das Wort, das tröstet und befreit / und das mich führt in deinen großen Frieden. / Schließ auf das Land, das keine Grenzen kennt, / und lass mich unter deinen Kindern leben. / Sei du mein täglich Brot, so wahr du lebst. / Du bist mein Atem, wenn ich zu dir bete.

T: LOTHAR ZENETTI 1974 NACH DEM
NIEDERLÄNDISCHEN »IK STA VOOR U«
VON HUUB OOSTERHUIS 1969
M: BERNARD MARIA HUIJBERS 1964

ANGST UND VERTRAUEN

383

Andere Melodie: Meinen Jesus lass ich nicht (Nr. 402)

1. Herr, du hast mich an-ge-rührt. Lan-ge lag ich krank da-nie-der, a-ber nun – die See-le spürt: Al-te Kräf-te keh-ren wie-der. Neu-e Ta-ge leuch-ten mir. Gott, du lebst. Ich dan-ke dir!

2. Dank für deinen Trost, o Herr, / Dank selbst für die schlimmen Stunden, / da im aufgewühlten Meer / sinkend schon ich Halt gefunden. / Du hörst auch den stummen Schrei, / gehst im Dunkeln nicht vorbei.

3. Aus der Finsternis wird Tag. / Tau fällt, um das Land zu schmücken. / Sonne steigt und Lerchenschlag, / meinen Morgen zu beglücken. / Lobgesang durchströmt die Welt. / Du hast mich ins Licht gestellt.

4. Langer Nächte Unheilsschritt / muss mich nun nicht mehr erschrecken. / Um mich her das Schöpfungslied / soll sein Echo in mir wecken. / Neue Quellen öffnen sich. / Gott, du lebst. Ich lobe dich!

T: JÜRGEN HENKYS 1982 NACH DEM NORWEGISCHEN
»HERRE, DU HAR REIST MEG OPP«
VON SVEIN ELLINGSEN (1955) 1978
M: TROND KVERNO (1968) 1978

UMKEHR UND NACHFOLGE

384

1. Las-set uns mit Jesus ziehen, seinem Vorbild folgen nach,
 in der Welt der Welt entfliehen, auf der Bahn, die er uns brach,
immerfort zum Himmel reisen, irdisch noch schon himmlisch sein,
glauben recht und leben rein, in der Lieb den Glauben weisen.
Treuer Jesu, bleib bei mir, gehe vor, ich folge dir.

2. Lasset uns mit Jesus leiden, / seinem Vorbild werden gleich; / nach dem Leide folgen Freuden, / Armut hier macht dorten reich, / Tränensaat, die erntet Lachen; / Hoffnung tröste die Geduld: / Es kann leichtlich Gottes Huld / aus dem Regen Sonne machen. / Jesu, hier leid ich mit dir, / dort teil deine Freud mit mir!

3. Lasset uns mit Jesus sterben; / sein Tod uns vom andern Tod / rettet und vom Seelverderben, / von der ewiglichen Not. / Lasst uns töten hier im Leben / unser Fleisch, ihm sterben ab, / so wird er uns aus dem Grab / in das Himmelsleben heben. / Jesu, sterb ich, sterb ich dir, / dass ich lebe für und für.

4. Lasset uns mit Jesus leben. / Weil er auferstanden ist, / muss das Grab uns wiedergeben. / Jesu, unser Haupt du bist, / wir sind deines Leibes Glieder, / wo du lebst, da leben wir; / ach erkenn uns für und für, / trauter Freund, als deine Brüder! / Jesu, dir ich lebe hier, / dorten ewig auch bei dir.

T: SIGMUND VON BIRKEN 1653
M: SOLLT ICH MEINEM GOTT NICHT SINGEN (NR. 325)

Lasst uns laufen mit Geduld in dem Kampf, der uns bestimmt ist, und aufsehen zu Jesus, dem Anfänger und Vollender des Glaubens.

HEBRÄER 12,1.2

GLAUBE – LIEBE – HOFFNUNG

385 (Ö)

1. »Mir nach«, spricht Christus, unser Held, »mir nach, ihr Christen alle! nehmt euer Kreuz und Ungemach auf euch, folgt meinem Wandel nach.

2. Verleugnet euch, verlasst die Welt, folgt meinem Ruf und Schalle; nehmt euer Kreuz und Ungemach auf euch, folgt meinem Wandel nach.

Mt 16,24.25

2. Ich bin das Licht*, ich leucht euch für / mit heilgem Tugendleben. / Wer zu mir kommt und folget mir, / darf nicht im Finstern schweben. / Ich bin der Weg*, ich weise wohl, / wie man wahrhaftig wandeln soll.

*Joh 8,12; *Joh 14,6

3. Ich zeig euch das, was schädlich ist, / zu fliehen und zu meiden / und euer Herz von arger List / zu rein'gen und zu scheiden. / Ich bin der Seelen Fels und Hort / und führ euch zu der Himmelspfort.

4. Fällt's euch zu schwer? Ich geh voran, / ich steh euch an der Seite, / ich kämpfe selbst, ich brech die Bahn, / bin alles in dem Streite. / Ein böser Knecht, der still mag stehn, / sieht er voran den Feldherrn gehn.

5. Wer seine Seel zu finden meint, / wird sie ohn mich verlieren; / wer sie um mich verlieren scheint, / wird sie nach Hause führen. / Wer nicht sein Kreuz nimmt und folgt mir, / ist mein nicht wert und meiner Zier.«

6. So lasst uns denn dem lieben Herrn / mit unserm Kreuz nachgehen / und wohlgemut, getrost und gern / in allem Leiden stehen. / Wer nicht gekämpft, trägt auch die Kron / des ewgen Lebens nicht davon.

T: JOHANN SCHEFFLER 1668;
STR. 3 FRANKFURT/MAIN 1695
M: MACH'S MIT MIR, GOTT, NACH DEINER GÜT
(NR. 525)

Ich bin das Licht der Welt. Wer mir nachfolgt, der wird nicht wandeln in der Finsternis, sondern wird das Licht des Lebens haben.

JOHANNES 8,12

GLAUBE – LIEBE – HOFFNUNG

386

1. »Eins ist Not!« Ach Herr, dies eine
lehre mich erkennen doch;
alles andre, wie's auch scheine,
ist ja nur ein schweres Joch,
darunter das Herze sich naget und plaget
und dennoch kein wahres Vergnügen erjaget.
Erlang ich dies eine, das alles ersetzt,
so werd ich mit einem in allem ergötzt.

Lk 10,38-42

2. Seele, willst du dieses finden, / such's bei keiner Kreatur; / lass, was irdisch ist, dahinten, / schwing dich über die Natur, / wo Gott und die Menschheit in einem vereinet, / wo alle vollkommene Fülle erscheinet; / da, da ist das beste, notwendige Teil, / mein Ein und mein Alles, mein seligstes Heil.

3. Wie, dies eine zu genießen, / sich Maria dort befliss, / da sie sich zu Jesu Füßen / voller Andacht niederließ – / ihr Herze entbrannte, dies einzig zu hören, / was Jesus, ihr Heiland, sie wollte belehren; / ihr alles war gänzlich in Jesus versenkt, / und wurde ihr alles in einem geschenkt –:

4. Also ist auch mein Verlangen, / liebster Jesu, nur nach dir; / lass mich treulich an dir hangen, / schenke dich zu Eigen mir. / Ob viel auch umkehrten zum größesten Haufen, / so will ich dir dennoch in Liebe nachlaufen; / denn dein Wort, o Jesu, ist Leben und Geist; / was ist wohl, das man nicht in Jesus genießt?

5. Aller Weisheit höchste Fülle / in dir ja verborgen liegt. / Gib nur, dass sich auch mein Wille / fein in solche Schranken fügt, / worinnen die Demut und Einfalt regieret / und mich zu der Weisheit, die himmlisch ist, führet. / Ach wenn ich nur Jesus recht kenne und weiß, / so hab ich der Weisheit vollkommenen Preis.

6. Nichts kann ich vor Gott ja bringen / als nur dich, mein höchstes Gut; / Jesu, lass es mir gelingen / durch dein heilges, teures Blut. / Die höchste Gerechtigkeit ist mir erworben, / da du bist am Stamme des Kreuzes gestorben; / die Kleider des Heils ich da habe erlangt, / worinnen mein Glaube in Ewigkeit prangt.

7. Nun so gib, dass meine Seele / auch nach deinem Bild erwacht; / du bist ja, den ich erwähle, / mir zur Heiligung gemacht. / Was dienet zum göttlichen Wandel und Leben, / ist in dir, mein Heiland, mir alles gegeben; / entreiße mich aller vergänglichen Lust, / dein Leben sei, Jesu, mir einzig bewusst.

8. Ja was soll ich mehr verlangen? / Mich umströmt die Gnadenflut; / du bist einmal eingegangen / in das Heilge durch dein Blut; / da hast du die ewge Erlösung erfunden, / dass ich nun der höllischen Herrschaft entbunden; / dein Eingang die völlige Freiheit mir bringt, / im kindlichen Geiste das Abba nun klingt.

GLAUBE – LIEBE – HOFFNUNG

9. Volles G'nügen, Fried und Freude / meine Seele jetzt ergötzt, / weil auf eine frische Weide / mein Hirt Jesus mich gesetzt. / Nichts Süßes kann also mein Herze erlaben, / als wenn ich nur, Jesu, dich immer soll haben; / nichts, nichts ist, das also mich innig erquickt, / als wenn ich dich, Jesu, im Glauben erblickt.

10. Drum auch, Jesu, du alleine / sollst mein Ein und Alles sein; / prüf, erfahre, wie ich's meine, / tilge allen Heuchelschein. / Sieh, ob ich auf bösem, betrüglichem Stege, / und leite mich, Höchster, auf ewigem Wege; / gib, dass ich nichts achte, nicht Leben noch Tod, / und Jesus gewinne: Dies eine ist Not.

T: JOHANN HEINRICH SCHRÖDER 1695
M: ADAM KRIEGER 1657;
GEISTLICH JOACHIM NEANDER 1680, HALLE 1704

387

1. Mache dich, mein Geist, bereit,
damit nicht die böse Zeit
wache, fleh und bete,
unverhofft eintrete;
denn es ist Satans List
über viele Frommen
zur Versuchung kommen.

UMKEHR UND NACHFOLGE

2. Aber wache erst recht auf / von dem Sündenschlafe; / denn es folget sonst darauf / eine lange Strafe, / und die Not samt dem Tod / möchte dich in Sünden / unvermutet finden.

3. Bete aber auch dabei / mitten in dem Wachen; / denn der Herre muss dich frei / von dem allen machen, / was dich drückt und bestrickt, / dass du schläfrig bleibest / und sein Werk nicht treibest.

4. Ja, er will gebeten sein, / wenn er was soll geben; / er verlanget unser Schrein, / wenn wir wollen leben / und durch ihn unsern Sinn, / Feind, Welt, Fleisch und Sünden / kräftig überwinden.

5. Doch wohl gut, es muss uns schon / alles glücklich gehen, / wenn wir ihn durch seinen Sohn / im Gebet anflehen; / denn er will uns mit Füll / seiner Gunst beschütten, / wenn wir gläubig bitten.

6. Drum so lasst uns immerdar / wachen, flehen, beten, / weil die Angst, Not und Gefahr / immer näher treten; / denn die Zeit ist nicht weit, / da uns Gott wird richten / und die Welt vernichten.

T: JOHANN BURCHARD FREYSTEIN 1695
M: VOR 1681; GEISTLICH BRAUNSCHWEIG 1686,
DRESDEN 1694
»STRAF MICH NICHT IN DEINEM ZORN«

GLAUBE – LIEBE – HOFFNUNG

388

1. O Durch-bre-cher al-ler Ban-de, der du im-mer bei uns bist, übe ferner dein Gerichte wider unsern Adamssinn, bis dein treues Angesichte uns führt aus dem Kerker hin.
bei dem Scha-den, Spott und Schan-de lau-ter Lust und Him-mel ist,

2. Ist's doch deines Vaters Wille, / dass du endest dieses Werk; / hierzu wohnt in dir die Fülle / aller Weisheit, Lieb und Stärk, / dass du nichts von dem verlierest, / was er dir geschenket hat, / und es aus dem Treiben führest / zu der süßen Ruhestatt.

3. Ach so musst du uns vollenden, / willst und kannst ja anders nicht; / denn wir sind in deinen Händen, / dein Herz ist auf uns gericht', / ob wir wohl von allen Leuten / als gefangen sind geacht', / weil des Kreuzes Niedrigkeiten / uns veracht' und schnöd gemacht.

4. Schau doch aber unsre Ketten, / da wir mit der Kreatur / seufzen, ringen, schreien, beten / um Erlösung von Natur, / von dem Dienst der Eitelkeiten, / der uns noch so hart bedrückt, / ob auch schon der Geist zuzeiten / sich auf etwas Bessers schickt.

5. Haben wir uns selbst gefangen / in der Lust und Eigenheit, / ach so lass uns nicht stets hangen / in dem Tod der Eitelkeit; / denn die Last treibt uns zu rufen, / alle flehen wir dich an: / Zeig doch nur die ersten Stufen / der gebrochnen Freiheitsbahn!

6. Ach wie teu'r sind wir erworben, / nicht der Menschen Knecht zu sein! / Drum, so wahr du bist gestorben, / musst du uns auch machen rein, / rein und frei und ganz vollkommen, / nach dem besten Bild gebild't; / der hat Gnad um Gnad genommen, / wer aus deiner Füll sich füllt.

7. Liebe, zieh uns in dein Sterben; / lass mit dir gekreuzigt sein, / was dein Reich nicht kann ererben; / führ ins Paradies uns ein. / Doch wohlan, du wirst nicht säumen, / lass uns nur nicht lässig sein; / werden wir doch als wie träumen, / wenn die Freiheit bricht herein.

T: GOTTFRIED ARNOLD 1698
M: HALLE 1704

GLAUBE – LIEBE – HOFFNUNG

1. Ein reines Herz, Herr, schaff in mir,
schließ zu der Sünde Tor und Tür;
vertreibe sie und lass nicht zu,
dass sie in meinem Herzen ruh.

2. Dir öffn ich, Jesu, meine Tür, / ach komm und wohne du bei mir; / treib all Unreinigkeit hinaus / aus deinem Tempel, deinem Haus.

3. Lass deines guten Geistes Licht / und dein hell glänzend Angesicht / erleuchten mein Herz und Gemüt, / o Brunnen unerschöpfter Güt,

4. und mache dann mein Herz zugleich / an Himmelsgut und Segen reich; / gib Weisheit, Stärke, Rat, Verstand / aus deiner milden Gnadenhand.

5. So will ich deines Namens Ruhm / ausbreiten als dein Eigentum / und dieses achten für Gewinn, / wenn ich nur dir ergeben bin.

T: HEINRICH GEORG NEUSS 1703
M: O JESU CHRISTE, WAHRES LICHT (NR.72)

UMKEHR UND NACHFOLGE

1. Erneure mich, o ewigs Licht, und lass von deinem Angesicht mein Herz und Seel mit deinem Schein durchleuchtet und erfüllet sein.

2. Schaff in mir, Herr, den neuen Geist, / der dir mit Lust Gehorsam leist' / und nichts sonst, als was du willst, will; / ach Herr, mit ihm mein Herz erfüll.

3. Auf dich lass meine Sinne gehn, / lass sie nach dem, was droben, stehn, / bis ich dich schau, o ewigs Licht, / von Angesicht zu Angesicht.

T: JOHANN FRIEDRICH RUOPP 1704
M: O JESU CHRISTE, WAHRES LICHT (NR.72)

GLAUBE – LIEBE – HOFFNUNG

391 ö

1. Je-su, geh vo-ran auf der Le-bens-bahn! Und wir wol-len nicht ver-wei-len, dir ge-treu-lich nach-zu-ei-len; führ uns an der Hand bis ins Va-ter-land.

2. Soll's uns hart ergehn, / lass uns feste stehn / und auch in den schwersten Tagen / niemals über Lasten klagen; / denn durch Trübsal hier / geht der Weg zu dir.

3. Rühret eigner Schmerz / irgend unser Herz, / kümmert uns ein fremdes Leiden, / o so gib Geduld zu beiden; / richte unsern Sinn / auf das Ende hin.

4. Ordne unsern Gang, / Jesu, lebenslang. / Führst du uns durch raue Wege, / gib uns auch die nöt'ge Pflege; / tu uns nach dem Lauf / deine Türe auf.

T: NIKOLAUS LUDWIG VON ZINZENDORF (1721) 1725,
LONDON 1753,
BEARBEITET VON CHRISTIAN GREGOR 1778
M: ADAM DRESE 1698

UMKEHR UND NACHFOLGE

392

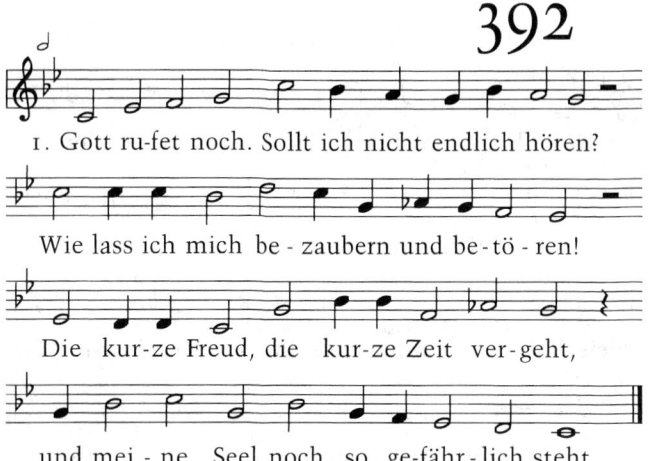

1. Gott ru-fet noch. Sollt ich nicht endlich hören? Wie lass ich mich be-zaubern und be-tö-ren! Die kur-ze Freud, die kur-ze Zeit ver-geht, und mei-ne Seel noch so ge-fähr-lich steht.

2. Gott rufet noch. Sollt ich nicht endlich kommen? / Ich hab so lang die treue Stimm vernommen. / Ich wusst es wohl: Ich war nicht, wie ich sollt. / Er winkte mir, ich habe nicht gewollt.

3. Gott rufet noch. Wie, dass ich mich nicht gebe! / Ich fürcht sein Joch und doch in Banden lebe. / Ich halte Gott und meine Seele auf. / Er ziehet mich; mein armes Herze, lauf!

4. Gott rufet noch. Ob ich mein Ohr verstopfet, / er stehet noch an meiner Tür und klopfet. / Er ist bereit, dass er mich noch empfang. / Er wartet noch auf mich; wer weiß, wie lang?

5. Gib dich, mein Herz, gib dich nun ganz gefangen. / Wo willst du Trost, wo willst du Ruh erlangen? / Lass los, lass los; brich alle Band entzwei! / Dein Geist wird sonst in Ewigkeit nicht frei.

GLAUBE – LIEBE – HOFFNUNG

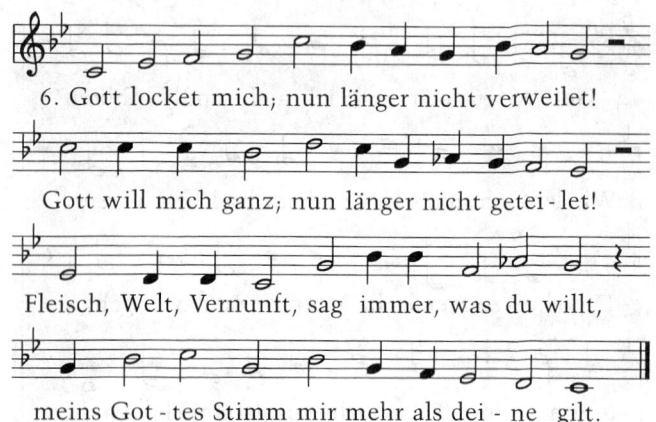

6. Gott locket mich; nun länger nicht verweilet!
Gott will mich ganz; nun länger nicht getei-let!
Fleisch, Welt, Vernunft, sag immer, was du willt,
meins Gottes Stimm mir mehr als deine gilt.

7. Ich folge Gott, ich will ihm ganz genügen. / Die Gnade soll im Herzen endlich siegen. / Ich gebe mich; Gott soll hinfort allein / und unbedingt mein Herr und Meister sein.

8. Ach nimm mich hin, du Langmut ohne Maße; / ergreif mich wohl, dass ich dich nie verlasse. / Herr, rede nur, ich geb begierig Acht; / führ, wie du willst, ich bin in deiner Macht.

T: GERHARD TERSTEEGEN 1735
M: WIE HERRLICH GIBST DU, HERR, DICH ZU ERKENNEN
(NR. 271)

UMKEHR UND NACHFOLGE

393

1. Kommt, Kinder, lasst uns gehen, der Abend kommt herbei; es ist gefährlich stehen in dieser Wüstenei. Kommt, stärket euren Mut, zur Ewigkeit zu wandern von einer Kraft zur andern; es ist das Ende gut, es ist das Ende gut.

2. Es soll uns nicht gereuen / der schmale Pilgerpfad; / wir kennen ja den Treuen, / der uns gerufen hat. / Kommt, folgt und trauet dem; / ein jeder sein Gesichte / mit ganzer Wendung richte / fest nach Jerusalem, / fest nach Jerusalem.

3. Geht's der Natur entgegen, / so geht's gerad und fein; / die Fleisch und Sinnen pflegen / noch schlechte Pilger sein. / Verlasst die Kreatur / und was euch sonst will binden; / lasst gar euch selbst dahinten, / es geht durchs Sterben nur, / es geht durchs Sterben nur.

GLAUBE – LIEBE – HOFFNUNG

4. Man muss wie Pilger wandeln, frei, bloß und wahrlich leer;
viel sammeln, halten, handeln macht unsern Gang nur schwer.
Wer will, der trag sich tot; wir reisen abgeschieden,
mit wenigem zufrieden; wir brauchen's nur zur Not,
wir brauchen's nur zur Not.

5. Schmückt euer Herz aufs Beste, / sonst weder Leib noch Haus; / wir sind hier fremde Gäste / und ziehen bald hinaus. / Gemach bringt Ungemach; / ein Pilger muss sich schicken, / sich dulden und sich bücken / den kurzen Pilgertag, / den kurzen Pilgertag.

6. Kommt, Kinder, lasst uns gehen, / der Vater gehet mit; / er selbst will bei uns stehen / bei jedem sauren Tritt; / er will uns machen Mut, / mit süßen Sonnenblicken / uns locken und erquicken; / ach ja, wir haben's gut, / ach ja, wir haben's gut.

7. Kommt, Kinder, lasst uns wandern, / wir gehen Hand in Hand; / eins freuet sich am andern / in diesem wilden Land. / Kommt, lasst uns kindlich sein, / uns auf dem Weg nicht streiten; / die Engel selbst begleiten / als Brüder unsre Reihn, / als Brüder unsre Reihn.

8. Sollt wo ein Schwacher fallen, / so greif der Stärkre zu; / man trag, man helfe allen, / man pflanze Lieb und Ruh. / Kommt, bindet fester an; / ein jeder sei der Kleinste, / doch auch wohl gern der Reinste / auf unsrer Liebesbahn, / auf unsrer Liebesbahn.

9. Kommt, lasst uns munter wandern, / der Weg kürzt immer ab; / ein Tag, der folgt dem andern, / bald fällt das Fleisch ins Grab. / Nur noch ein wenig Mut, / nur noch ein wenig treuer, / von allen Dingen freier, / gewandt zum ewgen Gut, / gewandt zum ewgen Gut.

10. Es wird nicht lang mehr währen, / halt' noch ein wenig aus; / es wird nicht lang mehr währen, / so kommen wir nach Haus; / da wird man ewig ruhn, / wenn wir mit allen Frommen / heim zu dem Vater kommen; / wie wohl, wie wohl wird's tun, / wie wohl, wie wohl wird's tun.

11. Drauf wollen wir's denn wagen, / es ist wohl wagenswert, / und gründlich dem absagen, / was aufhält und beschwert. / Welt, du bist uns zu klein; / wir gehn durch Jesu Leiten / hin in die Ewigkeiten: / Es soll nur Jesus sein, / es soll nur Jesus sein.

T: GERHARD TERSTEEGEN 1738
M: ICH WILL, SOLANG ICH LEBE (NR. 276)

GLAUBE – LIEBE – HOFFNUNG

394

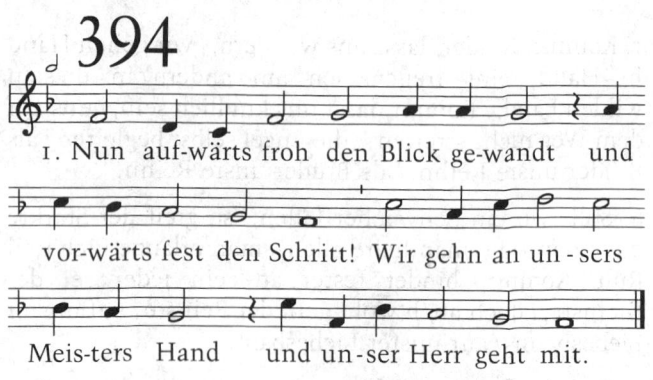

1. Nun aufwärts froh den Blick gewandt und vorwärts fest den Schritt! Wir gehn an unsers Meisters Hand und unser Herr geht mit.

2. Vergesset, was dahinten liegt / und euern Weg beschwert; / was ewig euer Herz vergnügt, / ist wohl des Opfers wert.

3. Und was euch noch gefangen hält, / o werft es von euch ab! / Begraben sei die ganze Welt / für euch in Christi Grab.

4. So steigt ihr frei mit ihm hinan / zu lichten Himmelshöhn. / Er uns vorauf, er bricht uns Bahn – / wer will ihm widerstehn?

5. Drum aufwärts froh den Blick gewandt / und vorwärts fest den Schritt! / Wir gehn an unsers Meisters Hand / und unser Herr geht mit.

T: AUGUST HERMANN FRANKE 1889
M: NUN DANKET ALL UND BRINGET EHR (NR. 322)

UMKEHR UND NACHFOLGE

395

1. Vertraut den neuen Wegen, auf die der Herr uns weist, weil Leben heißt: sich regen, weil Leben wandern heißt. Seit leuchtend Gottes Bogen am hohen Himmel stand, sind Menschen ausgezogen in das gelobte Land.

2. Vertraut den neuen Wegen / und wandert in die Zeit! / Gott will, dass ihr ein Segen / für seine Erde seid. / Der uns in frühen Zeiten / das Leben eingehaucht, / der wird uns dahin leiten, / wo er uns will und braucht.

3. Vertraut den neuen Wegen, / auf die uns Gott gesandt! / Er selbst kommt uns entgegen. / Die Zukunft ist sein Land. / Wer aufbricht, der kann hoffen / in Zeit und Ewigkeit. / Die Tore stehen offen. / Das Land ist hell und weit.

T: KLAUS PETER HERTZSCH 1989
M: LOB GOTT GETROST MIT SINGEN (NR. 243)

GEBORGEN IN GOTTES LIEBE

396 ö

1. Je-su, mei-ne Freu-de, mei-nes Her-zens Wei-de, Je-su, mei-ne Zier: Got-tes Lamm, mein Bräu-ti-gam, au-ßer dir soll mir auf Er-den nichts sonst lie-bers wer-den.

Ach wie lang, ach lan-ge ist dem Her-zen ban-ge und ver-langt nach dir!

2. Unter deinem Schirmen / bin ich vor den Stürmen / aller Feinde frei. / Lass den Satan wettern, / lass die Welt erzittern, / mir steht Jesus bei. / Ob es jetzt gleich kracht und blitzt, / ob gleich Sünd und Hölle schre-cken, / Jesus will mich decken.

3. Trotz dem alten Drachen, / Trotz dem Todesrachen, / Trotz der Furcht dazu! / Tobe, Welt, und springe; / ich steh hier und singe / in gar sichrer Ruh. / Gottes Macht hält mich in Acht, / Erd und Abgrund muss verstum-men, / ob sie noch so brummen.

4. Weg mit allen Schätzen; / du bist mein Ergötzen, / Jesu, meine Lust. / Weg, ihr eitlen Ehren, / ich mag euch nicht hören, / bleibt mir unbewusst! / Elend, Not, Kreuz, Schmach und Tod / soll mich, ob ich viel muss leiden, / nicht von Jesus scheiden.

5. Gute Nacht, o Wesen, / das die Welt erlesen, / mir gefällst du nicht. / Gute Nacht, ihr Sünden, / bleibet weit dahinten, / kommt nicht mehr ans Licht! / Gute Nacht, du Stolz und Pracht; / dir sei ganz, du Lasterleben, / gute Nacht gegeben.

6. Weicht, ihr Trauergeister, / denn mein Freudenmeister, / Jesus, tritt herein. / Denen, die Gott lieben, / muss auch ihr Betrüben / lauter Freude sein. / Duld ich schon hier Spott und Hohn, / dennoch bleibst du auch im Leide, / Jesu, meine Freude.

T: JOHANN FRANCK 1653
M: JOHANN CRÜGER 1653

Das ist meine Freude, dass ich mich zu Gott halte und meine Zuversicht setze auf Gott den Herrn, dass ich verkündige all dein Tun.

PSALM 73,28

GLAUBE – LIEBE – HOFFNUNG

397

1. Herz-lich lieb hab ich dich, o Herr.
Ich bitt, wollst sein von mir nicht fern mit deiner Güt und Gnaden.
Die ganze Welt er-freut mich nicht, nach Erd und Himmel frag ich nicht, wenn ich nur dich kann haben.
Und wenn mir gleich mein Herz zer-bricht, so bist doch du mein Zu-ver-sicht, mein Teil und meines Herzens Trost, der mich durch sein Blut hat er-löst. Herr Jesu Christ, mein Gott und Herr, mein Gott und Herr, in Schanden lass mich nimmermehr.

2. Es ist ja, Herr, dein G'schenk und Gab / mein Leib und Seel und was ich hab / in diesem armen Leben. / Damit ich's brauch zum Lobe dein, / zu Nutz und Dienst des Nächsten mein, / wollst mir dein Gnade geben. / Behüt mich, Herr, vor falscher Lehr, / des Satans Mord und Lügen wehr; / in allem Kreuz erhalte mich, / auf dass ich's trag geduldiglich. / Herr Jesu Christ, mein Herr und Gott, / mein Herr und Gott, / tröst mir mein Herz in Todesnot.

3. Ach Herr, lass dein lieb' Engelein / an meinem End die Seele mein / in Abrahams Schoß tragen.* / Der Leib in seim Schlafkämmerlein / gar sanft ohn alle Qual und Pein / ruh bis zum Jüngsten Tage. / Alsdann vom Tod erwecke mich, / dass meine Augen sehen dich / in aller Freud, o Gottes Sohn, / mein Heiland und mein Gnadenthron. / Herr Jesu Christ, erhöre mich, / erhöre mich. / Ich will dich preisen ewiglich. *Lk 16,22

T: MARTIN SCHALLING (1569) 1571
M: STRASSBURG 1577

Dennoch bleibe ich stets an dir;
denn du hältst mich bei meiner rechten Hand,
du leitest mich nach deinem Rat
und nimmst mich am Ende mit Ehren an.
Wenn ich nur dich habe,
so frage ich nichts nach Himmel und Erde.
Wenn mir gleich Leib und Seele verschmachtet,
so bist du doch, Gott, allezeit meines Herzens
Trost und mein Teil. PSALM 73,23-26

GLAUBE – LIEBE – HOFFNUNG

398 ö

GEBORGEN IN GOTTES LIEBE

2. Wenn wir dich haben, / kann uns nicht schaden / Teufel, Welt, Sünd oder Tod; / du hast's in Händen, / kannst alles wenden, / wie nur heißen mag die Not. / Drum wir dich ehren, / dein Lob vermehren / mit hellem Schalle, / freuen uns alle / zu dieser Stunde. Halleluja. / Wir jubilieren / und triumphieren, / lieben und loben / dein Macht dort droben / mit Herz und Munde. Halleluja.

T: CYRIAKUS SCHNEEGASS 1598
M UND SATZ: GIOVANNI GIACOMO GASTOLDI 1591;
GEISTLICH ERFURT 1598

GLAUBE – LIEBE – HOFFNUNG

1. O Lebensbrünnlein tief und groß,
entsprungen aus des Vaters Schoß,
ein wahrer Gott ohn Ende,
der du dich uns hast offenbart
in unsrer Menschheit, rein und zart,
dein lieb' Herz zu uns wende.
Denn wie ein Hirsch nach frischer Quell,
so schreit zu dir mein arme Seel
aus dieser Welt Elende.

Ps 42,2

2. O Lebensbrünnlein, durch dein Wort / hast du dich uns an allem Ort / ergossn mit reichen Gaben, / voll Wahrheit und göttlicher Gnad, / die uns erschienen früh und spat, / das matte Herz zu laben. / O frischer Quell, o Brünnelein, / erquick und lass die Seele mein / in dir das Leben haben.

3. Wie ein Blümlein in dürrem Land, / durch Sommerhitz sehr ausgebrannt, / vom Tau sich tut erquicken, / also, wenn mein Herz in der Not / verschmacht', hält sich's an seinen Gott / und lässt sich nicht ersticken; / ja wie ein grüner Palmenbaum / unter der Last sich machet Raum, / lässet sich's nicht erdrücken.

4. O Lebensbrünnlein, Jesu Christ, / dein Güte unerschöpflich ist, / niemand kann sie ermessen; / darum mir auch nichts mangeln wird, / wenn mich versorgt der treue Hirt, / der mir mein Herz besessen. / Mit seinem Evangelio / macht er mein Herz im Leib so froh, / dass ich sein nicht vergesse.

5. All unser Leid auf dieser Erd / ist nicht im allerg'ringsten wert, / wenn wir das recht bedenken, / der übergroßen Herrlichkeit / und wunderschönen Himmelsfreud, / die Christus uns wird schenken. / Da, da wird er uns allzugleich / in seines lieben Vaters Reich / mit ewger Wonne tränken.

6. Gott selbst wird sein mein Speis und Trank, / mein Ruhm, mein Lied, mein Lobgesang, / mein Lust und Wohlgefallen, / mein Reichtum, Zierd und werte Kron, / mein Klarheit, Licht und helle Sonn, / in ewger Freud zu wallen; / ja dass ich's sag mit einem Wort, / was mir Gott wird bescheren dort: / »Er wird sein alls in allen.«

1. Kor 15,28

7. Hüpf auf, mein Herz, spring, tanz und sing, / in deinem Gott sei guter Ding, / der Himmel steht dir offen. / Lass Schwermut dich nicht nehmen ein, / denn auch die liebsten Kinderlein / hat stets das Kreuz betroffen. / Drum sei getrost und glaube fest, / dass du noch hast das Allerbest / in jener Welt zu hoffen.

T: JOHANNES MÜHLMANN 1618
M: GÖRLITZ 1587

GLAUBE – LIEBE – HOFFNUNG

400 ö

1. Ich will dich lie-ben, mei-ne Stär-ke,
ich will dich lie-ben mit dem Wer-ke
ich will dich lie-ben, mei-ne Zier;
und im-mer wäh-ren-der Be-gier.
Ich will dich lie-ben, schöns-tes Licht, bis mir das Her-ze bricht.

2. Ich will dich lieben, o mein Leben, / als meinen allerbesten Freund; / ich will dich lieben und erheben, / solange mich dein Glanz bescheint; / ich will dich lieben, Gottes Lamm, / als meinen Bräutigam.

3. Ach, dass ich dich so spät erkannte, / du hochgelobte Schönheit du, / dass ich nicht eher mein dich nannte, / du höchstes Gut und wahre Ruh; / es ist mir leid, ich bin betrübt, / dass ich so spät geliebt.

4. Ich lief verirrt und war verblendet, / ich suchte dich und fand dich nicht; / ich hatte mich von dir gewendet / und liebte das geschaffne Licht. / Nun aber ist's durch dich geschehn, / dass ich dich hab ersehn.

5. Ich danke dir, du wahre Sonne, / dass mir dein Glanz hat Licht gebracht; / ich danke dir, du Himmelswonne, / dass du mich froh und frei gemacht; / ich danke dir, du güldner Mund, / dass du mich machst gesund.

6. Erhalte mich auf deinen Stegen / und lass mich nicht mehr irregehn; / lass meinen Fuß in deinen Wegen / nicht straucheln oder stillestehn; / erleucht mir Leib und Seele ganz, / du starker Himmelsglanz!

7. Ich will dich lieben, meine Krone, / ich will dich lieben, meinen Gott; / ich will dich lieben ohne Lohne / auch in der allergrößten Not; / ich will dich lieben, schönstes Licht, / bis mir das Herze bricht.

T: JOHANN SCHEFFLER 1657
M: BEI JOHANN BALTHASAR KÖNIG 1738

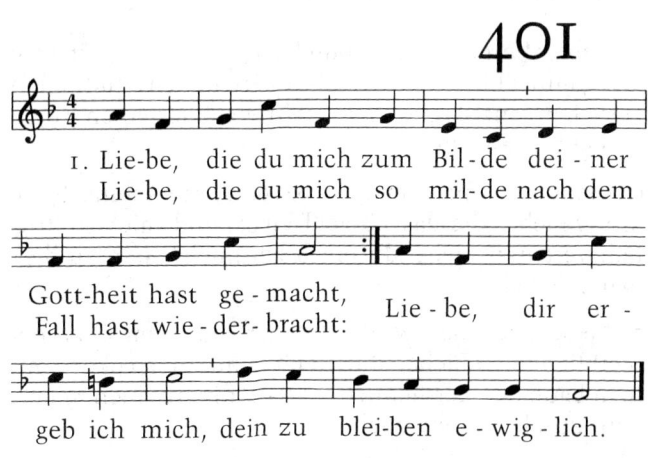

1. Liebe, die du mich zum Bilde deiner Gottheit hast gemacht,
Liebe, die du mich so milde nach dem Fall hast wiederbracht:
Liebe, dir ergeb ich mich, dein zu bleiben ewiglich.

2. Liebe, die du mich erkoren, / eh ich noch geschaffen war, / Liebe, die du Mensch geboren / und mir gleich wardst ganz und gar: / Liebe, dir ergeb ich mich, / dein zu bleiben ewiglich.

3. Liebe, die für mich gelitten / und gestorben in der Zeit, / Liebe, die mir hat erstritten / ewge Lust und Seligkeit: / Liebe, dir ergeb ich mich, / dein zu bleiben ewiglich.

GLAUBE – LIEBE – HOFFNUNG

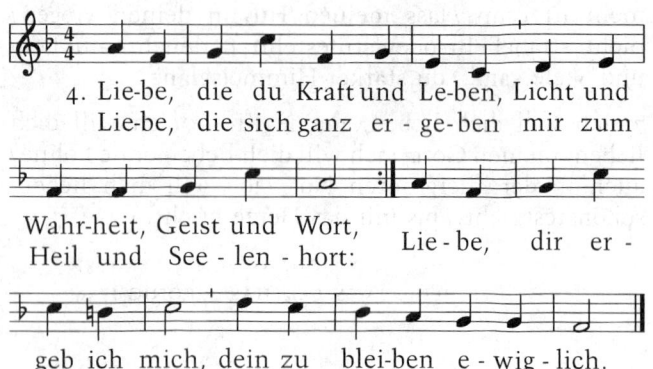

4. Liebe, die du Kraft und Leben, Licht und Wahrheit, Geist und Wort,
Liebe, die sich ganz ergeben mir zum Heil und Seelenhort:
Liebe, dir ergeb ich mich, dein zu bleiben ewiglich.

5. Liebe, die mich hat gebunden / an ihr Joch mit Leib und Sinn, / Liebe, die mich überwunden / und mein Herz hat ganz dahin: / Liebe, dir ergeb ich mich, / dein zu bleiben ewiglich.

6. Liebe, die mich ewig liebet / und für meine Seele bitt', / Liebe, die das Lösgeld gibet / und mich kräftiglich vertritt: / Liebe, dir ergeb ich mich, / dein zu bleiben ewiglich.

7. Liebe, die mich wird erwecken / aus dem Grab der Sterblichkeit, / Liebe, die mich wird umstecken / mit dem Laub der Herrlichkeit: / Liebe, dir ergeb ich mich, / dein zu bleiben ewiglich.

T: JOHANN SCHEFFLER 1657;
STR. 4 FRANKFURT/MAIN 1695
M: KOMM, O KOMM, DU GEIST DES LEBENS (NR. 134)

GEBORGEN IN GOTTES LIEBE

402

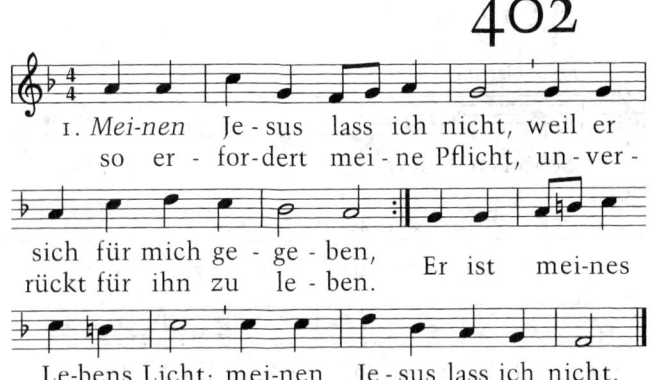

1. Mei-nen Je-sus lass ich nicht, weil er sich für mich ge-ge-ben,
so er-for-dert mei-ne Pflicht, un-ver-rückt für ihn zu le-ben.
Er ist mei-nes Le-bens Licht; mei-nen Je-sus lass ich nicht.

2. *Jesus* lass ich nimmer nicht, / hier in diesem Erdenleben; / ihm hab ich voll Zuversicht, / was ich bin und hab, ergeben. / Alles ist auf ihn gericht'; / meinen Jesus lass ich nicht.

3. *Lass* vergehen das Gesicht, / Hören, Schmecken, Fühlen weichen, / lass das letzte Tageslicht / mich auf dieser Welt erreichen: / wenn der Lebensfaden bricht, / meinen Jesus lass ich nicht.

4. *Ich* werd ihn auch lassen nicht, / wenn ich nun dahin gelanget, / wo vor seinem Angesicht / meiner Väter Glaube pranget. / Mich erfreut sein Angesicht; / meinen Jesus lass ich nicht.

5. *Nicht* nach Welt, nach Himmel nicht / meine Seel sich wünscht und sehnet, / Jesus wünscht sie und sein Licht, / der mich hat mit Gott versöhnet, / mich befreiet vom Gericht; / meinen Jesus lass ich nicht.

6. Jesus lass ich nicht von mir, / geh ihm ewig an der Seiten; / Christus lässt mich für und für / zu dem Lebensbächlein leiten. / Selig, wer mit mir so spricht: / *Meinen Jesus lass ich nicht.*

T: CHRISTIAN KEIMANN 1658
M: JOHANN ULICH 1674

GLAUBE – LIEBE – HOFFNUNG

403 (Ö)

Erste Melodie

1. Schöns-ter Herr Je-su, Herrscher al-ler Her-ren, Got-tes und Ma-ri-en Sohn, dich will ich lie-ben, dich will ich eh-ren, mei-ner See-le Freud und Kron.

Zweite Melodie

1. Schöns-ter Herr Je-su, Herr-scher al-ler Her-ren, Got-tes und Ma-ri-en Sohn, dich will ich lie-ben, dich will ich eh-ren, mei-ner See-le Freud und Kron.

2. Schön sind die Wälder, / schöner sind die Felder / in der schönen Frühlingszeit; / Jesus ist schöner, / Jesus ist reiner, / der mein traurig Herz erfreut.

3. Schön ist der Monde, / schöner ist die Sonne, / schön sind auch die Sterne all. / Jesus ist feiner, / Jesus ist reiner / als die Engel allzumal.

4. Schön sind die Blumen, / schöner sind die Menschen / in der frischen Jugendzeit; / sie müssen sterben, / müssen verderben: / Jesus bleibt in Ewigkeit.

5. Alle die Schönheit / Himmels und der Erden / ist gefasst in dir allein. / Nichts soll mir werden / lieber auf Erden / als du, liebster Jesus mein.

T UND ERSTE MELODIE: MÜNSTER 1677;
STR. 2 BEI HEINRICH AUGUST HOFFMANN
VON FALLERSLEBEN 1842
ZWEITE MELODIE: GLATZ VOR 1842

Das Licht der Sonne und des Mondes dürfen wir schauen bei Tag und Nacht. Da gib, o allmächtiger Gott, dass wir lernen unsere Augen noch höher zu erheben. Lass uns schauen auf das Ziel unserer Hoffnung, unser ewiges Heil, in der Gewissheit, dass dieses Heil uns ebenso wenig erschüttert werden kann wie deine Treue, deren Unwandelbarkeit du uns sehen lässt an Sonne und Mond, deinen Schöpfungen.

JOHANNES CALVIN

GLAUBE – LIEBE – HOFFNUNG

404

1. Herr Jesu, Gnadensonne,
wahrhaftes Lebenslicht:
Mit Leben, Licht und Wonne
wollst du mein Angesicht
nach deiner Gnad erfreuen
und meinen Geist erneuen;
mein Gott, versag mir's nicht.

2. Vergib mir meine Sünden / und wirf sie hinter dich; / lass allen Zorn verschwinden / und hilf mir gnädiglich; / lass deine Friedensgaben / mein armes Herze laben. / Ach, Herr, erhöre mich!

3. Vertreib aus meiner Seelen / den alten Adamssinn / und lass mich dich erwählen, / auf dass ich mich forthin / zu deinem Dienst ergebe / und dir zu Ehren lebe, / weil ich erlöset bin.

4. Befördre dein Erkenntnis / in mir, mein Seelenhort, / und öffne mein Verständnis, / Herr, durch dein heilig Wort, / damit ich an dich glaube / und in der Wahrheit bleibe / zu Trutz der Höllenpfort.

5. Mit deiner Kraft mich rüste, / zu kreuz'gen mein Begier / und alle bösen Lüste, / auf dass ich für und für / der Sündenwelt absterbe / und nach dem Fleisch verderbe, / hingegen leb in dir.

6. Ach zünde deine Liebe / in meiner Seele an, / dass ich aus innerm Triebe / dich ewig lieben kann / und dir zum Wohlgefallen / beständig möge wallen / auf rechter Lebensbahn.

7. Nun, Herr, verleih mir Stärke, / verleih mir Kraft und Mut; / denn das sind Gnadenwerke, / die dein Geist schafft und tut; / hingegen meine Sinnen, / mein Lassen und Beginnen / ist böse und nicht gut.

8. Darum, du Gott der Gnaden, / du Vater aller Treu, / wend allen Seelenschaden / und mach mich täglich neu; / gib, dass ich deinen Willen / gedenke zu erfüllen, / und steh mir kräftig bei.

T: LUDWIG ANDREAS GOTTER 1695
M: HERR CHRIST, DER EINIG GOTTS SOHN (NR. 67)

Der du die wahre Sonne bist der Welt, die da immer aufgeht und niemals unter; der du durch dein tröstlich Kommen und Erscheinen alle Dinge belebst und mit Freude erfüllst, die im Himmel und auf Erden: Wir bitten dich, scheine barmherzig und huldvoll in unsere Herzen, auf dass wir all unser Leben lang ohne Straucheln und Vergehen wandeln mögen wie am lichten Tag.

ERASMUS VON ROTTERDAM

GLAUBE – LIEBE – HOFFNUNG

405 *Andere Melodie: Es ist gewisslich an der Zeit (Nr. 149)*

1. Halt im Gedächtnis Jesus Christ,
vom Thron des Himmels kommen ist,
o Mensch, der auf die Erden
dein Bruder da zu werden;
vergiss nicht, dass er dir zu gut
hat angenommen Fleisch und Blut;
dank ihm für diese Liebe!

2. Halt im Gedächtnis Jesus Christ, / der für dich hat gelitten, / ja gar am Kreuz gestorben ist / und dadurch hat bestritten / Welt, Sünde, Teufel, Höll und Tod / und dich erlöst aus aller Not; / dank ihm für diese Liebe!

3. Halt im Gedächtnis Jesus Christ, / der auch am dritten Tage / siegreich vom Tod erstanden ist, / befreit von Not und Plage. / Bedenke, dass er Fried gemacht, / sein Unschuld Leben wiederbracht; / dank ihm für diese Liebe!

4. Halt im Gedächtnis Jesus Christ, / der nach den Leidenszeiten / gen Himmel aufgefahren ist, / die Stätt dir zu bereiten, / da du sollst bleiben allezeit / und sehen seine Herrlichkeit; / dank ihm für diese Liebe!

5. Halt im Gedächtnis Jesus Christ, / der einst wird wiederkommen / und sich, was tot und lebend ist, / zu richten vorgenommen; / o denke, dass du da bestehst / und mit ihm in sein Reich eingehst, / ihm ewiglich zu danken.

6. Gib, Jesu, gib, dass ich dich kann / mit wahrem Glauben fassen / und nie, was du an mir getan, / mög aus dem Herzen lassen, / dass dessen ich in aller Not / mich trösten mög und durch den Tod / zu dir ins Leben dringen.

T: CYRIAKUS GÜNTHER (VOR 1704) 1714
M: HERR, FÜR DEIN WORT SEI HOCH GEPREIST (NR. 196)

406

1. Bei dir, Jesu, will ich bleiben,
nichts soll mich von dir vertreiben,
stets in deinem Dienste stehn;
will auf deinen Wegen gehn.
Du bist meines Lebens Leben, meiner Seele
Trieb und Kraft, wie der Weinstock seinen
Reben zuströmt Kraft und Lebenssaft.

Joh 15,4-7

2. Könnt ich's irgend besser haben / als bei dir, der allezeit / so viel tausend Gnadengaben / für mich Armen hat bereit? / Könnt ich je getroster werden / als bei dir, Herr Jesu Christ, / dem im Himmel und auf Erden / alle Macht gegeben ist?

3. Wo ist solch ein Herr zu finden, / der, was Jesus tat, mir tut: / mich erkauft von Tod und Sünden / mit dem eignen teuren Blut? / Sollt ich dem nicht angehören, / der sein Leben für mich gab, / sollt ich ihm nicht Treue schwören, / Treue bis in Tod und Grab?

4. Ja, Herr Jesu, bei dir bleib ich / so in Freude wie in Leid; / bei dir bleib ich, dir verschreib ich / mich für Zeit und Ewigkeit. / Deines Winks bin ich gewärtig, / auch des Rufs aus dieser Welt; / denn der ist zum Sterben fertig, / der sich lebend zu dir hält.

5. Bleib mir nah auf dieser Erden, / bleib auch, wenn mein Tag sich neigt, / wenn es nun will Abend werden / und die Nacht herniedersteigt. / Lege segnend dann die Hände / mir aufs müde, schwache Haupt, / sprich: »Mein Kind, hier geht's zu Ende; / aber dort lebt, wer hier glaubt.«

6. Bleib mir dann zur Seite stehen, / graut mir vor dem kalten Tod / als dem kühlen, scharfen Wehen / vor dem Himmelsmorgenrot. / Wird mein Auge dunkler, trüber, / dann erleuchte meinen Geist, / dass ich fröhlich zieh hinüber, / wie man nach der Heimat reist.

T: PHILIPP SPITTA (1829) 1833
M: HERZ UND HERZ VEREINT ZUSAMMEN (NR. 251)

GEBORGEN IN GOTTES LIEBE

407

1. Stern, auf den ich schaue, Fels, auf dem ich steh, Führer, dem ich traue, Stab, an dem ich geh, Brot, von dem ich lebe, Quell, an dem ich ruh, Ziel, das ich erstrebe, alles, Herr, bist du.

2. Ohne dich, wo käme / Kraft und Mut mir her? / Ohne dich, wer nähme / meine Bürde, wer? / Ohne dich, zerstieben / würden mir im Nu / Glauben, Hoffen, Lieben, / alles, Herr, bist du.

3. Drum so will ich wallen / meinen Pfad dahin, / bis die Glocken schallen / und daheim ich bin. / Dann mit neuem Klingen / jauchz ich froh dir zu: / Nichts hab ich zu bringen, / alles, Herr, bist du!

T: CORNELIUS FRIEDRICH ADOLF KRUMMACHER 1857
M: MINNA KOCH 1897

GLAUBE – LIEBE – HOFFNUNG

408 ö

1. Mei-nem Gott ge-hört die Welt, mei-nem Gott das Him-mels-zelt, ihm ge-hört der Raum, die Zeit, sein ist auch die E-wig-keit.

2. Und sein Eigen bin auch ich. / Gottes Hände halten mich / gleich dem Sternlein in der Bahn; / keins fällt je aus Gottes Plan.

3. Wo ich bin, hält Gott die Wacht, / führt und schirmt mich Tag und Nacht; / über Bitten und Verstehn / muss sein Wille mir geschehn.

4. Täglich gibt er mir das Brot, / täglich hilft er in der Not, / täglich schenkt er seine Huld / und vergibt mir meine Schuld.

5. Lieber Gott, du bist so groß, / und ich lieg in deinem Schoß / wie im Mutterschoß ein Kind; / Liebe deckt und birgt mich lind.

6. Leb ich, Gott, bist du bei mir, / sterb ich, bleib ich auch bei dir, / und im Leben und im Tod / bin ich dein, du lieber Gott!

Röm 14,8

T: ARNO PÖTZSCH 1934/1949
M: CHRISTIAN LAHUSEN 1948

GEBORGEN IN GOTTES LIEBE

ö 409

1. Gott liebt die-se Welt und wir sind sein Ei-gen. Wo-hin er uns stellt, sol-len wir es zei-gen: Gott liebt die-se Welt!

2. Gott liebt diese Welt. / Er rief sie ins Leben. / Gott ist's, der erhält, / was er selbst gegeben. / Gott gehört die Welt!

3. Gott liebt diese Welt. / Feuerschein und Wolke / und das heilge Zelt / sagen seinem Volke: / Gott ist in der Welt!

4. Gott liebt diese Welt. / Ihre Dunkelheiten / hat er selbst erhellt: / Im Zenit der Zeiten / kam sein Sohn zur Welt!

5. Gott liebt diese Welt. / Durch des Sohnes Sterben / hat er uns bestellt / zu des Reiches Erben. / Gott erneut die Welt!

6. Gott liebt diese Welt. / In den Todesbanden / keine Macht ihn hält, / Christus ist erstanden: / Leben für die Welt!

7. Gott liebt diese Welt. / Er wird wiederkommen, / wann es ihm gefällt, / nicht nur für die Frommen, / nein, für alle Welt!

8. Gott liebt diese Welt / und wir sind sein Eigen. / Wohin er uns stellt, / sollen wir es zeigen: / Gott liebt diese Welt!

T UND M: WALTER SCHULZ 1962/1970

GLAUBE – LIEBE – HOFFNUNG

410

1. Christus, das Licht der Welt. Welch ein Grund zur Freude! In unser Dunkel kam er als ein Bruder. Wer ihm begegnet, der sieht auch den Vater. Ehre sei Gott, dem Herrn!

2. Christus, das Heil der Welt. / Welch ein Grund zur Freude! / Weil er uns lieb hat, / lieben wir einander. / Er schenkt Gemeinschaft / zwischen Gott und Menschen. / Ehre sei Gott, dem Herrn!

3. Christus, der Herr der Welt. / Welch ein Grund zur Freude! / Von uns verraten, / starb er ganz verlassen. / Doch er vergab uns / und wir sind die Seinen. / Ehre sei Gott, dem Herrn!

4. Gebt Gott die Ehre. / Hier ist Grund zur Freude! / Freut euch am Vater. / Freuet euch am Sohne. / Freut euch am Geiste: / denn wir sind gerettet. / Ehre sei Gott, dem Herrn!

T: SABINE LEONHARDT/OTMAR SCHULZ 1972 NACH DEM ENGLISCHEN »CHRIST IS THE WORLD'S LIGHT« VON FREDERICK PRATT GREEN 1968
M: PARIS 1681

GEBORGEN IN GOTTES LIEBE

ö 411

1. Gott, weil er groß ist,
2. gibt am liebsten große Gaben,
3. ach, dass wir Armen
4. nur so kleine Herzen haben.

T: JOHANN SCHEFFLER 1657
KANON FÜR 4 STIMMEN: JOHANNES PETZOLD 1946

Wie du an Gott glaubst, so hast du ihn. Glaubst du, dass er gütig und barmherzig ist, so wirst du ihn so haben. MARTIN LUTHER

NÄCHSTEN- UND FEINDESLIEBE

412

1. So jemand spricht: »Ich liebe Gott«, und hasst doch seine Brüder,* der treibt mit Gottes Wahrheit Spott und reißt sie ganz darnieder. Gott ist die Lieb und will, dass ich den Nächsten liebe gleich als mich.

*1. Joh 4,20

2. Wer dieser Erde Güter hat / und sieht die Brüder leiden / und macht die Hungrigen nicht satt, / lässt Nackende nicht kleiden, / der ist ein Feind der ersten Pflicht / und hat die Liebe Gottes nicht.

3. Wer seines Nächsten Ehre schmäht / und gern sie schmähen höret, / sich freut, wenn sich sein Feind vergeht, / und nichts zum Besten kehret, / nicht dem Verleumder widerspricht, / der liebt auch seinen Bruder nicht.

NÄCHSTEN- UND FEINDESLIEBE

4. Wir haben einen Gott und Herrn, / sind eines Leibes Glieder, / drum diene deinem Nächsten gern, / denn wir sind alle Brüder. / Gott schuf die Welt nicht bloß für mich, / mein Nächster ist sein Kind wie ich.

5. Ein Heil ist unser aller Gut. / Ich sollte Brüder hassen, / die Gott durch seines Sohnes Blut / so hoch erkaufen lassen? / Dass Gott mich schuf und mich versühnt, / hab ich dies mehr als sie verdient?

6. Vergibst mir täglich so viel Schuld, / du Herr von meinen Tagen; / ich aber sollte nicht Geduld / mit meinen Brüdern tragen, / dem nicht verzeihn, dem du vergibst, / und den nicht lieben, den du liebst?

7. Was ich den Armen hier getan, / dem kleinsten auch von diesen, / das sieht er, mein Erlöser, an, / als hätt ich's ihm erwiesen. / Und ich, ich sollt ein Mensch noch sein / und Gott in Brüdern nicht erfreun? Mt 25,40

8. Ein unbarmherziges Gericht / wird über den ergehen, / der nicht barmherzig ist, der nicht / die rettet, die ihn flehen. / Drum gib mir, Gott, durch deinen Geist / ein Herz, das dich durch Liebe preist.

T: CHRISTIAN FÜRCHTEGOTT GELLERT 1757
M: MACH'S MIT MIR, GOTT, NACH DEINER GÜT
(NR. 525)

GLAUBE – LIEBE – HOFFNUNG

413 1. Korinther 13

1. Ein wahrer Glaube Gotts Zorn stillt,
daraus ein schönes Brünnlein quillt,
die brüderliche Lieb genannt,
daran ein Christ recht wird erkannt.

2. Christus sie selbst das Zeichen nennt, / daran man seine Jünger kennt; / in niemands Herz man sehen kann, / an Werken wird erkannt ein Mann.

3. Die Lieb nimmt sich des Nächsten an, / sie hilft und dienet jedermann; / gutwillig ist sie allezeit, / sie lehrt, sie straft, sie gibt und leiht.

4. Ein Christ seim Nächsten hilft aus Not, / tut solchs zu Ehren seinem Gott. / Was seine rechte Hand reicht dar, / des wird die linke nicht gewahr. *Mt 6,3*

5. Wie Gott lässt scheinen seine Sonn / und regnen über Bös und Fromm, / so solln wir nicht allein dem Freund / dienen, sondern auch unserm Feind. *Mt 5,43-45*

6. Die Lieb ist freundlich, langmütig, / sie eifert nicht noch bläht sie sich, / glaubt, hofft, verträgt alls mit Geduld, / verzeiht gutwillig alle Schuld.

7. Sie wird nicht müd, fährt immer fort, / kein' sauren Blick, kein bitter Wort / gibt sie. Was man sag oder sing, / zum Besten deut' sie alle Ding.

8. O Herr Christ, deck zu unsre Sünd / und solche Lieb in uns anzünd, / dass wir mit Lust dem Nächsten tun, / wie du uns tust, o Gottes Sohn.

T: NIKOLAUS HERMAN (1560) 1562
M: LOBT GOTT, DEN HERRN DER HERRLICHKEIT
(NR. 300)

414

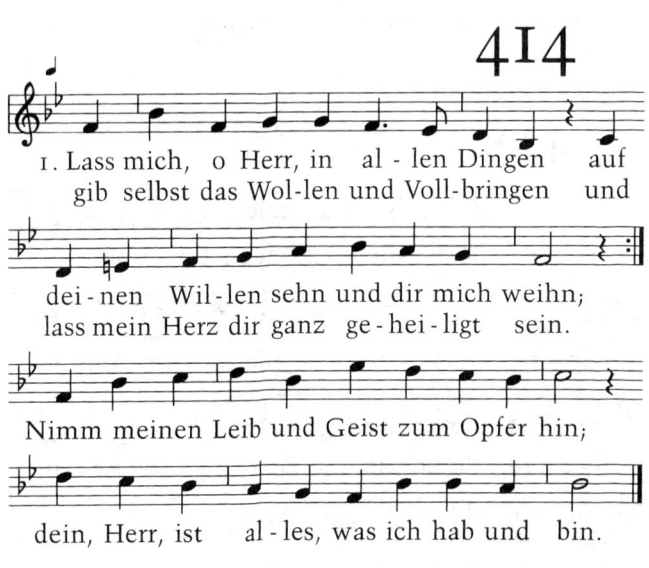

1. Lass mich, o Herr, in allen Dingen auf deinen Willen sehn und dir mich weihn; Nimm meinen Leib und Geist zum Opfer hin; dein, Herr, ist alles, was ich hab und bin. gib selbst das Wollen und Vollbringen und lass mein Herz dir ganz geheiligt sein.

2. Gib meinem Glauben Mut und Stärke / und lass ihn in der Liebe tätig sein, / dass man an seinen Früchten merke, / er sei kein eitler Traum und falscher Schein. / Er stärke mich in meiner Pilgerschaft / und gebe mir zum Kampf und Siege Kraft.

GLAUBE – LIEBE – HOFFNUNG

3. Lass mich, solang ich hier soll leben, / in gut und bösen Tagen sein vergnügt / und deinem Willen mich ergeben, / der mir zum Besten alles weislich fügt; / gib Furcht und Demut, wann du mich beglückst, / Geduld und Trost, wann du mir Trübsal schickst.

4. Ach, hilf mir beten, wachen, ringen, / so will ich dir, wenn ich den Lauf vollbracht, / stets Dank und Ruhm und Ehre bringen, / dir, der du alles hast so wohl gemacht. / Dann werd ich heilig, rein und dir geweiht, / dein Lob verkündigen in Ewigkeit.

T: GEORG JOACHIM ZOLLIKOFER 1766
M: DIR, DIR, O HÖCHSTER, WILL ICH SINGEN (NR. 328)

1. Liebe, du ans Kreuz für uns erhöhte, Liebe, die für ihre Mörder flehte, durch deine Flammen schmelz in Liebe Herz und Herz zusammen.

2. Du Versöhner, mach auch uns versöhnlich. / Dulder, mach uns dir im Dulden ähnlich, / dass Wort und Taten / wahren Dank für deine Huld verraten.

NÄCHSTEN- UND FEINDESLIEBE

3. Du Erbarmer, lehr auch uns Erbarmen. / Lehr uns milde sein, du Freund der Armen. / O lehr uns eilen, / liebevoll der Nächsten Not zu teilen.

4. Lehr uns auch der Feinde Bestes suchen; / lehr uns segnen, die uns schmähn und fluchen, / mit deiner Milde. / O gestalt uns dir zum Ebenbilde.

T: KARL BERNHARD GARVE 1825
M: JOHANN CRÜGER 1647
»O WIE SELIG SEID IHR DOCH, IHR FROMMEN«

416

Kehrvers A

O Herr, mach mich zu ei-nem Werk-zeug deines Friedens, dass ich Liebe übe, wo man sich hasst, dass ich verzeihe, wo man sich beleidigt, dass ich verbinde, da, wo Streit ist,

GLAUBE – LIEBE – HOFFNUNG

dass ich die Wahrheit sage, wo der Irrtum herrscht, dass ich den Glauben bringe, wo der Zweifel drückt, dass ich die Hoffnung wecke, wo Verzweiflung quält, dass ich ein Licht anzünde, wo die Finsternis regiert, dass ich Freude mache, wo der Kummer wohnt.

Alle wiederholen den Kehrvers

Herr, lass du mich trachten: nicht, dass ich getröstet werde, sondern dass ich

Alle wiederholen den Kehrvers

Alle wiederholen den Kehrvers

T: NORMANDIE UM 1913,
FRÜHER FRANZ VON ASSISI ZUGESCHRIEBEN
M: ROLF SCHWEIZER 1962/1969

GLAUBE – LIEBE – HOFFNUNG

417

1. Lass die Wurzel unsers Handelns Liebe sein, senke sie in unser Wesen tief hinein. Herr, lass alles, alles hier auf Erden Liebe, Liebe werden! Herr, lass alles, alles hier auf Erden Liebe, Liebe werden!

2. Lass die Wurzel unsers Handelns Liebe sein, / dieser größten Gabe ist kein Dienst zu klein. / Herr, lass alles, alles hier auf Erden Liebe, Liebe werden! / Herr, lass alles, alles hier auf Erden Liebe, Liebe werden!

T: STR. I PAUL KAESTNER 1921;
STR. 2 DIETER TRAUTWEIN 1986
M: VOLKER OCHS 1971

NÄCHSTEN- UND FEINDESLIEBE

ö 418

1. Brich dem Hungrigen dein Brot. Die im Elend wandern, führe in dein Haus hinein; trag die Last der andern.

Jes 58,7

2. Brich dem Hungrigen dein Brot; / du hast's auch empfangen. / Denen, die in Angst und Not, / stille Angst und Bangen.

3. Der da ist des Lebens Brot, / will sich täglich geben, / tritt hinein in unsre Not, / wird des Lebens Leben.

Joh 6,35

4. Dank sei dir, Herr Jesu Christ, / dass wir dich noch haben / und dass du gekommen bist, / Leib und Seel zu laben.

5. Brich uns Hungrigen dein Brot, / Sündern wie den Frommen, / und hilf, dass an deinen Tisch / wir einst alle kommen.

T: MARTIN JENTZSCH 1951
M: GERHARD HÄUSSLER 1953

GLAUBE – LIEBE – HOFFNUNG

419 ö

1. Hilf, Herr meines Lebens, dass ich nicht vergebens, dass ich nicht vergebens hier auf Erden bin.

2. Hilf, Herr meiner Tage, / dass ich nicht zur Plage, / dass ich nicht zur Plage meinem Nächsten bin.

3. Hilf, Herr meiner Stunden, / dass ich nicht gebunden, / dass ich nicht gebunden an mich selber bin.

4. Hilf, Herr meiner Seele, / dass ich dort nicht fehle, / dass ich dort nicht fehle, wo ich nötig bin.

5. Hilf, Herr meines Lebens, / dass ich nicht vergebens, / dass ich nicht vergebens hier auf Erden bin.

Dazu kann (auch im Kanon) gesungen werden:

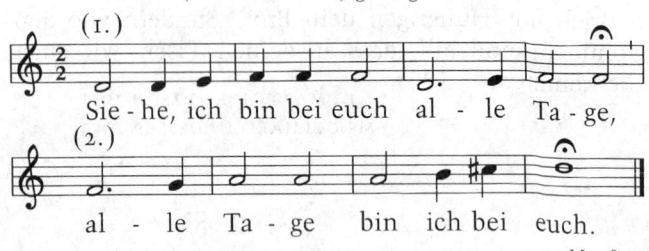

Siehe, ich bin bei euch alle Tage, alle Tage bin ich bei euch.

Mt 28,20

T: GUSTAV LOHMANN 1962;
STR. 3 MARKUS JENNY 1970
M: HANS PULS 1962
KANON FÜR 2 STIMMEN: WOLFGANG FISCHER 1967

NÄCHSTEN- UND FEINDESLIEBE

420

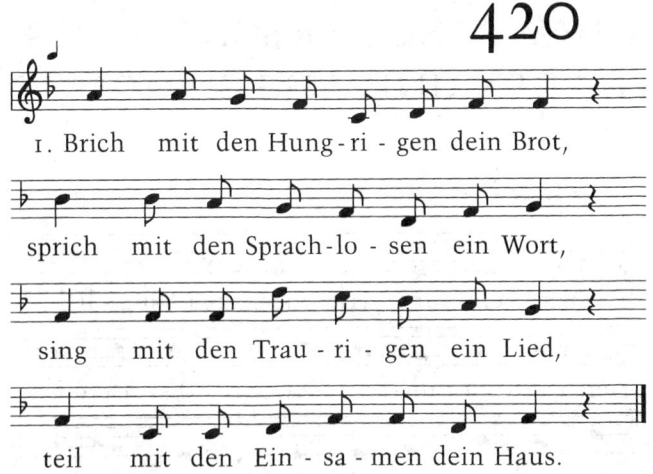

1. Brich mit den Hungrigen dein Brot,
sprich mit den Sprachlosen ein Wort,
sing mit den Traurigen ein Lied,
teil mit den Einsamen dein Haus.

2. Such mit den Fertigen ein Ziel, / brich mit den Hungrigen dein Brot, / sprich mit den Sprachlosen ein Wort, / sing mit den Traurigen ein Lied.

3. Teil mit den Einsamen dein Haus, / such mit den Fertigen ein Ziel, / brich mit den Hungrigen dein Brot, / sprich mit den Sprachlosen ein Wort.

4. Sing mit den Traurigen ein Lied, / teil mit den Einsamen dein Haus, / such mit den Fertigen ein Ziel, / brich mit den Hungrigen dein Brot.

5. Sprich mit den Sprachlosen ein Wort, / sing mit den Traurigen ein Lied, / teil mit den Einsamen dein Haus, / such mit den Fertigen ein Ziel.

T: FRIEDRICH KARL BARTH 1977
M: PETER JANSSENS 1977

ERHALTUNG DER SCHÖPFUNG
FRIEDEN UND GERECHTIGKEIT

421 ö

Ver-leih uns Frie-den gnä-dig-lich, Herr Gott, zu un-sern Zei-ten. Es ist doch ja kein and-rer nicht, der für uns könn-te strei-ten, denn du, un-ser Gott, al-lei-ne.

Andere Form

Ver-leih uns Frie-den gnä-dig-lich, Herr Gott, zu un-sern Zei-ten. Es ist doch ja kein and-rer nicht, der für uns könn-te strei-ten, denn du, un-ser Gott, al-lei-ne.

T UND M: MARTIN LUTHER 1529 NACH DER ANTIPHON
»DA PACEM, DOMINE« 9. JH. (MELODIE NACH NR. 4)
ÖKUMENISCHE FASSUNG 1973

ERHALTUNG DER SCHÖPFUNG

422

1. Du Friedefürst, Herr Jesu Christ,
wahr' Mensch und wahrer Gott,
ein starker Nothelfer du
bist im Leben und im Tod.
Drum wir allein im Namen dein
zu deinem Vater schreien.

2. Recht große Not uns stößet an / von Krieg und Ungemach, / daraus uns niemand helfen kann / denn du; drum führ die Sach. / Den Vater bitt, dass er ja nit / im Zorn mit uns verfahre.

3. Gedenke, Herr, jetzt an dein Amt, / dass du ein Friedfürst bist, / und hilf uns gnädig allesamt / jetzt und zu aller Frist. / Lass uns hinfort dein göttlich Wort / im Fried noch länger schallen.

T: JAKOB EBERT 1601
M: BEI BARTHOLOMÄUS GESIUS 1601

*Friede ist nicht Abwesenheit von Kampf,
aber Anwesenheit von Gott.*

EVA VON TIELE-WINCKLER

GLAUBE – LIEBE – HOFFNUNG

423

1. Herr, hö-re, Herr, er-hö-re, breit deines Namens Ehre an allen Orten aus; behüte alle Stände durch deiner Allmacht Hände, schütz Kirche, Obrigkeit und Haus.

2. Ach lass dein Wort uns allen / noch ferner reichlich schallen / zu unsrer Seelen Nutz. / Bewahr vor allen Rotten, / die deiner Wahrheit spotten, / biet allen deinen Feinden Trutz.

3. Gib du getreue Lehrer / und unverdrossne Hörer, / die beide Täter sein; / auf Pflanzen und Begießen / lass dein Gedeihen fließen / und ernte reiche Früchte ein.

4. Lass alle, die regieren, / ihr Amt getreulich führen, / schaff jedermann sein Recht, / dass Fried und Treu sich müssen / in unserm Lande küssen, / und segne beide, Herrn und Knecht.

5. Wend ab in allen Gnaden / so Feu'r- als Wasserschaden, / treib Sturm und Hagel ab, / bewahr des Landes Früchte / und mache nicht zunichte, / was deine milde Hand uns gab.

ERHALTUNG DER SCHÖPFUNG

6. Gib uns den lieben Frieden, / mach alle Feind ermüden, / verleih gesunde Luft, / lass keine teuren Zeiten / auf unsre Grenzen schreiten, / da man nach Brot vergebens ruft.

7. Die Hungrigen erquicke / und bringe die zurücke, / die sonst verirret sein. / Die Witwen und die Waisen / wollst du mit Troste speisen, / wenn sie zu dir um Hilfe schrein.

8. Sei allen Kindern Vater, / den Müttern sei Berater, / den Kleinen gib Gedeihn; / und ziehe unsre Jugend / zur Frömmigkeit und Tugend, / dass sich die Eltern ihrer freun.

9. Komm als ein Arzt der Kranken, / und die im Glauben wanken, / lass nicht zugrunde gehn. / Die Alten heb und trage, / auf dass sie ihre Plage / geduldig mögen überstehn.

10. Bleib der Verfolgten Stütze, / die Reisenden beschütze, / die Sterbenden begleit / mit deinen Engelscharen, / dass sie in Frieden fahren / zur ewgen Ruh und Herrlichkeit.

11. Nun, Herr, du wirst erfüllen, / was wir nach deinem Willen / in Demut jetzt begehrt. / Wir sprechen nun das Amen / in unsres Jesu Namen, / so ist all unser Flehn gewährt.

T: BENJAMIN SCHMOLCK 1714
M: O WELT, ICH MUSS DICH LASSEN (NR. 521)

GLAUBE – LIEBE – HOFFNUNG

424

1. Deine Hände, großer Gott,
haltens unsre liebe Erde,
gibst das Leben, gibst den Tod,
schenkst uns Wasser, schenkst uns Brot,
gib auch, dass wir dankbar werden.

2. Unsre Welt ist wirr und bunt, / jeder will das Beste haben. / Jeder hastet Stund um Stund. / Halt uns Menschen doch gesund, / du allein verteil die Gaben.

3. Hilf, dass in der weiten Welt / Kinder nicht aus Hunger sterben. / Fruchtbar mache jedes Feld, / ordne alles Gut und Geld, / keine Seele lass verderben.

T: MARGARETA FRIES 1961
M: FRIEDRICH ZIPP 1961

ERHALTUNG DER SCHÖPFUNG

ö 425

1. Gib uns Frieden jeden Tag! Lass uns nicht allein. Du hast uns dein Wort gegeben, stets bei uns zu sein. Denn nur du, unser Gott, denn nur du, unser Gott, hast die Menschen in der Hand. Lass uns nicht allein.

2. Gib uns Freiheit jeden Tag! / Lass uns nicht allein. / Lass für Frieden uns und Freiheit / immer tätig sein. / Denn durch dich, unsern Gott, / denn durch dich, unsern Gott, / sind wir frei in jedem Land. / Lass uns nicht allein.

3. Gib uns Freude jeden Tag! / Lass uns nicht allein. / Für die kleinsten Freundlichkeiten / lass uns dankbar sein. / Denn nur du, unser Gott, / denn nur du, unser Gott, / hast uns alle in der Hand. / Lass uns nicht allein.

T: STR. I UND M: RÜDEGER LÜDERS 1963;
STR. 2–3: KURT ROMMEL 1963

2. Es wird sein in den letzten Tagen, / so hat es der Prophet geschaut, / da wird niemand Waffen mehr tragen, / deren Stärke er lange vertraut. / Schwerter werden zu Pflugscharen / und Krieg lernt keiner mehr. / Gott wird seine Welt bewahren / vor Rüstung und Spieß und Speer.
Auf, kommt herbei! / Lasst uns wandeln im Lichte des Herrn!

3. Kann das Wort von den letzten Tagen / aus einer längst vergangnen Zeit / uns durch alle Finsternis tragen / in die Gottesstadt, leuchtend und weit? / Wenn wir heute mutig wagen, / auf Jesu Weg zu gehn, / werden wir in unsern Tagen / den kommenden Frieden sehn.
Auf, kommt herbei! / Lasst uns wandeln im Lichte des Herrn!

T: WALTER SCHULZ 1963/1987
M: MANFRED SCHLENKER 1985

Gott allen Lebens, du weckst Sehnsucht nach Erneuerung unserer Welt, nach Frieden und Leben in deinem Geist. So lass uns erkennen, wo dein Reich heute schon unter uns ist, damit wir ermutigt werden, Zeichen deiner Zukunft zu setzen und auf dein Heil zu warten für unsere ganze Erde.

GLAUBE – LIEBE – HOFFNUNG

427 ö

1. So-lang es Men-schen gibt auf Er-den, so-lang die Er-de Früch-te trägt, so lang bist du uns al-len Va-ter; wir dan-ken dir für das, was lebt.

2. Solang die Menschen Worte sprechen, / solang dein Wort zum Frieden ruft, / so lang hast du uns nicht verlassen. / In Jesu Namen danken wir.

3. Du nährst die Vögel in den Bäumen. / Du schmückst die Blumen auf dem Feld. / Du machst ein Ende meinem Sorgen, / hast alle Tage schon bedacht.

4. Du bist das Licht, schenkst uns das Leben, / du holst die Welt aus ihrem Tod, / gibst deinen Sohn in unsre Hände, / er ist das Brot, das uns vereint.

5. Darum muss jeder zu dir rufen, / den deine Liebe leben lässt: / Du, Vater, bist in unsrer Mitte, / machst deinem Wesen uns verwandt.

T: DIETER TRAUTWEIN 1966/1972 NACH DEM NIEDER-
LÄNDISCHEN »ZOLANG ER MENSEN ZIJN OP AARDE«
VON HUUB OOSTERHUIS (1958) 1960
M: TERA DE MAREZ OYENS 1960

ERHALTUNG DER SCHÖPFUNG

ö 428

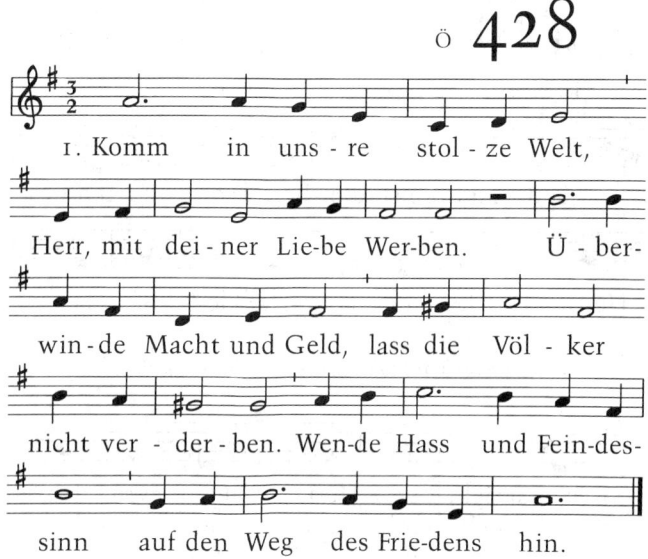

1. Komm in unsre stolze Welt, Herr, mit deiner Liebe Werben. Überwinde Macht und Geld, lass die Völker nicht verderben. Wende Hass und Feindessinn auf den Weg des Friedens hin.

2. Komm in unser reiches Land, / der du Arme liebst und Schwache, / dass von Geiz und Unverstand / unser Menschenherz erwache. / Schaff aus unserm Überfluss / Rettung dem, der hungern muss.

3. Komm in unsre laute Stadt, / Herr, mit deines Schweigens Mitte, / dass, wer keinen Mut mehr hat, / sich von dir die Kraft erbitte / für den Weg durch Lärm und Streit / hin zu deiner Ewigkeit.

4. Komm in unser festes Haus, / der du nackt und ungeborgen. / Mach ein leichtes Zelt daraus, / das uns deckt kaum bis zum Morgen; / denn wer sicher wohnt, vergisst, / dass er auf dem Weg noch ist.

5. Komm in unser dunkles Herz, / Herr, mit deines Lichtes Fülle; / dass nicht Neid, Angst, Not und Schmerz / deine Wahrheit uns verhülle, / die auch noch in tiefer Nacht / Menschenleben herrlich macht.

T: HANS VON LEHNDORFF 1968
M: MANFRED SCHLENKER 1982

GLAUBE – LIEBE – HOFFNUNG

429 (Ö)

Kehrvers

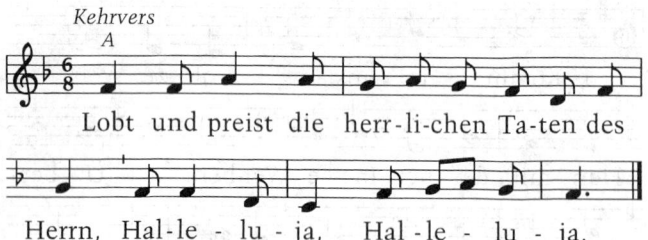

Lobt und preist die herr-li-chen Ta-ten des Herrn, Hal-le-lu-ja, Hal-le-lu-ja.

Der Kehrvers wird nach jeder Strophe wiederholt.

1. So spricht der Herr: Neu will ich ma-chen Him-mel und Er - de. Nie-mand wird nach dem Al - ten sich seh-nen, es ist ver-ges - - sen.*
2. Ju-bel wird sein in al-len Län-dern, Ju-bel und Freu - de, denn ich will bau-en die Stadt der Men-schen, die Stadt des Frie - - dens.
3. Frie-de wird sein für al-le Men-schen, Frie-de und Frei - heit, und die-se Welt wird end-lich be- wohn-bar für ei-nen je - - den.

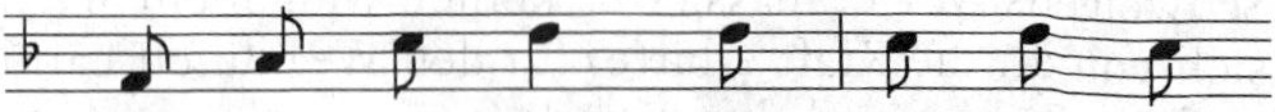

*Offb 21,1.5

4. So spricht der Herr: Ich schuf den Himmel, ich schuf die Erde, / schuf sie zur Wohnung für alle Menschen, doch nicht zur Wüste.

5. Ich gieße aus über die Menschen Geist aus der Höhe, / dann wird die Steppe, dann wird die Wüste fruchtbarer Garten.

6. Dann wohnt das Recht unter den Menschen und schafft den Frieden, / für alle Völker – Spruch unsers Gottes – sichere Zukunft. *Jes 32,17*

T: DIETHARD ZILS 1970
M: LUCIEN DEISS 1954

430

1. Gib Frieden, Herr, gib Frieden, die Welt nimmt schlimmen Lauf. Das Unrecht geht im Schwange, wer stark ist, der gewinnt. Wir rufen: Herr, wie lange? Hilf uns, die friedlos sind.

Recht wird durch Macht entschieden, wer lügt, liegt obenauf.

GLAUBE – LIEBE – HOFFNUNG

2. Gib Frieden, Herr, wir bitten!
Es wird so viel gelitten,
Die Erde wartet sehr.
die Furcht wächst mehr und mehr.
Die Horizonte grollen, der Glaube
spinnt sich ein. Hilf, wenn wir weichen
wollen, und lass uns nicht allein.

3. Gib Frieden, Herr, wir bitten! / Du selbst bist, was uns fehlt. / Du hast für uns gelitten, / hast unsern Streit erwählt, / damit wir leben könnten, / in Ängsten und doch frei, / und jedem Freude gönnten, / wie Feind er uns auch sei.

4. Gib Frieden, Herr, gib Frieden: / Denn trotzig und verzagt / hat sich das Herz geschieden / von dem, was Liebe sagt! / Gib Mut zum Händereichen, / zur Rede, die nicht lügt, / und mach aus uns ein Zeichen / dafür, dass Friede siegt.

T: JÜRGEN HENKYS (1980) 1983 NACH DEM NIEDER-
LÄNDISCHEN »GEEF VREDE, HEER, GEEF VREDE«
VON JAN NOOTER 1963
M: BEFIEHL DU DEINE WEGE (NR. 361)

ERHALTUNG DER SCHÖPFUNG

431

1. Gott, unser Ursprung, Herr des Raums,
du schufst aus unbegrenzter Macht
den Stoff, darin sich Feuer regt.
Du hast der Sterne Glut entfacht.
O rette uns jetzt vor dem Brand
der Erde, den wir selbst gelegt.

2. Du selbst bist Flamme, Gott, du bist / die Liebe, die in Christus brennt. / Sie wacht, wenn der Gedanken Lauf / das All durchmisst, das Element. / Führ uns an atomarer Nacht / vorüber, hilf der Hoffnung auf.

3. Wir preisen dich, du Herr des Lichts! / Geblendet noch und schuldbedroht / sehn wir nur Feuer des Gerichts, / nicht deine Liebe, die da loht. / Zeig uns, was neuen Frieden schafft. / Für ihn zu leiden gib uns Kraft.

T: WALTER SCHULZ/JÜRGEN HENKYS (1982) 1984
NACH DEM ENGLISCHEN
»GREAT GOD, OUR SOURCE AND LORD OF SPACE«
VON GEORGE UTECH (1964) 1969
M: GERHARD M. CARTFORD (1964) 1969

GLAUBE – LIEBE – HOFFNUNG

432

1. Gott gab uns Atem, damit wir leben.
Er gab uns Augen, dass wir uns sehn.
Gott hat uns diese Erde gegeben,
dass wir auf ihr die Zeit bestehn.
Gott hat uns diese Erde gegeben,
dass wir auf ihr die Zeit bestehn.

2. Gott gab uns Ohren, damit wir hören. / Er gab uns Worte, dass wir verstehn. / Gott will nicht diese Erde zerstören. / Er schuf sie gut, er schuf sie schön. / Gott will nicht diese Erde zerstören. / Er schuf sie gut, er schuf sie schön.

3. Gott gab uns Hände, damit wir handeln. / Er gab uns Füße, dass wir fest stehn. / Gott will mit uns die Erde verwandeln. / Wir können neu ins Leben gehn. / Gott will mit uns die Erde verwandeln. / Wir können neu ins Leben gehn.

T: ECKART BÜCKEN 1982
M: FRITZ BALTRUWEIT 1982

ERHALTUNG DER SCHÖPFUNG

433

He - ve - nu scha - lom a - lejchem, he - ve - nu scha - lom a - lejchem, he - ve - nu scha - lom a - lejchem, he - ve - nu scha - lom, scha - lom, scha - lom a - lej - chem.

Wir wünschen Frieden euch allen, wir wünschen Frieden euch allen, wir wünschen Frieden euch allen, wir wünschen Frieden, Frieden, Frieden aller Welt.

T UND M: AUS ISRAEL

Herr, allmächtiger Gott, du lenkst die Herzen der Menschen. Wir bitten dich: Gib, dass alle, die Macht haben und Verantwortung tragen, erkennen und tun, was dem Frieden und der Gerechtigkeit dient.

GLAUBE – LIEBE – HOFFNUNG

434

Scha - lom cha - ve - rim, scha - lom cha - ve - rim,
Der Frie - de des Herrn ge - lei - te euch,

scha - lom, scha - lom, le - hit - ra - ot,
Scha - lom, Scha - lom. Der Frie - de des Herrn

le - hit - ra - ot, scha - lom, scha - lom.
ge - lei - te euch, Scha - lom, Scha - lom.

Die Stimmen können auch nacheinander schließen.

T UND KANON FÜR 8 STIMMEN: AUS ISRAEL

435 ö

Do - na no - bis pa - cem, pa - cem,

do - na no - bis pa - cem.

Do - na no - bis pa - cem,

ERHALTUNG DER SCHÖPFUNG

Übersetzung: Gib uns den Frieden.

T: AUS DEM ALTKIRCHLICHEN »AGNUS DEI«
KANON FÜR 3 STIMMEN: MÜNDLICH ÜBERLIEFERT

436

KANON FÜR 4 STIMMEN:
LUDGER EDELKÖTTER 1976

MORGEN

MORGEN

2. Herr Christ, den Tag uns auch behüt / vor Sünd und Schand durch deine Güt. / Lass deine lieben Engelein / unsre Hüter und Wächter sein,

3. dass unser Herz in G'horsam leb, / deim Wort und Willn nicht widerstreb, / dass wir dich stets vor Augen han / in allem, das wir heben an.

4. Lass unser Werk geraten wohl, / was ein jeder ausrichten soll, / dass unsre Arbeit, Müh und Fleiß / gereich zu deim Lob, Ehr und Preis.

T: NIKOLAUS HERMAN 1560
M UND SATZ: MELCHIOR VULPIUS 1609

GLAUBE – LIEBE – HOFFNUNG

438

1. Der Tag bricht an und zei-get sich.
O Her-re Gott, wir lo-ben dich,
wir dan-ken dir, du höchs-tes Gut,
dass du uns die Nacht hast be-hüt';

2. bitten dich auch: Behüt uns heut, / denn wir allhier sind Pilgerleut; / steh uns bei, tu Hilf und bewahr, / dass uns kein Übel widerfahr.

3. Regier du uns mit starker Hand, / auf dass dein Werk in uns erkannt, / dein Name durch glaubreich Gebärd / in uns heilig erweiset werd.

4. Hilf, dass der Geist Zuchtmeister bleib, / das arge Fleisch so zwing und treib, / dass es sich nicht gar ungestüm / erheb und fordre deinen Grimm.

5. Versorg uns auch, o Herre Gott, / auf diesen Tag, wie's uns ist Not, / teil uns dein' milden Segen aus, / denn unser Sorg richtet nichts aus.

6. Gib deinen Segen unserm Tun / und unsrer Arbeit deinen Lohn / durch Jesus Christus, deinen Sohn, / unsern Herren vor deinem Thron.

T: MICHAEL WEISSE 1531
M: MELCHIOR VULPIUS 1609

MORGEN

439

1. Es geht daher des Tages Schein.
So lasst uns alle dankbar sein
dem gütigen und milden Gott,
der uns die Nacht bewahret hat.

2. Lasst uns Gott bitten diese Stund, / herzlich singen mit gleichem Mund, / begehren, dass er uns auch wollt / bewahren heut in seiner Huld.

3. O starker Gott von Ewigkeit, / der du uns aus Barmherzigkeit / mit deiner großen Kraft und Macht / bewahret hast in dieser Nacht,

4. du wollest uns durch deinen Sohn / an diesem Tag auch Hilfe tun, / dass nimmermehr ein Feind uns fällt, / wenn unsern Seelen er nachstellt.

5. Wir opfern uns dir, Herre Gott, / dass du unser Herz, Wort und Tat / wollest leiten nach deinem Mut, / dass unser Werk gerate gut.

6. Das bringen wir in deinem Sohn / zum Frühopfer vor deinen Thron; / darauf wir nun zu deinem Lob / mögen genießen deiner Gab.

T: MICHAEL WEISSE 1531
M: 15. JH., BÖHMISCHE BRÜDER 1531

GLAUBE – LIEBE – HOFFNUNG

440 ö

1. All Morgen ist ganz frisch und neu
des Herren Gnad und große Treu;
sie hat kein End den langen Tag,
drauf jeder sich verlassen mag.

Klgl 3,22.23

2. O Gott, du schöner Morgenstern, / gib uns, was wir von dir begehrn: / Zünd deine Lichter in uns an, / lass uns an Gnad kein Mangel han.

3. Treib aus, o Licht, all Finsternis, / behüt uns, Herr, vor Ärgernis, / vor Blindheit und vor aller Schand / und reich uns Tag und Nacht dein Hand,

4. zu wandeln als am lichten Tag, / damit, was immer sich zutrag, / wir stehn im Glauben bis ans End / und bleiben von dir ungetrennt.

T: JOHANNES ZWICK (UM 1541) 1545
M: JOHANN WALTER 1541

MORGEN

Andere Melodie:
All Morgen ist ganz frisch und neu (Nr. 440) Ö 441

1. Du höchstes Licht, du ewger Schein,
du Gott und treuer Herre mein,
von dir der Gnaden Glanz ausgeht
und leuchtet schön so früh wie spät.

2. Das ist der Herre Jesus Christ, / der ja die göttlich Wahrheit ist, / mit seiner Lehr hell scheint und leucht', / bis er die Herzen zu sich zeucht.

3. Er ist das Licht der ganzen Welt, / das jedem klar vor Augen stellt / den hellen, schönen, lichten Tag, / an dem er selig werden mag.

4. Den Tag, Herr, deines lieben Sohns / lass stetig leuchten über uns, / damit, die wir geboren blind, / doch werden noch des Tages Kind'

5. und wandeln, wie's dem wohl ansteht, / in dessen Herzen hell aufgeht / der Tag des Heils, die Gnadenzeit, / da fern ist alle Dunkelheit.

6. Die Werk der Finsternis sind grob / und dienen nicht zu deinem Lob; / die Werk des Lichtes scheinen klar, / dein Ehr sie machen offenbar.

GLAUBE – LIEBE – HOFFNUNG

7. Zu-letzt hilf uns zur heil-gen Stadt,
die we-der Nacht noch Ta-ge hat,
da du, Gott, strahlst voll Herr-lich-keit,
du schöns-tes Licht in E-wig-keit.

Offb. 22,5

8. O Sonn der Gnad ohn Niedergang, / nimm von uns an den Lobgesang, / auf dass erklinge diese Weis / zum Guten uns und dir zum Preis.

T: JOHANNES ZWICK (UM 1541) 1545
M: 15. JH.; GEISTLICH BÖHMISCHE BRÜDER 1544

Herr Jesus Christus, du hast gesagt: Ihr seid das Licht der Welt. Wir bitten dich: Erwecke uns aus aller Trägheit und mach uns frei, einander zu dienen und so dein Licht leuchten zu lassen

MORGEN

ö 442

1. Steht auf, ihr lieben Kinderlein!
Der Morgenstern mit hellem Schein
lässt sich frei sehen wie ein Held
und leuchtet in die ganze Welt.

2. Sei uns willkommen, schöner Stern, / du bringst uns Christus, unsern Herrn, / der unser lieber Heiland ist, / darum du hoch zu loben bist.

3. Ihr Kinder sollt bei diesem Stern / erkennen Christus, unsern Herrn, / Marien Sohn, den treuen Hort, / der uns leuchtet mit seinem Wort.

4. Gotts Wort, du bist der Morgenstern, / wir können dein gar nicht entbehrn, / du musst uns leuchten immerdar, / sonst sitzen wir im Finstern gar.

5. Leucht uns mit deinem Glänzen klar / und Jesus Christus offenbar', / jag aus der Finsternis Gewalt, / dass nicht die Lieb in uns erkalt.

6. Sei uns willkommen, lieber Tag, / vor dir die Nacht nicht bleiben mag. / Leucht uns in unsre Herzen fein / mit deinem himmlischen Schein.

GLAUBE – LIEBE – HOFFNUNG

7. O Jesu Christ, wir warten dein,
dein heilig Wort leucht uns so fein.
Am End der Welt bleib nicht lang aus
und führ uns in deins Vaters Haus.

8. Du bist die liebe Sonne klar, / wer an dich glaubt, der ist fürwahr / ein Kind der ewgen Seligkeit, / die deinen Christen ist bereit'.

9. Wir danken dir, wir loben dich / hier zeitlich und dort ewiglich / für deine groß Barmherzigkeit / von nun an bis in Ewigkeit.

T: ERASMUS ALBER (VOR 1553) UM 1556
M: 15. JH.; GEISTLICH BEI NIKOLAUS HERMAN 1560
NACH NR. 441

MORGEN

ö 443

1. Aus meines Herzens Grunde
sag ich dir Lob und Dank
dir, Gott, in deinem Thron,
zu Lob und Preis und Ehren
durch Christus, unsern Herren,
dein' eingebornen Sohn,
in dieser Morgenstunde,
dazu mein Leben lang,

2. dass du mich hast aus Gnaden / in der vergangnen Nacht / vor G'fahr und allem Schaden / behütet und bewacht; / demütig bitt ich dich, / wollst mir mein Sünd vergeben, / womit in diesem Leben / ich hab erzürnet dich.

3. Du wollest auch behüten / mich gnädig diesen Tag / vors Teufels List und Wüten, / vor Sünden und vor Schmach, / vor Feu'r und Wassersnot, / vor Armut und vor Schanden, / vor Ketten und vor Banden, / vor bösem, schnellem Tod.

GLAUBE – LIEBE – HOFFNUNG

4. Mein' Leib und meine Seele,
Gemahl, Gut, Ehr und Kind
als dein Geschenk und Gab,
mein Eltern und Verwandten,
mein Freunde und Bekannten
und alles, was ich hab.
in dein Händ ich befehle
und die mir nahe sind

5. Dein' Engel lass auch bleiben / und weichen nicht von mir, / den Satan zu vertreiben, / auf dass der bös Feind hier / in diesem Jammertal / sein Tück an mir nicht übe, / Leib und Seel nicht betrübe / und mich nicht bring zu Fall.

6. Gott will ich lassen raten, / denn er all Ding vermag. / Er segne meine Taten / an diesem neuen Tag. / Ihm hab ich heimgestellt / mein Leib, mein Seel, mein Leben / und was er sonst gegeben; / er mach's, wie's ihm gefällt.

7. Darauf so sprech ich Amen / und zweifle nicht daran, / Gott wird es alls zusammen / in Gnaden sehen an, / und streck nun aus mein Hand, / greif an das Werk mit Freuden, / dazu mich Gott beschieden / in meim Beruf und Stand.

T: GEORG NIEGE (UM 1586) 1592
M: 16.JH.; GEISTLICH VOR 1598

Fülle uns frühe mit deiner Gnade,
so wollen wir rühmen und fröhlich sein unser Leben lang.
Und der Herr, unser Gott, sei uns freundlich
und fördere das Werk unsrer Hände bei uns.
Ja, das Werk unsrer Hände wollest du fördern!

PSALM 90,14.17

GLAUBE – LIEBE – HOFFNUNG

444 ö

1. Die güldene Sonne bringt Leben und Wonne, die Finsternis weicht. Der Morgen sich zeiget, die Röte aufsteiget, der Monde verbleicht.

2. Nun sollen wir loben / den Höchsten dort oben, / dass er uns die Nacht / hat wollen behüten / vor Schrecken und Wüten / der höllischen Macht.

3. Kommt, lasset uns singen, / die Stimmen erschwingen, / zu danken dem Herrn. / Ei bittet und flehet, / dass er uns beistehet / und weiche nicht fern.

4. Es sei ihm gegeben / mein Leben und Streben, / mein Gehen und Stehn. / Er gebe mir Gaben / zu meinem Vorhaben, / lass richtig mich gehn.

5. In meinem Studieren / wird er mich wohl führen / und bleiben bei mir, / wird schärfen die Sinnen / zu meinem Beginnen / und öffnen die Tür.

T: PHILIPP VON ZESEN 1641
M: JOHANN GEORG AHLE 1671

MORGEN

(Ö) 445

1. Gott des Him-mels und der Er-den,
der es Tag und Nacht lässt wer-den,
Va-ter, Sohn und Heil-ger Geist,
Sonn und Mond uns scheinen heißt,
des-sen star-ke Hand die Welt
und was drin-nen ist er-hält:

2. Gott, ich danke dir von Herzen, / dass du mich in dieser Nacht / vor Gefahr, Angst, Not und Schmerzen / hast behütet und bewacht, / dass des bösen Feindes List / mein nicht mächtig worden ist.

3. Lass die Nacht auch meiner Sünden / jetzt mit dieser Nacht vergehn; / o Herr Jesu, lass mich finden / deine Wunden offen stehn, / da alleine Hilf und Rat / ist für meine Missetat.

4. Hilf, dass ich mit diesem Morgen / geistlich auferstehen mag / und für meine Seele sorgen, / dass, wenn nun dein großer Tag / uns erscheint und dein Gericht, / ich davor erschrecke nicht.

5. Führe mich, o Herr, und leite / meinen Gang nach deinem Wort; / sei und bleibe du auch heute / mein Beschützer und mein Hort. / Nirgends als von dir allein / kann ich recht bewahret sein.

GLAUBE – LIEBE – HOFFNUNG

6. Meinen Leib und meine Seele / samt den Sinnen und Verstand, / großer Gott, ich dir befehle / unter deine starke Hand. / Herr, mein Schild, mein Ehr und Ruhm, / nimm mich auf, dein Eigentum.

7. Deinen Engel zu mir sende, / der des bösen Feindes Macht, / List und Anschlag von mir wende / und mich halt in guter Acht, / der auch endlich mich zur Ruh / trage nach dem Himmel zu.

T UND M: HEINRICH ALBERT 1642

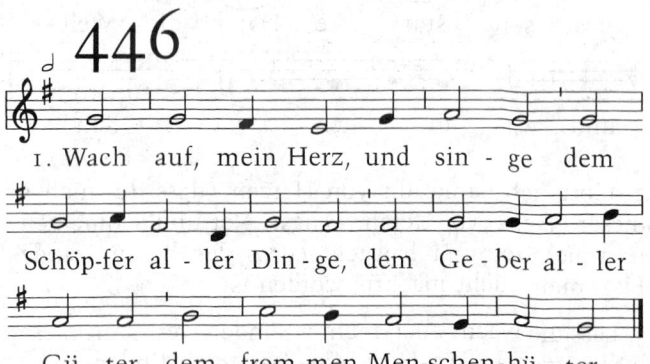

1. Wach auf, mein Herz, und sin-ge dem Schöp-fer al-ler Din-ge, dem Ge-ber al-ler Gü-ter, dem from-men Men-schen-hü-ter.

2. Heut, als die dunklen Schatten / mich ganz umgeben hatten, / hat Satan mein begehret; / Gott aber hat's gewehret.

3. Du sprachst: »Mein Kind, nun liege, / trotz dem, der dich betrüge; / schlaf wohl, lass dir nicht grauen, / du sollst die Sonne schauen.«

4. Dein Wort, das ist geschehen: / Ich kann das Licht noch sehen, / von Not bin ich befreiet, / dein Schutz hat mich erneuet.

5. Du willst ein Opfer haben, / hier bring ich meine Gaben: / Mein Weihrauch und mein Widder / sind mein Gebet und Lieder.

6. Die wirst du nicht verschmähen; / du kannst ins Herze sehen; / denn du weißt, dass zur Gabe / ich ja nichts Bessers habe.

7. So wollst du nun vollenden / dein Werk an mir und senden, / der mich an diesem Tage / auf seinen Händen trage.

8. Sprich Ja zu meinen Taten, / hilf selbst das Beste raten; / den Anfang, Mitt und Ende, / ach Herr, zum Besten wende.

9. Mich segne, mich behüte, / mein Herz sei deine Hütte, / dein Wort sei meine Speise, / bis ich gen Himmel reise.

T: PAUL GERHARDT 1647
M: NUN LASST UNS GOTT DEM HERREN (NR. 320)

Mein Herz ist bereit, Gott,
mein Herz ist bereit, dass ich singe und lobe.
Wach auf, meine Seele, wach auf,
Psalter und Harfe,
ich will das Morgenrot wecken!

PSALM 57,8.9

GLAUBE – LIEBE – HOFFNUNG

447 (Ö)

1. Lobet den Herren alle, die ihn ehren; lasst uns mit Freuden seinem Namen
2. Der unser Leben, das er uns gegeben, in dieser Nacht so väterlich be-
6. O treuer Hüter, Brunnen aller Güter, ach lass doch ferner über unser
7. Gib, dass wir heute, Herr, durch dein Geleite auf unsern Wegen unverhindert

MORGEN

GLAUBE – LIEBE – HOFFNUNG

1. Lobet den Herren alle, die ihn ehren; lasst uns mit Freuden seinem Namen singen und Preis und Dank zu seinem Altar bringen. Lobet den Herren!

2. Der unser Leben, das er uns gegeben, / in dieser Nacht so väterlich bedecket / und aus dem Schlaf uns fröhlich auferwecket: / Lobet den Herren!

3. Dass unsre Sinnen wir noch brauchen können / und Händ und Füße, Zung und Lippen regen, / das haben wir zu danken seinem Segen. / Lobet den Herren!

4. Dass Feuerflammen uns nicht allzusammen / mit unsern Häusern unversehns gefressen, / das macht's, dass wir in seinem Schoß gesessen. / Lobet den Herren!

5. Dass Dieb und Räuber unser Gut und Leiber / nicht angetast' und grausamlich verletzet, / dawider hat sein Engel sich gesetzet. / Lobet den Herren!

6. O treuer Hüter, Brunnen aller Güter, / ach lass doch ferner über unser Leben / bei Tag und Nacht dein Huld und Güte schweben. / Lobet den Herren!

7. Gib, dass wir heute, Herr, durch dein Geleite / auf unsern Wegen unverhindert gehen / und überall in deiner Gnade stehen. / Lobet den Herren!

8. Treib unsern Willen, dein Wort zu erfüllen; / hilf uns gehorsam wirken deine Werke; / und wo wir schwach sind, da gib du uns Stärke. / Lobet den Herren!

9. Richt unsre Herzen, dass wir ja nicht scherzen / mit deinen Strafen, sondern fromm zu werden / vor deiner Zukunft uns bemühn auf Erden. / Lobet den Herren!

10. Herr, du wirst kommen und all deine Frommen, / die sich bekehren, gnädig dahin bringen, / da alle Engel ewig, ewig singen: / »Lobet den Herren!«

T: PAUL GERHARDT 1653
M UND SATZ: JOHANN CRÜGER 1653/1662

KANON FÜR 4 STIMMEN: HERBERT BEUERLE 1967
NACH NR. 447

GLAUBE – LIEBE – HOFFNUNG

449 ö

1. Die güld-ne Son-ne voll Freud und Won-ne bringt un-sern Gren-zen mit ih-rem Glän-zen ein herz-er-quicken-des, lieb-li-ches Licht. Mein Haupt und Glie-der, die la-gen dar-nie-der; a-ber nun steh ich, bin mun-ter und fröh-lich, schau-e den Him-mel mit mei-nem Ge-sicht.

2. Mein Auge schauet, / was Gott gebauet / zu seinen Ehren / und uns zu lehren, / wie sein Vermögen sei mächtig und groß / und wo die Frommen / dann sollen hinkommen, / wann sie mit Frieden / von hinnen geschieden / aus dieser Erden vergänglichem Schoß.

3. Lasset uns singen, / dem Schöpfer bringen / Güter und Gaben; / was wir nur haben, / alles sei Gotte zum Opfer gesetzt! / Die besten Güter / sind unsre Gemüter; / dankbare Lieder / sind Weihrauch und Widder, / an welchen er sich am meisten ergötzt.

4. Abend und Morgen / sind seine Sorgen; / segnen und mehren, / Unglück verwehren / sind seine Werke und Taten allein. / Wenn wir uns legen, / so ist er zugegen; / wenn wir aufstehen, / so lässt er aufgehen / über uns seiner Barmherzigkeit Schein.

5. Ich hab erhoben / zu dir hoch droben / all meine Sinnen; / lass mein Beginnen / ohn allen Anstoß und glücklich ergehn. / Laster und Schande, / des Satanas Bande, / Fallen und Tücke / treib ferne zurücke; / lass mich auf deinen Geboten bestehn.

6. Lass mich mit Freuden / ohn alles Neiden / sehen den Segen, / den du wirst legen / in meines Bruders und Nähesten Haus. / Geiziges Brennen, / unchristliches Rennen / nach Gut mit Sünde, / das tilge geschwinde / von meinem Herzen und wirf es hinaus.

7. Menschliches Wesen, / was ist's gewesen? / In einer Stunde / geht es zugrunde, / sobald das Lüftlein des Todes drein bläst. / Alles in allen / muss brechen und fallen, / Himmel und Erden, / die müssen das werden, / was sie vor ihrer Erschaffung gewest.

8. Alles vergehet, / Gott aber stehet / ohn alles Wanken; / seine Gedanken, / sein Wort und Wille hat ewigen Grund. / Sein Heil und Gnaden, / die nehmen nicht Schaden, / heilen im Herzen / die tödlichen Schmerzen, / halten uns zeitlich und ewig gesund.

9. Gott, meine Krone, / vergib und schone, / lass meine Schulden / in Gnad und Hulden / aus deinen Augen sein abgewandt. / Sonsten regiere / mich, lenke und führe, / wie dir's gefället; / ich habe gestellet / alles in deine Beliebung und Hand.

10. Willst du mir geben, / womit mein Leben / ich kann ernähren, / so lass mich hören / allzeit im Herzen dies heilige Wort: / »Gott ist das Größte, / das Schönste und Beste, / Gott ist das Süßte / und Allergewisste, / aus allen Schätzen der edelste Hort.«

11. Willst du mich kränken, / mit Galle tränken / und soll von Plagen / ich auch was tragen, / wohlan, so mach es, wie dir es beliebt. / Was gut und tüchtig, / was schädlich und nichtig / meinem Gebeine, / das weißt du alleine, / hast niemals keinen zu sehr noch betrübt.

12. Kreuz und Elende, / das nimmt ein Ende; / nach Meeresbrausen / und Windessausen / leuchtet der Sonnen gewünschtes Gesicht. / Freude die Fülle / und selige Stille / wird mich erwarten / im himmlischen Garten; / dahin sind meine Gedanken gericht'.

T: PAUL GERHARDT 1666
M: JOHANN GEORG EBELING 1666

MORGEN

ö 450

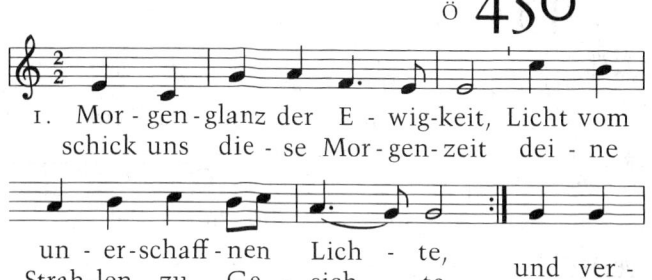

1. Mor-gen-glanz der E-wig-keit, Licht vom un-er-schaff-nen Lich-te, und ver-treib durch dei-ne Macht uns-re Nacht.
schick uns die-se Mor-gen-zeit dei-ne Strah-len zu Ge-sich-te

2. Deiner Güte Morgentau / fall auf unser matt Gewissen; / lass die dürre Lebens-Au / lauter süßen Trost genießen / und erquick uns, deine Schar, / immerdar.

3. Gib, dass deiner Liebe Glut / unsre kalten Werke töte, / und erweck uns Herz und Mut / bei entstandner Morgenröte, / dass wir, eh wir gar vergehn, / recht aufstehn.

4. Ach du Aufgang aus der Höh,* / gib, dass auch am Jüngsten Tage / unser Leib verklärt ersteh / und, entfernt von aller Plage, / sich auf jener Freudenbahn / freuen kann.   *Lk 1,78

5. Leucht uns selbst in jener Welt, / du verklärte Gnadensonne; / führ uns durch das Tränenfeld / in das Land der süßen Wonne, / da die Lust, die uns erhöht, / nie vergeht.

T: CHRISTIAN KNORR VON ROSENROTH (1654) 1684,
TEILWEISE NACH MARTIN OPITZ 1634
M: JOHANN RUDOLF AHLE 1662, HALLE 1708

GLAUBE – LIEBE – HOFFNUNG

1. Mein erst Gefühl sei Preis und Dank, erheb ihn, meine Seele! Der Herr hört deinen Lobgesang, lobsing ihm, meine Seele!

2. Mich selbst zu schützen ohne Macht / lag ich und schlief in Frieden. / Wer schafft die Sicherheit der Nacht / und Ruhe für die Müden?

3. Du bist es, Herr und Gott der Welt, / und dein ist unser Leben; / du bist es, der es uns erhält / und mir's jetzt neu gegeben.

4. Gelobet seist du, Gott der Macht, / gelobt sei deine Treue, / dass ich nach einer sanften Nacht / mich dieses Tags erfreue.

5. Lass deinen Segen auf mir ruhn, / mich deine Wege wallen, / und lehre du mich selber tun / nach deinem Wohlgefallen.

6. Nimm meines Lebens gnädig wahr, / auf dich hofft meine Seele; / sei mir ein Retter in Gefahr, / ein Vater, wenn ich fehle.

7. Gib mir ein Herz voll Zuversicht, / erfüllt mit Lieb und Ruhe, / ein weises Herz, das seine Pflicht / erkenn und willig tue:

MORGEN

8. dass ich als ein getreuer Knecht / nach deinem Reiche strebe, / gottselig, züchtig und gerecht / durch deine Gnade lebe;

9. dass ich, dem Nächsten beizustehn, / nie Fleiß und Arbeit scheue, / mich gern an andrer Wohlergehn / und ihrer Tugend freue;

10. dass ich das Glück der Lebenszeit / in deiner Furcht genieße / und meinen Lauf mit Freudigkeit, / wenn du es willst, beschließe.

T: CHRISTIAN FÜRCHTEGOTT GELLERT 1757
M: UM 1570, BEI MICHAEL PRAETORIUS 1610
»ICH DANK DIR SCHON DURCH DEINEN SOHN«

In ihm sei's begonnen,
der Monde und Sonnen
an blauen Gezelten
des Himmels bewegt!
Du, Vater, du rate,
lenk du und wende!
Herr, dir in die Hände
sei Anfang und Ende,
sei alles gelegt.

EDUARD MÖRIKE

GLAUBE – LIEBE – HOFFNUNG

452 (Ö)

1. Er weckt mich alle Morgen, er weckt mir selbst das Ohr, dass ich mit seinem Worte begrüß das neue Licht. Schon an der Dämmrung Pforte ist er mir nah und spricht.

Gott hält sich nicht verborgen, führt mir den Tag empor,

Jes 50,4.5

2. Er spricht wie an dem Tage, / da er die Welt erschuf. / Da schweigen Angst und Klage; / nichts gilt mehr als sein Ruf. / Das Wort der ewgen Treue, / die Gott uns Menschen schwört, / erfahre ich aufs Neue / so, wie ein Jünger hört.

3. Er will, dass ich mich füge. / Ich gehe nicht zurück. / Hab nur in ihm Genüge, / in seinem Wort mein Glück. / Ich werde nicht zuschanden, / wenn ich nur ihn vernehm. / Gott löst mich aus den Banden. / Gott macht mich ihm genehm.

4. Er ist mir täglich nahe / und spricht mich selbst gerecht. / Was ich von ihm empfahe, / gibt sonst kein Herr dem Knecht. / Wie wohl hat's hier der Sklave, / der Herr hält sich bereit, / dass er ihn aus dem Schlafe / zu seinem Dienst geleit. *Lk 12,37*

5. Er will mich früh umhüllen / mit seinem Wort und Licht, / verheißen und erfüllen, / damit mir nichts gebricht; / will vollen Lohn mir zahlen, / fragt nicht, ob ich versag. / Sein Wort will helle strahlen, / wie dunkel auch der Tag.

T: JOCHEN KLEPPER 1938
M: RUDOLF ZÖBELEY 1941

Gott der Herr hat mir eine Zunge gegeben, wie sie Jünger haben, dass ich wisse, mit den Müden zu rechter Zeit zu reden. Alle Morgen weckt er mir das Ohr, dass ich höre, wie Jünger hören. Gott der Herr hat mir das Ohr geöffnet. Und ich bin nicht ungehorsam und weiche nicht zurück.

JESAJA 50,4.5

GLAUBE – LIEBE – HOFFNUNG

453

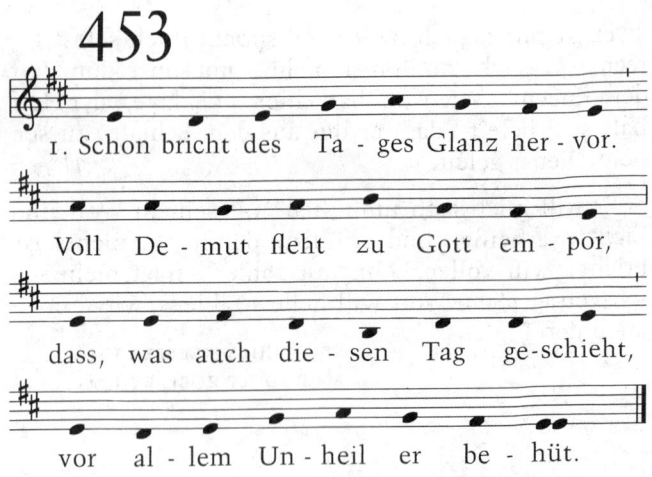

1. Schon bricht des Tages Glanz hervor. Voll Demut fleht zu Gott empor, dass, was auch diesen Tag geschieht, vor allem Unheil er behüt.

2. Er halte uns die Lippen rein; / kein Hader darf uns heut entzwein. / Er mache unser Auge frei / und zeige, was da eitel sei.

3. Ringt um des Herzens Lauterkeit! / Legt ab des Herzens Härtigkeit! / Des Fleisches Hoffart beugt und brecht! / Und Trank und Speise brauchet recht.

4. Auf dass, wenn dann die Sonne sinkt / und Dunkel wieder uns umringt, / wir ledig aller Last der Welt / lobsingen dem im Sternenzelt.

5. Lob dem, der unser Vater ist, / und seinem Sohne Jesus Christ, / dem Geist auch, der uns Trost verleiht, / vordem, jetzt und in Ewigkeit.

A - men.

T: JOCHEN KLEPPER (1939) 1941 NACH DEM HYMNUS
»IAM LUCIS ORTO SIDERE« 9. JH.
M: EINSIEDELN 12. JH.

MORGEN

454

1. Auf und macht die Herzen weit, / euren Mund zum Lob bereit!

Kehrvers

Gottes Güte, Gottes Treu sind an jedem Morgen neu.

Der Kehrvers wird nach jeder Strophe wiederholt.

2. Gottes Wort erschuf die Welt, / hat die Finsternis erhellt.

3. Gottes Macht schützt, was er schuf, / den Geplagten gilt sein Ruf.

4. Gottes Liebe deckt die Schuld, / trägt die Sünder in Geduld.

5. Gottes Wort ruft Freund und Feind, / die sein Geist versöhnt und eint.

6. Darum macht die Herzen weit, / euren Mund zum Lob bereit!

T: STR. 1.2.6 JOHANN CHRISTOPH HAMPE (1950) 1969
NACH DEM ENGLISCHEN »LET US WITH A GLADSOME
MIND« VON JOHN MILTON 1623;
STR. 3–5 HELMUT KORNEMANN 1972
M: NACH EINEM TEMPELGESANG AUS CHINA

GLAUBE – LIEBE – HOFFNUNG

455

1. Morgenlicht leuch-tet, rein wie am An-fang.
Früh-lied der Am-sel, Schöp-fer-lob klingt.
Dank für die Lie-der, Dank für den Mor-gen,
Dank für das Wort, dem bei-des ent-springt.

2. Sanft fallen Tropfen, sonnendurchleuchtet. / So lag auf erstem Gras erster Tau. / Dank für die Spuren Gottes im Garten, / grünende Frische, vollkommnes Blau.

3. Mein ist die Sonne, mein ist der Morgen, / Glanz, der zu mir aus Eden* aufbricht! / Dank überschwänglich, Dank Gott am Morgen! / Wieder erschaffen grüßt uns sein Licht.   **1. Mose 2,15*

T: JÜRGEN HENKYS (1987) 1990 NACH DEM ENGLISCHEN
»MORNING HAS BROKEN« VON ELEANOR FARJEON
VOR 1933
M: GÄLISCHES VOLKSLIED VOR 1900;
GEISTLICH VOR 1933

MORGEN

ö 456

1. Vom Auf-gang der Son - ne bis zu ih-rem Nie-der-gang sei ge-lo-bet der Na - me des Herrn, sei ge-lo-bet der Na - me des Herrn.

2. Quand naît la lu-miè - re, quand s'é-teint le feu du jour, cé-lé-brons par nos chants le Sei-gneur, cé-lé-brons par nos chants le Sei-gneur.

T: PSALM 113,3
KANON FÜR 4 STIMMEN: PAUL ERNST RUPPEL 1938

Gott der Herr ist Sonne und Schild;
der Herr gibt Gnade und Ehre.
Er wird kein Gutes mangeln lassen den Frommen.
Herr Zebaoth, wohl dem Menschen,
der sich auf dich verlässt!

PSALM 84,12.13

MITTAG
UND DAS TÄGLICHE BROT

457 ö

1. Der Tag ist seiner Höhe nah. Nun blick zum Höchsten auf, der schützend auf dich niedersah in jedes Tages Lauf.

2. Wie laut dich auch der Tag umgibt, / jetzt halte lauschend still, / weil er, der dich beschenkt und liebt, / die Gabe segnen will.

3. Der Mittag kommt. So tritt zum Mahl; / denk an den Tisch des Herrn. / Er weiß die Beter überall / und kommt zu Gaste gern.

4. Er segnet dich in Dorf und Stadt, / in Keller, Kammer, Feld. / Was dir der Herr gesegnet hat, / bleibt fortan wohl bestellt.

5. Er segnet dir auch Korb und Krug / und Truhe, Trog und Schrein. / Ihm kann es keinen Tag genug / an Segensfülle sein.

5. Mose 28,5

6. Er segnet deiner Bäume Frucht, / dein Kind, dein Land, dein Vieh. / Er segnet, was den Segen sucht. / Die Gnade schlummert nie.

7. Er segnet, wenn du kommst und gehst; / er segnet, was du planst. / Er weiß auch, dass du's nicht verstehst / und oft nicht einmal ahnst.

8. Und dennoch bleibt er ohn Verdruss / zum Segnen stets bereit, / gibt auch des Regens milden Fluss, / wenn Regen an der Zeit.

9. Sein guter Schatz ist aufgetan, / des Himmels ewges Reich. / Zu segnen hebt er täglich an / und bleibt sich immer gleich.

10. Wer sich nach seinem Namen nennt, / hat er zuvor erkannt. / Er segnet, welche Schuld auch trennt, / die Werke deiner Hand.

11. Die Hände, die zum Beten ruhn, / die macht er stark zur Tat. / Und was der Beter Hände tun, / geschieht nach seinem Rat.

12. Der Tag ist seiner Höhe nah. / Nun stärke Seel und Leib, / dass, was an Segen er ersah, / dir hier und dort verbleib.

T: JOCHEN KLEPPER 1938
M: FRITZ WERNER 1949

GLAUBE – LIEBE – HOFFNUNG

458 (Ö)

Wir danken Gott für seine Gaben,
die wir von ihm empfangen haben,
und bitten unsern lieben Herrn,
er woll uns ferner auch bescher'n
und speisen uns mit seinem Wort,
dass wir satt werden hier und dort.
Ach, lieber Herr, du wollst uns geben
nach dieser Zeit das ewig Leben. Amen.

T: ERASMUS ALBER 1537
M: NUN DANKET GOTT, ERHEBT UND PREISET (NR. 290)
UM DIE WIEDERHOLUNG DER ANFANGSZEILEN
VERLÄNGERT

MITTAG UND DAS TÄGLICHE BROT

459

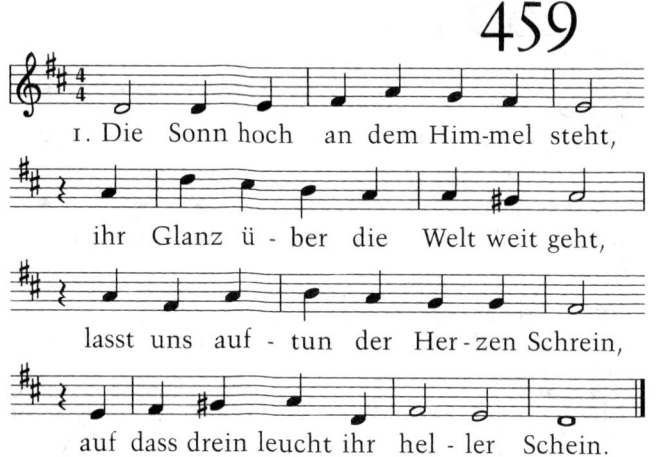

1. Die Sonn hoch an dem Himmel steht, ihr Glanz über die Welt weit geht, lasst uns auftun der Herzen Schrein, auf dass drein leucht ihr heller Schein.

2. Die rechte Sonn ist Jesus Christ, / das Licht er zu dem Leben ist, / das er uns heute durch sein Wort / hell leuchten lässt an allem Ort.

3. Lasst wandeln uns in diesem Licht, / bei dem man auch im Finstern sieht; / ohne das Licht man hellen Tag / von finstrer Nacht nicht scheiden mag.

T: AMBROSIUS LOBWASSER 1579
M: JOHANN CRÜGER 1640

GLAUBE – LIEBE – HOFFNUNG

460 ö

Lobet den Herrn und dankt ihm seine Gaben, die wir aus Gnad von ihm empfangen haben jetzt an dem Tisch und sonst an allen Enden, wo wir uns wenden.

T: BARTHOLOMÄUS RINGWALDT 1586
M: JOHANN CRÜGER 1640

461

Aller Augen warten auf dich, Herre, und du gibest ihnen ihre

MITTAG UND DAS TÄGLICHE BROT

T: PSALM 145,15-16
M UND SATZ: HEINRICH SCHÜTZ 1657

GLAUBE – LIEBE – HOFFNUNG

462

Wir danken dir, Herr Jesu Christ,
dass du unser Gast gewesen bist.
Bleib du bei uns, so hat's nicht Not,
du bist das rechte Lebensbrot.

T: ALBERT KNAPP 1837
M: ACH LIEBER HERRE JESU CHRIST (NR. 203)

Herr, wie sind deine Werke so groß und viel!
Du hast sie alle weise geordnet, und die Erde
ist voll deiner Güter.
Es warten alle auf dich,
dass du ihnen Speise gebest zur rechten Zeit.
Wenn du ihnen gibst, so sammeln sie;
wenn du deine Hand auftust, so werden sie
mit Gutem gesättigt.
Du sendest aus deinen Odem, so werden sie
geschaffen,
und du machst neu die Gestalt der Erde.

PSALM 104,24.27.28.30

MITTAG UND DAS TÄGLICHE BROT

463

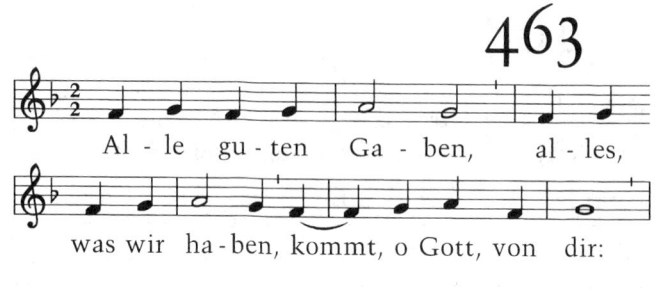

Al - le gu - ten Ga - ben, al - les,
was wir ha - ben, kommt, o Gott, von dir:

Dank sei dir da - für.
Dank, Dank sei dir da - für.
Dank, Dank, Dank.

T: MÜNDLICH ÜBERLIEFERT
M UND SATZ: PAUL ERNST RUPPEL 1952

GLAUBE – LIEBE – HOFFNUNG

464

1. Herr, gib uns unser täglich Brot.
Lass uns bereit sein, in der Not
zu teilen, was du uns gewährt.
Dein ist die Erde, die uns nährt.

2. Herr, du bist unser täglich Brot. / Du teilst dich aus in deinem Tod. / Wir loben dich und danken dir. / Aus deiner Liebe leben wir.

T: EDWIN NIEVERGELT 1979
M: LOBT GOTT, DEN HERRN DER HERRLICHKEIT
(NR. 300)

*Gutes zu tun und mit andern zu teilen
vergesst nicht; denn solche Opfer gefallen Gott.*

HEBRÄER 13,16

MITTAG UND DAS TÄGLICHE BROT

465

Komm, Herr Jesu, sei du unser Gast und segne, was du uns bescheret hast.
Amen, Amen, Amen.

T: BRÜDERGEMEINE LONDON 1753
KANON FÜR 3 STIMMEN:
MÜNDLICH ÜBERLIEFERT

ö 466

Segne, Herr, was deine Hand uns in Gnaden zugewandt.
Amen, Amen, Amen.

T: MÜNDLICH ÜBERLIEFERT
KANON FÜR 3 STIMMEN:
PAUL ERNST RUPPEL 1951

ABEND

ABEND

GLAUBE – LIEBE – HOFFNUNG

1. Hinunter ist der Sonne Schein, die finstre Nacht bricht stark herein; leucht uns, Herr Christ, du wahres Licht, lass uns im Finstern tappen nicht.

2. Dir sei Dank, dass du uns den Tag / vor Schaden, G'fahr und mancher Plag / durch deine Engel hast behüt' / aus Gnad und väterlicher Güt.

3. Womit wir heut erzürnet dich, / dasselb verzeih uns gnädiglich / und rechn es unsrer Seel nicht zu; / lass schlafen uns mit Fried und Ruh.

4. Dein Engel uns zur Wach bestell, / dass uns der böse Feind nicht fäll. / Vor Schrecken, Angst und Feuersnot / behüte uns, o lieber Gott.

T: NIKOLAUS HERMAN 1560
M UND SATZ: MELCHIOR VULPIUS 1609

ABEND
468

1. Ach lieber Herre Jesu Christ, weil du ein Kind gewesen bist, so gib auch diesem Kindelein dein Gnad und auch den Segen dein. Ach Jesu, Herre mein, behüt dies Kindelein!

2. Dein Engelschar, die steh ihm bei, / es schlaf, es wach und wo es sei. / Dein Kreuz behüt es, Gottes Sohn, / dass es erlang der Heilgen Kron. / Ach Jesu, Herre mein, / behüt dies Kindelein!

3. Nun schlaf, nun schlaf, mein Kindelein! / Jesus soll freundlich bei dir sein. / Er wolle, dass dir träume wohl / und werdest aller Tugend voll. / Ach Jesu, Herre mein, / behüt dies Kindelein!

4. Ein gute Nacht und guten Tag / geb dir, der alle Ding vermag. / Hiermit sollst du gesegnet sein, / du herzeliebes Kindelein. / Ach Jesu, Herre mein, / behüt dies Kindelein!

T: NACH HEINRICH VON LAUFENBERG 1430
M: STRASSBURG 1430

GLAUBE – LIEBE – HOFFNUNG

469

1. Chris-te, du bist der hel-le Tag, vor dir die Nacht nicht blei-ben mag. Du leuch-test uns vom Va-ter her und bist des Lich-tes Pre-di-ger.

2. Ach lieber Herr, behüt uns heut / in dieser Nacht vorm bösen Feind / und lass uns in dir ruhen fein / und vor dem Satan sicher sein.

3. Obschon die Augen schlafen ein, / so lass das Herz doch wacker sein; / halt über uns dein rechte Hand, / dass wir nicht falln in Sünd und Schand.

4. Wir bitten dich, Herr Jesu Christ: / Behüt uns vor des Teufels List, / der stets nach unsrer Seele tracht', / dass er an uns hab keine Macht.

5. Sind wir doch dein ererbtes Gut, / erworben durch dein heilges Blut; / das war des ewgen Vaters Rat, / als er uns dir geschenket hat.

6. Befiehl dem Engel, dass er komm / und uns bewach, dein Eigentum; / gib uns die lieben Wächter zu, / dass wir vorm Satan haben Ruh.

7. So schlafen wir im Namen dein, / dieweil die Engel bei uns sein. / Du Heilige Dreifaltigkeit, / wir loben dich in Ewigkeit.

T: ERASMUS ALBER UM 1536 NACH DEM HYMNUS
»CHRISTE QUI LUX ES ET DIES« VOR 534
M: FRANKFURT/MAIN 1557,
BEI CYRIAKUS SPANGENBERG 1568,
BEI SETH CALVISIUS 1597

Ich liege und schlafe ganz mit Frieden;
denn allein du, Herr, hilfst mir, dass ich
sicher wohne. PSALM 4,9

GLAUBE – LIEBE – HOFFNUNG

470

1. Der du bist drei in Ei-nig-keit, ein wah-rer Gott von E-wig-keit: Die Sonn mit dem Tag von uns weicht; lass leuch-ten uns dein gött-lich Licht.

2. Des Morgens, Gott, dich loben wir, / des Abends auch beten vor dir; / unser armes Lied rühmet dich / jetzund, immer und ewiglich.

3. Gott Vater, dem sei ewig Ehr, / Gott Sohn, der ist der einig Herr, / und dem Tröster, Heiligen Geist, / von nun an bis in Ewigkeit.

A - men.

T: MARTIN LUTHER 1543 NACH DEM HYMNUS
»O LUX BEATA TRINITAS« 9. JH.,
FRÜHER GREGOR I. ZUGESCHRIEBEN
M: MAILAND UM 650, STRASSBURG 1545,
BEI LUCAS LOSSIUS 1553

ABEND

471

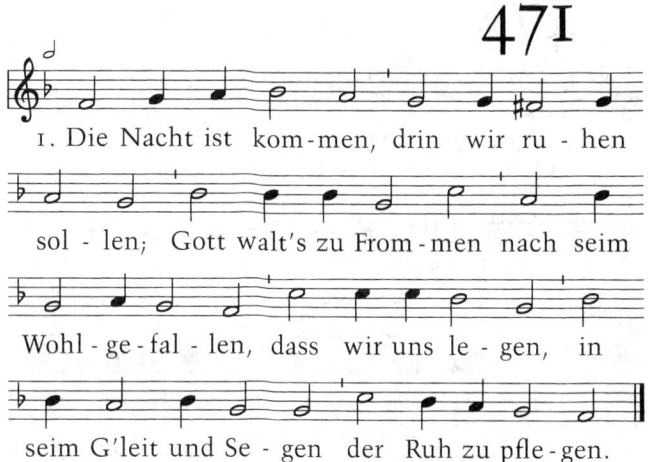

1. Die Nacht ist kommen, drin wir ruhen sollen; Gott walt's zu Frommen nach seim Wohlgefallen, dass wir uns legen, in seim G'leit und Segen der Ruh zu pflegen.

2. Treib, Herr, von uns fern / die unreinen Geister; / halt die Nachtwach gern, / sei selbst unser Schutzherr; / schirm beid, Leib und Seel, / unter deine Flügel; / send uns dein Engel.

3. Lass uns einschlafen / mit guten Gedanken, / fröhlich aufwachen / und von dir nicht wanken. / Lass uns mit Züchten / unser Tun und Dichten / zu deim Preis richten.

4. Pfleg auch der Kranken / durch deinen Geliebten; / hilf den Gefangnen; / tröste die Betrübten; / pfleg auch der Kinder, / sei selbst ihr Vormünder; / des Feinds Neid hinder.

5. Vater, dein Name / werd von uns gepreiset, / dein Reich zukomme, / dein Will werd beweiset, / frist unser Leben, / wollst die Schuld vergeben, / erlös uns. Amen.

T: PETRUS HERBERT 1566
M: 16. JH., BÖHMISCHE BRÜDER 1566

GLAUBE – LIEBE – HOFFNUNG

472

1. Der Tag hat sich geneiget, / die Nacht hat sich genaht. / Gott sei gebenedeiet, / der uns beschützet hat. / Er woll durch seine Güte, / durch seine große Macht / uns gnädiglich behüten auch jetzt in dieser Nacht.

2. Nichts ist auf dieser Erden, / das da beständig bleibt, / allein die Güt des Herren, / die währt in Ewigkeit, / steht allen Menschen offen; / Gott lässt die Seinen nicht. / Drauf setz ich all mein Hoffen, / mein' Trost, mein Zuversicht.

3. Dem hab ich mich ergeben / in dieser argen Welt. / So ist des Menschen Leben / wie Blümlein auf dem Feld: / Des Morgens in dem Taue / stehn sie gefärbet schön; / bald sind sie abgehauen, / verderben und vergehn.

4. Vergib mir, lieber Herre, / mein Sünd und Missetat; / ich hab gesündigt sehre / und bitte, Herr, um Gnad. / Wenn du mir wollst zuschreiben / mein Sünd und auch mein Schuld, / wo sollt ich vor dir bleiben? / Den Tod hätt ich verschuld't.

5. Ich bitt, dass du mir gnädig / um Christi willen seist; / mach mich von Sünden ledig, / gib mir den Heilgen Geist, / der mich weise und lehre, / ja der mich leit und führ, / auf dass ich nimmermehre / Gotts Steg und Weg verlier.

6. Mein' Leib, mein Seel, mein Leben, / mein Haus, mein Gut und Ehr, / was du mir hast gegeben, / befehl ich dir, o Herr, / in dein göttlichen Hände; / behüt mich gnädiglich; / gib mir ein selig Ende / und nimm mich in dein Reich.

T: GREIFSWALD 1597
M: ICH FREU MICH IN DEM HERREN (NR. 349)

Herr Gott, himmlischer Vater, der du uns diesen
Tag gnädig bewahret hast, sieh nicht an, was
wir versäumt und verschuldet haben, sondern
neige dich zu uns mit deinem Erbarmen,
auf dass wir diese Nacht in deinem Schutze
ruhen und dich morgen von neuem preisen.

GLAUBE – LIEBE – HOFFNUNG

473 ö

1. Mein schönste Zier und Kleinod bist auf Erden du, Herr Jesu Christ; dich will ich lassen walten und allezeit in Lieb und Leid in meinem Herzen halten.

2. Dein Lieb und Treu vor allem geht, / kein Ding auf Erd so fest besteht; / das muss ich frei bekennen. / Drum soll nicht Tod, / nicht Angst, nicht Not / von deiner Lieb mich trennen.

3. Dein Wort ist wahr und trüget nicht / und hält gewiss, was es verspricht, / im Tod und auch im Leben. / Du bist nun mein / und ich bin dein, / dir hab ich mich ergeben.

4. Der Tag nimmt ab. Ach schönste Zier, / Herr Jesu Christ, bleib du bei mir, / es will nun Abend werden. / Lass doch dein Licht / auslöschen nicht / bei uns allhier auf Erden.

T: BEI JOHANNES ECCARD 1598
M: LEIPZIG 1573, BEI SETH CALVISIUS 1594

ABEND

ö 474

1. Mit meinem Gott geh ich zur Ruh
und tu in Fried mein Augen zu,
denn Gott vons Himmels Throne
über mich wacht bei Tag und Nacht,
damit ich sicher wohne.

2. Ich ruf zu dir, Herr Jesu Christ, / der du allein mein Helfer bist: / Lass kein Leid widerfahren, / durch deinen Schutz / vors Teufels Trutz / dein Engel uns bewahren.

3. Befiehl den lieben Engeln dein, / dass sie stets um und bei uns sein; / all Übel von uns wende. / Gott Heilger Geist, / dein Hilf uns leist / an unserm letzten Ende.

T: STR. I CORNELIUS BECKER 1602 (PSALM 4);
STR. 2–3 BRESLAU 1690
M: MEIN SCHÖNSTE ZIER UND KLEINOD BIST (NR. 473)

GLAUBE – LIEBE – HOFFNUNG

475

1. Wer - de mun-ter, mein Ge - mü - te,
dass ihr prei - set Got - tes Gü - te,
und ihr Sin - ne, geht her - für,
die er hat ge - tan an mir,
da er mich den gan-zen Tag vor so man - cher
schwe-ren Plag, vor Be - trüb-nis, Schand und
Scha-den treu be - hü - tet hat in Gna-den.

2. Lob und Dank sei dir gesungen, / Vater der Barmherzigkeit, / dass mir ist mein Werk gelungen, / dass du mich vor allem Leid / und vor Sünden mancher Art / so getreulich hast bewahrt, / auch die Feind hinweggetrieben, / dass ich unbeschädigt blieben.

3. Dieser Tag ist nun vergangen / und die trübe Nacht bricht an; / es ist hin der Sonne Prangen, / so uns all erfreuen kann. / Stehe mir, o Vater, bei, / dass dein Glanz stets vor mir sei, / mich umgebe und beschütze, / ob ich gleich im Finstern sitze.

4. Herr, verzeihe mir aus Gnaden / alle Sünd und Missetat, / die mein armes Herz beladen / und mich gar vergiftet hat. / Hilf mir, da des Satans Spiel / mich zur Hölle stürzen will. / Du allein kannst mich erretten, / lösen von der Sünde Ketten.

5. Bin ich gleich von dir gewichen, / stell ich mich doch wieder ein; / hat uns doch dein Sohn verglichen / durch sein Angst und Todespein. / Ich verleugne nicht die Schuld; / aber deine Gnad und Huld / ist viel größer als die Sünde, / die ich stets in mir befinde.

6. Lass mich diese Nacht empfinden / eine sanft und süße Ruh, / alles Übel lass verschwinden, / decke mich mit Segen zu. / Leib und Seele, Mut und Blut, / Weib und Kinder, Hab und Gut, / Freunde, Feind und Hausgenossen / sein in deinen Schutz geschlossen.

7. Ach bewahre mich vor Schrecken, / schütze mich vor Überfall, / lass mich Krankheit nicht aufwecken, / treibe weg des Krieges Schall, / wende Feu'r und Wassersnot, / Pestilenz und schnellen Tod, / lass mich nicht in Sünden sterben / noch an Leib und Seel verderben.

8. O du großer Gott, erhöre, / was dein Kind gebeten hat; / Jesu, den ich herzlich ehre, / bleibe ja mein Schutz und Rat; / und mein Hort, du werter Geist, / der du Freund und Tröster heißt, / höre doch mein sehnlich Flehen. / Amen, ja, das soll geschehen.

T: JOHANN RIST 1642
M: JOHANN SCHOP 1642, BÖHMISCHE BRÜDER 1661

GLAUBE – LIEBE – HOFFNUNG

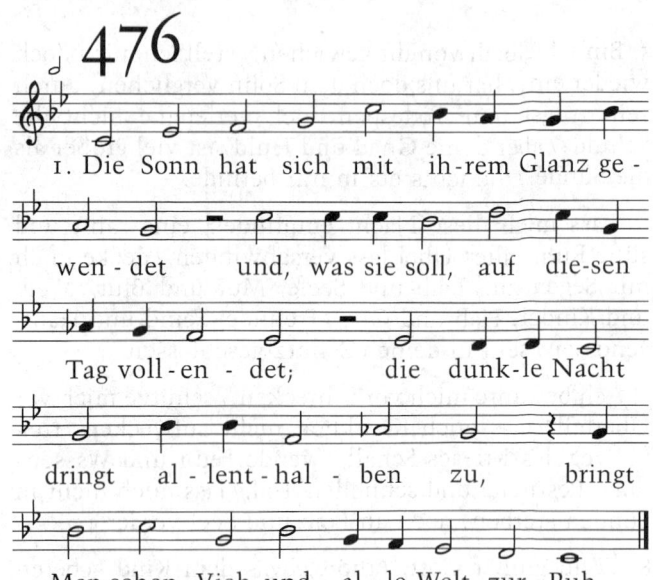

1. Die Sonn hat sich mit ihrem Glanz gewendet und, was sie soll, auf diesen Tag vollendet; die dunkle Nacht dringt allenthalben zu, bringt Menschen, Vieh und alle Welt zur Ruh.

2. Ich preise dich, du Herr der Näct und Tage, / dass du mich heut vor aller Not und Plage / durch deine Gnad und hoch gerühmte Macht / hast unverletzt und frei hindurchgebracht.

3. Vergib, wo ich bei Tage so gelebet, / dass ich nach dem, was finster ist, gestrebet; / lass alle Schuld durch deinen Gnadenschein / in Ewigkeit bei dir verloschen sein.

4. Schaff, dass mein Geist dich ungehindert schaue, / indem ich mich der trüben Nacht vertraue, / und dass der Leib auf diesen schweren Tag / sich seiner Kraft fein sanft erholen mag.

5. Vergönne, dass der lieben Engel Scharen / mich vor der Macht der Finsternis bewahren, / auf dass ich vor der List und Tyrannei / der argen Welt im Schlafen sicher sei.

6. Herr, wenn mich wird die lange Nacht bedecken / und in die Ruh des tiefen Grabes stecken, / so blicke mich mit deinen Augen an, / daraus ich Licht im Tode nehmen kann,

7. und lass hernach zugleich mit allen Frommen / mich zu dem Glanz des andern Lebens kommen, / da du uns hast den großen Tag bestimmt, / dem keine Nacht sein Licht und Klarheit nimmt.

T: OTTO VON SCHWERIN (?) 1647
M: WIE HERRLICH GIBST DU, HERR, DICH ZU ERKENNEN
(NR. 271)

Herr, Gott, du Ursprung und Ziel unseres Lebens. Gib den Ratlosen Weisung, den Ziellosen Heimat, den Betrübten Trost durch dein Wort, damit wir Ruhe finden in dir.

GLAUBE – LIEBE – HOFFNUNG

2. Wo bist du, Sonne, blieben? / Die Nacht hat dich vertrieben, / die Nacht, des Tages Feind. / Fahr hin; ein andre Sonne, / mein Jesus, meine Wonne, / gar hell in meinem Herzen scheint.

3. Der Tag ist nun vergangen, / die güldnen Sternlein prangen / am blauen Himmelssaal; / also werd ich auch stehen, / wenn mich wird heißen gehen / mein Gott aus diesem Jammertal.

GLAUBE – LIEBE – HOFFNUNG

1. Nun ruhen alle Wälder, Vieh, Menschen, Städt und Felder, es schläft die ganze Welt; ihr aber, meine Sinnen, auf, auf, ihr sollt beginnen, was eurem Schöpfer wohlgefällt.

2. Wo bist du, Sonne, blieben? / Die Nacht hat dich vertrieben, / die Nacht, des Tages Feind. / Fahr hin; ein andre Sonne, / mein Jesus, meine Wonne, / gar hell in meinem Herzen scheint.

3. Der Tag ist nun vergangen, / die güldnen Sternlein prangen / am blauen Himmelssaal; / also werd ich auch stehen, / wenn mich wird heißen gehen / mein Gott aus diesem Jammertal.

4. Der Leib eilt nun zur Ruhe, / legt ab das Kleid und Schuhe, / das Bild der Sterblichkeit; / die zieh ich aus, dagegen / wird Christus mir anlegen / den Rock der Ehr und Herrlichkeit.

5. Das Haupt, die Füß und Hände / sind froh, dass nun zum Ende / die Arbeit kommen sei. / Herz, freu dich, du sollst werden / vom Elend dieser Erden / und von der Sünden Arbeit frei.

6. Nun geht, ihr matten Glieder, / geht hin und legt euch nieder, / der Betten ihr begehrt. / Es kommen Stund und Zeiten, / da man euch wird bereiten / zur Ruh ein Bettlein in der Erd.

7. Mein Augen stehn verdrossen, / im Nu sind sie geschlossen. / Wo bleibt dann Leib und Seel? / Nimm sie zu deinen Gnaden, / sei gut für allen Schaden, / du Aug und Wächter Israel'.

8. Breit aus die Flügel beide, / o Jesu, meine Freude, / und nimm dein Küchlein ein. / Will Satan mich verschlingen, / so lass die Englein singen: / »Dies Kind soll unverletzet sein.«

9. Auch euch, ihr meine Lieben, / soll heute nicht betrüben / kein Unfall noch Gefahr. / Gott lass euch selig schlafen, / stell euch die güldnen Waffen / ums Bett und seiner Engel Schar.

T: PAUL GERHARDT 1647
M: O WELT, ICH MUSS DICH LASSEN (NR. 521)
SATZ: BARTHOLOMÄUS GESIUS 1605

GLAUBE – LIEBE – HOFFNUNG
478

1. Nun sich der Tag geendet hat
und keine Sonn mehr scheint,
schläft alles, was sich abgematt'
und was zuvor geweint.

2. Nur du, mein Gott, hast keine Rast, / du schläfst noch schlummerst nicht; / die Finsternis ist dir verhasst, / weil du bist selbst das Licht.

3. Gedenke, Herr, doch auch an mich / in dieser schwarzen Nacht / und schenke du mir gnädiglich / den Schutz von deiner Wacht.

4. Zwar fühl ich wohl der Sünden Schuld, / die mich bei dir klagt an; / ach, aber deines Sohnes Huld / hat g'nug für mich getan.

5. Den setz ich dir zum Bürgen ein, / wenn ich muss vors Gericht; / ich kann ja nicht verloren sein / in solcher Zuversicht.

6. Weicht, nichtige Gedanken, hin, / wo ihr habt euren Lauf, / ich baue jetzt in meinem Sinn / Gott einen Tempel auf.

7. Drauf tu ich meine Augen zu / und schlafe fröhlich ein, / mein Gott wacht jetzt in meiner Ruh; / wer wollt doch traurig sein?

8. Soll diese Nacht die letzte sein / in diesem Jammertal, / so führ mich, Herr, in' Himmel ein / zur Auserwählten Zahl.

9. Und also leb und sterb ich dir, / du Herre Zebaoth; / im Tod und Leben hilfst du mir / aus aller Angst und Not.

T: STR.1 ADAM KRIEGER (1665) 1667;
STR.2–7.9 JOHANN FRIEDRICH HERZOG (1670) 1692;
STR.8 LEIPZIG 1693
M: ADAM KRIEGER 1656

Barmherziger, gnädiger Gott und Vater! Ich sage dir Lob und Dank, dass du Tag und Nacht geschaffen hast, den Tag zur Arbeit und die Nacht zur Ruhe, auf dass sich Menschen und Vieh erquicken. Ich lobe und preise dich für alle deine Wohltaten und Werke, dass du mich den vergangenen Tag hast vollenden und durch deine väterliche Gnade des Tages Last und Plage überwinden lassen. Ein jeder Tag hat seine eigene Plage; du aber, lieber Vater, hilfst uns in jeglicher Last und Mühe, bis wir endlich zur Ruhe und an den Tag kommen, da alle Mühe und Plage aufhören wird.

JOHANN ARNDT

GLAUBE – LIEBE – HOFFNUNG

479

1. Der lieben Sonne Licht und Pracht
hat nun den Tag vollführet,
tritt an die Himmelstür
und bring ein Lied herfür;
lass deine Augen, Herz und Sinn
auf Jesus sein gerichtet hin.

die Welt hat sich zur Ruh gemacht;
tu, Seel, was dir gebühret,

2. Ihr hellen Sterne, leuchtet wohl / und gebet eure Strahlen, / ihr macht die Nacht des Lichtes voll; / doch noch zu tausend Malen / scheint heller in mein Herz / die ewig Himmelskerz, / mein Jesus, meiner Seele Ruhm, / mein Schatz, mein Schutz, mein Eigentum.

3. Verschmähe nicht dies arme Lied, / das ich dir, Jesu, singe; / in meinem Herzen ist kein Fried, / bis ich es zu dir bringe. / Ich bringe, was ich kann, / ach nimm es gnädig an, / es ist doch herzlich gut gemeint, / o Jesu, meiner Seelen Freund.

4. Nun, matter Leib, gib dich zur Ruh / und schlafe sanft und stille; / ihr müden Augen, schließt euch zu, / denn das ist Gottes Wille. / Schließt aber dies mit ein: / »Herr Jesu, ich bin dein!« / So wird der Schluss recht wohl gemacht. / Nun Jesu, Jesu, gute Nacht.

T: CHRISTIAN SCRIVER (VOR 1671) 1684
M: HALLE 1704, BEI GEORG PHILIPP TELEMANN 1730

Allmächtiger Gott, du hast uns zum Ende dieses Tages geleitet, wir bitten dich: Bleibe bei uns und beschirme uns in den schweigenden Stunden der Nacht, damit wir, müde von der Unruhe dieser vergänglichen Welt, ruhen in deinem Frieden.

GLAUBE – LIEBE – HOFFNUNG
480

1. Nun schlä-fet man; und wer nicht schla-fen kann, der be-te mit mir an den gro-ßen Na-men, dem Tag und Nacht wird von der Him-mels-wacht Preis, Lob und Ehr ge-bracht: O Je-su, A-men.

2. Weg, Phantasie! / Mein Herr und Gott ist hie; / du schläfst, mein Wächter, nie, / dir will ich wachen. / Ich liebe dich, / ich geb zum Opfer mich / und lasse ewiglich / dich mit mir machen.

3. Es leuchte dir / der Himmelslichter Zier; / ich sei dein Sternlein, hier / und dort zu funkeln. / Nun kehr ich ein, / Herr, rede du allein / beim tiefsten Stillesein / zu mir im Dunkeln.

T: GERHARD TERSTEEGEN 1745
M: 17. JH.; GEISTLICH 17. JH.,
BEI GERHARD TERSTEEGEN 1745, SOLINGEN 1779

ABEND

(Ö) 481

1. Nun sich der Tag geendet, mein Herz zu dir sich wendet und danket inniglich; dein holdes Angesichte zum Segen auf mich richte, erleuchte und entzünde mich.

2. Die Zeit ist wie verschenket, / drin man nicht dein gedenket, / da hat man's nirgend gut; / weil du uns Herz und Leben / allein für dich gegeben, / das Herz allein in dir auch ruht.

3. Ich schließe mich aufs Neue / in deine Vatertreue / und Schutz und Herze ein; / der Finsternis Geschäfte / und alle bösen Kräfte / vertreibe durch dein Nahesein.

4. Dass du mich stets umgibest, / dass du mich herzlich liebest / und rufst zu dir hinein, / dass du vergnügst alleine / so wesentlich, so reine, / lass früh und spät mir wichtig sein.

5. Ein Tag, der sagt dem andern, / mein Leben sei ein Wandern / zur großen Ewigkeit. / O Ewigkeit, so schöne, / mein Herz an dich gewöhne, / mein Heim ist nicht in dieser Zeit.

T: GERHARD TERSTEEGEN 1745
M: O WELT, ICH MUSS DICH LASSEN (NR. 521)

GLAUBE – LIEBE – HOFFNUNG

482 ö

2. Wie ist die Welt so stille / und in der Dämmrung Hülle / so traulich und so hold / als eine stille Kammer, / wo ihr des Tages Jammer / verschlafen und vergessen sollt.

3. Seht ihr den Mond dort stehen? / Er ist nur halb zu sehen / und ist doch rund und schön. / So sind wohl manche Sachen, / die wir getrost belachen, / weil unsre Augen sie nicht sehn.

ABEND

4. Wir stolzen Menschenkinder / sind eitel arme Sünder / und wissen gar nicht viel. / Wir spinnen Luftgespinste / und suchen viele Künste / und kommen weiter von dem Ziel.

5. Gott, lass dein Heil uns schauen, / auf nichts Vergänglichs trauen, / nicht Eitelkeit uns freun; / lass uns einfältig werden / und vor dir hier auf Erden / wie Kinder fromm und fröhlich sein.

GLAUBE – LIEBE – HOFFNUNG

1. Der Mond ist aufgegangen, die goldnen Sternlein prangen am Himmel hell und klar. Der Wald steht schwarz und schweiget, und aus den Wiesen steiget der weiße Nebel wunderbar.

2. Wie ist die Welt so stille / und in der Dämmrung Hülle / so traulich und so hold / als eine stille Kammer, / wo ihr des Tages Jammer / verschlafen und vergessen sollt.

3. Seht ihr den Mond dort stehen? / Er ist nur halb zu sehen / und ist doch rund und schön. / So sind wohl manche Sachen, / die wir getrost belachen, / weil unsre Augen sie nicht sehn.

4. Wir stolzen Menschenkinder / sind eitel arme Sünder / und wissen gar nicht viel. / Wir spinnen Luftgespinste / und suchen viele Künste / und kommen weiter von dem Ziel.

5. Gott, lass dein Heil uns schauen, / auf nichts Vergänglichs trauen, / nicht Eitelkeit uns freun; / lass uns einfältig werden / und vor dir hier auf Erden / wie Kinder fromm und fröhlich sein.

ABEND

6. Wollst endlich sonder Grämen / aus dieser Welt uns nehmen / durch einen sanften Tod; / und wenn du uns genommen, / lass uns in' Himmel kommen, / du unser Herr und unser Gott.

7. So legt euch denn, ihr Brüder, / in Gottes Namen nieder; / kalt ist der Abendhauch. / Verschon uns, Gott, mit Strafen / und lass uns ruhig schlafen. / Und unsern kranken Nachbarn auch!

T: MATTHIAS CLAUDIUS 1779
M: JOHANN ABRAHAM PETER SCHULZ 1790
SATZ: MAX REGER UM 1905

T: LUKAS 24,29
KANON FÜR 3 STIMMEN:
ALBERT THATE 1935

GLAUBE – LIEBE – HOFFNUNG

484

1. Müde bin ich, geh zur Ruh, schließe meine Augen zu. Vater, lass die Augen dein über meinem Bette sein.

2. Hab ich Unrecht heut getan, / sieh es, lieber Gott, nicht an. / Deine Gnad und Jesu Blut / machen allen Schaden gut.

3. Alle, die mir sind verwandt, / Gott, lass ruhn in deiner Hand; / alle Menschen, groß und klein, / sollen dir befohlen sein.

4. Müden Herzen sende Ruh, / nasse Augen schließe zu. / Lass den Mond am Himmel stehn / und die stille Welt besehn.

T: LUISE HENSEL 1817
M: KAISERSWERTH 1842

ABEND

485

1. Du Schöpfer aller Wesen, du Lenker aller Zeit, die Woche, die gewesen, kehrt heim zur Ewigkeit.

2. Anbetend, Herr, wir singen / das Lied der Ewigkeit, / zu dir zurück wir bringen / die anvertraute Zeit.

3. Dir sind wir ganz verschrieben, / ein bleibend Eigentum. / Hilf, dass wir rein dich lieben, / rein künden deinen Ruhm.

4. Wenn jetzt es um uns dunkelt, / sei selber unser Licht, / und wenn das Irrlicht funkelt, / lass uns verirren nicht.

5. Die Schuld will uns vertreiben, / Herr Christ, vergib sie du. / Lass unsern Glauben bleiben / in deines Todes Ruh

6. Dein Kreuzeshand nun segne / die Schar, die kniet vor dir, / und jedem selbst begegne: / »Der Friede sei mit dir.«

T: OTTO RIETHMÜLLER 1934 NACH DEM HYMNUS
»DEUS, CREATOR OMNIUM«
DES AMBROSIUS VON MAILAND UM 386
M: OTTO RIETHMÜLLER 1934

GLAUBE – LIEBE – HOFFNUNG

486 ö

1. Ich liege, Herr, in deiner Hut und schlafe ganz mit Frieden. Dem, der in deinen Armen ruht, ist wahre Rast beschieden.

Ps 4,9

2. Du bist's allein, Herr, der stets wacht, / zu helfen und zu stillen, / wenn mich die Schatten finstrer Nacht / mit jäher Angst erfüllen.

3. Dein starker Arm ist ausgereckt, / dass Unheil mich verschone / und ich, was auch den Schlaf noch schreckt, / beschirmt und sicher wohne.

4. So will ich, wenn der Abend sinkt, / des Leides nicht gedenken, / das mancher Erdentag noch bringt, / und mich darein versenken,

5. wie du, wenn alles nichtig war, / worauf die Menschen hoffen, / zur Seite warst und wunderbar / mir Plan und Rat getroffen.

6. Weil du der mächt'ge Helfer bist, / will ich mich ganz bescheiden / und, was bei dir verborgen ist, / dir zu entreißen meiden.

7. Ich achte nicht der künft'gen Angst. / Ich harre deiner Treue, / der du nicht mehr von mir verlangst, / als dass ich stets aufs Neue

ABEND

8. zu kummerlosem, tiefem Schlaf / in deine Huld mich bette, / vor allem, was mich bitter traf, / in deine Liebe rette.

9. Ich weiß, dass auch der Tag, der kommt, / mir deine Nähe kündet / und dass sich alles, was mir frommt, / in deinen Ratschluss findet.

10. Sind nun die dunklen Stunden da, / soll hell vor mir erstehen, / was du, als ich den Weg nicht sah, / zu meinem Heil ersehen.

11. Du hast die Lider mir berührt. / Ich schlafe ohne Sorgen. / Der mich in diese Nacht geführt, / der leitet mich auch morgen.

T: JOCHEN KLEPPER 1938
M: FRITZ WERNER 1951

Wache du, Herr, mit denen, die wachen oder weinen in dieser Nacht. Hüte deine Kranken, lass deine Müden ruhen, segne deine Sterbenden, tröste deine Leidenden. Erbarme dich deiner Betrübten und sei mit deinen Fröhlichen.

AURELIUS AUGUSTINUS

GLAUBE – LIEBE – HOFFNUNG

487

ABEND

Wacht über ihr bestellt.
Wacht über ihr bestellt.
Wacht über ihr bestellt.

2. Einer wacht und trägt allein / ihre Müh und Plag, / der lässt keinen einsam sein, / weder Nacht noch Tag.

3. Jesu Christ, mein Hort und Halt, / dein gedenk ich nun, / tu mit Bitten dir Gewalt: / Bleib bei meinem Ruhn.

4. Wenn dein Aug ob meinem wacht, / wenn dein Trost mir frommt, / weiß ich, dass auf gute Nacht / guter Morgen kommt.

T: RUDOLF ALEXANDER SCHRÖDER 1942
M UND SATZ FÜR 3 FRAUENSTIMMEN:
SAMUEL ROTHENBERG 1948

GLAUBE – LIEBE – HOFFNUNG

488

1. Bleib bei mir, Herr! Der Abend bricht herein. Es kommt die Nacht, die Finsternis fällt ein. Wo fänd ich Trost, wärst du, mein Gott, nicht hier? Hilf dem, der hilflos ist: Herr, bleib bei mir!

Lk 24,29

2. Wie bald verebbt der Tag, das Leben weicht, / die Lust verglimmt, der Erdenruhm verbleicht; / umringt von Fall und Wandel leben wir. / Unwandelbar bist du: Herr, bleib bei mir!

3. Ich brauch zu jeder Stund dein Nahesein, / denn des Versuchers Macht brichst du allein. / Wer hilft mir sonst, wenn ich den Halt verlier? / In Licht und Dunkelheit, Herr, bleib bei mir!

4. Von deiner Hand geführt, fürcht ich kein Leid, / kein Unglück, keiner Trübsal Bitterkeit. / Was ist der Tod, bist du mir Schild und Zier? / Den Stachel nimmst du ihm: Herr, bleib bei mir!

ABEND

5. Halt mir dein Kreuz vor, wenn mein Auge bricht; / im Todesdunkel bleibe du mein Licht. / Es tagt, die Schatten fliehn, ich geh zu dir. / Im Leben und im Tod, Herr, bleib bei mir!

T: THEODOR WERNER 1952 NACH DEM ENGLISCHEN
»ABIDE WITH ME« VON HENRY FRANCIS LYTE 1847
M: WILLIAM HENRY MONK 1861

Herr, wir danken dir in dieser Abendstunde, dass du uns verliehen hast, unter deinem Schutz diesen Tag zu vollenden, dass du uns Kraft gegeben hast zu unserer Arbeit und uns trägst mit deinem Erbarmen. Wir bitten dich, Herr: Wandle in Segen, was uns ängstet und beschwert. Wie die Früchte des Feldes gedeihen unter Sonne, Wind und Wolken, lass auch uns reifen für deine Ernte. Wir bitten dich, himmlischer Vater, um den hellen Schein deines Angesichts über die Menschen, die wir lieb haben, und über die Menschen, die uns zu tragen geben. Dein sind wir im Licht und im Dunkel der Zeit. Du segnest unsern Ausgang und Eingang in Ewigkeit.

2. Ihn, um den die Sterne kreisen, / ihn, der alle Himmel kennt, / preist ihn, der in unsern Nächten / heller als die Sonne brennt. / Der das Grauen, der den Tod bezwang, / beugt sich über unseren Schlaf.
Preist den Tag und die Nacht! / Preist die Nacht und den Tag! / Preist die Sonne, preiset die Erde, / preist den Herrn aller Welten. / Amen, Amen.

> T STR. 1: HELMUT KÖNIG 1957
> NACH EINEM LIED AUS ISRAEL;
> STR. 2 CHRISTINE HEUSER 1966
> M: AUS ISRAEL

Deshalb beuge ich meine Knie vor dem Vater, der der rechte Vater ist über alles, was da Kinder heißt im Himmel und auf Erden, dass er euch Kraft gebe nach dem Reichtum seiner Herrlichkeit, stark zu werden durch seinen Geist an dem inwendigen Menschen, dass Christus durch den Glauben in euren Herzen wohne und ihr in der Liebe eingewurzelt und gegründet seid. EPHESER 3,14-17

GLAUBE – LIEBE – HOFFNUNG

490

1. Der Tag ist um, die Nacht kehrt wieder, auch sie, o Herr, ist deine Zeit. Dich priesen unsre Morgenlieder, dir sei die Stille nun geweiht.

2. Wie über Länder, über Meere / der Morgen ewig weiterzieht, / tönt stets ein Lied zu deiner Ehre, / dein Lob, vor dem der Schatten flieht.

3. Kaum ist die Sonne uns entschwunden, / weckt ferne Menschen schon ihr Lauf, / und herrlich neu steigt alle Stunden / die Kunde deiner Wunder auf.

4. So mögen Erdenreiche fallen, / dein Reich, Herr, steht in Ewigkeit / und wächst und wächst, bis endlich allen / das Herz zu deinem Dienst bereit.

> T: KARL ALBRECHT HÖPPL 1958 NACH DEM ENGLISCHEN
> »THE DAY THOU GAVEST, LORD, IS ENDED«
> VON JOHN F. ELLERTON 1870 (NR. 266)
> M: O DASS DOCH BALD DEIN FEUER BRENNTE (NR. 255)

ABEND

491

1. Bevor die Sonne sinkt, will ich den Tag bedenken. Die Zeit, sie eilt dahin, wir halten nichts in Händen.

2. Bevor die Sonne sinkt, / will ich das Sorgen lassen. / Mein Gott, bei dir bin ich / zu keiner Stund vergessen.

3. Bevor die Sonne sinkt, / will ich dir herzlich danken. / Die Zeit, die du mir lässt, / möcht ich dir Lieder singen.

4. Bevor die Sonne sinkt, / will ich dich herzlich bitten: / Nimm du den Tag zurück / in deine guten Hände.

T: CHRISTA WEISS/KURT ROMMEL 1965
M: ROLF SCHWEIZER 1974

GLAUBE – LIEBE – HOFFNUNG

492 ö

1. Ruhet von des Tages Müh,
2. Nacht will es nun werden.
3. Lasst die Sorg bis morgen früh!
4. Gott bewacht die Erden.

T UND KANON FÜR 4 STIMMEN:
MARTIN HESEKIEL 1931

ABEND

493

Eine ruhige Nacht und ein seliges Ende verleihe uns der allmächtige, gnädige Gott.

*♮ am Schluss

T: AUS DER KOMPLET
KANON FÜR 4 STIMMEN:
CHRISTIAN LAHUSEN (1946) 1948

Herr Gott, du wohnst im Lichte und vertreibst alle Finsternis. Erleuchte die Dunkelheit, die uns umgibt, durch den hellen Schein deiner Gegenwart, und halte von uns fern die Schrecken der Nacht, damit wir Tag und Nacht in deiner Gnade geborgen sind.

ARBEIT

1. In Gottes Namen fang ich an,
was mir zu tun gebühret;
mit Gott wird alles wohlgetan
und glücklich ausgeführet.
Was man in Gottes Namen tut,
ist allenthalben recht und gut
und kann uns auch gedeihen.

2. Gott ist's, der das Vermögen schafft, / was Gutes zu vollbringen; / er gibt uns Segen, Mut und Kraft / und lässt das Werk gelingen; / ist er mit uns und sein Gedeihn, / so muss der Zug gesegnet sein,* / dass wir die Fülle haben. *Lk 5,4-7

3. Wer erst nach Gottes Reiche tracht' / und bleibt auf seinen Wegen, / der wird von ihm gar reich gemacht / durch seinen milden Segen. / Da wird der Fromme froh und satt, / dass er von seiner Arbeit hat / auch Armen Brot zu geben.

4. Drum komm, Herr Jesu, stärke mich, / hilf mir in meinen Werken, / lass du mit deiner Gnade dich / bei meiner Arbeit merken; / gib dein Gedeihen selbst dazu, / dass ich in allem, was ich tu, / ererbe deinen Segen.

5. Regiere mich durch deinen Geist, / den Müßiggang zu meiden, / dass das, was du mich schaffen heißt, / gescheh mit lauter Freuden; / auch dass ich dir mit aller Treu / auf dein Gebot gehorsam sei / und meinen Nächsten liebe.

6. Nun, Jesu, komm und bleib bei mir. / Die Werke meiner Hände / befehl ich, liebster Heiland, dir; / hilf, dass ich sie vollende / zu deines Namens Herrlichkeit, / und gib, dass ich zur Abendzeit / erwünschten Lohn empfange.

T: SALOMO LISCOW (VOR 1672) 1674
M: SEI LOB UND EHR DEM HÖCHSTEN GUT (NR. 326)

GLAUBE – LIEBE – HOFFNUNG

495

Erste Melodie

1. O Gott, du from-mer Gott,
   ohn den nichts ist, was ist,
du Brunn-quell gu-ter Ga-ben,
von dem wir al-les ha-ben:
Ge-sun-den Leib gib mir und
dass in sol-chem Leib ein un-ver-
letz-te Seel und rein Ge-wis-sen bleib.

Zweite Melodie

1. O Gott, du from-mer Gott,
   ohn den nichts ist, was ist,
du Brunn-quell gu-ter Ga-ben,
von dem wir al-les ha-ben:

ARBEIT

Ge - sun-den Leib gib mir und dass in sol-chem Leib ein un-ver-letz-te Seel und rein Ge-wis-sen bleib.

2. Gib, dass ich tu mit Fleiß, / was mir zu tun gebühret, / wozu mich dein Befehl / in meinem Stande führet. / Gib, dass ich's tue bald, / zu der Zeit, da ich soll, / und wenn ich's tu, so gib, / dass es gerate wohl.

3. Hilf, dass ich rede stets, / womit ich kann bestehen; / lass kein unnützlich Wort / aus meinem Munde gehen; / und wenn in meinem Amt / ich reden soll und muss, / so gib den Worten Kraft / und Nachdruck ohn Verdruss.

4. Find't sich Gefährlichkeit, / so lass mich nicht verzagen, / gib einen Heldenmut, / das Kreuz hilf selber tragen. / Gib, dass ich meinen Feind / mit Sanftmut überwind / und, wenn ich Rat bedarf, / auch guten Rat erfind.

5. Lass mich mit jedermann / in Fried und Freundschaft leben, / soweit es christlich ist. / Willst du mir etwas geben / an Reichtum, Gut und Geld, / so gib auch dies dabei, / dass von unrechtem Gut / nichts untermenget sei.

6. Soll ich auf dieser Welt / mein Leben höher bringen, / durch manchen sauren Tritt / hindurch ins Alter dringen, / so gib Geduld; vor Sünd / und Schanden mich bewahr, / dass ich mit Ehren trag / all meine grauen Haar.

GLAUBE – LIEBE – HOFFNUNG

7. Lass mich an meinem End / auf Christi Tod abscheiden; / die Seele nimm zu dir / hinauf zu deinen Freuden; / dem Leib ein Räumlein gönn / bei seiner Eltern Grab, / auf dass er seine Ruh / an ihrer Seite hab.

8. Wenn du die Toten wirst / an jenem Tag erwecken, / so tu auch deine Hand / zu meinem Grab ausstrecken, / lass hören deine Stimm / und meinen Leib weck auf / und führ ihn schön verklärt / zum auserwählten Hauf.

T: JOHANN HEERMANN 1630
ERSTE MELODIE: BRAUNSCHWEIG 1648
ZWEITE MELODIE: REGENSBURG 1675, MEININGEN 1693

496

Lass dich, Herr Jesu Christ,
komm in mein Haus und Herz
durch mein Gebet bewegen,
und bringe mir den Segen.
All Arbeit, Müh und Kunst
ohn dich nichts richtet aus;
wo du mit Gnaden bist,
gesegnet wird das Haus.

T: JOHANN HEERMANN 1630
M: O GOTT, DU FROMMER GOTT (NR. 495 II)

ARBEIT

497

1. Ich weiß, mein Gott, dass all mein Tun
und Werk in deinem Willen ruhn,
von dir kommt Glück und Segen;
was du regierst, das geht und steht
auf rechten, guten Wegen.

2. Es steht in keines Menschen Macht, / dass sein Rat werd ins Werk gebracht / und seines Gangs sich freue; / des Höchsten Rat, der macht's allein, / dass Menschenrat gedeihe.

3. Es fängt so mancher weise Mann / ein gutes Werk zwar fröhlich an / und bringt's doch nicht zum Stande; / er baut ein Schloss und festes Haus, / doch nur auf lauterm Sande.

4. Verleihe mir das edle Licht, / das sich von deinem Angesicht / in fromme Seelen strecket / und da der rechten Weisheit Kraft / durch deine Kraft erwecket.

5. Gib mir Verstand aus deiner Höh, / auf dass ich ja nicht ruh und steh / auf meinem eignen Willen; / sei du mein Freund und treuer Rat, / was recht ist, zu erfüllen.

GLAUBE – LIEBE – HOFFNUNG

6. Prüf alles wohl, und was mir gut,
das gib mir ein; was Fleisch und Blut
er-wäh-let, das ver-weh-re.
Der höchste Zweck, das beste Teil
sei deine Lieb und Eh - - re.

7. Was dir gefällt, das lass auch mir, / o meiner Seelen Sonn und Zier, / gefallen und belieben; / was dir zuwider, lass mich nicht / in Werk und Tat verüben.

8. Ist's Werk von dir, so hilf zu Glück, / ist's Menschentun, so treib zurück / und ändre meine Sinnen. / Was du nicht wirkst, das pflegt von selbst / in kurzem zu zerrinnen.

9. Tritt du zu mir und mache leicht, / was mir sonst fast unmöglich deucht, / und bring zum guten Ende, / was du selbst angefangen hast / durch Weisheit deiner Hände.

10. Ist ja der Anfang etwas schwer / und muss ich auch ins tiefe Meer / der bittern Sorgen treten, / so treib mich nur, ohn Unterlass / zu seufzen und zu beten.

11. Wer fleißig betet und dir traut, / wird alles, davor sonst ihm graut, / mit tapferm Mut bezwingen; / sein Sorgenstein wird in der Eil / in tausend Stücke springen.

12. Der Weg zum Guten ist gar wild, / mit Dorn und Hecken ausgefüllt; / doch wer ihn freudig gehet, / kommt endlich, Herr, durch deinen Geist, / wo Freud und Wonne stehet.

13. Du bist mein Vater, ich dein Kind; / was ich bei mir nicht hab und find, / hast du zu aller G'nüge. / So hilf nur, dass ich meinen Stand / wohl halt und herrlich siege.

14. Dein soll sein aller Ruhm und Ehr, / ich will dein Tun je mehr und mehr / aus hocherfreuter Seelen / vor deinem Volk und aller Welt, / solang ich leb, erzählen.

T: PAUL GERHARDT 1653
M: 16. JH., DRESDEN 1608

AUF REISEN

498

1. In Gottes Namen fahren wir, sein heilger Engel geh uns für wie dem Volk in Ägyptenland, das entging Pharaonis Hand. Kyrieleis.

2. Mose 13,21

2. Herr, du wollst uns Geleitsmann sein / und mit uns gehen aus und ein / und zeigen alle Steig und Steg, / wehren dem Unfall auf dem Weg. / Kyrieleis.

3. So wird kein Berg noch tiefes Tal, / kein Wasser irrn uns überall; / froh kommen wir an unsern Ort, / wenn du uns gnädig hilfest fort. / Kyrieleis.

4. Herr Christ, du bist der rechte Weg / zum Himmel und der ein'ge Steg; / hilf uns Pilgern ins Vaterland, / weil du dein Blut hast dran gewandt. / Kyrieleis.

T: NIKOLAUS HERMAN (1560) 1562
NACH EINEM KREUZFAHRERLIED 12. JH.
M: 15. JH., ERFURT 1524

NATUR UND JAHRESZEITEN

(Ö) 499

1. Erd und Himmel sollen singen vor dem Herrn der Herrlichkeit, alle Welt soll hell erklingen, loben Gott zu dieser Zeit. Halleluja, dienen ihm in Ewigkeit.

2. Sonne, Mond und Stern sich neigen / vor dem Herrn der Herrlichkeit; / Tag und Nacht sie nimmer schweigen, / loben Gott zu aller Zeit. / Halleluja, dienen ihm in Ewigkeit.

3. Darum kannst auch du nicht schweigen / vor dem Herrn der Herrlichkeit, / deinen Dank ihm zu erzeigen, / lobe Gott zu aller Zeit. / Halleluja, diene ihm in Ewigkeit.

T: STR. 1–2 PAUL ERNST RUPPEL 1957
NACH DEM HYMNUS »CORDE NATUS EX PARENTIS«
VON AURELIUS PRUDENTIUS CLEMENS UM 405;
STR. 3 PAULUS STEIN 1961
M: PAUL ERNST RUPPEL 1957 NACH DEM SPIRITUAL
»SINGING WITH A SWORD IN MY HANDS, LORD«

GLAUBE – LIEBE – HOFFNUNG

500

Andere Melodie:
Wie lieblich ist der Maien (Nr. 501)

1. Lobt Gott in allen Landen und lasst uns fröhlich sein: Der Sommer ist vorhanden, die Sonn gibt hellen Schein, der Winter ist vergangen, das Feld ist voller Frücht, die wir von Gott empfangen, wie man vor Augen sieht.

2. Herr, gib durch deinen Segen / den lieben Sonnenschein, / dazu den sanften Regen, / die du uns schaffst allein. / Die Frücht im Feld vermehre, / behüt vor Reif und Schloß'* / und allem Unheil wehre, / dein Güt und Macht ist groß. *Hagel

3. Gib uns auch hier auf Erden / die geistlich Sommerzeit, / dass uns bei den Beschwerden / dein Hilf stets sei bereit, / damit wir willig tragen / all Trübsal, Angst und Not / und endlich nicht verzagen, / wenn uns hinreißt der Tod.

4. Füll unser Herz mit Freuden / durch Wohltat mancherlei, / dass uns nichts möge scheiden / von deiner Gnad und Treu, / solang wir sind auf Erden, / bis wir vor deinem Thron / einst ewig selig werden, / empfangn die Ehrenkron.

T: MARTIN BEHM (1604) 1606
M: HERZLICH TUT MICH ERFREUEN (NR. 148)

Herr, unser Gott, dein ist die Erde. Jedes Jahr erneuerst du sie zum Wachsen und Blühen. Was wir gesät haben, lass zur Frucht gedeihen, sende Sonne und Regen zur rechten Zeit, erhalte uns Kraft und Gesundheit zur Arbeit, in unseren Herzen aber lass dein Wort Frucht bringen, dass wir deiner ewigen Ernte entgegenwachsen.

GLAUBE – LIEBE – HOFFNUNG

501

1. Wie lieblich ist der Maien / aus lauter Gottesgüt, / des sich die Menschen freuen, / weil alles grünt und blüht. / Die Tier sieht man jetzt springen / mit Lust auf grüner Weid, / die Vöglein hört man singen, / die loben Gott mit Freud.

2. Herr, dir sei Lob und Ehre / für solche Gaben dein! / Die Blüt zur Frucht vermehre, / lass sie ersprießlich sein. / Es steht in deinen Händen, / dein Macht und Güt ist groß; / drum wollst du von uns wenden / Mehltau, Frost, Reif und Schloß'*.   *Hagel*

3. Herr, lass die Sonne blicken / ins finstre Herze mein, / damit sich's möge schicken, / fröhlich im Geist zu sein, / die größte Lust zu haben / allein an deinem Wort, / das mich im Kreuz kann laben / und weist des Himmels Pfort.

4. Mein Arbeit hilf vollbringen / zu Lob dem Namen dein / und lass mir wohl gelingen, / im Geist fruchtbar zu sein; / die Blümlein lass aufgehen / von Tugend mancherlei, / damit ich mög bestehen / und nicht verwerflich sei.

T: MARTIN BEHM (1604) 1606
M: JOHANN STEURLEIN 1575;
GEISTLICH NÜRNBERG 1581

502

1. Nun preiset alle Gottes Barmherzigkeit! Lob ihn mit Schalle, werteste Christenheit! Er lässt dich freundlich zu sich laden; freue dich, Israel, seiner Gnaden, freue dich, Israel, seiner Gnaden!

2. Der Herr regieret über die ganze Welt; / was sich nur rühret, alles zu Fuß ihm fällt; / viel tausend Engel um ihn schweben, / Psalter und Harfe ihm Ehre geben, / Psalter und Harfe ihm Ehre geben.

3. Wohlauf, ihr Heiden, lasset das Trauern sein, / zur grünen Weiden stellet euch willig ein; / da lässt er uns sein Wort verkünden, / machet uns ledig von allen Sünden, / machet uns ledig von allen Sünden.

4. Er gibet Speise reichlich und überall, / nach Vaters Weise sättigt er allzumal; / er schaffet frühn und späten Regen, / füllet uns alle mit seinem Segen, / füllet uns alle mit seinem Segen.

5. Drum preis und ehre seine Barmherzigkeit; / sein Lob vermehre, werteste Christenheit! / Uns soll hinfort kein Unfall schaden; / freue dich, Israel, seiner Gnaden, / freue dich, Israel, seiner Gnaden!

T UND M: MATTHÄUS APELLES
VON LÖWENSTERN 1644

*Solange die Erde steht, soll nicht aufhören
Saat und Ernte, Frost und Hitze, Sommer
und Winter, Tag und Nacht.*

1. MOSE 8,22

NATUR UND JAHRESZEITEN

(Ö) 503

1. Geh aus, mein Herz, und suche Freud in dieser lieben Sommerzeit an deines Gottes Gaben; schau an der schönen Gärten Zier und siehe, wie sie mir und dir sich ausgeschmücket haben, sich ausgeschmücket haben.

2. Die Bäume stehen voller Laub, / das Erdreich decket seinen Staub / mit einem grünen Kleide; / Narzissus und die Tulipan, / die ziehen sich viel schöner an / als Salomonis Seide, / als Salomonis Seide. *Mt 6,28.29*

3. Die Lerche schwingt sich in die Luft, / das Täublein fliegt aus seiner Kluft / und macht sich in die Wälder; / die hoch begabte Nachtigall / ergötzt und füllt mit ihrem Schall / Berg, Hügel, Tal und Felder, / Berg, Hügel, Tal und Felder.

GLAUBE – LIEBE – HOFFNUNG

5. Die Bächlein rauschen in dem Sand / und malen sich an ihrem Rand / mit schattenreichen Myrten; / die Wiesen liegen hart dabei / und klingen ganz vom Lustgeschrei / der Schaf und ihrer Hirten, / der Schaf und ihrer Hirten.

6. Die unverdrossne Bienenschar / fliegt hin und her, sucht hier und da / ihr edle Honigspeise; / des süßen Weinstocks starker Saft / bringt täglich neue Stärk und Kraft / in seinem schwachen Reise, / in seinem schwachen Reise.

7. Der Weizen wächset mit Gewalt; / darüber jauchzet Jung und Alt / und rühmt die große Güte / des, der so überfließend labt / und mit so manchem Gut begabt / das menschliche Gemüte, / das menschliche Gemüte.

8. Ich selber kann und mag nicht ruhn, / des großen Gottes großes Tun / erweckt mir alle Sinnen; / ich singe mit, wenn alles singt, / und lasse, was dem Höchsten klingt, / aus meinem Herzen rinnen, / aus meinem Herzen rinnen.

9. Ach, denk ich, bist du hier so schön / und lässt du's uns so lieblich gehn / auf dieser armen Erden: / Was will doch wohl nach dieser Welt / dort in dem reichen Himmelszelt / und güldnen Schlosse werden, / und güldnen Schlosse werden!

10. Welch hohe Lust, welch heller Schein / wird wohl in Christi Garten sein! / Wie muss es da wohl klingen, / da so viel tausend Seraphim / mit unverdrossnem Mund und Stimm / ihr Halleluja singen, / ihr Halleluja singen.

11. O wär ich da! O stünd ich schon, / ach süßer Gott, vor deinem Thron / und trüge meine Palmen: / So wollt ich nach der Engel Weis / erhöhen deines Namens Preis / mit tausend schönen Psalmen, / mit tausend schönen Psalmen.

12. Doch gleichwohl will ich, weil ich noch / hier trage dieses Leibes Joch, / auch nicht gar stille schweigen; / mein Herze soll sich fort und fort / an diesem und an allem Ort / zu deinem Lobe neigen, / zu deinem Lobe neigen.

13. Hilf mir und segne meinen Geist / mit Segen, der vom Himmel fleußt, / dass ich dir stetig blühe; / gib, dass der Sommer deiner Gnad / in meiner Seele früh und spat / viel Glaubensfrüchte ziehe, / viel Glaubensfrüchte ziehe.

GLAUBE – LIEBE – HOFFNUNG

14. Mach in mir deinem Geiste Raum, / dass ich dir werd ein guter Baum, / und lass mich Wurzel treiben. / Verleihe, dass zu deinem Ruhm / ich deines Gartens schöne Blum / und Pflanze möge bleiben, / und Pflanze möge bleiben.

15. Erwähle mich zum Paradeis / und lass mich bis zur letzten Reis / an Leib und Seele grünen, / so will ich dir und deiner Ehr / allein und sonsten keinem mehr / hier und dort ewig dienen, / hier und dort ewig dienen.

T: PAUL GERHARDT 1653
M: AUGUST HARDER VOR 1813

Seht die Vögel unter dem Himmel an: sie säen nicht, sie ernten nicht, sie sammeln nicht in die Scheunen; und euer himmlischer Vater ernährt sie doch. Seid ihr denn nicht viel mehr als sie? Schaut die Lilien auf dem Feld an, wie sie wachsen: sie arbeiten nicht, auch spinnen sie nicht. Ich sage euch, dass auch Salomo in aller seiner Herrlichkeit nicht gekleidet gewesen ist wie eine von ihnen. Wenn nun Gott das Gras auf dem Feld so kleidet, das doch heute steht und morgen in den Ofen geworfen wird: sollte er das nicht viel mehr für euch tun, ihr Kleingläubigen?

MATTHÄUS 6,26.28-30

NATUR UND JAHRESZEITEN

(Ö) 504

1. Himmel, Erde, Luft und Meer zeugen von des Schöpfers Ehr; meine Seele, singe du, bring auch jetzt dein Lob herzu.

2. Seht das große Sonnenlicht, / wie es durch die Wolken bricht; / auch der Mond, der Sterne Pracht / jauchzen Gott bei stiller Nacht.

3. Seht, wie Gott der Erde Ball / hat gezieret überall. / Wälder, Felder, jedes Tier / zeigen Gottes Finger hier.

4. Seht, wie fliegt der Vögel Schar / in den Lüften Paar bei Paar. / Blitz und Donner, Hagel, Wind / seines Willens Diener sind.

5. Seht der Wasserwellen Lauf, / wie sie steigen ab und auf; / von der Quelle bis zum Meer / rauschen sie des Schöpfers Ehr.

6. Ach mein Gott, wie wunderbar / stellst du dich der Seele dar! / Drücke stets in meinen Sinn, / was du bist und was ich bin.

T: JOACHIM NEANDER 1680
M: GEORG CHRISTOPH STRATTNER 1691

GLAUBE – LIEBE – HOFFNUNG

505

1. Die Ernt ist nun zu Ende,
woraus Gott alle Stände
der Segen eingebracht,
satt, reich und fröhlich macht.
Der treue Gott lebt noch,
man kann es deutlich merken
an so viel Liebeswerken,
drum preisen wir ihn hoch.

2. Wir rühmen seine Güte, / die uns das Feld bestellt / und oft ohn unsre Bitte / getan, was uns gefällt; / die immer noch geschont, / ob wir gleich gottlos leben, / die Fried und Ruh gegeben, / dass jeder sicher wohnt.

3. Zwar manchen schönen Segen / hat böses Tun verderbt, / den wir auf guten Wegen / sonst hätten noch ererbt; / doch hat Gott mehr getan / aus unverdienter Güte, / als Mund, Herz und Gemüte / nach Würden rühmen kann.

4. O allerliebster Vater, / du hast viel Dank verdient; / du mildester Berater / machst, dass uns Segen grünt. / Wohlan, dich loben wir / für abgewandten Schaden, / für viel und große Gnaden; / Herr Gott, wir danken dir.

5. Zum Danken kommt das Bitten: / Du wollest, treuer Gott, / vor Feuer uns behüten / und aller andern Not. / Regier die Obrigkeit, / erhalte deine Gaben, / dass wir uns damit laben, / gib friedevolle Zeit.

6. Kommt unser Lebensende, / so nimm du unsern Geist / in deine Vaterhände, / da er der Ruh genießt, / da ihm kein Leid bewusst; / so ernten wir mit Freuden / nach ausgestandnem Leiden / die Garben voller Lust.

7. Gib, dass zu dir uns lenket, / was du zum Unterhalt / des Leibes hast geschenket, / dass wir dich mannigfalt / in deinen Gaben sehn, / mit Herzen, Mund und Leben / dir Dank und Ehre geben. / O lass es doch geschehn!

T: GOTTFRIED TOLLMANN 1725
M: AUS MEINES HERZENS GRUNDE (NR. 443)

Herr, du Schöpfer aller Dinge, du hast uns die Verantwortung übertragen für diese Erde. Hilf uns, sie zu erhalten und so zu nutzen, dass auch morgen Menschen hier leben können.

GLAUBE – LIEBE – HOFFNUNG

506

1. Wenn ich, o Schöpfer, deine Macht,
die Weisheit deiner Wege,
die Liebe, die für alle wacht,
anbetend überlege:
so weiß ich, von Bewundrung voll,
nicht, wie ich dich erheben soll,
mein Gott, mein Herr und Vater.

2. Mein Auge sieht, wohin es blickt, / die Wunder deiner Werke; / der Himmel, prächtig ausgeschmückt, / preist dich, du Gott der Stärke. / Wer hat die Sonn an ihm erhöht? / Wer kleidet sie mit Majestät? / Wer ruft dem Heer der Sterne?

3. Wer misst dem Winde seinen Lauf? / Wer heißt die Himmel regnen? / Wer schließt den Schoß der Erde auf, / mit Vorrat uns zu segnen? / O Gott der Macht und Herrlichkeit, / Gott, deine Güte reicht so weit, / soweit die Wolken reichen.

4. Dich predigt Sonnenschein und Sturm, / dich preist der Sand am Meere. / Bringt, ruft auch der geringste Wurm, / bringt meinem Schöpfer Ehre! / Mich, ruft der Baum in seiner Pracht, / mich, ruft die Saat, hat Gott gemacht; / bringt unserm Schöpfer Ehre!

5. Der Mensch, ein Leib, den deine Hand / so wunderbar bereitet, / der Mensch, ein Geist, den sein Verstand / dich zu erkennen leitet: / der Mensch, der Schöpfung Ruhm und Preis, / ist sich ein täglicher Beweis / von deiner Güt und Größe.

6. Erheb ihn ewig, o mein Geist, / erhebe seinen Namen; / Gott unser Vater sei gepreist / und alle Welt sag Amen, / und alle Welt fürcht ihren Herrn / und hoff auf ihn und dien ihm gern. / Wer wollte Gott nicht dienen?

T: CHRISTIAN FÜRCHTEGOTT GELLERT 1757
M: BIS HIERHER HAT MICH GOTT GEBRACHT (NR. 329)

Gott wird uns nicht glaubhaft, wenn wir nicht ein großes Werk vor Augen haben, das von ihm stammt, und das erste Werk Gottes, das wir zu sehen haben, ist die Natur.
ADOLF SCHLATTER

GLAUBE – LIEBE – HOFFNUNG

507 ö

1. Him-mels Au, licht und blau, wie viel zählst du Stern-lein? Oh-ne Zahl, so-viel-mal soll mein Gott ge-lo-bet sein.

2. Gottes Welt, wohl bestellt, / wie viel zählst du Stäublein? / Ohne Zahl, sovielmal / soll mein Gott gelobet sein.

3. Sommerfeld, uns auch meld, / wie viel zählst du Gräslein? / Ohne Zahl, sovielmal / soll mein Gott gelobet sein.

4. Dunkler Wald, grün gestalt', / wie viel zählst du Zweiglein? / Ohne Zahl, sovielmal / soll mein Gott gelobet sein.

5. Tiefes Meer, weit umher, / wie viel zählst du Tröpflein? / Ohne Zahl, sovielmal / soll mein Gott gelobet sein.

6. Sonnenschein, klar und rein, / wie viel zählst du Fünklein? / Ohne Zahl, sovielmal / soll mein Gott gelobet sein.

7. Ewigkeit, lange Zeit, / wie viel zählst du Stündlein? / Ohne Zahl, sovielmal / soll mein Gott gelobet sein.

T: DRESDEN 1767
M: LUXEMBURG 1847

NATUR UND JAHRESZEITEN

508

1. Wir pflü-gen und wir streu-en den Sa-men auf das Land, doch Wachs-tum und Ge-dei-hen steht in des Him-mels Hand: Der tut mit lei-sem We-hen sich mild und heim-lich auf und träuft, wenn heim wir ge-hen, Wuchs und Ge-dei-hen drauf.

Kehrvers
Al-le gu-te Ga-be kommt her von Gott dem Herrn, drum dankt ihm, dankt, drum dankt ihm, dankt und hofft auf ihn!

Jak 1,17

GLAUBE – LIEBE – HOFFNUNG

3. Was nah ist und was ferne, / von Gott kommt alles her, / der Strohhalm und die Sterne, / der Sperling und das Meer. / Von ihm sind Büsch und Blätter / und Korn und Obst von ihm, / das schöne Frühlingswetter / und Schnee und Ungestüm.
Alle gute Gabe kommt her von Gott dem Herrn, / drum dankt ihm, dankt, / drum dankt ihm, dankt und hofft auf ihn!

4. Er lässt die Sonn aufgehen, / er stellt des Mondes Lauf; / er lässt die Winde wehen / und tut den Himmel auf. / Er schenkt uns so viel Freude, / er macht uns frisch und rot; / er gibt den Kühen Weide / und unsern Kindern Brot.
Alle gute Gabe kommt her von Gott dem Herrn, / drum dankt ihm, dankt, / drum dankt ihm, dankt und hofft auf ihn!

T: NACH MATTHIAS CLAUDIUS 1783
M: HANNOVER 1800

Gott gibt das tägliche Brot auch ohne unsere Bitte allen bösen Menschen; aber wir bitten in diesem Gebet, dass er's uns erkennen lasse und wir mit Danksagung empfangen unser tägliches Brot.

DER KLEINE KATECHISMUS MARTIN LUTHERS,
AUS DER ERKLÄRUNG
ZUR 4. BITTE DES VATERUNSERS

GLAUBE – LIEBE – HOFFNUNG

509 ö

1. Kein Tierlein ist auf Erden dir, lieber Gott, zu klein. Du ließest alle werden und alle sind sie dein.

Kehrvers

Zu dir, zu dir ruft Mensch und Tier. Der Vogel dir singt. Das Fischlein dir springt. Die Biene dir summt. Der Käfer dir brummt. Auch pfeifet dir das Mäuselein: Herr Gott, du sollst gelobet sein.

2. Das Vöglein in den Lüften / singt dir aus voller Brust, / die Schlange in den Klüften / zischt dir in Lebenslust.
Zu dir, zu dir / ruft Mensch und Tier. / Der Vogel dir singt. / Das Fischlein dir springt. / Die Biene dir summt. / Der Käfer dir brummt. / Auch pfeifet dir das Mäuselein: / Herr Gott, du sollst gelobet sein.

3. Die Fischlein, die da schwimmen, / sind, Herr, vor dir nicht stumm, / du hörest ihre Stimmen, / ohn dich kommt keines um.
Zu dir, zu dir / ruft Mensch und Tier. / Der Vogel dir singt. / Das Fischlein dir springt. / Die Biene dir summt. / Der Käfer dir brummt. / Auch pfeifet dir das Mäuselein: / Herr Gott, du sollst gelobet sein.

4. Vor dir tanzt in der Sonne / der kleinen Mücklein Schwarm, / zum Dank für Lebenswonne / ist keins zu klein und arm.
Zu dir, zu dir / ruft Mensch und Tier. / Der Vogel dir singt. / Das Fischlein dir springt. / Die Biene dir summt. / Der Käfer dir brummt. / Auch pfeifet dir das Mäuselein: / Herr Gott, du sollst gelobet sein.

5. Sonn, Mond gehn auf und unter / in deinem Gnadenreich, / und alle deine Wunder / sind sich an Größe gleich.
Zu dir, zu dir / ruft Mensch und Tier. / Der Vogel dir singt. / Das Fischlein dir springt. / Die Biene dir summt. / Der Käfer dir brummt. / Auch pfeifet dir das Mäuselein: / Herr Gott, du sollst gelobet sein.

T: CLEMENS BRENTANO 1815
M: RICHARD RUDOLF KLEIN 1962

GLAUBE – LIEBE – HOFFNUNG

510 ö

1. Freuet euch der schönen Erde, denn sie ist wohl wert der Freud. O was hat für Herrlichkeiten unser Gott da ausgestreut, unser Gott da ausgestreut!

2. Und doch ist sie seiner Füße / reich geschmückter Schemel nur, / ist nur eine schön begabte, / wunderreiche Kreatur, / wunderreiche Kreatur.

3. Freuet euch an Mond und Sonne / und den Sternen allzumal, / wie sie wandeln, wie sie leuchten / über unserm Erdental, / über unserm Erdental.

4. Und doch sind sie nur Geschöpfe / von des höchsten Gottes Hand, / hingesät auf seines Thrones / weites, glänzendes Gewand, / weites, glänzendes Gewand.

5. Wenn am Schemel seiner Füße / und am Thron schon solcher Schein, / o was muss an seinem Herzen / erst für Glanz und Wonne sein, / erst für Glanz und Wonne sein.

T: PHILIPP SPITTA (1827) 1833
M: FRIEDA FRONMÜLLER 1928

NATUR UND JAHRESZEITEN

ö 511

1. Weißt du, wie viel Stern-lein ste-hen
an dem blau-en Him-mels-zelt?
Weißt du, wie viel Wol-ken ge-hen
weit-hin ü-ber al-le Welt?
Gott der Herr hat sie ge-zäh-let,
dass ihm auch nicht ei-nes feh-let
an der gan-zen gro-ßen Zahl,
an der gan-zen gro-ßen Zahl.

2. Weißt du, wie viel Mücklein spielen / in der heißen Sonnenglut, / wie viel Fischlein auch sich kühlen / in der hellen Wasserflut? / Gott der Herr rief sie mit Namen, / dass sie all ins Leben kamen, / dass sie nun so fröhlich sind, / dass sie nun so fröhlich sind.

3. Weißt du, wie viel Kinder frühe / stehn aus ihrem Bettlein auf, / dass sie ohne Sorg und Mühe / fröhlich sind im Tageslauf? / Gott im Himmel hat an allen / seine Lust, sein Wohlgefallen; / kennt auch dich und hat dich lieb, / kennt auch dich und hat dich lieb.

T: WILHELM HEY 1837
M: VOLKSLIED UM 1818

GLAUBE – LIEBE – HOFFNUNG

512 *Andere Melodie: Herz und Herz vereint zusammen (Nr. 251)*

1. Herr, die Erde ist gesegnet / Güt und Milde hat geregnet, / von dem Wohltun deiner Hand. / dein Geschenk bedeckt das Land: / Auf den Hügeln, in den Gründen / ist dein Segen ausgestreut; / unser Warten ist gekrönet, / unser Herz hast du erfreut.

2. Aller Augen sind erhoben, / Herr, auf dich zu jeder Stund, / dass du Speise gibst von oben / und versorgest jeden Mund. / Und du öffnest deine Hände, / dein Vermögen wird nicht matt, / deine Hilfe, Gab und Spende / machet alle froh und satt. *Ps 145,15.16*

3. Du gedenkst in deiner Treue / an dein Wort zu Noahs Zeit, / dass dich nimmermehr gereue / deine Huld und Freundlichkeit; / und solang die Erde stehet, / über der dein Auge wacht, / soll nicht enden Saat und Ernte, / Frost und Hitze, Tag und Nacht. *1. Mose 8,22*

4. Gnädig hast du ausgegossen / deines Überflusses Horn, / ließest Gras und Kräuter sprossen, / ließest wachsen Frucht und Korn. / Mächtig hast du abgewehret / Schaden, Unfall und Gefahr; / und das Gut steht unversehret / und gesegnet ist das Jahr.

5. Herr, wir haben solche Güte / nicht verdient, die du getan; / unser Wissen und Gemüte / klagt uns vieler Sünden an. / Herr, verleih, dass deine Gnade / jetzt an unsre Seelen rührt, / dass der Reichtum deiner Milde / unser Herz zur Buße führt.

6. Hilf, dass wir dies Gut der Erden / treu verwalten immerfort. / Alles soll geheiligt werden / durch Gebet und Gottes Wort. / Alles, was wir Gutes wirken, / ist gesät in deinen Schoß, / und du wirst die Ernte senden / unaussprechlich reich und groß.

T: HEINRICH PUCHTA 1843
M: O DURCHBRECHER ALLER BANDE (NR. 388)

Man soll Gott in dem finden und lieben, was er uns gerade gibt; wenn es Gott gefällt, uns überwältigendes irdisches Glück genießen zu lassen, dann soll man nicht frömmer sein als Gott und dieses Glück durch übermütige Gedanken und Herausforderungen wurmstichig werden lassen. Gott wird es dem, der ihn in seinem irdischen Glück findet und ihm dankt, schon nicht an Stunden fehlen lassen, in denen er daran erinnert wird, dass das Irdische nur etwas Vorläufiges ist und dass es gut ist, sein Herz an die Ewigkeit zu gewöhnen.

DIETRICH BONHOEFFER

GLAUBE – LIEBE – HOFFNUNG

1. Das Feld ist weiß; vor ihrem Schöpfer neigen
die Ähren sich, ihm Ehre zu bezeigen.
Sie rufen: »Kommet, lasst die Sicheln klingen,
vergesst auch nicht, das Lob des Herrn zu singen!«

2. Ein Jahr, Allgüt'ger, ließest du es währen, / bis uns gereift die Saat, die uns soll nähren. / Nun du sie gibest, sammeln wir die Gabe; / von deiner Huld kommt alle unsre Habe.

3. Wenn du, Herr, sprichst dein göttliches »Es werde«, / füllt sich mit reichen Gaben bald die Erde. / Wenn du dich abkehrst, müssen wir mit Beben / in Staub uns wandeln, können wir nicht leben.

4. Herr, wir sind dein und wollen gern ertragen / im Schweiß des Angesichts der Arbeit Plagen; / nur segne, Vater, unsrer Hände Werke, / schenk uns Gesundheit, neue Kraft und Stärke.

5. Wir wollen kindlich zu Gott Hoffnung hegen / und auch den Armen spenden von dem Segen; / gab er uns wenig, uns dabei bescheiden, / gab er uns reichlich, unnütz nichts vergeuden.

6. Sein sind die Güter, wir nur die Verwalter. / »Tu Rechnung«, spricht der Ewge zum Haushalter. / Wie reife Garben wird nach kurzen Tagen / der Tod uns mähen und zu Grabe tragen.   *Lk 16,2*

7. Am End nimm, Jesu, in die Himmelsscheuern / auch unsre Seelen, Sabbat dort zu feiern. / Die hier mit Tränen streuen edlen Samen, / werden mit Freuden droben ernten. Amen.   *Ps 126,5.6*

T: WILHELM GORTZITZA 1858 NACH DEM
MASURISCHEN »POLA JUZ BIALE«
VON BERNHARD ROSTOCK 1738,
BEARBEITET IM GESANGBUCH KÖNIGSBERG 1886
UND VON RICHARD ABRAMOWSKI 1928
M: 17. JH., KÖNIGSBERG 1885

Die mit Tränen säen,
werden mit Freuden ernten.
Sie gehen hin und weinen
und streuen ihren Samen
und kommen mit Freuden
und bringen ihre Garben.

PSALM 126,5.6

GLAUBE – LIEBE – HOFFNUNG

2. Du Sturm, der durch die Welten zieht, Halleluja, / du Wolke, die am Himmel flieht, Halleluja. / Du Sommers junges Morgenrot, Halleluja, / du Abendschein, der prächtig loht, Halleluja. / Singt ihm Ehre! Singt ihm Ehre! Halleluja.

3. Ihr Wasserbäche, klar und rein, Halleluja, / singt euer Loblied ihm allein, Halleluja. / Du Feuers Flamme auf dem Herd, Halleluja, / daran der Mensch sich wärmt und nährt, Halleluja. / Singt ihm Ehre! Singt ihm Ehre! Halleluja.

4. Du, Mutter Erde, gut und mild, Halleluja, / daraus uns lauter Segen quillt, Halleluja. / Ihr Blumen bunt, ihr Früchte treu, Halleluja, / die Jahr um Jahr uns reifen neu, Halleluja. / Singt ihm Ehre! Singt ihm Ehre! Halleluja.

5. Ihr Herzen, drin die Liebe wohnt, Halleluja, / die ihr den Feind verzeihend schont, Halleluja. / Ihr, die ihr traget schweres Leid, Halleluja, / es Gott zu opfern still bereit, Halleluja. / Singt ihm Ehre! Singt ihm Ehre! Halleluja.

6. Du, der empfängt in letzter Not, Halleluja, / den Odem mein, o Bruder Tod, Halleluja: / Führ Gottes Kinder himmelan, Halleluja, / den Weg, den Jesus ging voran, Halleluja. / Singt ihm Ehre! Singt ihm Ehre! Halleluja.

7. Ihr Kreaturen, singt im Chor: Halleluja! / Hebt euer Herz zu Gott empor, Halleluja. / Vater und Sohn und Heilgem Geist, Halleluja, / dreieinig, heilig, hochgepreist, Halleluja, / sei die Ehre, sei die Ehre! Halleluja.

T: KARL BUDDE 1929 NACH DEM ENGLISCHEN
»ALL CREATURES OF OUR GOD AND KING«
VON WILLIAM HENRY DRAPER (VOR 1919) 1926
NACH DEM SONNENGESANG DES FRANZ VON ASSISI 1225
M: KÖLN 1623

GLAUBE – LIEBE – HOFFNUNG

515

Kehrvers

Lau-da-to si, o mi sig-no-re,
lau-da-to si, o mi sig-no-re,
lau-da-to si, o mi sig-no-re,
lau-da-to si, o mi sig-nor.

Strophen

1. Sei ge-prie-sen, du hast die Welt ge-schaf-fen, sei ge-prie-sen für Son-ne, Mond und Ster-ne, sei ge-prie-sen für Meer und Kon-ti-nen-te, sei ge-prie-sen, denn du bist wun-der-bar, Herr!

Der Kehrvers wird nach jeder Strophe wiederholt.

Der Kehrvers kann auch gleichzeitig mit den Strophen gesungen werden. Einsatz bei dem Zeichen ↓.

2. Sei gepriesen für Licht und Dunkelheiten! / Sei gepriesen für Nächte und für Tage! / Sei gepriesen für Jahre und Gezeiten! / Sei gepriesen, denn du bist wunderbar, Herr!

3. Sei gepriesen für Wolken, Wind und Regen! / Sei gepriesen, du lässt die Quellen springen! / Sei gepriesen, du lässt die Felder reifen! / Sei gepriesen, denn du bist wunderbar, Herr!

4. Sei gepriesen für deine hohen Berge! / Sei gepriesen für Feld und Wald und Täler! / Sei gepriesen für deiner Bäume Schatten! / Sei gepriesen, denn du bist wunderbar, Herr!

5. Sei gepriesen, du lässt die Vögel singen! / Sei gepriesen, du lässt die Fische spielen! / Sei gepriesen für alle deine Tiere! / Sei gepriesen, denn du bist wunderbar, Herr!

6. Sei gepriesen, denn du, Herr, schufst den Menschen! / Sei gepriesen, er ist dein Bild der Liebe! / Sei gepriesen für jedes Volk der Erde! / Sei gepriesen, denn du bist wunderbar, Herr!

7. Sei gepriesen, du selbst bist Mensch geworden! / Sei gepriesen für Jesus, unsern Bruder! / Sei gepriesen, wir tragen seinen Namen! / Sei gepriesen, denn du bist wunderbar, Herr!

8. Sei gepriesen, er hat zu uns gesprochen! / Sei gepriesen, er ist für uns gestorben! / Sei gepriesen, er ist vom Tod erstanden! / Sei gepriesen, denn du bist wunderbar, Herr!

GLAUBE – LIEBE – HOFFNUNG

9. Sei gepriesen, o Herr, für Tod und Leben! / Sei gepriesen, du öffnest uns die Zukunft! / Sei gepriesen, in Ewigkeit gepriesen! / Sei gepriesen, denn du bist wunderbar, Herr!

Kehrvers nach der letzten Strophe

Lau-da-to si, o mi sig-no-re,
lau-da-to si, o mi sig-no-re,
lau-da-to si, o mi sig-no-re,
lau-da-to si, o mi sig-no-re. A-men.

T: NACH DEM ITALIENISCHEN SONNENGESANG
DES FRANZ VON ASSISI 1225
M: MÜNDLICH ÜBERLIEFERT

STERBEN UND EWIGES LEBEN
BESTATTUNG

ö 516

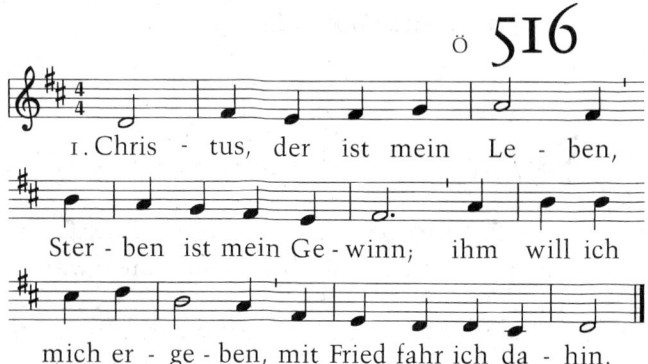

1. Christus, der ist mein Leben, Sterben ist mein Gewinn; ihm will ich mich ergeben, mit Fried fahr ich dahin.

Phil 1,21

2. Mit Freud fahr ich von dannen / zu Christ, dem Bruder mein, / auf dass ich zu ihm komme / und ewig bei ihm sei.

3. Ich hab nun überwunden / Kreuz, Leiden, Angst und Not; / durch seine heilgen Wunden / bin ich versöhnt mit Gott.

4. Wenn meine Kräfte brechen, / mein Atem geht schwer aus / und kann kein Wort mehr sprechen: / Herr, nimm mein Seufzen auf.

5. Wenn mein Herz und Gedanken / zergehen wie ein Licht, / das hin und her tut wanken, / wenn ihm die Flamm gebricht:

6. alsdann lass sanft und stille, / o Herr, mich schlafen ein / nach deinem Rat und Willen, / wenn kommt mein Stündelein.

7. In dir, Herr, lass mich leben / und bleiben allezeit, / so wirst du mir einst geben / des Himmels Wonn und Freud.

T UND M: BEI MELCHIOR VULPIUS 1609

1. Ich wollt, dass ich daheime wär und aller Welte Trost entbehr.

2. Ich mein, daheim im Himmelreich, / da ich Gott schaue ewiglich.

3. Wohlauf, mein Seel, und richt dich dar, / dort wartet dein der Engel Schar.

4. Denn alle Welt ist dir zu klein, / du kommest denn erst wieder heim.

5. Daheim ist Leben ohne Tod / und ganze Freude ohne Not.

6. Da sind doch tausend Jahr wie heut / und nichts, was dich verdrießt und reut.

7. Wohlauf, mein Herz und all mein Mut, / und such das Gut ob allem Gut!

8. Was das nicht ist, das schätz gar klein / und sehn dich allzeit wieder heim.

9. Du hast doch hier kein Bleiben nicht, / ob's morgen oder heut geschieht.

10. Da es denn anders nicht mag sein, / so flieh der Welte falschen Schein.

11. Bereu dein Sünd und bessre dich, / als wolltst du morgn gen Himmelreich.

12. Ade, Welt, Gott gesegne dich! / Ich fahr dahin gen Himmelreich.

T: NACH HEINRICH VON LAUFENBERG 1430
M: STRASSBURG 1430

Unser Bürgerrecht ist im Himmel; woher wir auch erwarten den Heiland, den Herrn Jesus Christus, der unsern nichtigen Leib verwandeln wird, dass er gleich werde seinem verherrlichten Leibe nach der Kraft, mit der er sich alle Dinge untertan machen kann. PHILIPPER 3,20.21

GLAUBE – LIEBE – HOFFNUNG

518 (Ö)

1. Mitten wir im Leben sind mit dem Tod umfangen. Wer ist, der uns Hilfe bringt, dass wir Gnad erlangen? Das bist du, Herr, alleine. Uns reuet unsre Missetat, die dich, Herr, erzürnet hat.
2. Mitten in dem Tod anficht uns der Hölle Rachen. Wer will uns aus solcher Not frei und ledig machen? Das tust du, Herr, alleine. Es jammert dein Barmherzigkeit unsre Klag und großes Leid.
3. Mitten in der Hölle Angst unsre Sünd' uns treiben. Wo solln wir denn fliehen hin, da wir mögen bleiben? Zu dir, Herr Christ, alleine. Vergossen ist dein teures Blut, das g'nug für die Sünde tut.

STERBEN UND EWIGES LEBEN

1. Hei-li-ger Her-re Gott, hei-li-ger star-ker Gott, hei-li-ger barm-her-zi-ger Hei-land, du e-wi-ger Gott: Lass uns nicht ver-sin-ken in des bit-tern To-des Not. Ky-ri-e-lei-son.
2. Hei-li-ger Her-re Gott, hei-li-ger star-ker Gott, hei-li-ger barm-her-zi-ger Hei-land, du e-wi-ger Gott: Lass uns nicht ver-za-gen vor der tie-fen Höl-le Glut. Ky-ri-e-lei-son.
3. Hei-li-ger Her-re Gott, hei-li-ger star-ker Gott, hei-li-ger barm-her-zi-ger Hei-land, du e-wi-ger Gott: Lass uns nicht ent-fal-len von des rech-ten Glau-bens Trost. Ky-ri-e-lei-son.

T: STR. 1 SALZBURG 1456 NACH DER ANTIPHON
»MEDIA VITA IN MORTE SUMUS« 11. JH.;
STR. 2–3 MARTIN LUTHER 1524
M: SALZBURG 1456; JOHANN WALTER 1524

GLAUBE – LIEBE – HOFFNUNG

519 Lukas 2,29-32
Der Lobgesang des Simeon (Nunc dimittis)

1. Mit Fried und Freud ich fahr dahin
in Gotts Wille; getrost ist mir
mein Herz und Sinn, sanft und stille,
wie Gott mir verheißen hat:
Der Tod ist mein Schlaf worden.

2. Das macht Christus, wahr' Gottes Sohn,
der treu Heiland, den du mich, Herr,
hast sehen lan und g'macht bekannt,
dass er sei das Leben mein
und Heil in Not und Sterben.

STERBEN UND EWIGES LEBEN

3. Den hast du al - len vor - ge - stellt
4. Er ist das Heil und se - lig Licht

mit groß Gna - den, zu sei - nem Reich
für die Hei - den, zu 'rleuch-ten, die

die gan - ze Welt hei - ßen la - den
dich ken - nen nicht, und zu wei - den.

durch dein teu - er heil - sam Wort,
Er ist deins Volks Is - ra - el

an al - lem Ort er - schol - len.
Preis, Eh - re, Freud und Won - ne.

T UND M: MARTIN LUTHER 1524

GLAUBE – LIEBE – HOFFNUNG

520 ö

1. Nun legen wir den Leib ins Grab
und zweifeln nicht: Durch Gottes Gab
wird, was wir hier verweslich sä'n,
einst unverweslich auferstehn.

1. Kor 15,42

2. Was Erde ist und von der Erd / und sich zur Erde wiedrum kehrt, / wird aus der Erde auferstehn, / wenn der Posaune Schall wird gehn. *1. Kor 15,52*

3. Sein Seel lebt ewiglich in Gott, / der sie aus Gnad von Not und Tod, / von aller Sünd und Missetat / durch seinen Sohn erlöset hat.

4. Sein Jammer, Trübsal und Elend / ist kommen an ein sel'ges End; / er hat getragen Christi Joch; / und starb er gleich, so lebt er doch.

5. Hier war er krank in Angst und Not; / dort wird er leuchten frei vom Tod / in lauter Wonn und lauter Freud / hell wie die Sonne allezeit.

6. Wir lassen ihn im Grabe ruhn / und gehen unsre Straßen nun / und fügen uns des Herrn Gebot: / Uns kommt in gleicher Weis der Tod.

7. Das helf uns Christus, unser Trost, / der uns durch sein Blut hat erlöst / von Satans Macht und ewger Pein. / Ihm sei Lob, Preis und Ehr allein.

T: MICHAEL WEISSE 1531; STR. 7 MARTIN LUTHER 1540,
ÖKUMENISCHE FASSUNG 1978
M: WITTENBERG 1544
»NUN LASST UNS DEN LEIB BEGRABEN«

Unser keiner lebt sich selber, und keiner stirbt sich selber. Leben wir, so leben wir dem Herrn; sterben wir, so sterben wir dem Herrn. Darum: wir leben oder sterben, so sind wir des Herrn. Denn dazu ist Christus gestorben und wieder lebendig geworden, dass er über Tote und Lebende Herr sei. RÖMER 14,7-9

GLAUBE – LIEBE – HOFFNUNG

521 ö

1. O Welt, ich muss dich lassen, ich fahr dahin mein Straßen ins ewig Vaterland. Mein' Geist will ich aufgeben, dazu mein' Leib und Leben legen in Gottes gnädig Hand.

2. Mein Zeit ist nun vollendet, / der Tod das Leben endet, / Sterben ist mein Gewinn; / kein Bleiben ist auf Erden; / das Ewge muss mir werden, / mit Fried und Freud ich fahr dahin.

3. Auf Gott steht mein Vertrauen, / sein Antlitz will ich schauen / wahrhaft durch Jesus Christ, / der für mich ist gestorben, / des Vaters Huld erworben / und so mein Mittler worden ist.

```
T: NÜRNBERG UM 1555
M: 15. JH., HEINRICH ISAAC
»INNSBRUCK, ICH MUSS DICH LASSEN«
(UM 1495) 1539; GEISTLICH 1505
```

STERBEN UND EWIGES LEBEN

(Ö) 522

1. Wenn mein Stündlein vorhanden ist
und soll hinfahrn mein Straße,
so g'leit du mich, Herr Jesu Christ,
mit Hilf mich nicht verlasse.
Mein Seel an meinem letzten End
befehl ich dir in deine Händ,
du wollst sie mir bewahren!

2. Mein Sünd' mich werden kränken sehr, / mein G'wissen wird mich nagen, / denn ihr' sind viel wie Sand am Meer; / doch will ich nicht verzagen. / Gedenken will ich an dein' Tod, / Herr Jesu, und dein Wunden rot; / die werden mich erhalten.

3. Ich bin ein Glied an deinem Leib, / des tröst ich mich von Herzen; / von dir ich ungeschieden bleib / in Todesnot und Schmerzen; / wenn ich gleich sterb, so sterb ich dir; / ein ewig Leben hast du mir / mit deinem Tod erworben.

GLAUBE – LIEBE – HOFFNUNG

4. Weil du vom Tod erstanden bist,
werd ich im Grab nicht bleiben;
mein höchster Trost dein Auffahrt ist,
Todsfurcht kann sie vertreiben;
denn wo du bist, da komm ich hin,
dass ich stets bei dir leb und bin;
drum fahr ich hin mit Freuden.

5. So fahr ich hin zu Jesus Christ, / mein' Arm tu ich ausstrecken; / so schlaf ich ein und ruhe fein; / kein Mensch kann mich aufwecken / denn Jesus Christus, Gottes Sohn; / der wird die Himmelstür auftun, / uns führn zum ewgen Leben.

T: NIKOLAUS HERMAN (1560) 1562; STR. 5 KÖLN 1574
M: FRANKFURT/MAIN 1569, TÜBINGEN 1591

STERBEN UND EWIGES LEBEN

523

1. Valet will ich dir geben, / du arge, falsche Welt; / dein sündlich böses Leben / durchaus mir nicht gefällt. / Im Himmel ist gut wohnen, / hinauf steht mein Begier, / da wird Gott herrlich lohnen dem, der ihm dient allhier.

2. Rat mir nach deinem Herzen, / o Jesu, Gottes Sohn. / Soll ich ja dulden Schmerzen, / hilf mir, Herr Christ, davon; / verkürz mir alles Leiden, / stärk meinen schwachen Mut, / lass mich selig abscheiden, / setz mich in dein Erbgut.

3. In meines Herzens Grunde / dein Nam und Kreuz allein / funkelt all Zeit und Stunde, / drauf kann ich fröhlich sein. / Erschein mir in dem Bilde / zu Trost in meiner Not, / wie du, Herr Christ, so milde, / dich hast geblut' zu Tod.

GLAUBE – LIEBE – HOFFNUNG

4. Verbirg mein Seel aus Gnaden in deiner offnen Seit,*
rück sie aus allem Schaden zu deiner Herrlichkeit.
Der ist wohl hier gewesen, wer kommt ins himmlisch Schloss;
der ist ewig genesen, wer bleibt in deinem Schoß.
*Joh 19,34

5. Schreib meinen Nam aufs Beste / ins Buch des Lebens* ein / und bind mein Seel gar feste / ins schöne Bündelein* / der', die im Himmel grünen / und vor dir leben frei, / so will ich ewig rühmen, / dass dein Herz treue sei. *Offb 3,5 *1. Sam 25,29

T: VALERIUS HERBERGER 1614
M: MELCHIOR TESCHNER 1614

STERBEN UND EWIGES LEBEN

524

1. Freu dich sehr, o meine Seele,
und vergiss all Not und Qual,
weil dich nun Christus, der Herre,
ruft aus diesem Jammertal.
Aus Trübsal und großem Leid
sollst du fahren in die Freud,
die kein Ohr hat je gehöret,
die in Ewigkeit auch währet.

2. Tag und Nacht hab ich gerufen / zu dem Herren, meinem Gott, / weil mich stets viel Kreuz betroffen, / dass er mir helf aus der Not. / Wie sich sehnt ein Wandersmann, / dass sein Weg ein End mög han, / so hab ich gewünschet eben, / dass sich enden mög mein Leben.

GLAUBE – LIEBE – HOFFNUNG

3. Denn gleich wie die Rosen stehen
unter spitzen Dornen gar,
also auch die Christen gehen
in viel Ängsten und Gefahr.
Wie die Meereswellen sind
und der ungestüme Wind,
also ist allhier auf Erden
unser Lauf voller Beschwerden.

4. Welt und Teufel, Sünd und Hölle, / unser eigen Fleisch und Blut / plagen stets hier unsre Seele, / lassen uns bei keinem Mut. / Wir sind voller Angst und Plag, / lauter Kreuz sind unsre Tag; / wenn wir nur geboren werden, / Jammer g'nug find't sich auf Erden.

5. Wenn die Morgenröt herleuchtet / und der Schlaf von uns sich wend't, / Sorg und Kummer daherschleichet, / Müh sich find't an allem End. / Unsre Tränen sind das Brot, / das wir essen früh und spät; / wenn die Sonn nicht mehr tut scheinen, / ist nichts denn nur Klag und Weinen.

6. Drum, Herr Christ, du Morgensterne, / der du ewiglich aufgehst, / sei von mir auch jetzt nicht ferne, / weil mich dein Blut hat erlöst. / Hilf, dass ich mit Fried und Freud / mög von hinnen fahren heut; / ach sei du mein Licht und Straße, / mich mit Beistand nicht verlasse.

7. Ob mir schon die Augen brechen, / das Gehör auch gar verschwind't, / meine Zung nicht mehr kann sprechen, / mein Verstand sich nicht besinnt, / bist du doch mein Licht, mein Wort, / Leben, Weg und Himmelspfort; / du wirst selig mich regieren, / die recht Bahn zum Himmel führen.

8. Freu dich sehr, o meine Seele, / und vergiss all Not und Qual, / weil dich nun Christus, dein Herre, / ruft aus diesem Jammertal. / Seine Freud und Herrlichkeit / sollst du sehn in Ewigkeit, / mit den Engeln jubilieren, / ewig, ewig triumphieren.

T: BEI CHRISTOPH DEMANTIUS 1620
M: LOYS BOURGEOIS 1551
»WIE NACH EINER WASSERQUELLE« (ZU PSALM 42/43)

GLAUBE – LIEBE – HOFFNUNG

1. Mach's mit mir, Gott, nach deiner Güt, hilf mir in meinem Leiden; so nimm sie, Herr, in deine Händ; ist alles gut, wenn gut das End.
ruf ich dich an, versag mir's nicht: Wenn sich mein Seel will scheiden,

2. Gern will ich folgen, liebster Herr, / du lässt mich nicht verderben. / Ach du bist doch von mir nicht fern, / wenn ich gleich hier muss sterben, / verlassen meine liebsten Freund, / die's mit mir herzlich gut gemeint.

3. Ruht doch der Leib sanft in der Erd, / die Seel zu dir sich schwinget; / in deiner Hand sie unversehrt / durch Tod ins Leben dringet. / Hier ist doch nur ein Tränental, / Angst, Not, Müh, Arbeit überall.

4. Tod, Teufel, Höll, die Welt und Sünd / mir können nicht mehr schaden; / an dir, o Herr, ich Rettung find, / ich tröst mich deiner Gnaden. / Dein ein'ger Sohn aus Lieb und Huld / für mich bezahlt hat alle Schuld.

STERBEN UND EWIGES LEBEN

5. Was wollt ich denn lang traurig sein, / weil ich so wohl bestehe, / bekleid't mit Christi Unschuld rein / wie eine Braut hergehe? / Gehab dich wohl, du schnöde Welt, / bei Gott zu leben mir gefällt.

T: JOHANN HERMANN SCHEIN 1628
M: BARTHOLOMÄUS GESIUS 1605,
JOHANN HERMANN SCHEIN 1628

Ich glaube, dass Gott aus allem, auch aus dem Bösesten, Gutes entstehen lassen kann und will. Dafür braucht er Menschen, die sich alle Dinge zum Besten dienen lassen. Ich glaube, dass Gott uns in jeder Notlage so viel Widerstandskraft geben will, wie wir brauchen. Aber er gibt sie nicht im Voraus, damit wir uns nicht auf uns selbst, sondern allein auf ihn verlassen.

DIETRICH BONHOEFFER

GLAUBE – LIEBE – HOFFNUNG

526 (Ö)

1. Jesus, meine Zuversicht
und mein Heiland, ist im Leben.
Dieses weiß ich; sollt ich nicht
darum mich zufrieden geben,
was die lange Todesnacht
mir auch für Gedanken macht?

Spätere Form

2. Jesus, er mein Heiland, lebt; / ich werd auch das Leben schauen, / sein, wo mein Erlöser schwebt; / warum sollte mir denn grauen? / Lässet auch ein Haupt sein Glied, / welches es nicht nach sich zieht?

3. Ich bin durch der Hoffnung Band / zu genau mit ihm verbunden, / meine starke Glaubenshand / wird in ihn gelegt befunden, / dass mich auch kein Todesbann / ewig von ihm trennen kann.

4. Ich bin Fleisch und muss daher / auch einmal zu Asche werden; / das gesteh ich, doch wird er / mich erwecken aus der Erden, / dass ich in der Herrlichkeit / um ihn sein mög allezeit.

5. Dieser meiner Augen Licht / wird ihn, meinen Heiland, kennen, / ich, ich selbst, ein Fremder nicht, / werd in seiner Liebe brennen; / nur die Schwachheit um und an / wird von mir sein abgetan.

6. Was hier kranket, seufzt und fleht, / wird dort frisch und herrlich gehen; / irdisch werd ich ausgesät, / himmlisch werd ich auferstehen. / Alle Schwachheit, Angst und Pein / wird von mir genommen sein.

7. Seid getrost und hocherfreut, / Jesus trägt euch, seine Glieder. / Gebt nicht statt der Traurigkeit: / Sterbt ihr, Christus ruft euch wieder, / wenn die letzt Posaun erklingt, / die auch durch die Gräber dringt.

T: OTTO VON SCHWERIN (1644) 1653
M: BERLIN 1653

GLAUBE – LIEBE – HOFFNUNG

527

1. Die Herrlichkeit der Erden muss Rauch und Asche werden, kein Fels, kein Erz kann stehn. Dies, was uns kann ergötzen, was wir für ewig schätzen, wird als ein leichter Traum vergehn.

2. Der Ruhm, nach dem wir trachten, / den wir unsterblich achten, / ist nur ein falscher Wahn; / sobald der Geist gewichen / und dieser Mund erblichen, / fragt keiner, was man hier getan.

3. Es hilft kein weises Wissen, / wir werden hingerissen / ohn einen Unterschied. / Was nützt der Schlösser Menge? / Dem hier die Welt zu enge, / dem wird ein enges Grab zu weit.

4. Dies alles wird zerrinnen, / was Müh und Fleiß gewinnen / und saurer Schweiß erwirbt. / Was Menschen hier besitzen, / kann vor dem Tod nichts nützen; / dies alles stirbt uns, wenn man stirbt.

5. Wie eine Rose blühet, / wenn man die Sonne siehet / begrüßen diese Welt, / die, eh der Tag sich neiget, / eh sich der Abend zeiget, / verwelkt und unversehens fällt:

6. So wachsen wir auf Erden / und denken groß zu werden, / von Schmerz und Sorgen frei; / doch eh wir zugenommen / und recht zur Blüte kommen, / bricht uns des Todes Sturm entzwei.

7. Wir rechnen Jahr auf Jahre; / indessen wird die Bahre / uns vor die Tür gebracht. / Drauf müssen wir von hinnen / und, eh wir uns besinnen, / der Erde sagen: Gute Nacht!

8. Auf, Herz, wach und bedenke, / dass dieser Zeit Geschenke / den Augenblick nur dein. / Was du zuvor genossen, / ist als ein Strom verschossen; / was künftig, wessen wird es sein?

9. Verlache Welt und Ehre, / Furcht, Hoffen, Gunst und Lehre / und geh den Herren an, / der immer König bleibet, / den keine Zeit vertreibet, / der einzig ewig machen kann.

10. Wohl dem, der auf ihn trauet! / Er hat recht fest gebauet, / und ob er hier gleich fällt, / wird er doch dort bestehen / und nimmermehr vergehen, / weil ihn die Stärke selbst erhält.

T: ANDREAS GRYPHIUS 1650
M: O WELT, ICH MUSS DICH LASSEN (NR. 521)

GLAUBE – LIEBE – HOFFNUNG

528 ö

1. Ach wie flüchtig, ach wie nichtig ist der Menschen Leben! Wie ein Nebel bald entstehet und auch wieder bald vergehet, so ist unser Leben, sehet!

2. Ach wie nichtig, ach wie flüchtig / sind der Menschen Tage! / Wie ein Strom beginnt zu rinnen / und mit Laufen nicht hält innen, / so fährt unsre Zeit von hinnen.

3. Ach wie flüchtig, ach wie nichtig / ist der Menschen Freude! / Wie sich wechseln Stund und Zeiten, / Licht und Dunkel, Fried und Streiten, / so sind unsre Fröhlichkeiten.

4. Ach wie nichtig, ach wie flüchtig / ist der Menschen Schöne! / Wie ein Blümlein bald vergehet, / wenn ein raues Lüftlein wehet, / so ist unsre Schöne, sehet!

5. Ach wie flüchtig, ach wie nichtig / ist der Menschen Glücke! / Wie sich eine Kugel drehet, / die bald da, bald dorten stehet, / so ist unser Glücke, sehet!

6. Ach wie nichtig, ach wie flüchtig / sind der Menschen Schätze! / Es kann Glut und Flut entstehen, / dadurch, eh wir uns versehen, / alles muss zu Trümmern gehen.

7. Ach wie flüchtig, ach wie nichtig / ist der Menschen Prangen! / Der in Purpur hoch vermessen / ist als wie ein Gott gesessen, / dessen wird im Tod vergessen.

8. Ach wie nichtig, ach wie flüchtig / sind der Menschen Sachen! / Alles, alles, was wir sehen, / das muss fallen und vergehen. / Wer Gott fürcht', wird ewig stehen.

T UND M: MICHAEL FRANCK 1652
(MELODIEFASSUNG NACH JOHANN CRÜGER 1661)

Ewiger Gott, unsere Tage fahren dahin und unser Leben verwelkt wie Gras, du aber bleibst. Von Ewigkeit her kennst du uns und unsere Zukunft liegt in deiner Hand. Mache uns bereit für alles, was du mit uns tun wirst.

GLAUBE – LIEBE – HOFFNUNG

529 (Ö)

1. Ich bin ein Gast auf Erden
und hab hier keinen Stand;
der Himmel soll mir werden,
da ist mein Vaterland.
Hier reis ich bis zum Grabe; dort
in der ew-gen Ruh ist Gottes Gnadengabe, die schließt all Arbeit zu.

2. Was ist mein ganzes Wesen / von meiner Jugend an / als Müh und Not gewesen? / Solang ich denken kann, / hab ich so manchen Morgen, / so manche liebe Nacht / mit Kummer und mit Sorgen / des Herzens zugebracht.

3. Mich hat auf meinen Wegen / manch harter Sturm erschreckt; / Blitz, Donner, Wind und Regen / hat mir manch Angst erweckt; / Verfolgung, Hass und Neiden, / ob ich's gleich nicht verschuld't, / hab ich doch müssen leiden / und tragen mit Geduld.

4. So ging's den lieben Alten,* / an deren Fuß und Pfad / wir uns noch täglich halten, / wenn's fehlt am guten Rat; / sie zogen hin und wieder, / ihr Kreuz war immer groß, / bis dass der Tod sie nieder / legt in des Grabes Schoß. *Glaubenszeugen

5. Ich habe mich ergeben / in gleiches Glück und Leid; / was will ich besser leben / als solche großen Leut? / Es muss ja durchgedrungen, / es muss gelitten sein; / wer nicht hat wohl gerungen, / geht nicht zur Freud hinein.

6. So will ich zwar nun treiben / mein Leben durch die Welt, / doch denk ich nicht zu bleiben / in diesem fremden Zelt. / Ich wandre meine Straße, / die zu der Heimat führt, / da mich ohn alle Maße / mein Vater trösten wird.

7. Mein Heimat ist dort droben, / da aller Engel Schar / den großen Herrscher loben, / der alles ganz und gar / in seinen Händen träget / und für und für erhält, / auch alles hebt und leget, / wie es ihm wohlgefällt.

8. Zu dem steht mein Verlangen, / da wollt ich gerne hin; / die Welt bin ich durchgangen, / dass ich's fast müde bin. / Je länger ich hier walle, / je wen'ger find ich Freud, / die meinem Geist gefalle; / das meist ist Herzeleid.

9. Die Herberg ist zu böse, / der Trübsal ist zu viel. / Ach komm, mein Gott, und löse / mein Herz, wenn dein Herz will; / komm, mach ein seligs Ende / an meiner Wanderschaft, / und was mich kränkt, das wende / durch deinen Arm und Kraft.

10. Wo ich bisher gesessen, / ist nicht mein rechtes Haus. / Wenn mein Ziel ausgemessen, / so tret ich dann hinaus; / und was ich hier gebrauchet, / das leg ich alles ab, / und wenn ich ausgehauchet, / so scharrt man mich ins Grab.

GLAUBE – LIEBE – HOFFNUNG

11. Du aber, meine Freude, / du meines Lebens Licht, / du ziehst mich, wenn ich scheide, / hin vor dein Angesicht / ins Haus der ewgen Wonne, / da ich stets freudenvoll / gleich wie die helle Sonne / mit andern leuchten soll.

12. Da will ich immer wohnen / – und nicht nur als ein Gast – / bei denen, die mit Kronen / du ausgeschmücket hast; / da will ich herrlich singen / von deinem großen Tun / und frei von schnöden Dingen / in meinem Erbteil ruhn.

T: PAUL GERHARDT 1666/67
M: O HAUPT VOLL BLUT UND WUNDEN (NR. 85)

Gott hilft uns nicht immer am Leiden vorbei, aber er hilft uns hindurch.

JOHANN ALBRECHT BENGEL

STERBEN UND EWIGES LEBEN

(Ö) 530

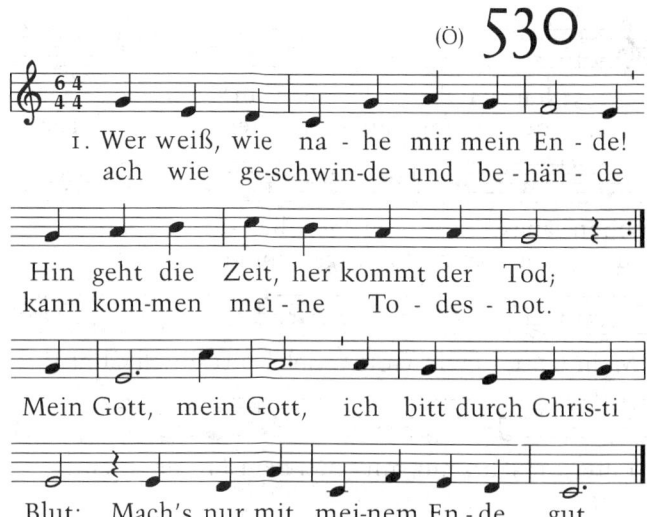

1. Wer weiß, wie na-he mir mein En-de!
ach wie ge-schwin-de und be-hän-de
Hin geht die Zeit, her kommt der Tod;
kann kom-men mei-ne To-des-not.
Mein Gott, mein Gott, ich bitt durch Chris-ti
Blut: Mach's nur mit mei-nem En-de gut.

2. Es kann vor Nacht leicht anders werden, / als es am frühen Morgen war; / solang ich leb auf dieser Erden, / leb ich in steter Todsgefahr. / Mein Gott, mein Gott, / ich bitt durch Christi Blut: / Mach's nur mit meinem Ende gut.

3. Herr, lehr mich stets mein End bedenken / und, wenn ich einstens sterben muss, / die Seel in Jesu Wunden senken / und ja nicht sparen meine Buß. / Mein Gott, mein Gott, / ich bitt durch Christi Blut: / Mach's nur mit meinem Ende gut.   Ps 90,12

4. Lass mich beizeit' mein Haus bestellen, / dass ich bereit sei für und für / und sage frisch in allen Fällen: / Herr, wie du willst, so schick's mit mir! / Mein Gott, mein Gott, / ich bitt durch Christi Blut: / Mach's nur mit meinem Ende gut.

GLAUBE – LIEBE – HOFFNUNG

5. Ich habe Jesus angezogen schon längst in meiner heilgen Tauf;
du bist mir auch daher gewogen, hast mich zum Kind genommen auf.
Mein Gott, mein Gott, ich bitt durch Christi Blut: Mach's nur mit meinem Ende gut.

Gal 3,27

6. Ich habe Jesu Leib gegessen, / ich hab sein Blut getrunken hier; / nun kannst du meiner nicht vergessen, / ich bleib in ihm und er in mir. / Mein Gott, mein Gott, / ich bitt durch Christi Blut: / Mach's nur mit meinem Ende gut.

7. So komm mein End heut oder morgen, / ich weiß, dass mir's mit Jesus glückt; / ich bin und bleib in deinen Sorgen, / mit Jesu Blut schön ausgeschmückt. / Mein Gott, mein Gott, / ich bitt durch Christi Blut: / Mach's nur mit meinem Ende gut.

8. Ich leb indes in dir vergnüget / und sterb ohn alle Kümmernis. / Mir g'nüget, wie mein Gott es füget; / ich glaub und bin es ganz gewiss: / Mein Gott, mein Gott, / aus Gnad durch Christi Blut / machst du's mit meinem Ende gut.

T: ÄMILIE JULIANE
VON SCHWARZBURG-RUDOLSTADT (1686) 1688
M: 1.TEIL BEI GEORG ÖSTERREICHER 1623;
2.TEIL BEI FRANZ VOLLRATH BUTTSTETT 1774;
DIE GANZE MELODIE ELBERFELD 1805

Ich bitte nicht um Glück der Erden,
nur um ein Leuchten dann und wann:
dass sichtbar deine Hände werden,
ich deine Liebe ahnen kann;
nur in des Lebens Kümmernissen
um der Ergebung Gnadengruß.
Dann wirst du schon am besten wissen,
wie viel ich tragen kann und muss.

ANNETTE VON DROSTE-HÜLSHOFF

GLAUBE – LIEBE – HOFFNUNG

531

1. Noch kann ich es nicht fassen, was deine Schickung meint; doch will ich dich nicht lassen, wie auch mein Auge weint. Auf deine Liebe trauen will ich, mein Herr und Gott, und gläubig aufwärts schauen in meiner Herzensnot.

2. Gib, dass mit dir ich lebe, / o mein Herr Jesu Christ, / dass nur nach dem ich strebe, / was gut und heilsam ist. / Lass auch in allem Leide / mit dir mich sein vereint, / bis mir zur ewgen Freude / die Gnadensonne scheint.

3. Zuletzt lass mich auch scheiden / mit dir, o Gottessohn; / nach Erdenglück und Leiden / führ mich zum Himmelsthron; / führ mich zu Freud und Wonne / der Seligen im Licht. / Du, meine Lebenssonne, / mein Gott, verlass mich nicht!

T: SIEBENBÜRGEN VOR 1898
M: O HAUPT VOLL BLUT UND WUNDEN (NR. 85)

STERBEN UND EWIGES LEBEN

ö 532

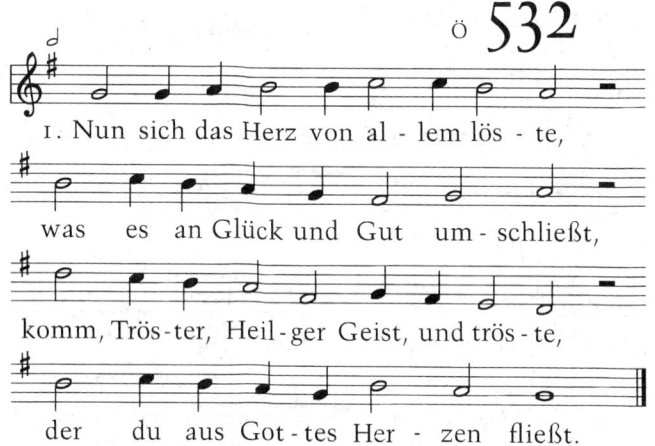

1. Nun sich das Herz von allem löste,
was es an Glück und Gut umschließt,
komm, Tröster, Heilger Geist, und tröste,
der du aus Gottes Herzen fließt.

2. Nun sich das Herz in alles findet, / was ihm an Schwerem auferlegt, / komm, Heiland, der uns mild verbindet, / die Wunden heilt, uns trägt und pflegt.

3. Nun sich das Herz zu dir erhoben / und nur von dir gehalten weiß, / bleib bei uns, Vater. Und zum Loben / wird unser Klagen. Dir sei Preis!

T: JOCHEN KLEPPER 1941
M: O DASS DOCH BALD DEIN
FEUER BRENNTE (NR. 255)

GLAUBE – LIEBE – HOFFNUNG

533 *Andere Melodie: Christus, der ist mein Leben (Nr. 516)*

1. Du kannst nicht tiefer fallen als nur in Gottes Hand, die er zum Heil uns allen barmherzig ausgespannt.

2. Es münden alle Pfade / durch Schicksal, Schuld und Tod / doch ein in Gottes Gnade / trotz aller unsrer Not.

3. Wir sind von Gott umgeben / auch hier in Raum und Zeit / und werden in ihm leben / und sein in Ewigkeit.

T: ARNO PÖTZSCH 1941
M: HANS GEORG BERTRAM 1986

Die Klagemauer –
im Blitz eines Gebetes
stürzt sie zusammen.
Gott ist ein
Gebet weit
von uns entfernt.

NELLY SACHS

STERBEN UND EWIGES LEBEN

534

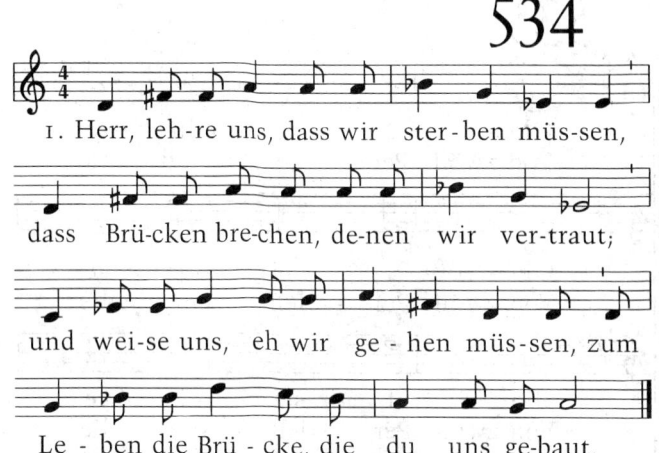

1. Herr, leh-re uns, dass wir ster-ben müs-sen, dass Brü-cken bre-chen, de-nen wir ver-traut; und wei-se uns, eh wir ge-hen müs-sen, zum Le-ben die Brü-cke, die du uns ge-baut.

Ps 90,12

2. Herr, sei bei uns, wenn wir sterben müssen, / wenn Brücken brechen und wenn wir vergehn. / Herr, schweige nicht, wenn wir schweigen müssen; / sei selber die Brücke und lass uns bestehn.

T: LOTHAR PETZOLD 1973
M: ROLF KROEDEL 1973

GLAUBE – LIEBE – HOFFNUNG

535

STERBEN UND EWIGES LEBEN

GLAUBE – LIEBE – HOFFNUNG

STERBEN UND EWIGES LEBEN 535

T UND M: NR. 147 STR. 3
SATZ: JOHANN SEBASTIAN BACH 1731

REGIONALTEIL
für die Evangelische Kirche
in Hessen und Nassau
und die Evangelische Kirche
von Kurhessen–Waldeck

ADVENT

536

1. Singet fröhlich im Advent,
lasst nun alles Trauern.
Seht, das erste Licht schon brennt,
lang wirds nicht mehr dauern,
bis in alle Dunkelheit strahlen
hell die Kerzen. Singet fröhlich
im Advent, singt mit frohem Herzen!

2. Singt von Hoffnung für die Welt / dort, wo Menschen zagen! / Welche Last uns auch befällt: / Christus hilft sie tragen; / dies für andre auch zu tun, / daran lasst uns denken. / Singt von Hoffnung für die Welt: / Christus wird sie schenken.

3. Singt von Frieden in der Welt / dort, wo Menschen streiten! / Christus sein Versprechen hält: / Er steht uns zur Seiten, / wenn in seinem Namen wir / Friedensstifter werden. / Singt von Frieden in der Welt: / Er gescheh' auf Erden.

4. Singt von Liebe in der Welt / dort, wo Menschen hassen, / wo auf Macht, Besitz und Geld / alle sich verlassen, / wollen wir in allem Tun / uns auf Christus gründen. / Singt von Liebe in der Welt, / lasst von ihr uns künden!

WEIHNACHTEN

5. Singet fröhlich im Advent, / preiset Gottes Taten! / Keine Macht von Ihm uns trennt, / nichts kann uns mehr schaden! / Hell strahlt seiner Liebe Glanz / über Raum und Zeiten. / Lasst uns fröhlich im Advent / Ihm den Weg bereiten!

T UND M: GOTTFRIED NEUBERT 1977

537

1. Singet frisch und wohlgemut, lobet Gott, das höchste Gut, der so große Wunder tut und schicket seinen lieben Sohn auf Erden, dass wir durch ihn sollen selig werden. Eia, eia! Eine Magd gebar uns Gott, wie es seine große

WEIHNACHTEN

Gnad gewollt hat. Heute uns erschienen ist der Herre Christ, Immanuel, der uns selig macht und führt aus Tod und Höll.

2. Kinder, singet alle gleich, / lobet Gott vom Himmelreich; / unsre Not hat er erkannt / und seinen lieben Sohn gesandt / von oben, / dass wir ihn auf Erden sollen loben. / Eia, eia! / Loben wir mit Lieb und Dank, / singen einen neuen Gesang / dem Herren; / preisen ihn von Herzensgrund / mit gleichem Mund / und hoffen frei, / dass ihm unser Dienst ein Wohlgefallen sei.

3. Schaut die lieben Engel an / und tut, wie sie ha'n getan, / singt mit ihn' das schöne Lied / von Gottes Gnad und neuem Fried / mit Schallen / und habt dran ein herzlichs Wohlgefallen. / Eia, eia! / Wünschet Glück dem Christkindlein, / sprechet all zugleich in ein' / mit Freuden: / Ehre sei Gott in der Höh, / auf Erden Fried; / und große Freud / widerfahre allen bis in Ewigkeit.

T: NACH DEM LAT.
RESONET IN LAUDIBUS 14. JAHRH.,
DEUTSCH VON JOHANN GELETZKY 1566
M: WITTENBERG 1543

WEIHNACHTEN

538 (Ö)

1. Vom Himmel hoch, o Engel, kommt! Eia, eia, susani, susani, susani, kommt, singt und klingt, kommt, pfeift und trombt!* Halleluja, Halleluja! Von Jesu singt und Maria!
2. Kommt ohne Instrumente nit, / bringt Lauten, Harfen, Geigen mit.
3. Lasst hören euer Stimmen viel / mit Orgel- und mit Saitenspiel.
4. Hier muss die Musik himmlisch sein, / weil dies ein himmlisch Kindelein.
5. Die Stimmen müssen lieblich gehn / und Tag und Nacht nicht stille stehn.
6. Sehr süß muss sein der Orgel Klang, / süß über allen Vogelsang.
7. Das Saitenspiel muss lauten wohl, / davon das Kindlein schlafen soll.
8. Singt Fried den Menschen weit und breit, / Gott Preis und Ehr in Ewigkeit.

T: NACH FRIEDRICH SPEE 1623
M: PADERBORN 1616 / KÖLN 1623

* trombt = trompetet

WEIHNACHTEN

ö 539

2. Treibt zusammen, treibt zusammen die Schäflein fürbass. / Treibt zusammen, treibt zusammen, dort zeig ich euch was. / Dort in dem Stall, dort in dem Stall / werdet Wunderding sehen, treibt zusammen einmal.

3. Ich hab nur ein wenig von weitem geguckt, / da hat mir mein Herz schon vor Freuden gehupft: / Ein schönes Kind, ein schönes Kind / liegt dort in der Krippe bei Esel und Rind.

4. Ein herziger Vater, der steht auch dabei; / ein' wunderschön Jungfrau kniet auch auf dem Heu. / Um und um singt's, um und um klingt's, / man sieht ja kein Lichtlein, so um und um brinnt's.

5. Das Kindlein, das zittert vor Kälte und Frost. / Ich dacht mir: Ei, wer hat's denn also verstoßt, / dass man auch heut, dass man auch heut / ihm sonst keine andere Herberg anbeut?

6. So gehet und nehmet ein Lämmlein vom Gras / und bringet dem schönen Christkindlein etwas. / Geht nur fein sacht! Geht nur fein sacht, / auf dass ihr dem Kindlein kein Unruh nicht macht!

T UND M: AUS SCHLESIEN

Als die Engel von ihnen gen Himmel fuhren, sprachen die Hirten untereinander: Lasst uns nun gehen nach Bethlehem und die Geschichte sehen, die da geschehen ist, die uns der Herr kundgetan hat. Und sie kamen eilend und fanden beide, Maria und Josef, dazu das Kind in der Krippe liegen. Als sie es aber gesehen hatten, breiteten sie das Wort aus, das zu ihnen von diesem Kinde gesagt war.

LUKAS 2,15–17

WEIHNACHTEN

540

Kanon

1. Aus tausend Traurigkeiten
2. gehn wir zur Krippe still,
3. das Kind der Ewigkeiten
4. uns alle trösten will.

Strophe

O klare Sonn, du schöner Stern,
dich wollten wir anschauen gern;
o Sonn, geh auf, ohn deinen Schein
in Finsternis wir alle sein.

*Bei Kombination singen die Frauenstimmen den Kanon,
die Männerstimmen die Liedstrophe.*

T: FRIEDRICH VON BODELSCHWINGH 1945 /
LIED NR. 7, STR. 5
KANON FÜR 4 STIMMEN:
HANS GEORG BERTRAM 1975

WEIHNACHTEN

541 ö

Singt, singt, singt, singt, singt
Frie-den auf Er - den, Hal - le - lu - ja, die
Freu - de sagt al - len, Hal - le - lu - ja!

Kanon

1. Ver - kün - det die Gna - de und Got - tes
2. Ge - fal - len und singt, singt, singt, singt,
   [falln]
3. singt Frie - den auf Er - den, Hal - le - lu - ja!

T: ARNO PÖTZSCH VOR 1958
KANON FÜR 3 STIMMEN:
PAUL ERNST RUPPEL 1958

WEIHNACHTEN

542

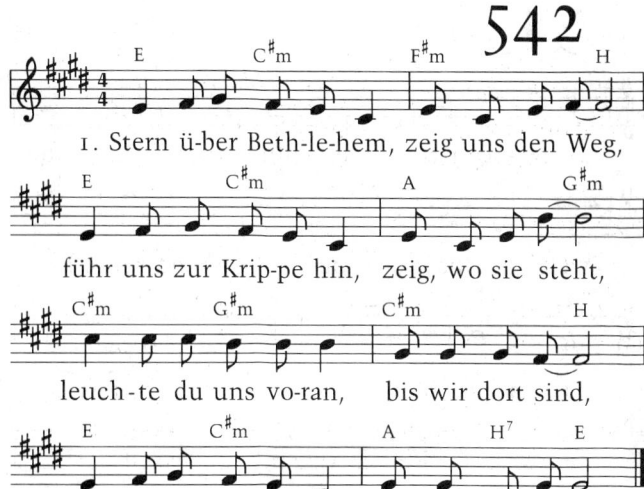

1. Stern ü-ber Beth-le-hem, zeig uns den Weg, führ uns zur Krip-pe hin, zeig, wo sie steht, leuch-te du uns vo-ran, bis wir dort sind, Stern ü-ber Beth-le-hem, führ uns zum Kind!

2. Stern über Bethlehem, nun bleibst du steh'n / und lässt uns alle das Wunder hier seh'n, / das da geschehen, was niemand gedacht, / Stern über Bethlehem, in dieser Nacht.

3. Stern über Bethlehem, wir sind am Ziel, / denn dieser arme Stall birgt doch so viel! / Du hast uns hergeführt, wir danken dir. / Stern über Bethlehem, wir bleiben hier!

4. Stern über Bethlehem, kehr'n wir zurück, / steht noch dein heller Schein in unserm Blick, / und was uns froh gemacht, teilen wir aus, / Stern über Bethlehem, schein auch zu Haus.

T UND M: ALFRED HANS ZOLLER 1963

JAHRESWENDE

543 ö

T: GERHARD FRITZSCHE 1942
KANON FÜR 3 STIMMEN:
THEOPHIL ROTHENBERG 1942

EPIPHANIAS

544

1. Der Weg ist so lang. Der Weg ist so weit. Wir wan-dern schon lan-ge im Stro-me der Zeit. Wir fol-gen dem Stern, wir su-chen den Herrn.

2. Der Weg führt durch Wüsten, / über Flüsse und Seen. / Wir wandern durch Täler, / wir erklimmen die Höh'n. / Wir folgen dem Stern, / wir suchen den Herrn.

3. Wir sind unterwegs. / Wir suchen und streben. / Wir forschen nach Wahrheit. / Wir suchen das Leben. / Wir folgen dem Stern, / wir suchen den Herrn.

T: PETER FRIEDRICH 1982
M: MARTIN BARTSCH 1982

PASSION

545

1. Wir gehn hi-nauf nach Je-ru-sa-lem
in lei-den-der Lie-be Zei - ten
und se-hen, wie ei-ner für al - le stirbt,
um uns ei-nen Platz zu be - rei - ten.

2. Wir gehn hinauf nach Jerusalem. / Wer will bei dem Herren bleiben / und kosten von einem so bittern Kelch? / Die Angst soll uns nicht von ihm treiben.

3. Wir gehn hinauf nach Jerusalem, / das Opfer der Welt zu sehen, / zu spüren, wie unsere Not vergeht, / und unter dem Kreuze zu stehen.

4. Wir gehn hinauf nach Jerusalem, / zur Stätte der ewgen Klarheit. / Wo Leiden und Ohnmacht in unsrer Welt, / da finden wir Christus in Wahrheit.

T: KARL-LUDWIG VOSS 1970
NACH DEM SCHWEDISCHEN ORIGINAL
VON PAUL NILSSON 1906
M: ALTE NORDISCHE VOLKSWEISE
(ARREBOS PSALTER 1627)

PASSION

ö 546

V/A: Wer le-ben will wie Gott auf die-ser Er-de,
V: muss ster-ben wie ein Wei-zen-korn,
V/A: muss ster-ben, um zu le-ben.

2. Er geht den Weg, den alle Dinge gehen. / Er geht den Weg, den alle Dinge gehen, / er trägt das Los, er geht den Weg, / er geht ihn bis zum Ende. / Er geht ihn bis zum Ende.

3. Der Sonne und dem Regen preisgegeben. / Der Sonne und dem Regen preisgegeben, / das kleinste Korn in Sturm und Wind / muss sterben, um zu leben. / Muss sterben, um zu leben.

4. Die Menschen müssen füreinander sterben. / Die Menschen müssen füreinander sterben. / Das kleinste Korn, es wird zum Brot, / und einer nährt den andern. / Und einer nährt den andern.

5. Den gleichen Weg ist unser Gott gegangen. / Den gleichen Weg ist unser Gott gegangen, / und so ist er für dich und mich / das Leben selbst geworden, / das Leben selbst geworden.

T: JOHANNES BERGSMA 1969
NACH DEM ORIGINALTEXT
»WIE ALS EEN GOD WIL LEVEN«
VON HUUB OOSTERHUIS 1965
M: CH. EDMOND HENRI DE COUSSEMAKER 1856

PASSION

547

1. Der Eselreiter! Seht, der Eselreiter! Zieht so der Fürst in seine Stadt? Macht euch gefasst auf Unerhörtes: Der lässt die Reichen leer ausgehn, das arme Volk, das macht er satt.

2. Der Wundertäter! Seht, der Wundertäter! / So will's das Volk: Geschwind gesund! / Das ganze Land zum Paradiese! / Von Hosianna tönt die Stadt, / es hofft das Herz, es schreit der Mund.

3. Der Friedenskönig! Seht, der Friedenskönig! / Kein Schwert, kein Spieß, mit bloßer Hand / und bloßem Wort schafft er den Frieden. / Es siegt der Hosiannaruf, / nun schallt der Himmel, blüht das Land.

4. Der Eselreiter! Seht, der Eselreiter! / Der Tross auf hohem Rosse lacht – / das Volk, die Palmenzweige schwingend, / schreit lauter Hosianna, schreit: / Heut ist die Hoffnung an der Macht!

T: KURT ROSE 1987
M: ROLF SCHWEIZER 1987

OSTERN

ö 548

Der Herr ist auf - er - stan - den! Er ist wahr-haf-tig auf - er - stan-den! Hal - le - lu - ja, Hal-le-lu - ja!

T: OSTERRUF DER ORTHODOXEN KIRCHE
KANON FÜR 3 STIMMEN:
PAUL ERNST RUPPEL 1949

549

Trach-tet nach dem, was dro-ben ist, nicht nach dem, nicht nach dem, nicht nach dem, was auf Er - - - - den ist.

T: KOLOSSER 3,2
KANON FÜR 3 STIMMEN:
HELMUT BORNEFELD 1947

OSTERN

550

1. Das könn-te den Her-ren der Welt ja so pas-sen, wenn erst nach dem To-de Ge-rech-tig-keit kä-me, erst dann die Herr-schaft der Her-ren, erst dann die Knecht-schaft der Knech-te ver-ges-sen wä-re für im-mer, ver-ges-sen wä-re für im-mer.

2. Das könnte den Herren der Welt ja so passen, / wenn hier auf der Erde stets alles so bliebe, / wenn hier die Herrschaft der Herren, / wenn hier die Knechtschaft der Knechte / so weiterginge wie immer, / so weiterginge wie immer.

3. Doch ist der Befreier vom Tod auferstanden, / ist schon auferstanden und ruft uns jetzt alle / zur Auferstehung auf Erden, / zum Aufstand gegen die Herren, / die mit dem Tod uns regieren, / die mit dem Tod uns regieren.

T: KURT MARTI 1970
M: PETER JANSSENS 1970

551

1. Seht, der Stein ist weg-ge-rückt, nicht mehr, wo er war, nichts ist mehr am al-ten Platz, nichts ist, wo es war. Hal-le-lu-ja.

2. Seht, das Grab ist nicht mehr Grab, tot ist nicht mehr tot, / Ende ist nicht Ende mehr, / nichts ist, wie es war. Halleluja.

3. Seht, der Herr erstand vom Tod, sucht ihn nicht mehr hier, / geht mit ihm in alle Welt, / er geht euch voraus. Halleluja.

T: LOTHAR ZENETTI 1971
M: KARL FINK 1971

OSTERN

552

Kehrvers

A: Ei-ner ist un-ser Le-ben, Licht auf

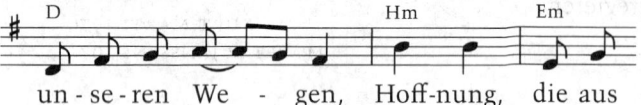

un-se-ren We - gen, Hoff-nung, die aus

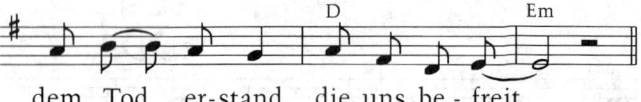

dem Tod er-stand, die uns be-freit.

Strophen

V: 1. Vie - le hun-gern, die an - dern sind
2. Vie - le wer-den ver-kannt und ver-
3. Vie - le ken-nen nur Waf - fen und
4. Vie - le Men-schen sind blind o - der

1. satt in die-ser Welt, ei - ner
2. lacht und un-ter-drückt, ei - ner
3. Krieg, Hass und Ge-walt, ei - ner
4. stumm und wis-sen's nicht. Ei - ner

OSTERN

1. teil - te schon ein - mal das Brot
2. nahm sich der Wehr - lo - sen an
3. lehrt' uns, dem Feind zu ver - zeihn
4. mach - te die Kran - ken ge - sund,

1. und es reich - te für al - le.
2. und er-barmt sich der Ar - men.
3. und die Men - schen zu lie - ben.
4. ei - ner heil - te sie al - le.

5. Viele zweifeln und glauben nicht mehr, viele von uns, / einer ging wie ein Licht vor uns her in den Tod und das Leben.

Der Kehrvers wird vor, zwischen und nach den Strophen gesungen.

T: LOTHAR ZENETTI 1973
M: JEAN LIESSE 1971

OSTERN

553

1. Besiegt hat Jesus Tod und Nacht, / stand auf im Morgengrauen. / Sein ist die Herrlichkeit, die Macht, / und Hilfe ist durch ihn erwacht / denen, die ihm vertrauen.

2. Dass große Auferstehung sei, / sagt an zu allen Zeiten. / Wo sich berufen zwei und drei / auf Jesu Namen kühn und frei, / wird sie sein Geist geleiten.

3. Zu seiner Kirche kommt er neu / im Wort und in den Zeichen. / Wenn du ihn kennst und ohne Scheu / ihn auch bekennst und bist ihm treu, / wird er von dir nicht weichen.

4. Du treuer Jesus, bleib uns nah. / Wird unser Tag sich neigen, / sei auch an unsern Gräbern da, / damit das Licht, das dir geschah, / auch uns den Weg wird zeigen.

T: BEDŘICH ŠURMAN 1990 NACH DEM
TSCHECHISCHEN »PŘEMOHL JEŽÍŠ
SMRTI NOC« VON LUDĚK REJCHRT 1970
M: LUDĚK REJCHRT 1970

PFINGSTEN

554

Kehrvers
Gottes Volk geht nicht allein durch die Zeiten, Gott will selber bei ihm sein und es leiten.

Strophen
1. Das ist des Herrn Wort an uns: Wenn ich nun weggehe, will ich den Vater bitten, er möge euch einen Helfer, einen Beistand schicken, der für alle Zeiten bei euch bleibt.

Der Kehrvers wird nach jeder Strophe wiederholt.

PFINGSTEN

2. An den Jüngern wies es sich: / Als sie der Geist ergriff / und wie ein Feuer brannte, / da blieben sie beieinander, / dankten Gott und hatten alles nun gemeinsam, / nichts für sich.

3. Möchte es auch uns geschehn, / dass uns das Feuer fasst, / das nicht verzehrt, doch leuchtet: / damit wir die Wege wissen, die wir gehen sollen, / wo ein Mensch den andern finden kann.

T: GERHARD VALENTIN 1971
M: JOHANNES PETZOLD 1972

555

1. Unser Leben sei ein Fest,
2. Unser Leben sei ein Fest.
   May our living be a feast,

1. Jesu Geist in unserer Mitte,
2. Brot und Wein für unsere Freiheit.
   Jesus' spirit be in our midst,

1. Jesu Werk in unseren
2. Jesu Wort für unsere
   Jesus' works be those of our

PFINGSTEN

1. Hän-den. Je-su Geist in un-se-ren
2. We-ge, Je-su Weg für un - ser

   hands, Jesus' spi-rit in all of

1. Wer-ken.
2. Le-ben. 1.–2. Un-ser Le-ben sei ein Fest

   our works. May our liv-ing be a feast,

1.–2. an die-sem Mor-gen und je-den Tag.
      (A-bend)
      this ve-ry morn-ing and ev'-ry day.
      (even-ing)

T: STR. 1: ALOIS ALBRECHT, BERNHARD FERKINGHOFF,
KARIN HEINEN, JOSEF METTERNICH 1972
STR. 2: KURT ROSE 1981
ENGLISCH VON EVELYN JOHN TALBOT-PONSONBY 1976
M: PETER JANSSENS 1972

Der du größer und weiter bist, als unsere Herzen sein können, Schöpfer Geist, führe uns über uns hinaus in die Weite des Glaubens durch Jesus Christus.

PFINGSTEN

556

1. Zu Ostern in Jerusalem, da ist etwas geschehn, das ist noch heute wunderbar, nicht jeder kann's verstehn. Hört, hört, hört, hört, nicht jeder kann's verstehn.

2. Zu Pfingsten in Jerusalem, da ist etwas geschehn. / Die Jünger reden ohne Angst und jeder kann's verstehn. / Hört, hört, hört, hört und jeder kann's verstehn. / Hört, hört, hört, hört und jeder kann's verstehn.

3. Zu jeder Zeit in jedem Land kann plötzlich was geschehn. / Die Menschen hören, was Gott will, und können sich verstehn. / Hört, hört, hört, hört, und können sich verstehn. / Hört, hört, hört, hört, und können sich verstehn.

T: ARNIM JUHRE 1968
M: KARL-WOLFGANG WIESENTHAL 1968

PFINGSTEN

557

1. Ein Licht geht uns auf in der Dunkelheit, durchbricht die Nacht und erhellt die Zeit. Licht der Liebe, Lebenslicht, Gottes Geist verlässt uns nicht, Licht der Liebe, Lebenslicht, Gottes Geist verlässt uns nicht.

2. Ein Licht weist den Weg, der zur Hoffnung führt, / erfüllt den Tag, dass es jeder spürt. / Licht der Liebe, Lebenslicht, Gottes Geist verlässt uns nicht. / Licht der Liebe, Lebenslicht, Gottes Geist verlässt uns nicht.

3. Ein Licht macht uns froh, wir sind nicht allein. / An jedem Ort wird es bei uns sein. / Licht der Liebe, Lebenslicht, Gottes Geist verlässt uns nicht. / Licht der Liebe, Lebenslicht, Gottes Geist verlässt uns nicht.

T: ECKART BÜCKEN 1986
M: DETLEV JÖCKER 1986

TRINITATIS

558

1. Vater unser im Himmel,
2. Jesus Christ, unser Retter,
3. Heilger Geist, unser Tröster,

1.–3. dir gehört unser Leben,

wir loben dich.

T: GERHARD RÖCKLE 1977
KANON FÜR 3 STIMMEN:
TERRYE COELHO 1972

*Deine guten Mächte sendest du, Gott,
und wir nehmen es kaum wahr.
Deine Nähe lass uns spüren,
wenn wir einander begleiten;
mach uns füreinander
zu Botinnen und Boten deiner Liebe.*

MICHAELISTAG, 29. SEPTEMBER

559

1. Welcher Engel wird uns sagen, dass das Leben weitergeht, welcher Engel wird wohl kommen, der den Stein vom Grabe hebt? Wirst du für mich, werd ich für dich der Engel sein? Engel sein?

2. Welcher Engel wird uns zeigen, wie das Leben zu bestehn? / Welcher Engel schenkt uns Augen, die im Keim die Frucht schon sehn? / Wirst du für mich – werd ich für dich der Engel sein? / Wirst du für mich – werd ich für dich der Engel sein?

3. Welcher Engel öffnet Ohren, die Geheimnisse verstehn? / Welcher Engel leiht uns Flügel, unsern Himmel einzusehn? / Wirst du für mich – werd ich für dich der Engel sein? / Wirst du für mich – werd ich für dich der Engel sein?

T: WILHELM WILLMS 1972
M: PETER JANSSENS 1972

ENDE DES KIRCHENJAHRES

560

1. Es kommt die Zeit, in der die Träume sich er-fül-len, wenn Frie-de und Freu-de und Ge-rech-tig-keit die Kre-a-tur er-löst. Dann ge-hen Gott und die Men-schen Hand in Hand, dann ge-hen Gott und die Men-schen Hand in Hand.

2. Es kommt die Zeit, in der die Völker sich versöhnen, / wenn alle befreit sind und zusammenstehn / im einen Haus der Welt. / Dann gehen Gott und die Menschen Hand in Hand, / dann gehen Gott und die Menschen Hand in Hand.

3. Es kommt die Zeit, da wird der Erdkreis neu ergrünen / mit Wasser, Luft, Feuer, wenn der Menschen Geist / des Schöpfers Plan bewahrt. / Dann gehen Gott und die Menschen Hand in Hand, / dann gehen Gott und die Menschen Hand in Hand.

4. Es kommt die Zeit, in der die Träume sich erfüllen, / wenn Friede und Freude und Gerechtigkeit / die Kreatur erlöst. / Dann gehen Gott und die Menschen Hand in Hand, / dann gehen Gott und die Menschen Hand in Hand.

T: STR. 1 UND 4: GERHARD SCHNATH 1975
STR. 2 UND 3: RUDOLF OTTO WIEMER 1989
M: PETER JANSSENS 1975

Und nach diesem will ich meinen Geist
ausgießen über alles Fleisch,
und eure Söhne und Töchter sollen weissagen,
eure Alten sollen Träume haben,
und eure Jünglinge sollen Gesichte sehen.

JOEL 3,1

EINGANG UND AUSGANG
561

T: 2. KORINTHER 13, 13
M UND S: CHRISTIAN GREGOR 1763

EINGANG UND AUSGANG

562

1. Segne und behüte uns durch deine Güte, Herr, erheb dein Angesicht über uns und gib uns Licht.

2. Schenk uns deinen Frieden / alle Tag hienieden, / gib uns deinen guten Geist, / der uns stets zu Christus weist.

3. Amen, Amen, Amen. / Lobet all' den Namen / unsers Herren Jesus Christ, / der der Erst' und Letzte ist.

T: BEI JOHANNES EVANGELISTA GOSSNER 1825
M: JOHANN FRIEDRICH FRANKE 1755

Bei dem Herrn findet man Hilfe.
Dein Segen komme über dein Volk!

PSALM 3,9

EINGANG UND AUSGANG

563

1. Wo zwei oder drei in meinem Namen versammelt sind, da bin ich mitten unter ihnen.
2. Wo zwei oder drei in meinem Namen versammelt sind, da bin ich mitten unter ihnen.

T: MATTHÄUS 18,20
KANON FÜR 2 STIMMEN:
KOMMUNITÄT GNADENTHAL 1972

HERR, ERBARME DICH (KYRIE)

564

Im Frieden mach uns eins, schenk uns deine Liebe, Herr!

T: MARLIES FLESCH-THEBESIUS 1972
NACH DEM FRANZÖSISCHEN
»SEIGNEUR, RASSEMBLE NOUS DANS
LA PAIX DE TON AMOUR«
VON DOMINIQUE OMBRIE 1962
M: DOMINIQUE OMBRIE 1962

565

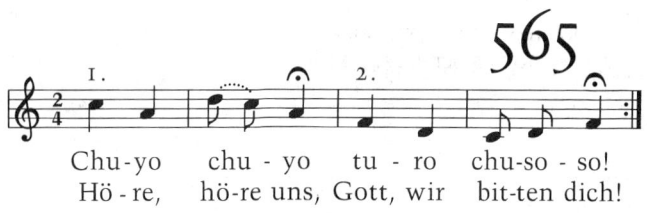

Chu-yo chu-yo tu-ro chu-so-so!
Hö-re, hö-re uns, Gott, wir bit-ten dich!

KANON FÜR 2 STIMMEN
AUS KOREA
T: DEUTSCH VON DIETER TRAUTWEIN 1988

EHRE SEI GOTT IN DER HÖHE (GLORIA)

566

1. Gloria, gloria
2. in excelsis Deo!
3. Gloria, gloria,
4. alleluja, alleluja!

KANON FÜR 4 STIMMEN:
JACQUES BERTHIER, TAIZÉ 1978

*Sie sprachen: Gelobt sei, der da kommt,
der König, in dem Namen des Herrn!
Friede sei im Himmel und Ehre in der Höhe!*

LUKAS 19,38

EHRE SEI GOTT IN DER HÖHE (GLORIA)

567

T (SPANISCH) UND M: AUS PERU
T: DEUTSCH VON DIETER TRAUTWEIN 1989

LOBRUFE
568

Prei - sen lasst uns Gott, den Herrn,
Ba ni ngye - ti Ba Ya - we,
Let us praise the Lord, our God,
Ren - dons grâ - ce au Seig - neur,
A - la - be - mos al Se - ñor,

prei - sen lasst uns Gott, den Herrn,
ba ni ngye - ti Ba Ya - we,
let us praise the Lord, our God,
ren - dons grâ - ce au Seig - neur,
a - la - be - mos al Se - ñor,

prei-sen lasst uns Gott, den Herrn, A - men.
ba ni ngye - ti Ba Ya - we, A - men.
let us praise the Lord, our God, A - men.
ren-dons grâ - ce au Seig-neur, A - men.
a - la - be - mos al Se - ñor, A - men.

Hal - le - lu - ja, Hal - le - lu - ja,
Hal - le - lu - jah, Hal - le - lu - jah,
Al - le - lu - ia, Al - le - lu - ia,
Al - lé - lu - ia, Al - lé - lu - ia,
A - le - lu - ya, A - le - lu - ya,

LOBRUFE

Hal - le - lu - ja, A - men.
Hal - le - lu - jah, A - men.
Al - le - lu - ia, A - men.
Al - lé - lu - ia, A - men.
A - le - lu - ya, A - men.

T: ORIGINAL AUS KAMERUN,
DEUTSCH VON IRMHILD LYONGA
UND DIETER TRAUTWEIN 1972,
FRANZÖSISCH VON BAYIGA BAYIGA,
ENGLISCH UND SPANISCH VON PABLO SOSA
M: AUS KAMERUN

569

1. Lau - da - mus te Do - mi - ne,
   O Herr, wir lo - ben dich,
2. lau - da - mus te Do - mi - ne,
   o Herr, wir lo - ben dich,
3. lau - da - mus te Do - mi - ne.
   o Herr, wir lo - ben dich.

KANON FÜR 3 STIMMEN:
JACQUES BERTHIER 1978

HEILIG, HEILIG, HEILIG (SANCTUS)

570

KANON FÜR 4 STIMMEN:
JACQUES BERTHIER 1980

*Das Wort Gottes ist ein Heiligtum
über alle Heiligtümer,
ja das einzige, das wir Christen kennen
und haben.*

MARTIN LUTHER

WORT GOTTES

571

1. Nun geh uns auf, du Morgenstern, du selig machend Wort des Herrn, du Pfand des Heils, das uns im Sohn der Vater gab von seinem Thron.

2. Bereitet ist für dich die Bahn, / die Herzen sind dir aufgetan, / wir sehnen uns nach deinem Licht / und seufzen auf: Versäum uns nicht.

3. Du Wort der Wahrheit, lautrer Quell, / mach unsre dunklen Augen hell, / dass wir die Wege Gottes sehn / und in der Welt nicht irregehn.

4. Du Wort der Buße, füll das Herz / uns an mit tiefem Reueschmerz, / dass unser Flehn und Seufzen sei: / Gott, steh uns armen Sündern bei!

5. Du Wort der Gnade, tröstend Wort, / o bring uns Botschaft fort und fort / von ihm, der für uns litt und starb / und uns Gerechtigkeit erwarb.

6. Du Wort des Glaubens, gib uns Kraft, / dass wir, der Eitelkeit entrafft, / im gnädig dargebotnen Heil / ergreifen unser ewges Teil.

7. So geh uns auf, du Gottesglanz, / durchdring uns und verklär uns ganz, / du Wort, das noch in Kraft besteht, / wenn Erd und Himmel untergeht.

T: JULIUS STURM 1858
M: LOBT GOTT, DEN HERRN DER HERRLICHKEIT (NR. 300)

WORT GOTTES

572

Gottes Wort ist wie Licht in der Nacht;
es hat Hoffnung und Zukunft gebracht;
es gibt Trost, es gibt Halt in Bedrängnis, Not und Ängsten,
ist wie ein Stern in der Dunkelheit.

T: HANS-HERMANN BITTGER (1978) 1983,
KANON FÜR 2 STIMMEN: JOSEPH JACOBSEN 1935
URSPRÜNGLICH ZU JOEL 4.20 (HEBRÄISCH)

573

1. Lobt den Herrn, lobt den Herrn,
unter uns erblüht sein Stern.

WORT GOTTES

2. Lobt den Herrn, lobt den Herrn, / er ist nicht mehr hoch und fern. / Lobt den Herrn, lobt den Herrn, / er ist nicht mehr hoch und fern. / Er hat allen Glanz verlassen, / der ihn von den Menschen trennt, / er geht jetzt durch unsre Straßen, / wartet, dass man ihn erkennt.

3. Lobt den Herrn, lobt den Herrn, / er hat seine Menschen gern. / Lobt den Herrn, lobt den Herrn, / er hat seine Menschen gern. / Hast du ihn noch nicht getroffen? / Wird dir nicht sein Wort gesagt? / Halte deine Türen offen, / denn er hat nach dir gefragt.

T: GERHARD VALENTIN 1973
M: AUS ISRAEL

TAUFE

574

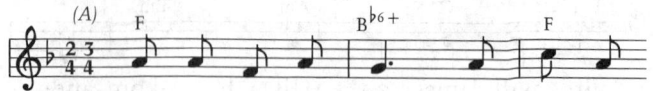

1. Seg-ne die-ses Kind und hilf uns,
2. Seg-ne die-ses Kind und hilf uns,

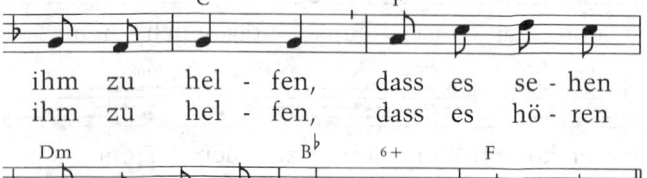

ihm zu hel-fen, dass es se-hen
ihm zu hel-fen, dass es hö-ren

lernt mit sei-nen eig-nen Au-gen
lernt mit sei-nen eig-nen Oh-ren

das Ge-sicht sei-ner Mut-ter und die
auf den Klang sei-nes Na-mens, auf die

Far-ben der Blu-men und den Schnee auf den
Wahr-heit der Wei-sen, auf die Spra-che der

Ber-gen und das Land der Ver-hei-ßung.
Lie-be und das Wort der Ver-hei-ßung.

3. Segne dieses Kind und hilf uns, ihm zu helfen, / dass es greifen lernt mit seinen eignen Händen / nach der Hand seiner Freunde, / nach Maschinen und Plänen, / nach dem Brot und den Trauben / und dem Land der Verheißung.

4. Segne dieses Kind und hilf uns, ihm zu helfen, / dass es reden lernt mit seinen eignen Lippen / von den Freuden und Sorgen, / von den Fragen der Menschen, / von den Wundern des Lebens / und dem Wort der Verheißung.

5. Segne dieses Kind und hilf uns, ihm zu helfen, / dass es gehen lernt auf seinen eignen Füßen / auf den Straßen der Erde, / auf den mühsamen Treppen, / auf den Wegen des Friedens / in das Land der Verheißung.

Segne dieses Kind und hilf uns, ihm zu helfen, / dass es lieben lernt mit seinem ganzen Herzen.

T: LOTHAR ZENETTI 1971
M: HERBERT BEUERLE 1976

Der Herr segne euch je mehr und mehr,
euch und eure Kinder!
Ihr seid die Gesegneten des Herrn,
der Himmel und Erde gemacht hat.

PSALM 115,14–15

TAUFE

575 ö

1. Ein Kind ist an-ge-kom-men. Wir al-le freun uns sehr. Gott sel-ber gab dies Le-ben. Er bleibt des Kin-des Herr. Gott sel-ber gab dies Le-ben. Er bleibt des Kin-des Herr.

2. Wir beten für die Eltern. / Sie brauchen das Gebet. / Sie leben alle davon, / dass Gott mit ihnen geht. / Sie leben alle davon, / dass Gott mit ihnen geht.

3. Wir wollen diesem Kinde / recht gute Freunde sein / und laden es mit Freude / in die Gemeinde ein. / Und laden es mit Freude / in die Gemeinde ein.

4. Wir werden ihm auch sagen, / wie lieb Gott alle hat. / Wir sagen es mit Worten / und sagen's mit der Tat. / Wir sagen es mit Worten / und sagen's mit der Tat.

5. Gott nimmt das Kind beim Taufen / in die Gemeinde auf. / In Jesu Christi Namen / beginnt sein Lebenslauf. / In Jesu Christi Namen / beginnt sein Lebenslauf.

T UND M: KURT ROMMEL 1968

TAUFE

Ö 576

1. Ein klei-nes Kind, du gro-ßer Gott, kommt in dein Haus. Herr, nimm es auf bei dir. Herr, nimm es auf bei dir.

2. Es braucht die Kraft, du großer Gott, / um weit zu gehn. / Herr, nimm es auf bei dir. / Herr, nimm es auf bei dir.

3. Es braucht das Licht, du großer Gott, / um dich zu finden. / Herr, nimm es auf bei dir. / Herr, nimm es auf bei dir.

4. Wir alle hier, du großer Gott, / wir brauchen dich. / Herr, nimm uns auf bei dir. / Herr, nimm uns auf bei dir.

T: ROSEMARIE BOTTLÄNDER-HARBERT 1971
M: GERHARD BLANK 1971

*Ihr seid alle durch den Glauben
Gottes Kinder in Christus Jesus.*

GALATER 3,26

TAUFE

577

1. Kind, du bist uns an - ver - traut. / Wo - zu wer - den wir dich brin - gen? / Wel - che Wor - te wirst du sa - gen / und an wel - ches Ziel dich wa - gen?

   Wenn du dei - ne We - ge gehst, / wes - sen Lie - der wirst du sin - gen?

2. Kampf und Krieg zerreißt die Welt, / einer drückt den andern nieder. / Dabei zählen Macht und Geld, / Klugheit und gesunde Glieder. / Mut und Freiheit, das sind Gaben, / die wir bitter nötig haben.

3. Freunde wollen wir dir sein, / sollst des Friedens Brücken bauen. / Denke nicht, du stehst allein; / kannst der Macht der Liebe trauen. / Taufen dich in Jesu Namen. / Er ist unsre Hoffnung. Amen.

T: FRIEDRICH KARL BARTH,
GERHARD GRENZ, PETER HORST 1973
M: LIEBSTER JESU, WIR SIND HIER (NR. 161)

ABENDMAHL

578

1. Aus ungewissen Pfaden rief mich dein Wort heraus. Du hast mich eingeladen, ich komm mit Schuld und Schaden, ein Pilgrim, in dein Königshaus.

2. Zu Tisch lässt du mich rufen / in deiner Kinder Zahl. / Noch steh ich vor den Stufen, / mein Stolz und Undank schufen / dir allzu bittre Müh und Qual.

3. Du siehst mein angstvoll Beben, / da winkst du deinem Gast, / nimmst mir mein dunkles Leben, / willst mir das deine geben, / das du am Kreuz geopfert hast.

4. Dein Gabe, Herr, ich preise, / wie neigst du dich so mild! / In Brot und Weines Weise / gibst du dich selbst zur Speise / und wandelst mich nach deinem Bild.

5. Wie steigst du tief hernieder, / gehst in uns Menschen ein! / Du heilst die Schöpfung wieder, / lässt uns erlöste Glieder / am Leib, an deiner Kirche, sein.

6. In uns bist du der Eine, / der bindet, was zerriss. / Nun irr ich nicht alleine, / du gibst mir die Gemeine / zum Lichtweg in der Finsternis.

ABENDMAHL

7. O mach mich doch bereiter zu deinem Volk und Mahl! Kein andrer Weg führt weiter, hier steht die Himmelsleiter, drauf du uns nahst im finstern Tal.

8. Dank, Dank will ich dir sinnen, / mein Heiland Jesus Christ. / Ich will dir Volk gewinnen: / Eilt her und schaut die Zinnen / des Reiches, das im Kommen ist.

T: KURT MÜLLER-OSTEN 1940
M: GERHARD SCHWARZ 1941

Wahrlich, wahrlich, ich sage euch:
Ihr werdet den Himmel offen sehen
und die Engel Gottes hinauf- und
herabfahren über dem Menschensohn.

JOHANNES 1,51

ABENDMAHL

579

2. So gab der Herr sein Leben, / verschenkte sich wie Brot. / Wer dieses Brot genommen, / verkündet seinen Tod. / Geheimnis des Glaubens: / Im Tod ist das Leben.

3. Wer dies Geheimnis feiert, / soll selber sein wie Brot; / so lässt er sich verzehren / von aller Menschennot. / Geheimnis des Glaubens: / Im Tod ist das Leben.

4. Als Brot für viele Menschen / hat uns der Herr erwählt; / wir leben füreinander / und nur die Liebe zählt. / Geheimnis des Glaubens: / Im Tod ist das Leben.

Das Lied kann auch als Kehrverslied gesungen werden, dann wird »Geheimnis des Glaubens ... « von allen gesungen.

T: LOTHAR ZENETTI 1971
M: JOHANN LAUERMANN 1972

ABENDMAHL
580

Kehrvers

Dass du mich einstimmen lässt in deinen Jubel, o Herr, deiner Engel und himmlischen Heere, das erhebt meine Seele zu dir, o mein Gott; großer König, Lob sei dir und Ehre!

ABENDMAHL

2. Dass du mich einstimmen lässt in deinen Jubel, o Herr, deiner Engel und himmlischen Heere, / das erhebt meine Seele zu dir, o mein Gott; großer König, Lob sei dir und Ehre! / Herr, du reichst mir das Brot, / und du reichst mir den Wein, / und du bleibst selbst, Herr, mein Begleiter.

3. Dass du mich einstimmen lässt in deinen Jubel, o Herr, deiner Engel und himmlischen Heere, / das erhebt meine Seele zu dir, o mein Gott; großer König, Lob sei dir und Ehre! / Und nun zeig mir den Weg, / und nun führ mich die Bahn, / deine Liebe zu verkünden!

4. Dass du mich einstimmen lässt in deinen Jubel, o Herr, deiner Engel und himmlischen Heere, / das erhebt meine Seele zu dir, o mein Gott; großer König, Lob sei dir und Ehre! / Herr, ich dank' dir, mein Gott, / und ich preise dich, Herr, / und ich schenke dir mein Leben!

Dass du mich einstimmen lässt in deinen Jubel, o Herr, deiner Engel und himmlischen Heere, / das erhebt meine Seele zu dir, o mein Gott; großer König, Lob sei dir und Ehre!

T UND M: KOMMUNITÄT
GNADENTHAL 1976

ABENDMAHL

T: FRIEDRICH KARL BARTH, PETER HORST 1979
KANON FÜR 3 STIMMEN: PETER JANSSENS 1979

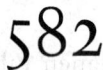

ABENDMAHL

2. Nehmt den Kelch, trinkt, und lasst uns dankbar sein. / Nehmt den Kelch, trinkt, und lasst uns dankbar sein. / Wenn ich kniee und hebe den Blick in des Lichtes Schein, / o Herr, erbarme dich mein.

3. Lasst uns Gott loben und ihm dankbar sein. / Lasst uns Gott loben und ihm dankbar sein. / Wenn ich kniee und hebe den Blick in des Lichtes Schein, / o Herr, erbarme dich mein.

1. Let us break bread together on our knees. / Let us break bread together on our knees. / When I fall on my knees with my face to the rising sun, / o Lord, have mercy on me.

2. Let us drink wine together on our knees. / Let us drink wine together on our knees. / When I fall on my knees ...

3. Let us praise God together on our knees. / Let us praise God together on our knees. / When I fall on my knees ...

SPIRITUAL
T: DEUTSCH VON
DIETER TRAUTWEIN 1984/85

Der gesegnete Kelch, den wir segnen, ist der nicht die Gemeinschaft des Blutes Christi?
Das Brot, das wir brechen, ist das nicht die Gemeinschaft des Leibes Christi?

1. KORINTHER 10,16

ABENDMAHL

583

1. Er ruft die vielen her, die
2. Er nimmt den Kelch und spricht: Dies
3. Nehmt hin und trinkt, in diesem

1. Hoff-nung suchen, die Fremd-ge-word-nen
2. ist mein Sterben für euch und viele,
3. Zeichen sichtbar mein Friede, der von

1. auch und dich und mich. Er spricht: Dies
2. für das Heil der Welt. Er spricht: Dies
3. Angst und Schuld befreit. Er spricht: Dies

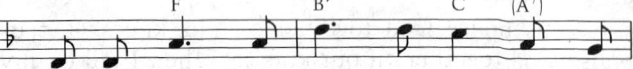

1. ist die Nacht des großen Festmahls, der
2. Brot bin ich, das Brot des Lebens, für
3. ist der Tisch, an dem die vielen er-

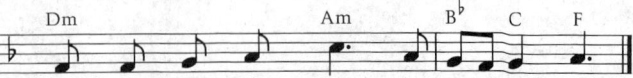

1. Tisch voll Speis und Trank aus Gottes Hand.
2. euch gebrochen. Nehmt und werdet satt.
3. fahren, dass ich der Erlöser bin.

T: KURT ROSE 1987
M: FRITZ BALTRUWEIT 1987

BEICHTE
584

1. Meine engen Grenzen, meine kurze Sicht bringe ich vor dich. Wandle sie in Weite: Herr, erbarme dich.
2. Meine ganze Ohnmacht, was mich beugt und lähmt, bringe ich vor dich. Wandle sie in Stärke: Herr, erbarme dich.
3. Mein verlornes Zutraun, meine Ängstlichkeit bringe ich vor dich. Wandle sie in Wärme: Herr, erbarme dich.
4. Meine tiefe Sehnsucht nach Geborgenheit bringe ich vor dich. Wandle sie in Heimat: Herr, erbarme dich.

T: EUGEN ECKERT 1981
M: WINFRIED HEURICH 1981

BEICHTE

585

2. Ich schweige, wenn ich reden sollte, / und wenn ich einmal hören sollte, / dann kann ich's plötzlich nicht.

Kehrvers

3. Ich glaube, wenn ich zweifeln sollte, / und wenn mein Glaube tragen sollte, / dann bin ich tatenlos.

Kehrvers

4. Ich zweifle, wenn ich glauben sollte, / und wenn ich kritisch fragen sollte, / dann nehm' ich alles an.

Kehrvers

T: KURT ROMMEL 1965
M: THOMAS SALWEY 1973

SAMMLUNG UND SENDUNG
586

1. Herr, der du einst gekommen bist, in Knechtsgestalt zu gehn, des Weise nie gewesen ist, sich selber zu erhöhn:

2. Komm, führe unsre stolze Art / in deine Demut ein! / Nur wo sich Demut offenbart, / kann Gottes Gnade sein.

3. Der du noch in der letzten Nacht, / eh dich der Feind gefasst, / den Deinen von der Liebe Macht / so treu gezeuget hast:

4. Erinnre deine kleine Schar, / die sich so leicht entzweit, / dass deine letzte Sorge war / der Glieder Einigkeit.

5. Drum leit auf deiner Leidensbahn / uns selber an der Hand, / weil dort nur mit regieren kann, / wer hier mit überwand.

T: NIKOLAUS LUDWIG GRAF VON ZINZENDORF 1725
M: NUN SICH DER TAG GEENDET HAT (NR. 478)

SAMMLUNG UND SENDUNG

1. Gott ruft dich, pries-ter-li-che Schar.
Die Welt ver-geht in Nö-ten.
Tritt für sie ein in der Ge-fahr
und hal-te an mit Be-ten.

2. O hört den Todesschrei der Welt, / nehmt ihn auf eure Hände, / auf euer Rufen ist's gestellt, / dass Gott den Jammer wende.

3. Beschämt nicht Gottes Heil und Hort, / er will sich gern erbarmen. / Nehmt ihn getrost bei seinem Wort / und ausgestreckten Armen.

4. Kein andre Waffe hier noch Schwert / hilft wider die Dämonen, / das Wort allein dem Feinde wehrt, / der niemand will verschonen.

5. Verlacht getrost den Arm der Welt, / die falschen Bundsgenossen, / es hat ein andrer Herr und Held / den Bund mit euch geschlossen.

6. Er ist kein Mensch, dass er versagt, / was er uns zugesprochen, / er hört die Stimme, die ihm klagt, / und heilet, was zerbrochen.

7. Der Schwachen Bruder wird der Geist, / der Stummen Mund und Beter, / der recht die Ehre Gottes preist, / der Heiligen Vertreter.

8. Umzingelt Gottes Gnadenthron, / bestürmet ihn mit Bitten, / der Hohepriester, Gottes Sohn, / ist selbst in eurer Mitten.

T: HEINRICH VOGEL 1948
M: MEIN ERST GEFÜHL SEI
PREIS UND DANK (NR. 451)

1. Tragt in die Welt nun ein Licht,
2. Tragt zu den Al-ten ein Licht,
3. Tragt zu den Kran-ken ein Licht,
4. Tragt zu den Kin-dern ein Licht,

sagt ih-nen: Fürch-tet euch nicht!
Gott hat uns lieb, Groß und Klein,
seht auf des Lich-tes Schein.

T: WOLFGANG LONGARDT 1972
M: MARTIN BARTSCH 1973

SAMMLUNG UND SENDUNG

1. lass sie dort munter spielen,
2. lass sie dort fröhlich tanzen,
3. lass sie dort frei erzählen
4. dann wird die Freude wachsen,

1. wo keiner sie in Kreise sperrt,
2. wo keiner ihre Kreise stört,
3. von Kreisen, die ihr Leben zog,
4. weil unser Leben Kreise zieht,*

1. lass sie dort lange spie-
2. lass sie dort lange tan-
3. lass sie dort lang erzäh-

1. len, wo der Himmel blüht.
2. zen, wo der Himmel blüht.
3. len, wo der Himmel blüht.

Schluss der vierten Strophe

4. dann wird die Freude wachsen, wo der Himmel blüht.

Der Kehrvers wird vor, zwischen und nach den Strophen gesungen.

T: FRIEDRICH KARL BARTH, PETER HORST,
HANS-JÜRGEN NETZ 1977
M: PETER JANSSENS 1977

SAMMLUNG UND SENDUNG

590

Kehrvers

Herr, wir bitten: Komm und segne uns;
lege auf uns deinen Frieden.
Segnend halte Hände über uns.
Rühr uns an mit deiner Kraft.

SAMMLUNG UND SENDUNG

1. In die Nacht der Welt hast du uns ge-stellt,
2. In den Streit der Welt hast du uns ge-stellt,
3. In das Leid der Welt hast du uns ge-stellt,

1. dei - ne Freu-de aus-zu-brei - ten.
2. dei - nen Frie-den zu ver-kün - den,
3. dei - ne Lie-be zu be-zeu - gen.

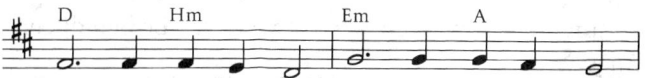

1. In der Trau-rig-keit, mit-ten in dem Leid,
2. der nur dort be-ginnt, wo man, wie ein Kind,
3. Lass uns Gu-tes tun und nicht e-her ruhn,

1. lass uns dei-ne Bo-ten sein.
2. dei - nem Wort Ver-trau-en schenkt.
3. bis wir dich im Lich-te sehn.

T UND M: PETER STRAUCH (1977) 1979

SAMMLUNG UND SENDUNG

591

Ein-sam bist du klein, a-ber ge-mein-sam wer-den wir An-walt des Le-ben-di-gen sein, ein-sam bist du klein, a-ber ge-mein-sam wer-den wir An-walt des Le-ben-di-gen sein, ein-sam bist du klein.

T: FRIEDRICH KARL BARTH, PETER HORST 1981
KANON FÜR 5 STIMMEN: PETER JANSSENS 1981

592

Du Gott stützt mich, du Gott stärkst mich, du Gott machst mir Mut.

Die Stimmen schließen nacheinander.

T UND KANON FÜR 4 STIMMEN:
DORLE SCHÖNHALS-SCHLAUDT 1987

ÖKUMENE

593

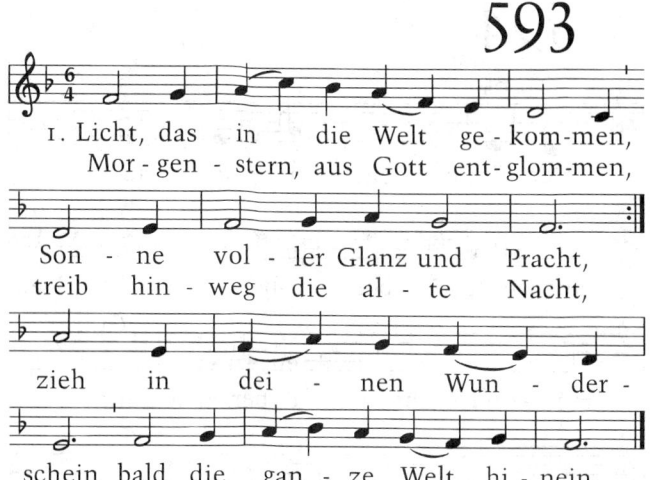

1. Licht, das in die Welt gekommen,
Morgenstern, aus Gott entglommen,
Sonne voller Glanz und Pracht,
treib hinweg die alte Nacht,
zieh in deinen Wunderschein bald die ganze Welt hinein.

2. Gib dem Wort, das von dir zeuget, / einen allgewaltgen Lauf, / dass noch manches Knie sich beuget, / sich noch manches Herz tut auf, / eh die Zeit erfüllet ist, / wo du richtest, Jesu Christ.

3. Es sei keine Sprach noch Rede, / da man nicht die Stimme hört, / und kein Land so fern und öde, / wo man dein Gebot nicht ehrt. / Lass den hellen Freudenschall / siegreich ausgehn überall.

4. Geh, du Bräutgam, aus der Kammer, / laufe deinen Heldenpfad, / strahle Tröstung in den Jammer, / der die Welt umdunkelt hat, / o erleuchte, ewges Wort, / Ost und West und Süd und Nord!

5. Komm, erquick auch unsre Seelen, / mach die Augen hell und klar, / dass wir dich zum Lohn erwählen, / vor den Stolzen uns bewahr, / ja, lass deinen Himmelsschein / unsres Fußes Leuchte sein!

T: EWALD RUDOLPH STIER 1827 (NACH PS. 19)
M: GOTT DES HIMMELS UND DER ERDEN (NR. 445)

ÖKUMENE / PSALMEN UND LOBGESÄNGE

594

Der Himmel geht über allen auf, auf alle über, über allen auf. Der Himmel geht über allen auf, auf alle über, über allen auf.

T: WILHELM WILLMS 1974
KANON FÜR 4 STIMMEN: PETER JANSSENS 1974

595 Psalm 24

Die Erde ist des Herrn und was darinnen ist, der Erdkreis, der Erdkreis und die darauf wohnen.

M: MARTIN BARTSCH 1990

PSALMEN UND LOBGESÄNGE

Psalm 117 — 596

M UND SATZ: JACQUES BERTHIER 1980

PSALMEN UND LOBGESÄNGE

597 Psalm 138

1. Mein gan-zes Herz er-he-bet dich;
und will in dei-nem Hei-lig-tum,
vor dir will ich mein Lob-lied sin-gen
Herr, dir zum Ruhm mein Op-fer brin-gen.
Den Na-men dein an al-lem Ort,
Herr, durch dein Wort hast du er-hö-het;
du gibst der Seel, was ihr ge-bricht;
um Kraft und Licht sie zu dir fle-het.

2. Rief ich in meiner Not zu dir, / so halfst du mir. Ja, du erhörest, / da du in meiner Pilgerschaft / mir Mut und Kraft mit Huld gewährest. / Herr, aller Erdenkön'ge Dank / wird mit Gesang dich noch erheben. / Was deines Mundes Wort verspricht, / wird ihnen Licht und Leben geben.

3. Dann singen sie, dem Herrn geweiht, / in ihm erfreut, von seinen Wegen, / wie seines Namens Majestät / sei hoch erhöht zu ihrem Segen; / denn der Erhabne wohnet hoch / und siehet doch auf Kleine nieder. / Wer aber hier sich selbst erhebt, / in Hochmut lebt, ist ihm zuwider.

4. Wenn mir, von Angst und Not umringt, / das Herz entsinkt, so gibst du Leben. / Die Linke hält der Feinde Schwarm, / dein rechter Arm wird Freiheit geben. / Der Herr führt's wahrlich aus für mich. / Ach, wirst du dich bald offenbaren? / Lass, Herr, da Gnade dich verklärt / und ewig währt, dein Werk nicht fahren.

T: MATTHIAS JORISSEN 1793
M: GENF UM 1544

Der Herr wird meine Sache hinausführen.
Herr, deine Güte ist ewig.
Das Werk deiner Hände wollest du nicht lassen.

PSALM 138,8

PSALMEN UND LOBGESÄNGE

598 Psalm 139

1. Gott ist mein Lied. Er ist der Gott der Stär-ke. Hehr ist sein Nam und groß sind seine Wer-ke und alle Himmel sein Gebiet.

2. Licht ist sein Kleid / und seine Wahl das Beste. / Er herrscht als Gott; / und seines Thrones Feste / ist Wahrheit und Gerechtigkeit.

3. Unendlich reich, / ein Meer von Seligkeiten, / ohn Anfang Gott / und Gott in ewgen Zeiten! / Herr aller Welt, wer ist dir gleich?

4. Was ist und war / im Himmel, Erd und Meere, / das kennet Gott, / und seiner Werke Heere / sind ewig vor ihm offenbar.

5. Er ist um mich, / schafft, dass ich sicher ruhe; / er schafft, was ich / vor- oder nachmals tue, / und er erforschet mich und dich.

6. Er ist dir nah, / du sitzest oder gehest, / ob du ans Meer, / ob du gen Himmel flöhest, / so ist er allenthalben da.

7. Er kennt mein Flehn / und allen Rat der Seele; / er weiß, wie oft / ich Gutes tu und fehle, / und eilt, mir gnädig beizustehn.

8. Er wog mir dar, / was er mir geben wollte; / schrieb auf sein Buch, / wie lang ich leben sollte, / da ich noch unbereitet war.

9. Nichts, nichts ist mein, / das Gott nicht angehöre. / Herr, immerdar / soll deines Namens Ehre, / dein Lob in meinem Munde sein.

T: CHRISTIAN FÜRCHTEGOTT GELLERT 1757
M UND SATZ: PHILIPP EMANUEL BACH 1787

PSALMEN UND LOBGESÄNGE

599

Psalmen und Lobgesänge

T: FRIEDRICH KARL BARTH, PETER HORST 1979
(NACH MATTHÄUS 5,3–10)
M UND SATZ: PETER JANSSENS 1979

PSALMEN UND LOBGESÄNGE

600

Der zweite Kanon kann zusätzlich zum ersten gesungen werden.

T: AUS DEM LOBGESANG DER MARIA (LUKAS 1)
KANONS FÜR 4/8 STIMMEN: JACQUES BERTHIER 1978

PSALMEN UND LOBGESÄNGE

601

1. Gottes Lob wandert und Erde darf hören. Einst sang Maria, sie jubelte Antwort. Wir stehn im Echo der Botschaft vom Leben. Den Herrn preist meine Seele. Ich freue mich, dass er mein Retter ist. Der Hohe schaut die Niedrige an. Halleluja, Halleluja.

2. Scharen von Schwestern und Brüdern im Glauben / singen, was damals Maria gesungen, / als ihr geschah, wie der Engel versprochen: / Den Herrn preist meine Seele. / Ich freue mich, dass er mein Retter ist. / Die Stolzen stürzt er endlich vom Thron. / Halleluja, Halleluja.

3. Wunder der Wunder: Für uns wirst du Mensch, Herr! / Lass doch das Lied, das Maria uns lehrte, / Brücke der Freude sein, die uns zu dir führt: / Den Herrn preist meine Seele. / Ich freue mich, dass er mein Retter ist. / Er denkt an uns, hilft Israel auf. / Halleluja, Halleluja.

T: JÜRGEN HENKYS (1983) 1986
NACH DEM NORWEGISCHEN MARIENLIED
»LOVSANGEN TONER« (LUKAS 1,46–55)
VON SVEIN ELLINGSEN 1978
M: MANFRED SCHLENKER 1985

1. Du hast gesagt: »Ich bin der Weg«, du hast gesagt: »Ich bin der Weg.« Ich vertraue deinem Wort, ich komm zu dir und will dir folgen. Du bist der rechte Weg.

2. Du hast gesagt: »Ich bin die Wahrheit«, / du hast gesagt: »Ich bin die Wahrheit.« / Ich vertraue deinem Wort, / ich komm zu dir, um zu erkennen: / Du, Herr, bist selbst die Wahrheit.

3. Du hast gesagt: »Ich bin das Leben«, / du hast gesagt: »Ich bin das Leben.« / Ich vertraue deinem Wort, / ich komm zu dir mit meiner Schuld. / Du bist das neue Leben.

4. Du hast gesagt: »Ich bin das Brot«, / du hast gesagt: »Ich bin das Brot.« / Ich vertraue deinem Wort, / ich komm zu dir, um satt zu werden. / Du bist das wahre Brot.

5. Du hast gesagt: »Ich bin die Tür«, / du hast gesagt: »Ich bin die Tür.« / Ich vertraue deinem Wort, / ich komm zu dir, du lässt mich ein. / Du bist die Tür zur Freude.

6. Du hast gesagt: »Ich bin der Hirte«, / du hast gesagt: »Ich bin der Hirte.« / Ich vertraue deinem Wort, / ich komm zu dir, du wirst mich führen. / Du bist der gute Hirte.

T UND M: BODO HOPPE 1968

BIBLISCHE ERZÄHLLIEDER

603 Lukas 19,1–10

1. Zachäus, böser reicher Mann, was hast du denn getan? Wo kommt das viele Geld denn her in deinem Beutel groß und schwer? Zachäus, Zachäus, Zachäus, Zachäus, du böser reicher Mann! Zachäus, böser reicher Mann!

2. Zachäus, armer reicher Mann, / dich schaut ja keiner an! / Die Leute haben dich nicht lieb, / geh weg von uns, du böser Dieb! / Zachäus, Zachäus, du armer reicher Mann!

3. Zachäus, kluger kleiner Mann, / jetzt fängst du's richtig an! / »Lasst ihr mich nicht hier bei euch stehn, / vom Baum aus kann ich Jesus sehn!« / Zachäus, Zachäus, jetzt fängst du's richtig an!

4. Zachäus, froher kleiner Mann, / dein Heiland sieht dich an! / »Lässt du mich in dein Haus hinein, / dein Gast will ich noch heute sein!« / Zachäus, Zachäus, du froher kleiner Mann!

T: MARIANNE STOODT 1968
M: DIETER TRAUTWEIN UND
DIE SEMINARGRUPPE DES
EV. STADTJUGENDPFARRAMTES,
FRANKFURT A.M. 1968

Jesus sprach zu Zachäus:
Heute ist diesem Hause Heil widerfahren,
denn auch er ist Abrahams Sohn.
Denn der Menschensohn ist gekommen,
zu suchen und selig zu machen,
was verloren ist. LUKAS 19,9–10

BIBLISCHE ERZÄHLLIEDER

T: FRIEDRICH KARL BARTH,
PETER HORST 1977
M: PETER JANSSENS 1977

LOBEN UND DANKEN

605 ö

1. Danket dem Herrn und lobsingt seinem Namen!
2. Thanks be to God and all praise to his name!
3. Bénissez Dieu et chantez pour sa gloire.

T UND KANON FÜR 4 STIMMEN:
HERMANN STERN 1943
T: FRANZÖSISCH VON ROGER TRUNK 1992

Sie wurden alle erfüllt von dem Heiligen Geist und fingen an zu predigen in andern Sprachen, wie der Geist ihnen gab auszusprechen.

APOSTELGESCHICHTE 2,4

LOBEN UND DANKEN

ö 606

1. Dass ich springen darf und mich freuen – ich danke dir. Dass ich spielen darf und mich freuen – ich danke dir.

2. Dass ich tanzen darf und mich freuen – ich danke dir. / Dass ich träumen darf und mich freuen – ich danke dir.

3. Dass ich singen darf und mich freuen – ich danke dir. / Dass ich lieben darf und mich freuen – ich danke dir.

T: URSULA UND EDUARD HALLER 1961
NACH EINEM FRANZÖSISCHEN KINDERGEBET
M: DIETER TRAUTWEIN UND DIE SEMINARGRUPPE DES
EV. STADTJUGENDPFARRAMTES, FRANKFURT A.M. 1968

LOBEN UND DANKEN

607

T UND KANON FÜR 4 STIMMEN:
MÜNDLICH ÜBERLIEFERT

LOBEN UND DANKEN

608

1. Al-les, was wir sind, hat Gott ge-schenkt.
2. Le-ben ist uns auch von Gott ge-schenkt.
3. Hoff-nung ist uns auch von Gott ge-schenkt.
4. Was wir ge-ben, hat uns Gott ge-schenkt.

1.–4. A-men! A-men! Al-les neh-men wir aus sei-ner Hand. A-men! A-men! A-men! A-men! A-men! Al-les, was wir sind, hat Gott ge-schenkt. A-men! A-men!

Weitere Strophen können hinzugefügt werden.

T: URSULA TRAUTWEIN 1974
NACH DER FRANZÖSISCHEN ORIGINALFASSUNG
VON ABEL NKUINJI 1970
M: ABEL NKUINJI 1970

LOBEN UND DANKEN
609

LOBEN UND DANKEN

T: XHOSA VON STEPHAN CUTHBERT MOLEFE 1977,
DEUTSCH VON DIETER TRAUTWEIN 1984
M UND SATZ: STEPHAN CUTHBERT MOLEFE 1977

RECHTFERTIGUNG UND ZUVERSICHT

610

2. Wir wollen Freiheit, um uns selbst zu finden, / Freiheit, aus der man etwas machen kann. / Freiheit, die auch noch offen ist für Träume, / wo Baum und Blume Wurzeln schlagen kann. / Herr, deine Liebe ist wie Gras und Ufer, / wie Wind und Weite und wie ein Zuhaus.

3. Und dennoch sind da Mauern zwischen Menschen, / und nur durch Gitter sehen wir uns an. / Unser versklavtes Ich ist ein Gefängnis / und ist gebaut aus Steinen unsrer Angst. / Herr, deine Liebe ist wie Gras und Ufer, / wie Wind und Weite und wie ein Zuhaus.

4. Herr, du bist Richter! Du nur kannst befreien, / wenn du uns freisprichst, dann ist Freiheit da. / Freiheit, sie gilt für Menschen, Völker, Rassen, / so weit, wie deine Liebe uns ergreift. / Herr, deine Liebe ist wie Gras und Ufer, / wie Wind und Weite und wie ein Zuhaus.

T: ERNST HANSEN 1970
NACH DEM SCHWEDISCHEN »GUDS KÄRLEK
ÄR SOM STRANDEN OCH SOM GRÄSET«
VON ANDERS FROSTENSON 1968
NACH »DIE GANZE WELT HAST DU
UNS ÜBERLASSEN« (NR. 360)
M: LARS ÅKE LUNDBERG 1968

Wenn euch der Sohn frei macht,
so seid ihr wirklich frei.

JOHANNES 8,36

ANGST UND VERTRAUEN

611

1. Harre, meine Seele, harre des Herrn;
alles ihm befehle, hilft er doch so gern.
Sei unverzagt, bald der Morgen tagt
und ein neuer Frühling folgt dem Winter nach.
In allen Stürmen, in aller Not
wird er dich beschirmen, der treue Gott.

2. Harre, meine Seele, harre des Herrn; / alles ihm befehle, hilft er doch so gern. / Wenn alles bricht, Gott verlässt uns nicht; / größer als der Helfer ist die Not ja nicht. / Ewige Treue, Retter in Not, / rett auch unsre Seele, du treuer Gott!

T: FRIEDRICH RÄDER (1845) 1848
M: CÉSAR MALAN 1827

ANGST UND VERTRAUEN

612

1. Fürchte dich nicht, gefangen in deiner Angst, mit der du lebst.
2. Fürchte dich nicht, getragen von seinem Wort, von dem du lebst.
3. Fürchte dich nicht, gesandt in den neuen Tag, für den du lebst.

1. Fürchte dich nicht, gefangen in deiner Angst. Mit ihr lebst du.
2. Fürchte dich nicht, getragen von seinem Wort. Von ihm lebst du.
3. Fürchte dich nicht, gesandt in den neuen Tag. Für ihn lebst du.

T, M UND SATZ: FRITZ BALTRUWEIT 1980

UMKEHR UND NACHFOLGE

T: SCHALOM BEN-CHORIN 1981
M: FRITZ BALTRUWEIT 1981

614

2. Lass uns in deinem Namen, Herr, / die nötigen Schritte tun. / Gib uns den Mut, voll Liebe, Herr, / heute die Wahrheit zu leben.

UMKEHR UND NACHFOLGE

3. Lass uns in deinem Namen, Herr, / die nötigen Schritte tun. / Gib uns den Mut, voll Hoffnung, Herr, / heute von vorn zu beginnen.

4. Lass uns in deinem Namen, Herr, / die nötigen Schritte tun. / Gib uns den Mut, voll Glauben, Herr, / mit dir zu Menschen zu werden.

T UND M: KURT ROMMEL 1964

T: HESEKIEL 18,32
M: CHRISTIAN KRÖNING 1983
SATZ: KARL-HEINZ SARETZKI 1983

UMKEHR UND NACHFOLGE
616

1. Auf der Spur des Hirten führt der Weg durch weites Land. In der Zeit der Fülle hat mein Herz sein Wort erkannt. Laut und fröhlich klingt das Lied, das sich durch mein Leben zieht: Fröhlich ist, wer Christus in der Welt am Werke sieht!

2. Auf der Spur des Hirten führt der Weg durch Einsamkeit. / In der Zeit der Dürre schweigt das Herz voll Traurigkeit. / In Bedrückung ist mein Halt / und gewinnt in mir Gestalt, / der, des Tod und Leben meiner Angst und Sorge galt.

UMKEHR UND NACHFOLGE

3. Auf der Spur des Hirten sind, die er beruft, geeint, trocknet er die Tränen, die in Jahr und Tag geweint. Er, der Trennendes durchbricht, füllt das Herz mit Zuversicht. Auf der Spur des Hirten wird das Ziel des Weges licht.

T: SABINE RUF, ROLF HOCKE (1984/91)
NACH DEM UNGARISCHEN GEISTLICHEN
KINDERLIED »MEGY A PÁSZTOR«
VON ERZSÉBET TÚRMEZEI
(NACH JOH. 10) 1943
M: ZOLTÁN KODÁLY 1941

GEBORGEN IN GOTTES LIEBE

617

1. Ich bete an die Macht der Liebe, die sich in Jesus offenbart, ich geb mich hin dem freien Triebe, wodurch auch ich geliebet ward; ich will, anstatt an mich zu denken, ins Meer der Liebe mich versenken.

2. Ehr sei dem hohen Jesusnamen, / in dem der Liebe Quell entspringt, / von dem hier alle Bächlein kamen, / aus dem der Selgen Schar dort trinkt! / Wie beugen sie sich ohne Ende! / Wie falten sie die frohen Hände!

3. O Jesu, dass dein Name bliebe / im Grunde tief gedrücket ein! / Möcht deine süße Jesusliebe / in Herz und Sinn gepräget sein! / Im Wort, im Werk und allem Wesen / sei Jesus und sonst nichts zu lesen!

T: GERHARD TERSTEEGEN STR. I U. 2 1757, STR. 3 1751
M: DIMITRI BORTNJANSKY 1822

GEBORGEN IN GOTTES LIEBE
618

1. Weiß ich den Weg auch nicht, du weißt ihn wohl, das macht die Seele still und friedevoll. Ist's doch umsonst, dass ich mich sorgend müh, dass ängstlich schlägt das Herz, sei's spät, sei's früh.

2. Du weißt den Weg ja doch, du weißt die Zeit, / dein Plan ist fertig schon und liegt bereit. / Ich preise dich für deiner Liebe Macht, / ich rühm die Gnade, die mir Heil gebracht.

3. Du weißt, woher der Wind so stürmisch weht, / und du gebietest ihm, kommst nie zu spät. / Drum wart ich still, dein Wort ist ohne Trug, / du weißt den Weg für mich, das ist genug.

T: HEDWIG VON REDERN 1901
M: JOHN BACCHUS DYKES 1868

*Herr, zeige mir deine Wege
und lehre mich deine Steige.
Leite mich in deiner Wahrheit und lehre mich!
Denn du bist der Gott, der mir hilft;
täglich harre ich auf dich.*   PSALM 25,4–5

GEBORGEN IN GOTTES LIEBE
619

1. Er hält die ganze Welt in seiner Hand, er hält die ganze Welt in seiner Hand, er hält die ganze Welt in seiner Hand, Gott hält die Welt in seiner Hand.
2. Er hält das winzig kleine Baby in seiner Hand ...
3. Er hält die Sonne und den Mond in seiner Hand ...
4. Er hält auch dich und mich in seiner Hand ...

1. He's got the whole world in his hands ...
2. He's got the tiny little baby in his hands ...
3. He's got the sun and the moon in his hands ...
4. He's got you and me brother/sister in his hands ...

Es können weitere Strophen hinzugefügt werden.

SPIRITUAL
T: ÜBERLIEFERT

GEBORGEN IN GOTTES LIEBE
620

1. Streck dich ihr ent-ge-gen, nimm sie in dich auf.
2. Sie kann dich ver-än-dern, macht das Le-ben neu.
3. Nichts kann uns von ihr schei-den, was auch im-mer es sei.
4. Denn der Herr die-ser Lie-be, Chris-tus Je-sus, ist treu.

Der Kehrvers wird vor, zwischen und nach den Strophen gesungen.

T UND M: FRANKFURT AM MAIN 1970

GEBORGEN IN GOTTES LIEBE

621

1. Ins Wasser fällt ein Stein, ganz heimlich still und leise, und ist er noch so klein, er zieht doch weite Kreise. Wo Gottes große Liebe in einen Menschen fällt, da wirkt sie fort in Tat und Wort, hinaus in unsre Welt.

2. Ein Funke, kaum zu sehn, / entfacht doch helle Flammen, / und die im Dunkeln stehn, / die ruft der Schein zusammen. / Wo Gottes große Liebe / in einem Menschen brennt, / da wird die Welt / vom Licht erhellt, / da bleibt nichts, was uns trennt.

GEBORGEN IN GOTTES LIEBE

3. Nimm Gottes Liebe an. / Du brauchst dich nicht allein zu mühn, / denn seine Liebe kann / in deinem Leben Kreise ziehn. / Und füllt sie erst dein Leben / und setzt sie dich in Brand, / gehst du hinaus, / teilst Liebe aus, / denn Gott füllt dir die Hand.

T: MANFRED SIEBALD 1973
M: KURT KAISER 1965

622

1. Weißt du, wo der Himmel ist, außen oder innen, eine Hand-breit rechts und links. Du bist mitten drinnen. Du bist mitten drinnen.

2. Weißt du, wo der Himmel ist, / nicht so tief verborgen, / einen Sprung aus dir heraus, / aus dem Haus der Sorgen, / aus dem Haus der Sorgen.

3. Weißt du, wo der Himmel ist, / nicht so hoch da oben, / sag doch Ja zu dir und mir, / du bist aufgehoben, / du bist aufgehoben.

T: WILHELM WILLMS 1976
M: LUDGER EDELKÖTTER 1976

GEBORGEN IN GOTTES LIEBE

623

GEBORGEN IN GOTTES LIEBE

2. Du bist da, wo Menschen hoffen, / du bist da, wo Hoffnung ist; / du bist da, wo Menschen hoffen, / du bist da, wo Hoffnung ist.

3. Du bist da, wo Menschen lieben, / du bist da, wo Liebe ist; / du bist da, wo Menschen lieben, / du bist da, wo Liebe ist.

T UND KANON FÜR 4 STIMMEN:
DETLEV JÖCKER 1981

624

1.+3. Lie - ber Gott, ich dan - ke dir,
2. Dass ich mit dir spre - chen kann

dass du bei mir bist,
und du hörst auf mich.

1.+3. dass du al - le Men - schen liebst
2. Lie - ber Gott, ich dan - ke dir

und mich nicht ver - gisst, gisst.
und ich lo - be dich, dich.

T: MARIANNE SCHMIDT 1982
M: FRITZ BALTRUWEIT 1982

GEBORGEN IN GOTTES LIEBE

625

1. Wir strecken uns nach dir, in dir wohnt die Lebendigkeit. Wir trauen uns zu dir, in dir wohnt die Barmherzigkeit. Du bist, wie du bist: Schön sind deine Namen. Halleluja. Amen. Halleluja. Amen.

2. Wir öffnen uns vor dir, / in dir wohnt die Wahrhaftigkeit. / Wir freuen uns an dir, / in dir wohnt die Gerechtigkeit. / Du bist, wie du bist: / Schön sind deine Namen. / Halleluja. Amen. Halleluja. Amen.

3. Wir halten uns bei dir, / in dir wohnt die Beständigkeit. / Wir sehnen uns nach dir, / in dir wohnt die Vollkommenheit. / Du bist, wie du bist: / Schön sind deine Namen. / Halleluja. Amen. Halleluja. Amen.

T: FRIEDRICH KARL BARTH 1985
M: PETER JANSSENS 1985

Mose sprach zu Gott:
Siehe, wenn ich zu den Israeliten komme und
spreche zu ihnen:
Der Gott eurer Väter hat mich zu euch gesandt!,
und sie mir sagen werden: Wie ist sein Name?,
was soll ich ihnen sagen?
Gott sprach zu Mose:
Ich werde sein, der ich sein werde.

2. MOSE 3,13–14

GEBORGEN IN GOTTES LIEBE
626

San - to - sha wu - kku - te.
1. Freu - de, die ü - ber - fließt,
2. Stimmt in den Ju - bel ein!

San - to - sha wu - kku - te. San - to - sha
1. Freu - de, die ü - ber-fließt, Freu - de, die
2. Stimmt in den Ju - bel ein! Stimmt in den

wu - kke - wu - kku - te. Hal - le - lu - ja!
1. ü - ber - ü - ber - fließt. Hal - le - lu - ja!
2. Ju - bel mit uns ein! Hal - le - lu - ja!

Je - su na - na rak - sha - ka,
1. Je - sus löst die Fes - seln auf,
2. Je - sus trägt für al - le Zeit

na - na paa - pa to - le - da.
1. nimmt die Last der Sün - de weg,
2. uns - re Last und un - ser Leid.

San - to - sha wu - kke - wu - kku - te.
1. Freu - de, die ü - ber - ü - ber - fließt.
2. Stimmt in den Ju - bel mit uns ein!

AUS KARNATAKA (SÜDINDIEN)
T: DEUTSCH VON AKSHA UND DEVADAN KONESAGAR
UND ROLF HOCKE 1993

NÄCHSTEN- UND FEINDESLIEBE

627

Kehrvers (V und A)

Scha-lom, Scha-lom! Wo die Lie-be wohnt, da wohnt auch Gott. Gott.

Strophen (V)

1. Christi Liebe hat uns zusammengebracht, und sein Wort ist das Licht in unserer Nacht, weckt Hoffnung, wo Menschen verzweifelt sind, macht Bruder und Schwester zu Gottes Kind.

Kehrvers (A)

627 NÄCHSTEN- UND FEINDESLIEBE

2. Darum loben wir Gott, der uns alle vereint, und vergessen die Worte Feindschaft und Feind, wir reichen dem Gegner unsere Hand, weil Christus den Hass und die Angst verbannt.

Kehrvers (A)

NÄCHSTEN- UND FEINDESLIEBE 627

3. Mit-ten un-ter uns nimmt Got-tes Reich sei-nen Lauf, mit un-sern Hän-den baut Chris-tus es auf, wir hof-fen, dass sei-ne Lie-be uns trägt, dass heu-te und im-mer sein Herz für uns schlägt.

Kehrvers (A)

Der Kehrvers wird vor, zwischen und nach den Strophen gesungen.

T: DIETHARD ZILS 1972
M: OSKAR GOTTLIEB BLARR 1972

NÄCHSTEN- UND FEINDESLIEBE
628

1. Herr, gib mir Mut zum Brü-cken-bau-en,
2. Ich möch-te gern dort Brü-cken bau-en,
3. Ich möch-te gern dort Hän-de rei-chen,

1. gib mir den Mut zum ers-ten Schritt.
2. wo al-le tie-fe Grä-ben sehn.
3. wo je-mand har-te Fäus-te ballt.

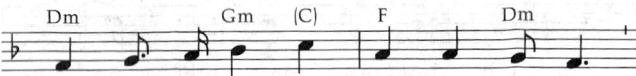

1. Lass mich auf dei-ne Brü-cken trau-en,
2. Ich möch-te hin-ter Zäu-ne schau-en
3. Ich su-che un-ab-läs-sig Zei-chen

1. und wenn ich ge-he, geh du mit.
2. und ü-ber ho-he Mau-ern gehn.
3. des Frie-dens zwi-schen Jung und Alt.

4. Ich möchte nicht zum Mond gelangen, / jedoch zu meines Feindes Tür. / Ich möchte keinen Streit anfangen. / Ob Friede wird, liegt auch an mir.

5. Herr, gib mir Mut zum Brückenbauen, / gib mir den Mut zum ersten Schritt. / Lass mich auf deine Brücken trauen, / und wenn ich gehe, geh du mit.

T: KURT ROMMEL 1963
M: PAUL BISCHOFF 1965

NÄCHSTEN- UND FEINDESLIEBE

629

1. Lie-be ist nicht nur ein Wort, Lie-be, das sind Wor-te und Ta-ten. Als Zei-chen der Lie-be ist Je-sus ge-bo-ren, als Zei-chen der Lie-be für die-se Welt.

2. Freiheit ist nicht nur ein Wort, / Freiheit, das sind Worte und Taten. / Als Zeichen der Freiheit ist Jesus gestorben, / als Zeichen der Freiheit für diese Welt.

3. Hoffnung ist nicht nur ein Wort, / Hoffnung, das sind Worte und Taten. / Als Zeichen der Hoffnung ist Jesus lebendig, / als Zeichen der Hoffnung für diese Welt.

T: ECKART BÜCKEN 1973
M: GERD GEERKEN 1973

*Seid Täter des Worts
und nicht Hörer allein;
sonst betrügt ihr euch selbst.*

JAKOBUS 1,22

NÄCHSTEN- UND FEINDESLIEBE

630

1. Wo ein Mensch Vertrauen gibt, nicht nur an sich selber denkt, fällt ein Tropfen von dem Regen, der aus Wüsten Gärten macht.

2. Wo ein Mensch den andern sieht, / nicht nur sich und seine Welt, / fällt ein Tropfen von dem Regen, / der aus Wüsten Gärten macht.

3. Wo ein Mensch sich selbst verschenkt / und den alten Weg verlässt, / fällt ein Tropfen von dem Regen, / der aus Wüsten Gärten macht.

T: HANS-JÜRGEN NETZ 1975
M: FRITZ BALTRUWEIT 1977

NÄCHSTEN- UND FEINDESLIEBE

632

1. Wenn das Brot, das wir tei-len, als Ro-se blüht und das Wort, das wir spre-chen, als Lied er-klingt, dann hat Gott un-ter uns schon sein Haus ge-baut, dann wohnt er schon in un-se-rer Welt. Ja, dann schau-en wir heut schon sein An-ge-sicht in der Lie-be, die al-les um-fängt, in der Lie-be, die al-les um-fängt.

NÄCHSTEN- UND FEINDESLIEBE

2. Wenn das Leid jedes Armen uns Christus zeigt / und die Not, die wir lindern, zur Freude wird, / dann hat Gott unter uns …

3. Wenn die Hand, die wir halten, uns selber hält / und das Kleid, das wir schenken, auch uns bedeckt, / dann hat Gott unter uns …

4. Wenn der Trost, den wir geben, uns weiterträgt / und der Schmerz, den wir teilen, zur Hoffnung wird, / dann hat Gott unter uns …

5. Wenn das Leid, das wir tragen, den Weg uns weist / und der Tod, den wir sterben, vom Leben singt, / dann hat Gott unter uns …

Das Lied spielt in der ersten Strophe auf das Rosenwunder bei Elisabeth von Thüringen an.

T : CLAUS-PETER MÄRZ (1981) 1985
M : KURT GRAHL (1981) 1985

*Seht, ich habe es doch gesagt,
wir sollen die Menschen froh machen!*

ELISABETH VON THÜRINGEN
BEI EINER ARMENSPEISUNG IN MARBURG

NÄCHSTEN- UND FEINDESLIEBE

633

1. Sanftmut den Männern! Großmut den Frauen! Liebe uns allen, weil wir sie brauchen.

S'phamandla Nkosi! Okungesabi! S'phamandla Nkosi! Siyawadinga!

NÄCHSTEN- UND FEINDESLIEBE

2. Flügel den Lahmen! / Lieder den Stummen! / Träume uns allen, / weil wir sie brauchen.

3. Ehrfurcht den Starken! / Mut den Gejagten! / Friede uns allen, / weil wir ihn brauchen.

Die Übersetzung des südafrikanischen Textes in der Zulu-Sprache weicht von dem gedruckten deutschen Text ab. Die genaue Übersetzung lautet: Schenke uns Kraft, o Herr! Damit wir uns nicht mehr fürchten müssen! Schenke uns Kraft, o Herr! Wir haben sie nötig! (Übersetzung: Ben Khumalo 1981)

T UND M: AUS SÜDAFRIKA
DEUTSCH VON GERHARD SCHÖNE 1987

*Selig sind die Sanftmütigen;
denn sie werden das Erdreich besitzen.*

MATTHÄUS 5,5

BEWAHRUNG DER SCHÖPFUNG

634

1. Die Erde ist des Herrn. Geliehen ist der Stern, auf dem wir leben. Drum sei zum Dienst bereit, gestundet ist die Zeit, die uns gegeben.

2. Gebrauche deine Kraft. / Denn wer was Neues schafft, der lässt uns hoffen. / Vertraue auf den Geist, / der in die Zukunft weist. Gott hält sie offen.

3. Geh auf den andern zu. / Zum Ich gehört ein Du, um Wir zu sagen. / Leg deine Rüstung ab. / Weil Gott uns Frieden gab, kannst du ihn wagen.

4. Verlier nicht die Geduld. / Inmitten aller Schuld ist Gott am Werke. / Denn der in Jesus Christ / ein Mensch geworden ist, bleibt unsre Stärke.

T: JOCHEN RIESS 1985
M: MATTHIAS NAGEL 1985

FRIEDE UND GERECHTIGKEIT

635

Je - der Teil die - ser Er - de
ist un-serm Gott hei - lig.
Je - der Teil die - ser Er - de
ist un-serm Gott hei - lig.

Originaltext: Every part of this country is sacred to my people.

T: HÄUPTLING SEATTLE 1854
ZUGESCHRIEBEN
KANON FÜR 4 STIMMEN:
STEFAN VESPER 1978

*Die Erde ist des Herrn und was darinnen ist,
der Erdkreis und die darauf wohnen.*

PSALM 24,1

BEWAHRUNG DER SCHÖPFUNG

636

1. We shall o-ver-come, we shall o-ver-come, we shall o-ver-come some day. Oh, deep in my heart I do be-lieve, we shall o-ver-come some day.

2. Th' Lord will see us through, / th' Lord will see us through, / th' Lord will see us through some day. / Oh, deep in my heart I do believe, we shall overcome some day.

3. We are not afraid, / we are not afraid, / we are not afraid today. / Oh, deep in my heart …

4. Truth will make us free, / truth will make us free, / truth will make us free some day. / Oh, deep in my heart …

5. Black and white together, / black and white together, / black and white together some day. / Oh, deep in my heart …

6. We'll walk hand in hand, / we'll walk hand in hand, / we'll walk hand in hand some day. / Oh, deep in my heart …

7. We shall live in peace, / we shall live in peace, / we shall live in peace some day. / Oh, deep in my heart …

T UND M: ZILPHIA HORTON, FRANK HAMILTON,
GUY CARAWAN UND PETE SEEGER 1963
NACH »I'LL OVERCOME«
VON CHARLES ALBERT TINDLEY 1901

Wir haben ein Ziel, das vorausliegt, wir spielen
uns ein auf deine Zukunft, Gott. Wir sagen
und singen: Alles ist gut, was du gemacht hast.
Mühselig, langsam, in Hoffnung und Furcht
gestalten wir deine Verheißung aus, bauen wir
an der Stadt des Friedens, an der neuen Schöpfung,
wo du uns Licht bist, alles in allem.
Gib uns die Kraft dazu, bring uns
an ein glückliches Ende. HUUB OOSTERHUIS

BEWAHRUNG DER SCHÖPFUNG

637

1. Alle Knospen springen auf, fangen an zu blühen. Alle Nächte werden hell, fangen an zu glühen. Knospen blühen, Nächte glühen.

Schluss der 4. Strophe

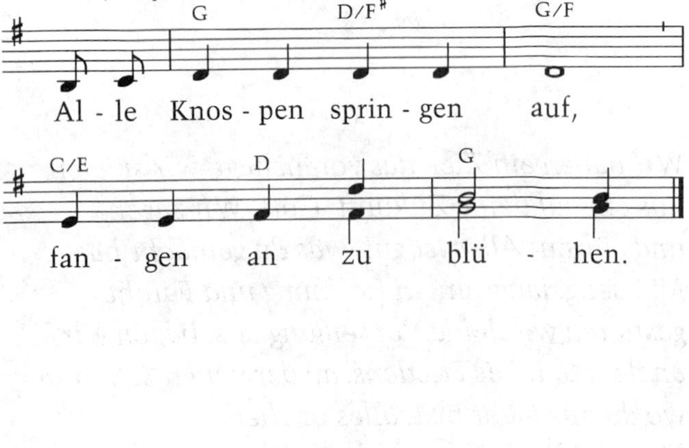

Alle Knospen springen auf, fangen an zu blühen.

FRIEDE UND GERECHTIGKEIT

2. Alle Menschen auf der Welt fangen an zu teilen, / alle Wunden nah und fern fangen an zu heilen. / Menschen teilen, / Wunden heilen. / Knospen blühen, / Nächte glühen.

3. Alle Augen springen auf, fangen an zu sehen. / Alle Lahmen stehen auf, fangen an zu gehen. / Augen sehen, / Lahme gehen. / Menschen teilen, / Wunden heilen. / Knospen blühen, / Nächte glühen.

4. Alle Stummen hier und da fangen an zu grüßen. / Alle Mauern tot und hart werden weich und fließen. / Stumme grüßen, / Mauern fließen. / Augen sehen, / Lahme gehen. / Menschen teilen, / Wunden heilen. / Knospen blühen, / Nächte glühen. / Alle Knospen springen auf, fangen an zu blühen.

T: WILHELM WILLMS 1978
M: LUDGER EDELKÖTTER 1978

Der Gerechtigkeit Frucht wird Friede sein.

JESAJA 32,17

BEWAHRUNG DER SCHÖPFUNG

638

FRIEDE UND GERECHTIGKEIT

2. Ich lobe meinen Gott, der mir den neuen Weg weist, damit ich handle. / Ich lobe meinen Gott, der mir mein Schweigen bricht, damit ich rede. / Ehre sei Gott ...

3. Ich lobe meinen Gott, der meine Tränen trocknet, dass ich lache. / Ich lobe meinen Gott, der meine Angst vertreibt, damit ich atme. / Ehre sei Gott ...

T: HANS-JÜRGEN NETZ 1979
M: CHRISTOPH LEHMANN 1979

BEWAHRUNG DER SCHÖPFUNG

639

1. Da-mit aus Frem-den Freun-de wer-den, kommst du als Mensch in uns-re Zeit: Du gehst den Weg durch Leid und Ar-mut, da-mit die Bot-schaft uns er-reicht.

2. Damit aus Fremden Freunde werden, / gehst du als Bruder durch das Land, / begegnest uns in allen Rassen / und machst die Menschlichkeit bekannt.

3. Damit aus Fremden Freunde werden, / lebst du die Liebe bis zum Tod. / Du zeigst den neuen Weg des Friedens, / das sei uns Auftrag und Gebot.

4. Damit aus Fremden Freunde werden, / schenkst du uns Lebensglück und Brot: / Du willst damit den Menschen helfen, / retten aus aller Hungersnot.

5. Damit aus Fremden Freunde werden, / vertraust du uns die Schöpfung an; / du formst den Menschen dir zum Bilde, / mit dir er sie bewahren kann.

6. Damit aus Fremden Freunde werden, / gibst du uns deinen Heilgen Geist, / der, trotz der vielen Völker Grenzen, / den Weg zur Einigkeit uns weist.

T UND M: ROLF SCHWEIZER 1982

FRIEDE UND GERECHTIGKEIT
640

Lass uns den Weg der Gerech-tig-keit gehn,
Lass uns den Weg der Gerech-tig-keit gehn,
Lass uns den Weg der Gerech-tig-keit gehn,

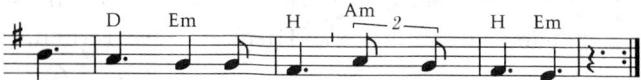

dein Reich komme, Gott, dein Reich komme.
dein Reich komme, Gott, dein Reich komme.
dein Reich komme, Gott, dein Reich komme.

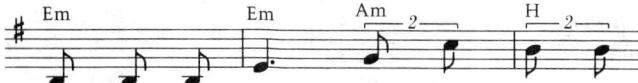

Dein Reich in Klar - heit und Frie - den,
Dein Reich des Lichts und der Lie - be
We - ge durch Leid und Ent - beh - rung

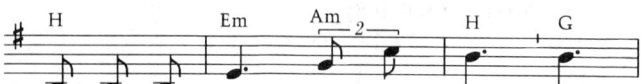

Le - ben in Wahr - heit und Recht. Dein
lebt und ge-schieht un - ter uns. Dein
füh - ren zu dir in dein Reich. Dein

Reich kom-me, Gott, dein Reich kom - me.
Reich kom-me, Gott, dein Reich kom - me.
Reich kom-me, Gott, dein Reich kom - me.

T: DIETHARD ZILS, CHRISTOPH LEHMANN 1983
NACH DEM SPANISCHEN ORIGINAL
VON MARÍA PILAR DE LA FIGUERA LÓPEZ 1965
M: CRISTÓBAL HALFFTER 1964

BEWAHRUNG DER SCHÖPFUNG

641

T: ALOIS ALBRECHT 1987
KANON FÜR 4 STIMMEN:
REINHARD HORN 1987

Gott, du hast Himmel und Erde geschaffen und uns Menschen das Werk deiner Hände anvertraut. Gib uns deinen Geist, dass wir tun, was deinem Willen entspricht, und lassen, was ihm widerspricht, damit wir bewahren, was du geschaffen hast.

FRIEDE UND GERECHTIGKEIT

642

1. Weil Gott die Welt geschaffen hat, lasst uns sie gut bewahren mit allen, die heute leben, für alle, die nach uns kommen. Weil Gott die Welt geschaffen hat, lasst uns sie gut bewahren.

2. Damit die Welt nicht untergeht, / lasst uns jetzt widerstehen / mit allen, die heute leben, / für alle, die nach uns kommen. / Damit die Welt nicht untergeht, / lasst uns jetzt widerstehen.

3. Dass uns die Welt erhalten bleibt, / lasst uns den Herren bitten / mit allen, die heute leben, / für alle, die nach uns kommen. / Dass uns die Welt erhalten bleibt, / lasst uns den Herren bitten.

T: ECKART BÜCKEN 1988
M: CHRISTIAN HÄHLKE 1988

FRIEDE UND GERECHTIGKEIT

643

T: DER ERSTE TEIL DES TEXTES
NACH EINEM AFRIKANISCHEN SPRICHWORT,
DER ZWEITE TEIL
VON BERND SCHLAUDT 1989
KANON FÜR 3 STIMMEN:
BERND SCHLAUDT 1989

MORGEN
644

1. Nun ist vor-bei die finst-re Nacht,
die lie-be Son-ne leucht' und lacht
und lässt uns fröh-lich le-ben.
So wol-len wir uns die-sem Tag
und al-lem, was er brin-gen mag,
von Her-zen nun er-ge-ben.

2. Wir wolln uns wie das liebe Licht, / so unbekümmert, warm und schlicht, / dem Lebenstage schenken. / Wir sollen Gottes Strahlen sein. / Gott will durch uns sich tief hinein / in seine Erde senken.

3. Gott schenkt sich uns in dieser Welt, / hat uns in ihr zum Dienst bestellt, / ihm Dank und Lob zu leben. / Das ist, du Mensch, deins Lebens Sinn, / dass du dich wiederum gibst hin / dem, der sich dir gegeben.

MORGEN

Zweite Melodie

1. Nun ist vorbei die finstre Nacht, die liebe Sonne leucht' und lacht und lässt uns fröhlich leben. So wollen wir uns diesem Tag und allem, was er bringen mag, von Herzen nun ergeben.

2. Wir wolln uns wie das liebe Licht, / so unbekümmert, warm und schlicht, / dem Lebenstage schenken. / Wir sollen Gottes Strahlen sein. / Gott will durch uns sich tief hinein / in seine Erde senken.

3. Gott schenkt sich uns in dieser Welt, / hat uns in ihr zum Dienst bestellt, / ihm Dank und Lob zu leben. / Das ist, du Mensch, deins Lebens Sinn, / dass du dich wiederum gibst hin / dem, der sich dir gegeben.

T: ARNO PÖTZSCH (1934) 1950
M I: DES JAHRES SCHÖNER SCHMUCK ENTWEICHT (NR. 648)
M II: HEUT SINGT DIE LIEBE CHRISTENHEIT (NR. 143)

ABEND

645

1. Der Abend kommt, die Sonne sich verdecket und alles sich zur Ruh und Stille strecket. O meine Seel, merk auf, wo bleibest du? In Gottes Schoß, sonst nirgend findst du Ruh.

2. Der Wandersmann legt sich ermüdet nieder, / das Vöglein fliegt zu seinem Neste wieder, / das Schäflein kehrt in seine Hürde ein: / Lass mich in dich, mein Gott, gekehret sein.

3. Ach, sammle selbst Begierden und Gedanken, / die noch so leicht aus Schwachheit von dir wanken; / mein Ruheplatz, mein' Heimat, tu dich auf, / dass ich in dich von allem andern lauf.

4. Recht väterlich hast du mich heut geleitet, / bewahrt, verschont, gestärket und geweidet; / ich bin's nicht wert, dass du so gut und treu; / mein Alles dir zum Dank ergeben sei.

5. Vergib es, Herr, wo ich mich heut verirret / und mich zu viel durch dies und das verwirret. / Es ist mir leid, es soll nicht mehr geschehn; / nimm mich nur ein, so werd ich fester stehn.

ABEND

6. Da nun der Leib sein Tagewerk vollendet, / mein Geist sich auch zu seinem Werke wendet, / zu beten an, zu lieben inniglich, / im stillen Grund, mein Gott, zu schauen dich.

7. Die Dunkelheit ist da und alles schweiget; / mein Geist vor dir, o Majestät, sich beuget. / Ins Heiligtum, ins Dunkle kehr ich ein; / Herr, rede du, lass mich ganz stille sein.

8. Mein Herz sich dir zum Abendopfer schenket, / mein Wille sich in dich gelassen senket. / Begierden, schweigt! Vernunft und Sinnen, still! / Mein müder Geist im Herren ruhen will.

9. Dem Leib wirst du bald seine Ruhe geben; / lass nicht den Geist zerstreut in Unruh schweben; / mein treuer Hirt, führ mich in dich hinein, / in dir, mit dir kann ich vergnüget sein.

10. Im Finstern sei des Geistes Licht und Sonne, / im Kampf und Kreuz mein Beistand, Kraft und Wonne; / deck mich bei dir in deiner Hütte zu, / bis ich erreich die volle Sabbatruh.

T: GERHARD TERSTEEGEN 1729
M: WIE HERRLICH GIBST DU, HERR,
DICH ZU ERKENNEN (NR. 271)

Ö 646

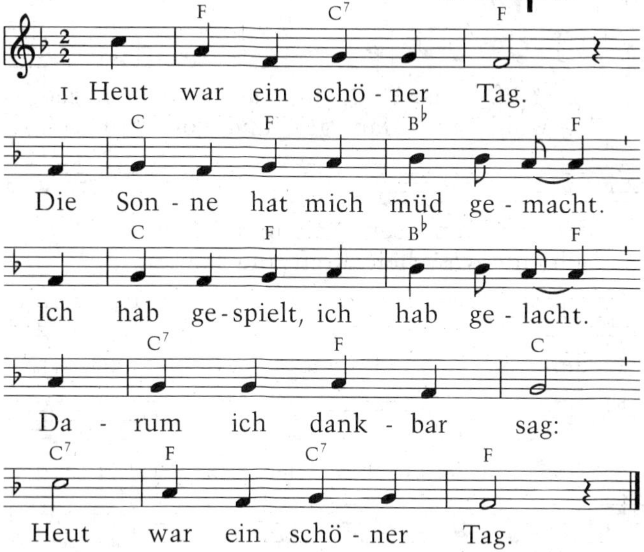
F C7 F
1. Heut war ein schö - ner Tag.
C F B♭ F
Die Son - ne hat mich müd ge - macht.
C F B♭ F
Ich hab ge - spielt, ich hab ge - lacht.
C7 F C
Da - rum ich dank - bar sag:
C7 F C7 F
Heut war ein schö - ner Tag.

2. Wie schön ist diese Welt: / der dunkle Wald auf Bergeshöh, / das stille Tal, der lichte See / und was mir sonst gefällt. / Wie schön ist diese Welt.

3. Du, Herr, kennst auch das Leid, / das eins dem andern zugefügt, / wenn man sich hasst, verletzt, bekriegt / in dieser Welt voll Streit. / Du, Herr, kennst auch das Leid.

4. Lass mich das Nöt'ge tun, / dass ich das Glück, von dem ich leb, / an andre Menschen weitergeb. / Die Liebe darf nicht ruhn. / Lass mich das Nöt'ge tun.

5. Gib eine gute Nacht, / dass jedem, der noch sorgt und weint, / wenn er erwacht, die Sonne scheint. / Du hast ja auf uns Acht. / Gib eine gute Nacht.

T UND M: MARTIN GOTTHARD SCHNEIDER 1975

ARBEIT

647

1. Hilf uns, Herr, in allen Dingen,
wohl anfangen und vollbringen,
dass wir unser Amt und Werk
gib uns Weisheit, Kraft und Stärk. Ohne
deine Segenshand ist verloren
Stand und Land. Hilf uns, Herr, in allen
Dingen und lass alles wohl gelingen.

2. Hilf uns, Herr, in allen Nöten, / aller Trübsal und Gefahr, / alles, was uns könnte töten / und verderben ganz und gar, / dass Kreuz, Elend und Verdruss / uns zum Besten dienen muss. / Hilf uns, Herr, in allen Dingen / und lass alles wohl gelingen.

3. Hilf uns, Herr, in letzten Zügen, / trage unsre Todeslast, / lass im Glauben uns obsiegen, / wie du obgesieget hast. / O Herr Jesu, deine Hand / leist uns Hilfe und Beistand, / dass wir dir in allen Dingen / ewig Lob und Ehre singen.

T: NACH MARTIN RINCKART (VOR 1649) 1655
M: WERDE MUNTER, MEIN GEMÜTE (NR. 475)

NATUR UND JAHRESZEITEN

Andere Melodie:
Heut singt die liebe Christenheit (Nr. 143) **648**

1. Des Jahres schöner Schmuck entweicht, die Flur wird kahl, der Wald verbleicht, der Vöglein Lieder schweigen; ihr Gotteskinder, schweiget nicht und lasst hinauf zum ewgen Licht des Herzens Opfer steigen.

2. Gott ließ der Erde Frucht gedeihn; / wir greifen zu und holen ein; / wir sammeln seinen Segen. / Herr Jesu, lass uns gleichen Fleiß / an deiner Liebe Ruhm und Preis / mit Herzensfreude legen.

3. Der Weinstock gibt die süße Kost, / aus voller Kelter fließt der Most, / die Herzen zu erfreuen. / Du, rechter Weinstock, höchstes Gut, / lass deine Reben durch dein Blut / sich freudiglich erneuen.

4. Was Gottes Hand für uns gemacht, / das ist nun alles heimgebracht, / hat Dach und Raum gefunden. / So sammle dir zur Gnadenzeit, / o Seele, was dein Herr dir beut, / für deine Kreuzesstunden!

5. Denn wie die Felder öde stehn, / die Nebel kalt darüber wehn / und Reif entfärbt die Matten, / so endet alle Lust der Welt, / des Lebens Glanz und Kraft zerfällt, / schnell wachsen seine Schatten.

NATUR UND JAHRESZEITEN

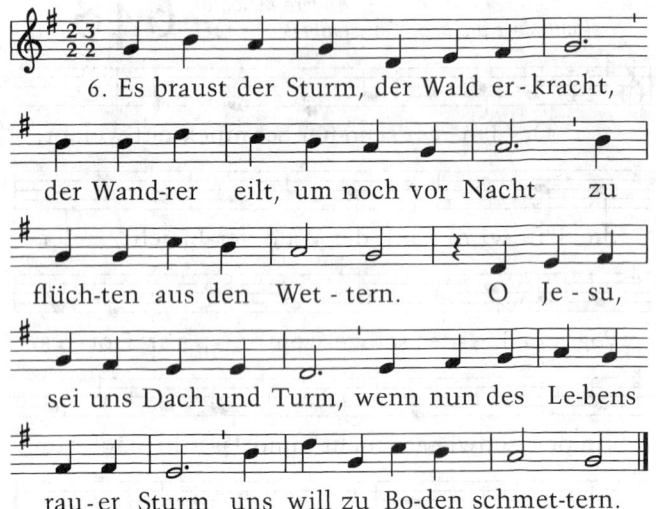

6. Es braust der Sturm, der Wald er-kracht, der Wand-rer eilt, um noch vor Nacht zu flüch-ten aus den Wet-tern. O Je-su, sei uns Dach und Turm, wenn nun des Le-bens rau-er Sturm uns will zu Bo-den schmet-tern.

7. Es fällt der höchsten Bäume Laub / und mischt sich wieder mit dem Staub, / von dannen es gekommen. / Ach Mensch, sei noch so hoch und wert, / du musst hinunter in die Erd, / davon du bist genommen.

8. Doch wie der Landmann seine Saat / ausstreuet, eh der Winter naht, / um künftig Frucht zu sehen, / so, treuer Vater, deckest du / auch unsern Leib mit Erde zu, / dass er soll auferstehen.

9. Indes, wie über Land und Meer / der Störche Zug, der Schwalben Heer / der Sonn entgegen streben, / so lass zu dir die Seelen fliehn, / zu deinem Paradiese ziehn, / an deiner Sonne leben.

T: VIKTOR VON STRAUSS UND TORNEY 1848
M: FRANKFURT A.M. 1738

NATUR UND JAHRESZEITEN

Andere Melodie:
O dass doch bald dein Feuer brennte (Nr. 255) **649**

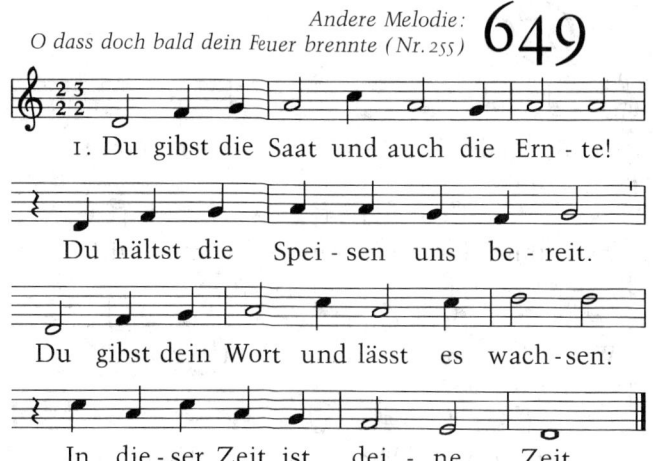

1. Du gibst die Saat und auch die Ern - te!
Du hältst die Spei - sen uns be - reit.
Du gibst dein Wort und lässt es wach - sen:
In die - ser Zeit ist dei - ne Zeit.

2. Du gibst die Kraft und auch die Liebe! / Du hältst dich für uns selbst bereit. / Es wächst dein Wort nach deinem Willen: / In dieser Zeit ist deine Zeit.

3. Du gibst uns Mut zu neuem Leben! / Du hältst die Hoffnung uns bereit. / Es wächst die Saat zu deiner Ern-te: / Bald ist die Zeit ganz deine Zeit.

T: LOTHAR PETZOLD 1970
M: GUSTAV GEISEL 1971

Meine Zeit steht in deinen Händen.

PSALM 31,16

STERBEN UND EWIGES LEBEN

650

1. Begrabt den Leib in seine Gruft,
bis ihn des Richters Stimme ruft!
Wir säen ihn, einst blüht er auf
und steigt verklärt zu Gott hinauf.

2. Aus Staube schuf ihn einst der Herr; / er war schon Staub und wird's nur mehr, / er liegt, er schläft, verwest, erwacht / dereinst aus dieses Todes Nacht.

3. Des Frommen Seele lebt bei Gott, / der sie aus aller ihrer Not, / aus aller ihrer Missetat / durch seinen Sohn erlöset hat.

4. Er wandelt' hier im finstern Tal, / er duldete viel Schmerz und Qual. / Du trugest Jesu Christi Joch, / entschlummertest und lebest noch.

5. Er litt viel mehr, der uns versöhnt / und himmlisch seine Sieger krönt; / o Lohn, o Lohn für wenig Pein! / Dann wird's wie Träumenden uns sein.

6. Nun, du Erlöster, schlaf in Ruh! / Wir gehn nach unsern Hütten zu / und machen zu der Ewigkeit / mit Freud und Zittern uns bereit.

7. Ach Jesu Christ, dein bittrer Tod / stärk uns in unsrer letzten Not! / Lass unsre ganze Seele dein / und selig unser Ende sein.

T: NACH MICHAEL WEISSE 1531
FRIEDRICH GOTTLIEB KLOPSTOCK 1757
M: NUN LEGEN WIR DEN LEIB INS GRAB (NR. 520)

ö 651

1. Wir sind mitten im Leben zum Sterben bestimmt, was da steht, das wird fallen, der Herr gibt und nimmt.

2. Wir gehören für immer dem Herrn, der uns liebt, / was auch soll uns geschehen, er nimmt und er gibt.

3. Wir sind mitten im Sterben zum Leben bestimmt, / was da fällt, soll erstehen. Er gibt, wenn er nimmt.

T: LOTHAR ZENETTI 1970
M: HERBERT BEUERLE 1970

STERBEN UND EWIGES LEBEN

652

Chris-tus spricht: Ich bin die Auferstehung und das Leben. Wer an mich glaubt, der wird leben, auch wenn er stirbt; und wer da lebt und glaubt an mich, der wird nimmermehr sterben.

T: JOH. 11,25
M: IRMHILD KNECHTEL 1987

*Wir erwarten die Auferstehung der Toten
und das Leben der kommenden Welt.*

(AUS DEM NIZÄNISCHEN
GLAUBENSBEKENNTNIS, NR. 805)

GEBETE
GEBETSGOTTESDIENSTE
BEKENNTNISSE
BEIGABEN

PSALMGEBETE

EINFÜHRUNG

Psalmen zu lesen und zu singen gehört bis heute zum Gottesdienst der jüdischen Gemeinde. Seit den frühesten Zeiten der Kirche sind Psalmen auch fester Bestandteil des christlichen Gottesdienstes. Christen und Juden beten so mit gleichen Psalmworten und bringen Lob und Dank, Klage und Bitte vor Gott.

Über die Jahrhunderte hinweg prägt das Psalmgebet der Kirche die Andachten der Wochentage, das Gebet in den Klöstern und das Gebet der Priester, aber auch den sonntäglichen Gottesdienst: Ganze Psalmen oder aber einzelne Verse werden, meist im Wechsel, gesungen oder gesprochen.

Diese Tradition haben die evangelischen Kirchen auf verschiedene Weise weitergeführt. Sie haben zahlreiche Psalmlieder geschaffen. Weithin prägen ausgewählte Psalmabschnitte den Eingang des Sonntagsgottesdienstes (Introituspsalmen). In der reformierten Kirche wurden bald nach der Reformation alle 150 Psalmen in Liedform gebracht und vertont. Einen festen Platz hat das Psalmgebet seit je in den Gottesdiensten zu den Tageszeiten (Mette, Mittagsgebet, Vesper, Komplet, Nr. 783–786).

Die folgende Auswahl von Psalmen ist für das Gebet des Einzelnen gedacht, sie ist zugleich aber auch zum wechselseitigen Gebet zwischen zwei Gruppen oder zwischen einem Vorbeter und einer Gruppe eingerichtet. Die erste Gruppe (oder ein Vorbeter) spricht den vorgezogenen, die zweite (oder die Gemeinde) den eingerückten Vers.

Den einzelnen Psalmen ist eine Überschrift beigegeben, die meist dem Text des Psalms entnommen ist. Sie erschließt den Psalm und eignet sich gegebenenfalls auch als Leitvers, der zu Beginn des Wechselgebets und am Ende, nach dem »Ehre sei dem Vater«, jeweils gemeinsam gesprochen werden kann.

Das christliche Psalmgebet schließt mit dem Lobpreis:
> »Ehre sei dem Vater und dem Sohn und dem Heiligen Geist, wie es war im Anfang, jetzt und immerdar und von Ewigkeit zu Ewigkeit. Amen.«

Die ökumenische Fassung lautet:
> »Ehre sei dem Vater und dem Sohn und dem Heiligen Geist, wie im Anfang, so auch jetzt und alle Zeit und in Ewigkeit. Amen.«

BEISPIELE

Lob und Dank	Psalm 30, 92, 103, 118, 136, 150
Gottesdienst	Psalm 22 II, 27, 43, 84, 100
Gott, Schöpfer und Herr der Welt	Psalm 8, 104, 136
Gottes Barmherzigkeit und Treue	Psalm 23, 34, 100, 146
Der Mensch als Geschöpf Gottes	Psalm 8, 90, 139
Vertrauen auf Gottes Hilfe	Psalm 18, 23, 31, 46, 121
Verlassen und doch geborgen	Psalm 13, 22 I, 126
Schuld und Vergebung (Die sieben Bußpsalmen)	Psalm 6, 32, 38, 51, 102, 130, 143
Morgen	Psalm 30, 57, 92, 143
Abend	Psalm 4, 42, 63, 91, 121, 134
Neutestamentliche Texte	Mt 5,3-10, Phil 2,5-11

Dem Kirchenjahr zugeordnete Psalmen oder Psalmabschnitte sind die Wochenpsalmen, sie sind unter Nr. 954 angegeben.

Zum gemeinsamen Singen mit Noten versehene Psalmen und neutestamentliche Lobgesänge finden sich in den Ordnungen der Gottesdienste zu den Tageszeiten:

787	Psalm 23	785.6	Lobgesang der Maria (Magnificat) Lk 1
788	Psalm 25		
785.2	Psalm 34	783.6	Lobgesang des Zacharias (Benedictus) Lk 1
784.3	Psalm 36		
786.4	Psalm 91	786.10	Lobgesang des Simeon (Nunc dimittis) Lk 2
783.2	Psalm 148		

Ein Psalmgebet mit mehrstimmig zu singendem Kehrvers und gesprochenem Psalmtext (Psalm 34 oder Psalm 36 oder ein anderer Psalm) findet sich unter Nr. 789.3 und 789.4.

PSALMEN

in Auswahl

PSALM 1   702

Der Herr kennt den Weg der Gerechten

Wohl dem, der nicht wandelt im Rat der Gottlosen
noch tritt auf den Weg der Sünder
noch sitzt, wo die Spötter sitzen,
    sondern hat Lust am Gesetz des Herrn
    und sinnt über seinem Gesetz Tag und Nacht!
Der ist wie ein Baum, gepflanzt an den Wasserbächen,
der seine Frucht bringt zu seiner Zeit,
    und seine Blätter verwelken nicht.
    Und was er macht, das gerät wohl.
Aber so sind die Gottlosen nicht,
sondern wie Spreu, die der Wind verstreut.
    Darum bestehen die Gottlosen nicht im Gericht
    noch die Sünder in der Gemeinde der Gerechten.
Denn der Herr kennt den Weg der Gerechten,
aber der Gottlosen Weg vergeht.

(Ps 1)

PSALM 4   703

Erhöre mein Gebet

Erhöre mich, wenn ich rufe,
Gott meiner Gerechtigkeit,
    der du mich tröstest in Angst;
    sei mir gnädig und erhöre mein Gebet!
Ihr Herren, wie lange soll meine Ehre geschändet
werden?
Wie habt ihr das Eitle so lieb und die Lüge so gern!

PSALMGEBETE

> Erkennet doch, dass der Herr seine Heiligen
> wunderbar führt;
> der Herr hört, wenn ich ihn anrufe.
Zürnet ihr, so sündiget nicht;
redet in eurem Herzen auf eurem Lager und seid stille.
> Opfert, was recht ist,
> und hoffet auf den Herrn.
Viele sagen: »Wer wird uns Gutes sehen lassen?«
Herr, lass leuchten über uns das Licht deines Antlitzes!
> Du erfreust mein Herz,
> ob jene auch viel Wein und Korn haben.
Ich liege und schlafe ganz mit Frieden;
denn allein du, Herr, hilfst mir, dass ich sicher wohne.

(Ps 4)

PSALM 6

*Errette mich, Herr,
um deiner Güte willen*

Ach Herr, strafe mich nicht in deinem Zorn
und züchtige mich nicht in deinem Grimm!
> Herr, sei mir gnädig, denn ich bin schwach;
> heile mich, Herr, denn meine Gebeine sind
> erschrocken,
und meine Seele ist sehr erschrocken.
Ach du, Herr, wie lange!
> Wende dich, Herr, und errette mich,
> hilf mir um deiner Güte willen!
Weichet von mir, alle Übeltäter;
denn der Herr hört mein Weinen.
> Der Herr hört mein Flehen;
> mein Gebet nimmt der Herr an.

(Ps 6,2-5.9.10)

PSALM 8

*Was ist der Mensch, Herr, dass du dich
seiner annimmst?*

Herr, unser Herrscher, wie herrlich ist dein Name in
allen Landen, der du zeigst deine Hoheit am Himmel!
> Aus dem Munde der jungen Kinder und Säuglinge
> hast du eine Macht zugerichtet um deiner
> Feinde willen.

Wenn ich sehe die Himmel, deiner Finger Werk,
den Mond und die Sterne, die du bereitet hast:
> was ist der Mensch, dass du seiner gedenkst,
> und des Menschen Kind, dass du dich seiner
> annimmst?

Du hast ihn wenig niedriger gemacht als Gott,
mit Ehre und Herrlichkeit hast du ihn gekrönt.
> Du hast ihn zum Herrn gemacht über deiner
> Hände Werk,
> alles hast du unter seine Füße getan:

Schafe und Rinder allzumal,
dazu auch die wilden Tiere,
> die Vögel unter dem Himmel und die Fische
> im Meer
> und alles, was die Meere durchzieht.

Herr, unser Herrscher,
wie herrlich ist dein Name in allen Landen!

(Ps 8,2-10)

PSALM 13

Wie lange soll ich mich ängsten?

Herr, wie lange willst du mich so ganz vergessen?
Wie lange verbirgst du dein Antlitz vor mir?
> Wie lange soll ich sorgen in meiner Seele
> und mich ängsten in meinem Herzen täglich?
> Wie lange soll sich mein Feind über mich erheben?

Schaue doch und erhöre mich, Herr, mein Gott!
Erleuchte meine Augen, dass ich nicht im Tode
entschlafe,
> dass nicht mein Feind sich rühme, er sei meiner
> mächtig geworden,
> und meine Widersacher sich freuen, dass ich
> wanke.

Ich aber traue darauf, dass du so gnädig bist;
mein Herz freut sich, dass du so gerne hilfst.
Ich will dem Herrn singen, dass er so wohl an mir tut.

(Ps 13,2-6)

PSALM 18

Der Herr ist meine Zuversicht

Herzlich lieb hab ich dich, Herr, meine Stärke!
Herr, mein Fels, meine Burg, mein Erretter;
> mein Gott, mein Hort, auf den ich traue,
> mein Schild und Berg meines Heils und mein
> Schutz!

Ich rufe an den Herrn, den Hochgelobten,
so werde ich vor meinen Feinden errettet.
> Es umfingen mich des Todes Bande,
> und die Fluten des Verderbens erschreckten mich.

Des Totenreichs Bande umfingen mich,
und des Todes Stricke überwältigten mich.
> Als mir angst war, rief ich den Herrn an
> und schrie zu meinem Gott.

Da erhörte er meine Stimme von seinem Tempel,
und mein Schreien kam vor ihn zu seinen Ohren.
> Er streckte seine Hand aus von der Höhe
> und fasste mich
> und zog mich aus großen Wassern.

Der Herr ward meine Zuversicht.
Er führte mich hinaus ins Weite,
er riss mich heraus; denn er hatte Lust zu mir.
> Der Herr lebt! Gelobt sei mein Fels!
> Der Gott meines Heils sei hoch erhoben.
Darum will ich dir danken, Herr, unter den Heiden
und deinem Namen lobsingen.

(Ps 18,2-7.17.19b.20.47.50)

PSALM 19

Das Gesetz des Herrn ist vollkommen

Die Himmel erzählen die Ehre Gottes,
und die Feste verkündigt seiner Hände Werk.
> Ein Tag sagt's dem andern,
> und eine Nacht tut's kund der andern,
ohne Sprache und ohne Worte;
unhörbar ist ihre Stimme.
> Ihr Schall geht aus in alle Lande
> und ihr Reden bis an die Enden der Welt.
Er hat der Sonne ein Zelt am Himmel gemacht;
sie geht heraus wie ein Bräutigam aus seiner Kammer
und freut sich wie ein Held, zu laufen ihre Bahn.
> Sie geht auf an einem Ende des Himmels
> und läuft um bis wieder an sein Ende,
> und nichts bleibt vor ihrer Glut verborgen.
Das Gesetz des Herrn ist vollkommen
und erquickt die Seele.
> Das Zeugnis des Herrn ist gewiss
> und macht die Unverständigen weise.
Die Befehle des Herrn sind richtig
und erfreuen das Herz.
> Die Gebote des Herrn sind lauter und erleuchten
> die Augen.
> Die Furcht des Herrn ist rein und bleibt ewiglich.

(Ps 19,2-10a)

PSALMGEBETE

PSALM 22 I

Herr, sei nicht ferne

Mein Gott, mein Gott, warum hast du mich verlassen?
Ich schreie, aber meine Hilfe ist ferne.
> Mein Gott, des Tages rufe ich, doch antwortest
> du nicht,
> und des Nachts, doch finde ich keine Ruhe.

Du aber bist heilig,
der du thronst über den Lobgesängen Israels.
> Unsere Väter hofften auf dich;
> und da sie hofften, halfst du ihnen heraus.

Zu dir schrien sie und wurden errettet,
sie hofften auf dich und wurden nicht zuschanden.
> Sei nicht ferne von mir, denn Angst ist nahe;
> denn es ist hier kein Helfer.

Aber du, Herr, sei nicht ferne;
meine Stärke, eile, mir zu helfen!

(Ps 22,2-6.12.20)

PSALM 22 II

Dich will ich preisen in der Gemeinde

Ich will deinen Namen kundtun meinen Brüdern,
ich will dich in der Gemeinde rühmen:
> Rühmet den Herrn, die ihr ihn fürchtet;
> denn er hat nicht verachtet noch verschmäht
> das Elend des Armen

und sein Antlitz vor ihm nicht verborgen;
und als er zu ihm schrie, hörte er's.
> Dich will ich preisen in der großen Gemeinde,
> ich will mein Gelübde erfüllen vor denen, die ihn
> fürchten.

Die Elenden sollen essen, dass sie satt werden;
und die nach dem Herrn fragen, werden ihn preisen;
euer Herz soll ewiglich leben.

> Es werden gedenken und sich zum Herrn
> bekehren aller Welt Enden
> und vor ihm anbeten alle Geschlechter
> der Heiden.

Denn des Herrn ist das Reich,
und er herrscht unter den Heiden.

> Sie werden kommen und seine Gerechtigkeit
> predigen
> dem Volk, das geboren wird.

(Ps 22,23.24a.25-29.32)

PSALM 23

Der Herr ist gut und barmherzig

Der Herr ist mein Hirte,
mir wird nichts mangeln.

> Er weidet mich auf einer grünen Aue
> und führet mich zum frischen Wasser.

Er erquicket meine Seele.
Er führt mich auf rechter Straße um seines
Namens willen.

> Und ob ich schon wanderte im finstern Tal,
> fürchte ich kein Unglück;

denn du bist bei mir,
dein Stecken und Stab trösten mich.

> Du bereitest vor mir einen Tisch
> im Angesicht meiner Feinde.

Du salbest mein Haupt mit Öl
und schenkest mir voll ein.

> Gutes und Barmherzigkeit werden mir folgen
> mein Leben lang,
> und ich werde bleiben im Hause des Herrn
> immerdar.

(Ps 23)

PSALMGEBETE

PSALM 24

Der Herr kommt, stark und mächtig

Machet die Tore weit und die Türen in der Welt hoch,
dass der König der Ehre einziehe!
> Wer ist der König der Ehre?
> Es ist der Herr, stark und mächtig, der Herr,
> mächtig im Streit.

Machet die Tore weit und die Türen in der Welt hoch,
dass der König der Ehre einziehe!
> Wer ist der König der Ehre?
> Es ist der Herr Zebaoth; er ist der König der Ehre.

(Ps 24,7-10)

PSALM 25

Vergib mir meine Schuld

Nach dir, Herr, verlanget mich.
Mein Gott, ich hoffe auf dich;
> lass mich nicht zuschanden werden.
> Denn keiner wird zuschanden, der auf dich
> harret.

Herr, zeige mir deine Wege
und lehre mich deine Steige!
> Leite mich in deiner Wahrheit und lehre mich!
> Denn du bist der Gott, der mir hilft; täglich harre
> ich auf dich.

Gedenke, Herr, an deine Barmherzigkeit und an
deine Güte,
die von Ewigkeit her gewesen sind.
> Der Herr ist gut und gerecht,
> darum weist er Sündern den Weg.

Die Wege des Herrn sind lauter Güte und Treue
für alle, die seinen Bund und seine Gebote halten.
> Um deines Namens willen, Herr,
> vergib mir meine Schuld, die so groß ist!

Der Herr ist denen Freund, die ihn fürchten;
und seinen Bund lässt er sie wissen.
> Meine Augen sehen stets auf den Herrn;
> denn er wird meinen Fuß aus dem Netze ziehen.

Wende dich zu mir und sei mir gnädig;
denn ich bin einsam und elend.
> Die Angst meines Herzens ist groß;
> führe mich aus meinen Nöten!

Sieh an meinen Jammer und mein Elend
und vergib mir alle meine Sünden!
> Bewahre meine Seele und errette mich;
> lass mich nicht zuschanden werden, denn ich
> traue auf dich!

(Ps 25,1.2a.3a.4-6.8.10-11.14-18.20)

PSALM 27

Der Herr ist meines Lebens Kraft

Der Herr ist mein Licht und mein Heil;
vor wem sollte ich mich fürchten?
> Der Herr ist meines Lebens Kraft;
> vor wem sollte mir grauen?

Eines bitte ich vom Herrn, das hätte ich gerne:
dass ich im Hause des Herrn bleiben könne mein
Leben lang,
> zu schauen die schönen Gottesdienste des Herrn
> und seinen Tempel zu betrachten.

Denn er deckt mich in seiner Hütte zur bösen Zeit,
er birgt mich im Schutz seines Zeltes
und erhöht mich auf einen Felsen.
> Herr, höre meine Stimme, wenn ich rufe;
> sei mir gnädig und erhöre mich!

Mein Herz hält dir vor dein Wort:
»Ihr sollt mein Antlitz suchen.«
Darum suche ich auch, Herr, dein Antlitz.

Verbirg dein Antlitz nicht vor mir,
verstoße nicht im Zorn deinen Knecht!
Denn du bist meine Hilfe; verlass mich nicht
und tu die Hand nicht von mir ab, Gott, mein Heil!
> Denn mein Vater und meine Mutter verlassen
> mich,
> aber der Herr nimmt mich auf.
Ich glaube aber doch, dass ich sehen werde
die Güte des Herrn im Lande der Lebendigen.
> Harre des Herrn!
> Sei getrost und unverzagt und harre des Herrn!

(Ps 27,1.4.5.7-10.13-14)

PSALM 30

Herr, mein Gott, ich will dir danken

Ich preise dich, Herr;
denn du hast mich aus der Tiefe gezogen.
> Herr, mein Gott, als ich schrie zu dir,
> da machtest du mich gesund.
Lobsinget dem Herrn, ihr seine Heiligen,
und preiset seinen heiligen Namen!
> Denn sein Zorn währet einen Augenblick
> und lebenslang seine Gnade.
Den Abend lang währet das Weinen,
aber des Morgens ist Freude.
> Du hast mir meine Klage verwandelt in einen
> Reigen,
> du hast mir den Sack der Trauer ausgezogen
> und mich mit Freude gegürtet,
dass ich dir lobsinge und nicht stille werde.
Herr, mein Gott, ich will dir danken in Ewigkeit.

(Ps 30,2a.3.5-6.12-13)

PSALM 31

Sei mir ein starker Fels

Herr, auf dich traue ich,
lass mich nimmermehr zuschanden werden,
errette mich durch deine Gerechtigkeit!
> Neige deine Ohren zu mir, hilf mir eilends!
> Sei mir ein starker Fels und eine Burg, dass du mir helfest!

Denn du bist mein Fels und meine Burg,
und um deines Namens willen wollest du mich leiten und führen.
> Du wollest mich aus dem Netze ziehen, das sie mir heimlich stellten;
> denn du bist meine Stärke.

In deine Hände befehle ich meinen Geist;
du hast mich erlöst, Herr, du treuer Gott.
> Ich freue mich und bin fröhlich über deine Güte,
> dass du mein Elend ansiehst und nimmst dich meiner an in Not

und übergibst mich nicht in die Hände des Feindes;
du stellst meine Füße auf weiten Raum.
> Ich aber, Herr, hoffe auf dich und spreche:
> Du bist mein Gott!
> Meine Zeit steht in deinen Händen.

Errette mich von der Hand meiner Feinde
und von denen, die mich verfolgen.
> Lass leuchten dein Antlitz über deinem Knecht;
> hilf mir durch deine Güte!

(Ps 31,2-6.8-9.15-17)

PSALM 32

*Ich will dem Herrn meine
Übertretungen bekennen*

Wohl dem, dem die Übertretungen vergeben sind,
dem die Sünde bedeckt ist!
> Wohl dem Menschen, dem der Herr die Schuld
> nicht zurechnet,
> in dessen Geist kein Trug ist!

Denn als ich es wollte verschweigen,
verschmachteten meine Gebeine durch mein
tägliches Klagen.
> Denn deine Hand lag Tag und Nacht schwer
> auf mir,
> dass mein Saft vertrocknete, wie es im Sommer
> dürre wird.

Darum bekannte ich dir meine Sünde,
und meine Schuld verhehlte ich nicht.
> Ich sprach: Ich will dem Herrn meine
> Übertretungen bekennen.
> Da vergabst du mir die Schuld meiner Sünde.

Deshalb werden alle Heiligen zu dir beten
zur Zeit der Angst.
> Darum, wenn große Wasserfluten kommen,
> werden sie nicht an sie gelangen.

Du bist mein Schirm, du wirst mich vor Angst behüten,
dass ich errettet gar fröhlich rühmen kann.
> Freuet euch des Herrn und seid fröhlich, ihr
> Gerechten,
> und jauchzet, alle ihr Frommen.

(Ps 32,1-7.11)

PSALM 34

*Schmecket und sehet,
wie freundlich der Herr ist*

Ich will den Herrn loben allezeit;
sein Lob soll immerdar in meinem Munde sein.
> Meine Seele soll sich rühmen des Herrn,
> dass es die Elenden hören und sich freuen.

Preiset mit mir den Herrn
und lasst uns miteinander seinen Namen erhöhen!
> Als ich den Herrn suchte, antwortete er mir
> und errettete mich aus aller meiner Furcht.

Die auf ihn sehen, werden strahlen vor Freude,
und ihr Angesicht soll nicht schamrot werden.
> Als einer im Elend rief, hörte der Herr
> und half ihm aus allen seinen Nöten.

Der Engel des Herrn lagert sich um die her,
die ihn fürchten, und hilft ihnen heraus.
> Schmecket und sehet, wie freundlich der Herr ist.
> Wohl dem, der auf ihn trauet!

Fürchtet den Herrn, ihr seine Heiligen!
Denn die ihn fürchten, haben keinen Mangel.
> Reiche müssen darben und hungern;
> aber die den Herrn suchen, haben keinen Mangel
> an irgendeinem Gut.

Wenn die Gerechten schreien, so hört der Herr
und errettet sie aus all ihrer Not.
> Der Herr ist nahe denen, die zerbrochenen
> Herzens sind,
> und hilft denen, die ein zerschlagenes Gemüt
> haben.

Der Gerechte muss viel erleiden,
aber aus alledem hilft ihm der Herr.
> Der Herr erlöst das Leben seiner Knechte,
> und alle, die auf ihn trauen, werden frei von Schuld.

(Ps 34,2-11.18-20.23)

PSALMGEBETE

PSALM 36

Wie köstlich ist deine Güte, Gott!

Herr, deine Güte reicht, so weit der Himmel ist,
und deine Wahrheit, so weit die Wolken gehen.
> Deine Gerechtigkeit steht wie die Berge Gottes
> und dein Recht wie die große Tiefe.
> Herr, du hilfst Menschen und Tieren.
Wie köstlich ist deine Güte, Gott,
dass Menschenkinder unter dem Schatten deiner Flügel
Zuflucht haben!
> Sie werden satt von den reichen Gütern deines
> Hauses,
> und du tränkst sie mit Wonne wie mit einem
> Strom.
Denn bei dir ist die Quelle des Lebens,
und in deinem Lichte sehen wir das Licht.

(Ps 36,6-10)

PSALM 37

Hoffe auf den Herrn

Befiehl dem Herrn deine Wege
und hoffe auf ihn, er wird's wohlmachen
> und wird deine Gerechtigkeit heraufführen wie
> das Licht
> und dein Recht wie den Mittag.
Sei stille dem Herrn und warte auf ihn.
Entrüste dich nicht, damit du nicht Unrecht tust.
> Bleibe fromm und halte dich recht;
> denn einem solchen wird es zuletzt gut gehen.
Der Herr hilft den Gerechten,
er ist ihre Stärke in der Not.

(Ps 37,5-7a.8b.37.39)

PSALM 38

Verlass mich nicht, Herr, mein Gott

Herr, strafe mich nicht in deinem Zorn
und züchtige mich nicht in deinem Grimm!
> Denn deine Pfeile stecken in mir,
> und deine Hand drückt mich.

Herr, du kennst all mein Begehren,
und mein Seufzen ist dir nicht verborgen.
> Mein Herz erbebt, meine Kraft hat mich verlassen,
> und das Licht meiner Augen ist auch dahin.

Meine Lieben und Freunde scheuen zurück vor meiner Plage,
und meine Nächsten halten sich ferne.
> Ich bin wie taub und höre nicht,
> und wie ein Stummer, der seinen Mund nicht auftut.

Ich muss sein wie einer, der nicht hört
und keine Widerrede in seinem Munde hat.
> Aber ich harre, Herr, auf dich;
> du, Herr, mein Gott, wirst erhören.

Denn ich bin dem Fallen nahe,
und mein Schmerz ist immer vor mir.
> So bekenne ich denn meine Missetat
> und sorge mich wegen meiner Sünde.

Verlass mich nicht, Herr,
mein Gott, sei nicht ferne von mir!
> Eile, mir beizustehen,
> Herr, du meine Hilfe!

(Ps 38,2.3.10-12.14-16.18.19.22.23)

PSALMGEBETE

PSALM 39 — 722

Meine Tage sind eine Handbreit bei dir

Herr, lehre mich doch,
dass es ein Ende mit mir haben muss
und mein Leben ein Ziel hat und ich davonmuss.
> Siehe, meine Tage sind eine Handbreit bei dir,
> und mein Leben ist wie nichts vor dir.

Wie gar nichts sind alle Menschen,
die doch so sicher leben!
> Sie gehen daher wie ein Schatten
> und machen sich viel vergebliche Unruhe;
> sie sammeln und wissen nicht, wer es einbringen wird.

Nun, Herr, wessen soll ich mich trösten?
Ich hoffe auf dich.
> Höre mein Gebet, Herr, und vernimm mein Schreien,
> schweige nicht zu meinen Tränen;

denn ich bin ein Gast bei dir,
ein Fremdling wie alle meine Väter.
> Lass ab von mir, dass ich mich erquicke,
> ehe ich dahinfahre und nicht mehr bin.

(Ps 39,5-8.13-14)

PSALM 42 — 723

Meine Seele dürstet nach Gott

Wie der Hirsch lechzt nach frischem Wasser,
so schreit meine Seele, Gott, zu dir.
> Meine Seele dürstet nach Gott,
> nach dem lebendigen Gott.

Wann werde ich dahin kommen,
dass ich Gottes Angesicht schaue?
> Meine Tränen sind meine Speise Tag und Nacht,
> weil man täglich zu mir sagt: Wo ist nun dein Gott?

Daran will ich denken
und ausschütten mein Herz bei mir selbst:
> wie ich einherzog in großer Schar,
> mit ihnen zu wallen zum Hause Gottes
mit Frohlocken und Danken
in der Schar derer, die da feiern.
> Was betrübst du dich, meine Seele,
> und bist so unruhig in mir?
Harre auf Gott; denn ich werde ihm noch danken,
dass er meines Angesichts Hilfe und mein Gott ist.
> Am Tage sendet der Herr seine Güte,
> und des Nachts singe ich ihm und bete zu dem
> Gott meines Lebens.
Ich sage zu Gott, meinem Fels:
Warum hast du mich vergessen?
> Warum muss ich so traurig gehen,
> wenn mein Feind mich dränget?
Es ist wie Mord in meinen Gebeinen, wenn mich
meine Feinde schmähen
und täglich zu mir sagen: Wo ist nun dein Gott?
> Was betrübst du dich, meine Seele,
> und bist so unruhig in mir?
Harre auf Gott; denn ich werde ihm noch danken,
dass er meines Angesichts Hilfe und mein Gott ist.

(Ps 42,2-6.9-12)

PSALM 43   724

*Sende dein Licht und deine Wahrheit,
dass sie mich leiten*

Gott, schaffe mir Recht
und führe meine Sache wider das unheilige Volk
und errette mich von den falschen und bösen Leuten!
> Denn du bist der Gott meiner Stärke:
> Warum hast du mich verstoßen?

Warum muss ich so traurig gehen,
wenn mein Feind mich dränget?
> Sende dein Licht und deine Wahrheit, dass sie
> mich leiten
> und bringen zu deinem heiligen Berg und zu
> deiner Wohnung,

dass ich hineingehe zum Altar Gottes,
zu dem Gott, der meine Freude und Wonne ist,
und dir, Gott, auf der Harfe danke, mein Gott.
> Was betrübst du dich, meine Seele,
> und bist so unruhig in mir?

Harre auf Gott; denn ich werde ihm noch danken,
dass er meines Angesichts Hilfe und mein Gott ist.

(Ps 43)

PSALM 46

Gott ist unser Schutz

Gott ist unsre Zuversicht und Stärke,
eine Hilfe in den großen Nöten, die uns
getroffen haben.
> Darum fürchten wir uns nicht, wenngleich die
> Welt unterginge
> und die Berge mitten ins Meer sänken,

wenngleich das Meer wütete und wallte
und von seinem Ungestüm die Berge einfielen.
> Dennoch soll die Stadt Gottes fein lustig bleiben
> mit ihren Brünnlein,
> da die heiligen Wohnungen des Höchsten sind.

Gott ist bei ihr drinnen, darum wird sie festbleiben;
Gott hilft ihr früh am Morgen.
> Die Heiden müssen verzagen und die
> Königreiche fallen,
> das Erdreich muss vergehen, wenn er
> sich hören lässt.

Der Herr Zebaoth ist mit uns,
der Gott Jakobs ist unser Schutz.
> Kommt her und schauet die Werke des Herrn,
> der auf Erden solch ein Zerstören anrichtet,

der den Kriegen steuert in aller Welt,
der Bogen zerbricht, Spieße zerschlägt und Wagen mit Feuer verbrennt.
> Seid stille und erkennet, daß ich Gott bin!
> Ich will der Höchste sein unter den Heiden,
> der Höchste auf Erden.

Der Herr Zebaoth ist mit uns,
der Gott Jakobs ist unser Schutz.

(Ps 46,2–12)

PSALM 47

Gott ist König über die ganze Erde

Schlagt froh in die Hände, alle Völker,
und jauchzet Gott mit fröhlichem Schall!
> Gott fährt auf unter Jauchzen,
> der Herr beim Hall der Posaune.

Lobsinget, lobsinget Gott,
lobsinget, lobsinget unserm Könige!
> Denn Gott ist König über die ganze Erde;
> lobsinget ihm mit Psalmen!

Gott ist König über die Völker,
Gott sitzt auf seinem heiligen Thron.
> Die Fürsten der Völker sind versammelt
> als Volk des Gottes Abrahams;

denn Gott gehören die Starken auf Erden;
er ist hoch erhaben.

(Ps 47,2.6–10)

PSALM 51

Schaffe in mir, Gott, ein reines Herz

Gott, sei mir gnädig nach deiner Güte,
und tilge meine Sünden nach deiner großen
Barmherzigkeit.
> Wasche mich rein von meiner Missetat,
> und reinige mich von meiner Sünde;

denn ich erkenne meine Missetat,
und meine Sünde ist immer vor mir.
> An dir allein habe ich gesündigt
> und übel vor dir getan,

auf dass du Recht behaltest in deinen Worten
und rein dastehst, wenn du richtest.
> Siehe, dir gefällt Wahrheit, die im Verborgenen
> liegt,
> und im Geheimen tust du mir Weisheit kund.

Lass mich hören Freude und Wonne,
dass die Gebeine fröhlich werden, die du
zerschlagen hast.
> Verbirg dein Antlitz vor meinen Sünden,
> und tilge alle meine Missetat.

Schaffe in mir, Gott, ein reines Herz,
und gib mir einen neuen, beständigen Geist.
> Verwirf mich nicht von deinem Angesicht,
> und nimm deinen Heiligen Geist nicht von mir.

Erfreue mich wieder mit deiner Hilfe,
und mit einem willigen Geist rüste mich aus.

(Ps 51,3-6.8.10-14)

PSALM 57

*Unter dem Schatten deiner Flügel
habe ich Zuflucht*

Sei mir gnädig, Gott, sei mir gnädig!
Denn auf dich traut meine Seele,
> und unter dem Schatten deiner Flügel habe ich
> Zuflucht,
> bis das Unglück vorübergehe.

Ich rufe zu Gott, dem Allerhöchsten,
zu Gott, der meine Sache zum guten Ende führt.
> Er sende vom Himmel und helfe mir,
> Gott sende seine Güte und Treue.

Verzehrende Flammen sind die Menschen
und ihre Zungen scharfe Schwerter.
> Erhebe dich, Gott, über den Himmel
> und deine Herrlichkeit über alle Welt!

Sie haben meinen Schritten ein Netz gestellt
und meine Seele gebeugt;
> sie haben vor mir eine Grube gegraben –
> und fallen doch selbst hinein.

Mein Herz ist bereit, Gott,
mein Herz ist bereit, dass ich singe und lobe.
> Wach auf, meine Seele, wach auf, Psalter
> und Harfe,
> ich will das Morgenrot wecken!

Herr, ich will dir danken unter den Völkern,
ich will dir lobsingen unter den Leuten.
> Denn deine Güte reicht, so weit der Himmel ist,
> und deine Wahrheit, so weit die Wolken gehen.

Erhebe dich, Gott, über den Himmel
und deine Herrlichkeit über alle Welt!

(Ps 57,2-4a.c.5b.d.6-12)

PSALM 63

Ich will Gott loben mein Leben lang

Gott, du bist mein Gott, den ich suche.
Es dürstet meine Seele nach dir,
> mein ganzer Mensch verlangt nach dir
> aus trockenem, dürrem Land, wo kein Wasser ist.

So schaue ich aus nach dir in deinem Heiligtum,
wollte gerne sehen deine Macht und Herrlichkeit.
> Denn deine Güte ist besser als Leben;
> meine Lippen preisen dich.

So will ich dich loben mein Leben lang
und meine Hände in deinem Namen aufheben.
> Das ist meines Herzens Freude und Wonne,
> wenn ich dich mit fröhlichem Munde loben
> kann;

wenn ich mich zu Bette lege, so denke ich an dich,
wenn ich wach liege, sinne ich über dich nach.
> Denn du bist mein Helfer,
> und unter dem Schatten deiner Flügel frohlocke
> ich.

Meine Seele hängt an dir;
deine rechte Hand hält mich.

(Ps 63,2-9)

PSALM 67

Es danken dir, Gott, die Völker

Gott sei uns gnädig und segne uns,
er lasse uns sein Antlitz leuchten,
> dass man auf Erden erkenne seinen Weg,
> unter allen Heiden sein Heil.

Es danken dir, Gott, die Völker,
es danken dir alle Völker.

> Die Völker freuen sich und jauchzen,
> dass du die Menschen recht richtest
> und regierst die Völker auf Erden.

Es danken dir, Gott, die Völker,
es danken dir alle Völker.
> Das Land gibt sein Gewächs;
> es segne uns Gott, unser Gott!

Es segne uns Gott,
und alle Welt fürchte ihn!

(Ps 67,2-8)

PSALM 69

Sei mir nahe, denn mir ist angst

Gott, hilf mir!
Denn das Wasser geht mir bis an die Kehle.
> Ich versinke in tiefem Schlamm, wo kein
> Grund ist;
> ich bin in tiefe Wasser geraten, und die Flut will
> mich ersäufen.

Ich habe mich müde geschrien,
mein Hals ist heiser.
> Meine Augen sind trübe geworden,
> weil ich so lange harren muss auf meinen Gott.

Ich aber bete zu dir, Herr, zur Zeit der Gnade;
Gott, nach deiner großen Güte erhöre mich mit deiner treuen Hilfe.
> Errette mich aus dem Schlamm,
> dass ich nicht versinke,

dass ich errettet werde vor denen, die mich hassen,
und aus den tiefen Wassern;
> dass mich die Flut nicht ersäufe und die Tiefe
> nicht verschlinge
> und das Loch des Brunnens sich nicht über mir
> schließe.

PSALMGEBETE

Erhöre mich, Herr, denn deine Güte ist tröstlich;
wende dich zu mir nach deiner großen Barmherzigkeit
    und verbirg dein Angesicht nicht vor deinem
    Knechte,
    denn mir ist angst; erhöre mich eilends.
Nahe dich zu meiner Seele und erlöse sie,
Gott, deine Hilfe schütze mich!

(Ps 69,2-4.14-19a.30b)

PSALM 71

Verlass mich nicht in meinem Alter

Herr, ich traue auf dich,
lass mich nimmermehr zuschanden werden.
    Errette mich durch deine Gerechtigkeit und
    hilf mir heraus,
    neige deine Ohren zu mir und hilf mir!
Sei mir ein starker Hort, zu dem ich immer
fliehen kann,
der du zugesagt hast, mir zu helfen;
    denn du bist meine Zuversicht, Herr, mein Gott,
    meine Hoffnung von meiner Jugend an.
Verwirf mich nicht in meinem Alter,
verlass mich nicht, wenn ich schwach werde.
    Du lässest mich erfahren viele und große Angst
    und tröstest mich wieder.
Meine Lippen und meine Seele, die du erlöst hast,
sollen fröhlich sein und dir lobsingen.

(Ps 71,1-3b.5.9.20a.21b.23)

PSALM 73

*Du bist doch, Gott, allezeit meines
Herzens Trost und mein Teil*

Dennoch bleibe ich stets an dir;
denn du hältst mich bei meiner rechten Hand,
> du leitest mich nach deinem Rat
> und nimmst mich am Ende mit Ehren an.

Wenn ich nur dich habe,
so frage ich nichts nach Himmel und Erde.
> Wenn mir gleich Leib und Seele verschmachtet,
> so bist du doch, Gott, allezeit meines Herzens
> Trost und mein Teil.

Aber das ist meine Freude, dass ich mich zu Gott halte
und meine Zuversicht setze auf Gott den Herrn,
dass ich verkündige all dein Tun.

(Ps 73,23-26.28)

PSALM 84

*Wohl denen, die in deinem
Hause wohnen*

Wie lieb sind mir deine Wohnungen, Herr Zebaoth!
Meine Seele verlangt und sehnt sich nach den Vorhöfen
des Herrn;
> mein Leib und Seele freuen sich
> in dem lebendigen Gott.

Der Vogel hat ein Haus gefunden
und die Schwalbe ein Nest für ihre Jungen –
> deine Altäre, Herr Zebaoth,
> mein König und mein Gott.

Wohl denen, die in deinem Hause wohnen;
die loben dich immerdar.
> Wohl den Menschen, die dich für ihre Stärke halten
> und von Herzen dir nachwandeln!

Wenn sie durchs dürre Tal ziehen, wird es ihnen zum Quellgrund,
und Frühregen hüllt es in Segen.
> Sie gehen von einer Kraft zur andern
> und schauen den wahren Gott in Zion.

Herr, Gott Zebaoth, höre mein Gebet;
vernimm es, Gott Jakobs!
> Gott, unser Schild, schaue doch;
> sieh doch an das Antlitz deines Gesalbten!

Denn ein Tag in deinen Vorhöfen
ist besser als sonst tausend.
> Ich will lieber die Tür hüten in meines Gottes Hause
> als wohnen in der Gottlosen Hütten.

Denn Gott der Herr ist Sonne und Schild; der Herr gibt Gnade und Ehre.
Er wird kein Gutes mangeln lassen den Frommen.
> Herr Zebaoth, wohl dem Menschen,
> der sich auf dich verlässt!

(Ps 84,2-13)

PSALM 90

*Lehre uns bedenken,
dass wir sterben müssen*

Herr, du bist unsre Zuflucht für und für.
Ehe denn die Berge wurden und die Erde und die Welt geschaffen wurden,
bist du, Gott, von Ewigkeit zu Ewigkeit.
> Der du die Menschen lässest sterben
> und sprichst: Kommt wieder, Menschenkinder!

Denn tausend Jahre sind vor dir wie der Tag, der gestern vergangen ist,
und wie eine Nachtwache.

> Du lässest sie dahinfahren wie einen Strom,
> sie sind wie ein Schlaf,
> wie ein Gras, das am Morgen noch sprosst und des
> Abends welkt und verdorrt.

Das macht dein Zorn, dass wir so vergehen,
und dein Grimm, dass wir so plötzlich dahinmüssen.

> Denn unsre Missetaten stellst du vor dich,
> unsre unerkannte Sünde ins Licht vor deinem
> Angesicht.

Darum fahren alle unsre Tage dahin durch
deinen Zorn,
wir bringen unsre Jahre zu wie ein Geschwätz.

> Unser Leben währet siebzig Jahre,
> und wenn's hoch kommt, so sind's achtzig Jahre,

und was daran köstlich scheint, ist doch nur
vergebliche Mühe;
denn es fähret schnell dahin, als flögen wir davon.

> Wer glaubt's aber, dass du so sehr zürnest,
> und wer fürchtet sich vor dir in deinem Grimm?

Lehre uns bedenken, dass wir sterben müssen,
auf dass wir klug werden.

> Herr, kehre dich doch endlich wieder zu uns
> und sei deinen Knechten gnädig!

Fülle uns frühe mit deiner Gnade,
so wollen wir rühmen und fröhlich sein unser
Leben lang.

> Erfreue uns nun wieder, nachdem du uns so lange
> plagest,
> nachdem wir so lange Unglück leiden.

Zeige deinen Knechten deine Werke
und deine Herrlichkeit ihren Kindern.

> Und der Herr, unser Gott, sei uns freundlich
> und fördere das Werk unsrer Hände bei uns.
> Ja, das Werk unsrer Hände wollest du fördern!

(Ps 90,1-5.6b-17)

PSALM 91

Der Herr ist deine Zuversicht

Wer unter dem Schirm des Höchsten sitzt
und unter dem Schatten des Allmächtigen bleibt,
> der spricht zu dem Herrn: Meine Zuversicht und
> meine Burg,
> mein Gott, auf den ich hoffe.

Denn er errettet dich vom Strick des Jägers
und von der verderblichen Pest.
> Er wird dich mit seinen Fittichen decken,
> und Zuflucht wirst du haben unter seinen
> Flügeln.

Seine Wahrheit ist Schirm und Schild,
dass du nicht erschrecken musst vor dem Grauen
der Nacht,
> vor den Pfeilen, die des Tages fliegen,
> vor der Pest, die im Finstern schleicht,
> vor der Seuche, die am Mittag Verderben bringt.

Denn der Herr ist deine Zuversicht,
der Höchste ist deine Zuflucht.
> Es wird dir kein Übel begegnen,
> und keine Plage wird sich deinem Hause nahen.

Denn er hat seinen Engeln befohlen,
dass sie dich behüten auf allen deinen Wegen,
> dass sie dich auf den Händen tragen
> und du deinen Fuß nicht an einen Stein stoßest.

Über Löwen und Ottern wirst du gehen
und junge Löwen und Drachen niedertreten.
> »Er liebt mich, darum will ich ihn erretten;
> er kennt meinen Namen, darum will ich ihn
> schützen.

Er ruft mich an, darum will ich ihn erhören; ich bin bei ihm in der Not,
ich will ihn herausreißen und zu Ehren bringen.
>   Ich will ihn sättigen mit langem Leben
>   und will ihm zeigen mein Heil.«

(Ps 91,1-6.9-16)

PSALM 92

Du lässest mich fröhlich singen

Das ist ein köstlich Ding, dem Herrn danken
und lobsingen deinem Namen, du Höchster,
>   des Morgens deine Gnade
>   und des Nachts deine Wahrheit verkündigen.

Denn, Herr, du lässest mich fröhlich singen von deinen Werken,
und ich rühme die Taten deiner Hände.
>   Herr, wie sind deine Werke so groß!
>   Deine Gedanken sind sehr tief.

Ein Törichter glaubt das nicht,
und ein Narr begreift es nicht.
>   Die Gottlosen grünen wie das Gras, und die
>   Übeltäter blühen alle –
>   nur um vertilgt zu werden für immer!

Aber du, Herr, bist der Höchste
und bleibest ewiglich.
>   Der Gerechte wird grünen wie ein Palmbaum,
>   er wird wachsen wie eine Zeder auf dem Libanon.

Die gepflanzt sind im Hause des Herrn,
werden in den Vorhöfen unsres Gottes grünen.
>   Und wenn sie auch alt werden,
>   werden sie dennoch blühen, fruchtbar und
>   frisch sein,

dass sie verkündigen, wie der Herr es recht macht;
er ist mein Fels und kein Unrecht ist an ihm.

(Ps 92,2.3.5-9.13-16)

PSALMGEBETE

PSALM 96

Singet dem Herrn, alle Welt

Singet dem Herrn ein neues Lied;
singet dem Herrn, alle Welt!
> Singet dem Herrn und lobet seinen Namen,
> verkündet von Tag zu Tag sein Heil!

Erzählet unter den Heiden von seiner Herrlichkeit,
unter allen Völkern von seinen Wundern!
> Betet an den Herrn in heiligem Schmuck;
> es fürchte ihn alle Welt!

Sagt unter den Heiden: Der Herr ist König.
Er hat den Erdkreis gegründet, dass er nicht wankt.
Er richtet die Völker recht.
> Der Himmel freue sich, und die Erde sei fröhlich,
> das Meer brause und was darinnen ist;

das Feld sei fröhlich und alles, was darauf ist;
es sollen jauchzen alle Bäume im Walde
> vor dem Herrn; denn er kommt,
> denn er kommt, zu richten das Erdreich.

Er wird den Erdkreis richten mit Gerechtigkeit
und die Völker mit seiner Wahrheit.

(Ps 96,1-3.9-13)

PSALM 98

Singet dem Herrn, rühmet und lobet

Singet dem Herrn ein neues Lied,
denn er tut Wunder.
> Er schafft Heil mit seiner Rechten
> und mit seinem heiligen Arm.

Der Herr lässt sein Heil kundwerden;
vor den Völkern macht er seine Gerechtigkeit offenbar.

Er gedenkt an seine Gnade und Treue für das
Haus Israel,
> aller Welt Enden sehen das Heil unsres Gottes.

Jauchzet dem Herrn, alle Welt,
singet, rühmet und lobet!
> Lobet den Herrn mit Harfen,
> mit Harfen und mit Saitenspiel!

Mit Trompeten und Posaunen
jauchzet vor dem Herrn, dem König!
> Das Meer brause und was darinnen ist,
> der Erdkreis und die darauf wohnen.

Die Ströme sollen frohlocken,
und alle Berge seien fröhlich vor dem Herrn;
denn er kommt, das Erdreich zu richten.
> Er wird den Erdkreis richten mit Gerechtigkeit
> und die Völker, wie es recht ist.

(Ps 98,1-9)

PSALM 100

Danket dem Herrn, lobet seinen Namen

Jauchzet dem Herrn, alle Welt!
Dienet dem Herrn mit Freuden,
> kommt vor sein Angesicht mit Frohlocken!
> Erkennet, dass der Herr Gott ist!

Er hat uns gemacht und nicht wir selbst
zu seinem Volk und zu Schafen seiner Weide.
> Gehet zu seinen Toren ein mit Danken, zu
> seinen Vorhöfen mit Loben;
> danket ihm, lobet seinen Namen!

Denn der Herr ist freundlich, und seine Gnade
währet ewig
und seine Wahrheit für und für.

(Ps 100,1-5)

PSALM 102

*Verbirg dein Antlitz nicht
vor mir in der Not*

Herr, höre mein Gebet
und lass mein Schreien zu dir kommen!
    Verbirg dein Antlitz nicht vor mir in der Not,
    neige deine Ohren zu mir;
        wenn ich dich anrufe, so erhöre mich bald!
Denn meine Tage sind vergangen wie ein Rauch,
und meine Gebeine sind verbrannt wie von Feuer.
    Ich bin wie die Eule in der Einöde,
    wie das Käuzchen in den Trümmern.
Ich wache und klage
wie ein einsamer Vogel auf dem Dache.
    Meine Tage sind dahin wie ein Schatten,
    und ich verdorre wie Gras.
Du aber, Herr, bleibst ewiglich
und dein Name für und für.
    Du wollest dich aufmachen und über Zion
    erbarmen;
        denn es ist Zeit, dass du ihm gnädig seist,
        und die Stunde ist gekommen.
Denn er schaut von seiner heiligen Höhe,
der Herr sieht vom Himmel auf die Erde,
    dass er das Seufzen der Gefangenen höre
    und losmache die Kinder des Todes,
dass sie in Zion verkünden den Namen des Herrn
und sein Lob in Jerusalem,
    wenn die Völker zusammenkommen
    und die Königreiche, dem Herrn zu dienen.

(Ps 102,2-4.7-8.12-14.20-23)

PSALM 103

*Vergiss nicht, was Gott
dir Gutes getan hat*

Lobe den Herrn, meine Seele,
und was in mir ist, seinen heiligen Namen!
    Lobe den Herrn, meine Seele,
        und vergiss nicht, was er dir Gutes getan hat:
der dir alle deine Sünde vergibt
und heilet alle deine Gebrechen,
    der dein Leben vom Verderben erlöst,
        der dich krönet mit Gnade und Barmherzigkeit,
der deinen Mund fröhlich macht
und du wieder jung wirst wie ein Adler.
    Der Herr schafft Gerechtigkeit und Recht
        allen, die Unrecht leiden.
Er hat seine Wege Mose wissen lassen,
die Kinder Israel sein Tun.
    Barmherzig und gnädig ist der Herr,
        geduldig und von großer Güte.
Er wird nicht für immer hadern
noch ewig zornig bleiben.
    Er handelt nicht mit uns nach unsern Sünden
        und vergilt uns nicht nach unsrer Missetat.
Denn so hoch der Himmel über der Erde ist,
lässt er seine Gnade walten über denen, die ihn fürchten.
    So fern der Morgen ist vom Abend,
        lässt er unsre Übertretungen von uns sein.
Wie sich ein Vater über Kinder erbarmt,
so erbarmt sich der Herr über die, die ihn fürchten.
    Denn er weiß, was für ein Gebilde wir sind;
        er gedenkt daran, dass wir Staub sind.
Ein Mensch ist in seinem Leben wie Gras,
er blüht wie eine Blume auf dem Felde;
    wenn der Wind darüber geht, so ist sie nimmer da,
        und ihre Stätte kennet sie nicht mehr.

PSALMGEBETE

Die Gnade aber des Herrn währt von Ewigkeit zu
Ewigkeit
über denen, die ihn fürchten,
    und seine Gerechtigkeit auf Kindeskind
    bei denen, die seinen Bund halten
    und gedenken an seine Gebote, dass sie danach tun.
Der Herr hat seinen Thron im Himmel errichtet,
und sein Reich herrscht über alles.
    Lobet den Herrn, ihr seine Engel,
    ihr starken Helden, die ihr seinen Befehl ausrichtet,
    dass man höre auf die Stimme seines Wortes!
Lobet den Herrn, alle seine Heerscharen,
seine Diener, die ihr seinen Willen tut!
    Lobet den Herrn, alle seine Werke,
    an allen Orten seiner Herrschaft!
    Lobe den Herrn, meine Seele!
(Ps 103)

PSALM 104

Herr, die Erde ist voll deiner Güter

Lobe den Herrn, meine Seele!
Herr, mein Gott, du bist sehr herrlich;
    du bist schön und prächtig geschmückt.
    Licht ist dein Kleid, das du anhast.
Du breitest den Himmel aus wie einen Teppich;
der du das Erdreich gegründet hast auf festen Boden,
dass es bleibt immer und ewiglich.
    Du feuchtest die Berge von oben her,
    du machst das Land voll Früchte, die du schaffest.
Du lässest Gras wachsen für das Vieh
und Saat zu Nutz den Menschen,
dass du Brot aus der Erde hervorbringst,
    dass der Wein erfreue des Menschen Herz
    und sein Antlitz schön werde vom Öl
    und das Brot des Menschen Herz stärke.

Herr, wie sind deine Werke so groß und viel!
Du hast sie alle weise geordnet,
und die Erde ist voll deiner Güter.
> Es warten alle auf dich,
>> dass du ihnen Speise gebest zur rechten Zeit.
Wenn du ihnen gibst, so sammeln sie;
wenn du deine Hand auftust, so werden sie mit
Gutem gesättigt.
> Verbirgst du dein Angesicht, so erschrecken sie;
> nimmst du weg ihren Odem, so vergehen sie und
> werden wieder Staub.
Du sendest aus deinen Odem, so werden sie geschaffen,
und du machst neu die Gestalt der Erde.
> Die Herrlichkeit des Herrn bleibe ewiglich,
> der Herr freue sich seiner Werke!
> Lobe den Herrn, meine Seele! Halleluja!

(Ps 104,1.2.5.13-15.24.27-31.35c)

PSALM 111   744

Der Herr gedenkt ewig an seinen Bund

Halleluja! Ich danke dem Herrn von ganzem Herzen
im Rate der Frommen und in der Gemeinde.
> Groß sind die Werke des Herrn;
> wer sie erforscht, der hat Freude daran.
Was er tut, das ist herrlich und prächtig,
und seine Gerechtigkeit bleibt ewiglich.
> Er hat ein Gedächtnis gestiftet seiner Wunder,
> der gnädige und barmherzige Herr.
Er gibt Speise denen, die ihn fürchten;
er gedenkt ewig an seinen Bund.
> Er lässt verkündigen seine gewaltigen Taten
> seinem Volk,
>> dass er ihnen gebe das Erbe der Heiden.
Die Werke seiner Hände sind Wahrheit und Recht;
alle seine Ordnungen sind beständig.

Sie stehen fest für immer und ewig;
sie sind recht und verlässlich.
Er sendet eine Erlösung seinem Volk;
er verheißt, dass sein Bund ewig bleiben soll.
Heilig und hehr ist sein Name.
    Die Furcht des Herrn ist der Weisheit Anfang.
    Klug sind alle, die danach tun.
    Sein Lob bleibet ewiglich.

(Ps 111)

PSALM 113

Wer ist wie der Herr, unser Gott?

Halleluja! Lobet, ihr Knechte des Herrn,
lobet den Namen des Herrn!
    Gelobt sei der Name des Herrn
    von nun an bis in Ewigkeit!
Vom Aufgang der Sonne bis zu ihrem Niedergang
sei gelobet der Name des Herrn!
    Der Herr ist hoch über alle Völker;
    seine Herrlichkeit reicht, so weit der Himmel ist.
Wer ist wie der Herr, unser Gott,
im Himmel und auf Erden?
    Der oben thront in der Höhe,
    der herniederschaut in die Tiefe,
der den Geringen aufrichtet aus dem Staube
und erhöht den Armen aus dem Schmutz,
    dass er ihn setze neben die Fürsten,
    neben die Fürsten seines Volkes;
der die Unfruchtbare im Hause zu Ehren bringt,
dass sie eine fröhliche Kindermutter wird.
Halleluja!

(Ps 113)

PSALM 116

Der Herr tut dir Gutes

Sei nun wieder zufrieden, meine Seele;
denn der Herr tut dir Gutes.
> Denn du hast meine Seele vom Tode errettet,
> mein Auge von den Tränen, meinen Fuß vom Gleiten.

Ich werde wandeln vor dem Herrn
im Lande der Lebendigen.
> Wie soll ich dem Herrn vergelten
> all seine Wohltat, die er an mir tut?

Ich will den Kelch des Heils nehmen
und des Herrn Namen anrufen.
> Dir will ich Dank opfern
> und des Herrn Namen anrufen.

Ich will meine Gelübde dem Herrn erfüllen
vor all seinem Volk
> in den Vorhöfen am Hause des Herrn,
> in dir, Jerusalem. Halleluja!

(Ps 116,7-9.12-13.17-19)

PSALM 118

Dies ist der Tag, den der Herr macht

Danket dem Herrn; denn er ist freundlich,
und seine Güte währet ewiglich.
> Der Herr ist meine Macht und mein Psalm
> und ist mein Heil.

Man singt mit Freuden vom Sieg in den Hütten
der Gerechten:
Die Rechte des Herrn behält den Sieg!
> Die Rechte des Herrn ist erhöht;
> die Rechte des Herrn behält den Sieg!

Ich werde nicht sterben, sondern leben
und des Herrn Werke verkündigen.

PSALMGEBETE

> Der Herr züchtigt mich schwer;
> aber er gibt mich dem Tode nicht preis.
>
> Tut mir auf die Tore der Gerechtigkeit,
> dass ich durch sie einziehe und dem Herrn danke.
>
>> Das ist das Tor des Herrn;
>> die Gerechten werden dort einziehen.
>
> Ich danke dir, dass du mich erhört hast
> und hast mir geholfen.
>
>> Der Stein, den die Bauleute verworfen haben,
>> ist zum Eckstein geworden.
>
> Das ist vom Herrn geschehen
> und ist ein Wunder vor unsern Augen.
>
>> Dies ist der Tag, den der Herr macht;
>> lasst uns freuen und fröhlich an ihm sein.
>
> O Herr, hilf!
> O Herr, lass wohlgelingen!
>
>> Gelobt sei, der da kommt im Namen des Herrn!
>> Wir segnen euch, die ihr vom Hause des Herrn seid.
>
> Der Herr ist Gott, der uns erleuchtet.
> Schmückt das Fest mit Maien bis an die Hörner
> des Altars!
>
>> Du bist mein Gott und ich danke dir;
>> mein Gott, ich will dich preisen.
>
> Danket dem Herrn; denn er ist freundlich,
> und seine Güte währet ewiglich.

(Ps 118,1.14-29)

PSALM 119   748

*Erhalte mich, Herr, durch dein Wort,
dass ich lebe*

Wohl denen, die ohne Tadel leben,
die im Gesetz des Herrn wandeln!

> Wohl denen, die sich an seine Mahnungen halten,
> die ihn von ganzem Herzen suchen,

die auf seinen Wegen wandeln
und kein Unrecht tun.
> Wenn ich schaue allein auf deine Gebote,
> so werde ich nicht zuschanden.

Ich danke dir mit aufrichtigem Herzen,
dass du mich lehrst die Ordnungen deiner
Gerechtigkeit.
> Deine Gebote will ich halten;
> verlass mich nimmermehr!

Öffne mir die Augen,
dass ich sehe die Wunder an deinem Gesetz.
> Zeige mir, Herr, den Weg deiner Gebote,
> dass ich sie bewahre bis ans Ende.

Meine Seele verlangt nach deinem Heil;
ich hoffe auf dein Wort.
> Meine Augen sehnen sich nach deinem Wort
> und sagen: Wann tröstest du mich?

Wenn dein Gesetz nicht mein Trost gewesen wäre,
so wäre ich vergangen in meinem Elend.
> Dein Wort ist meines Fußes Leuchte
> und ein Licht auf meinem Wege.

Erhalte mich durch dein Wort, dass ich lebe,
und lass mich nicht zuschanden werden in
meiner Hoffnung.
> Stärke mich, dass ich gerettet werde,
> so will ich stets Freude haben an deinen Geboten.

(Ps 119,1-3.6-8.18.33.81-82.92.105.116-117)

PSALM 121

Der Herr behütet dich

Ich hebe meine Augen auf zu den Bergen.
Woher kommt mir Hilfe?
> Meine Hilfe kommt vom Herrn,
> der Himmel und Erde gemacht hat.

Er wird deinen Fuß nicht gleiten lassen,
und der dich behütet, schläft nicht.
Siehe, der Hüter Israels schläft und schlummert nicht.
> Der Herr behütet dich;
> der Herr ist dein Schatten über deiner rechten
> Hand,
dass dich des Tages die Sonne nicht steche
noch der Mond des Nachts.
> Der Herr behüte dich vor allem Übel,
> er behüte deine Seele.
Der Herr behüte deinen Ausgang und Eingang
von nun an bis in Ewigkeit!

(Ps 121)

PSALM 126

*Die mit Tränen säen,
werden mit Freuden ernten*

Wenn der Herr die Gefangenen Zions erlösen wird,
so werden wir sein wie die Träumenden.
> Dann wird unser Mund voll Lachens
> und unsre Zunge voll Rühmens sein.
Dann wird man sagen unter den Heiden:
Der Herr hat Großes an ihnen getan!
> Der Herr hat Großes an uns getan;
> des sind wir fröhlich.
Herr, bringe zurück unsre Gefangenen,
wie du die Bäche wiederbringst im Südland.
> Die mit Tränen säen,
> werden mit Freuden ernten.
Sie gehen hin und weinen
und streuen ihren Samen
>> und kommen mit Freuden
>> und bringen ihre Garben.

(Ps 126)

PSALM 130 — 751

*Ich harre des Herrn,
denn bei ihm ist die Gnade*

Aus der Tiefe rufe ich, Herr, zu dir. Herr, höre
meine Stimme!
Lass deine Ohren merken auf die Stimme
meines Flehens!
> Wenn du, Herr, Sünden anrechnen willst –
> Herr, wer wird bestehen?

Denn bei dir ist die Vergebung,
dass man dich fürchte.
> Ich harre des Herrn, meine Seele harret,
> und ich hoffe auf sein Wort.

Meine Seele wartet auf den Herrn mehr als die Wächter
auf den Morgen;
mehr als die Wächter auf den Morgen hoffe Israel
auf den Herrn!
> Denn bei dem Herrn ist die Gnade und viel
> Erlösung bei ihm.
> Und er wird Israel erlösen aus allen seinen
> Sünden.

(Ps 130)

PSALM 134 — 752

Lobet den Herrn im Heiligtum

Wohlan, lobet den Herrn, alle Knechte des Herrn,
die ihr steht des Nachts im Hause des Herrn!
> Hebet eure Hände auf im Heiligtum
> und lobet den Herrn!

Der Herr segne dich aus Zion,
der Himmel und Erde gemacht hat!

(Ps 134)

PSALM 136

Gottes Güte währet ewiglich

Danket dem Herrn; denn er ist freundlich,
denn seine Güte währet ewiglich.
    Danket dem Gott aller Götter,
    denn seine Güte währet ewiglich.
Danket dem Herrn aller Herren,
denn seine Güte währet ewiglich.
    Der allein große Wunder tut,
    denn seine Güte währet ewiglich.
Der die Himmel mit Weisheit gemacht hat,
denn seine Güte währet ewiglich.
    Der die Erde über den Wassern ausgebreitet hat,
    denn seine Güte währet ewiglich.
Der große Lichter gemacht hat,
denn seine Güte währet ewiglich:
    die Sonne, den Tag zu regieren,
    denn seine Güte währet ewiglich;
den Mond und die Sterne, die Nacht zu regieren,
denn seine Güte währet ewiglich.
    Der die Erstgeborenen schlug in Ägypten,
    denn seine Güte währet ewiglich;
und führte Israel von dort heraus,
denn seine Güte währet ewiglich;
    mit starker Hand und ausgerecktem Arm,
    denn seine Güte währet ewiglich.
Der das Schilfmeer teilte in zwei Teile,
denn seine Güte währet ewiglich;
    und ließ Israel mitten hindurchgehen,
    denn seine Güte währet ewiglich;
der den Pharao und sein Heer ins Schilfmeer stieß,
denn seine Güte währet ewiglich.
    Der sein Volk führte durch die Wüste,
    denn seine Güte währet ewiglich.

Der große Könige schlug,
denn seine Güte währet ewiglich;
> und gab ihr Land zum Erbe,
>> denn seine Güte währet ewiglich;
zum Erbe seinem Knecht Israel,
denn seine Güte währet ewiglich.
> Der an uns dachte, als wir unterdrückt waren,
>> denn seine Güte währet ewiglich;
und uns erlöste von unsern Feinden,
denn seine Güte währet ewiglich.
> Der Speise gibt allem Fleisch,
>> denn seine Güte währet ewiglich.
Danket dem Gott des Himmels,
denn seine Güte währet ewiglich.

(Ps 136,1-17.21-26)

PSALM 139

754

*Erforsche mich, Gott,
und erkenne mein Herz*

Herr, du erforschest mich
und kennest mich.
> Ich sitze oder stehe auf, so weißt du es;
> du verstehst meine Gedanken von ferne.
Ich gehe oder liege, so bist du um mich
und siehst alle meine Wege.
> Denn siehe, es ist kein Wort auf meiner Zunge,
> das du, Herr, nicht schon wüsstest.
Von allen Seiten umgibst du mich
und hältst deine Hand über mir.
> Diese Erkenntnis ist mir zu wunderbar und
> zu hoch,
> ich kann sie nicht begreifen.
Wohin soll ich gehen vor deinem Geist,
und wohin soll ich fliehen vor deinem Angesicht?

PSALMGEBETE

> Führe ich gen Himmel, so bist du da;
> bettete ich mich bei den Toten, siehe, so bist du auch da.

Nähme ich Flügel der Morgenröte
und bliebe am äußersten Meer,
> so würde auch dort deine Hand mich führen
> und deine Rechte mich halten.

Spräche ich: Finsternis möge mich decken
und Nacht statt Licht um mich sein –,
> so wäre auch Finsternis nicht finster bei dir,
> und die Nacht leuchtete wie der Tag.
> Finsternis ist wie das Licht.

Denn du hast meine Nieren bereitet
und hast mich gebildet im Mutterleibe.
> Ich danke dir dafür, dass ich wunderbar gemacht bin;
> wunderbar sind deine Werke; das erkennt meine Seele.

Es war dir mein Gebein nicht verborgen,
als ich im Verborgenen gemacht wurde,
als ich gebildet wurde unten in der Erde.
> Deine Augen sahen mich,
> als ich noch nicht bereitet war,

und alle Tage waren in dein Buch geschrieben,
die noch werden sollten und von denen keiner da war.
> Aber wie schwer sind für mich, Gott, deine Gedanken!
> Wie ist ihre Summe so groß!

Wollte ich sie zählen, so wären sie mehr als der Sand:
Am Ende bin ich noch immer bei dir.
> Erforsche mich, Gott, und erkenne mein Herz;
> prüfe mich und erkenne, wie ich's meine.

Und sieh, ob ich auf bösem Wege bin,
und leite mich auf ewigem Wege.

(Ps 139,1-18.23.24)

PSALM 143

Mein Geist ist in Ängsten

Herr, erhöre mein Gebet,
vernimm mein Flehen um deiner Treue willen,
erhöre mich um deiner Gerechtigkeit willen,
> und geh nicht ins Gericht mit deinem Knecht;
> denn vor dir ist kein Lebendiger gerecht.

Denn der Feind verfolgt meine Seele
und schlägt mein Leben zu Boden,
> er legt mich ins Finstere
> wie die, die lange schon tot sind.

Und mein Geist ist in Ängsten,
mein Herz ist erstarrt in meinem Leibe.
> Ich denke an die früheren Zeiten;
> ich sinne nach über all deine Taten
> und spreche von den Werken deiner Hände.

Ich breite meine Hände aus zu dir,
meine Seele dürstet nach dir wie ein dürres Land.
> Herr, erhöre mich bald, mein Geist vergeht;
> verbirg dein Antlitz nicht vor mir,
> dass ich nicht gleich werde denen, die in die Grube fahren.

Lass mich am Morgen hören deine Gnade;
denn ich hoffe auf dich.
> Tu mir kund den Weg, den ich gehen soll;
> denn mich verlangt nach dir.

Errette mich, mein Gott, von meinen Feinden;
zu dir nehme ich meine Zuflucht.
> Lehre mich tun nach deinem Wohlgefallen, denn du bist mein Gott;
> dein guter Geist führe mich auf ebner Bahn.

(Ps 143,1-10)

PSALM 145

Gnädig und barmherzig ist der Herr

Ich will dich erheben, mein Gott, du König,
und deinen Namen loben immer und ewiglich.
> Der Herr ist groß und sehr zu loben,
> und seine Größe ist unausforschlich.

Kindeskinder werden deine Werke preisen
und deine gewaltigen Taten verkündigen.
> Gnädig und barmherzig ist der Herr,
> geduldig und von großer Güte.

Dein Reich ist ein ewiges Reich,
und deine Herrschaft währet für und für.
> Der Herr ist getreu in all seinen Worten
> und gnädig in allen seinen Werken.

Der Herr hält alle, die da fallen,
und richtet alle auf, die niedergeschlagen sind.
> Aller Augen warten auf dich,
> und du gibst ihnen ihre Speise zur rechten Zeit.

Du tust deine Hand auf
und sättigst alles, was lebt, nach deinem Wohlgefallen.
> Der Herr ist nahe allen, die ihn anrufen,
> allen, die ihn ernstlich anrufen.

Er tut, was die Gottesfürchtigen begehren,
und hört ihr Schreien und hilft ihnen.

(Ps 145,1.3.4.8.13-16.18-19)

PSALM 146

Der Herr hält Treue ewiglich

Halleluja! Lobe den Herrn, meine Seele!
Ich will den Herrn loben, solange ich lebe,
und meinem Gott lobsingen, solange ich bin.
>Verlasset euch nicht auf Fürsten;
>sie sind Menschen, die können ja nicht helfen.

Denn des Menschen Geist muss davon,
und er muss wieder zu Erde werden;
dann sind verloren alle seine Pläne.
>Wohl dem, dessen Hilfe der Gott Jakobs ist,
>der seine Hoffnung setzt auf den Herrn,
>seinen Gott,

der Himmel und Erde gemacht hat,
das Meer und alles, was darinnen ist;
>der Treue hält ewiglich,
>der Recht schafft denen, die Gewalt leiden,
>der die Hungrigen speiset.

Der Herr macht die Gefangenen frei.
Der Herr macht die Blinden sehend.
>Der Herr richtet auf, die niedergeschlagen sind.
>Der Herr liebt die Gerechten.

Der Herr behütet die Fremdlinge
und erhält Waisen und Witwen;
aber die Gottlosen führt er in die Irre.
>Der Herr ist König ewiglich,
>dein Gott, Zion, für und für. Halleluja!

(Ps 146)

Psalm 148,1-6.13b.14 siehe Nr. 783.2

PSALMGEBETE

PSALM 150   758

Alles, was Odem hat, lobe den Herrn

Halleluja! Lobet Gott in seinem Heiligtum,
lobet ihn in der Feste seiner Macht!
    Lobet ihn für seine Taten,
    lobet ihn in seiner großen Herrlichkeit!
Lobet ihn mit Posaunen,
lobet ihn mit Psalter und Harfen!
    Lobet ihn mit Pauken und Reigen,
    lobet ihn mit Saiten und Pfeifen!
Lobet ihn mit hellen Zimbeln,
lobet ihn mit klingenden Zimbeln!
    Alles, was Odem hat, lobe den Herrn!
    Halleluja!
(Ps 150)

MATTHÄUS 5   759

*Welche der Geist Gottes treibt,
die sind Gottes Kinder*

Selig sind, die da geistlich arm sind;
denn ihrer ist das Himmelreich.
    Selig sind, die da Leid tragen;
    denn sie sollen getröstet werden.
Selig sind die Sanftmütigen;
denn sie werden das Erdreich besitzen.
    Selig sind, die da hungert und dürstet nach
    der Gerechtigkeit;
    denn sie sollen satt werden.
Selig sind die Barmherzigen;
denn sie werden Barmherzigkeit erlangen.
    Selig sind, die reinen Herzens sind;
    denn sie werden Gott schauen.

Selig sind die Friedfertigen;
denn sie werden Gottes Kinder heißen.
> Selig sind, die um der Gerechtigkeit willen
> verfolgt werden;
> denn ihrer ist das Himmelreich.

(Mt 5,3-10)

PHILIPPER 2   760

Jesus Christus ist der Herr

Seid so unter euch gesinnt,
wie es auch der Gemeinschaft in Christus Jesus
entspricht:
> Er, der in göttlicher Gestalt war,
> > hielt es nicht für einen Raub, Gott gleich zu sein,
>
> sondern entäußerte sich selbst
> und nahm Knechtsgestalt an,
> > ward den Menschen gleich
> > und der Erscheinung nach als Mensch erkannt.
>
> Er erniedrigte sich selbst
> und ward gehorsam bis zum Tode, ja zum Tode
> am Kreuz.
> > Darum hat ihn auch Gott erhöht
> > und hat ihm den Namen gegeben, der über alle
> > Namen ist,
>
> dass in dem Namen Jesu sich beugen sollen aller
> derer Knie,
> die im Himmel und auf Erden und unter der Erde sind,
> > und alle Zungen bekennen sollen,
> > dass Jesus Christus der Herr ist, zur Ehre Gottes,
> > des Vaters.

(Phil 2,5-11)

DER GOTTESDIENST

DER GOTTESDIENST AN SONN- UND FESTTAGEN

»Wo zwei oder drei versammelt sind in meinem Namen, da bin ich mitten unter ihnen« (Mt 18,20). Im Vertrauen auf diese Verheißung Jesu versammelt sich die Gemeinde zum Gottesdienst am Sonntag als dem Gedächtnistag der Auferstehung Christi.

Die Gemeinde hört auf den Zuspruch und Anspruch des Wortes Gottes. Mit ihren Gesängen lobt sie Gott und ruft zu ihm in ihren Gebeten. Sie bekennt ihren Glauben. Sie bittet Gott für alle Menschen und für die Nöte in Kirche und Welt. In der Feier des heiligen Abendmahls erfährt sie die Gemeinschaft mit Christus und untereinander. Mit dem Segen Gottes lässt sie sich in den Alltag senden.

Der Gottesdienst ist Sache der ganzen Gemeinde. Er gibt den verschiedenen Gaben der Gemeindeglieder Raum und hält sich offen für Erfahrungen und Ausdrucksformen unserer Zeit. Chorgesang und andere Kirchenmusik erwecken festliche Freude; Werke der bildenden Kunst geben dem Gottesdienstraum ein besonderes Gepräge. Die in einer langen Geschichte gewachsene Gottesdienstordnung (»Liturgie«) ist ein Zeichen ökumenischer Gemeinschaft, da sie dem Gottesdienst der meisten christlichen Kirchen zugrunde liegt.

Der *Aufbau* ist leicht zu überblicken: Voraus geht eine hinführende Vorbereitung (Eröffnung und Anrufung). Die Entfaltung der biblischen Botschaft (Verkündigung und Bekenntnis) und die Feier des heiligen Abendmahls sind die beiden Kernstücke. Den Abschluss bildet der Übergang in den Gottesdienst des Alltags (Sendung).

DER GOTTESDIENST

Diese vier Teile des liturgisch geordneten Gottesdienstes entsprechen zugleich menschlichen Grunderfahrungen: sich sammeln, Orientierung finden, Gemeinschaft erfahren, sich senden lassen.

Im Lauf der Geschichte haben sich zwei unterschiedlich geprägte *Grundformen* des Gottesdienstes entwickelt: Die eine Grundform ist durch liturgische Wechselgesänge reicher ausgestaltet und schließt in der Regel das Abendmahl ein. Die andere Grundform ist durch die Konzentration auf Predigt, Liedgesang und Gebet gekennzeichnet. Auch hier kann das Abendmahl einbezogen werden.

Besonderes Merkmal der ersten Grundform sind die *feststehenden* liturgischen Gesänge; in ihnen kommt die Gemeinschaft mit der Kirche aller Zeiten zum Ausdruck:

- Kyrie eleison: Herr, erbarme dich
    (alter Bitt- und Huldigungsruf aus vorchristlicher Tradition)
- Gloria in excelsis: Ehre sei Gott in der Höhe
    (Lobpreis aus der griechischen Kirche des 4./5. Jh.)
- Credo: Glaubensbekenntnis
    (formuliert in Nizäa-Konstantinopel, 4. Jh.)
- Sanctus: Dreimalheilig
    (in der Frühzeit der Kirche aus dem jüdischen Morgengebet übernommen)
- Agnus Dei: Lamm Gottes
    (Anrufung des am Kreuz geopferten Herrn; aus der syrischen Kirche des 7. Jh.).

Sonntäglich *wechselnde* Stücke gibt es in beiden Grundformen. Dazu gehören:
- Lesungen: Nach einer bestimmten Ordnung werden die wichtigsten Bibeltexte öffentlich verlesen; sie dienen auch als Predigttexte (s. Nr. 954)
- Psalmen: Mit den Worten der Beter des Alten Bundes bringt die Gemeinde Lob, Klage und Bekenntnis vor Gott. Der Psalm endet mit dem Ehre sei dem Vater (Gloria Patri) als Lobpreis des dreieinigen Gottes.

Kernstück der Liturgie des *Abendmahls* in beiden Grundformen sind die Einsetzungsworte, in denen Grund und Verheißung des Abendmahls zusammengefasst sind. Dazu treten Abendmahlsgebete als Lobpreis der Heilstaten Gottes in Schöpfung und Erlösung mit der Bitte um den Heiligen Geist; sie kennzeichnen das Abendmahl als große Danksagung (Eucharistie).

In der Regel werden im Gottesdienst die Grundtexte des christlichen Glaubens, das (Apostolische) Glaubensbekenntnis und das Gebet des Herrn, auswendig mitgesprochen. Mit fest geprägten Gruß- und Segensworten wird die Gemeinde zu Beginn und zum Schluss des Gottesdienstes an ihre Taufe im Namen des dreieinigen Gottes erinnert und zum Dienst der Getauften in der Welt ermutigt.

Die einzelnen Teile des Gottesdienstes können auch frei (»in offener Form«) gestaltet werden und so besondere Situationen oder neue Formen der Beteiligung berücksichtigen.

Eigene Prägung haben Kindergottesdienst und Familiengottesdienst. Im Rahmen der Grundschritte des Gottesdienstes beziehen sie kindgemäße Elemente mit ein (Gruppenarbeit, Spiel, kreatives Gestalten) und zielen im Besonderen auf ganzheitliche Gottesdiensterfahrungen.

Eine weitere Form des Gottesdienstes stellen die Gottesdienste zu den Tageszeiten (Stundengebet) dar, die dem Tageslauf entsprechend sowohl an Sonntagen wie an Werktagen gehalten werden können. Siehe dazu Nr. 783–789.

GEBETE ZUM GOTTESDIENST

VOR DEM GOTTESDIENST

762 Herr, ich habe lieb die Stätte deines Hauses
und den Ort, da deine Ehre wohnt. *(Ps 26,8)*

763 Herr Jesu Christ, dich zu uns wend,
dein' Heilgen Geist du zu uns send;
mit Hilf und Gnad er uns regier
und uns den Weg zur Wahrheit führ. *(Lied Nr. 155,1)*

764 Herr, ich suche Halt und Hilfe:
Gib mir ein Wort, das mich trifft,
und mach mich offen für dich.

765 Ich suche Geborgenheit und Gemeinschaft:
Lass mich etwas davon erfahren, freundlicher Gott,
wenn ich mit den anderen singe, bete
und auf dein Wort höre.

766 Und wenn es auch bisweilen scheint,
als achtetest du, o Herr, nicht auf mein Rufen,
nicht auf mein Klagen und Seufzen,
nicht auf mein Danken –
so will ich doch weiter zu dir beten,
bis du meinen Dank annimmst,
weil du mich erhört hast.

DER GOTTESDIENST

767

Herr, unser Gott!
Wir danken dir, dass wir in dieser Stunde beieinander sein dürfen, – um dich anzurufen, – um alles, was uns bewegt, vor dich zu bringen, – um gemeinsam die frohe Botschaft vom Heil der Welt zu hören, – um dir die Ehre zu geben. Komm du selbst jetzt zu uns! Wecke du uns auf! Gib du uns dein Licht! Sei du unser Lehrer und Tröster. Rede du selbst mit einem jeden von uns so, dass ein jeder gerade das höre, was er nötig hat und was ihm hilft!

Und so sei du auch an allen anderen Orten denen gnädig, die sich an diesem Morgen als deine Gemeinde versammeln! Erhalte sie und uns bei deinem Wort. Bewahre sie und uns vor Heuchelei, Irrtum, Langeweile und Zerstreuung! Gib ihnen und uns Erkenntnis und Hoffnung, ein klares Zeugnis und freudige Herzen, durch Jesus Christus.

768

O du ewiger, barmherziger Gott, du bist ein Gott des Friedens und der Liebe, nicht aber des Zwiespalts: Wir bitten dich: Du wollest durch den Heiligen Geist alles Zerstreute zusammenbringen, das Geteilte vereinen und ganz machen. Gib auch, dass wir zu deiner Einigkeit umkehren, deine einzige, ewige Wahrheit suchen und von allem Zwiespalt lassen. So wollen wir in einem Sinn, Wissen, Gemüt und Verstand gerichtet sein auf Jesus Christus, unsern Herrn, und dich, den Vater unsres Herrn Jesus Christus, mit einem Munde loben und preisen.

769

Komm, Herr Jesus, und erfreue uns durch deine göttliche Gegenwart! Wir bedürfen des Rates, der Hilfe und des Schutzes. Komm und heile unsere Blindheit, komm und hilf unserem schwachen Wesen. Komm, du Glanz

GEBETE ZUM GOTTESDIENST

der göttlichen Herrlichkeit, Gottes Kraft und Gottes Weisheit! Wandle unsere Nacht zum Tag, schütze uns vor Gefahr, erleuchte das Dunkel, stärke den Mut, führe uns treu an deiner Hand, und leite uns nach deinem Willen von dieser vergänglichen Welt in die ewige Stadt, die du selbst gegründet und erbaut hast.

ZUR VORBEREITUNG DES GOTTESDIENSTES 770

Lieber Herr Jesus Christus, du hast uns zusammengeführt, damit wir dein Wort hören und dir antworten mit unseren Gebeten und Liedern. Du hast uns berufen, mit unseren Gaben dir und deiner Gemeinde zu dienen. Erfülle uns mit deiner Vollmacht und öffne die Ohren und das Herz. Dein Heiliger Geist leite uns.

ZUM ABENDMAHL

Herr, ich bin nicht wert, 771
dass du unter mein Dach gehst,
aber sprich nur ein Wort,
so wird meine Seele gesund.

772

Ich will das Himmelsbrot nehmen und den Namen des Herrn anrufen.
Wie soll ich dem Herrn vergelten alle seine Wohltat, die er an mir tut?
Ich will den Kelch des Heils nehmen und den Namen des Herrn anrufen.

DER GOTTESDIENST

773

Schöpfer des Lebens, wir loben dich.
Du schenkst uns das Brot, die Frucht der Erde und der menschlichen Arbeit. Lass dieses Brot für uns zum Brot des Lebens werden. Schöpfer des Lebens, wir loben dich. Du schenkst uns die Frucht des Weinstocks, das Zeichen des Festes. Lass diesen Kelch für uns zum Kelch des Heils werden. Wie aus den Körnern das Brot, aus den Trauben der Wein geworden ist, so mache aus uns eine Gemeinde, ein Zeichen des Friedens für diese Welt.

774

Öffne uns die Augen für das Wunder des Brotes, für das Wunder der Erde, die voll ist von deiner Güte, Gott. Öffne uns die Augen, damit wir den Hunger derer sehen, die sich selbst nicht helfen können, das Leiden derer, die einsam sind, die Verzweiflung derer, die sich in Hass verzehren, den Durst nach Verständnis bei denen, die sich verschließen. Herr Jesus, du gibst dich in Brot und Wein. Du gibst uns deine Liebe. Hilf uns weiterzugeben, was wir empfangen.

NACH DEM ABENDMAHL **775**

Zu deinem Mahl sind wir gekommen, Herr Jesus, weil wir mit den Augen des Herzens unseren Heiland sehen wollten. So sind wir dir begegnet und haben einander die Hand gereicht an deinem Tisch. Das soll nun unser Dank sein, dass wir mit neuen Augen auf die Menschen blicken – unsere Brüder und Schwestern – mit deinen Augen, der du lebst von Ewigkeit zu Ewigkeit.

GEBETE ZUM GOTTESDIENST

776

Herr Jesus Christus, ich habe einen so großen Schatz empfangen, der bleibt da bei mir liegen und ruhen, das klage ich dir. Hast du mir den Schatz gegeben und geschenkt, so gib auch, dass er Frucht in mir bringe, mein Wesen ändere und sich auswirke gegenüber meinen Nächsten.

NACH DEM GOTTESDIENST

777

Lieber Gott, ich danke dir:
Das Hören und Singen und Beten hat mich erfreut.
Gib mir Mut und Hoffnung für die kommenden Tage.

778

Verleihe uns, o Herr,
dass die Ohren, die deinen Lobpreis gehört haben, verschlossen seien für die Stimme des Streites und des Unfriedens;
dass die Augen, die deine große Liebe gesehen haben, auch deine selige Hoffnung schauen;
dass die Zungen, die dein Lob gesungen haben, hinfort die Wahrheit bezeugen;
dass die Füße, die in deinen Vorhöfen gestanden haben, hinfort gehen auf den Wegen des Lichtes;
und dass die Leiber, die an deinem lebendigen Leibe Anteil gehabt haben, in einem neuen Leben wandeln.
Dir sei Dank für deine unaussprechliche Gabe.

DER GOTTESDIENST

Lass mich dein sein und bleiben,
du treuer Gott und Herr,
von dir lass mich nichts treiben,
halt mich bei deiner Lehr.
Herr, lass mich nur nicht wanken,
gib mir Beständigkeit;
dafür will ich dir danken
in alle Ewigkeit. *(Lied Nr. 157)*

Lieder zum Gottesdienst Nr. 155–176

HERKUNFT ÜBERLIEFERTER TEXTE DER GEBETE ZUM GOTTESDIENST

766 *Søren Kierkegaard (1813–1855)*
767 *Karl Barth 1963*
768 *Schlesisches Gebetbuch 1531*
769 *Bernhard von Clairvaux (1090–1153)*
771 *Lateinische Liturgie 10. Jh., nach Mt 8,8*
772 *Lateinische Liturgie 11. Jh., nach Ps 116,12+13*
773 *Jüdische Mahlgebete und Didache (Syrien) um 150*
776 *Martin Luther 1524*
778 *Malabar-Liturgie (Indien) 5. Jh.*

DIE ANDACHT

Es ist gut, im Tageslauf eine Zeit der Besinnung und des Gebets freizuhalten. In der Unruhe unseres Alltags brauchen wir Zeiten der Sammlung und der Stille, die uns zur Ruhe kommen und neue Kräfte sammeln lassen. Dafür bietet sich die Form der Andacht an.

Wir öffnen uns dem, der unser Leben trägt, wenn wir uns daran erinnern, dass wir durch die Taufe dem dreieinigen Gott zugehören (EINGANGSWORT).

Ein LIED nimmt uns hinein in das Leben des Glaubens, sei es, dass es unsere Gedanken und Empfindungen klärt und vertieft, sei es, dass es uns anspricht mit der mahnenden und tröstenden Kraft seiner Worte und seiner Melodie. Es ist sinnvoll, sich bestimmte Strophen durch Wiederholung einzuprägen, damit das Gebet in Zeiten innerer Dürre nicht verstummt, sondern an vertrauten Worten Halt findet.

Ein PSALM erschließt uns ein Stück von der geistlichen Erfahrung der Beter und Sänger in der Bibel. Klage, Bekenntnis, Trost und Jubel fordern uns auf, darin einzustimmen.

Eine LESUNG aus der Bibel, sei es ein Abschnitt oder ein einzelnes Wort, leitet uns an zum Hinhören und dazu, sich den einen oder anderen Satz oder Gedanken für diesen Tag besonders anzueignen.

Eine AUSLEGUNG kann dazu helfen, den Bibeltext zu entfalten und zu zeigen, was er uns sagen will.

Im GEBET bringen wir vor Gott, was uns an diesem Tag bewegt. Wir gedenken der Menschen, mit denen wir verbunden sind. Gedanken und Worte, die uns aus Lied, Psalm und Lesung angesprochen haben, können im Gebet aufgenommen werden.

DER GOTTESDIENST

Im VATERUNSER nimmt unser Gebet die Worte Jesu auf; es schließt uns mit allen zusammen, die beten, wie er uns gelehrt hat.

Der SEGEN, den wir erbitten, stellt unser Leben unter den Schutz und die Güte Gottes, dem wir uns anvertrauen.

Wer die Andacht für sich allein hält, mag auch eine kürzere Form wählen, die aus dem Eingangswort, der Lesung, dem Gebet, dem Vaterunser und dem Segen besteht.

Für die Andacht in einer Gruppe hat sich folgende Ordnung bewährt:

EINGANGSWORT
Im Namen des Vaters und des Sohnes und des Heiligen Geistes.

LIED
Morgenlieder Nr. 437–456
Abendlieder Nr. 467–493
Lieder für die einzelnen Wochen des Kirchenjahres
s. unter Nr. 954

PSALM
Psalmgebete Nr. 702–760, Beispielhinweise unter Nr. 701
Psalmen für die verschiedenen Zeiten des Kirchenjahres
(Wochenpsalmen) s. unter Nr. 954

LESUNG
Lesungstexte für alle Tage des Jahres stehen in kirchlichen Kalendern, im Losungsbüchlein der Brüdergemeine oder in Andachtsbüchern. Als Lesungen für die Wochen des Kirchenjahres eignen sich auch die Evangelien, die Episteln und die alttestamentlichen Lesungen der Sonntage, s. unter Nr. 954

AUSLEGUNG
In einer kurzen Ansprache wird der Lesungstext ausgelegt. An die Stelle einer Ansprache können auch gedruckte Betrachtungen (Kalender, Andachtsbücher) treten oder es wird eine Zeit der stillen Besinnung gehalten.

GEBET

Ein frei formuliertes Gebet wird sich auf den Text und die Situation beziehen. Stattdessen kann auch ein Gebet aus dem Gesangbuch oder einem Gebetbuch gesprochen werden.

Gebete und Gebetsanliegen für alle Tage der Woche
Nr. 871–899
Morgengebete Nr. 815–819
Abendgebete Nr. 852–859
Viele Liedstrophen eignen sich ebenfalls als Gebete.

VATERUNSER

SEGEN

(Einer:) Es segne und behüte uns der allmächtige und barmherzige Gott, Vater, Sohn und Heiliger Geist.
(Alle:) Amen.

GOTTESDIENSTE ZU DEN TAGESZEITEN (STUNDENGEBET)

EINFÜHRUNG

»Das ist ein köstlich Ding, dem Herrn danken und lobsingen deinem Namen, du Höchster, des Morgens deine Gnade und des Nachts deine Wahrheit verkündigen.« *(Ps 92,2.3)*

Die Psalmen der Bibel laden dazu ein, den Tageslauf mit dem Lob Gottes zu beginnen und zu beenden. So halten es Juden und Christen. In der christlichen Kirche haben sich dafür schon früh eigene Gottesdienstformen entwickelt. Sie wurden, besonders in klösterlicher Tradition, um weitere Gottesdienste zu den Tageszeiten (Stundengebete), so das Mittagsgebet und das Nachtgebet, ergänzt. Ihre Singformen wurzeln in der Alten Kirche und im Mittelalter, sie haben sich auch nach der Reformation in der evangelischen Kirche behauptet.

Die Gottesdienste zu den Tageszeiten bieten bewährte Formen des gemeinsamen Gotteslobs für Gemeindegruppen, Dienstgemeinschaften, für Teilnehmer an Tagungen und Freizeiten sowie, altem Brauch entsprechend, für Kommunitäten, Bruder- und Schwesternschaften. Ihre Gestalt ist ganz vom biblischen Wort bestimmt. Der einstimmige Wechselgesang hat dabei eine sammelnde und einprägende Kraft. Zugleich schließt er die singende Gemeinschaft zusammen.

Alle Gottesdienste zu den Tageszeiten bestehen aus Psalmengesang, Lesung, Lobpreis und Gebet in einer durch Jahrhunderte bewährten Abfolge. Wechselweise gesungene Gebetsrufe zu Beginn und am Schluss sowie Antwortgesänge in einfachen Singformen tragen zur Lebendigkeit des gemeinsamen Gotteslobs bei.

DER GOTTESDIENST

Beim Gesang der Psalmen und der neutestamentlichen Lobgesänge, für die verschiedene Psalmtöne zur Verfügung stehen, empfiehlt es sich, dass diese besondere Art des atembezogenen und aufeinander hörenden Singens durch einen damit vertrauten Vorsänger (Kantor oder Kantorin) eingeübt wird.

Die vier Ordnungen der Mette (Morgengebet), der Vesper (Abendgebet), des Mittagsgebets und der Komplet (Nachtgebet) werden in einer aus der evangelischen Tradition entwickelten gemeinsamen musikalischen Fassung dargeboten.

In den folgenden Ordnungen bedeutet

L: = Liturg oder Liturgin (Vorbeter/Vorbeterin),
K: = Kantor oder Kantorin (Vorsänger/Vorsängerin),
Ch: = Chor,
G: = Gemeinde.

* *ist Zeichen für ruhiges Ausatmen in der Versmitte.*

Die einzelnen Verse folgen in ruhigem Fluss aufeinander.
Überlange Halbverse werden durch / (Flexa) geteilt;
die Melodie senkt sich um 1 oder 2 Töne, wie beim Psalmmodell angegeben; hier ist nur eine kurze Pause vorzusehen.

< > im Text zeigt an, dass an dieser Stelle in der Melodie ein Ton wegfällt (Korrepta).

Die in eckigen Klammern stehenden Noten werden nur zu Beginn des Psalms gesungen.

Die Unterstreichung unter einer Silbe im Text der Psalmen macht darauf aufmerksam, dass hier der gleich bleibende Sprechton (Tuba) verlassen wird. Folgt eine weitere Unterstreichung in der gleichen Zeile, so markiert sie die letzte Schwerpunktsilbe der Schlusswendung.

Der Kantor oder die Kantorin bestimmt die Tonhöhe der einzelnen Stücke nach Situation und Ermessen.

783
MORGENGEBET (METTE)

EINGANG (INGRESSUS) 783.1

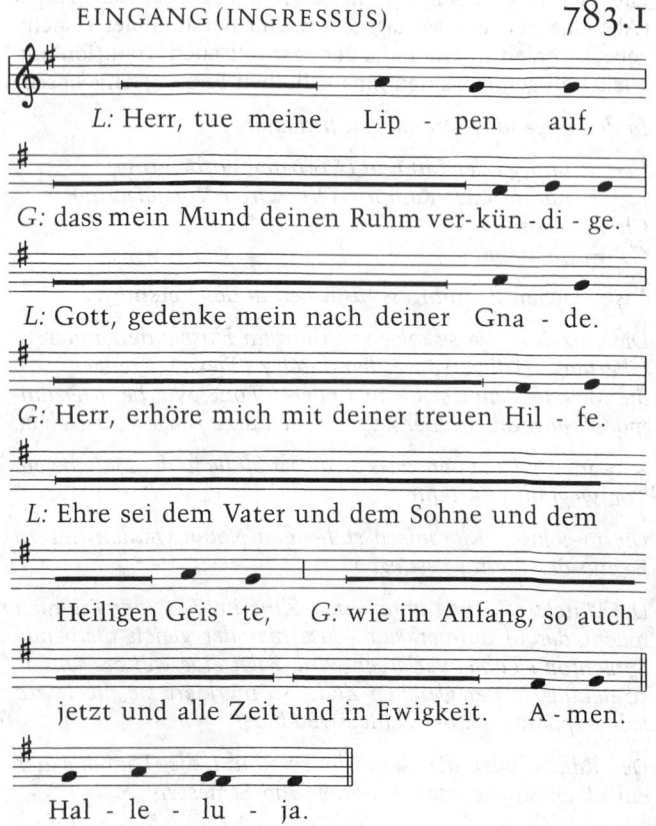

L: Herr, tue meine Lippen auf,

G: dass mein Mund deinen Ruhm verkündige.

L: Gott, gedenke mein nach deiner Gnade.

G: Herr, erhöre mich mit deiner treuen Hilfe.

L: Ehre sei dem Vater und dem Sohne und dem Heiligen Geiste, G: wie im Anfang, so auch jetzt und alle Zeit und in Ewigkeit. A-men.

Halleluja.

Das Halleluja entfällt in der Passionszeit. In dieser Zeit kann der folgende Psalm durch einen anderen Psalm (z.B. Nr. 788) ersetzt werden.

PSALMGEBET

783.2

PSALM 148

Leitvers (Antiphon)

K: Lobet den Namen des Herrn:

Sein Name allein ist erhaben.

Alle wiederholen den Leitvers

V. Psalmton

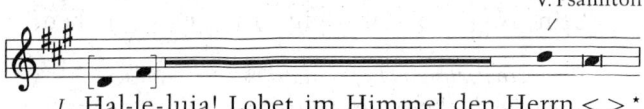

I. Hal-le-luja! Lobet im Himmel den Herrn, < > *
II.   Lobet ihn, alle seine En-gel, *

lobet ihn in der Hö - he!
lo - bet ihn, all sein Heer!

Lobet ihn, Sonne und Mond, < > *
lobet ihn, alle leuchtenden Sterne!
    Lobet ihn, ihr Himmel aller Himmel *
    und ihr Wasser über dem Himmel!
Die sollen loben den Namen des Herrn; < > *
denn er gebot, da wurden sie geschaffen.
    Er lässt sie bestehen für immer und ewig; *
    er gab eine Ordnung, die dürfen sie nicht
    überschreiten.
Seine Herrlichkeit reicht, so weit Himmel und Erde ist. *
Er erhöht die Macht seines Volkes.
    Alle seine Heiligen sollen loben, *
    die Kinder Israel, das Volk, das ihm dient.
Halleluja.

DER GOTTESDIENST

(Leitvers)

Ehre sei dem Vater und dem S*o*hne*
und dem H*ei*ligen G*ei*ste,
  wie im Anfang, so auch jetzt und *a*lle Zeit*
  und in *E*wigkeit. *A*men.

Leitvers

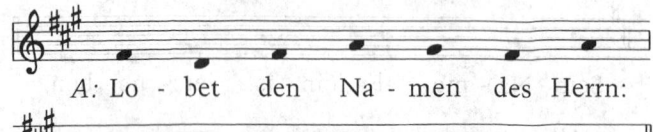

A: Lo - bet den Na - men des Herrn:

Sein Na - me al - lein ist er - ha - ben.

*Weitere Psalmen Nr. 787 und 788
oder ein Psalmlied (Nr. 270–306)*

LESUNG

STILLE

ANTWORTGESANG
(RESPONSORIUM)

783.3

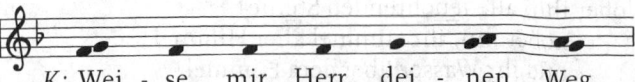

K: Wei - se mir, Herr, dei - nen Weg,
G: Wei - se mir, Herr, dei - nen Weg,

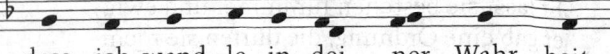

dass ich wand - le in dei - ner Wahr - heit.
dass ich wand - le in dei - ner Wahr - heit.

K: Er - hal - te mein Herz bei dem ei - nen,

MORGENGEBET

dass ich deinen Namen fürchte,

G: dass ich wandle in deiner Wahrheit.

K: Ehre sei dem Vater und dem Sohne und dem Heiligen Geiste.

G: Weise mir, Herr, deinen Weg, dass ich wandle in deiner Wahrheit.

oder 783.4

K: Gelobt sei der Name des Herren vom Aufgang der Sonne bis zu ihrem Niedergang.
G: Gelobt sei der Name des Herren vom Aufgang der Sonne bis zu ihrem Niedergang.

DER GOTTESDIENST

K: Sei-ne Herr-lich-keit ist so weit wie der Him-mel *G:* vom Auf-gang der Son-ne bis zu ih-rem Nie-der-gang. *K:* Eh-re sei dem Va-ter und dem Soh-ne und dem Hei-li-gen Geis-te. *G:* Ge-lobt sei der Na-me des Her-ren vom Auf-gang der Son-ne bis zu ih-rem Nie-der-gang.

[AUSLEGUNG

Es kann auch ein geistlicher Text gelesen werden.]

LOBLIED (HYMNUS) 783.5

1. *K:* Schon bricht des Tages Glanz hervor. *G:* Voll Demut fleht zu Gott empor, dass, was auch diesen Tag geschieht, vor allem Unheil er behüt.

2. Er halte uns die Lippen rein; / kein Hader darf uns heut entzwein. / Er mache unser Auge frei / und zeige, was da eitel sei.

3. Ringt um des Herzens Lauterkeit! / Legt ab des Herzens Härtigkeit! / Des Fleisches Hoffart beugt und brecht! / Und Trank und Speise brauchet recht.

4. Auf dass, wenn dann die Sonne sinkt / und Dunkel wieder uns umringt, / wir ledig aller Last der Welt / lobsingen dem im Sternenzelt.

5. Lob dem, der unser Vater ist, / und seinem Sohne Jesus Christ, / dem Geist auch, der uns Trost verleiht, / vordem, jetzt und in Ewigkeit.

A - men.

T UND M: NR. 453

An dieser Stelle kann auch ein anderes Lied gesungen werden, z.B. das Wochenlied (vgl. Nr. 954).

LOBGESANG DES ZACHARIAS 783.6
(CANTICUM: BENEDICTUS)

Leitvers (Antiphon)

K: Der Herr hat uns auf-ge-rich-tet eine Macht des Heiles im Hause seines Dieners David.

Alle wiederholen den Leitvers

VII. Psalmton

I. Ge-lobt sei der Herr, der Gott Is-raels!*
II. und hat uns aufge-richtet eine Macht des Hei-les*

Denn er hat be-sucht und er-löst sein Volk
im Hause seines Die-ners Da - vid —

bei den dreizeiligen Versen:

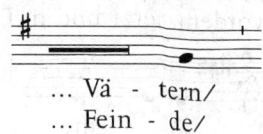

... Vä - tern/
... Fein - de/

wie er vorzeiten geredet hat*
durch den Mund seiner heiligen Propheten –,
  dass er uns errettete von unsern Feinden·
  und aus der Hand aller, die uns hassen,

MORGENGEBET

und Barmherzigkeit erzeigte unsern Vätern /
und gedächte an seinen heiligen Bund*
und an den Eid, den er geschworen hat unserm Vater Abraham,
> uns zu geben, dass wir, erlöst aus der Hand unsrer Feinde, /
> ihm dienten ohne Furcht unser Leben lang*
> in Heiligkeit und Gerechtigkeit vor seinen Augen.

Und du, Kindlein, wirst ein Prophet des Höchsten heißen.*
Denn du wirst dem Herrn vorangehen, dass du seinen Weg bereitest
> und Erkenntnis des Heils gebest seinem Volk*
> in der Vergebung ihrer Sünden

durch die herzliche Barmherzigkeit unseres Gottes,*
durch die uns besuchen wird das aufgehende Licht aus der Höhe,
> damit es erscheine denen, die sitzen in Finsternis und Schatten des Todes,*
> und richte unsere Füße auf den Weg des Friedens.

Leitvers

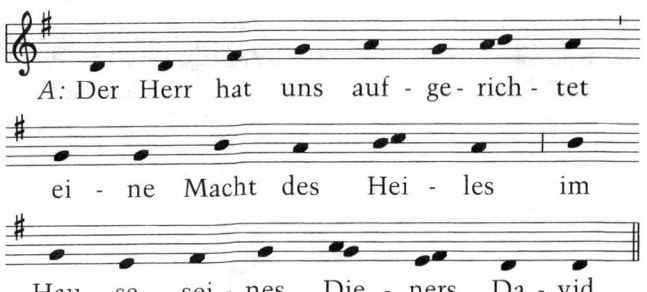

A: Der Herr hat uns auf-ge-rich-tet ei-ne Macht des Hei-les im Hau-se sei-nes Die-ners Da-vid.

Lob und Preis sei Gott dem Vater und dem Sohne*
und dem Heiligen Geiste,
> wie im Anfang, so auch jetzt und alle Zeit*
> und in Ewigkeit. Amen.

DER GOTTESDIENST

Leitvers

A: Der Herr hat uns auf-ge-rich-tet ei-ne Macht des Hei-les im Hau-se sei-nes Die-ners Da-vid.

Anstelle des Benedictus kann auch das Tedeum »Herr Gott, dich loben wir« (Nr. 191) gesungen werden, dann kann das Wechselgebet (Preces) entfallen.

GEBET

KYRIE 783.7

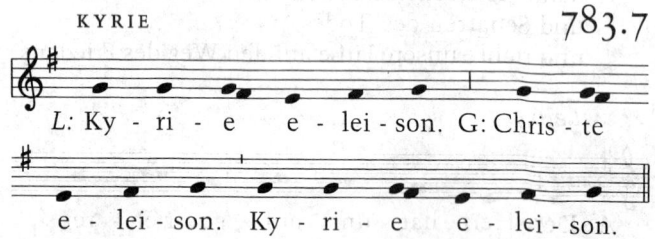

L: Ky-ri-e e-lei-son. G: Chris-te e-lei-son. Ky-ri-e e-lei-son.

MORGENGEBET

VATER UNSER ö 783.8

L: Vater unser im Himmel. G: Geheiligt werde dein Name. Dein Reich komme. Dein Wille geschehe wie im Himmel so auf Erden. Unser tägliches Brot gib uns heute. Und vergib uns unsere Schuld, wie auch wir vergeben unsern Schuldigern. Und führe uns nicht in Versuchung, sondern erlöse uns von dem Bösen. Denn dein ist das Reich und die Kraft und die Herrlichkeit in Ewigkeit. Amen.

DER GOTTESDIENST

WECHSELGEBET (PRECES) 783.9

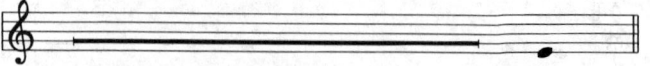

L: Herr, sei mir gnä - - - - dig,
G: heile meine Seele, denn ich habe
    an dir gesün - digt.

bei betonter Schlusssilbe:

... al - ler Welt

(ALLE TAGE)
Herr, erzeige uns deine Gnade
    und hilf uns.
Deine Güte, Herr, sei über uns,
    wie wir auf dich hoffen.

Wir bitten dich für deine Christenheit in aller Welt.
    Gedenke deiner Gemeinde, die du vorzeiten
    erworben hast.

(SONNTAG)
Wir bitten dich für alle, die uns leiten und lehren:
    Erhalte sie in deiner Wahrheit.
Sende die Boten des Heils in alle Welt
    und kehre die Herzen der Menschen zu dir.
Breite deine Güte über alle, die dich kennen,
    und deine Gerechtigkeit über die Frommen.

(MONTAG)
Wir bitten dich für unser Volk:
    Hilf du uns, Gott, unser Helfer, deinem Namen
    zur Ehre.
Gib unserer Regierung Weisheit und Erkenntnis,
    dass sie regiere mit Gerechtigkeit.

MORGENGEBET

(DIENSTAG)
Wir bitten dich um die Fruchtbarkeit der Erde:
    Tu deine Hand auf und sättige uns mit Gutem.
Für alle, die arbeiten oder Arbeit suchen:
    Sei uns freundlich und fördere das Werk unserer
    Hände.

(MITTWOCH)
Wir bitten dich um den Frieden für die ganze Welt:
    Lass deine Hilfe nahe sein denen, die dich
    fürchten,
dass Güte und Treue einander begegnen,
    Gerechtigkeit und Friede sich küssen.

(DONNERSTAG)
Wir bitten dich für die Elenden und Betrübten:
    Stehe ihnen bei und tröste sie.
Für die Einsamen und Verlassenen:
    Lass deine Güte und Treue allewege sie behüten.
Für die Kranken:
    Erquicke sie nach deiner Gnade.

(FREITAG)
Wir bitten dich für die Widersacher und Verfolger
deiner Kirche:
    Rechne ihnen diese Sünde nicht an.
Für die Angefochtenen und Verirrten:
    Weise du ihnen den rechten Weg.
Für alle Gefangenen:
    Erlöse sie aus aller ihrer Not.

(SONNABEND)
Wir bitten dich für die Sterbenden:
    In deine Hände befehlen wir ihren Geist.
Lehre uns bedenken, dass wir sterben müssen,
    auf dass wir klug werden.

DER GOTTESDIENST

(ALLE TAGE)
Wir bitten dich für alle, die mit uns leben und mit uns arbeiten:
> Behüte sie auf allen ihren Wegen.

Herr Gott Zebaoth, tröste uns,
> lass leuchten dein Antlitz, so genesen wir.

Mache dich auf, Christe, und hilf uns
> und erlöse uns um deiner Güte willen.

Herr, höre mein Gebet
> und lass mein Schreien zu dir kommen.

GEBETSSTILLE

SCHLUSSGEBET   783.10

SONNTAG
Herr Jesus Christus, du hast dem Tode die Macht genommen und das Leben und ein unvergängliches Wesen ans Licht gebracht. Wir preisen dich an deinem Tage, Licht vom ewigen Licht, Sonne dieser und der zukünftigen Welt, und bitten dich: Erleuchte unsere Gedanken und öffne unsere Lippen, dass wir dein Wort hören und dich bekennen und preisen. Der du mit dem Vater und dem Heiligen Geist lebst und regierst von Ewigkeit zu Ewigkeit.

MONTAG
Allmächtiger Gott, barmherziger Vater, du schaffst alle Dinge und vollendest sie. Wir bitten dich heute, da von neuem unsere Arbeit beginnt: Mache du den Anfang, regiere die Mitte, segne das Ende, damit unser Tun vor Sünde bewahrt, unser Leben geheiligt und unsere Arbeit vollbracht werde nach deinem Wohlgefallen. Durch Jesus Christus, unsern Herrn.

MORGENGEBET

DIENSTAG
Herr, ewiger Gott und Vater, du hast uns den Anfang dieses Tages schauen lassen. Wir bitten dich: Sende uns den Heiligen Geist, dass er uns beistehe und helfe, deinen Willen zu erkennen und zu tun. Durch Jesus Christus, unsern Herrn.

MITTWOCH
Herr, allmächtiger Gott, du Geber aller guten und vollkommenen Gaben. Wir bitten dich: Steh uns heute bei mit deinem Erbarmen und deiner Liebe, dass wir nicht in Sünde fallen, sondern all unser Denken und Tun nach deinem Willen richten. Durch Jesus Christus, unsern Herrn.

DONNERSTAG
Herr Gott, lieber Vater im Himmel, du hast uns durch deinen Sohn Jesus Christus zum Leben berufen. Wir bitten dich: Erhalte uns in seiner Nachfolge, damit wir diesen Tag und alle Tage unseres irdischen Lebens nach deinem Willen leben und dem ewigen Ziel entgegengehen. Durch Jesus Christus, unsern Herrn.

FREITAG
Herr Jesus Christus, du hast unsere Sünde am Kreuz getragen und uns in deine Jüngerschaft berufen: Gib uns, dass wir durch das Opfer deiner Liebe getröstet und zu einem Leben in deinem Dienst geheiligt werden. Um deines bitteren Leidens und Sterbens willen.

SONNABEND
Herr Gott, himmlischer Vater, du hast das Licht des Tages geschaffen, damit es über die Dunkelheit herrsche: Nimm gnädig an unser Gebet und schenke uns dein Erbarmen, dass wir heute und allezeit im Sinn haben, was dir gefällt, und immer in deiner Gnade bleiben. Durch Jesus Christus, unsern Herrn.

DER GOTTESDIENST

ALLGEMEIN

Herr Gott, lieber Vater, du scheidest den Tag von der Nacht. Befreie uns von der Herrschaft der Finsternis, damit wir beständig in deinem Lichte leben. Durch Jesus Christus, unsern Herrn.

oder

Ewiger Gott, du wahre Sonne, die niemals untergeht. Wir bitten dich: Scheine mit deiner Barmherzigkeit in unsere Herzen, damit die Nacht der Sünde und das Dunkel des Irrtums durch deinen Glanz daraus vertrieben werden und wir zunehmen in der Erkenntnis der Wahrheit. Durch Jesus Christus, unsern Herrn.

G: Amen.

AUSGANG 783.II

LOBPREIS

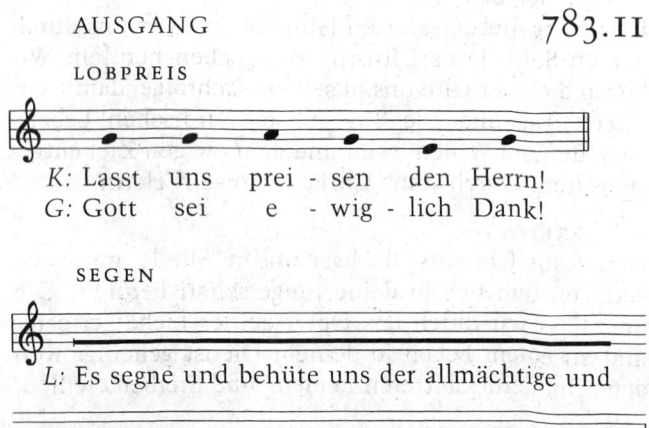

K: Lasst uns prei-sen den Herrn!
G: Gott sei e-wig-lich Dank!

SEGEN

L: Es segne und behüte uns der allmächtige und barmherzige Gott, Vater, Sohn und Heili-ger Geist.

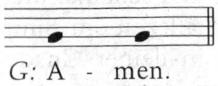

G: A - men.

MITTAGSGEBET 784

EINGANG (INGRESSUS) 784.1

L: Herr, meine Zeit steht in deinen Hän-den.

G: Hilf mir durch deine Gü-te. *L:* Gott, gedenke mein nach deiner Gna-de, *G:* Herr, erhöre mich mit deiner treuen Hil-fe. *L:* Ehre sei dem Vater und dem Sohne und dem Heiligen Geis-te, *G:* wie im Anfang, so auch jetzt und alle Zeit und in Ewigkeit. A-men.

Hal-le-lu-ja.

Das Halleluja entfällt in der Passionszeit.

DER GOTTESDIENST

LOBLIED (HYMNUS) 784.2

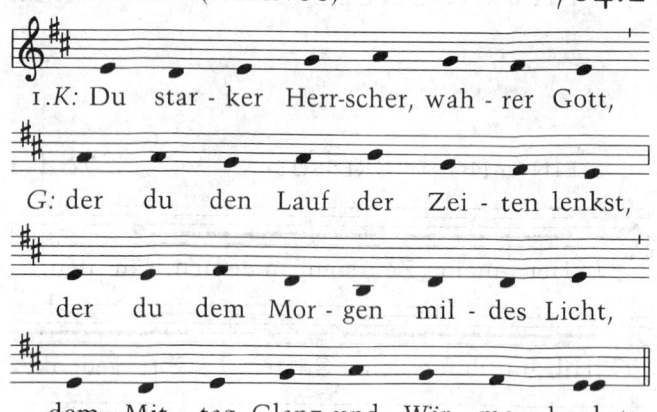

1. K: Du starker Herrscher, wahrer Gott,
G: der du den Lauf der Zeiten lenkst,
der du dem Morgen mildes Licht,
dem Mittag Glanz und Wärme schenkst,

2. nimm fort, Herr, allen bösen Sinn, / der deines Tages Glanz uns trübt; / schenk Frieden der zerstrittnen Welt, / lösch aus, was Hass und Neid verübt.

3. Du Gott des Lichts, auf dessen Reich / der helle Schein der Sonne weist, / dich loben wir aus Herzensgrund, / Gott Vater, Sohn und Heilger Geist.

A - men.

T: NACH DEM HYMNUS »RECTOR POTENS VERAX DEUS«
DES AURELIUS AMBROSIUS 4. JH.;
STR. 3 FRIEDRICH DÖRR 1978

An dieser Stelle kann auch ein anderes Lied gesungen werden (z.B. Nr. 320, 457 oder 459).

MITTAGSGEBET

PSALMGEBET 784.3

PSALM 36

Leitvers (Antiphon)

K: Bei dir ist die Quelle des Lebens,
in deinem Lichte sehen wir das Licht.

Alle wiederholen den Leitvers

VIII. Psalmton

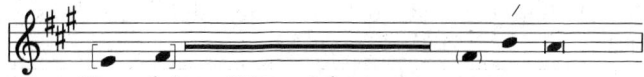

I. Herr, deine Güte reicht, so
                weit der Himmel ist,*
II.   Deine Gerechtigkeit
      steht wie die Berge Gottes /
      und dein Recht
               wie die große Tiefe.*

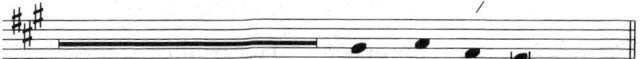

und deine Wahrheit, so weit die Wolken gehn.
Herr, du hilfst Menschen und Tieren.

Wie köstlich ist deine Güte, Gott,*
dass Menschenkinder unter dem Schatten deiner
Flügel Zuflucht haben.
      Sie werden satt von den reichen Gütern deines
      Hauses,*
      und du tränkst sie mit Wonne wie mit einem
      Strom.

Denn bei dir ist die Quelle des Lebens,*
und in deinem Lichte sehen wir das Licht.
> Breite deine Güte über die, die dich kennen,*
> und deine Gerechtigkeit über die Frommen.

(Leitvers)

Ehre sei dem Vater und dem Sohne*
und dem Heiligen Geiste,
> wie im Anfang, so auch jetzt und alle Zeit*
> und in Ewigkeit. Amen.

Leitvers

A: Bei dir ist die Quelle des Lebens,
in deinem Lichte sehen wir das Licht.

LESUNG 784.4

SONNTAG

Dem König aller Könige und Herrn aller Herren, der allein Unsterblichkeit hat, der da wohnt in einem Licht, zu dem niemand kommen kann, den kein Mensch gesehen hat noch sehen kann, dem sei Ehre und ewige Macht. Amen. *1.Tim 6,15b.16*

MONTAG

Jesus hob seine Augen auf zum Himmel und sprach: »Vater, ich will, dass, wo ich bin, auch die bei mir seien, die du mir gegeben hast, damit sie meine Herrlichkeit sehen, die du mir gegeben hast; denn du hast mich geliebt, ehe der Grund der Welt gelegt war.«

Joh 17,24

MITTAGSGEBET

DIENSTAG
Jesus lehrte seine Jünger und sprach: »Selig sind, die da geistlich arm sind; denn ihrer ist das Himmelreich. Selig sind, die da Leid tragen; denn sie sollen getröstet werden. Selig sind die Sanftmütigen; denn sie werden das Erdreich besitzen. Selig sind, die da hungert und dürstet nach der Gerechtigkeit; denn sie sollen satt werden. Selig sind die Barmherzigen; denn sie werden Barmherzigkeit erlangen. Selig sind, die reinen Herzens sind; denn sie werden Gott schauen. Selig sind die Friedfertigen; denn sie werden Gottes Kinder heißen. Selig sind, die um der Gerechtigkeit willen verfolgt werden; denn ihrer ist das Himmelreich.« *Mt 5,3-10*

MITTWOCH
Und das Wort ward Fleisch und wohnte unter uns, und wir sahen seine Herrlichkeit, eine Herrlichkeit als des eingeborenen Sohnes vom Vater, voller Gnade und Wahrheit. *Joh 1,14*

DONNERSTAG
Jesus spricht: »Ich bin das lebendige Brot, das vom Himmel gekommen ist. Wer von diesem Brot isst, der wird leben in Ewigkeit. Und dieses Brot ist mein Fleisch, das ich geben werde für das Leben der Welt.« *Joh 6,51*

FREITAG
Jesus spricht zu seinen Jüngern: »Den Frieden lasse ich euch, meinen Frieden gebe ich euch. Nicht gebe ich euch, wie die Welt gibt. Euer Herz erschrecke nicht und fürchte sich nicht.« *Joh 14,27*

SONNABEND
Groß ist, wie jedermann bekennen muss, das Geheimnis des Glaubens: Er ist offenbart im Fleisch, gerechtfertigt im Geist, erschienen den Engeln, gepredigt den Heiden, geglaubt in der Welt, aufgenommen in die Herrlichkeit. *1. Tim 3,16*

DER GOTTESDIENST

ANTWORTGESANG
(RESPONSORIUM)

784.5

K: Ich suche dich, Herr, von ganzem Herzen,
G: Ich suche dich, Herr, von ganzem Herzen,
lass mich nicht irren von deinen Geboten.
lass mich nicht irren von deinen Geboten.

K: Erquicke mich nach deinem Wort.

G: Lass mich nicht irren von deinen Geboten. K: Ehre sei dem Vater und dem Sohne und dem Heiligen Geiste.

G: Ich suche dich, Herr, von ganzem Herzen, lass mich nicht irren von deinen Geboten.

MITTAGSGEBET

oder 784.6

K: Fest wie der Himmel steht dein Wort,
G: Fest wie der Himmel steht dein Wort,
dein Wort, o Herr, bleibt ewig.
dein Wort, o Herr, bleibt ewig.

K: Deine Treue währt durch alle Geschlechter. G: Dein Wort, o Herr, bleibt ewig.

K: Ehre sei dem Vater und dem Sohne und dem Heiligen Geiste. G: Fest wie der Himmel steht dein Wort, dein Wort, o Herr, bleibt ewig.

GEBET

KYRIE 784.7

L: Kyrie eleison. G: Christe eleison. Kyrie eleison.

DER GOTTESDIENST

VATER UNSER   ö 784.8

L: Vater unser im Himmel. G: Geheiligt werde dein Name. Dein Reich komme. Dein Wille geschehe wie im Himmel so auf Erden. Unser tägliches Brot gib uns heute. Und vergib uns unsere Schuld, wie auch wir vergeben unsern Schuldigern. Und führe uns nicht in Versuchung, sondern erlöse uns von dem Bösen. Denn dein ist das Reich und die Kraft und die Herrlichkeit in Ewigkeit. Amen.

GEBETSSTILLE

SCHLUSSGEBET / FRIEDENSBITTE 784.9

L: Allmächtiger Herr Gott, der du Hungrige speisest, wir bitten dich: Sättige auch uns mit deinen Gaben und speise uns mit dem Brot des ewigen Lebens, das du der Welt geschenkt hast in Christus Jesus, deinem Sohn, der mit dir und dem Heiligen Geist lebt und regiert in Ewigkeit.

oder

Herr Gott, himmlischer Vater, du schaffst heiligen Mut, guten Rat und rechte Werke: Gib uns den Frieden, den die Welt nicht geben kann, damit unsre Herzen an deinen Geboten bleiben und wir unter deinem Schutz vor dem Bösen bewahrt sind. Durch Jesus Christus, unsern Herrn.

oder

Herr Gott, himmlischer Vater, wir bitten dich: Gib uns den Geist der Wahrheit und des Friedens, damit wir erkennen, was dir gefällt, und dem mit allen Kräften nachfolgen. Durch Jesus Christus, unsern Herrn.

G: Amen.

DER GOTTESDIENST

ö 784.10

Ver-leih uns Frieden gnädiglich, Herr Gott, zu unsern Zeiten. Es ist doch ja kein andrer nicht, der für uns könnte streiten, denn du, unser Gott, alleine.

T UND M: NR. 421

AUSGANG 784.11

LOBPREIS

K: Lasst uns preisen den Herrn!
G: Gott sei ewiglich Dank!

SEGEN

L: Es segne und behüte uns der allmächtige und barmherzige Gott, Vater, Sohn und Heiliger Geist.

G: A - men.

ABENDGEBET (VESPER) 785

EINGANG (INGRESSUS) 785.1

L: Herr, bleibe bei uns; *G:* denn es will Abend werden und der Tag hat sich ge-nei-get.

L: Gott, gedenke mein nach deiner Gna-de.

G: Herr, erhöre mich mit deiner treuen Hil-fe.

L: Ehre sei dem Vater und dem Sohne und dem Heiligen Geis-te, *G:* wie im Anfang, so auch jetzt und alle Zeit und in Ewigkeit. A-men.

Hal-le-lu-ja.

Das Halleluja entfällt in der Passionszeit.

DER GOTTESDIENST

PSALMGEBET

PSALM 34

Leitvers (Antiphon)

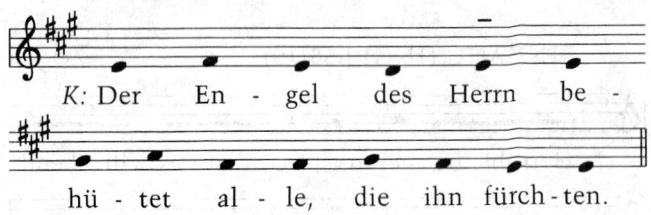

K: Der Engel des Herrn behütet alle, die ihn fürchten.

Alle wiederholen den Leitvers

VIII. Psalmton

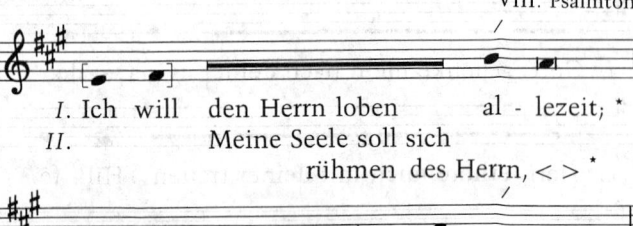

I. Ich will den Herrn loben allezeit; *
II.   Meine Seele soll sich rühmen des Herrn, < > *

sein Lob soll immerdar in meinem Munde sein.
dass es die Elenden hören und sich freuen.

Preiset mit mir den Herrn < > *
und lasst uns miteinander seinen Namen erhöhen.
    Als ich den Herrn suchte, gab er mir Antwort *
    und errettete mich aus aller meiner Furcht.
Die auf ihn sehen, werden strahlen vor Freude, *
und ihr Angesicht soll nicht schamrot werden.
    Als einer im Elend rief, hörte der Herr < > *
    und half ihm aus allen seinen Nöten.

ABENDGEBET

Schmecket und sehet, wie freundlich der Herr ist.*
Wohl dem, der auf ihn trauet!
> Fürchtet den Herrn, ihr seine Heiligen!*
> Denn die ihn fürchten, haben keinen Mangel.

Der Herr ist nahe denen, die zerbrochenen Herzens sind,*
und denen, die ein zerschlagenes Gemüt haben, hilft er.
> Der Herr erlöst das Leben seiner Knechte,*
> und alle, die auf ihn trauen, werden frei von Schuld.

(Leitvers)

Ehre sei dem Vater und dem Sohne*
und dem Heiligen Geiste,
> wie im Anfang, so auch jetzt und alle Zeit*
> und in Ewigkeit. Amen.

Leitvers

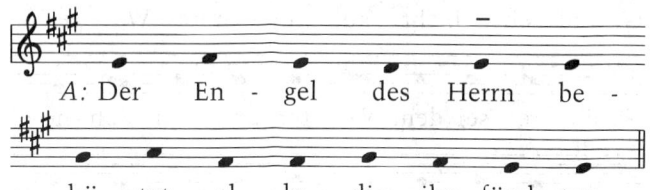

A: Der En - gel des Herrn be - hü - tet al - le, die ihn fürch - ten.

Weitere Psalmen Nr. 787 und 788
oder ein Psalmlied (Nr. 270–306)

LESUNG

STILLE

DER GOTTESDIENST

ANTWORTGESANG (RESPONSORIUM)

785.3

K: Herr, dein Wort ist meines Fußes
G: Herr, dein Wort ist meines Fußes
Leuchte und ein Licht auf meinem Wege.
Leuchte und ein Licht auf meinem Wege.

K: Dein Wort ist nichts denn Wahrheit
G: und ein Licht auf meinem Wege.

K: Ehre sei dem Vater und dem Sohne
und dem Heiligen Geiste. G: Herr, dein
Wort ist meines Fußes Leuchte
und ein Licht auf meinem Wege.

ABENDGEBET

oder 785.4

K: Mit Freude erfüllt mich dein Walten,
G: Mit Freude erfüllt mich dein Walten,
ich juble über das Werk deiner Hände.
ich juble über das Werk deiner Hände.

K: Wie groß sind deine Werke, o Herr,
wie tief sind deine Gedanken!
G: Ich juble über das Werk deiner Hände.
K: Ehre sei dem Vater und dem Sohn und dem Heiligen Geiste.
G: Mit Freude erfüllt mich dein Walten,
ich juble über das Werk deiner Hände.

[AUSLEGUNG

Es kann auch ein geistlicher Text gelesen werden.]

LOBLIED (HYMNUS) 785.5

1. *K:* Der du bist drei in Ei-nig-keit,
G: ein wah-rer Gott von E-wig-keit:
die Sonn mit dem Tag von uns weicht;
lass leuch-ten uns dein gött-lich Licht.

2. Des Morgens, Gott, dich loben wir, / des Abends auch beten vor dir; / unser armes Lied rühmet dich / jetzund, immer und ewiglich.

3. Gott Vater, dem sei ewig Ehr, / Gott Sohn, der ist der einig Herr, / und dem Tröster, Heiligen Geist, / von nun an bis in Ewigkeit.

A - men.

T UND M: NR. 470

An dieser Stelle kann auch ein anderes Abendlied gesungen werden (Nr. 467–491).

LOBGESANG DER MARIA
(CANTICUM: MAGNIFICAT)

785.6

Leitvers (Antiphon)

K: Christus, unsern Heiland, ewigen Gott, Marien Sohn, preisen wir in Ewigkeit. Amen.

Alle wiederholen den Leitvers

IX. Psalmton

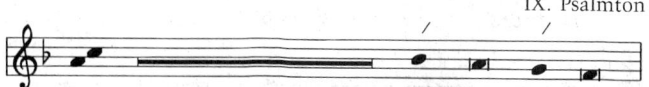

I. Meine Seele erhebt den Herren,*
II. denn er hat die Niedrigkeit
        seiner Magd angesehen.*

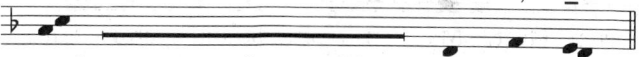

und mein Geist freuet sich
        Gottes, meines Heilandes;
Siehe, von nun an werden
        mich selig preisen alle Kindeskinder.

Denn er hat große Dinge an mir getan,*
der da mächtig ist und dessen Name heilig ist.
> Und seine Barmherzigkeit währt von Geschlecht
> zu Geschlecht*
> bei denen, die ihn fürchten.

Er übt Gewalt mit seinem Arm*
und zerstreut, die hoffärtig sind in ihres Herzens Sinn.
> Er stößt die Gewaltigen vom Thron*
> und erhebt die Niedrigen.

Die Hungrigen füllt er mit Gütern*
und lässt die Reichen leer ausgehn.
> Er gedenket der Barmherzigkeit*
> und hilft seinem Diener Israel auf,

wie er geredet hat zu unsern Vätern,*
Abraham und seinen Kindern in Ewigkeit.

Leitvers

A: Christus, unsern Heiland, ewigen Gott, Marien Sohn, preisen wir in Ewigkeit. Amen.

> Lob und Preis sei Gott dem Vater und dem Sohne*
> und dem Heiligen Geiste,

wie im Anfang, so auch jetzt und alle Zeit*
und in Ewigkeit. Amen.

ABENDGEBET

Leitvers

A: Chris-tus, un-sern Hei-land, e-wi-gen Gott, Ma-ri-en Sohn, prei-sen wir in E-wig-keit. A-men.

Anstelle des Magnificat können die Seligpreisungen (Nr. 307) gesungen werden.

GEBET

KYRIE 785.7

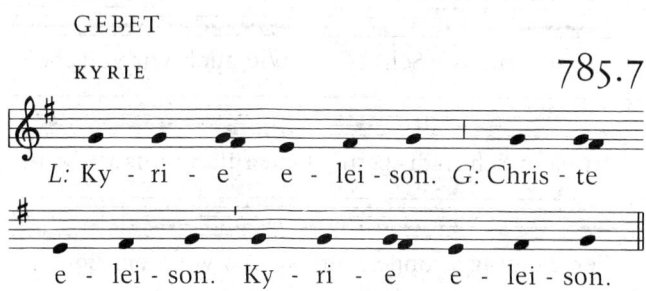

L: Ky-ri-e e-lei-son. G: Chris-te e-lei-son. Ky-ri-e e-lei-son.

DER GOTTESDIENST

VATER UNSER ö 785.8

L: Vater unser im Himmel. G: Geheiligt werde dein Name. Dein Reich komme. Dein Wille geschehe wie im Himmel so auf Erden. Unser tägliches Brot gib uns heute. Und vergib uns unsere Schuld, wie auch wir vergeben unsern Schuldigern. Und führe uns nicht in Versuchung, sondern erlöse uns von dem Bösen. Denn dein ist das Reich und die Kraft und die Herrlichkeit in Ewigkeit. Amen.

ABENDGEBET

WECHSELGEBET (PRECES) 785.9

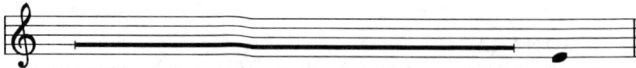

L: Herr, wir bitten dich in dieser Abend-
　　　　stunde für alle deine Kin - der:
G: Lass sie Ruhe finden bei dir von allen
　　　　　　　ihren Wer - ken.

bei betonter Schlusssilbe:

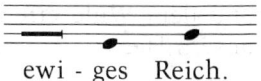

　　　　　　ewi - ges　Reich.

Wir bitten dich für alle, die du mit deiner reichen Güte
beschenkt hast:
　　Bewahre sie vor Hochmut, dass sie dich allein
　　fürchten und ehren.
Wir bitten dich für alle, die deine Hand gebeugt hat:
　　Richte sie auf mit dem Wort deiner Liebe.
Wir bitten dich für alle Glieder unserer Gemeinde:
　　Geleite sie durch dieses Erdenleben in dein ewi-
　　ges Reich.
Wir bitten dich für alle, die unserem Herzen lieb und
wert sind:
　　Erhalte sie in deinem Schutz und Frieden.
Wir bitten dich für alle, die unserem Herzen fremd und
Feind sind:
　　Nimm weg, was uns scheidet, und schenke uns
　　Frieden und Eintracht.
Wir bitten dich für alle, die verlassen sind:
　　Kehre ein bei denen, die deiner bedürfen.
Wir bitten dich, Herr, dass bald komme dein Tag:
　　Lass uns dein Licht aufgehen und erwecke uns
　　zu neuem Leben.

GEBETSSTILLE

DER GOTTESDIENST

SCHLUSSGEBET 785.10

SONNTAG
Herr, Dreieiniger Gott, du hast uns und deine ganze Christenheit heute durch dein heiliges Wort und Sakrament erquickt. Wir bitten dich: Gib, dass uns diese Gaben in der neuen Woche geleiten und stärken, damit dein Name unter uns verherrlicht, dein Reich gebaut und dein Wille erfüllt werde. Durch Jesus Christus, unsern Herrn.

MONTAG
Herr, unser Gott: Schenke uns in deiner großen Güte Vergebung und Frieden, damit unser Leib und unsere Seele zur Ruhe kommen. Durch Jesus Christus, unsern Herrn.

DIENSTAG
Herr Gott, du wohnst im Licht und vertreibst alle Finsternis. Erleuchte die Dunkelheit, die uns umgibt, durch den hellen Schein deiner Gegenwart und halte von uns fern die Schrecken der Nacht, damit wir Tag und Nacht in deiner Gnade geborgen sind. Durch Jesus Christus, unsern Herrn.

MITTWOCH
Herr Gott, lieber himmlischer Vater, du hast uns heute gnädig bewahrt: Sieh nicht an, was wir gefehlt haben, sondern neige dich zu uns mit deinem Erbarmen, damit wir diese Nacht in deinem Schutze ruhen und dich am kommenden Tage von neuem preisen. Durch Jesus Christus, unsern Herrn.

DONNERSTAG
Allmächtiger Gott, du hast uns zum Ende dieses Tages geleitet. Wir bitten dich: Bleibe bei uns und beschirme uns in den schweigenden Stunden der Nacht, damit

ABENDGEBET

wir, müde von der Unruhe dieser vergänglichen Welt, ruhen in deinem Frieden. Durch Jesus Christus, unsern Herrn.

FREITAG

Herr Jesus Christus, du hast durch dein Leiden und Sterben die Bande unserer Sünden zerrissen. Wir bitten dich: Vergib uns, wo wir heute versagt haben, dass wir mit freiem Herzen dich bekennen und preisen. Der du mit dem Vater und dem Heiligen Geist lebst und regierst von Ewigkeit zu Ewigkeit.

SONNABEND

Herr, unser Gott, du hast uns in dieser Woche gnädig beschirmt und in Gutem und Schwerem deine erbarmende Liebe erwiesen. Wir bitten dich: Vergib uns alle Schuld der vergangenen Woche um Christi willen und schenke uns deinen Geist, dass wir deine Wege erkennen und am Ende unserer Tage aufgenommen werden in deine Herrlichkeit. Durch Jesus Christus, unsern Herrn.

ALLGEMEIN

Herr Gott, du hast uns heute gnädig beschützt und unser Werk gefördert. Wir bitten dich: Vergib, was wir gefehlt haben, und schenke uns und allen, die zu dir flehen, den Trost deiner Nähe und den Frieden deiner Vergebung. Durch Jesus Christus, unsern Herrn.

G: Amen.

DER GOTTESDIENST

AUSGANG 785.II

LOBPREIS

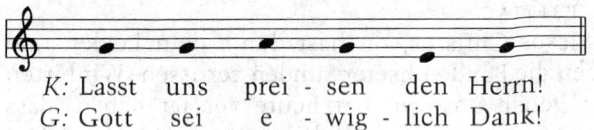

K: Lasst uns prei - sen den Herrn!
G: Gott sei e - wig - lich Dank!

SEGEN

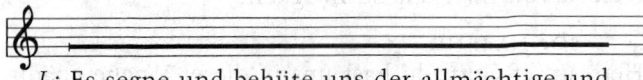

L: Es segne und behüte uns der allmächtige und

barmherzige Gott, Vater, Sohn und Heili-ger Geist.

G: A - men.

NACHTGEBET (KOMPLET) 786

BEREITUNG 786.1

K: Lasst uns beten um Gottes Segen! *L:* Eine ruhige Nacht und ein seliges Ende verleihe uns der Herr, der Allmächtige. *G:* Amen.

Lektor/in: Seid nüchtern und wacht; denn euer Widersacher, der Teufel, geht umher wie ein brüllender Löwe und sucht, wen er verschlinge. Dem widersteht, fest im Glauben. Du aber, Herr, erbarme dich unser.

G: Gott sei ewig Dank.

DER GOTTESDIENST

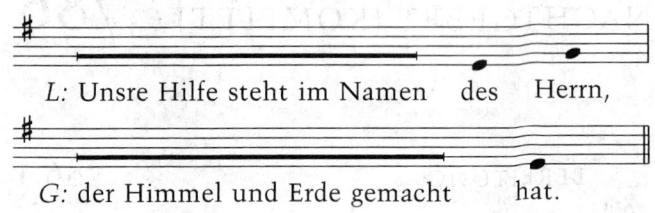

L: Unsre Hilfe steht im Namen des Herrn,

G: der Himmel und Erde gemacht hat.

SÜNDENBEKENNTNIS (CONFITEOR) 786.2

L: Ich bekenne Gott, dem Allmächtigen, und euch, Brüder und Schwestern, dass ich gesündigt habe mit Gedanken, Worten und Werken: meine Schuld, meine Schuld, meine große Schuld. Darum bitte ich euch, betet für mich zu Gott, unserm Herrn.
G: Der allmächtige Gott erbarme sich deiner, er vergebe dir deine Sünde und führe dich zum ewigen Leben.
L: Amen.

G: Wir bekennen Gott, dem Allmächtigen, und dir, Bruder / Schwester, dass wir gesündigt haben mit Gedanken, Worten und Werken: unsre Schuld, unsre Schuld, unsre große Schuld. Darum bitten wir dich, bete für uns zu Gott, unserm Herrn.
L: Der allmächtige Gott erbarme sich euer, er vergebe euch eure Sünde und führe euch zum ewigen Leben.
G: Amen.

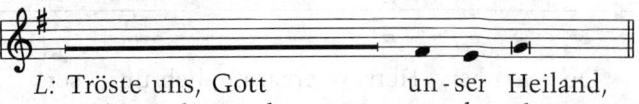

L: Tröste uns, Gott unser Heiland,
G: und lass ab von deiner Un-gna-de über uns.

NACHTGEBET

EINGANG (INGRESSUS) 786.3

L: Gott, gedenke mein nach deiner Gna-de.

G: Herr, erhöre mich mit deiner treuen Hil-fe.

L: Ehre sei dem Vater und dem Sohne und dem Heiligen Geis-te, G: wie im Anfang, so auch jetzt und alle Zeit und in Ewigkeit. A-men.

Hal-le-lu-ja.

Das Halleluja entfällt in der Passionszeit.

PSALMGEBET 786.4

PSALM 91

Leitvers (Antiphon)

K: Er-bar-me dich mei-ner, Herr, und ver-nimm die Stim-me mei-nes Fle-hens.

Alle wiederholen den Leitvers

DER GOTTESDIENST

VIII. Psalmton

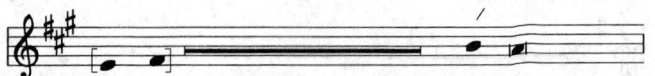

I. Wer un-ter dem Schirm des Höchs-ten sitzt*
II.   der spricht zu dem
            Herrn: Meine Zuver-
              sicht und meine Burg, < >*

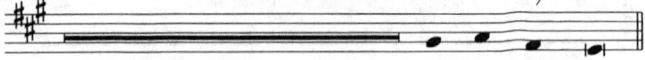

und unter dem Schatten des
            Allmäch - ti - gen blei - bet,
mein Gott, auf   den ich hof - fe.

bei den dreizeiligen
Versen:

           ... de - cken,/
           ... erhö - ren;/

Denn er errettet dich vom Strick des Jägers*
von der Pest und vom Verderben.
    Er wird dich mit seinen Fittichen decken, /
    und Zuflucht wirst du haben unter seinen
    Flügeln.*
    Seine Wahrheit ist Schirm und Schild,
dass du nicht erschrecken musst vor dem Grauen
der Nacht, < >*
vor den Pfeilen, die des Tages fliegen,
    vor der Pest, die im Finstern schleicht,*
    vor der Seuche, die am Mittag Verderben bringt.
Denn der Herr ist deine Zuversicht,*
der Höchste ist deine Zuflucht.
    Es wird dir kein Übel begegnen,*
    und keine Plage wird sich deinem Hause nahen.

NACHTGEBET 786.4

Denn er hat seinen Engeln befohlen,*
dass sie dich behüten auf allen deinen Wegen,
> dass sie dich auf den Händen tragen*
> und du deinen Fuß nicht an einen Stein stößt.

Über Löwen und Ottern wirst du gehen*
und junge Löwen und Drachen niedertreten.
> »Er liebt mich, darum will ich ihn erretten;*
> er kennt meinen Namen, darum will ich ihn schützen.

Er ruft mich an, darum will ich ihn erhören; /
ich bin bei ihm in der Not, < >*
ich will ihn herausreißen und zu Ehren bringen.
> Ich will ihn sättigen mit langem Leben*
> und will ihm zeigen mein Heil.«

(Leitvers)

Ehre sei dem Vater und dem Sohne*
und dem Heiligen Geiste,
> wie im Anfang, so auch jetzt und alle Zeit*
> und in Ewigkeit. Amen.

Leitvers

A: Er-bar-me dich mei-ner, Herr, und ver-nimm die Stim-me mei-nes Fle-hens.

Anstelle dieses Psalms können auch die Psalmen 4 und 134 (Nr. 703 und 752) gesungen werden.

DER GOTTESDIENST

LOBLIED (HYMNUS) Ö 786.5

1. *K:* Be - vor des Ta - ges Licht ver - geht,
G: o Herr der Welt, hör dies Ge - bet:
Be - hü - te uns in die - ser Nacht
durch dei - ne gro - ße Güt und Macht.

2. Hüllt Schlaf die müden Glieder ein, / lass uns in dir geborgen sein / und mach am Morgen uns bereit / zum Lobe deiner Herrlichkeit.

3. Dank dir, o Vater reich an Macht, / der über uns voll Güte wacht / und mit dem Sohn und Heilgen Geist / des Lebens Fülle uns verheißt.

A - men.

T: FRIEDRICH DÖRR 1969 NACH DEM HYMNUS
»TE LUCIS ANTE TERMINUM« 5./6. JH.
M: KEMPTEN UM 1000

NACHTGEBET

LESUNG 786.6

Lektor/in: Du bist ja doch unter uns, Herr, und wir heißen nach dei-nem Na-men; ver-lass uns nicht! *G:* Gott sei e-wig Dank.

ANTWORTGESANG 786.7
(RESPONSORIUM)

K: In dei-ne Hän-de, Her-re Gott,
G: In dei-ne Hän-de, Her-re Gott,

be-feh-le ich mei-nen Geist.
be-feh-le ich mei-nen Geist.

K: Du hast uns er-lö-set, Herr, du treu-er Gott.

G: Dir be-feh-le ich mei-nen Geist.

K: Eh-re sei dem Va-ter und dem Soh-ne

NACHTGEBET

VERSIKEL 786.9

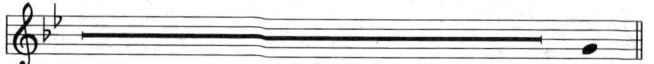

K: Behüte uns wie einen Augapfel im Au - ge.
G: Beschirme uns unter dem Schatten
　　　　　　　　　　　　deiner Flü - gel.

LOBGESANG DES SIMEON 786.10
(CANTICUM: NUNC DIMITTIS)

Leitvers (Antiphon)

K: Bewahre uns, o Herr, wenn wir wachen, behüte uns, wenn wir schlafen, auf dass wir wachen mit Christus und ruhen in Frieden.

Alle wiederholen den Leitvers

DER GOTTESDIENST

III. Psalmton

I. Herr, nun lässt du deinen Diener in Frie-den fah-ren, wie du ge-sagt hast. *II.* Denn mei-ne Augen haben deinen Hei-land ge-se-hen, den du bereitet hast vor al-len Völ-kern, *I.* ein Licht, zu er-leuch-ten die Hei-den, und zum Preis deines Vol-kes Is-ra-el.

Leitvers

A: Be-wah-re uns, o Herr, wenn wir wa-chen, be-hü-te uns, wenn wir schla-fen, auf dass wir wa-chen mit Chris-tus und ru-hen in Frie-den.

I. Lob und Preis sei Gott dem Vater und dem Sohne und dem Heiligen Geiste,

II. wie im Anfang, so auch jetzt und alle Zeit und in Ewigkeit. Amen.

Leitvers

A: Bewahre uns, o Herr, wenn wir wachen, behüte uns, wenn wir schlafen, auf dass wir wachen mit Christus und ruhen in Frieden.

DER GOTTESDIENST

GEBET

KYRIE 786.11

L: Ky-ri-e e-lei-son. *G:* Chris-te e-lei-son. Ky-ri-e e-lei-son.

VATER UNSER ö 786.12

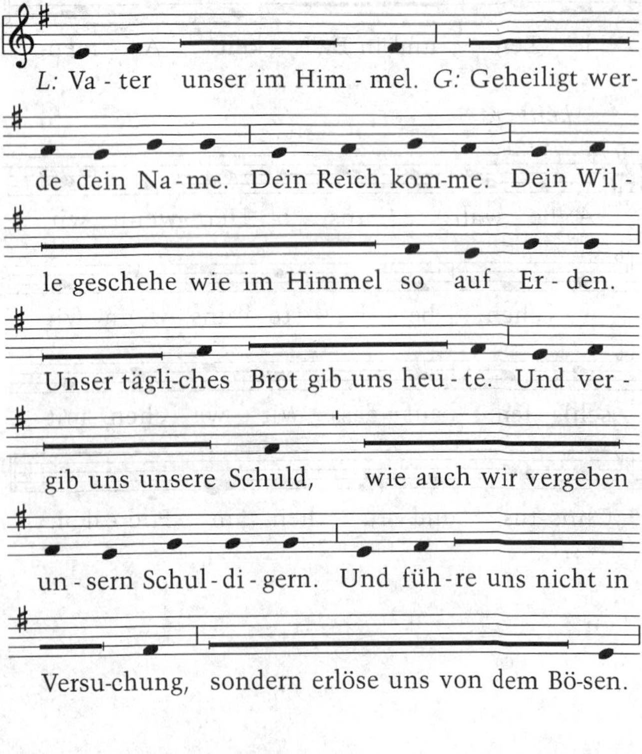

L: Va-ter unser im Him-mel. *G:* Geheiligt werde dein Na-me. Dein Reich kom-me. Dein Wille geschehe wie im Himmel so auf Er-den. Unser tägli-ches Brot gib uns heu-te. Und vergib uns unsere Schuld, wie auch wir vergeben un-sern Schul-di-gern. Und füh-re uns nicht in Versu-chung, sondern erlöse uns von dem Bö-sen.

NACHTGEBET

Denn dein ist das Reich und die Kraft und die Herr-lich-keit in E - wig-keit. A - men.

WECHSELGEBET (PRECES)   **786.13**

L: O Herr, bewahre uns in die - ser Nacht
G: nach deiner Gnade ohne Sün - de.
L: Sei uns gnä - - - - dig, Herr.
G: Sei uns gnä - - - - dig.
L: Deine Güte, Herr, sei ü - - ber uns,
G: wie wir auf dich hof - - - fen.
L: Herr, höre mein Ge - bet
G: und lass mein Schreien zu dir kom-men.

GEBETSSTILLE

DER GOTTESDIENST

SCHLUSSGEBET 786.14

L: Wir bitten dich, Herr: Kehre gnädig ein in dieses Haus (unsre Häuser) und treibe fern von uns alle List des Bö-sen. Lass deine heiligen Engel bei uns wohnen, dass sie uns im Frie-den be-wah-ren. Dein Segen sei immerdar ü-ber uns. Durch unsern Herrn Jesus Christus, dei-nen Sohn, der mit dir und dem Heiligen Geist lebt und regiert von Ewigkeit zu E-wig-keit.

G: A-men.

DER GOTTESDIENST

AUSGANG

LOBPREIS

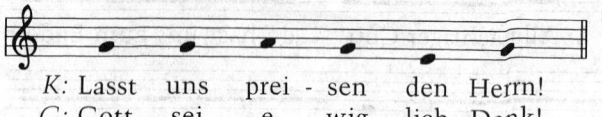

K: Lasst uns prei-sen den Herrn!
G: Gott sei e-wig-lich Dank!

SEGEN

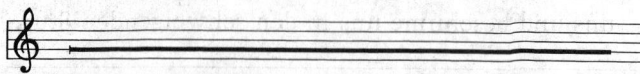

L: Es segne und behüte uns der allmächtige und

barmherzige Gott, Vater, Sohn und Heili-ger Geist.

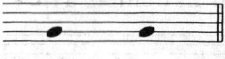

G: A - men.

PSALM 23

Leitvers (Antiphon)

K: Der Herr ist mein Hirte, mir wird nichts mangeln.

Alle wiederholen den Leitvers

VI. Psalmton

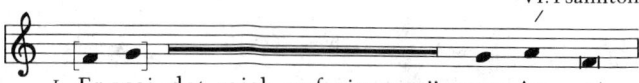

I. Er wei-det mich auf einer grü-nen Au - e*
II.   Er erquicket mei - ne See - le.*

und führet mich   zum fri-schen Was - ser.
Er führet mich auf
   rechter Straße um sei-nes Na-mens wil - len.

Und ob ich schon wanderte im finstern Tal, fürchte ich
kein Unglück;*
denn du bist bei mir, dein Stecken und Stab trösten mich.
   Du bereitest vor mir einen Tisch < >*
   im Angesicht meiner Feinde.
Du salbest mein Haupt mit Öl < >*
und schenkest mir voll ein.
   Gutes und Barmherzigkeit werden mir folgen
   mein Leben lang,*
   und ich werde bleiben im Hause des Herren
   immerdar.

(Leitvers)

Ehre sei dem Vater und dem Sohne*
und dem Heiligen Geiste,
   wie im Anfang, so auch jetzt und alle Zeit*
   und in Ewigkeit. Amen.

(Leitvers)

DER GOTTESDIENST

PSALM 25

Leitvers (Antiphon)

K: Mei-ne Au-gen se-hen stets auf den Herrn.

Alle wiederholen den Leitvers   I. Psalmton

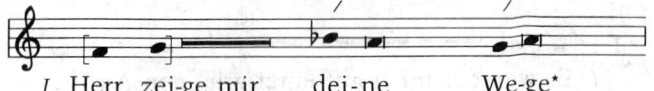

I. Herr, zei-ge mir   dei-ne   We-ge*
II.   Leite mich
     in deiner Wahr-heit und leh-re mich!*

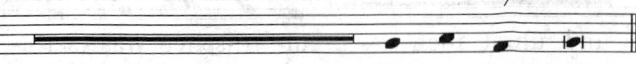

und lehre mich   dei-ne Stei-ge!
Denn du bist der Gott,
  der mir hilft; täglich har-re ich auf dich.

Gedenke, Herr, an deine Barmherzigkeit und an deine Güte,*
die von Ewigkeit her gewesen sind.
   Gedenke nicht der Sünden meiner Jugend*
   und meiner Übertretungen,
gedenke aber meiner nach deiner Barmherzigkeit,*
Herr, um deiner Güte willen!
   Der Herr ist gut und gerecht;*
   darum weist er Sündern den Weg.
Er leitet die Elenden recht *
und lehrt die Elenden seinen Weg.
   Die Wege des Herrn sind lauter Güte und Treue*
   für alle, die seinen Bund und seine Gebote halten.

   (Leitvers)

Ehre sei dem Vater und dem Sohne *
und dem Heiligen Geiste,
> wie im Anfang, so auch jetzt und alle Zeit *
> und in Ewigkeit. Amen.

Leitvers

A: Mei-ne Au-gen se-hen stets auf den Herrn.

Melodien 783.2; 784.3; 785.2; 785.4 und 787:
Deutsches Antiphonale (Münsterschwarzach);
783.4: *Antiphonale zum Stundengebet.*

789
GEMEINSAMES GEBET NACH TAIZÉ

GESANG ZUR ERÖFFNUNG Ö 789.1

Der Gesang wird von Einzelnen angestimmt und so lange wiederholt, bis alle versammelt und zur Ruhe gekommen sind.

Laudate omnes gentes, laudate Dominum. Laudate omnes gentes, laudate Dominum.

Lobsingt, ihr Völker alle, lobsingt und preist den Herrn, lobsingt, ihr Völker alle, lobsingt und preist den Herrn.

GEBET NACH TAIZÉ

789.2

PSALM 789.3

Einer / Eine:
Kommt herzu, lasst uns dem Herrn frohlocken und jauchzen dem Hort unseres Heils!
Lasst uns mit Danken vor sein Angesicht kommen und mit Psalmen ihm jauchzen!

Freu-et euch im Herrn! Freu-et euch im Herrn und prei-set sei-nen Na-men. Al-le-lu-ja, al-le-lu-ja!

GEBET NACH TAIZÉ

Prei-set sei-nen Na - men. Al-le-lu - ja.

Der Kehrvers wird an den angegebenen Stellen wiederholt.

Im Wechsel:

Herr, deine Güte reicht, so weit der Himmel ist,
und deine Wahrheit, so weit die Wolken gehen.
> Deine Gerechtigkeit steht wie die Berge Gottes
> und dein Recht wie die große Tiefe.
> Herr, du hilfst Menschen und Tieren.

(Kehrvers)

Wie köstlich ist deine Güte, Gott,
dass Menschenkinder unter dem Schatten deiner Flügel
Zuflucht haben!
> Sie werden satt von den reichen Gütern
> deines Hauses,
> und du tränkst sie mit Wonne wie mit
> einem Strom.
Denn bei dir ist die Quelle des Lebens,
und in deinem Lichte sehen wir das Licht.

(Kehrvers)

Ps 36,6-10

DER GOTTESDIENST

oder

PSALM   789.4

Einer / Eine:
Kommt herzu, lasst uns dem Herrn frohlocken und jauchzen dem Hort unseres Heils!
Lasst uns mit Danken vor sein Angesicht kommen und mit Psalmen ihm jauchzen!

Das Halleluja wird nach jedem Vers wiederholt.

GEBET NACH TAIZÉ

Ich will den Herrn loben allezeit;
sein Lob soll immerdar in meinem Munde sein.
> *Halleluja*
>> Meine Seele soll sich rühmen des Herrn,
>> dass es die Elenden hören und sich freuen.
>> *Halleluja*

Preiset mit mir den Herrn
und lasst uns miteinander seinen Namen erhöhen!
> *Halleluja*
>> Als ich den Herrn suchte, antwortete er mir
>> und errettete mich aus aller meiner Furcht.
>> *Halleluja*

Die auf ihn sehen, werden strahlen vor Freude,
und ihr Angesicht soll nicht schamrot werden.
> *Halleluja*
>> Als einer im Elend rief, hörte der Herr
>> und half ihm aus allen seinen Nöten.
>> *Halleluja*

Der Engel des Herrn lagert sich um die her,
die ihn fürchten, und hilft ihnen heraus.
> *Halleluja*
>> Schmecket und sehet, wie freundlich der Herr ist.
>> Wohl dem, der auf ihn trauet!
>> *Halleluja*

Ps 34,2-9

Weitere Psalmen siehe Nr. 702–758

DER GOTTESDIENST

SCHRIFTLESUNG

Christus spricht: Kommt her zu mir, alle, die ihr mühselig und beladen seid; ich will euch erquicken.
Nehmt auf euch mein Joch und lernt von mir; denn ich bin sanftmütig und von Herzen demütig;
so werdet ihr Ruhe finden für eure Seelen.
Denn mein Joch ist sanft, und meine Last ist leicht.

Mt 11,28-30

oder

Christus spricht: Wer mir nachfolgen will, der verleugne sich selbst und nehme sein Kreuz auf sich und folge mir nach.
Denn wer sein Leben erhalten will, der wird's verlieren; und wer sein Leben verliert um meinetwillen und um des Evangeliums willen, der wird's erhalten.
Denn was hülfe es dem Menschen, wenn er die ganze Welt gewönne und nähme an seiner Seele Schaden?
Denn was kann der Mensch geben, womit er seine Seele auslöse?

Mk 8,34-37

oder

Ich bin der wahre Weinstock und mein Vater der Weingärtner. Eine jede Rebe an mir, die keine Frucht bringt, wird er wegnehmen; und eine jede, die Frucht bringt, wird er reinigen, dass sie mehr Frucht bringe. Ihr seid schon rein um des Wortes willen, das ich zu euch geredet habe. Bleibt in mir und ich in euch. Wie die Rebe keine Frucht bringen kann aus sich selbst, wenn sie nicht am Weinstock bleibt, so auch ihr nicht, wenn ihr nicht in mir bleibt. Ich bin der Weinstock, ihr seid die Reben. Wer in mir bleibt und ich in ihm, der bringt viel Frucht; denn ohne mich könnt ihr nichts tun.

Joh 15,1-5

*oder eine andere Schriftlesung
(siehe z.B. Nr. 784.4)*

GESANG NACH DER SCHRIFTLESUNG

789.5

Der Gesang kann mehrmals wiederholt und auch ohne Text gesummt werden. Dazwischen können Zeiten der Stille vorgesehen werden.

O-cu-li nos-tri ad Do-mi-num De-um.
Un-se-re Au-gen sehn stets auf den Her-ren.

O-cu-li nos-tri ad Do-mi-num nos-trum.
Un-se-re Au-gen sehn stets auf den Her-ren.

DER GOTTESDIENST

FÜRBITTEN MIT KYRIE ELEISON 789.6

Die einzelnen Bitten werden mit dem gemeinsam gesungenen Bittruf »Kyrie eleison« von allen aufgenommen.

GEBET NACH TAIZÉ

Lass deinen Frieden unter uns erstrahlen
und befreie uns in deiner Liebe,
Herr, wir bitten dich: *Kyrie eleison.*
Für alle Christen auf der ganzen Erde
    bitten wir dich: *Kyrie eleison.*
Für alle, die dir in deiner Kirche dienen,
    bitten wir dich: *Kyrie eleison.*
Für alle, die im Exil leben müssen oder auf der Flucht sind,
    bitten wir dich: *Kyrie eleison.*
Für alle Gefangenen und alle Opfer der Unterdrückung
    bitten wir dich: *Kyrie eleison.*
Für alle Leidgeprüften und Bedrückten,
für alle, die Hilfe und Barmherzigkeit brauchen,
    bitten wir dich: *Kyrie eleison.*
Für uns alle, die wir hier versammelt sind,
dass wir stets einander beistehen,
    bitten wir dich: *Kyrie eleison.*
Dass wir, befreit von aller Schuld,
Menschen des Vertrauens seien,
    bitten wir dich: *Kyrie eleison.*
Dass wir Wege finden, die Güter der Erde
besser unter allen Menschen zu teilen,
    bitten wir dich: *Kyrie eleison.*
Dass wir in der Gemeinschaft mit allen heiligen Zeugen
Hoffnung und Mut finden,
    bitten wir dich: *Kyrie eleison.*

> *Spontane Fürbitten aus dem Kreis der*
> *Versammelten können sich anschließen.*

> *Andere Fürbittengebete:*
> *am Morgen Nr. 783.9, am Abend Nr. 785.9.*

DER GOTTESDIENST

GEBET DES HERRN

Das Vaterunser wird gemeinsam gesprochen.

Vater unser im Himmel.
Geheiligt werde dein Name.
Dein Reich komme.
Dein Wille geschehe wie im Himmel so auf Erden.
Unser tägliches Brot gib uns heute.
Und vergib uns unsere Schuld,
wie auch wir vergeben unsern Schuldigern.
Und führe uns nicht in Versuchung,
sondern erlöse uns von dem Bösen.
Denn dein ist das Reich und die Kraft
und die Herrlichkeit in Ewigkeit. Amen.

SCHLUSSGEBET

Christus,
unablässig suchst du jeden,
der nach dir sucht und sich fern von dir glaubt.
Mach uns bereit, jederzeit unser Leben in deine Hände
zu legen.
Während wir dich noch suchen, hast du uns schon
gefunden.
So arm unser Gebet auch sein mag: du hörst uns zu,
weit mehr, als wir es erahnen und glauben können.
Amen.

oder ein anderes Gebet

SEGENSWORT

Einer Eine:
Gott sei uns gnädig und segne uns,
er lasse uns sein Antlitz leuchten.
Es segne uns Gott, und alle Welt fürchte ihn! *Ps 67,2.8*

GEBET NACH TAIZÉ

GESANG ZUM ABSCHLUSS 789.7

*Der Gesang wird mehrmals wiederholt,
bis er in der Stille ausklingt.*

*Melodien und Sätze Nr. 789.1–7:
Gesänge aus Taizé*

PASSIONSANDACHT

LIED
Jesu, deine Passion (Nr. 88)
oder ein anderes Lied

ERÖFFNUNG
Die Gnade unsers Herrn Jesu Christi und die Liebe Gottes und die Gemeinschaft des Heiligen Geistes sei mit euch allen.

Lasst uns aufsehen zu Jesus, dem Anfänger und Vollender des Glaubens, der, obwohl er hätte Freude haben können, das Kreuz erduldete und die Schande gering achtete und sich gesetzt hat zur Rechten des Thrones Gottes. *(Hebr 12,2)*

PSALM
Der Psalm, jeweils ein Abschnitt aus einem der sieben Bußpsalmen (siehe Texttafel), schließt mit dem »Ehre sei dem Vater«, in der Karwoche schweigt dieser Lobpreis.

GEBET
Heiliger, ewiger Gott. Du hast deinen lieben Sohn für uns Sünder leiden und sterben lassen. Gib, dass wir das Gedächtnis seiner Leiden in wahrer Andacht begehen. Durch Jesus Christus, unsern Herrn. Amen.

Oder ein anderes Gebet

ALTTESTAMENTLICHE LESUNG
Lesungstexte siehe anschließende Texttafel

PASSIONSANDACHT

LIED

ERSTE EVANGELIENLESUNG

LIED

ZWEITE EVANGELIENLESUNG

[LIED]

[DRITTE EVANGELIENLESUNG]

AUSLEGUNG

LIED

GEBET

Herr Jesus Christus, du hast um unsertwillen gelitten und für uns Schmach und Kreuz auf dich genommen. Wir danken dir dafür von ganzem Herzen. Lass uns dir nachfolgen und Gehorsam üben, wenn du uns Leiden auferlegst.

Du hast durch dein Sterben dem Tod die Macht genommen und uns befreit. Mach uns dessen gewiss, damit wir ohne Furcht leben in dieser Zeit, den Glauben bewahren und dereinst zum Leben gelangen in der Ewigkeit. Amen.

Oder ein anderes Gebet

Anstelle des Gebetes kann die Litanei (Nr. 192) gesungen werden.

STILLES GEBET

VATERUNSER

LIED

O hilf, Christe, Gottes Sohn (Nr. 77,8)
oder ein anderes Lied

SEGEN

DER GOTTESDIENST

TEXTTAFEL

	1. Reihe MATTHÄUS	2. Reihe MARKUS	3. Reihe LUKAS	4. Reihe JOHANNES

1. PASSIONSANDACHT
Woche ab Aschermittwoch

Psalm	Ps 6 in Auswahl (Nr. 704)			
Atl. Lesung	1. Mose 3			
1. Ev.-Lesung	Mt 26,1-13	Mk 14,1-9	Lk 22,1-2	Joh 12,1-11
2. Ev.-Lesung	Mt 26,14-16	Mk 14,10-11	Lk 22,3-6	Joh 12,12-19

2. PASSIONSANDACHT
Woche nach Invokavit

Psalm	Ps 32 in Auswahl (Nr. 717)			
Atl. Lesung	2. Mose 12,1.3.7-8.12-14.26-27			
1. Ev.-Lesung	Mt 26,17-25	Mk 14,12-16	Lk 22,7-13	Joh 12,23-33
2. Ev.-Lesung	Mt 26,26-30	Mk 14,17-25	Lk 22,14-23	Joh 13,1-17

3. PASSIONSANDACHT
Woche nach Reminiszere

Psalm	Ps 38 in Auswahl (Nr. 721)			
Atl. Lesung	1. Mose 11,1-9			
1. Ev.-Lesung	Mt 26,31-35	Mk 14,26-31	Lk 22,24-34	Joh 13,21-30
2. Ev.-Lesung	Mt 26,36-46	Mk 14,32-42	Lk 22,35-38	Joh 18,1-11

4. PASSIONSANDACHT
Woche nach Okuli

Psalm	Ps 51 in Auswahl (Nr. 727)			
Atl. Lesung	Jes 42,1-9			
1. Ev.-Lesung	Mt 26,47-56	Mk 14,43-52	Lk 22,39-46	Joh 18,12-18
2. Ev.-Lesung	Mt 26,57-68	Mk 14,53-65	Lk 22,47-53	Joh 18,19-27

| | 1. Reihe | 2. Reihe | 3. Reihe | 4. Reihe |
| | MATTHÄUS | MARKUS | LUKAS | JOHANNES |

5. PASSIONSANDACHT
Woche nach Lätare

Psalm	Ps 102 in Auswahl (Nr. 741)			
Atl. Lesung	Jes 49,3-6			
1. Ev.-Lesung	Mt 26,69-75	Mk 14,66-72	Lk 22,54-62	Joh 18,28-32
2. Ev.-Lesung	Mt 27,1-14	Mk 15,1-5	Lk 22,63-71	Joh 18,33-40

6. PASSIONSANDACHT
Woche nach Judika

Psalm	Ps 130 (Nr. 751)			
Atl. Lesung	Jes 50,4-10			
1. Ev.-Lesung	Mt 27,15-26	Mk 15,6-15	Lk 23,1-12	Joh 19,1-5
2. Ev.-Lesung	Mt 27,27-30	Mk 15,16-19	Lk 23,13-25	Joh 19,6-16a

7. PASSIONSANDACHT
Karwoche

Psalm	Ps 143 in Auswahl (Nr. 755)			
Atl. Lesung	Jer 31,31-34			
1. Ev.-Lesung	Mt 27,31-44	Mk 15,20-32	Lk 23,26-38	Joh 19,16b-22
2. Ev.-Lesung	Mt 27,45-50	Mk 15,33-37	Lk 23,39-46	Joh 19,23-30
3. Ev.-Lesung	Mt 27,51-66	Mk 15,38-47	Lk 23,47-56	Joh 19,31-42

Die angegebenen Evangelienlesungen können ggf. in Abschnitte aufgeteilt werden, zwischen denen weitere Liedstrophen gesungen werden. Finden in der Karwoche mehrere Passionsandachten statt, verteilen sich die Lesungen entsprechend.

DIE NOTTAUFE
(Taufe bei Lebensgefahr)

Wenn für einen Menschen, insbesondere für ein neugeborenes Kind, Lebensgefahr besteht und ein Pfarrer oder eine Pfarrerin nicht mehr herbeigerufen werden kann, darf jeder Christ taufen. Voraussetzung ist, dass der Täufling oder die für ihn Verantwortlichen einverstanden sind. Wenn möglich, soll die Taufe in Gegenwart christlicher Zeugen vollzogen werden.

Wenn wenig Zeit zur Verfügung steht:

Wer tauft, spricht (und segnet dabei den Täufling mit dem Zeichen des Kreuzes):

> Herr Jesus Christus, nimm N.N. (dieses Kind) an in deiner Barmherzigkeit.

Der/die Taufende gießt mit der Hand dreimal Wasser über die Stirn des Täuflings und spricht:

> (N.N.), ich taufe dich im Namen des Vaters und des Sohnes und des Heiligen Geistes. Amen.
>
> Der Friede des Herrn sei mit dir.
>
> Vater unser im Himmel.
> Geheiligt werde dein Name.
> Dein Reich komme.
> Dein Wille geschehe wie im Himmel
> so auf Erden.
> Unser tägliches Brot gib uns heute.
> Und vergib uns unsere Schuld, wie auch wir
> vergeben unsern Schuldigern.

DIE NOTTAUFE

Und führe uns nicht in Versuchung, sondern
erlöse uns von dem Bösen.
Denn dein ist das Reich und die Kraft und die
Herrlichkeit in Ewigkeit. Amen.

Steht mehr Zeit zur Verfügung:

Zu Beginn kann der Taufbefehl Christi
gesprochen werden.

> Christus spricht: Mir ist gegeben alle Gewalt im Himmel und auf Erden. Darum gehet hin und machet zu Jüngern alle Völker: Taufet sie auf den Namen des Vaters und des Sohnes und des Heiligen Geistes und lehret sie halten alles, was ich euch befohlen habe. Und siehe, ich bin bei euch alle Tage bis an der Welt Ende. *(Mt 28,18-20)*

Es kann das Apostolische Glaubensbekenntnis
(Nr. 804) folgen.

Wer die Nottaufe empfangen hat, ist gültig getauft. Die Taufe muss alsbald dem zuständigen Pfarramt zur Eintragung in das Taufregister gemeldet werden. Es ist üblich, dass im Gottesdienst eine Bestätigung stattfindet, die öffentlich bekundet, dass die Taufe gültig, d.h. mit Wasser und im Namen des dreieinigen Gottes vollzogen worden ist. Bei einem Kind werden die Eltern und Paten zugleich zur christlichen Erziehung des Kindes verpflichtet.

Ist trotz aller Bemühungen die Taufe rechtzeitig nicht mehr möglich, dürfen wir als Angehörige und Freunde einen ungetauft Verstorbenen in Gottes Liebe geborgen wissen.

Gemeinden reformierter Tradition kennen die Nottaufe nicht.

DIE BEICHTE

EINFÜHRUNG 792

Die christliche Kirche hat von ihrem Herrn den Auftrag, den Menschen, die von der Gewissenslast einer Schuld frei werden wollen, die Vergebung zuzusprechen und ihnen so zu einem neuen Anfang zu helfen. In der Beichte wird erkannte Schuld ausgesprochen und das Verlangen nach Versöhnung mit Gott und den Menschen bekundet.

Die Beichte wird in einem Gottesdienst (Gemeinsame Beichte) oder unter vier Augen (Einzelbeichte, s. Nr. 793) vollzogen.

In der *Gemeinsamen Beichte*, die oft mit der Feier des Heiligen Abendmahls verbunden ist, bekennen die Beichtenden ihre gemeinsame und persönliche Schuld und bitten Gott um Vergebung. Den Beichtenden wird vom Pfarrer oder der Pfarrerin die Vergebung ihrer Sünden zugesprochen.

Zur *Einzelbeichte* wendet man sich an einen Pfarrer oder eine Pfarrerin, die durch ihre Ordination zur Wahrung des Beichtgeheimnisses verpflichtet sind, oder auch an einen anderen Christen, zu dem man Vertrauen hat. Das Beichtgeheimnis genießt auch gesetzlichen Schutz.

Zur Beichte sollte man nicht ohne *Vorbereitung* gehen. Um das Gewissen vor Gott zu prüfen, ist es hilfreich, die Zehn Gebote (Nr. 796 und 797), das Doppelgebot der Liebe (Nr. 798), den Psalm 139 (Nr. 795) oder die sieben Bußpsalmen (s. Hinweise bei Nr. 701) zu bedenken. Auch ein Beichtgebet (Nr. 794) kann dazu helfen.

Lieder zur Beichte Nr. 230–237.

ANLEITUNG ZUR EINZELBEICHTE 793

Zur Beichte gehören das Eingeständnis der Schuld (Sündenbekenntnis) und die Lossprechung (Absolution). Die Einzelbeichte kann in verschiedener Weise vollzogen werden. Meist schließt sie sich einem vorangegangenen seelsorgerlichen Gespräch an.

SCHULDBEKENNTNIS

Wenn es schwer fällt, für das Eingeständnis der Schuld eigene Worte zu finden, kann eines der folgenden Beichtbekenntnisse (Nr. 799–802) als Ausgangspunkt oder Abschluss des eigenen Bekennens gebraucht werden.

Der Seelsorger/die Seelsorgerin spricht auf das Beichtbekenntnis:

> Wenn deine Beichte damit beendet ist, dann (knie nieder und) bete mit mir:
>
> Gott, sei mir gnädig nach deiner Güte, und tilge meine Sünden nach deiner großen Barmherzigkeit. Schaffe in mir, Gott, ein reines Herz, und gib mir einen neuen, beständigen Geist. Verwirf mich nicht von deinem Angesicht, und nimm deinen Heiligen Geist nicht von mir. Amen.

LOSSPRECHUNG (ABSOLUTION)

Der Seelsorger/die Seelsorgerin spricht:

> Gott sei dir gnädig und stärke deinen Glauben!
>
> Du sollst gewiss sein, dass die Vergebung, die ich dir zuspreche, Gottes Vergebung ist.

DER GOTTESDIENST

> *(Unter Handauflegung:)*
> In der Vollmacht, die der Herr seiner Kirche gegeben hat, spreche ich dich los: Dir sind deine Sünden vergeben. Im Namen Gottes des Vaters und des Sohnes und des Heiligen Geistes. Amen.

Hier kann ein Dankgebet folgen
(z.B. Ps 103,1-5; Nr. 742).

Beide beten gemeinsam das Vaterunser (Nr. 813).

Die Beichte schließt mit dem Segen:

> Es segne und behüte dich der allmächtige und barmherzige Gott, Vater, Sohn und Heiliger Geist. Gehe hin in Frieden.

Eine weitere Form der Einzelbeichte findet sich in Luthers Kleinem Katechismus »Vom Amt der Schlüssel« (Nr. 806.6).

ZUR VORBEREITUNG AUF DIE BEICHTE

794

Ich bedenke mein Leben vor Gott:
Vater im Himmel, was kann ich dir sagen, was du nicht schon weißt?
Ich habe anderen das Leben schwer gemacht, und es waren doch oft nur Kleinigkeiten, um die es da ging:
Ich wollte Recht behalten, aber ich vergaß die Liebe, die du geboten hast.
Ich bin unfair gewesen, ich bin böse geworden, wo ich hätte Geduld aufbringen müssen.
Ich war so mit mir selbst beschäftigt, dass ich kein Ohr und kein Herz hatte für die, die Verständnis und Hilfe von mir erwarteten.

DIE BEICHTE

Ich habe geschwiegen, wo ich hätte reden sollen, ich habe den Dingen ihren Lauf gelassen, weil meine Angst größer war als mein Vertrauen zu dir.
Deinen Geboten habe ich wenig Gewicht gegeben und deine Güte missachtet. Ich habe dich vergessen, Gott, bei vielem, was ich tat und dachte.
Ich lasse mich gefangen nehmen von meinen Wünschen und Ängsten und sehne mich doch danach, frei und geborgen zu sein bei dir.
Herr, ich bin erschrocken, wie schwierig es ist, im Alltag aus dem Glauben an dich zu leben. Ich bekenne dir mein Unvermögen und meine Schuld:
Herr, erbarme dich.

Herr, du erforschest mich und kennest mich.
Ich sitze oder stehe auf, so weißt du es;
du verstehst meine Gedanken von ferne.
Ich gehe oder liege, so bist du um mich
und siehst alle meine Wege.
Denn siehe, es ist kein Wort auf meiner Zunge,
das du, Herr, nicht schon wüsstest.

Erforsche mich, Gott, und erkenne mein Herz;
prüfe mich und erkenne, wie ich's meine.
Und sieh, ob ich auf bösem Wege bin,
und leite mich auf ewigem Wege.   *(Ps 139,1-4.23.24)*

DIE ZEHN GEBOTE

In der lutherischen Tradition folgen Wortlaut und Zählung der Zehn Gebote (2. Mose 20,1-17) der Fassung im Kleinen Katechismus Martin Luthers (Nr. 806.1)

1. Ich bin der Herr, dein Gott.
   Du sollst nicht andere Götter haben neben mir.

2. Du sollst den Namen des Herrn, deines Gottes, nicht unnütz gebrauchen; denn der Herr wird den nicht ungestraft lassen, der seinen Namen missbraucht.

3. Du sollst den Feiertag heiligen.

4. Du sollst deinen Vater und deine Mutter ehren, auf dass dir's wohlgehe und du lange lebest auf Erden.

5. Du sollst nicht töten.

6. Du sollst nicht ehebrechen.

7. Du sollst nicht stehlen.

8. Du sollst nicht falsch Zeugnis reden wider deinen Nächsten.

9. Du sollst nicht begehren deines Nächsten Haus.

10. Du sollst nicht begehren deines Nächsten Frau, Knecht, Magd, Vieh noch alles, was sein ist.

DIE ZEHN GEBOTE

In der reformierten Tradition folgen die Zehn Gebote, wie auch im Heidelberger Katechismus (Nr. 807), nach Wortlaut und Zählung unmittelbar dem Text des Alten Testaments (2. Mose 20,1-17).

1. Ich bin der Herr, dein Gott, der ich dich aus Ägyptenland, aus der Knechtschaft, geführt habe. Du sollst keine anderen Götter haben neben mir.

2. Du sollst dir kein Bildnis noch irgendein Gleichnis machen, weder von dem, das oben im Himmel, noch von dem, was unten auf Erden, noch von dem, was im Wasser unter der Erde ist. Bete sie nicht an und diene ihnen nicht! Denn ich, der Herr, dein Gott, bin ein eifernder Gott, der die Missetat der Väter heimsucht bis ins dritte und vierte Glied an den Kindern derer, die mich hassen, aber Barmherzigkeit erweist an vielen Tausenden, die mich lieben und meine Gebote halten.

3. Du sollst den Namen des Herrn, deines Gottes, nicht missbrauchen; denn der Herr wird den nicht ungestraft lassen, der seinen Namen missbraucht.

4. Gedenke des Sabbattages, dass du ihn heiligest. Sechs Tage sollst du arbeiten und alle deine Werke tun. Aber am siebenten Tage ist der Sabbat des Herrn, deines Gottes. Da sollst du keine Arbeit tun, auch nicht dein Sohn, deine Tochter, dein Knecht, deine Magd, dein Vieh, auch nicht der Fremdling, der in deiner Stadt lebt. Denn in sechs Tagen hat der Herr Himmel und Erde gemacht und das Meer und alles, was darinnen ist, und ruhte am siebenten Tage. Darum segnete der Herr den Sabbattag und heiligte ihn.

DER GOTTESDIENST

5 Du sollst deinen Vater und deine Mutter ehren, auf dass du lange lebest im Lande, das dir der Herr, dein Gott, geben wird.

6 Du sollst nicht töten.

7 Du sollst nicht ehebrechen.

8 Du sollst nicht stehlen.

9 Du sollst nicht falsch Zeugnis reden wider deinen Nächsten.

10 Du sollst nicht begehren deines Nächsten Haus. Du sollst nicht begehren deines Nächsten Frau, Knecht, Magd, Rind, Esel noch alles, was dein Nächster hat.

DAS DOPPELGEBOT DER LIEBE — 798

Jesus spricht: Du sollst den Herrn, deinen Gott, lieben von ganzem Herzen, von ganzer Seele und von ganzem Gemüt. Dies ist das höchste und größte Gebot. Das andere aber ist dem gleich: Du sollst deinen Nächsten lieben wie dich selbst. In diesen beiden Geboten hängt das ganze Gesetz und die Propheten. *(Mt 22,37-40)*

BEICHTBEKENNTNISSE

Allmächtiger Gott, barmherziger Vater! — 799
Ich armer, elender, sündiger Mensch
bekenne dir alle meine Sünde und Missetat,
die ich begangen mit Gedanken, Worten und Werken,
womit ich dich erzürnt und deine Strafe
zeitlich und ewiglich verdient habe.

DIE BEICHTE

Sie sind mir aber alle herzlich leid
und reuen mich sehr,
und ich bitte dich um deiner grundlosen
Barmherzigkeit
und um des unschuldigen, bitteren Leidens
und Sterbens
deines lieben Sohnes Jesus Christus willen,
du wollest mir armem sündhaftem Menschen
gnädig und barmherzig sein,
mir alle meine Sünden vergeben
und zu meiner Besserung
deines Geistes Kraft verleihen.

Herr, im Lichte deiner Wahrheit erkenne ich,   800
dass ich gesündigt habe in Gedanken, Worten
und Werken.
Dich soll ich über alles lieben, meinen Gott und
Heiland;
aber ich habe mich selber mehr geliebt als dich.
Du hast mich in deinen Dienst gerufen;
aber ich habe die Zeit vertan,
die du mir anvertraut hast.
Du hast mir meinen Nächsten gegeben,
ihn zu lieben wie mich selbst;
aber ich erkenne, wie ich versagt habe
in Selbstsucht und Trägheit des Herzens.
Darum komme ich zu dir und bekenne meine Schuld.
Richte mich, mein Gott, aber verwirf mich nicht.
Ich weiß keine andere Zuflucht
als dein unergründliches Erbarmen.

DER GOTTESDIENST

801 Ich bekenne vor dir, mein Gott:
Ich vergesse dich oft.
Oft glaube ich nicht, dass du mich siehst.
Ich höre nicht, wenn du mich rufst.
Vor deinem Urteil kann ich nicht bestehen.
Darum bitte ich dich: Gott, sei mir Sünder gnädig.

Ich bekenne vor dir, mein Gott:
Ich bin nicht so, wie du mich haben willst.
Ich täusche andere.
Ich denke schlecht von anderen und rede über sie.
Ich übersehe ihre Not und drücke mich,
wo ich helfen sollte.
Darum bitte ich dich: Gott, sei mir Sünder gnädig.

Ich bitte dich, mein Gott:
Lass mein Leben nicht verderben, bringe es zurecht.
Richte mich auf, wenn ich den Mut verliere.
Rette mich, wenn ich verzweifle.
Hilf mir, deiner Gnade zu vertrauen.

802 Vater im Himmel,
du weißt, was mein Gewissen belastet
. . . . .
Es tut mir Leid.
Verzeih mir und hilf mir,
Schaden nach Kräften wieder gutzumachen
und mich zu bessern.

BEKENNTNISSE
DER KIRCHE

*»Seid allezeit bereit zur Verantwortung
vor jedermann, der von euch Rechenschaft
fordert über die Hoffnung, die in euch ist.«*

I. PETR 3,15

EINFÜHRUNG

Die evangelischen Kirchen bekennen in Gemeinschaft mit anderen Kirchen ihren Glauben mit den Worten des Apostolischen Glaubensbekenntnisses (Nr. 804) und des Glaubensbekenntnisses von Nizäa-Konstantinopel (325/381, Nr. 805).

Wichtige evangelische Bekenntnisse aus der Reformationszeit, zugleich Anleitungen zur Auslegung der Heiligen Schrift und zur Einübung im Glauben, sind der Kleine Katechismus Dr. Martin Luthers (1529, Nr. 806) und der Heidelberger Katechismus der reformierten Kirche (1563, Nr. 807). Das Augsburger Bekenntnis der lutherischen Kirche (1530, Nr. 808) gehört ebenfalls zu den maßgeblichen theologischen Bekenntnisschriften der Reformation.

Die Bekenntnisschriften der Reformation stehen in den einzelnen Kirchen, die dies Gesangbuch haben, in unterschiedlicher Geltung.

Das Augsburger Bekenntnis und der Kleine Katechismus Dr. Martin Luthers sind verbindliche Bekenntnisschriften in den lutherischen Kirchen, das heißt in Bayern, Braunschweig, Hannover, Mecklenburg, der Nordelbischen Kirche, Oldenburg, Pommern, Thüringen, Schaumburg-Lippe, Sachsen, Württemberg und in den Kirchen Augsburgischen Bekenntnisses in Österreich sowie im Elsass und in Lothringen; das Augsburger Bekenntnis gilt auch in Kurhessen-Waldeck sowie in Hessen und Nassau.

Das Augsburger Bekenntnis und der Kleine Katechismus sind überwiegend in Geltung in den evangelischen Kirchen von Berlin-Brandenburg, der Kirchenprovinz Sachsen und der Schlesischen Oberlausitz. Unbeschadet anderer Bekenntnisschriften haben das Augsburger Bekenntnis und der Kleine Katechismus normative Bedeutung in Baden. Je nach dem Bekenntnisstand der Gemeinde gelten das Augsburger Bekenntnis und der Kleine Katechismus im Rheinland, in Westfalen und in Lippe (lutherische Klasse). In allgemeiner Weise als Zeugnisse der Reformation gelten beide auch in Anhalt.

BEKENNTNISSE

Der Heidelberger Katechismus ist Bekenntnisschrift in der Evangelisch-reformierten Kirche (Synode evangelisch-reformierter Kirchen in Bayern und Nordwestdeutschland), in der Evangelischen Kirche Helvetischen Bekenntnisses in Österreich und in der Reformierten Kirche im Elsass und in Lothringen sowie überwiegend in der Lippischen Landeskirche. Er genießt auch normatives Ansehen in Baden. Er gilt im Übrigen in den Kirchen, die reformierte Gemeinden umfassen, für diese Gemeinden.

In der Bremischen Evangelischen Kirche stehen die lutherischen und reformierten Bekenntnisschriften gleichberechtigt nebeneinander. Die Evangelische Kirche der Pfalz hält die hier genannten Bekenntnisse in gebührender Achtung.

Neben diesen Bekenntnisschriften sind in den meisten Kirchen weitere reformatorische Bekenntnisschriften in Geltung.

Das Apostolische Glaubensbekenntnis (Nr. 804) *und das Nizänische Glaubensbekenntnis* (Nr. 805) *entsprechen in ihrer Textfassung dem von der ökumenischen Arbeitsgemeinschaft Liturgische Texte (ALT) 1971 vorgelegten und von den beteiligten Kirchen beschlossenen Wortlaut.*

Der Kleine Katechismus Dr. Martin Luthers (Nr. 806) *ist in der gemeinsamen Fassung von 1986 wiedergegeben, die von der Evangelischen Kirche der Union und der Vereinigten Evangelisch-Lutherischen Kirche Deutschlands festgelegt worden ist.*

Der Heidelberger Katechismus (Nr. 807) *folgt dem Wortlaut der Jubiläumsausgabe von 1963 in der Textfassung aus dem Jahre 1984, die die Lippische Landeskirche und die Evangelisch-reformierte Kirche in Nordwestdeutschland herausgegeben haben.*

Das Augsburger Bekenntnis (Nr. 808) *entspricht in seiner Textfassung den Bekenntnisschriften der Evangelisch-Lutherischen Kirche, Ausgabe für die Gemeinde, wie sie im Auftrag der Kirchenleitung der Vereinigten Evangelisch-Lutherischen Kirche Deutschlands 1986 in einer sprachlich behutsam geglätteten Gestalt herausgegeben wurden.*

BEKENNTNISSE

Über die Bedeutung der Bekenntnisschriften für unseren Glauben heute

In den Bekenntnisschriften sind die zentralen und wesentlichen Inhalte des christlichen Glaubens ausgesagt. Sie sind jeweils in einer bestimmten geschichtlichen Situation entstanden und wurden durch theologisch-kirchliche Fragestellungen und durch gesellschaftliche Verhältnisse geprägt, die sich inzwischen zum Teil grundlegend verändert haben.
Deshalb sind zum Verständnis der Texte zeitgeschichtliche Erläuterungen notwendig. Manche Aussagen erscheinen missverständlich und können nicht ohne zusätzliche Erklärung in unsere Zeit übernommen werden.
Zum Glauben heute gehört aber auch die Kenntnis der Glaubensüberlieferung vergangener Zeiten. Deswegen nimmt die Kirche der Gegenwart das Zeugnis derer auf, die vor uns geglaubt haben. So lässt sie sich zum rechten Verständnis der Heiligen Schriften Alten und Neuen Testaments anleiten. Sie wird zu eigenem Bekenntnis angesichts der Herausforderungen unserer Zeit ermutigt.

DAS APOSTOLISCHE GLAUBENSBEKENNTNIS

Ich glaube an Gott,
den Vater, den Allmächtigen,
den Schöpfer des Himmels und der Erde,

und an Jesus Christus,
seinen eingeborenen Sohn, unsern Herrn,
empfangen durch den Heiligen Geist,
geboren von der Jungfrau Maria,
gelitten unter Pontius Pilatus,
gekreuzigt, gestorben und begraben,
hinabgestiegen in das Reich des Todes,
am dritten Tage auferstanden von den Toten,
aufgefahren in den Himmel;
er sitzt zur Rechten Gottes,
des allmächtigen Vaters;
von dort wird er kommen,
zu richten die Lebenden und die Toten.

Ich glaube an den Heiligen Geist,
die heilige christliche Kirche,
Gemeinschaft der Heiligen,
Vergebung der Sünden,
Auferstehung der Toten
und das ewige Leben.
Amen.

DAS GLAUBENSBEKENNTNIS VON NIZÄA-KONSTANTINOPEL

Wir glauben an den einen Gott,
den Vater, den Allmächtigen,
der alles geschaffen hat,
Himmel und Erde,
die sichtbare und die unsichtbare Welt.

Und an den einen Herrn Jesus Christus,
Gottes eingeborenen Sohn,
aus dem Vater geboren vor aller Zeit:
Gott von Gott, Licht vom Licht,
wahrer Gott vom wahren Gott,
gezeugt, nicht geschaffen,
eines Wesens mit dem Vater;
durch ihn ist alles geschaffen.
Für uns Menschen und zu unserm Heil
ist er vom Himmel gekommen,
hat Fleisch angenommen
durch den Heiligen Geist
von der Jungfrau Maria
und ist Mensch geworden.
Er wurde für uns gekreuzigt unter Pontius Pilatus,
hat gelitten und ist begraben worden,
ist am dritten Tage auferstanden nach der Schrift
und aufgefahren in den Himmel.
Er sitzt zur Rechten des Vaters
und wird wiederkommen in Herrlichkeit,
zu richten die Lebenden und die Toten;
seiner Herrschaft wird kein Ende sein.

Wir glauben an den Heiligen Geist,
der Herr ist und lebendig macht,
der aus dem Vater und dem Sohn* hervorgeht,
der mit dem Vater und dem Sohn
angebetet und verherrlicht wird,
der gesprochen hat durch die Propheten,
und die eine, heilige, allgemeine
und apostolische Kirche.
Wir bekennen die eine Taufe zur Vergebung
der Sünden.
Wir erwarten die Auferstehung der Toten
und das Leben der kommenden Welt.
Amen.

* *Dem in den Gliedkirchen der Evangelischen Kirche in Deutschland geübten Verfahren gemäß können die Worte „und dem Sohn" bei ökumenischen Gottesdiensten, die gemeinsam mit orthodoxen Christen gefeiert werden, entfallen.*

DER KLEINE KATECHISMUS
Dr. Martin Luthers

DAS ERSTE HAUPTSTÜCK
DIE ZEHN GEBOTE

DAS ERSTE GEBOT

Ich bin der Herr, dein Gott.
Du sollst nicht andere Götter haben neben mir.

Was ist das?

Wir sollen Gott über alle Dinge
fürchten, lieben und vertrauen.

DAS ZWEITE GEBOT

Du sollst den Namen des Herrn, deines Gottes,
nicht unnütz gebrauchen;
denn der Herr wird den nicht ungestraft lassen,
der seinen Namen missbraucht.

Was ist das?

Wir sollen Gott fürchten und lieben,
dass wir bei seinem Namen
nicht fluchen, schwören, zaubern, lügen
oder trügen,
sondern ihn in allen Nöten anrufen,
beten, loben und danken.

DER KLEINE KATECHISMUS

DAS DRITTE GEBOT

Du sollst den Feiertag heiligen.

Was ist das?

Wir sollen Gott fürchten und lieben,
dass wir die Predigt und sein Wort nicht
verachten,
sondern es heilig halten, gerne hören und lernen.

DAS VIERTE GEBOT

Du sollst deinen Vater und deine Mutter ehren,
auf dass dir's wohlgehe
und du lange lebest auf Erden.

Was ist das?

Wir sollen Gott fürchten und lieben,
dass wir unsere Eltern und Herren
nicht verachten noch erzürnen,
sondern sie in Ehren halten, ihnen dienen,
gehorchen, sie lieb und wert haben.

DAS FÜNFTE GEBOT

Du sollst nicht töten.

Was ist das?

Wir sollen Gott fürchten und lieben,
dass wir unserm Nächsten
an seinem Leibe keinen Schaden noch Leid tun,
sondern ihm helfen und beistehen
in allen Nöten.

BEKENNTNISSE

DAS SECHSTE GEBOT

Du sollst nicht ehebrechen.

Was ist das?

Wir sollen Gott fürchten und lieben,
dass wir keusch und zuchtvoll leben
in Worten und Werken
und in der Ehe einander lieben und ehren.

DAS SIEBENTE GEBOT

Du sollst nicht stehlen.

Was ist das?

Wir sollen Gott fürchten und lieben,
dass wir unsers Nächsten Geld oder Gut
nicht nehmen
noch mit falscher Ware oder Handel an uns bringen,
sondern ihm sein Gut und Nahrung
helfen bessern und behüten.

DAS ACHTE GEBOT

Du sollst nicht falsch Zeugnis reden wider deinen Nächsten.

Was ist das?

Wir sollen Gott fürchten und lieben,
dass wir unsern Nächsten nicht belügen,
verraten, verleumden oder seinen Ruf verderben,
sondern sollen ihn entschuldigen,
Gutes von ihm reden
und alles zum Besten kehren.

DAS NEUNTE GEBOT

Du sollst nicht begehren deines Nächsten Haus.

Was ist das?

Wir sollen Gott fürchten und lieben,
dass wir unserm Nächsten
nicht mit List nach seinem Erbe oder
Hause trachten
und mit einem Schein des Rechts an uns bringen,
sondern ihm dasselbe zu behalten
förderlich und dienlich sein.

DAS ZEHNTE GEBOT

Du sollst nicht begehren deines Nächsten Frau,
Knecht, Magd, Vieh noch alles, was sein ist.

Was ist das?

Wir sollen Gott fürchten und lieben,
dass wir unserm Nächsten
nicht seine Frau, Gehilfen oder Vieh ausspannen,
abwerben oder abspenstig machen,
sondern dieselben anhalten,
dass sie bleiben und tun, was sie schuldig sind.

WAS SAGT NUN GOTT ZU DIESEN GEBOTEN ALLEN?

Er sagt so:
Ich der Herr, dein Gott, bin ein eifernder Gott,
der an denen, die mich hassen,
die Sünde der Väter heimsucht
bis zu den Kindern im dritten und vierten Glied;
aber denen, die mich lieben und meine Gebote halten,
tue ich wohl bis in tausend Glied.

BEKENNTNISSE

Was ist das?

Gott droht zu strafen alle, die diese Gebote übertreten;
darum sollen wir uns fürchten vor seinem Zorn
und nicht gegen seine Gebote handeln.
Er verheißt aber Gnade und alles Gute
allen, die diese Gebote halten;
darum sollen wir ihn auch lieben und vertrauen
und gerne tun nach seinen Geboten.

DAS ZWEITE HAUPTSTÜCK 806.2
DER GLAUBE

DER ERSTE ARTIKEL.
VON DER SCHÖPFUNG

Ich glaube an Gott, den Vater,
den Allmächtigen,
den Schöpfer des Himmels und der Erde.

Was ist das?

Ich glaube, dass mich Gott geschaffen hat samt allen Kreaturen,
mir Leib und Seele, Augen, Ohren und alle Glieder,
Vernunft und alle Sinne gegeben hat und noch erhält;
dazu Kleider und Schuh, Essen und Trinken,
Haus und Hof, Frau und Kind,
Acker, Vieh und alle Güter;
mit allem, was Not tut für Leib und Leben,
mich reichlich und täglich versorgt,
in allen Gefahren beschirmt
und vor allem Übel behütet und bewahrt;

und das alles aus lauter väterlicher, göttlicher
Güte und Barmherzigkeit,
ohn all mein Verdienst und Würdigkeit:
für all das ich ihm zu danken und zu loben
und dafür zu dienen und gehorsam zu sein
schuldig bin.

Das ist gewisslich wahr.

DER ZWEITE ARTIKEL.
VON DER ERLÖSUNG

Und an Jesus Christus,
seinen eingeborenen Sohn, unsern Herrn,
empfangen durch den Heiligen Geist,
geboren von der Jungfrau Maria,
gelitten unter Pontius Pilatus,
gekreuzigt, gestorben und begraben,
hinabgestiegen in das Reich des Todes,
am dritten Tage auferstanden von den Toten,
aufgefahren in den Himmel;
er sitzt zur Rechten Gottes,
des allmächtigen Vaters;
von dort wird er kommen,
zu richten die Lebenden und die Toten.

Was ist das?

Ich glaube, dass Jesus Christus,
wahrhaftiger Gott vom Vater in Ewigkeit
geboren
und auch wahrhaftiger Mensch von der
Jungfrau Maria geboren,
sei mein Herr,
der mich verlornen und verdammten Menschen
erlöset hat,
erworben, gewonnen von allen Sünden,

BEKENNTNISSE

vom Tode und von der Gewalt des Teufels;
nicht mit Gold oder Silber,
sondern mit seinem heiligen, teuren Blut
und mit seinem unschuldigen Leiden und
Sterben;
damit ich sein Eigen sei
und in seinem Reich unter ihm lebe und ihm diene
in ewiger Gerechtigkeit, Unschuld und
Seligkeit,
gleichwie er ist auferstanden vom Tode,
lebet und regieret in Ewigkeit.

Das ist gewisslich wahr.

DER DRITTE ARTIKEL.
VON DER HEILIGUNG

Ich glaube an den Heiligen Geist,
die heilige christliche Kirche,
Gemeinschaft der Heiligen,
Vergebung der Sünden,
Auferstehung der Toten
und das ewige Leben.
Amen.

Was ist das?

Ich glaube, dass ich nicht aus eigener Vernunft
noch Kraft
an Jesus Christus, meinen Herrn,
glauben oder zu ihm kommen kann;
sondern der Heilige Geist
hat mich durch das Evangelium berufen,
mit seinen Gaben erleuchtet,
im rechten Glauben geheiligt und erhalten;

gleichwie er die ganze Christenheit auf Erden
beruft, sammelt, erleuchtet, heiligt
und bei Jesus Christus erhält im rechten,
einigen Glauben;
in welcher Christenheit er mir und allen
Gläubigen
täglich alle Sünden reichlich vergibt
und am Jüngsten Tage
mich und alle Toten auferwecken wird
und mir samt allen Gläubigen in Christus
ein ewiges Leben geben wird.

Das ist gewisslich wahr.

DAS DRITTE HAUPTSTÜCK 806.3
DAS VATERUNSER

DIE ANREDE

Vater unser im Himmel.

Was ist das?

Gott will uns damit locken, dass wir glauben
sollen,
er sei unser rechter Vater und wir seine rechten
Kinder,
damit wir getrost und mit aller Zuversicht
ihn bitten sollen wie die lieben Kinder
ihren lieben Vater.

BEKENNTNISSE

DIE ERSTE BITTE

Geheiligt werde dein Name.

Was ist das?

Gottes Name ist zwar an sich selbst heilig;
aber wir bitten in diesem Gebet,
dass er auch bei uns heilig werde.

Wie geschieht das?

Wo das Wort Gottes lauter und rein gelehrt wird
und wir auch heilig, als die Kinder Gottes,
danach leben.
Dazu hilf uns, lieber Vater im Himmel!
Wer aber anders lehrt und lebt,
als das Wort Gottes lehrt,
der entheiligt unter uns den Namen Gottes.
Davor behüte uns, himmlischer Vater!

DIE ZWEITE BITTE

Dein Reich komme.

Was ist das?

Gottes Reich kommt auch ohne unser Gebet
von selbst,
aber wir bitten in diesem Gebet,
dass es auch zu uns komme.

Wie geschieht das?

Wenn der himmlische Vater uns seinen
Heiligen Geist gibt,
dass wir seinem heiligen Wort durch seine
Gnade glauben
und danach leben,
hier zeitlich und dort ewiglich.

DIE DRITTE BITTE

Dein Wille geschehe wie im Himmel so auf Erden.

Was ist das?

Gottes guter, gnädiger Wille geschieht
auch ohne unser Gebet;
aber wir bitten in diesem Gebet,
dass er auch bei uns geschehe.

Wie geschieht das?

Wenn Gott allen bösen Rat und Willen
bricht und hindert,
die uns den Namen Gottes nicht heiligen
und sein Reich nicht kommen lassen wollen,
wie der Teufel, die Welt und unsres Fleisches Wille;
sondern stärkt und behält uns fest
in seinem Wort und Glauben bis an unser Ende.
Das ist sein gnädiger, guter Wille.

DIE VIERTE BITTE

Unser tägliches Brot gib uns heute.

Was ist das?

Gott gibt das tägliche Brot auch ohne unsere Bitte
allen bösen Menschen;
aber wir bitten in diesem Gebet,
dass er's uns erkennen lasse
und wir mit Danksagung empfangen
unser tägliches Brot.

Was heißt denn tägliches Brot?

Alles, was Not tut für Leib und Leben,
wie Essen, Trinken, Kleider, Schuh,

BEKENNTNISSE

Haus, Hof, Acker, Vieh, Geld, Gut,
fromme Eheleute, fromme Kinder, fromme Gehilfen,
fromme und treue Oberherren, gute Regierung,
gut Wetter, Friede, Gesundheit, Zucht, Ehre,
gute Freunde, getreue Nachbarn und desgleichen.

DIE FÜNFTE BITTE

Und vergib uns unsere Schuld,
wie auch wir vergeben unsern Schuldigern.

Was ist das?

Wir bitten in diesem Gebet,
dass der Vater im Himmel nicht ansehen wolle unsere Sünden
und um ihretwillen solche Bitten nicht versagen,
denn wir sind dessen nicht wert, was wir bitten,
haben's auch nicht verdient;
sondern er wolle es uns alles aus Gnaden geben,
obwohl wir täglich viel sündigen
und nichts als Strafe verdienen.
So wollen wir wiederum auch herzlich vergeben
und gerne wohltun denen, die sich an uns versündigen.

DIE SECHSTE BITTE

Und führe uns nicht in Versuchung.

Was ist das?

Gott versucht zwar niemand;
aber wir bitten in diesem Gebet,
dass uns Gott behüte und erhalte,
damit uns der Teufel, die Welt und unser Fleisch

nicht betrüge und verführe in Missglauben, Verzweiflung und andere große Schande und Laster;
und wenn wir damit angefochten würden,
dass wir doch endlich gewinnen und den Sieg behalten.

DIE SIEBENTE BITTE

Sondern erlöse uns von dem Bösen.

Was ist das?

Wir bitten in diesem Gebet,
dass uns der Vater im Himmel
vom Bösen und allem Übel
an Leib und Seele, Gut und Ehre erlöse
und zuletzt, wenn unser Stündlein kommt,
ein seliges Ende beschere
und mit Gnaden von diesem Jammertal
zu sich nehme in den Himmel.

DER BESCHLUSS

Denn dein ist das Reich und die Kraft
und die Herrlichkeit in Ewigkeit. Amen.

Was heißt Amen?

Dass ich soll gewiss sein,
solche Bitten sind dem Vater im Himmel
angenehm und werden erhört.
Denn er selbst hat uns geboten, so zu beten,
und verheißen, dass er uns erhören will.
Amen, Amen, das heißt:
Ja, ja, so soll es geschehen.

BEKENNTNISSE

DAS VIERTE HAUPTSTÜCK
DAS SAKRAMENT
DER HEILIGEN TAUFE

806.4

ZUM ERSTEN

Was ist die Taufe?

Die Taufe ist nicht allein schlicht Wasser,
sondern sie ist das Wasser
in Gottes Gebot gefasst
und mit Gottes Wort verbunden.

Welches ist denn dies Wort Gottes?

Unser Herr Christus spricht
bei Matthäus im letzten Kapitel:

Gehet hin in alle Welt
und machet zu Jüngern alle Völker:
Taufet sie
auf den Namen des Vaters und des Sohnes und des
Heiligen Geistes.

ZUM ZWEITEN

Was gibt oder nützt die Taufe?

Sie wirkt Vergebung der Sünden,
erlöst vom Tode und Teufel
und gibt die ewige Seligkeit allen, die es glauben,
wie die Worte und Verheißung Gottes lauten.

*Welches sind denn solche Worte
und Verheißung Gottes?*

Unser Herr Christus spricht
bei Markus im letzten Kapitel:

Wer da glaubt und getauft wird,
der wird selig werden;
wer aber nicht glaubt,
der wird verdammt werden.

ZUM DRITTEN

Wie kann Wasser solch große Dinge tun?

Wasser tut's freilich nicht,
sondern das Wort Gottes,
das mit und bei dem Wasser ist,
und der Glaube,
der solchem Worte Gottes im Wasser traut.
Denn ohne Gottes Wort
ist das Wasser schlicht Wasser und keine Taufe;
aber mit dem Worte Gottes ist's eine Taufe,
das ist ein gnadenreiches Wasser des Lebens
und ein Bad der neuen Geburt im Heiligen Geist;
wie Paulus sagt zu Titus im dritten Kapitel:

Gott macht uns selig
durch das Bad der Wiedergeburt und Erneuerung
im Heiligen Geist,
den er über uns reichlich ausgegossen hat
durch Jesus Christus, unsern Heiland,
damit wir, durch dessen Gnade gerecht geworden,
Erben des ewigen Lebens würden
nach unsrer Hoffnung.
Das ist gewisslich wahr.

ZUM VIERTEN

Was bedeutet denn solch Wassertaufen?

Es bedeutet, dass der alte Adam in uns
durch tägliche Reue und Buße soll ersäuft werden
und sterben mit allen Sünden und bösen Lüsten;

und wiederum täglich herauskommen und
auferstehen ein neuer Mensch,
der in Gerechtigkeit und Reinheit
vor Gott ewiglich lebe.

Wo steht das geschrieben?

Der Apostel Paulus spricht zu den Römern
im sechsten Kapitel:

Wir sind mit Christus begraben durch die Taufe in
den Tod,
damit, wie Christus auferweckt ist von den Toten
durch die Herrlichkeit des Vaters,
auch wir in einem neuen Leben wandeln.

DAS FÜNFTE HAUPTSTÜCK 806.5
DAS SAKRAMENT DES ALTARS
ODER DAS HEILIGE ABENDMAHL

ZUM ERSTEN

Was ist das Sakrament des Altars?

Es ist der wahre Leib und Blut
unsers Herrn Jesus Christus,
unter dem Brot und Wein
uns Christen zu essen und zu trinken
von Christus selbst eingesetzt.

Wo steht das geschrieben?

So schreiben die heiligen Evangelisten
Matthäus, Markus, Lukas
und der Apostel Paulus:

Unser Herr Jesus Christus,
in der Nacht, da er verraten ward,
nahm er das Brot,
dankte und brach's
und gab's seinen Jüngern und sprach:
Nehmet hin und esset:
Das ist mein Leib,
der für euch gegeben wird;
solches tut zu meinem Gedächtnis.

Desgleichen nahm er auch den Kelch
nach dem Abendmahl,
dankte und gab ihnen den und sprach:
Nehmet hin und trinket alle daraus:
Dieser Kelch ist das neue Testament in meinem Blut,
das für euch vergossen wird
zur Vergebung der Sünden;
solches tut, sooft ihr's trinket,
zu meinem Gedächtnis.

ZUM ZWEITEN

Was nützt denn solch Essen und Trinken?

Das zeigen uns diese Worte:
Für euch gegeben und vergossen
zur Vergebung der Sünden;
nämlich, dass uns im Sakrament
Vergebung der Sünden, Leben und Seligkeit
durch solche Worte gegeben wird;
denn wo Vergebung der Sünden ist,
da ist auch Leben und Seligkeit.

BEKENNTNISSE

ZUM DRITTEN

*Wie kann leiblich Essen und Trinken
solch große Dinge tun?*

Essen und Trinken tut's freilich nicht,
sondern die Worte, die da stehen:
Für euch gegeben und vergossen
zur Vergebung der Sünden.
Diese Worte sind
neben dem leiblichen Essen und Trinken
das Hauptstück im Sakrament.
Und wer diesen Worten glaubt,
der hat, was sie sagen und wie sie lauten,
nämlich: Vergebung der Sünden.

ZUM VIERTEN

Wer empfängt denn dieses Sakrament würdig?

Fasten und leiblich sich bereiten
ist zwar eine feine äußerliche Zucht;
aber der ist recht würdig und wohl geschickt,
wer den Glauben hat an diese Worte:
Für euch gegeben und vergossen
zur Vergebung der Sünden.
Wer aber diesen Worten nicht glaubt oder zweifelt,
der ist unwürdig und ungeschickt;
denn das Wort *Für euch*
fordert nichts als gläubige Herzen.

VOM AMT DER SCHLÜSSEL UND VON DER BEICHTE[*]

806.6

Was ist das Amt der Schlüssel?

Es ist die besondere Gewalt,
die Christus seiner Kirche auf Erden gegeben hat,
den bußfertigen Sündern die Sünden zu vergeben,
den unbußfertigen aber die Sünden zu behalten,
solange sie nicht Buße tun.

Wo steht das geschrieben?

Unser Herr Jesus Christus spricht
bei Matthäus im sechzehnten Kapitel zu Petrus:

Ich will dir des Himmelreichs Schlüssel geben:
Alles, was du auf Erden binden wirst,
soll auch im Himmel gebunden sein,
und alles, was du auf Erden lösen wirst,
soll auch im Himmel gelöst sein.

Desgleichen spricht er zu seinen Jüngern
bei Johannes im zwanzigsten Kapitel:

Nehmet hin den Heiligen Geist!
Welchen ihr die Sünden erlasset,
denen sind sie erlassen;
und welchen ihr sie behaltet,
denen sind sie behalten.

Was ist die Beichte?

Die Beichte begreift zwei Stücke in sich:
eins, dass man die Sünde bekenne,

---

[*] *Das Stück von Beichte und Vergebung findet sich ursprünglich nicht im Kleinen Katechismus, geht aber zum Teil auf Martin Luther zurück.*

BEKENNTNISSE

das andere, dass man die Absolution oder
Vergebung vom Beichtiger* empfange als von
Gott selbst und ja nicht daran zweifle,
sondern fest glaube, die Sünden seien
dadurch vergeben vor Gott im Himmel.

Welche Sünden soll man denn beichten?

Vor Gott soll man sich aller Sünden schuldig
bekennen,
auch die wir nicht erkennen,
wie wir im Vaterunser tun.
Aber vor dem Beichtiger sollen wir allein die
Sünden bekennen,
die wir wissen und fühlen im Herzen.

Welche sind die?

Da siehe deinen Stand an nach den Zehn Geboten,
ob du Vater, Mutter, Sohn, Tochter bist,
in welchem Beruf und Dienst du stehst:
ob du ungehorsam, untreu, unfleißig,
zornig, zuchtlos, streitsüchtig gewesen bist,
ob du jemand Leid getan hast mit Worten oder
Werken,
ob du gestohlen, etwas versäumt oder Schaden
getan hast.

Wie bekennst du deine Sünden vor dem Beichtiger?

So kannst du zum Beichtiger sprechen:

Ich bitte, meine Beichte zu hören
und mir die Vergebung zuzusprechen um Gottes
willen.

* *Person, die die Beichte hört*

Hierauf bekenne dich vor Gott aller Sünden schuldig und sprich vor dem Beichtiger aus, was als besondere Sünde und Schuld auf dir liegt. Deine Beichte kannst du mit den Worten schließen:

Das alles ist mir leid.
Ich bitte um Gnade.
Ich will mich bessern.

Wie geschieht die Lossprechung (Absolution)?

Der Beichtiger spricht:

Gott sei dir gnädig und stärke deinen Glauben. Amen.
Glaubst du auch, dass meine Vergebung Gottes Vergebung ist?

Antwort:

Ja, das glaube ich.

Darauf spricht er:

Wie du glaubst, so geschehe dir.
Und ich, auf Befehl unseres Herrn Jesus Christus, vergebe dir deine Sünden
im Namen des Vaters und des Sohnes und des Heiligen Geistes.
Amen.
Gehe hin in Frieden!

Welche aber im Gewissen sehr beschwert oder betrübt und angefochten sind, die wird ein Beichtvater wohl mit mehr Worten der Heiligen Schrift zu trösten wissen und zum Glauben reizen. Dies soll nur *eine* Weise der Beichte sein.

Weitere Stücke zur Beichte siehe Nr. 792–802

807
DER HEIDELBERGER KATECHISMUS
(Auszug)

FRAGE 1

Was ist dein einziger Trost im Leben und im Sterben?

Dass ich mit Leib und Seele, im Leben und im Sterben, nicht mir, sondern meinem getreuen Heiland Jesus Christus gehöre. Er hat mit seinem teuren Blut für alle meine Sünden vollkommen bezahlt und mich aus aller Gewalt des Teufels erlöst; und er bewahrt mich so, dass ohne den Willen meines Vaters im Himmel kein Haar von meinem Haupt kann fallen, ja, dass mir alles zu meiner Seligkeit dienen muss. Darum macht er mich auch durch seinen Heiligen Geist des ewigen Lebens gewiss und von Herzen willig und bereit, ihm forthin zu leben.

FRAGE 2

Was musst du wissen, damit du in diesem Trost selig leben und sterben kannst?

Erstens: wie groß meine Sünde und Elend ist.

Zweitens: wie ich von allen meinen Sünden und Elend erlöst werde.

Drittens: wie ich Gott für solche Erlösung soll dankbar sein.

DER HEIDELBERGER KATECHISMUS

DER ERSTE TEIL
VON DES MENSCHEN ELEND

FRAGE 3

Woher erkennst du dein Elend?

Aus dem Gesetz Gottes.

FRAGE 4

Was fordert denn das göttliche Gesetz von uns?

Dies lehrt uns Christus mit folgenden Worten:
„Du sollst den Herrn, deinen Gott, lieben von ganzem Herzen, von ganzer Seele und von ganzem Gemüt. Dies ist das höchste und größte Gebot.
Das andere aber ist dem gleich: Du sollst deinen Nächsten lieben wie dich selbst.
In diesen beiden Geboten hängt das ganze Gesetz und die Propheten."

FRAGE 5

Kannst du das alles vollkommen halten?

Nein, denn ich bin von Natur aus geneigt, Gott und meinen Nächsten zu hassen.

FRAGE 8

Sind wir aber so böse und verkehrt, dass wir ganz und gar unfähig sind zu irgendeinem Guten und geneigt zu allem Bösen?

Ja, es sei denn, dass wir durch den Geist Gottes wieder geboren werden.

BEKENNTNISSE

DER ZWEITE TEIL
VON DES MENSCHEN ERLÖSUNG

FRAGE 15

Was für einen Mittler und Erlöser müssen wir denn suchen?

Einen solchen, der ein wahrer und gerechter Mensch und doch stärker als alle Geschöpfe, also auch wahrer Gott ist.

FRAGE 18

Wer ist denn dieser Mittler, der zugleich wahrer Gott und ein wahrer, gerechter Mensch ist?

Unser Herr Jesus Christus, der uns zur vollkommenen Erlösung und Gerechtigkeit geschenkt ist.

FRAGE 19

Woher weißt du das?

Aus dem heiligen Evangelium.

FRAGE 21

Was ist wahrer Glaube?

Wahrer Glaube ist nicht allein eine zuverlässige Erkenntnis, durch welche ich alles für wahr halte, was uns Gott in seinem Wort geoffenbart hat, sondern auch ein herzliches Vertrauen, welches der Heilige Geist durchs Evangelium in mir wirkt, dass nicht allein anderen, sondern auch mir Vergebung der Sünden, ewige Gerechtigkeit und Seligkeit von Gott geschenkt ist, aus lauter Gnade, allein um des Verdienstes Christi willen.

VON GOTT DEM VATER

FRAGE 26

Was glaubst du, wenn du sprichst: „Ich glaube an Gott, den Vater, den Allmächtigen, den Schöpfer Himmels und der Erde"?

Ich glaube, dass der ewige Vater unsers Herrn Jesus Christus um seines Sohnes willen mein Gott und mein Vater ist. Er hat Himmel und Erde mit allem, was darin ist, aus nichts erschaffen und erhält und regiert sie noch immer durch seinen ewigen Rat und seine Vorsehung. Auf ihn vertraue ich und zweifle nicht, dass er mich mit allem versorgt, was ich für Leib und Seele nötig habe, und auch alle Lasten, die er mir in diesem Leben auferlegt, mir zum Besten wendet. Er kann es tun als ein allmächtiger Gott und will es auch tun als ein getreuer Vater.

FRAGE 28

Was nützt uns die Erkenntnis der Schöpfung und Vorsehung Gottes?

Gott will damit, dass wir in aller Widerwärtigkeit geduldig, in Glückseligkeit dankbar und auf die Zukunft hin voller Vertrauen zu unserem treuen Gott und Vater sind, dass uns nichts von seiner Liebe scheiden wird, weil alle Geschöpfe so in seiner Hand sind, dass sie sich ohne seinen Willen weder regen noch bewegen können.

BEKENNTNISSE

VON GOTT DEM SOHN

FRAGE 29

Warum wird der Sohn Gottes Jesus, das heißt „Heiland", genannt?

Weil er uns heilt von unseren Sünden und weil bei keinem anderen ein solches Heil zu suchen noch zu finden ist.

FRAGE 31

Warum wird er Christus, das heißt „Gesalbter", genannt?

Er ist von Gott dem Vater eingesetzt und mit dem Heiligen Geist gesalbt zu unserem obersten Propheten und Lehrer, der uns Gottes verborgenen Rat und Willen von unserer Erlösung vollkommen offenbart; und zu unserem einzigen Hohenpriester, der uns mit dem einmaligen Opfer seines Leibes erlöst hat und uns alle Zeit mit seiner Fürbitte vor dem Vater vertritt; und zu unserem ewigen König, der uns mit seinem Wort und Geist regiert und bei der erworbenen Erlösung schützt und erhält.

FRAGE 32

Warum wirst aber du ein Christ genannt?

Weil ich durch den Glauben ein Glied Christi bin und dadurch an seiner Salbung Anteil habe, damit auch ich seinen Namen bekenne, mich ihm zu einem lebendigen Dankopfer hingebe und mit freiem Gewissen in diesem Leben gegen die Sünde und den Teufel streite und hernach in Ewigkeit mit ihm über alle Geschöpfe herrsche.

FRAGE 37

Was verstehst du unter dem Wort „gelitten"?

Jesus Christus hat an Leib und Seele die ganze Zeit seines Lebens auf Erden, besonders aber an dessen Ende, den Zorn Gottes über die Sünde des ganzen Menschengeschlechts getragen. Mit seinem Leiden als dem einmaligen Sühnopfer hat er unseren Leib und unsere Seele von der ewigen Verdammnis erlöst und uns Gottes Gnade, Gerechtigkeit und ewiges Leben erworben.

FRAGE 45

Was nützt uns die Auferstehung Christi?

Erstens: Christus hat durch seine Auferstehung den Tod überwunden, um uns an der Gerechtigkeit Anteil zu geben, die er uns durch seinen Tod erworben hat.
Zweitens: Durch seine Kraft werden auch wir schon jetzt erweckt zu einem neuen Leben.
Drittens: Die Auferstehung Christi ist uns ein verlässliches Pfand unserer seligen Auferstehung.

VON GOTT DEM HEILIGEN GEIST

FRAGE 53

Was glaubst du vom Heiligen Geist?

Erstens: Der Heilige Geist ist gleich ewiger Gott mit dem Vater und dem Sohn.
Zweitens: Er ist auch mir gegeben und gibt mir durch wahren Glauben Anteil an Christus und allen seinen Wohltaten. Er tröstet mich und wird bei mir bleiben in Ewigkeit.

BEKENNTNISSE

FRAGE 54

Was glaubst du von der „heiligen allgemeinen christlichen Kirche"?

Ich glaube, dass der Sohn Gottes aus dem ganzen Menschengeschlecht sich eine auserwählte Gemeinde zum ewigen Leben durch seinen Geist und Wort in Einigkeit des wahren Glaubens von Anbeginn der Welt bis ans Ende versammelt, schützt und erhält und dass auch ich ein lebendiges Glied dieser Gemeinde bin und ewig bleiben werde.

FRAGE 55

Was verstehst du unter der „Gemeinschaft der Heiligen"?

Erstens: Alle Glaubenden haben als Glieder Gemeinschaft an dem Herrn Christus und an allen seinen Schätzen und Gaben.
Zweitens: Darum soll auch jeder seine Gaben willig und mit Freuden zum Wohl und Heil der anderen gebrauchen.

FRAGE 60

Wie bist du gerecht vor Gott?

Allein durch wahren Glauben an Jesus Christus. Zwar klagt mich mein Gewissen an, dass ich gegen alle Gebote Gottes schwer gesündigt und keines je gehalten habe und noch immer zu allem Bösen geneigt bin. Gott aber schenkt mir ganz ohne mein Verdienst aus lauter Gnade die vollkommene Genugtuung, Gerechtigkeit und Heiligkeit Christi. Er rechnet sie mir an, als hätte ich nie eine Sünde begangen noch gehabt und selbst den ganzen Gehorsam vollbracht, den Christus für mich geleistet hat, wenn ich allein diese Wohltat mit gläubigem Herzen annehme.

FRAGE 61

*Warum sagst du, dass du allein durch
den Glauben gerecht bist?*

Ich gefalle Gott nicht deswegen, weil mein Glaube ein verdienstvolles Werk wäre. Allein die Genugtuung, Gerechtigkeit und Heiligkeit Christi ist meine Gerechtigkeit vor Gott. Ich kann sie nicht anders als durch den Glauben annehmen und mir zueignen.

FRAGE 62

*Warum können denn unsere guten Werke
uns nicht ganz oder teilweise vor Gott
gerecht machen?*

Die Gerechtigkeit, die vor Gottes Gericht bestehen soll, muss vollkommen sein und dem göttlichen Gesetz ganz und gar entsprechen. Aber auch unsere besten Werke sind in diesem Leben alle unvollkommen und mit Sünde befleckt.

VON DEN HEILIGEN SAKRAMENTEN

FRAGE 65

*Wenn nun allein der Glaube uns Anteil an
Christus und allen seinen Wohltaten gibt,
woher kommt solcher Glaube?*

Der Heilige Geist wirkt den Glauben in unseren Herzen durch die Predigt des heiligen Evangeliums und bestätigt ihn durch den Gebrauch der heiligen Sakramente.

BEKENNTNISSE

FRAGE 66

Was sind Sakramente?

Es sind sichtbare heilige Wahrzeichen und Siegel. Gott hat sie eingesetzt, um uns durch ihren Gebrauch den Zuspruch des Evangeliums besser verständlich zu machen und zu versiegeln: dass er uns aufgrund des einmaligen Opfers Christi, am Kreuz vollbracht, Vergebung der Sünden und ewiges Leben aus Gnade schenkt.

VON DER HEILIGEN TAUFE

FRAGE 69

Wie wirst du in der heiligen Taufe erinnert und gewiss gemacht, dass das einmalige Opfer Christi am Kreuz dir zugut kommt?

Christus hat dies äußerliche Wasserbad eingesetzt und dabei verheißen, dass ich so gewiss mit seinem Blut und Geist von der Unreinigkeit meiner Seele, das ist von allen meinen Sünden, reingewaschen bin, wie ich äußerlich durch das Wasser gereinigt werde, das die Unsauberkeit des Leibes hinwegnimmt.

FRAGE 74

Soll man auch die kleinen Kinder taufen?

Ja; denn sie gehören ebenso wie die Erwachsenen in den Bund Gottes und seine Gemeinde. Auch ihnen wird, nicht weniger als den Erwachsenen, in dem Blut Christi die Erlösung von den Sünden und der Heilige Geist, der den Glauben wirkt, zugesagt. Darum sollen auch die Kinder durch die Taufe, das Zeichen des Bundes, in die christliche Kirche als Glieder eingefügt und von den Kindern der Ungläubigen unterschieden werden, wie es im Alten Testament durch die Beschneidung geschehen ist, an deren Stelle im Neuen Testament die Taufe eingesetzt wurde.

VOM HEILIGEN ABENDMAHL JESU CHRISTI

FRAGE 75

Wie wirst du im heiligen Abendmahl erinnert und gewiss gemacht, dass du an dem einzigen Opfer Christi am Kreuz und allen seinen Gaben Anteil hast?

Christus hat mir und allen Gläubigen befohlen, zu seinem Gedächtnis von dem gebrochenen Brot zu essen und von dem Kelch zu trinken. Dabei hat er verheißen:
Erstens, dass sein Leib so gewiss für mich am Kreuz geopfert und gebrochen und sein Blut für mich vergossen ist, wie ich mit Augen sehe, dass das Brot des Herrn mir gebrochen und der Kelch mir gegeben wird.
Zweitens, dass er selbst meine Seele mit seinem gekreuzigten Leib und vergossenen Blut so gewiss zum ewigen Leben speist und tränkt, wie ich aus der Hand des Dieners empfange und leiblich genieße das Brot und den Kelch des Herrn, welche mir als gewisse Wahrzeichen des Leibes und Blutes Christi gegeben werden.

FRAGE 81
Welche Menschen sollen zum Tisch des Herrn kommen?

Alle, die sich selbst um ihrer Sünde willen missfallen und doch vertrauen, dass Gott sie ihnen vergeben hat und dass auch die bleibende Schwachheit mit dem Leiden und Sterben Christi zugedeckt ist, die aber auch begehren, mehr und mehr ihren Glauben zu stärken und ihr Leben zu bessern. Wer aber unbußfertig und heuchlerisch zum Abendmahl kommt, isst und trinkt sich selbst zum Gericht.

DER DRITTE TEIL
VON DER DANKBARKEIT

FRAGE 86

Da wir nun aus unserm Elend ganz ohne unser Verdienst aus Gnade durch Christus erlöst sind, warum sollen wir gute Werke tun?

Wir sollen gute Werke tun, weil Christus, nachdem er uns mit seinem Blut erkauft hat, uns auch durch seinen Heiligen Geist erneuert zu seinem Ebenbild, damit wir mit unserem ganzen Leben uns dankbar gegen Gott für seine Wohltat erweisen und er durch uns gepriesen wird.
Danach auch, dass wir bei uns selbst unsers Glaubens aus seinen Früchten gewiss werden und mit einem Leben, das Gott gefällt, unsern Nächsten auch für Christus gewinnen.

DIE ZEHN GEBOTE

FRAGE 92

Wie lautet das Gesetz des Herrn?
(siehe: Die Zehn Gebote, Nr. 797)

FRAGE 115

Warum lässt uns Gott denn die Zehn Gebote so eindringlich predigen, wenn sie doch in diesem Leben niemand halten kann?

Erstens sollen wir unser ganzes Leben lang unsere sündige Art je länger, je mehr erkennen und umso begieriger Vergebung der Sünden und Gerechtigkeit in Christus suchen.

Zweitens sollen wir unaufhörlich uns bemühen und Gott um die Gnade des Heiligen Geistes bitten, dass wir je länger, je mehr zum Ebenbild Gottes erneuert werden, bis wir nach diesem Leben das Ziel der Vollkommenheit erreichen.

VOM GEBET

FRAGE 116

Warum ist den Christen das Gebet nötig?

Weil es die wichtigste Gestalt der Dankbarkeit ist, die Gott von uns fordert, und weil Gott seine Gnade und seinen Heiligen Geist nur denen geben will, die ihn herzlich und unaufhörlich darum bitten und ihm dafür danken.

FRAGE 120

Warum hat uns Christus befohlen,
Gott so anzureden: „Unser Vater"?

Er will in uns gleich zu Anfang unseres Gebetes die kindliche Ehrfurcht und Zuversicht Gott gegenüber wecken, auf die unser Gebet gegründet sein soll; dass nämlich Gott durch Christus unser Vater geworden ist und uns das, worum wir ihn im Glauben bitten, noch viel weniger verweigern will, als unsere Väter uns irdische Dinge abschlagen.

BEKENNTNISSE

FRAGE 123

*Was bedeutet die zweite Bitte:
„Dein Reich komme"?*

Damit beten wir: Regiere uns durch dein Wort und deinen Geist, dass wir dir je länger, je mehr gehorchen. Erhalte und mehre deine Kirche und zerstöre die Werke des Teufels und alle Gewalt, die sich gegen dich erhebt, und alle Machenschaften, die gegen dein heiliges Wort erdacht werden, bis die Vollendung deines Reiches kommt, in dem du alles in allen sein wirst.

FRAGE 125

*Was bedeutet die vierte Bitte:
„Unser tägliches Brot gib uns heute"?*

Damit beten wir: Versorge uns mit allem, was für Leib und Leben nötig ist. Lehre uns dadurch erkennen, dass du allein der Ursprung alles Guten bist und dass ohne deinen Segen unsere Sorgen und unsere Arbeit wie auch deine Gaben uns nichts nützen. Lass uns deshalb unser Vertrauen von allen Geschöpfen abwenden und es allein auf dich setzen.

FRAGE 127

*Was bedeutet die sechste Bitte
„Und führe uns nicht in Versuchung,
sondern erlöse uns von dem Bösen"?*

Damit beten wir: Aus uns selbst sind wir so schwach, dass wir nicht einen Augenblick bestehen können. Auch hören unsere erklärten Feinde, der Teufel, die Welt und unser eigenes Wesen, nicht auf, uns anzufechten. Darum erhalte und stärke uns durch die Kraft deines Heiligen Geistes, dass wir ihnen fest widerstehen und in diesem geistlichen Streit nicht unterliegen, bis wir endlich den völligen Sieg davontragen.

FRAGE 129

Was bedeutet das Wort: „Amen"?

Amen heißt: Das ist wahr und gewiss! Denn mein Gebet ist von Gott viel gewisser erhört, als ich in meinem Herzen fühle, dass ich dies alles von ihm begehre.

808
DAS AUGSBURGER BEKENNTNIS
(1. Teil)

ARTIKEL DES GLAUBENS UND DER LEHRE

ARTIKEL 1

VON GOTT

Zuerst wird einträchtig laut Beschluss des Konzils von Nizäa gelehrt und festgehalten, dass ein einziges göttliches Wesen sei, das Gott genannt wird und wahrhaftig Gott ist, und dass doch drei Personen in diesem einen göttlichen Wesen sind, alle drei gleich mächtig, gleich ewig: Gott Vater, Gott Sohn, Gott Heiliger Geist. Alle drei sind *ein* göttliches Wesen, ewig, unteilbar, unendlich, von unermesslicher Macht, Weisheit und Güte, ein Schöpfer und Erhalter aller sichtbaren und unsichtbaren Dinge. Unter dem Wort »Person« wird nicht ein Teil, nicht eine Eigenschaft an einem anderen Sein verstanden, sondern etwas, was in sich selbst besteht (selbständig ist), so wie die Kirchenväter in dieser Sache dieses Wort gebraucht haben.

Deshalb werden alle Irrlehren verworfen, die diesem Artikel widersprechen.*

> * *Hier werden – wie in den Artikeln 2, 5, 8, 9, 16, 17 und 18 – Beispiele aus der Alten Kirche oder der Reformationszeit genannt, auf die sich die Verwerfungen beziehen. Theologische Lehrgespräche in neuerer Zeit haben zu der Einsicht geführt, dass die Lehrverurteilungen der Reformationszeit in wichtigen Punkten die Lehre der genannten Kirchen und Glaubensgemeinschaften heute nicht mehr treffen; nach wie vor trennende Lehrdifferenzen werden zudem nicht mehr als „Verdammungen" ausgesprochen.*

ARTIKEL 2

VON DER ERBSÜNDE

Weiter wird bei uns gelehrt, dass nach Adams Fall alle natürlich geborenen Menschen in Sünde empfangen und geboren werden, das heißt, dass sie alle von Mutterleib an voll böser Lust und Neigung sind und von Natur keine wahre Gottesfurcht, keinen wahren Glauben an Gott haben können, ferner dass auch diese angeborene Seuche und Erbsünde wirklich Sünde ist und daher alle die unter den ewigen Gotteszorn verdammt, die nicht durch die Taufe und den Heiligen Geist wieder neu geboren werden.

Damit werden die verworfen, die die Erbsünde nicht für eine Sünde halten, damit sie die Natur fromm machen durch natürliche Kräfte, in Verachtung des Leidens und Verdienstes Christi.

ARTIKEL 3

VOM SOHN GOTTES

Ebenso wird gelehrt, dass Gott, der Sohn, Mensch geworden ist, geboren aus der reinen Jungfrau Maria, und dass die zwei Naturen, die göttliche und die menschliche, also in *einer* Person untrennbar vereinigt, *ein* Christus sind, der wahrer Gott und wahrer Mensch ist, wahrhaftig geboren, gelitten, gekreuzigt, gestorben und begraben, dass er ein Opfer nicht allein für die Erbsünde, sondern auch für alle anderen Sünden war und Gottes Zorn versöhnte, ebenso dass dieser Christus hinabgestiegen ist zur Hölle (Unterwelt), am dritten Tage wahrhaftig auferstanden ist von den Toten und aufgefahren ist in den Himmel; er sitzt zur Rechten Gottes, dass er ewig über alle Geschöpfe herrsche und regiere; dass er alle, die an ihn glauben, durch den

Heiligen Geist heilige, reinige, stärke und tröste, ihnen auch Leben und allerlei Gaben und Güter austeile und sie schütze und beschirme gegen den Teufel und die Sünde; dass dieser Herr Christus am Ende öffentlich kommen wird, zu richten die Lebenden und die Toten usw. laut dem Apostolischen Glaubensbekenntnis.

ARTIKEL 4

VON DER RECHTFERTIGUNG

Weiter wird gelehrt, dass wir Vergebung der Sünde und Gerechtigkeit vor Gott nicht durch unser Verdienst, Werk und Genugtuung erlangen können, sondern dass wir Vergebung der Sünde bekommen und vor Gott gerecht werden aus Gnade um Christi willen durch den Glauben, nämlich wenn wir glauben, dass Christus für uns gelitten hat und dass uns um seinetwillen die Sünde vergeben, Gerechtigkeit und ewiges Leben geschenkt wird. Denn diesen Glauben will Gott als Gerechtigkeit, die vor ihm gilt, ansehen und zurechnen, wie der hl. Paulus zu den Römern im 3. und 4. Kapitel sagt.

ARTIKEL 5

VOM PREDIGTAMT

Um diesen Glauben zu erlangen, hat Gott das Predigtamt eingesetzt, das Evangelium und die Sakramente gegeben, durch die er als durch Mittel den Heiligen Geist gibt, der den Glauben, wo und wann er will, in denen, die das Evangelium hören, wirkt, das da lehrt, dass wir durch Christi Verdienst, nicht durch unser Verdienst, einen gnädigen Gott haben, wenn wir das glauben.

Und es werden die verdammt, die lehren, dass wir den Heiligen Geist ohne das leibhafte Wort des Evangeliums durch eigene Vorbereitung, Gedanken und Werke erlangen.

ARTIKEL 6

VOM NEUEN GEHORSAM

Auch wird gelehrt, dass dieser Glaube gute Früchte und gute Werke hervorbringen soll und dass man gute Werke tun muss, und zwar alle, die Gott geboten hat, um Gottes willen. Doch darf man nicht auf solche Werke vertrauen, um dadurch Gnade vor Gott zu verdienen. Denn wir empfangen Vergebung der Sünde und Gerechtigkeit durch den Glauben an Christus – wie Christus selbst spricht: »Wenn ihr alles getan habt, sollt ihr sprechen: Wir sind untüchtige Knechte.« So lehren auch die Kirchenväter. Denn Ambrosius sagt: »So ist es bei Gott beschlossen, dass, wer an Christus glaubt, selig ist und nicht durch Werke, sondern allein durch den Glauben ohne Verdienst Vergebung der Sünde hat.«

ARTIKEL 7

VON DER KIRCHE

Es wird auch gelehrt, dass allezeit eine heilige, christliche Kirche sein und bleiben muss, die die Versammlung aller Gläubigen ist, bei denen das Evangelium rein gepredigt und die heiligen Sakramente laut dem Evangelium gereicht werden. Denn das genügt zur wahren Einheit der christlichen Kirche, dass das Evangelium einträchtig im reinen Verständnis gepredigt und die Sakramente dem göttlichen Wort gemäß gereicht werden. Und es ist nicht zur wahren Einheit der christlichen Kirche nötig, dass überall die gleichen, von den Menschen eingesetzten Zeremonien eingehalten werden, wie Paulus sagt: »*Ein* Leib und *ein* Geist, wie ihr auch berufen seid zu *einer* Hoffnung eurer Berufung; *ein* Herr, *ein* Glaube, *eine* Taufe« (Eph 4,4.5).

ARTIKEL 8

WAS DIE KIRCHE SEI?

Ebenso, obwohl die christliche Kirche eigentlich nichts anderes ist als die Versammlung aller Gläubigen und Heiligen, jedoch in diesem Leben unter den Frommen viele falsche Christen und Heuchler, auch öffentliche Sünder bleiben, sind die Sakramente gleichwohl wirksam, auch wenn die Priester, durch die sie gereicht werden, nicht fromm sind; wie denn Christus selbst sagt: »Auf dem Stuhl des Mose sitzen die Pharisäer« usw. (Mt 23,2).
Deshalb werden alle verdammt, die anders lehren.

ARTIKEL 9

VON DER TAUFE

Von der Taufe wird gelehrt, dass sie heilsnotwendig ist und dass durch sie Gnade angeboten wird; dass man auch die Kinder taufen soll, die durch die Taufe Gott überantwortet und gefällig werden, d.h. in die Gnade Gottes aufgenommen werden.
Deshalb werden die verworfen, die lehren, dass die Kindertaufe nicht richtig sei.

ARTIKEL 10

VOM HEILIGEN ABENDMAHL

Vom Abendmahl des Herrn wird so gelehrt, dass der wahre Leib und das wahre Blut Christi wirklich unter der Gestalt des Brotes und Weines im Abendmahl gegenwärtig ist und dort ausgeteilt und empfangen wird. Deshalb wird auch die Gegenlehre verworfen.

ARTIKEL 11

VON DER BEICHTE

Von der Beichte wird so gelehrt, dass man in der Kirche die private Absolution oder Lossprechung beibehalten und nicht wegfallen lassen soll, obwohl es in der Beichte nicht nötig ist, alle Missetaten und Sünden aufzuzählen, weil das doch nicht möglich ist: »Wer kennt seine Missetat?« (Ps 19,13).

ARTIKEL 12

VON DER BUSSE

Von der Buße wird gelehrt, dass diejenigen, die nach der Taufe gesündigt haben, jederzeit, wenn sie Buße tun, Vergebung der Sünden erlangen und ihnen die Absolution von der Kirche nicht verweigert werden soll. Nun ist wahre, rechte Buße eigentlich nichts anderes als Reue und Leid oder das Erschrecken über die Sünde und doch zugleich der Glaube an das Evangelium und die Absolution, nämlich dass die Sünde vergeben und durch Christus Gnade erworben ist. Dieser Glaube tröstet wiederum das Herz und macht es zufrieden. Danach soll auch die Besserung folgen und dass man von Sünden lasse; denn dies sollen die Früchte der Buße sein – wie Johannes sagt: »Tut rechtschaffene Frucht der Buße« (Mt 3,8).

Hiermit werden die verworfen, die lehren, dass diejenigen, die einmal fromm geworden (zum Glauben gekommen) sind, nicht wieder in Sünden fallen können. Andererseits werden auch die verworfen, die die Absolution denen verweigerten, die nach der Taufe gesündigt hatten. Auch werden die verworfen, die nicht lehren, dass man durch Glauben Vergebung der Sünde erlangt, sondern durch unsere Genugtuung.

ARTIKEL 13

VOM GEBRAUCH DER SAKRAMENTE

Vom Gebrauch der Sakramente wird gelehrt, dass die Sakramente nicht nur als Zeichen eingesetzt sind, an denen man die Christen äußerlich erkennen kann, sondern dass sie Zeichen und Zeugnis sind des göttlichen Willens gegen uns, um dadurch unseren Glauben zu erwecken und zu stärken. Darum fordern sie auch Glauben und werden dann richtig gebraucht, wenn man sie im Glauben empfängt und den Glauben durch sie stärkt.

ARTIKEL 14

VOM KIRCHENREGIMENT

Vom Kirchenregiment (kirchlichen Amt) wird gelehrt, dass niemand in der Kirche öffentlich lehren oder predigen oder die Sakramente reichen soll ohne ordnungsgemäße Berufung.

ARTIKEL 15

VON KIRCHENORDNUNGEN

Von Kirchenordnungen, die von Menschen gemacht sind, lehrt man bei uns, diejenigen einzuhalten, die ohne Sünde eingehalten werden können und die dem Frieden und der guten Ordnung in der Kirche dienen, wie bestimmte Feiertage, Feste und dergleichen. Doch werden dabei die Menschen unterrichtet, dass man die Gewissen nicht damit beschweren soll, als seien solche Dinge notwendig zur Seligkeit. Darüber hinaus wird gelehrt, dass alle Satzungen und Traditionen, die von Menschen zu dem Zweck gemacht worden sind, dass man dadurch Gott versöhne und Gnade verdiene, dem Evangelium und der Lehre vom Glauben an Christus widersprechen. Deshalb sind Klostergelübde und andere Traditionen über Fastenspeisen, Fasttage usw., durch die man Gnade zu verdienen und für die Sünde Genugtuung zu leisten meint, nutzlos und gegen das Evangelium.

ARTIKEL 16

VON DER POLIZEI (STAATSORDNUNG)
UND DEM WELTLICHEN REGIMENT

Von der Polizei (Staatsordnung) und dem weltlichen Regiment wird gelehrt, dass alle Obrigkeit in der Welt und geordnetes Regiment und Gesetze gute Ordnung sind, die von Gott geschaffen und eingesetzt sind, und dass Christen ohne Sünde in Obrigkeit, Fürsten- und Richteramt tätig sein können, nach kaiserlichen und anderen geltenden Rechten Urteile und Recht sprechen, Übeltäter mit dem Schwert bestrafen, rechtmäßig Kriege führen, in ihnen mitstreiten, kaufen und verkaufen, auferlegte Eide leisten, Eigentum haben, eine Ehe eingehen können usw.
Hiermit werden die verdammt, die lehren, dass das oben Angezeigte unchristlich sei.
Auch werden diejenigen verdammt, die lehren, dass es christliche Vollkommenheit sei, Haus und Hof, Frau und Kind leiblich zu verlassen und dies alles aufzugeben, wo doch allein das die rechte Vollkommenheit ist:

rechte Furcht Gottes und rechter Glaube an Gott. Denn das Evangelium lehrt nicht ein äußerliches, zeitliches, sondern ein innerliches, ewiges Wesen und die Gerechtigkeit des Herzens; und es stößt nicht das weltliche Regiment, die Polizei (Staatsordnung) und den Ehestand um, sondern will, dass man dies alles als wahrhaftige Gottesordnung erhalte und in diesen Ständen christliche Liebe und rechte, gute Werke, jeder in seinem Beruf, erweise. Deshalb sind es die Christen schuldig, der Obrigkeit untertan und ihren Geboten und Gesetzen gehorsam zu sein in allem, was ohne Sünde geschehen kann. Wenn aber der Obrigkeit Gebot ohne Sünde nicht befolgt werden kann, soll man Gott mehr gehorchen als den Menschen.

ARTIKEL 17

VON DER WIEDERKUNFT CHRISTI
ZUM GERICHT

Auch wird gelehrt, dass unser Herr Jesus Christus am Jüngsten Tag kommen wird, um zu richten und alle Toten aufzuerwecken, den Gläubigen und Auserwählten ewiges Leben und ewige Freude zu geben, die gottlosen Menschen aber und die Teufel in die Hölle und zur ewigen Strafe verdammen wird.

Deshalb werden die verworfen, die lehren, dass die Teufel und die verdammten Menschen nicht ewige Pein und Qual haben werden.

Ebenso werden hier Lehren verworfen, die sich auch gegenwärtig ausbreiten, nach denen vor der Auferstehung der Toten eitel (reine) Heilige, Fromme ein weltliches Reich aufrichten und alle Gottlosen vertilgen werden.

DAS AUGSBURGER BEKENNTNIS 808

ARTIKEL 18

VOM FREIEN WILLEN

Vom freien Willen wird so gelehrt, dass der Mensch in gewissem Maße einen freien Willen hat, äußerlich ehrbar zu leben und zu wählen unter den Dingen, die die Vernunft begreift. Aber ohne Gnade, Hilfe und Wirkung des Heiligen Geistes kann der Mensch Gott nicht gefallen, Gott nicht von Herzen fürchten oder an ihn glauben oder nicht die angeborenen, bösen Lüste aus dem Herzen werfen, sondern dies geschieht durch den Heiligen Geist, der durch Gottes Wort gegeben wird. Denn so spricht Paulus: »Der natürliche Mensch vernimmt nichts vom Geist Gottes« (1. Kor 2,14).*

ARTIKEL 19

ÜBER DIE URSACHE DER SÜNDE

Von der Ursache der Sünde wird bei uns gelehrt: Wiewohl Gott der Allmächtige die ganze Natur geschaffen hat und erhält, so bewirkt doch der verkehrte Wille in allen Bösen und Verächtern Gottes die Sünde, wie es denn der Wille des Teufels und aller Gottlosen ist, der sich, sobald Gott seine Hand abzog, von Gott weg dem Argen zugewandt hat, wie Christus sagt: »Der Teufel redet Lügen aus seinem Eigenen« (Joh 8,44).

ARTIKEL 20

VOM GLAUBEN UND GUTEN WERKEN

Den Unseren wird in unwahrer Weise nachgesagt, dass sie gute Werke verbieten. Denn ihre Schriften über die Zehn Gebote und andere beweisen, dass sie von rech-

---

Hier ist der Text gekürzt.

ten christlichen Ständen und Werken einen guten nützlichen Bericht und eine Ermahnung hinterlassen haben, worüber man früher wenig gelehrt hat; sondern man hat in allen Predigten vor allem zu kindischen, unnötigen Werken, wie Rosenkränze, Heiligenverehrung, Mönchwerden, Wallfahrten, Fastenordnungen, Feiertage, Bruderschaften usw., angetrieben. Diese unnötigen Werke rühmen auch unsere Gegner jetzt nicht mehr so sehr wie früher. Außerdem haben sie auch gelernt, nun vom Glauben zu reden, über den sie doch früher gar nicht gepredigt haben. Sie lehren jetzt, dass wir vor Gott nicht allein aus Werken gerecht werden, sondern fügen den Glauben an Christus hinzu und sagen, dass Glaube *und* Werke uns vor Gott gerecht machen, welche Lehre etwas mehr Trost bringen mag, als wenn man allein lehrt, auf Werke zu vertrauen.

Weil nun die Lehre vom Glauben, die das Hauptstück im christlichen Wesen ist, lange Zeit – wie man bekennen muss – nicht betrieben worden ist, sondern überall allein die Lehre von den Werken gepredigt wurde, ist von den Unseren folgende Unterrichtung gegeben worden:

Erstlich, dass unsere Werke uns nicht mit Gott versöhnen und uns nicht Gnade erwerben können, sondern das geschieht allein durch den Glauben – wenn man nämlich glaubt, dass uns um Christi willen die Sünden vergeben werden, der allein der Mittler ist, um den Vater zu versöhnen. Wer nun meint, das durch Werke zu erreichen und dadurch Gnade zu verdienen, der verachtet Christus und sucht einen eigenen Weg zu Gott gegen das Evangelium.

Diese Lehre vom Glauben wird deutlich und klar bei Paulus vielerorts vertreten, besonders hier: »Aus Gnade seid ihr selig geworden durch den Glauben, und das

nicht aus euch, sondern Gottes Gabe ist es, nicht aus Werken, damit sich niemand rühme« (Eph 2,8) usw.
Dass hierdurch von uns kein neues Verständnis des Glaubens eingeführt worden ist, kann man aus Augustinus beweisen, der diese Sache ausführlich behandelt und ebenfalls lehrt, dass wir durch den Glauben an Christus Gnade erlangen und vor Gott gerecht werden und nicht durch Werke, wie sein ganzes Buch »Über den Geist und den Buchstaben« beweist.
Obwohl nun diese Lehre von nicht sachkundigen Leuten sehr verachtet wird, so zeigt sich doch, dass sie für schwache und erschrockene Gewissen sehr tröstlich und heilsam ist. Denn das Gewissen kann nicht durch Werke zu Ruhe und Frieden kommen, sondern allein durch den Glauben, wenn es bei sich mit Gewissheit schließt, dass es um Christi willen einen gnädigen Gott hat – wie auch Paulus sagt: »Weil wir durch den Glauben gerecht geworden sind, haben wir Ruhe und Frieden vor Gott« (Röm 5,1).*

Ferner wird gelehrt, dass gute Werke geschehen sollen und müssen, aber nicht, dass man darauf vertraut, durch sie Gnade zu verdienen, sondern um Gottes willen und zu Gottes Lob. Der Glaube ergreift immer nur die Gnade und die Vergebung der Sünde; und weil durch den Glauben der Heilige Geist gegeben wird, darum wird auch das Herz befähigt, gute Werke zu tun. Denn zuvor, weil es ohne den Heiligen Geist ist, ist es zu schwach; dazu befindet es sich in der Gewalt des Teufels, der die arme menschliche Natur zu vielen Sünden antreibt, wie wir's an den Philosophen sehen, die versucht haben, ehrlich und unsträflich zu leben, sie haben es aber dennoch nicht erreicht, sondern sind

Hier ist der Text gekürzt.

in viele große, offenkundige Sünden gefallen. So geht es mit dem Menschen, der ohne den rechten Glauben und ohne den Heiligen Geist lebt und sich allein aus eigener menschlicher Kraft regiert.

Deshalb ist diese Lehre vom Glauben nicht zu schelten, dass sie gute Werke verbiete, sondern vielmehr dafür zu rühmen, dass sie lehrt, gute Werke zu tun, und Hilfe anbietet, wie man zu guten Werken kommen kann. Denn außer dem Glauben und außerhalb von Christus ist menschliche Natur und Vermögen viel zu schwach, gute Werke zu tun, Gott anzurufen, im Leiden Geduld zu haben, den Nächsten zu lieben, befohlene Ämter fleißig auszurichten, gehorsam zu sein, böse Lust zu meiden usw. Solche hohen und rechten Werke können ohne die Hilfe Christi nicht geschehen, wie er selbst sagt: »Ohne mich könnt ihr nichts tun« (Joh 15,5).

ARTIKEL 21

VOM DIENST DER HEILIGEN

Vom Heiligendienst wird von den Unseren so gelehrt, dass man der Heiligen gedenken soll, damit wir unseren Glauben stärken, wenn wir sehen, wie ihnen Gnade widerfahren und auch wie ihnen durch den Glauben geholfen worden ist; außerdem soll man sich an ihren guten Werken ein Beispiel nehmen, ein jeder in seinem Beruf*. Aus der Hl. Schrift kann man aber nicht beweisen, dass man die Heiligen anrufen oder Hilfe bei ihnen suchen soll. »Denn es ist nur ein einziger Versöhner und Mittler gesetzt zwischen Gott und den Menschen, Jesus Christus« (1.Tim 2,5). Er ist der einzige Heiland, der einzige Hohepriester, Gnadenstuhl und Fürsprecher vor Gott (Röm 8,34). Und er allein hat zugesagt,

* *Hier ist der Text gekürzt.*

dass er unser Gebet erhören will. Nach der Hl. Schrift ist das auch der höchste Gottesdienst, dass man diesen Jesus Christus in allen Nöten und Anliegen von Herzen sucht und anruft: »Wenn jemand sündigt, haben wir einen Fürsprecher bei Gott, der gerecht ist, Jesus« (1. Joh 2,1), usw.

ABSCHLUSS DES ERSTEN TEILS

Dies ist beinahe die Zusammenfassung der Lehre, die in unseren Kirchen zum rechten christlichen Unterricht und zum Trost der Gewissen sowie zur Besserung der Gläubigen gepredigt und gelehrt wird. Wie wir ja auch unsere eigene Seele und Gewissen nicht gern vor Gott durch Missbrauch des göttlichen Namens oder Wortes der höchsten Gefahr aussetzen oder unseren Kindern und Nachkommen eine andere Lehre hinterlassen oder vererben als eine solche, die dem reinen göttlichen Wort und der christlichen Wahrheit gemäß ist. Weil denn diese Lehre in der Heiligen Schrift klar begründet ist und außerdem der allgemeinen christlichen, ja auch der römischen Kirche, soweit das aus den Schriften der Kirchenväter festzustellen ist, nicht zuwider noch entgegen ist, meinen wir auch, dass unsere Gegner in den oben aufgeführten Artikeln mit uns nicht uneinig sind. Deshalb handeln diejenigen ganz unfreundlich, vorschnell und gegen alle christliche Einigkeit und Liebe, die die Unseren als Ketzer abzusondern, zu verwerfen und zu meiden suchen, ohne dass sie dafür einen triftigen Grund in einem göttlichen Gebot oder in der Schrift haben. Denn die Uneinigkeit und den Zank gibt es vor allem wegen einiger Traditionen und Missbräuche. Wenn denn nun an den Hauptartikeln kein vorfindlicher falscher Grund oder Mangel festzustellen ist und dies unser Bekenntnis göttlich und christlich ist, sollten sich die Bischöfe billigerweise, selbst wenn bei uns wegen der Tradition ein Mangel wäre, wohlwollender erweisen; obwohl wir hoffen, stichhaltige Gründe und Ursachen anführen zu können, warum bei uns einige Traditionen und Missbräuche abgeändert worden sind.

Der zweite Teil des Augsburger Bekenntnisses behandelt Regelungen in der Kirche, die die Reformation als Missbräuche erkannt und dem Evangelium gemäß neu geordnet hat. Die Artikel sind überschrieben:

ARTIKEL 22: Von den beiden Gestalten des Sakraments,

ARTIKEL 23: Vom Ehestand der Priester,

ARTIKEL 24: Von der Messe,

ARTIKEL 25: Von der Beichte,

ARTIKEL 26: Von der Unterscheidung der Speisen,

ARTIKEL 27: Von Klostergelübden,

ARTIKEL 28: Von der Gewalt (Vollmacht) der Bischöfe.

809
LEHRZEUGNISSE DER KIRCHE
AUS DEM 20. JAHRHUNDERT

Ausdruck des Bekennens und Zeugnis der Lehre der evangelischen Kirche des 20. Jahrhunderts sind die Theologische Erklärung der Bekenntnissynode von Barmen (1934) und die Konkordie reformatorischer Kirchen in Europa (Leuenberger Konkordie, 1973).

Alle Kirchen, die dies Gesangbuch haben, sehen in der Barmer Theologischen Erklärung ein wichtiges theologisches Dokument aus der Zeit des Kirchenkampfes. Ganz überwiegend betrachten sie die Barmer Theologische Erklärung als wegweisendes Lehr- und Glaubenszeugnis der Kirche im 20. Jahrhundert. Nicht wenige messen ihr darüber hinaus verpflichtende Bedeutung bei, einige rechnen sie zu ihren Bekenntnisgrundlagen (Evangelisch-reformierte Kirche, Evangelische Kirche der Union).

Mit der Leuenberger Konkordie haben lutherische, reformierte und unierte Kirchen Europas in der Bindung an die sie verpflichtenden Bekenntnisse und unter Berücksichtigung ihrer Traditionen die theologischen Grundlagen ihrer Kirchengemeinschaft dargelegt und einander Gemeinschaft an Wort und Sakrament gewährt. Dies schließt Kanzel- und Abendmahlsgemeinschaft und die gegenseitige Anerkennung der Ordination ein. Die Leuenberger Konkordie ist als Dokument ökumenischer Gemeinschaft von allen Kirchen, die dies Gesangbuch haben, angenommen worden.

810
DIE THEOLOGISCHE ERKLÄRUNG DER BEKENNTNISSYNODE VON BARMEN
vom 29. bis 31. Mai 1934

THESEN

1. Jesus Christus spricht: Ich bin der Weg und die Wahrheit und das Leben; niemand kommt zum Vater denn durch mich. *(Joh 14,6)*

   Wahrlich, wahrlich, ich sage euch: Wer nicht zur Tür hineingeht in den Schafstall, sondern steigt anderswo hinein, der ist ein Dieb und Räuber. Ich bin die Tür; wenn jemand durch mich hineingeht, wird er selig werden. *(Joh 10,1.9)*

   Jesus Christus, wie er uns in der Heiligen Schrift bezeugt wird, ist das eine Wort Gottes, das wir zu hören, dem wir im Leben und im Sterben zu vertrauen und zu gehorchen haben.

   Wir verwerfen die falsche Lehre, als könne und müsse die Kirche als Quelle ihrer Verkündigung außer und neben diesem einen Worte Gottes auch noch andere Ereignisse und Mächte, Gestalten und Wahrheiten als Gottes Offenbarung anerkennen.

2. Durch Gott seid ihr in Christus Jesus, der uns von Gott gemacht ist zur Weisheit und zur Gerechtigkeit und zur Heiligung und zur Erlösung. *(1.Kor 1,30)*

Wie Jesus Christus Gottes Zuspruch der Vergebung aller unserer Sünden ist, so und mit gleichem Ernst ist er auch Gottes kräftiger Anspruch auf unser ganzes Leben; durch ihn widerfährt uns frohe Befreiung aus den gottlosen Bindungen dieser Welt zu freiem, dankbarem Dienst an seinen Geschöpfen.

Wir verwerfen die falsche Lehre, als gebe es Bereiche unseres Lebens, in denen wir nicht Jesus Christus, sondern anderen Herren zu Eigen wären, Bereiche, in denen wir nicht der Rechtfertigung und Heiligung durch ihn bedürften.

3. Lasst uns aber wahrhaftig sein in der Liebe und wachsen in allen Stücken zu dem hin, der das Haupt ist, Christus, von dem aus der ganze Leib zusammengefügt ist. *(Eph 4,15.16)*

Die christliche Kirche ist die Gemeinde von Brüdern, in der Jesus Christus in Wort und Sakrament durch den Heiligen Geist als der Herr gegenwärtig handelt. Sie hat mit ihrem Glauben wie mit ihrem Gehorsam, mit ihrer Botschaft wie mit ihrer Ordnung mitten in der Welt der Sünde als die Kirche der begnadigten Sünder zu bezeugen, dass sie allein sein Eigentum ist, allein von seinem Trost und von seiner Weisung in Erwartung seiner Erscheinung lebt und leben möchte.

Wir verwerfen die falsche Lehre, als dürfe die Kirche die Gestalt ihrer Botschaft und ihrer Ordnung ihrem Belieben oder dem Wechsel der jeweils herrschenden weltanschaulichen und politischen Überzeugungen überlassen.

4. Jesus Christus spricht: Ihr wisst, dass die Herrscher ihre Völker niederhalten und die Mächtigen ihnen Gewalt antun. So soll es nicht sein unter euch; sondern wer unter euch groß sein will, der sei euer Diener. *(Mt 20,25.26)*

Die verschiedenen Ämter in der Kirche begründen keine Herrschaft der einen über die anderen, sondern die Ausübung des der ganzen Gemeinde anvertrauten und befohlenen Dienstes.

Wir verwerfen die falsche Lehre, als könne und dürfe sich die Kirche abseits von diesem Dienst besondere, mit Herrschaftsbefugnissen ausgestattete Führer geben oder geben lassen.

5. Fürchtet Gott, ehrt den König. *(1.Petr 2,17)*

Die Schrift sagt uns, dass der Staat nach göttlicher Anordnung die Aufgabe hat, in der noch nicht erlösten Welt, in der auch die Kirche steht, nach dem Maß menschlicher Einsicht und menschlichen Vermögens unter Androhung und Ausübung von Gewalt für Recht und Frieden zu sorgen. Die Kirche erkennt in Dank und Ehrfurcht gegen Gott die Wohltat dieser seiner Anordnung an. Sie erinnert an Gottes Reich, an Gottes Gebot und Gerechtigkeit und damit an die Verantwortung der Regierenden und Regierten. Sie vertraut und gehorcht der Kraft des Wortes, durch das Gott alle Dinge trägt.

Wir verwerfen die falsche Lehre, als solle und könne der Staat über seinen besonderen Auftrag hinaus die einzige und totale Ordnung menschlichen Lebens werden und also auch die Bestimmung der Kirche erfüllen. Wir verwerfen die falsche Lehre, als solle und könne sich die Kirche über ihren besonderen Auftrag hinaus staatliche Art, staatliche Aufgaben und staatliche Würde aneignen und damit selbst zu einem Organ des Staates werden.

6. Jesus Christus spricht: Siehe, ich bin bei euch alle Tage bis an der Welt Ende. *(Mt 28,20)*

   Gottes Wort ist nicht gebunden. *(2.Tim 2,9)*

Der Auftrag der Kirche, in welchem ihre Freiheit gründet, besteht darin, an Christi statt und also im Dienst seines eigenen Wortes und Werkes durch Predigt und Sakrament die Botschaft von der freien Gnade Gottes auszurichten an alles Volk.

Wir verwerfen die falsche Lehre, als könne die Kirche in menschlicher Selbstherrlichkeit das Wort und Werk des Herrn in den Dienst irgendwelcher eigenmächtig gewählter Wünsche, Zwecke und Pläne stellen.

KONKORDIE REFORMATORISCHER KIRCHEN IN EUROPA
(LEUENBERGER KONKORDIE)
(Auszug)

1

Die dieser Konkordie zustimmenden lutherischen, reformierten und aus ihnen hervorgegangenen unierten Kirchen sowie die ihnen verwandten vorreformatorischen Kirchen der Waldenser und der Böhmischen Brüder stellen aufgrund ihrer Lehrgespräche unter sich das gemeinsame Verständnis des Evangeliums fest, wie es nachstehend ausgeführt wird. Dieses ermöglicht ihnen, Kirchengemeinschaft zu erklären und zu verwirklichen. Dankbar dafür, dass sie näher zueinander geführt worden sind, bekennen sie zugleich, dass das Ringen um Wahrheit und Einheit in der Kirche auch mit Schuld und Leid verbunden war und ist.

2

Die Kirche ist allein auf Jesus Christus gegründet, der sie durch die Zuwendung seines Heils in der Verkündigung und in den Sakramenten sammelt und sendet. Nach reformatorischer Einsicht ist darum zur wahren Einheit der Kirche die Übereinstimmung in der rechten Lehre des Evangeliums und in der rechten Verwaltung der Sakramente notwendig und ausreichend. Von diesen reformatorischen Kriterien leiten die beteiligten Kirchen ihr Verständnis von Kirchengemeinschaft her, das im Folgenden dargelegt wird.

DAS GEMEINSAME VERSTÄNDNIS DES EVANGELIUMS

6
Im Folgenden beschreiben die beteiligten Kirchen ihr gemeinsames Verständnis des Evangeliums, soweit es für die Begründung ihrer Kirchengemeinschaft erforderlich ist.

1. DIE RECHTFERTIGUNGSBOTSCHAFT ALS DIE BOTSCHAFT VON DER FREIEN GNADE GOTTES

7
Das Evangelium ist die Botschaft von Jesus Christus, dem Heil der Welt, in Erfüllung der an das Volk des Alten Bundes ergangenen Verheißung.

8
Sein rechtes Verständnis haben die reformatorischen Väter in der Lehre von der Rechtfertigung zum Ausdruck gebracht.

9
In dieser Botschaft wird Jesus Christus bezeugt
als der Menschgewordene, in dem Gott sich mit den Menschen verbunden hat,
als der Gekreuzigte und Auferstandene, der das Gericht Gottes auf sich genommen und darin die Liebe Gottes zum Sünder erwiesen hat, und
als der Kommende, der als Richter und Retter die Welt zur Vollendung führt.

10
Gott ruft durch sein Wort im Heiligen Geist alle Menschen zu Umkehr und Glauben und spricht dem Sünder, der glaubt, seine Gerechtigkeit in Jesus Christus zu. Wer dem Evangelium vertraut, ist um Christi willen gerechtfertigt vor Gott und von der Anklage des

Gesetzes befreit. Er lebt in täglicher Umkehr und Erneuerung zusammen mit der Gemeinde im Lobpreis Gottes und im Dienst am anderen, in der Gewissheit, dass Gott seine Herrschaft vollenden wird. So schafft Gott neues Leben und setzt inmitten der Welt den Anfang einer neuen Menschheit.

11

Diese Botschaft macht die Christen frei zu verantwortlichem Dienst in der Welt und bereit, in diesem Dienst auch zu leiden. Sie erkennen, dass Gottes fordernder und gebender Wille die ganze Welt umfasst. Sie treten ein für irdische Gerechtigkeit und Frieden zwischen den einzelnen Menschen und unter den Völkern. Dies macht es notwendig, dass sie mit anderen Menschen nach vernünftigen, sachgemäßen Kriterien suchen und sich an ihrer Anwendung beteiligen. Sie tun dies im Vertrauen darauf, dass Gott die Welt erhält, und in Verantwortung vor seinem Gericht.

12

Mit diesem Verständnis des Evangeliums stellen wir uns auf den Boden der altkirchlichen Symbole und nehmen die gemeinsame Überzeugung der reformatorischen Bekenntnisse auf, dass die ausschließliche Heilsmittlerschaft Jesu Christi die Mitte der Schrift und die Rechtfertigungsbotschaft als die Botschaft von der freien Gnade Gottes Maßstab aller Verkündigung der Kirche ist.

2. VERKÜNDIGUNG, TAUFE UND ABENDMAHL

13
Das Evangelium wird uns grundlegend bezeugt durch das Wort der Apostel und Propheten in der Heiligen Schrift Alten und Neuen Testaments. Die Kirche hat die Aufgabe, dieses Evangelium weiterzugeben durch das mündliche Wort der Predigt, durch den Zuspruch an den Einzelnen und durch Taufe und Abendmahl. In Verkündigung, Taufe und Abendmahl ist Jesus Christus durch den Heiligen Geist gegenwärtig. So wird den Menschen die Rechtfertigung in Christus zuteil, und so sammelt der Herr seine Gemeinde. Er wirkt dabei in vielfältigen Ämtern und Diensten und im Zeugnis aller Glieder seiner Gemeinde.

TAUFE
14
Die Taufe wird im Namen des Vaters, des Sohnes und des Heiligen Geistes mit Wasser vollzogen. In ihr nimmt Jesus Christus den der Sünde und dem Sterben verfallenen Menschen unwiderruflich in seine Heilsgemeinschaft auf, damit er eine neue Kreatur sei. Er beruft ihn in der Kraft des Heiligen Geistes in seine Gemeinde und zu einem Leben aus Glauben, zur täglichen Umkehr und Nachfolge.

ABENDMAHL
15
Im Abendmahl schenkt sich der auferstandene Jesus Christus in seinem für alle dahingegebenen Leib und Blut durch sein verheißendes Wort mit Brot und Wein. Er gewährt uns dadurch Vergebung der Sünden und befreit uns zu einem neuen Leben aus Glauben. Er lässt uns neu erfahren, dass wir Glieder an seinem Leibe sind. Er stärkt uns zum Dienst an den Menschen.

16
Wenn wir das Abendmahl feiern, verkündigen wir den Tod Christi, durch den Gott die Welt mit sich selbst versöhnt hat. Wir bekennen die Gegenwart des auferstandenen Herrn unter uns. In der Freude darüber, dass der Herr zu uns gekommen ist, warten wir auf seine Zukunft in Herrlichkeit.

DIE ÜBEREINSTIMMUNG ANGESICHTS DER LEHRVERURTEILUNGEN DER REFORMATIONSZEIT

17
Die Gegensätze, die von der Reformationszeit an eine Kirchengemeinschaft zwischen den lutherischen und reformierten Kirchen unmöglich gemacht und zu gegenseitigen Verwerfungsurteilen geführt haben, betrafen die Abendmahlslehre, die Christologie und die Lehre von der Prädestination. Wir nehmen die Entscheidungen der Väter ernst, können aber heute Folgendes gemeinsam dazu sagen:

1. ABENDMAHL

18
Im Abendmahl schenkt sich der auferstandene Jesus Christus in seinem für alle dahingegebenen Leib und Blut durch sein verheißendes Wort mit Brot und Wein. So gibt er sich selbst vorbehaltlos allen, die Brot und Wein empfangen; der Glaube empfängt das Mahl zum Heil, der Unglaube zum Gericht.

19
Die Gemeinschaft mit Jesus Christus in seinem Leib und Blut können wir nicht vom Akt des Essens und Trinkens trennen. Ein Interesse an der Art der Gegen-

wart Christi im Abendmahl, das von dieser Handlung absieht, läuft Gefahr, den Sinn des Abendmahls zu verdunkeln.

20
Wo solche Übereinstimmung zwischen Kirchen besteht, betreffen die Verwerfungen der reformatorischen Bekenntnisse nicht den Stand der Lehre dieser Kirchen.

2. CHRISTOLOGIE

21
In dem wahren Menschen Jesus Christus hat sich der ewige Sohn und damit Gott selbst zum Heil in die verlorene Menschheit hineingegeben. Im Verheißungswort und Sakrament macht der Heilige Geist und damit Gott selbst uns Jesus als Gekreuzigten und Auferstandenen gegenwärtig.

22
Im Glauben an diese Selbsthingabe Gottes in seinem Sohn sehen wir uns angesichts der geschichtlichen Bedingtheit überkommener Denkformen vor die Aufgabe gestellt, neu zur Geltung zu bringen, was die reformierte Tradition in ihrem besonderen Interesse an der Unversehrtheit von Gottheit und Menschheit Jesu und was die lutherische Tradition in ihrem besonderen Interesse an seiner völligen Personeinheit geleitet hat.

23
Angesichts dieser Sachlage können wir heute die früheren Verwerfungen nicht nachvollziehen.

3. PRÄDESTINATION

24

Im Evangelium wird die bedingungslose Annahme des sündigen Menschen durch Gott verheißen. Wer darauf vertraut, darf des Heils gewiss sein und Gottes Erwählung preisen. Über die Erwählung kann deshalb nur im Blick auf die Berufung zum Heil in Christus gesprochen werden.

25

Der Glaube macht zwar die Erfahrung, dass die Heilsbotschaft nicht von allen angenommen wird, er achtet jedoch das Geheimnis von Gottes Wirken. Er bezeugt zugleich den Ernst menschlicher Entscheidung wie die Realität des universalen Heilswillens Gottes. Das Christuszeugnis der Schrift verwehrt uns, einen ewigen Ratschluss Gottes zur definitiven Verwerfung gewisser Personen oder eines Volkes anzunehmen.

26

Wo solche Übereinstimmung zwischen Kirchen besteht, betreffen die Verwerfungen der reformatorischen Bekenntnisse nicht den Stand der Lehre dieser Kirchen.

4. FOLGERUNGEN

27

Wo diese Feststellungen anerkannt werden, betreffen die Verwerfungen der reformatorischen Bekenntnisse zum Abendmahl, zur Christologie und zur Prädestination den Stand der Lehre nicht. Damit werden die von den Vätern vollzogenen Verwerfungen nicht als unsachgemäß bezeichnet, sie sind jedoch kein Hindernis mehr für die Kirchengemeinschaft.

28
Zwischen unseren Kirchen bestehen beträchtliche Unterschiede in der Gestaltung des Gottesdienstes, in den Ausprägungen der Frömmigkeit und in den kirchlichen Ordnungen. Diese Unterschiede werden in den Gemeinden oft stärker empfunden als die überkommenen Lehrgegensätze. Dennoch vermögen wir nach dem Neuen Testament und den reformatorischen Kriterien der Kirchengemeinschaft in diesen Unterschieden keine kirchentrennenden Faktoren zu erblicken.

ERKLÄRUNG UND VERWIRKLICHUNG DER KIRCHENGEMEINSCHAFT

29
Kirchengemeinschaft im Sinne dieser Konkordie bedeutet, dass Kirchen verschiedenen Bekenntnisstandes aufgrund der gewonnenen Übereinstimmung im Verständnis des Evangeliums einander Gemeinschaft an Wort und Sakrament gewähren und eine möglichst große Gemeinsamkeit in Zeugnis und Dienst an der Welt erstreben.

35
Die Kirchengemeinschaft verwirklicht sich im Leben der Kirchen und Gemeinden. Im Glauben an die einigende Kraft des Heiligen Geistes richten sie ihr Zeugnis und ihren Dienst gemeinsam aus und bemühen sich um die Stärkung und Vertiefung der gewonnenen Gemeinschaft.

GEBETE

VOM BETEN 812

Ein Mensch öffnet sich dem anderen Menschen, wenn er mit ihm redet. Ein Mensch öffnet sich Gott, wenn er betet. Das Gebet ist ein Reden des Herzens mit Gott. Wer betet, ehrt Gott, denn Gott will, dass wir zu ihm reden.

Was können wir ihm sagen? Vor allem unsern Dank, unser Lob und unsere Freude, die darin ihren Grund haben, dass Gott da ist, für uns und für alle Welt. Die ersten Sätze des Vaterunsers führen uns zu Anbetung, Lob und Dank: Wir dürfen Gott unsern Vater nennen, unser Leben durch sein Wort bestimmen lassen, das Kommen seines Reiches mit Freuden erwarten und uns seinem Willen anvertrauen. Das ist der Grundton des Gebets der Kirche.

Aber wir dürfen Gott auch bitten: um das tägliche Brot, um Bewahrung und Hilfe, um Vergebung, für uns und für andere Menschen. Wir dürfen ihm unser Leid klagen, vor ihm aussprechen, was uns bewegt. Wer betet, öffnet sich Gott: da darf auch das Persönlichste gesagt werden. Auch andächtiges Schweigen und Nachdenken vor Gott können Weisen des Betens sein oder zu ihm führen.

Viele Menschen erfahren es als großes Geschenk, dass sie beten können. Andern fällt es schwer, zu beten, weil sie vom Gebet wenig erwarten. Was kann denn das Gebet bewirken? Eine Antwort auf diese Frage erfährt, wer sich zum Gebet anleiten lässt und sich darin übt. Im Gebet bringen wir unser Leben vor Gott. Dabei erfahren wir, dass der Druck des Alltags und die Last der Sorge von uns abfallen. Unsere Seele schöpft tief Atem.

Im Gebet dürfen wir uns auf Jesus berufen und uns an ihn wenden. Er war dessen gewiss, dass Gott ihn hört. Wenn wir beten, nehmen wir teil am Gottvertrauen Jesu Christi. Mag unser eigener Glaube schwach, unser Gebet verkümmert sein, Gott hört uns dennoch um Christi willen. »Gott erfüllt nicht alle unsere Wünsche, aber alle seine Verheißungen« (Dietrich Bonhoeffer).

GEBETE

Feste Zeiten im Tagesablauf ermöglichen es, zur Ruhe zu kommen und mit dem Beten vertrauter zu werden. Dafür bieten sich Morgen und Abend, aber auch die Mahlzeiten an. Zeiten der Stille, verbunden mit Lesen der Bibel und dem Gebet, helfen zur Ordnung, die unser Leben prägt und trägt. Unser Beten wird reicher, wenn wir auf das gelesene oder gehörte Gotteswort antworten oder unser Leben unter einem Bibelwort neu überdenken. Wenn dies zusammen mit anderen geschieht, kann eine solche Gebetsgemeinschaft unser Beten ermutigen und vertiefen. Die größte Gebetsgemeinschaft sind die Gottesdienste der weltweiten Kirche. Das Gebet des Einzelnen wird umschlossen vom Gebet der ganzen Kirche, das, getragen vom Geist Gottes, durch alle Zeiten und rund um den Erdball geht. Es ist Gottes Geist, der alle Beter verbindet und auch eintritt für die, die nicht beten können.

Wir dürfen mit eigenen Worten beten. Wenn uns aber die Worte fehlen, so kommen uns Gebete zu Hilfe, die schon andere gesprochen haben. Dazu gehören die Psalmen, die auch Jesus gebetet hat. Viele Gesangbuchlieder sind Gebete, in die wir einstimmen können. Eine Hilfe beim Beten ist es, die Hände zu falten, in manchen Fällen auch zu knien. Sich bei den Worten: »Im Namen des Vaters und des Sohnes und des Heiligen Geistes« mit dem Kreuz zu bezeichnen, ist ein Brauch, den auch evangelische Christen nicht scheuen müssen. Ein stiller Raum, wo man ungestört ist, hilft zur inneren Sammlung.

GEBETE

*Das Grundgebet der Christenheit
ist das Vaterunser.
Jesus selbst hat es seine Jünger gelehrt.*

Vater unser (Unser Vater) im Himmel. 813
Geheiligt werde dein Name.
Dein Reich komme.
Dein Wille geschehe wie im Himmel so auf Erden.
Unser tägliches Brot gib uns heute.
Und vergib uns unsere Schuld,
wie auch wir vergeben unsern Schuldigern.
Und führe uns nicht in Versuchung,
sondern erlöse uns von dem Bösen.
Denn dein ist das Reich und die Kraft
und die Herrlichkeit in Ewigkeit. Amen.

GEBETSRUFE

*In Augenblicken innerer Erschütterung
und körperlicher oder seelischer
Schwachheit können wir uns
mit kurzen Gebetsrufen an Gott wenden.
Er hört und versteht uns auch ohne viel Worte.*

Herr, erbarme dich!

Herr Jesus Christus, du Sohn des lebendigen Gottes, erbarme dich meiner!

Erbarme dich meiner, Herr, denn ich bin schwach.

Herr, stärke uns den Glauben! *(Lk 17,5)*

Ich glaube, Herr, hilf meinem Unglauben! *(Mk 9,24)*

Herr, was soll ich tun?

Ach Herr, hast du mich vergessen?

Mein Gott, mein Gott, warum hast du mich verlassen? *(Ps 22,2)*

Vater, in deine Hände befehle ich meinen Geist! *(Lk 23,46)*

Herr, bleibe bei uns. *(Lk 24,29)*

Mein Gott, ich hoffe auf dich. *(Ps 25,2)*

Meine Zeit steht in deinen Händen. *(Ps 31,16)*

Du hast mich bei meinem Namen gerufen, ich bin dein. *(Jes 43,1)*

Herr, du weißt, dass ich dich lieb habe. *(Joh 21,15)*

Herr, du hast alle Dinge geschaffen, ich danke dir für deine Güte.

Herr, lass mich dein Lob verkündigen.

O Herr, hilf! O Herr, lass wohlgelingen! *(Ps 118,25)*

GEBETE

AM MORGEN

LUTHERS MORGENSEGEN 815

*Des Morgens, wenn du aufstehst, kannst
du dich segnen mit dem Zeichen
des heiligen Kreuzes und sagen:*

Das walte Gott Vater, Sohn und Heiliger Geist! Amen.

*Darauf kniend oder stehend das Glaubensbekenntnis und das Vaterunser.
Willst du, so kannst du dies Gebet dazu
sprechen:*

Ich danke dir, mein himmlischer Vater,
durch Jesus Christus, deinen lieben Sohn,
dass du mich diese Nacht
vor allem Schaden und Gefahr behütet hast,
und bitte dich,
du wollest mich diesen Tag auch behüten
vor Sünden und allem Übel,
dass dir all mein Tun und Leben gefalle.
Denn ich befehle mich, meinen Leib und Seele
und alles in deine Hände.
Dein heiliger Engel sei mit mir,
dass der böse Feind keine Macht an mir finde.

*Alsdann mit Freuden an dein Werk gegangen
und etwa ein Lied gesungen oder was dir
deine Andacht eingibt.*

Herr, unser Gott, wir danken dir für die 816
Ruhe der Nacht
und für das Licht dieses neuen Tages.
Lass uns bereit sein, dir zu dienen.
Lass uns wach sein für dein Gebot.
Sei mit uns in allen Stunden dieses Tages.

AM MORGEN

817 Schöpfer des Lichts, Sonne meines Lebens,
ich danke dir für diesen neuen Tag.
Hilf mir, deinen Willen zu erkennen und zu tun.

Gib mir Kraft für die Aufgaben, die mir gestellt sind
. . . . .
Gib mir Mut für die Schritte, die ich tun muss
. . . . .
Gib mir Liebe zu den Menschen, die mir begegnen
. . . . .
Lass mich erfahren, dass du mir nahe bist in allem,
was heute geschieht.

818 Mit dir, Herr, will ich den neuen Tag beginnen.
Du lässt mich gestärkt aufstehen. Ich danke dir.
Begleite mich und schütze meine Lieben.
Ich freue mich auf diesen Tag und will mich
überraschen lassen.
Lass mir gelingen, was ich vorhabe.
Richte meinen Sinn nach deinem Willen aus.
Hilf mir, in jedem Menschen, dem ich begegnen werde,
den Nächsten zu sehen, den du liebst.
Lass mich in deiner Liebe bleiben,
gib mir Aufmerksamkeit, Kraft und Geduld dazu.

819

Herr, Gott Vater, ich preise dich. Du hast die Welt erschaffen, du bist der Herr meines Lebens, du bist der Herr der Zeit. Ich danke dir für die Ruhe der Nacht und das Licht des neuen Tages. Leib und Seele sind dein. Von dir ist alles, was geschieht.

Herr, Jesus Christus, du bist das Licht der Welt, das mich erleuchtet. Du bist die Wahrheit, die mich leitet, du bist das Leben, nach dem ich verlange. Bewahre mich in deiner Liebe. Gib mir Geduld und Gelassenheit.

Herr, Heiliger Geist, wecke meine Sinne und Gedanken, gib mir Phantasie und Klarheit, ein waches Gewissen, das rechte helfende Wort und das sorgsame Tun, dass ich etwas Nützliches schaffe und dieser Tag nicht verloren ist.

Herr, dreieiniger Gott, was du mir schickst, will ich annehmen, Erfolg und Misserfolg, Freude und Mühsal. Ich bitte dich für alle, die diesen Tag mit Sorge beginnen, mit Angst oder Schmerzen. Begleite uns, schütze uns, bewahre uns. Ich danke dir für diesen neuen Tag.

Morgengebete für Kinder: Nr. 861–863
Morgenlieder: Nr. 437–456
Psalmen: 30 (Nr. 715), 57 (Nr. 728), 92 (Nr. 737), 143 (Nr. 755)

AM MITTAG

An vielen Orten ist das Mittagsläuten üblich. Es ruft zum Gebet. Viele Christen verbinden damit die Bitte um den Frieden. Die Mittags- und Friedensgebete können mit dem Lied »Verleih uns Frieden gnädiglich« (Nr. 421) oder einem anderen Lied beschlossen werden.

820 Das walte Gott Vater, Sohn und Heiliger Geist. Amen.
Du Geber aller guten Gaben, dich preisen wir für alle deine Wohltaten und bitten dich: Erhalte uns durch deine Güte, dass wir dir allezeit vertrauen und deinen Namen bekennen.

AM MITTAG

821 Auf der Höhe des Tages halten wir inne.
Lasset uns Herzen und Hände erheben zu Gott,
der unseres Lebens Mitte ist:
Herr, unser Gott, lass uns vor dir stehen
mitten im Tagwerk,
gib uns den Mut und die Kraft,
dass wir das *eine* suchen, dass wir tun, was Not ist,
lass uns wandeln vor deinen Augen.

822 Gott, gib mir die Gelassenheit,
Dinge hinzunehmen, die ich nicht ändern kann,
den Mut, Dinge zu ändern, die ich ändern kann,
und die Weisheit,
das eine von dem andern zu unterscheiden.

823 Verleihe, Herr, dass Arbeit und Ruhe dieses Tages aus deinem Wort ihr Leben empfangen, dass wir in Christus bleiben und dein Geist uns durchdringe.

824 Mein Herr und mein Gott,
nimm von mir, was mich trennt von dir.
Mein Herr und mein Gott,
gib mir, was mich führt zu dir.
Mein Herr und mein Gott,
nimm mich mir und gib mich ganz zu Eigen dir.

FRIEDEN, BEWAHRUNG DER SCHÖPFUNG

825 O Herr,
mach mich zu einem Werkzeug deines Friedens,
dass ich Liebe übe, wo man sich hasst,
dass ich verzeihe, wo man sich beleidigt,
dass ich verbinde, da, wo Streit ist,

dass ich die Wahrheit sage, wo der Irrtum herrscht,
dass ich den Glauben bringe, wo der Zweifel drückt,
dass ich die Hoffnung wecke, wo Verzweiflung quält,
dass ich ein Licht anzünde, wo die Finsternis regiert,
dass ich Freude mache, wo der Kummer wohnt.

Herr, lass du mich trachten:
nicht, dass ich getröstet werde, sondern dass ich tröste;
nicht, dass ich verstanden werde, sondern dass ich verstehe;
nicht, dass ich geliebt werde, sondern dass ich liebe.

Denn wer da hingibt, der empfängt;
wer sich selbst vergisst, der findet;
wer verzeiht, dem wird verziehen;
und wer stirbt, erwacht zum ewigen Leben.

(siehe auch Lied Nr. 416)

Herr, unser Gott! 826
Auch dieser Tag ist belastet mit Unfrieden.
    (Hier können Beispiele eingefügt werden.)
Wir tragen selbst dazu bei, dass Angst, Vergeltung
und Gewalt von neuem mächtig werden.
Wir bitten: Lass uns mutiger bekennen,
                treuer beten,
                fröhlicher glauben,
                brennender lieben;
Herr, schenke uns einen neuen Anfang
und gib der Welt deinen Frieden.
Ohne dich können wir nichts tun.
Herr, erhöre uns!
    Stille
Verleih uns Frieden gnädiglich.
Du bist unser Friede.
Dieser Tag steht in deinen Händen.

827

Wir danken dir, allmächtiger Gott, dass du in Jesus Christus mit uns Frieden geschlossen hast. Wir bitten dich um deine Barmherzigkeit, dass wir untereinander Frieden halten und in unserer Welt der Versöhnung dienen, damit alle Menschen deine Liebe erfahren. Wir bitten dich durch Jesus Christus, unsern Herrn.

828

Wir alle haben gesündigt und mangeln des Ruhmes, den wir bei Gott haben sollten. Darum lasst uns beten:
    Vater, vergib!
Den Hass, der Rasse von Rasse trennt, Volk von Volk, Klasse von Klasse:
    Vater, vergib!
Das habsüchtige Streben der Menschen und Völker, zu besitzen, was nicht ihr Eigen ist:
    Vater, vergib!
Die Besitzgier, die die Arbeit der Menschen ausnutzt und die Erde verwüstet:
    Vater, vergib!
Unseren Neid auf das Wohlergehen und Glück der anderen:
    Vater, vergib!
Unsere mangelnde Teilnahme an der Not der Heimatlosen und Flüchtlinge:
    Vater, vergib!
Den Rausch, der Leib und Leben zugrunde richtet:
    Vater, vergib!
Den Hochmut, der uns verleitet, auf uns selbst zu vertrauen und nicht auf dich:
    Vater, vergib!
Lehre uns, o Herr, zu vergeben und uns vergeben zu lassen, dass wir miteinander und mit dir
in Frieden leben.
    Darum bitten wir um Christi willen.

829

Herr Jesus Christus! Du hast uns gelehrt, unsere Feinde zu lieben und für unsere Verfolger zu beten. In dieser Welt aber will die Sprache des Hasses und der Drohung nicht verstummen. Hilf uns, wirksam für den Frieden und für die Verständigung unter den Völkern einzutreten.
Bewahre alle, die Waffen tragen, und alle, die über Waffen befehlen, vor den Versuchungen der Macht. Gib, dass sie Frieden halten und dem Frieden dienen.
Lass das Zeugnis derer Gehör finden, die sich aus Gründen des Gewissens weigern, eine Waffe zu tragen: Gib, dass dadurch der Wille zur friedlichen Verständigung in der ganzen Welt wächst.
Lenke unsere Herzen und Sinne, dass wir uns auch in den unterschiedlichen Entscheidungen als deine Brüder und Schwestern erkennen und lieben.
Lehre uns, du Gott des Friedens, Gerechtigkeit zu üben unter uns und unter den Völkern, dass Streit sich nicht ausbreite und Hass nicht die Herzen verdunkle.
Sende dein Licht und deine Wahrheit, dass wir erkennen, was der Welt zum Heil dient.
Richte unsere Füße auf den Weg des Friedens.

830

Herr, allmächtiger Gott, du lenkst die Herzen der Menschen. Allen, die Macht und Verantwortung tragen, öffne die Augen, Ohren und Herzen, dass sie einsehen, was dem Menschen und dem Wohl der Völker dient. Mache sie und uns bereit, Frieden und Versöhnung zu stiften. Das bitten wir durch unsern Herrn Jesus Christus, deinen lieben Sohn.

831

Schöpfer des Alls! Aus deiner Liebe kommt unsere Welt. Wir bestaunen dein Werk und loben dich. Gut, sehr gut ist, was du geschaffen hast.

Mach uns zu treuen und sorgsamen Verwaltern deiner Erde, dass wir aufhören, sie zu schänden und auszubeuten. Erhalte uns die Freude an der Natur und die Ehrfurcht vor dem Leben. Gib, dass wir nichts tun, was deiner Schöpfung schadet. Hilf uns barmherzig zu sein mit allen Kreaturen, die mit uns auf deine Erlösung warten.

Wir sind ja auch von der Erde und danken dir jeden Atemzug. Segne uns, damit auch Kinder und Kindeskinder mit all deinen Geschöpfen diese Erde bewohnen können. Mit dem Hauch deines Geistes willst du die Welt erneuern. Wir preisen dich dafür und hoffen auf dich.

Mittagslieder: Nr. 457–466
Lieder zur Erhaltung der Schöpfung, zu Frieden und Gerechtigkeit: Nr. 421–436

BEI TISCH

BIBLISCHE SPRÜCHE

832.1

Schmecket und sehet, wie freundlich der Herr ist.
Wohl dem, der auf ihn trauet! *(Ps 34,9)*

832.2

Herr, deine Güte reicht, so weit der Himmel ist,
und deine Wahrheit, so weit die Wolken gehen.
(Ps 36,6)

GEBETE

832.3

Lobe den Herrn, meine Seele, und was in mir ist,
seinen heiligen Namen!
Lobe den Herrn, meine Seele, und vergiss nicht,
was er dir Gutes getan hat. *(Ps 103,1-2)*

832.4

Nun danket alle Gott,
der große Dinge tut an allen Enden.
Der uns von Mutterleib an lebendig erhält
und uns alles Gute tut.
Er gebe uns ein fröhliches Herz
und verleihe immerdar Frieden. *(Sirach 50,24-25)*

VOR DEM ESSEN

833.1

Aller Augen warten auf dich, Herr,
und du gibst ihnen ihre Speise zur rechten Zeit.
Du tust deine Hand auf
und sättigst alles, was lebt, nach deinem Wohlgefallen.

Vater unser im Himmel ...

(Ps 145,15-16)

833.2

Herr Gott, himmlischer Vater,
segne uns und diese deine Gaben,
die wir von deiner milden Güte zu uns nehmen,
durch Jesus Christus, unsern Herrn.

834

Vater, segne diese Speise,
uns zur Kraft und dir zum Preise.

835

Zwei Dinge, Herr, sind Not,
die gib nach deiner Huld:
Gib uns das täglich Brot,
vergib uns unsre Schuld.

BEI TISCH

836
Komm, Herr Jesus, sei unser Gast,
und segne, was du uns bescheret hast.

837
Von deiner Gnade leben wir,
und was wir haben, kommt von dir.
Drum sagen wir dir Dank und Preis,
tritt segnend ein in unsern Kreis.

838
Herr, segne unser täglich Brot,
so sind wir wohl geborgen.
Hilf allen Menschen in der Not
und allen, die sich sorgen.

839
Herr, wir wollen bei dem Essen
nicht die Hungernden vergessen.
Hilf, dass wir auf dieser Erden
Boten deiner Liebe werden.

840
Wir danken dir, himmlischer Vater, dass du uns nährst
an Leib und Seele. Gib, dass wir mit all unseren Kräften
dir dienen und die Menschen nicht vergessen, die Hunger und Not leiden.

841
Herr, unser Gott, du gibst der Welt das Leben:
Segne diese Mahlzeit.
Gib uns Liebe untereinander und den Geist
der Dankbarkeit.

842
Gelobt seist du, o Herr,
der uns nährt von Jugend auf:
Gib Speise allem, was lebt,
und erfülle unsere Herzen mit Freude und Jubel
durch Christus, unsern Herrn.

GEBETE

843 Gelobt seist du, Ewiger, unser Gott,
König der Welt,
der du die ganze Welt in deiner Güte speisest
mit Gunst, Gnade und Barmherzigkeit,
du gibst Brot allem Fleisch,
denn ewig währet deine Gnade.

844 Herr, segne uns und deine Gaben,
die wir von deiner Güte empfangen.
Mach uns zu Tischgenossen in deinem Reich,
du König der ewigen Herrlichkeit.

845 Wir wollen danken für unser Brot.
Wir wollen helfen in aller Not.
Wir wollen schaffen, die Kraft gibst du.
Wir wollen lieben, Herr, hilf dazu.

NACH DEM ESSEN

846.1 Danket dem Herrn, denn er ist freundlich,
und seine Güte währet ewiglich. *(Ps 107,1)*

Vater unser im Himmel ...

846.2

Wir danken dir, Herr Gott Vater, durch Jesus Christus,
unsern Herrn, für alle deine Wohltat,
der du lebst und regierst in Ewigkeit.

847 Herr, dein Name sei geehret,
dass du uns das Brot bescheret,
dass dem Leib du wohlgetan.
Nimm dich unsrer Seele an.
Zeitlich Brot hast du gegeben:
Gib uns auch das ewge Leben.

BEI TISCH

Dir sei, o Gott, für Speis und Trank,   848
für alles Gute Lob und Dank.
Du gabst, du willst auch künftig geben.
Dich preise unser ganzes Leben.

Wir danken dir, Herr Jesus Christ,   849
dass du unser Gast gewesen bist.
Bleib du bei uns, so hats nicht Not,
du bist das wahre Lebensbrot.

Alle guten Gaben,   850
alles, was wir haben,
kommt, o Gott, von dir.
Dank sei dir dafür. *(Lied Nr. 463)*

Ehre sei dir, Herr, um deiner Güte willen.   851
Hilf uns, mit Nahrung zu versorgen,
die nichts zu essen haben.
Bewahre uns in Frieden
und lass unsere Herzen dir allezeit lobsingen.

*Als gesungene Tischgebete eignen sich auch
die Lieder: Nr. 336, 458 und 460–466*

GEBETE

AM ABEND

LUTHERS ABENDSEGEN 852

*Des Abends, wenn du zu Bett gehst,
kannst du dich segnen mit dem Zeichen
des heiligen Kreuzes und sagen:*

Das walte Gott Vater, Sohn und Heiliger Geist! Amen.

*Darauf kniend oder stehend das Glaubens-
bekenntnis und das Vaterunser.
Willst du, so kannst du dies Gebet dazu
sprechen:*

Ich danke dir, mein himmlischer Vater,
durch Jesus Christus, deinen lieben Sohn,
dass du mich diesen Tag gnädiglich behütet hast,
und bitte dich,
du wollest mir vergeben alle meine Sünde,
wo ich Unrecht getan habe,
und mich diese Nacht auch gnädiglich behüten.
Denn ich befehle mich, meinen Leib und Seele
und alles in deine Hände.
Dein heiliger Engel sei mit mir,
dass der böse Feind keine Macht an mir finde.

Alsdann flugs und fröhlich geschlafen.

853

Unser Abendgebet steige auf zu dir, Herr,
und es senke sich auf uns herab dein Erbarmen.
Dein ist der Tag und dein ist die Nacht.
Lass, wenn des Tages Schein vergeht,
das Licht deiner Wahrheit uns leuchten.
Geleite uns zur Ruhe der Nacht
und vollende dein Werk an uns in Ewigkeit.

AM ABEND

854

Bleibe bei uns, Herr, denn es will Abend werden
und der Tag hat sich geneigt.
Bleibe bei uns und bei deiner ganzen Kirche.
Bleibe bei uns am Abend des Tages,
am Abend des Lebens, am Abend der Welt.
Bleibe bei uns mit deiner Gnade und Güte,
mit deinem heiligen Wort und Sakrament,
mit deinem Trost und Segen.
Bleibe bei uns, wenn über uns kommt die Nacht der
Trübsal und Angst, die Nacht des Zweifels und der
Anfechtung, die Nacht des bitteren Todes.
Bleibe bei uns und allen deinen Gläubigen in Zeit
und Ewigkeit.

855

Herr mein Gott, ich danke dir, dass du diesen Tag zu Ende gebracht hast. Ich danke dir, dass du Leib und Seele zur Ruhe kommen lässt. Deine Hand war über mir und hat mich behütet und bewahrt. Vergib allen Kleinglauben und alles Unrecht dieses Tages und hilf, dass ich denen vergebe, die mir Unrecht getan haben. Lass mich in Frieden unter deinem Schutze schlafen und bewahre mich vor den Anfechtungen der Finsternis. Ich befehle dir die Meinen, ich befehle dir dieses Haus, ich befehle dir meinen Leib und meine Seele. Gott, dein heiliger Name sei gelobt.

856

Herr, mein Tag ist zu Ende.
Ich möchte zur Ruhe kommen und Schlaf finden. So viel ist noch in mir wach und lässt sich nicht beruhigen. So viel ist nicht fertig geworden und muss liegen bleiben. Hilf mir, dass ich loslasse, was mich beschäftigt, dass versinkt, was mich bedrückt, und dass ich Ruhe finde in dir.

GEBETE

857

Herr, lehre mich beten. Lass mich immer wieder anfangen, dich zu suchen und mit dir zu reden. Ich will das Gespräch mit dir nicht abreißen lassen. Ich möchte nicht einsam bleiben. Ich weiß nicht, wie ich mit dir reden soll; doch du verstehst, was ich sagen wollte. Du kennst meine Gedanken. Herr, lehre mich beten.

858

Vater, ich danke dir für diesen Tag:
Du hast mein Leben erhalten,
du hast für mich gesorgt
und meine Arbeit gelingen lassen
. . . . .
Ich bitte dich um Vergebung,
wo ich Unrecht getan habe,
wo ich nachlässig war
und Wichtiges versäumt habe
. . . . .
Vergib mir auch,
wo ich an Menschen vorübergegangen bin,
die vielleicht auf mich gewartet haben.
Ich bitte dich für die Menschen,
mit denen ich arbeite und lebe,
und für alle, die meine Fürbitte brauchen
. . . . .
Herr, schenke mir eine ruhige Nacht und einen guten Schlaf. Gib mir morgen neue Kraft für alles, was ich tun soll.

AUS DEM NACHTGEBET DER KIRCHE

859.1

Eine ruhige Nacht und ein seliges Ende
verleihe uns der Herr, der Allmächtige. Amen.
In deine Hände befehle ich meinen Geist.
Du hast mich erlöst, Herr, du treuer Gott.

Liedstrophe:
z.B. Ein Tag, der sagt dem andern, Nr. 481,5

AM ABEND

859.2 Bewahre uns, o Herr, wenn wir wachen;
behüte uns, wenn wir schlafen:
auf dass wir wachen mit Christus
und ruhen in Frieden.
Es segne und behüte uns
der allmächtige und barmherzige Gott,
Vater, Sohn und Heiliger Geist.

Abendgebete für Kinder: Nr. 864–867
Abendlieder: Nr. 467–493, 786.5
Psalmen: 4 (Nr. 703), 42 (Nr. 723), 63 (Nr. 729),
91 (Nr. 736), 121 (Nr. 749), 134 (Nr. 752)

MIT KINDERN BETEN 860

Wenn das Kind noch klein ist und auf dem Schoß der Mutter, auf dem Arm des Vaters das Beten erlebt, begreift es den Vorgang nicht. Aber es empfindet die Stille, in der sich die Eltern beim Gebet sammeln, und es spürt das Vertrauen, das sie Gott entgegenbringen. Es faltet die Hände, wie sie es tun, und versucht allmählich, die Gebete mitzusprechen. Gern wiederholt es sie auch allein, wenn es sie gut kennt. So gewinnt das Kind eine Beziehung zum Glauben, in der das Verstehen dem Empfinden folgt. Mit wachsendem Verständnis erschließen sich die vertrauten Gebete und Lieder. Darum ist es wichtig, dass schon die ersten Gebete nur solche Aussagen enthalten, die auch für Heranwachsende wahr sind.

Gebete am Morgen und Abend und das regelmäßige Tischgebet – gesungen oder gesprochen – begleiten den Tagesablauf. Was das Kind so in der Familie erfährt, hilft ihm zum eigenständigen Glauben und später auch zum Leben mit der Gemeinde. Im Singen und Beten wächst das Kind in den Ablauf des Kirchenjahres hinein.

GEBETE

Das Gebet mit eigenen Worten beginnt damit, dass das Kind außer von sich selbst auch von den ihm nahe stehenden Menschen zu Gott spricht. Das Gebet erzählt von den schönen Erlebnissen genauso wie von den Kümmernissen. Das kann ein Kind auch mit Bewegungen, Gesten und Singen ausdrücken. Viele Anlässe eignen sich besonders zum Gebet: Geburtstage, Tauftage, Schule, Ferien, Reisen, aber auch Krankheit, Schmerzen und Tod. Das Kind soll erleben, dass es alle Freuden, Sorgen und Ängste vor Gott aussprechen kann.

AM MORGEN

861
In Gottes Namen steh ich auf.
Herr Jesus, leite meinen Lauf.
Behüte mich auf allen Wegen
mit deiner Kraft und deinem Segen.

862
Wie fröhlich bin ich aufgewacht,
wie hab ich geschlafen so sanft die Nacht!
Hab Dank, du Vater im Himmel mein,
dass du hast wollen bei mir sein.
Behüte mich auch diesen Tag,
dass mir kein Leid geschehen mag.

VOR DEM GANG ZUR SCHULE

863
Führe mich, o Herr, und leite
meinen Gang nach deinem Wort;
sei und bleibe du auch heute
mein Beschützer und mein Hort.
Nirgends als von dir allein
kann ich recht bewahret sein. *(Lied Nr. 445,5)*

MIT KINDERN

AM ABEND

864
Was schön war heute, kam von dir.
Was unrecht war, vergib es mir!
Lass mich bei dir geborgen sein.
In deinem Frieden schlaf ich ein.

865
Die Nacht bricht an über Stadt und Feld.
Gott, segne die Erde, behüte die Welt.

866
Lieber Gott, kannst alles geben,
gib auch, was ich bitte nun,
schütze diese Nacht mein Leben,
lass mich sanft und sicher ruhn.
Sieh auch von dem Himmel nieder
auf die lieben Eltern mein,
lass uns alle morgen wieder
fröhlich und dir dankbar sein.

867
Lieber Gott, wir danken dir für diesen Tag.
Wir bitten dich um deinen Schutz in dieser Nacht.
Wir bitten dich für alle Menschen, besonders für
. . . . .

> *Als Abendgebet für Kinder*
> *eignet sich auch das Lied*
> *»Müde bin ich, geh zur Ruh« (Nr. 484)*
> *und die Strophe*
> *»Breit aus die Flügel beide« (Nr. 477,8).*

GEBETE

GEBET EINES KINDES
ZUM GEBURTSTAG

Lieber Gott. Heute habe ich Geburtstag.   868
Ich danke dir, dass ich leben darf,
dass ich Augen zum Sehen
und Ohren zum Hören habe,
dass ich sprechen kann und nachdenken,
dass ich Hände und Füße habe
und dass ich nicht allein bin.
Du hast mir alles gegeben. Ich danke dir und freue mich.

Lieber Gott, heute hatten wir Streit.   869
Wir waren böse miteinander.
Das Schimpfen und Zanken tut uns allen weh.
Trotzdem fangen wir immer wieder damit an.
Du, Gott, bist gut zu uns,
lass auch uns wieder gut zueinander sein.

Lieber Gott,   870
ich bin krank und liege im Bett.
Gib, dass es nichts Schlimmes ist
und ich bald wieder gesund werde.
Ich danke dir,
dass ich so lieb gepflegt werde.
Wie gut, dass es Medizin gibt, die hilft.
Ich bitte dich,
behüte alle kranken Kinder,
zu Hause und im Krankenhaus.
Hilf ihnen, dass sie gesund werden.

ZU DEN WOCHENTAGEN

Nach kirchlichem Brauch sind den einzelnen Wochentagen besondere Gebetsanliegen zugeordnet. Sie sind den ausgeführten Gebeten zu den Wochentagen vorangestellt. Die genannten Anliegen sollen als Anregung dienen, sie wollen entfaltet und ergänzt werden.

SONNTAG

Besondere Anliegen für Dank und Fürbitte:

871

die Verkündigung des Evangeliums in aller Welt,
alle, die sich heute als seine Gemeinde versammeln,
alle, die heute für andere arbeiten müssen,
alle, die Erholung und Freude suchen,
die Bewahrung der Schöpfung.

872

Jesus Christus, unser Heil. Du hast dem Tode die Macht genommen und das Leben und ein unvergängliches Wesen an das Licht gebracht. Wir preisen dich, Herr, an deinem Tage, Licht vom ewigen Licht, Sonne dieser und der zukünftigen Welt.
Erleuchte uns und lass deine Kraft in uns mächtig sein. Öffne uns Herz und Lippen, dass wir dein Wort hören und deinen Namen bekennen. Segne uns an diesem Tage durch deine Gegenwart. Sei mit allen, die sich in deinem Namen versammeln, und stärke deine Gemeinde in ihrem Dienst. Dir sei Ehre in Ewigkeit.

873

Freie Zeit –
mein Gott, wie schön!
Ich kann mich entspannen,
Atem holen, zur Besinnung kommen.
Ich kann mich freuen
an Menschen, die mir lieb sind,
am Licht der Sonne,
an Blumen und Bäumen,
am Singen der Vögel,
wer weiß, woran noch?
Ich kann dein Wort hören
und deine Liebe feiern
mit allen, die an dich glauben.
Ich danke dir, Gott.
Ich bitte dich um deinen Segen
für diesen Tag,
den Tag deines Sohnes.
In seinem Licht will ich leben.

874

Jesus, Sohn Gottes,
mein Bruder,
ich freue mich, dass du nahe bist
und zu mir sprichst.
Du bist die Wahrheit, die mich befreit,
das Brot, das meinen Hunger stillt,
der Wein, der mir Freude bringt.
Mein Weg bist du,
mein Licht und mein Leben.
In deiner Liebe
finde ich die Liebe des Vaters
und Kraft, die Menschen zu lieben,
wie ich geliebt bin.
Bei dir weiß ich mich aufgehoben.
Nichts soll mich trennen von dir.

MONTAG

*Besondere Anliegen
für Dank und Fürbitte:*   875

Gelingen unserer Arbeit,
alle, die mit uns und für uns arbeiten,
die Arbeitslosen,
alle, die an ihrer Arbeit keine Freude haben,
die Überlasteten,
alle, die unterwegs sind.

876

Wir danken dir, Herr, unser Gott, dass du uns deine Barmherzigkeit und Treue zugesagt hast. Wir bitten dich, geleite uns mit deiner Güte durch diesen Tag. Gib, dass wir unser Werk mit Freuden anfangen, und lass uns gelingen, was uns aufgetragen ist. Gib uns Kraft, dass wir uns bewähren als deine Zeugen. Mache uns unbeirrbar in der Liebe und in der Geduld. Lass uns treu sein in den großen wie in den kleinen Dingen unseres Lebens.

Mein Gott, es fällt mir nicht leicht,   877
von neuem an die Arbeit zu gehen.
Es hat mir gut getan,
zu ruhen, zu spielen und zu vergessen.
Nun soll es wieder ernst werden.
Vor mir türmen sich Aufgaben.
Ich werde unruhig und frage:
Wie soll ich durchkommen?
Ich bitte dich, Gott:
Gib mir Gelassenheit.
Hilf mir unterscheiden,
was wichtig, was unwichtig ist,
was eilt und was nicht eilt.
Lass mir Zeit zur Besinnung,

zum Gespräch mit dir und den Menschen,
auch im Gedränge des Alltags.
Bleibe bei mir.

878

Dir danke ich, mein Gott,
für alles, was mir gelungen ist,
für den Segen,
den du auf meine Arbeit gelegt hast.
Dich bitte ich um Vergebung
für alles, was dir an mir nicht gefällt,
für meine Schwächen
und mein Versagen.
Dir vertraue ich mich an
mit allen, die mein Leben teilen
und mit mir zusammenarbeiten.
Du wirst mir Ruhe schenken.

DIENSTAG

*Besondere Anliegen
für Dank und Fürbitte:* **879**

Beistand in den täglichen Versuchungen,
die Angefochtenen, die Gefangenen und Heimatlosen,
die Hungernden und Entrechteten,
alle, die ihnen beistehen,
alle, denen die Kirche fremd und gleichgültig
geworden ist,
alle, die auf dem Weg zum Glauben sind.

880

Herr, du sendest uns in den Kampf. Du mutest uns zu, Spannungen und Konflikte auszuhalten. Du kennst uns, du weißt, wie schwach wir sind, wie leicht wir aufgeben, wie oft wir Versuchungen erliegen. Stärke uns, damit wir standhalten. Hilf, dass wir einander geduldig und liebevoll beistehen. Bewahre uns vor falschem Eifer, vor Eigensinn und blindem Zorn. Lass uns deinen Frieden spüren. Sei mit uns in allen Stunden dieses Tages.

Dir kann ich es sagen, mein Gott: 881
Ich habe Angst,
oft, immer wieder:
Fragen – ich weiß keine Antwort,
Probleme – ich sehe keinen Ausweg,
Menschen – ich verstehe sie nicht.
Ich fühle mich überfordert.
Du musst mir helfen.
Ich bitte dich, Gott:
Nimm mir die Angst.
Gib mir ein ruhiges Herz
und klare Gedanken.
In deiner Kraft
will ich reden und handeln,
schweigen und leiden.
In deinem Frieden
lass mich geborgen sein
mitten im Kampf.

Mein Gott, ich bin bewahrt geblieben 882
in mancher Gefahr.
Du bist bei mir gewesen
und hast mich beschützt.
Vergib mir meine Angst,
meine Sorgen,
meinen Unglauben.
Du bist mein Halt,
der Boden, der mich trägt,
das Dach, unter dem ich wohne,
der Friede, in dem ich einschlafe.
Ich danke dir, Gott.

GEBETE

MITTWOCH

*Besondere Anliegen
für Dank und Fürbitte:*   **883**

Frieden und Gerechtigkeit,
die Kraft vergebender Liebe,
alle, die im öffentlichen Leben Verantwortung tragen,
alle, die lehren und erziehen,
Eltern, Ehepartner und Kinder,
Verwandte, Freunde und Nachbarn.

884

Herr Gott, du hast uns gelehrt, dass all unser Tun nichts ist ohne deine Liebe: Sende deinen Heiligen Geist und gieße aus in unsere Herzen die Gabe der Liebe, die das Band des Friedens und der Vollkommenheit ist.

885

Ich danke dir, Gott,
dass ich nicht allein bin
auf dem Weg durch den Tag.
Du hast mir Menschen gegeben,
die mich begleiten,
die mich verstehen,
die mich lieben.
Mein Gott, ich bitte dich
für meine Familie,
für meine Freunde:
Sei du mit ihnen.
Sei du mit uns.
Segne unser Gespräch,
unser gemeinsames Leben.
Hilf uns teilen,
was du uns schenkst
und was du uns auflädst.
Gib uns Geduld und Treue.

ZU DEN WOCHENTAGEN

886
Mein Gott, wenn ich bedenke,
was ich anderen verdanke,
vor allem meiner Familie
und meinen Freunden:
Wie viel bleibe ich ihnen schuldig!
Ich bitte dich: Vergib mir.
Ich will für sie da sein,
wie sie für mich da sind,
immer von neuem.
Du wirst mir helfen
durch deinen Geist,
den Geist der Liebe
und der Geduld.

DONNERSTAG

*Besondere Anliegen
für Dank und Fürbitte:*

887
die Gemeinde Gottes,
die Boten des Evangeliums in der Welt,
alle, die um des Evangeliums willen verfolgt werden
oder gefangen sind,
die Brüder und Schwestern in anderen Kirchen,
die Einheit der Christenheit.

888
Wir bitten dich, Herr, für deine Kirche. Gib ihr den Mut, sich aus deinem Wort zu erneuern. Hilf ihr, nach dem Weg zu fragen, den du sie führen willst. Bei dir sollen wir geborgen sein. Gib uns Zutrauen zu deiner Gemeinde. Lass uns Menschen begegnen, deren Leben dich bezeugt. Gib deiner Gemeinde Menschen, die ihr gern dienen. Du willst alle Tage mit uns sein.

Nicht ich allein, mein Gott, 889
bin auf dich angewiesen.
Viele sind es, die deine Hilfe brauchen.
Ich bitte dich für die Menschen,
die mir anvertraut sind,
für mich sorgen,
mit mir zusammenarbeiten.
Ich denke an die Menschen,
die besondere Verantwortung tragen
in unserer Gemeinde
und in der ganzen Christenheit,
für unser Land
und für die Gemeinschaft der Völker.
Gott, du bist unsere Hoffnung
auf Freiheit,
auf Gerechtigkeit und Frieden
bei uns und überall in der Welt.

Mein Gott, ich mache mir Sorgen 890
um die Zukunft,
um meine Zukunft
und die Zukunft der Welt.
Ich bitte dich: Nimm mir die Sorgen,
damit ich heute ruhig schlafen
und morgen mutig tun kann,
was du von mir erwartest.
Du bist der Herr.
Du wirst das letzte Wort haben
in meinem Leben
und in der Geschichte der Welt.
Darauf will ich mich verlassen.

FREITAG

*Besondere Anliegen
für Dank und Fürbitte:*   891

Vergebung der Schuld,
alle, die leiden müssen,
die Gequälten und Verzweifelten,
alle, die sich aufopfern für andere,
die Feinde des Evangeliums.

892

Herr Jesus, du bist am Kreuz für uns gestorben. Wir bitten dich, gib, dass wir uns unter deinem Kreuz als deine Jünger sammeln. Kehre ein bei allen, die dir ihr Herz öffnen. Lass dich finden von denen, die dich suchen. Schweige nicht zu dem Rufen derer, die auf dich warten, und tröste uns alle mit deiner Hilfe. Du, Herr, bist unser Leben; dir gehören wir jetzt und in alle Ewigkeit.

Was auch geschieht,   893
du bist bei mir, mein Gott.
Ich weiß nicht,
was dieser Tag bringen wird,
aber ich fürchte mich nicht.
Mit Jesus, deinem Sohn,
will ich den Weg des Vertrauens gehen,
bis ans Ende.
Ich bitte dich, Gott:
Wenn ich in Bedrängnis gerate,
gib mir Geduld,
wenn Verzweiflung droht,
unbeirrbare Hoffnung.
Deinem Willen überlasse ich
den Lauf meines Lebens
und die Stunde meines Todes.

GEBETE

894 Mein Gott, wie viel Leiden:
Krankheit, Tod, Trauer,
Einsamkeit, enttäuschte Liebe,
Hunger, Unterdrückung,
Krieg und Katastrophen ...
Oft schaue ich weg,
weil ich es nicht ertrage.
Ich danke dir,
dass du mir Hoffnung gibst
durch den Tod und die Auferstehung
deines Sohnes.
Er ist das Licht,
das die Finsternis vertreibt,
der Friede in allem Streit,
das Leben mitten im Sterben,
auch für mich.

SAMSTAG

895 *Besondere Anliegen
für Dank und Fürbitte:*

die Vollendung des Reiches Gottes,
die Sterbenden und ihr Heil,
die Trauernden und Einsamen,
alle, denen ihr Leben leer und sinnlos erscheint,
alle, die ihnen nahe sind und sie trösten.

896 Herr, unsere Zeit ist voll Unruhe und Streit, in deinem Reich aber ist Friede und Seligkeit. So bitten wir dich am Ende der Woche, sende in unser Leben deinen Frieden. Gib Rat den Ratlosen, gib Kraft den Schwachen und Zuversicht den bangen Herzen. Lass uns glaubensvoll auf deine Zukunft blicken. Mach uns bereit, dir entgegenzugehen. Herr, wir glauben, hilf unserem Unglauben.

897

Mein Gott, die Zeit rennt!
Wieder eine Woche vergangen ...
Wie ist sie gewesen?
Was habe ich geschafft,
was ist liegen geblieben?
Wem habe ich geholfen
und wen enttäuscht? –
Ich bitte dich, Gott:
Gib mir ein waches Gewissen.
Hilf mir die Wahrheit erkennen
und ihr standhalten.
Sei mir gnädig.
Vergib mir meine Schuld.
Lass mich Frieden finden,
Frieden mit den anderen
und mit mir selbst.
Segne mich.

898

Ein Tag geht zu Ende.
Ich bin müde, mein Gott.
Ich freue mich auf die Ruhe,
die nun auf mich wartet.
Gib mir eine gute Nacht.
Auch wenn mein Leben zu Ende geht,
lass mich in Frieden einschlafen.
Du bist die Ruhe,
die auf mich wartet,
jetzt und in Ewigkeit.
Dir vertraue ich mich an.

GEBETE

WOCHENSCHLUSS 899

Ewiger Gott und lieber Vater.
Abermals ist eine Woche vergangen. Die Zeit eilt dahin und mit ihr unser Leben, so bitte ich dich:
Bleibe bei mir und vergib mir alles, womit ich in dieser Woche deine Liebe gekränkt habe. Sei mir gnädig um Jesu Christi willen.
Und da die Werkstatt meines Lebens in der vergangenen Woche in Unordnung geraten ist, so hilf mir jetzt aufräumen und mit deiner Hilfe alles wieder in Ordnung bringen.
Mache mein ganzes Leben zu einer Rüstzeit auf den ewigen Ruhetag bei dir.

Weitere Morgengebete zu den Wochentagen Nr. 783.10
Weitere Abendgebete zu den Wochentagen Nr. 785.10

ZUM LEBENSKREIS

IN ERWARTUNG EINES KINDES 900

Vater im Himmel, ich danke dir für die Gnade, Leben zu empfangen und zu geben. Ich bitte dich: Bewahre das Kind in mir; stehe mir bei in der Stunde der Geburt; schenke mir ein gesundes Kind. Nimm es als dein Kind an.

NACH DER GEBURT EINES KINDES 901

Lieber himmlischer Vater, du Schöpfer des Lebens! Wir danken dir, dass du uns dieses Kind geschenkt hast. In der Stunde der Gefahr hast du uns beigestanden. Du hast uns mit Freude und Glück erfüllt. Wir legen unser Kind in deine Hände; lass es aufwachsen unter deinem Schutz und Segen.

ZUM LEBENSKREIS

BEI EINEM BEHINDERTEN KIND   902

Lieber Vater im Himmel! Wir haben uns sehr auf unser Kind gefreut. Jetzt wissen wir, dass es behindert ist. Gib uns die Kraft, unser Kind in Liebe anzunehmen. Hilf dazu, dass es seine Gaben entfalten kann. Zeige uns Menschen, die unser Kind fördern können. Begleite es mit deiner Güte und Treue und lass es bei uns Geborgenheit finden.

ZUR TAUFE EINES KINDES   903

Du dreieiniger Gott, auf dein Wort bringen wir unser Kind zur Taufe und bitten dich: Nimm es als dein Kind an. Hilf uns, wenn wir versuchen, unser Kind zum Glauben zu führen, und mach es zu einem lebendigen Glied deiner Gemeinde.

GEBET EINES JUGENDLICHEN ODER ERWACHSENEN ZU SEINER TAUFE / KONFIRMATION   904

Herr Jesus Christus, du hast mich gerufen und ich habe mich entschieden. Darüber bin ich froh. Du befreist von den Mächten, die zu Irrtum und Lüge verführen. Ich bekenne mich zu dir. Du sollst mein Leben bestimmen. Gib mir Mut und Ausdauer, dir nachzufolgen. Und wenn ich versage, so hilf mir.

GEBET EINES PATEN / EINER PATIN   905

Gott, du bist uns wie Vater und Mutter. Du hast mir dieses Patenkind anvertraut. Behüte es, behüte seine Eltern. Lass es fröhlich und geborgen aufwachsen. Zeige mir, wo ich gebraucht werde, um Vertrauen zu stiften und Halt zu geben.

GEBETE

Ich möchte meinem Patenkind zeigen, was das Leben gut und reich macht: Liebe üben und Frieden halten, verzeihen und vertrauen. Das hat Jesus, dein Sohn, vorgelebt.
Hilf mir dazu, mein Gott.

SCHULANFANG 906

Lieber Gott, jetzt beginnt die Schule für unser Kind.
Mit unseren Hoffnungen und Sorgen kommen wir zu dir und sagen dir, was wir für unser Kind erbitten:
dass es gerne lernt und Neues entdeckt,
dass es sich mit anderen verträgt,
dass es nicht aufgibt, wenn etwas misslingt,
dass es nicht den Mut verliert,
wenn es bei Mitschülern und Lehrern bestehen muss,
dass es hilfsbereit ist
und nicht gequält wird,
dass es nicht mitmacht,
wenn Böses ausgeheckt wird.
Beschütze unser Kind auf dem Schulweg.
Bei dir ist es geborgen, lieber Gott.
Lass es spüren, dass du es lieb hast.

BEIM HERANWACHSEN DER KINDER 907

Vater im Himmel, ich bitte dich für ... (mein Kind). Es beginnt, sich von mir zu lösen. Gib mir Mut und Geduld, es loszulassen. Zeige mir, wo ich reden soll und wo ich schweigen muss. Begleite du mein Kind und lass es den Weg zu dir finden. Gib ihm eine Aufgabe, die seinen Gaben entspricht, aufrichtige Freunde, denen es sich anvertrauen kann. Lass es einen Menschen finden, mit dem es durchs Leben gehen kann. Hilf, dass wir einander verstehen und annehmen.

ZUM LEBENSKREIS

GEBET EINES JUNGEN MENSCHEN 908

Herr, ich möchte vieles sehen und erleben. Manchmal habe ich Angst, dass ich zu kurz komme, dass ich mein Leben nicht so leben kann, wie ich es gerne möchte. Die Älteren verstehen mich oft nicht. Sie nehmen mich nicht ernst. Ich brauche jemanden, dem ich mich anvertrauen kann.
Herr, lass mich nicht allein. Gib mir Freunde, mit denen ich reden kann, Menschen, die zu mir halten. Hilf, dass ich etwas finde, für das es sich zu leben lohnt. Ich weiß, dass ich Fehler mache. Bewahre mich davor, in eine Sackgasse zu geraten. Führe du mich weiter, Herr.

GEBET IN DER KONFIRMANDENZEIT 909

Ich brauche Mut und Kraft zum Leben. Ich brauche auch den Glauben. Wenn ich den nicht habe: welchen Sinn hat dann alles und woran soll ich mich halten?
Ich bitte dich, Gott: Lass mich spüren, dass du bei mir bist. Hilf mir, dir zu vertrauen und auf dich zu hören. Hilf mir zu finden, was für mich gut ist.
Gib mir und den anderen eine Gemeinde, in der wir uns zu Hause fühlen können. Zeige mir den Weg und halte mich fest.

AM GEBURTSTAG 910

Lieber Vater im Himmel! Du hast mir das Leben geschenkt, du schenkst mir auch diesen Tag. Ich danke dir für das vergangene Lebensjahr. Du hast mich reicher gemacht durch Begegnungen und Erfahrungen. In den Zeiten der Angst hast du mir beigestanden.
Ich bitte dich: Begleite mich mit deiner Freundlichkeit im kommenden Lebensjahr. Lass mich Menschen finden, die mich verstehen, und zeige mir Menschen, die mich brauchen. Gib mir Mut und Hoffnung.

911

Freundlicher, guter Gott, heute hat … Geburtstag.
Du hast ihn/sie durch das vergangene Lebensjahr geleitet.
Wir danken dir für deine Güte.
Behüte ihn/sie auch im neuen Lebensjahr.
Erhalte ihn/sie auf deinen Wegen.
Lass uns in Liebe miteinander verbunden bleiben.

IN DER EHE 912

Du Gott der Liebe, wir danken dir für unser gemeinsames Leben. Segne unseren Weg. Gib uns deinen guten Geist und begleite uns mit deinem Frieden. Lass unsere Arbeit gelingen und gib uns unser tägliches Brot. Hilf uns, dass einer des anderen Last trägt und dass wir miteinander bewältigen, was uns Mühe macht. Schenke uns die Kraft, für Menschen da zu sein, die uns brauchen.

AM GEDENKTAG DER HOCHZEIT 913

Lieber Vater, wir danken dir heute für alles, was du uns Gutes getan hast.
Du hast uns miteinander verbunden und zusammengehalten. In den Jahren unserer Ehe hast du uns deine Freundlichkeit spüren lassen. In guten und schweren Tagen bist du uns treu geblieben, auch wenn wir schuldig geworden sind vor dir und aneinander.
Wir bitten dich: Bleibe du bei uns an jedem neuen Tag. Erhalte uns unsere Liebe und gib uns Geduld füreinander.
Segne uns und alle, die zu uns gehören. Und wenn du einen von uns abrufst aus diesem Leben, dann lass uns darauf vertrauen, dass wir beide in deiner Liebe geborgen sind.

ZUM LEBENSKREIS

IN KRITISCHEN ZEITEN DER EHE 914

Vater im Himmel, du hast uns füreinander bestimmt und uns verbunden für ein ganzes Leben. Hilf uns überwinden, was uns trennen will. Lass uns erkennen, was uns das Zusammenleben schwer macht und wo wir aneinander schuldig werden. Mach uns bereit, miteinander zu reden. Schenke uns Aufrichtigkeit und Vertrauen. Gib uns die Kraft, dass wir einander vergeben, wie du vergibst. Mach uns geduldig, lass unsere Liebe nicht erlöschen. Lass sie reifen und mach sie beständig. Hilf, dass wir wieder zueinander finden und einander treu bleiben.

IN EINSAMKEIT 915

Herr, ich habe keinen Menschen, dem ich mich anvertrauen kann. Es sind so viele um mich her, und doch bin ich allein. Befreie mich aus meiner Einsamkeit und gib mir einen Menschen, mit dem ich reden kann. Lass mich nicht an Menschen vorbeigehen, die auf mich warten und mich brauchen.

ARBEIT UND BERUF 916

Vater im Himmel, ich danke dir, dass ich Beruf und Arbeitsplatz habe, dass ich gesund bin und etwas leisten kann. Gib mir an meiner Arbeit Freude. Behüte mich vor nutzlosem Tun und falschem Ehrgeiz. Lass mich hilfsbereit sein und aufrichtig zu allen, mit denen ich arbeite.

917

O Gott, meine Arbeit wächst mir über den Kopf. Ich bin nervös, weil so vieles auf mich einstürmt. Ich weiß nicht, wie ich das alles bewältigen soll. Gib mir doch Stille, auf dich zu hören. Mach mich gewiss, dass du mir nicht mehr zumutest, als ich leisten kann. Hilf mir erkennen, was unnötig ist. Gib mir Kraft, das Nötige zu tun.

VOR PRÜFUNGEN UND HERAUSFORDERUNGEN
918

Herr, ich stehe vor einer großen Aufgabe. Ich brauche deinen Beistand. Ich bitte dich um innere Ruhe. Lass mich einen klaren Kopf behalten. Gib, dass ich richtige Entscheidungen treffe.

BEI ARBEITSLOSIGKEIT
919

Herr, ich habe keine Arbeit. Täglich bin ich in Sorge um das, was ich (mit meiner Familie) zum Leben brauche. Mit mir warten viele Menschen darauf, dass sie wieder einen Arbeitsplatz bekommen. Oft weiß ich nicht mehr, ob mein Leben noch einen Sinn hat.
Ich vertraue aber darauf, dass du zu mir stehst. Weil du mich liebst, ist mein Leben nicht wertlos. Hilf, dass ich nicht die Achtung vor mir selbst verliere. Zeige mir, wo ich gebraucht werde und wo ich Sinnvolles tun kann.

FÜR EINEN ANGEHÖRIGEN BEI GEFÄHRLICHER ARBEIT
920

Gott, du Helfer in allen Gefahren!
... hat eine Arbeit zu tun, bei der leicht ein Unglück geschehen kann. Lass ihn/sie aufmerksam und umsichtig sein und halte deine schützende Hand über ihn/sie.

URLAUB UND REISE 921

Den Weg des Friedens führe uns der allmächtige
und barmherzige Herr.
Sein Engel geleite uns auf dem Weg, dass wir
wohlbehalten heimkehren in Frieden und Freude.

REISESEGEN 922

Der Herr sei vor dir,
um dir den rechten Weg zu zeigen.
Der Herr sei neben dir,
um dich in die Arme zu schließen
und dich zu schützen.
Der Herr sei hinter dir,
um dich zu bewahren
vor der Heimtücke böser Menschen.
Der Herr sei unter dir,
um dich aufzufangen, wenn du fällst,
und dich aus der Schlinge zu ziehen.
Der Herr sei in dir,
um dich zu trösten,
wenn du traurig bist.
Der Herr sei um dich herum,
um dich zu verteidigen,
wenn andere über dich herfallen.
Der Herr sei über dir,
um dich zu segnen.
So segne dich der gütige Gott.

ZU BEGINN EINER FAHRT 923

Herr, am Beginn meiner Fahrt bitte ich dich:
Sei mir nahe und umgib mich mit deinem Schutz.
Bewahre mich davor, dass ich andere oder mich selbst
in Gefahr bringe.
Schenke mir Umsicht und Geistesgegenwart.
Führe mich sicher ans Ziel.

GEBETE

FÜR ANGEHÖRIGE UNTERWEGS 924

Guter Gott, ... ist unterwegs.
Ich habe Angst, dass ihm/ihr etwas zustoßen könnte.
Du kannst vor Unfall und Schaden bewahren und in
allen Gefahren beschützen. Darum bitte ich dich.

Lieder Nr. 254, 361, 368, 498

IM URLAUB 925

Wir danken dir, du freundlicher Gott, dass wir ausspannen dürfen und Zeit füreinander haben. Lass uns Abstand von der Arbeit gewinnen und neue Kraft schöpfen. Du zeigst uns die Wunder der Natur und die Schönheiten der Kunst. Du lässt uns andere Menschen kennen lernen und machst unser Leben reicher. Lass uns gestärkt an Leib und Seele nach Hause zurückkehren.

IN NOT UND KRANKHEIT

926

Gott, zu dir rufe ich am frühen Morgen,
hilf mir beten und meine Gedanken sammeln zu dir;
ich kann es nicht allein.
In mir ist es finster, aber bei dir ist das Licht,
ich bin einsam, aber du verlässt mich nicht,
ich bin kleinmütig, aber bei dir ist die Hilfe,
ich bin unruhig, aber bei dir ist Frieden,
in mir ist Bitterkeit, aber bei dir ist Geduld,
ich verstehe deine Wege nicht, aber du weißt
einen Weg für mich.

Vater im Himmel,
Lob und Dank sei dir für die Ruhe der Nacht,
Lob und Dank sei dir für den neuen Tag,
Lob und Dank sei dir für alle deine Güte und Treue in meinem vergangenen Leben.
Du hast mir viel Gutes erwiesen,
lass mich nun auch das Schwere aus deiner Hand hinnehmen.
Du wirst mir nicht mehr auferlegen, als ich tragen kann.
Du lässt deinen Kindern alle Dinge zum Besten dienen.

Herr Jesus Christus,
du warst arm und elend, gefangen und verlassen wie ich.
Du kennst alle Not der Menschen,
du bleibst bei mir, wenn kein Mensch mir beisteht,
du vergisst mich nicht und suchst mich,
du willst, dass ich dich erkenne und mich zu dir kehre.
Herr, ich höre deinen Ruf und folge. Hilf mir!

Heiliger Geist,
gib mir den Glauben, der mich vor Verzweiflung und Laster rettet.
Gib mir die Liebe zu Gott und den Menschen, die allen Hass und Bitterkeit vertilgt,
gib mir die Hoffnung, die mich befreit von Furcht und Verzagtheit.

927

Herr Gott, großes Elend ist über mich gekommen. Meine Sorgen wollen mich ersticken, ich weiß nicht ein noch aus. Gott, sei mir gnädig und hilf! Gib mir Kraft zu tragen, was du schickst. Lass die Furcht nicht über mich herrschen. Ich traue deiner Gnade und gebe mein Leben ganz in deine Hand. Mach du mit mir, wie es dir gefällt und wie es gut für mich ist. Ob ich lebe oder sterbe, ich bin bei dir und du bist bei mir, mein Gott.

928

Weiß ich den Weg auch nicht, du weißt ihn wohl,
das macht die Seele still und friedevoll.
Ist's doch umsonst, dass ich mich sorgend müh,
dass ängstlich schlägt mein Herz, sei's spät, sei's früh.

Du weißt den Weg ja doch, du weißt die Zeit;
dein Plan ist fertig schon und liegt bereit.
Ich preise dich für deiner Liebe Macht,
ich rühm die Gnade, die mir Heil gebracht.

Du weißt, woher der Wind so stürmisch weht,
und du gebietest ihm, kommst nie zu spät.
Drum wart ich still, dein Wort ist ohne Trug,
du weißt den Weg für mich – das ist genug!

929

Ja, wärst du nicht mein Gott, wie könnt die Qualen
der armen Schöpfung ich dir je verzeihen!
Ja, wärst du nicht mein Gott, ich wollte speien
und Not mit Hass und Schmerz mit Bosheit zahlen.

Da wir uns deinem Schutze anbefahlen,
gabst du uns preis, und da wir aufwärts schreien,
bleibst du uns taub, und da wir uns kasteien,
verbirgst du dich in ungewissen Strahlen.

Ja, wärst du nicht mein Gott, wärst Herr von Knechten,
wärst Kirchenbild und Spielzeug für die Dummen,
ich wäre mir zu gut, nur dein zu denken.

Du bist mein Gott! Und darum muss ich rechten
und darum zweifeln, spotten und dich kränken –
und darum an dich glauben und verstummen.

IN NOT UND KRANKHEIT

930

Vater im Himmel, ich bitte weder um Gesundheit noch um Krankheit, weder um Leben noch um Tod, sondern darum, dass du über meine Gesundheit und meine Krankheit, über mein Leben und meinen Tod verfügst zu deiner Ehre und zu meinem Heil. Du allein weißt, was mir dienlich ist. Du allein bist der Herr, tue, was du willst. Gib mir, nimm mir, aber mache meinen Willen dem deinen gleich.

MORGENS 931

Lieber himmlischer Vater, ein neuer Tag beginnt.
Gib mir neue Kraft und Geduld.
Tröste mich durch dein Wort.
Erquicke mich in meiner Mattigkeit.
Sei du bei mir, wenn Schmerzen kommen und ich mutlos werde.
Lass mich den Tag bestehen und dankbar annehmen, was Menschen mir Gutes erweisen.
Du bist mein Vater, dir vertraue ich mich an.

ABENDS 932

Lieber Vater im Himmel, du hast mir heute geholfen zu tragen, was schwer für mich war.
Ich danke dir dafür.
Bleibe auch in der kommenden Nacht bei mir.
Behüte mich vor Angst und Qual,
lindere meine Schmerzen,
schenke mir Schlaf.
Bewahre mich vor schweren Träumen.
Gib mir gute Gedanken, wenn ich keine Ruhe finde.
Behüte die Meinen, die sich um mich sorgen.
Sei gnädig und gib uns Frieden.

GEBETE

VOR EINER OPERATION 933

Herr, ich habe Angst. So viele Gedanken überfallen mich. Du weißt, wie ausgeliefert ich mir vorkomme. Lass mich nicht allein. Lass mich geborgen sein in dir. Führe du den Ärzten die Hand, wende alles zum Guten. Herr, auf dich hoffe ich. In deine Hände befehle ich mein Leben.

IN SCHWERER KRANKHEIT 934

Herr und Heiland, mich quälen Krankheit und Schmerzen, mein Herz ist voll Unruhe, meine Gedanken verirren sich in meiner großen Angst. Ich sehe keinen Ausweg, mich schreckt der Tod.
Aus der Tiefe schreie ich, Herr, zu dir. Gib meinem Herzen Frieden, gib mir die Bereitschaft, anzunehmen, was du schickst, sei es Leben, sei es Sterben. Halte mich fest in deinen Händen, bei dir bin ich geborgen.

935

Hilf mir in meiner Verzweiflung, Herr, mein Gott.
Ich hänge zwischen Leben und Tod. Meine Krankheit macht mir Schmerzen. Meine Hilflosigkeit quält mich, auch die Ohnmacht derer, die mir helfen wollen. Ich muss damit rechnen, dass mein Leben zu Ende geht.
Ich rufe dich um Hilfe an. Ich möchte am Leben bleiben. Wenn ich aber sterben muss, hilf mir in dieser Stunde. Lass mich deiner Gnade gewiss werden. Gib mir die Zuversicht des ewigen Lebens.

GEBET MIT KINDERN FÜR EIN KRANKES KIND

936

Lieber Gott, ... ist krank.
Wir bitten dich: Lass ... wieder gesund werden, damit er/sie wieder mit den andern Kindern spielen und mit uns fröhlich sein kann. Wenn es noch länger dauert, gib uns Geduld, dass wir warten können. Schenke uns gute Einfälle, wie wir ... eine Freude machen können. Hilf uns und allen Kranken.

BEI DER GENESUNG

937

Gütiger Gott, lieber Vater! Du schenkst mir mein Leben neu und gibst mir die Freude, wieder mit den Meinen zusammen zu sein. Lass mich deine Wohltaten nicht vergessen. Gib mir Mut und Kraft, neu zu beginnen und dich zu preisen mit Wort und Tat. Hilf gnädig allen Kranken. Du, Herr, bist die Quelle des Lebens, du bist der Ursprung aller Freude, du bist der Geber allen Trostes. Dir sei Ehre in Ewigkeit.

938

Mein Gott, ich danke dir, dass du mich aufgerichtet und gestärkt hast. Ich darf gesund werden und kann wieder meinen Weg gehen und meine Arbeit tun. Hilf mir, dafür stets dankbar zu bleiben. Leite mich durch deinen Geist, dass ich dir zur Ehre lebe, dass ich dir diene und dich lobe.

IM ALTER UND BEIM STERBEN 939

O Herr, bitter ist das Brot des Alters und hart. Wie erschien ich mir früher reich – wie arm bin ich nun, arm und einsam und so hilflos. Wozu tauge ich noch auf Erden? Schmerzen plagen mich Tag und Nacht, träge rinnen die Stunden meiner schlaflosen Nächte dahin, ich bin nur noch ein Schatten dessen, der ich einmal war. Ich falle den anderen zur Last –
Herr, lass es genug sein. Wann wird die Nacht enden und der lichte Tag aufgehen? Hilf mir, geduldig zu sein. Zeig mir dein Antlitz, je mehr mir alles andere entschwindet. Lass mich den Atem der Ewigkeit verspüren, nun, da mir aufhört die Zeit. Auf dich, o Herr, hoffe ich, lass mich nicht zuschanden werden in Ewigkeit.

940

Heute, mein Gott, will ich dir danken, für die bisherige Lebenszeit mit allem, was sie mir gebracht hat. Ich danke dir für die kleinen Freuden des Alltags, für jeden Baum, für jeden Strauch, für den Gesang der Vögel in den Zweigen, für die Menschen, die mir begegnen und die zu mir gehören
. . . . .
Es ist noch so viel, was mein Leben reich macht. Erhalte mir, Herr, ein waches Bewusstsein für den Reichtum meiner Tage.
Ich will nicht klagen über das, was mich beschwert, freuen will ich mich, dass ich deiner Treue gewiss sein darf und deiner Vergebung.
Hilf mir, Herr, dass ich den Menschen meiner Umgebung mit offenen Augen begegne. Ich weiß nicht, wie viel Zeit du mir noch zumessen wirst. Darum will ich dir danken, Gott, für jeden Tag und jede Stunde, die du mich leben lässt.

STERBENDE BEGLEITEN

Wenn ein Kind, ein Erwachsener oder ein alter Mensch in unserer Nähe abgerufen wird, stehen wir als Angehörige oder Freunde vor einer Aufgabe, die uns erschüttert und die über unsere Kräfte zu gehen scheint. Als Christen dürfen und sollen wir dennoch nach bestem Vermögen einem Sterbenden den Dienst tun, auf den er als Kind Gottes Anspruch hat.

Wir suchen es so einzurichten, dass der Sterbende, wenn möglich, bis zuletzt in der ihm vertrauten Umgebung bleiben kann. Wir lassen ihn unsere Nähe spüren. Ein paar Worte, eine Geste der Gemeinschaft, die sich in gemessenen Abständen wiederholen, genügen.

Wir weichen einem Gespräch über den Ernst der Lage nicht aus. Dass es nach menschlichem Ermessen ans Sterben geht, ist nicht eine »Wahrheit«, die dem Sterbenden zu sagen oder zu verschweigen ist, sondern ein Weg des Erkennens und Annehmens, auf dem wir dem Sterbenden im Gespräch beistehen, ohne die Hoffnung zu nehmen.

Oft dauert das Leben länger, als die Ärzte sagen, und der Übergang ist langwieriger, als wir bisher wussten. Ein Sterbender kann uns vielleicht noch hören, ohne dass wir es wahrnehmen.

Wir begleiten den Sterbenden mit dem biblischen Wort, mit Liedstrophen, dem Vaterunser, mit Wachen und Beten, Beichte und Abendmahl. (Worte, die Sterbenden zugesprochen werden können, finden sich unter Nr. 947.)

Wenn sich das Ende naht, erweisen wir dem Sterbenden den letzten Dienst mit dem Sterbesegen (Nr. 949). Dabei legen wir dem Sterbenden die Hand spürbar auf das Haupt und bezeichnen während des letzten Satzes den Heimgehenden mit dem Zeichen des Kreuzes.

Wir befehlen den Heimgegangenen und uns alle der Barmherzigkeit Gottes. Wir falten ihm die Hände über der Brust und drücken ihm die Augen zu. Wir zünden eine Kerze an als Ausdruck der christlichen Hoffnung. Dann befehlen wir den Entschlafenen und uns selbst der Gnade Gottes (z.B. Gebet Nr. 950), in der unsere Toten geborgen und wir als Lebende bewahrt sind.

GEBETE

942

Wenn ich einmal soll scheiden,
so scheide nicht von mir,
wenn ich den Tod soll leiden,
so tritt du dann herfür;
wenn mir am allerbängsten
wird um das Herze sein,
so reiß mich aus den Ängsten
kraft deiner Angst und Pein.

Erscheine mir zum Schilde,
zum Trost in meinem Tod,
und lass mich sehn dein Bilde
in deiner Kreuzesnot.
Da will ich nach dir blicken,
da will ich glaubensvoll
dich fest an mein Herz drücken.
Wer so stirbt, der stirbt wohl. *(Lied Nr. 85, 9+10)*

943

Herr, ich weiß, dass du mich liebst. Mein Leben wie mein Sterben liegt in deinen Händen. Ich glaube, dass alles, was kommt, in deine Liebe eingeschlossen ist.
Hilf mir, deinen Willen anzunehmen und zu verstehen, hilf mir, täglich bereit zu sein, wenn du mich rufst. Lass mich auch im Sterben in deiner Liebe geborgen bleiben. Ich hoffe auf dich: Du wendest alles zum Guten. Herr, dein Wille geschehe.

944

Herr Jesus, ich rufe zu dir in meiner Anfechtung, in meiner großen Angst, im Leiden, das ich allein nicht mehr tragen kann.
Ich lege die Last meiner Schuld in deine Hand und vertraue auf deine Vergebung.
Bleibe du bei mir, mein Heiland. Erbarme dich meiner, sei du mächtig in meiner Schwachheit und führe mich durchs dunkle Tal in dein himmlisches Reich.

IM ALTER UND BEIM STERBEN

945

Jesus, dir leb ich,
Jesus, dir sterb ich,
Jesus, dein bin ich
tot und lebendig.

FÜR STERBENDE

946

Herr, unser Gott, du hast Leben und Tod in deinen Händen. Um deines Sohnes Jesu Christi willen erbarme dich unseres/unserer … . Du kannst Sünde vergeben, Qual verkürzen und aus dem Tod erlösen. Wir bitten dich für unsern/unsere … , nimm ihn/sie auf in die ewige Freude.

STERBENDEN ZUZUSPRECHEN

947.1

Jesus Christus spricht:
In der Welt habt ihr Angst;
aber seid getrost,
ich habe die Welt überwunden. *(Joh 16,33)*

947.2

Leben wir, so leben wir dem Herrn;
sterben wir, so sterben wir dem Herrn.
Darum: wir leben oder sterben,
so sind wir des Herrn. *(Röm 14,8)*

947.3

Also hat Gott die Welt geliebt,
dass er seinen eingeborenen Sohn gab,
damit alle, die an ihn glauben,
nicht verloren werden,
sondern das ewige Leben haben. *(Joh 3,16)*

947.4

In deine Hände befehle ich meinen Geist;
du hast mich erlöst, Herr, du treuer Gott. *(Ps 31,6)*

GEBETE

Der Herr wird mich erlösen von allem Übel 947.5
und mich retten in sein himmlisches Reich.
Ihm sei Ehre von Ewigkeit zu Ewigkeit! *(2.Tim 4,18)*

So spricht der Herr, der dich geschaffen hat: 947.6
Fürchte dich nicht, denn ich habe dich erlöst;
ich habe dich bei deinem Namen gerufen;
du bist mein. *(Jes 43,1)*

Wir haben einen Gott, der da hilft, 947.7
und den Herrn, der vom Tod errettet. *(Ps 68,21)*

Christus spricht: Ich bin die Auferstehung 947.8
und das Leben.
Wer an mich glaubt, der wird leben,
auch wenn er stirbt;
und wer da lebt und glaubt an mich,
der wird nimmermehr sterben. *(Joh 11,25-26)*

947.9

Das ist mein einziger Trost im Leben und im Sterben,
dass ich mit Leib und Seele, im Leben und im Sterben,
nicht mein, sondern meines getreuen Heilands Jesu
Christi Eigen bin.

Der Herr behüte dich vor allem Übel, 948
er behüte deine Seele.
Der Herr behüte deinen Ausgang und Eingang
von nun an bis in Ewigkeit. *(Ps 121,7-8)*

IM ALTER UND BEIM STERBEN

STERBESEGEN 949

(Unter Handauflegung über Sterbenden zu sprechen:)

Es segne dich Gott, der Vater,
der dich nach seinem Bild geschaffen hat.
Es segne dich Gott, der Sohn,
der dich durch sein Leiden und Sterben erlöst hat.
Es segne dich Gott, der Heilige Geist,
der dich zum Leben gerufen und geheiligt hat.
Gott der Vater und der Sohn und der Heilige Geist
geleite dich durch das Dunkel des Todes.
Er sei dir gnädig im Gericht
und gebe dir Frieden und ewiges Leben.

NACH DEM STERBEN 950

Ewiger Gott und Vater,
du allein bist mächtig und gnädig:
Gib unserem/unserer Entschlafenen die ewige Ruhe. Lass ihm/ihr dein Licht leuchten und vereine ihn/sie mit denen, die du vollendet hast. Uns alle lass dereinst dein Angesicht schauen und deine himmlische Herrlichkeit erlangen.

Vater unser im Himmel.
Geheiligt werde dein Name.
Dein Reich komme.
Dein Wille geschehe wie im Himmel so auf Erden.
Unser tägliches Brot gib uns heute.
Und vergib uns unsere Schuld,
wie auch wir vergeben unsern Schuldigern.
Und führe uns nicht in Versuchung,
sondern erlöse uns von dem Bösen.
Denn dein ist das Reich und die Kraft
und die Herrlichkeit in Ewigkeit. Amen.

NACH DEM STERBEN EINES KINDES

Unbegreiflicher Gott! Wir klagen dir unsere Verzweiflung. Du hast uns unser Kind genommen. Es wird uns schwer, uns in deinen Willen zu fügen. Hilf uns, wir sind mit unserer Kraft am Ende. Stärke uns, dass wir dir vertrauen, auch wenn wir dich nicht verstehen. Lass unser Kind jetzt bei dir sein. Herr, Gott, verlass uns nicht.

Lieder:
Befiehl du deine Wege (Nr. 361)
Gib dich zufrieden und sei stille (Nr. 371)
In allen meinen Taten (Nr. 368)
Ja, ich will euch tragen (Nr. 380)
So nimm denn meine Hände (Nr. 376)
Warum sollt ich mich denn grämen (Nr. 370)
Was Gott tut, das ist wohlgetan (Nr. 372)

Psalmen:
22 (I) (Nr. 709), 23 (Nr. 711), 39 (Nr. 722),
71 (Nr. 732), 73 (Nr. 733), 121 (Nr. 749),
126 (Nr. 750)

HERKUNFT ÜBERLIEFERTER TEXTE
DER GEBETSSAMMLUNG

- 815 *Martin Luther 1529*
- 822 *Reinhold Niebuhr 1943*
- 823 *Nach der Regel von Taizé*
- 824 *Nikolaus von der Flüe 15. Jh.*
- 825 *Souvenir Normand 1912*
- 828 *Versöhnungsgebet aus Coventry*
- 833.2 *Martin Luther 1529*
- 836 *Graf Nikolaus von Zinzendorf 1753*
- 842 *Apostolische Konstitutionen (Syrien) 4. Jh.*
- 843 *Nach dem jüdischen Tischgebet*
- 846.2 *Martin Luther 1529*
- 852 *Martin Luther 1529*
- 854 *Georg Christian Dieffenbach 1853*
- 855 *Dietrich Bonhoeffer 1943*
- 884 *Book of Common Prayer 1549*
- 899 *Nach Johannes Zwick um 1530*
- 921 *Lateinisches Brevier*
- 922 *Altirisches Schutzgebet 7. Jh.*
- 926 *Dietrich Bonhoeffer 1943*
- 927 *Dietrich Bonhoeffer 1943*
- 928 *Hedwig von Redern 1901*
- 929 *Aus dem KZ Buchenwald*
- 930 *Blaise Pascal 1660*
- 938 *Rigisches Gebetbuch 1641*
- 939 *Michelangelo Buonarroti (1475–1564)*
- 945 *Martin Luther im Kurfürstengebetbuch 1565*
- 947.9 *Heidelberger Katechismus 1563*
- 949 *Lateinischer Sterbesegen 8. Jh.*

DAS KIRCHENJAHR

EINFÜHRUNG

Das Kirchenjahr beginnt mit dem Advent und endet mit dem Ewigkeitssonntag, dem Ausblick auf die Vollendung der Zeit. Durch die Verheißungen, die Gott seinem Volk Israel gab, hat alle Zeit ihr Ziel bekommen. Mit Christus ist die Zeit des Heils angebrochen. Mit seiner Wiederkunft wird sie sich vollenden.

Das Kirchenjahr entfaltet das Christuszeugnis. In seinem Ablauf vergegenwärtigt sich die Gemeinde Leben und Wirken ihres Herrn: Ankündigung und Geburt Christi (Advent und Weihnachten), Erscheinung Gottes in Christus (Epiphaniaszeit), Jesu Leiden und Sterben (Passionszeit), Jesu Auferstehung und Himmelfahrt (Osterzeit) und die Ausgießung des Heiligen Geistes (Pfingsten). Damit beginnt die Zeit der Kirche. Sie bekennt sich zur Dreifaltigkeit Gottes: Vater, Sohn und Heiliger Geist (Trinitatiszeit) und erwartet die Wiederkunft Christi am Jüngsten Tag.

Das Kirchenjahr hat sich in den ersten Jahrhunderten christlicher Zeitrechnung herausgebildet. Sein Höhepunkt ist das Osterfest: die Auferstehung Christi von den Toten ist der Ursprung christlichen Glaubens. Schon in der Zeit der Apostel wurde deshalb die Auferstehung Jesu am ersten Tag der Woche (Sonntag) mit dem Mahl des Herrn gefeiert. Der römische Kaiser Konstantin hat im Jahr 321 den Sonntag als Tag des Herrn zum gesetzlichen Feiertag erhoben. Ostern fällt – ausgehend von der jüdischen Passatradition – auf den Sonntag nach dem ersten Vollmond am oder nach dem von der Alten Kirche auf den 21. März angesetzten Frühlingsanfang.

Dem Osterfest geht die vierzigtägige Passionszeit voraus (die Werktage ab Aschermittwoch). Sie ist dem Gedächtnis an das Leiden und Sterben Jesu Christi gewidmet. Die letzte Woche der Passionszeit ist die Karwoche mit dem Gründonnerstag, dem Tag der Einsetzung des Abendmahls, und dem Karfreitag, dem Tag der Kreuzigung und des Todes Jesu.

Dem Osterfest folgt am 40. Tag das Fest der Himmelfahrt Christi und am 50. Tag das Pfingstfest, der Tag der Ausgießung des Heiligen Geistes.

DAS KIRCHENJAHR

Nach dem Osterfestkreis bildete sich seit dem 4. Jahrhundert der Weihnachtsfestkreis heraus. Er beginnt mit den vier Adventssonntagen und hat im Fest der Geburt Jesu am 25. Dezember (Weihnachten, Christtag) seine Mitte. Nach dem 6. Januar, dem Tag der Erscheinung des Herrn (Epiphanias), folgen die Sonntage nach Epiphanias, deren Zahl vom Ostertermin abhängt (mindestens zwei, höchstens sechs).

Die Sonntage nach Pfingsten werden vom Fest der Dreifaltigkeit an (Trinitatis, Sonntag nach Pfingsten) gezählt. Allgemeine Feste dieser Zeit sind: Erntedanktag, Reformationstag (31.10.), Buß- und Bettag (am Mittwoch vor dem Ewigkeitssonntag) und der Ewigkeitssonntag.

Den Zeiten und Festtagen des Kirchenjahres entsprechen die liturgischen Farben (s. Nr. 954):

Weiß	als Symbol des Lichtes	Ostern, Weihnachten, übrige Christusfeste
Violett	als Farbe der Buße und der Bereitung vor den hohen Festen	Passionszeit, Advent, Buß- und Bettag
Rot	als Farbe des Pfingstfeuers und der durch das Blut der Märtyrer ausgebreiteten Kirche	Pfingsten, Gedenktage der Kirche
Grün	als Farbe der aufgehenden Saat	Epiphanias-, Vorfasten- und Trinitatiszeit
Schwarz	als Zeichen der Trauer	Karfreitag

Den Zeiten und Festtagen des Kirchenjahres entsprechend sind in neuerer Zeit jedem Sonntag ein Bibelvers und ein Lied zugeordnet worden (Wochenspruch und Wochenlied).

LITURGISCHER KALENDER

Der folgende liturgische Kalender umfasst die Ordnung der gottesdienstlichen Lesungen (Reihe I: Evangelium, Reihe II: Epistel) und die weiteren Predigttexte (Reihe III bis VI), in denen auch die für die einzelnen Sonntage angebotenen Lesungen aus dem Alten Testament enthalten sind. Sie sind durch einen Stern gekennzeichnet. Das Evangelium (Reihe I) gibt jedem Sonn- und Festtag sein eigentümliches Gepräge, es hat auch die Auswahl weiterer gottesdienstlicher Texte (Wochenspruch, Wochenlied, Wochenpsalm) bestimmt. Jedes Jahr wird eine Textreihe in der Predigt ausgelegt. So sind die zum Gottesdienst versammelten Gemeinden an allen Orten miteinander verbunden, indem sie auf den gleichen biblischen Text hören. Der Sechs-Jahres-Turnus soll dem Predigthörer den Reichtum der biblischen Botschaft erschließen.

Das folgende Verzeichnis nennt für jeden Sonn- und Feiertag: Wochenspruch, Evangelium, Epistel, die übrigen Predigttexte, Wochenlied, Wochenpsalm, liturgische Farbe.

Wenn der Psalm eines Sonn- und Feiertags in der Psalmenauswahl (Nr. 702–758, teils in abweichender Versauswahl) nicht enthalten ist, wird zusätzlich auf den Psalm eines vorausgegangenen oder des folgenden Sonntags verwiesen, der dort zu finden ist. Die Wochenpsalmen (nach der Ordnung der Predigttexte) sind in der Regel zugleich die Psalmen, aus denen die Verse des gottesdienstlichen Eingangspsalms (Introitus) für den entsprechenden Sonntag entnommen sind.

Liegt der Ostertermin eines Jahres früh, entfallen einer oder mehrere der Sonntage nach Epiphanias, nicht jedoch der letzte. Liegt der Ostertermin spät, entfallen einer oder mehrere der Sonntage nach Trinitatis, die dem drittletzten Sonntag nach Trinitatis vorausgehen.

DAS KIRCHENJAHR

1. SONNTAG IM ADVENT VIOLETT

Siehe, dein König kommt zu dir,
ein Gerechter und ein Helfer. *(Sach 9,9)*

I Mt 21,1-9 (Ev.) II Röm 13,8-12.(13-14) (Ep.)
III Jer 23,5-8* IV Offb 5,1-5.(6-14)
V Lk 1,67-79 VI Hebr 10,(19-22).23-25

Nun komm, der Heiden Heiland (Nr. 4)
oder Die Nacht ist vorgedrungen (Nr. 16)
Psalm 24

2. SONNTAG IM ADVENT VIOLETT

Seht auf und erhebt eure Häupter,
weil sich eure Erlösung naht. *(Lk 21,28)*

I Lk 21,25-33 (Ev.) II Jak 5,7-8 (Ep.)
III Mt 24,1-14 IV Jes 63,15-16.(17-19a).19b; 64,1-3*
V Jes 35,3-10 VI Offb 3,7-13

Ihr lieben Christen, freut euch nun (Nr. 6)
Psalm 80,2-7.15-20
oder wie 1. Advent

3. SONNTAG IM ADVENT VIOLETT

Bereitet dem Herrn den Weg; denn siehe,
der Herr kommt gewaltig. *(Jes 40,3.10)*

I Mt 11,2-6.(7-10) (Ev.) II 1. Kor 4,1-5 (Ep.)
III Lk 3,1-14 IV Röm 15,4-13
V Jes 40,1-8.(9-11)* VI Offb 3,1-6

Mit Ernst, o Menschenkinder (Nr. 10)
Psalm 85,2-8
oder wie 1. Advent

4. SONNTAG IM ADVENT VIOLETT

Freuet euch in dem Herrn allewege,
und abermals sage ich:
Freuet euch! Der Herr ist nahe! *(Phil 4,4-5)*

  I Lk 1,(39-45).46-55 (56) (Ev.)   II Phil 4,4-7 (Ep.)
III Lk 1,26-33.(34-37).38   IV 2. Kor 1,18-22
  V Joh 1,19-23.(24-28)   VI Jes 52,7-10*

Nun jauchzet, all ihr Frommen (Nr. 9)
Psalm 102,17-23

CHRISTVESPER WEISS

Das Wort ward Fleisch und wohnte unter uns,
und wir sahen seine Herrlichkeit. *(Joh 1,14)*

  I Lk 2,1-14.(15-20) (Ev.)   II Tit 2,11-14 (Ep.)
III Joh 3,16-21   IV Jes 9,1-6*
  V Joh 7,28-29   VI 1. Tim 3,16

Gelobet seist du, Jesu Christ (Nr. 23)
Psalm 2
oder wie Christfest

CHRISTNACHT WEISS

Das Wort ward Fleisch und wohnte unter uns,
und wir sahen seine Herrlichkeit. *(Joh 1,14)*

  I Mt 1,(1-17).18-21.(22-25) (Ev.)   II Röm 1,1-7 (Ep.)
III 2. Sam 7,4-6.12-14a   IV Jes 7,10-14*
  V Hes 37,24-28   VI Kol 2,3-10

Lobt Gott, ihr Christen alle gleich (Nr. 27)
Psalm 2
oder wie Christfest

DAS KIRCHENJAHR

CHRISTFEST, 1. FEIERTAG   WEISS

Das Wort ward Fleisch und wohnte unter uns,
und wir sahen seine Herrlichkeit. *(Joh 1,14)*

I Lk 2,(1-14).15-20 (Ev.)   II Tit 3,4-7 (Ep.)
III Mi 5,1-4a*   IV 1. Joh 3,1-6
V Joh 3,31-36   VI Gal 4,4-7

Gelobet seist du, Jesu Christ (Nr. 23)
Psalm 96

CHRISTFEST, 2. FEIERTAG   WEISS

Das Wort ward Fleisch und wohnte unter uns,
und wir sahen seine Herrlichkeit. *(Joh 1,14)*

I Joh 1,1-5.(6-8).9-14 (Ev.)   II Hebr 1,1-3.(4-6) (Ep.)
III Joh 8,12-16   IV Offb 7,9-12.(13-17)
V Jes 11,1-9*   VI 2. Kor 8,9

Gelobet seist du, Jesu Christ (Nr. 23)
Psalm 96

1. SONNTAG NACH DEM CHRISTFEST   WEISS

Das Wort ward Fleisch und wohnte unter uns,
und wir sahen seine Herrlichkeit. *(Joh 1,14)*

I Lk 2,(22-24).25-38.(39-40) (Ev.)   II 1. Joh 1,1-4 (Ep.)
III Mt 2,13-18.(19-23)   IV 1. Joh 2,21-25
V Joh 12,44-50   VI Jes 49,13-16*

Vom Himmel kam der Engel Schar (Nr. 25)
oder Freuet euch, ihr Christen alle (Nr. 34)
Psalm 71,14-18

ALTJAHRSABEND WEISS

Barmherzig und gnädig ist der Herr,
geduldig und von großer Güte. *(Ps 103,8)*

I Lk 12,35-40 (Ev.)	II Röm 8,31b-39 (Ep.)
III Jes 30,(8-14).15-17*	IV 2. Mose 13,20-22
V Joh 8,31-36	VI Hebr 13,8-9b

Das alte Jahr vergangen ist (Nr. 59)
oder Der du die Zeit in Händen hast (Nr. 64)
Psalm 121

NEUJAHRSTAG WEISS

Alles, was ihr tut mit Worten oder mit Werken,
das tut alles im Namen des Herrn Jesus
und dankt Gott, dem Vater, durch ihn. *(Kol 3,17)*

I Lk 4,16-21 (Ev.)	II Jak 4,13-15 (Ep.)
III Joh 14,1-6	IV Jos 1,1-9*
V Spr 16,1-9	VI Phil 4,10-13.(14-20)

Der du die Zeit in Händen hast (Nr. 64)
oder Von guten Mächten treu und still umgeben (Nr. 65)
Psalm 8

2. SONNTAG NACH DEM CHRISTFEST WEISS

Wir sahen seine Herrlichkeit,
eine Herrlichkeit als des eingeborenen Sohnes
vom Vater,
voller Gnade und Wahrheit. *(Joh 1,14)*

I Lk 2,41-52 (Ev.)	II 1. Joh 5,11-13 (Ep.)
III Joh 1,43-51	IV Jes 61,1-3.(4.9).10-11*
V Joh 7,14-18	VI Röm 16,25-27

Also liebt Gott die arge Welt (Nr. 51)
oder O Jesu Christe, wahres Licht (Nr. 72)
Psalm 138,2-5
oder wie Christfest

DAS KIRCHENJAHR

EPIPHANIAS   WEISS

> Die Finsternis vergeht
> und das wahre Licht scheint jetzt. *(1. Joh 2,8)*

   I Mt 2,1-12 (Ev.)   II Eph 3,2-3a.5-6 (Ep.)
 III Joh 1,15-18   IV Kol 1,24-27
   V Jes 60,1-6*   VI 2. Kor 4,3-6

Wie schön leuchtet der Morgenstern (Nr. 70)
oder O König aller Ehren (Nr. 71)
Psalm 72,1-3.10-13.19
oder Psalm 100

1. SONNTAG NACH EPIPHANIAS   GRÜN

> Welche der Geist Gottes treibt,
> die sind Gottes Kinder. *(Röm 8,14)*

   I Mt 3,13-17 (Ev.)   II Röm 12,1-3.(4-8) (Ep.)
 III Mt 4,12-17   IV 1. Kor 1,26-31
   V Joh 1,29-34   VI Jes 42,1-4.(5-9)*

O lieber Herre Jesu Christ (Nr. 68)
oder Du höchstes Licht, du ewger Schein (Nr. 441)
Psalm 89,2-6.20-23.27-30
oder Psalm 100

2. SONNTAG NACH EPIPHANIAS   GRÜN

> Das Gesetz ist durch Mose gegeben;
> die Gnade und Wahrheit ist durch
> Jesus Christus geworden. *(Joh 1,17)*

   I Joh 2,1-11 (Ev.)   II Röm 12,(4-8).9-16 (Ep.)
 III 2. Mose 33,17b-23*   IV 1. Kor 2,1-10
   V Mk 2,18-20.(21-22)   VI Hebr 12,12-18.(19-21).22-25a

Gottes Sohn ist kommen (Nr. 5)
oder In dir ist Freude (Nr. 398)
Psalm 105,1-8
oder Psalm 100

3. SONNTAG NACH EPIPHANIAS GRÜN

Es werden kommen von Osten und von Westen,
von Norden und von Süden,
die zu Tisch sitzen werden im Reich Gottes. *(Lk 13,29)*

  I Mt 8,5-13 (Ev.)   II Röm 1,(14-15).16-17 (Ep.)
III Joh 4,46-54   IV 2. Kön 5,(1-8).9-15.(16-18).19a*
  V Joh 4,5-14   VI Apg 10,21-35

Lobt Gott den Herrn, ihr Heiden all (Nr. 293)
Psalm 86,1-11.17
oder Psalm 100

4. SONNTAG NACH EPIPHANIAS GRÜN

Kommt her und sehet an die Werke Gottes,
der so wunderbar ist in seinem Tun
an den Menschenkindern. *(Ps 66,5)*

  I Mk 4,35-41 (Ev.)   II 2. Kor 1,8-11 (Ep.)
III Mt 14,22-33   IV Eph 1,15-20a
  V Jes 51,9-16*   VI 1. Mose 8,1-12

Wach auf, wach auf, 's ist hohe Zeit (Nr. 244)
oder Such, wer da will, ein ander Ziel (Nr. 346)
Psalm 107,1-2.23-32
oder Psalm 100

5. SONNTAG NACH EPIPHANIAS GRÜN

Der Herr wird ans Licht bringen,
was im Finstern verborgen ist,
und wird das Trachten der Herzen offenbar
machen. *(1. Kor 4,5)*

  I Mt 13,24-30 (Ev.)   II 1. Kor 1,(4-5).6-9 (Ep.)
III Jes 40,12-25*

Ach bleib bei uns, Herr Jesu Christ (Nr. 246)
Psalm 37,1-7a

DAS KIRCHENJAHR

LETZTER SONNTAG NACH EPIPHANIAS WEISS

Über dir geht auf der Herr, und seine Herrlichkeit
erscheint über dir. *(Jes 60,2)*

I Mt 17,1-9 (Ev.)   II 2. Kor 4,6-10 (Ep.)
III 2. Mose 3,1-10.(11-14)*   IV Offb 1,9-18
V Joh 12,34-36.(37-41)   VI 2. Petr 1,16-19.(20-21)

Herr Christ, der einig Gotts Sohn (Nr. 67)
Psalm 97
oder Psalm 100

3. SONNTAG VOR DER PASSIONSZEIT (SEPTUAGESIMÄ) GRÜN

Wir liegen vor dir mit unserm Gebet
und vertrauen nicht auf unsre Gerechtigkeit,
sondern auf deine große Barmherzigkeit. *(Dan 9,18)*

I Mt 20,1-16a (Ev.)   II 1. Kor 9,24-27 (Ep.)
III Lk 17,7-10   IV Jer 9,22-23*
V Mt 9,9-13   VI Röm 9,14-24

Es ist das Heil uns kommen her (Nr. 342)
oder Gott liebt diese Welt (Nr. 409)
Psalm 31,20-25

2. SONNTAG VOR DER PASSIONSZEIT (SEXAGESIMÄ) GRÜN

Heute, wenn ihr seine Stimme hören werdet,
so verstockt eure Herzen nicht. *(Hebr 3,15)*

I Lk 8,4-8.(9-15) (Ev.)   II Hebr 4,12-13 (Ep.)
III Mk 4,26-29   IV 2. Kor (11,18.23b-30);12,1-10
V Jes 55,(6-9).10-12a*   VI Apg 16,9-15

Herr, für dein Wort sei hoch gepreist (Nr. 196)
oder Es wolle Gott uns gnädig sein (Nr. 280)
Psalm 119,89-91.105.116

SONNTAG VOR DER PASSIONSZEIT (ESTOMIHI) — GRÜN

> Seht, wir gehen hinauf nach Jerusalem,
> und es wird alles vollendet werden,
> was geschrieben ist durch die Propheten
> von dem Menschensohn. *(Lk 18,31)*

I Mk 8,31-38 (Ev.)   II 1. Kor 13 (Ep.)
III Lk 10,38-42   IV Am 5,21-24*
V Lk 18,31-43   VI Jes 58,1-9a

Ein wahrer Glaube Gotts Zorn stillt (Nr. 413)
oder Lasset uns mit Jesus ziehen (Nr. 384)
Psalm 31,2-6

1. SONNTAG DER PASSIONSZEIT (INVOKAVIT) — VIOLETT

> Dazu ist erschienen der Sohn Gottes,
> dass er die Werke des Teufels zerstöre. *(1. Joh 3,8b)*

I Mt 4,1-11 (Ev.)   II Hebr 4,14-16 (Ep.)
III 1. Mose 3,1-19.(20-24)*   IV 2. Kor 6,1-10
V Lk 22,31-34   VI Jak 1,12-18

Ein feste Burg ist unser Gott (Nr. 362)
oder Ach bleib mit deiner Gnade (Nr. 347)
Psalm 91,1-4.11-12

DAS KIRCHENJAHR

2. SONNTAG DER PASSIONSZEIT   VIOLETT
   (REMINISZERE)

Gott erweist seine Liebe zu uns darin,
dass Christus für uns gestorben ist,
als wir noch Sünder waren. *(Röm 5,8)*

I Mk 12,1-12 (Ev.)	II Röm 5,1-5.(6-11) (Ep.)
III Mt 12,38-42	IV Jes 5,1-7*
V Joh 8,(21-26a).26b-30	VI Hebr 11,8-10

Wenn wir in höchsten Nöten sein (Nr. 366)
Psalm 10,4.11-14.17-18
oder wie 3. Sonntag der Passionszeit

3. SONNTAG DER PASSIONSZEIT   VIOLETT
   (OKULI)

Wer seine Hand an den Pflug legt und sieht zurück,
der ist nicht geschickt für das Reich Gottes. *(Lk 9,62)*

I Lk 9,57-62 (Ev.)	II Eph 5,1-8a (Ep.)
III Mk 12,41-44	IV 1. Petr 1,(13-17).18-21
V Jer 20,7-11a.(11b-13)	VI 1. Kön 19,1-8.(9-13a)*

Wenn meine Sünd' mich kränken (Nr. 82)
oder Du schöner Lebensbaum des Paradieses (Nr. 96)
Psalm 34,16-23

4. SONNTAG DER PASSIONSZEIT   VIOLETT
   (LÄTARE)

Wenn das Weizenkorn nicht in die Erde fällt
und erstirbt, bleibt es allein;
wenn es aber erstirbt, bringt es viel Frucht. *(Joh 12,24)*

I Joh 12,20-26 (Ev.)	II 2. Kor 1,3-7 (Ep.)
III Joh 6,55-65	IV Phil 1,15-21
V Joh 6,47-51	VI Jes 54,7-10*

Korn, das in die Erde (Nr. 98)
oder Jesu, meine Freude (Nr. 396)
Psalm 84,6-13

5. SONNTAG DER PASSIONSZEIT (JUDIKA) VIOLETT

Der Menschensohn ist nicht gekommen,
dass er sich dienen lasse,
sondern daß er diene und gebe sein Leben
zu einer Erlösung für viele. *(Mt 20,28)*

I Mk 10,35-45 (Ev.)   II Hebr 5,7-9 (Ep.)
III 1. Mose 22,1-13*   IV 4. Mose 21,4-9
V Joh 11,47-53   VI Hebr 13,12-14

O Mensch, bewein dein Sünde groß (Nr. 76)
Psalm 43

6. SONNTAG DER PASSIONSZEIT (PALMSONNTAG) VIOLETT

Der Menschensohn muss erhöht werden,
damit alle, die an ihn glauben,
das ewige Leben haben. *(Joh 3,14.15)*

I Joh 12,12-19 (Ev.)   II Phil 2,5-11 (Ep.)
III Mk 14,3-9   IV Jes 50,4-9*
V Joh 17,1.(2-5).6–8   VI Hebr 12,1-3

Du großer Schmerzensmann (Nr. 87)
Psalm 69,2-4.8-10.21b-22.30

GRÜNDONNERSTAG WEISS

Er hat ein Gedächtnis gestiftet seiner Wunder,
der gnädige und barmherzige Herr. *(Ps 111,4)*

I Joh 13,1-15.(34-35) (Ev.)   II 1. Kor 11,23-26 (Ep.)
III Mk 14,17-26   IV 1. Kor 10,16-17
V 2. Mose 12,1.3-4.6-7.11-14*   VI Hebr 2,10-18

Das Wort geht von dem Vater aus (Nr. 223)
Psalm 111

DAS KIRCHENJAHR

KARFREITAG   SCHWARZ

> Also hat Gott die Welt geliebt,
> dass er seinen eingeborenen Sohn gab,
> damit alle, die an ihn glauben,
> nicht verloren werden,
> sondern das ewige Leben haben. *(Joh 3,16)*

I Joh 19,16-30 (Ev.)   II 2. Kor 5,(14b-18).19-21 (Ep.)
III Lk 23,33-49   IV Hebr 9,15.26b-28
V Mt 27,33-50.(51-54)   VI Jes (52,13-15);53,1-12*

Ein Lämmlein geht und trägt die Schuld (Nr. 83)
oder Christe, du Schöpfer aller Welt (Nr. 92)
Psalm 22,2-6.12.23-28

KARSONNABEND   SCHWARZ

> Also hat Gott die Welt geliebt,
> dass er seinen eingeborenen Sohn gab,
> damit alle, die an ihn glauben,
> nicht verloren werden,
> sondern das ewige Leben haben. *(Joh 3,16)*

I Mt 27,(57-61).62-66 (Ev.)   II 1. Petr 3,18-22 (Ep.)
III Jona 2   IV Hebr 9,11-12.24
V Joh 19,(31-37).38-42   VI Hes 37,1-14*

Wir danken dir, Herr Jesu Christ,
dass du für uns gestorben bist (Nr. 79)
Psalm 88 in Auswahl
oder wie Karfreitag

OSTERNACHT WEISS

> Christus spricht: Ich war tot, und siehe,
> ich bin lebendig von Ewigkeit zu Ewigkeit
> und habe die Schlüssel des Todes
> und der Hölle. *(Offb 1,18)*

 I Mt 28,1-10 (Ev.)   II Kol 3,1-4 (Ep.)
III Jes 26,13-14.(15-18).19* IV 1.Thess 4,13-14
 V Joh 5,19-21   VI 2.Tim 2,8a.(8b-13)

Christ ist erstanden (Nr. 99)
Psalm 118,14-24

OSTERSONNTAG WEISS

> Christus spricht: Ich war tot, und siehe,
> ich bin lebendig von Ewigkeit zu Ewigkeit
> und habe die Schlüssel des Todes
> und der Hölle. *(Offb 1,18)*

 I Mk 16,1-8 (Ev.)   II 1.Kor 15,1-11 (Ep.)
III Mt 28,1-10   IV 1.Sam 2,1-2.6-8a*
 V Joh 20,11-18   VI 1.Kor 15,19-28

Christ lag in Todesbanden (Nr. 101)
oder Erschienen ist der herrlich Tag (Nr. 106)
Psalm 118,14-24

OSTERMONTAG WEISS

> Christus spricht: Ich war tot, und siehe,
> ich bin lebendig von Ewigkeit zu Ewigkeit
> und habe die Schlüssel des Todes
> und der Hölle. *(Offb 1,18)*

 I Lk 24,13-35 (Ev.) II 1.Kor 15,12-20 (Ep.)
III Lk 24,36-45   IV 1.Kor 15,50-58
 V Jes 25,8-9*   VI Apg 10,34a.36-43

Christ lag in Todesbanden (Nr. 101)
oder Erstanden ist der heilig Christ (Nr. 105)
Psalm 118,14-24

DAS KIRCHENJAHR

1. SONNTAG NACH OSTERN (QUASIMODOGENITI)   WEISS

Gelobt sei Gott, der Vater unseres Herrn
Jesus Christus, der uns nach seiner großen
Barmherzigkeit wiedergeboren hat zu einer
lebendigen Hoffnung durch die Auferstehung
Jesu Christi von den Toten. *(1. Petr 1,3)*

I Joh 20,19-29 (Ev.)	II 1. Petr 1,3-9 (Ep.)
III Joh 21,1-14	IV Kol 2,12-15
V Mk 16,9-14.(15-20)	VI Jes 40,26-31*

Jesus Christus, unser Heiland, der den Tod überwand (Nr. 102)
Psalm 116,1-9

2. SONNTAG NACH OSTERN (MISERIKORDIAS DOMINI)   WEISS

Christus spricht: Ich bin der gute Hirte.
Meine Schafe hören meine Stimme,
und ich kenne sie und sie folgen mir;
und ich gebe ihnen das ewige Leben. *(Joh 10,11.27.28)*

I Joh 10,11-16.(27-30) (Ev.)	II 1. Petr 2,21b-25 (Ep.)
III Hes 34,1-2.(3-9).10-16.31*	IV 1. Petr 5,1-4
V Joh 21,15-19	VI Hebr 13,20-21

Der Herr ist mein getreuer Hirt (Nr. 274)
Psalm 23

3. SONNTAG NACH OSTERN (JUBILATE)   WEISS

Ist jemand in Christus, so ist er eine neue Kreatur;
das Alte ist vergangen, siehe,
Neues ist geworden. *(2. Kor 5,17)*

  I Joh 15,1-8 (Ev.)   II 1. Joh 5,1-4 (Ep.)
III Joh 16,16.(17-19).20-23a   IV 2. Kor 4,16-18
  V 1. Mose 1,1-4a.26-31; 2,1-4a*   VI Apg 17,22-28a.(28b-34)

Mit Freuden zart zu dieser Fahrt (Nr. 108)
Psalm 66,1-9
oder wie Ostern

4. SONNTAG NACH OSTERN (KANTATE)   WEISS

Singet dem Herrn ein neues Lied,
denn er tut Wunder. *(Ps 98,1)*

  I Mt 11,25-30 (Ev.)   II Kol 3,12-17 (Ep.)
III Mt 21,14-17.(18-22)   IV Apg 16,23-34
  V Jes 12,1-6*   VI Offb 15,2-4

Lob Gott getrost mit Singen (Nr. 243)
oder Nun freut euch, lieben Christen g'mein (Nr. 341)
Psalm 98

5. SONNTAG NACH OSTERN (ROGATE)   WEISS

Gelobt sei Gott, der mein Gebet nicht verwirft
noch seine Güte von mir wendet. *(Ps 66,20)*

  I Joh 16,23b-28.(29-32).33 (Ev.)   II 1. Tim 2,1-6a (Ep.)
III Lk 11,5-13   IV Kol 4,2-4.(5-6)
  V Mt 6,(5-6).7-13.(14-15)   VI 2. Mose 32,7-14*

Zieh ein zu deinen Toren (Nr. 133)
oder Vater unser im Himmelreich (Nr. 344)
Psalm 95,1-7b
oder wie Ostern

DAS KIRCHENJAHR

CHRISTI HIMMELFAHRT   WEISS

Christus spricht: Wenn ich erhöht werde von der Erde,
so will ich alle zu mir ziehen. *(Joh 12,32)*

I Lk 24,(44-49).50-53 (Ev.) II Apg 1,3-4.(5-7).8-11 (Ep.)
III 1. Kön 8,22-24.26-28*   IV Offb 1,4-8
V Joh 17,20-26   VI Eph 1,20b-23

Wir danken dir, Herr Jesu Christ,
dass du gen Himmel g'fahren bist (Nr. 121)
Psalm 47,2-10

6. SONNTAG NACH OSTERN (EXAUDI)   WEISS

Christus spricht: Wenn ich erhöht werde von der Erde,
so will ich alle zu mir ziehen. *(Joh 12,32)*

I Joh 15,26-16,4 (Ev.)   II Eph 3,14-21 (Ep.)
III Joh 7,37-39   IV Jer 31,31-34*
V Joh 14,15-19   VI Röm 8,26-30

Heilger Geist, du Tröster mein (Nr. 128)
Psalm 27,1.7-14

PFINGSTSONNTAG   ROT

Es soll nicht durch Heer oder Kraft,
sondern durch meinen Geist geschehen,
spricht der Herr Zebaoth. *(Sach 4,6)*

I Joh 14,23-27 (Ev.)   II Apg 2,1-18 (Ep.)
III Joh 16,5-15   IV 1. Kor 2,12-16
V 4. Mose 11,11-12.14-17.24-25* VI Röm 8,1-2.(3-9).10-11

Komm, Heiliger Geist, Herre Gott (Nr. 125)
Psalm 118,24-29

PFINGSTMONTAG ROT

Es soll nicht durch Heer oder Kraft,
sondern durch meinen Geist geschehen,
spricht der Herr Zebaoth. *(Sach 4,6)*

I Mt 16,13-19 (Ev.)   II 1. Kor 12,4-11 (Ep.)
III 1. Mose 11,1-9*   IV Eph 4,11-15.(16)
V Joh 4,19-26   VI Apg 2,22-23.32-33.36-39

Komm, Heiliger Geist, Herre Gott (Nr. 125)
oder Freut euch, ihr Christen alle (Nr. 129)
Psalm 100

TAG DER HEILIGEN DREIFALTIGKEIT WEISS
(TRINITATIS)

Heilig, heilig, heilig ist der Herr Zebaoth,
alle Lande sind seiner Ehre voll. *(Jes 6,3)*

I Joh 3,1-8.(9-15) (Ev.)   II Röm 11,(32).33-36 (Ep.)
III Jes 6,1-13*   IV Eph 1,3-14
V 4. Mose 6,22-27   VI 2. Kor 13,11.(12).13

Komm, Gott Schöpfer, Heiliger Geist (Nr. 126)
oder Gelobet sei der Herr (Nr. 139)
Psalm 145 in Auswahl

1. SONNTAG NACH TRINITATIS GRÜN

Christus spricht zu seinen Jüngern:
Wer euch hört, der hört mich;
und wer euch verachtet, der verachtet mich. *(Lk 10,16)*

I Lk 16,19-31 (Ev.)   II 1. Joh 4,16b-21 (Ep.)
III Joh 5,39-47   IV Jer 23,16-29
V Mt 9,35-38;10,1.(2-4).5-7 VI 5. Mose 6,4-9*

Nun bitten wir den Heiligen Geist (Nr. 124)
Psalm 34,2-11

DAS KIRCHENJAHR

2. SONNTAG NACH TRINITATIS GRÜN

Christus spricht: Kommt her zu mir,
alle, die ihr mühselig und beladen seid;
ich will euch erquicken. *(Mt 11,28)*

I Lk 14,(15).16-24 (Ev.) II Eph 2,17-22 (Ep.)
III Mt 22,1-14 IV 1. Kor 14,1-3.20-25
V Jes 55,1-3b.(3c-5)* VI 1. Kor 9,16-23

Ich lobe dich von ganzer Seelen (Nr. 250)
oder Kommt her zu mir, spricht Gottes Sohn (Nr. 363)
Psalm 36,6-11

3. SONNTAG NACH TRINITATIS GRÜN

Der Menschensohn ist gekommen, zu suchen
und selig zu machen, was verloren ist. *(Lk 19,10)*

I Lk 15,1-3.11b-32 (Ev.) II 1. Tim 1,12-17 (Ep.)
III Lk 15,1-7.(8-10) IV 1. Joh 1,5–2,6
V Lk 19,1-10 VI Hes 18,1-4.21-24.30-32*

Allein zu dir, Herr Jesu Christ (Nr. 232)
oder Jesus nimmt die Sünder an (Nr. 353)
Psalm 103,1-5.8-13

4. SONNTAG NACH TRINITATIS GRÜN

Einer trage des andern Last, so werdet ihr
das Gesetz Christi erfüllen. *(Gal 6,2)*

I Lk 6,36-42 (Ev.) II Röm 14,10-13 (Ep.)
III 1. Mose 50,15-21* IV 1. Petr 3,8-15a.(15b-17)
V Joh 8,3-11 VI Röm 12,17-21

Komm in unsre stolze Welt (Nr. 428)
oder O Gott, du frommer Gott (Nr. 495)
Psalm 42,2-12

5. SONNTAG NACH TRINITATIS GRÜN

Aus Gnade seid ihr selig geworden durch Glauben,
und das nicht aus euch: Gottes Gabe ist es. *(Eph 2,8)*

I Lk 5,1-11 (Ev.)	II 1. Kor 1,18-25 (Ep.)
III Joh 1,35-42	IV 1. Mose 12,1-4a*
V Lk 14,25-33	VI 2. Thess 3,1-5

Preis, Lob und Dank sei Gott dem Herren (Nr. 245)
oder Wach auf, du Geist der ersten Zeugen (Nr. 241)
Psalm 73,14.23-26.28

6. SONNTAG NACH TRINITATIS GRÜN

So spricht der Herr, der dich geschaffen hat:
Fürchte dich nicht, denn ich habe dich erlöst;
ich habe dich bei deinem Namen gerufen;
du bist mein! *(Jes 43,1)*

I Mt 28,16-20 (Ev.)	II Röm 6,3-8.(9-11) (Ep.)
III 5. Mose 7,6-12	IV Apg 8,26-39
V Jes 43,1-7*	VI 1. Petr 2,1-10

Ich bin getauft auf deinen Namen (Nr. 200)
Psalm 139,1-16.23-24

7. SONNTAG NACH TRINITATIS GRÜN

So seid ihr nun nicht mehr Gäste und Fremdlinge,
sondern Mitbürger der Heiligen und Gottes
Hausgenossen. *(Eph 2,19)*

I Joh 6,1-15 (Ev.)	II Apg 2,41a.42-47 (Ep.)
III Joh 6,30-35	IV Phil 2,1-4
V Lk 9,10-17	VI 2. Mose 16,2-3.11-18*

Das sollt ihr, Jesu Jünger, nie vergessen (Nr. 221)
oder Sei Lob und Ehr dem höchsten Gut (Nr. 326)
Psalm 107,1-9
oder wie 6. Sonntag nach Trinitatis

DAS KIRCHENJAHR

8. SONNTAG NACH TRINITATIS GRÜN

Lebt als Kinder des Lichts;
die Frucht des Lichts ist lauter Güte
und Gerechtigkeit und Wahrheit. *(Eph 5,8.9)*

  I Mt 5,13-16 (Ev.)   II Eph 5,8b-14 (Ep.)
III Jes 2,1-5*   IV 1. Kor 6,9-14.18-20
  V Joh 9,1-7   VI Röm 6,19-23

O gläubig Herz, gebenedei (Nr. 318)
Psalm 48,2-3a.9-11
oder wie 6. Sonntag nach Trinitatis

9. SONNTAG NACH TRINITATIS GRÜN

Wem viel gegeben ist, bei dem wird man viel suchen;
und wem viel anvertraut ist,
von dem wird man umso mehr fordern. *(Lk 12,48)*

  I Mt 25,14-30 (Ev.)   II Phil 3,7-11.(12-14) (Ep.)
III Mt 7,24-27   IV Jer 1,4-10*
  V Mt 13,44-46   VI 1. Petr 4,7-11

Ich weiß, mein Gott, dass all mein Tun (Nr. 497)
Psalm 40,9-12
oder wie 6. Sonntag nach Trinitatis

10. SONNTAG NACH TRINITATIS GRÜN

Wohl dem Volk, dessen Gott der Herr ist,
dem Volk, das er zum Erbe erwählt hat. *(Ps 33,12)*

 I Lk 19,41-48 oder: Mk 12,28-34 (Ev.)
 II Röm 9,1-5.(6-8.14-16) (Ep.)
 III 2. Mose 19,1-6
 IV Jes 62,6-12 oder: Jes Sir 36,13-19*
 V Joh 4,19-26
 VI Röm 11,25-32

Gott der Vater steh uns bei (Nr. 138)
oder Nun danket Gott, erhebt und preiset (Nr. 290)
Psalm 74,1-3.8-11.20-21
oder wie 6. Sonntag nach Trinitatis

11. SONNTAG NACH TRINITATIS GRÜN

Gott widersteht den Hochmütigen,
aber den Demütigen gibt er Gnade. *(1. Petr 5,5)*

 I Lk 18,9-14 (Ev.)   II Eph 2,4-10 (Ep.)
 III Mt 21,28-32   IV Gal 2,16-21
 V Lk 7,36-50   VI 2. Sam 12,1-10.13-15a*

Aus tiefer Not schrei ich zu dir (Nr. 299)
Psalm 113,1-8

12. SONNTAG NACH TRINITATIS GRÜN

Das geknickte Rohr wird er nicht zerbrechen,
und den glimmenden Docht wird er nicht
auslöschen. *(Jes 42,3)*

 I Mk 7,31-37 (Ev.)   II Apg 9,1-9.(10-20) (Ep.)
 III Jes 29,17-24*   IV Apg 3,1-10
 V Mk 8,22-26   VI 1. Kor 3,9-15

Nun lob, mein Seel, den Herren (Nr. 289)
Psalm 147,3-6.11-14a
oder wie 11. Sonntag nach Trinitatis

DAS KIRCHENJAHR

13. SONNTAG NACH TRINITATIS   GRÜN

Christus spricht: Was ihr getan habt
einem von diesen meinen geringsten Brüdern,
das habt ihr mir getan. *(Mt 25,40)*

I Lk 10,25-37 (Ev.)	II 1.Joh 4,7-12 (Ep.)
III Mk 3,31-35	IV 1.Mose 4,1-16a*
V Mt 6,1-4	VI Apg 6,1-7

Ich ruf zu dir, Herr Jesu Christ (Nr. 343)
Psalm 112,5-9
oder wie 11. Sonntag nach Trinitatis

14. SONNTAG NACH TRINITATIS   GRÜN

Lobe den Herrn, meine Seele, und vergiss nicht,
was er dir Gutes getan hat. *(Ps 103,2)*

I Lk 17,11-19 (Ev.)	II Röm 8,(12-13).14-17 (Ep.)
III Mk 1,40-45	IV 1.Thess 1,2-10
V 1.Mose 28,10-19a*	VI 1.Thess 5,14-24

Von Gott will ich nicht lassen (Nr. 365)
Psalm 146

15. SONNTAG NACH TRINITATIS   GRÜN

Alle eure Sorge werft auf ihn; denn er sorgt
für euch. *(1. Petr 5,7)*

I Mt 6,25-34 (Ev.)	II 1. Petr 5,5c-11 (Ep.)
III Lk 18,28-30	IV Gal 5,25-26;6,1-3.7-10
V Lk 17,5-6	VI 1.Mose 2,4b-9.(10-14).15*

Auf meinen lieben Gott (Nr. 345)
oder Wer nur den lieben Gott lässt walten (Nr. 369)
Psalm 127,1-2
oder wie 14. Sonntag nach Trinitatis

16. SONNTAG NACH TRINITATIS GRÜN

Christus Jesus hat dem Tode die Macht genommen
und das Leben und ein unvergängliches Wesen
ans Licht gebracht durch das Evangelium. *(2.Tim 1,10)*

I Joh 11,1.(2).3.17-27.41-45 (Ev.) II 2.Tim 1,7-10 (Ep.)
III Klgl 3,22-26.31-32* IV Apg 12,1-11
V Lk 7,11-16 VI Hebr 10,35-36.(37-38).39

O Tod, wo ist dein Stachel nun (Nr. 113)
oder Was mein Gott will, gescheh allzeit (Nr. 364)
Psalm 68,4-7a.20-21
oder wie 14. Sonntag nach Trinitatis

17. SONNTAG NACH TRINITATIS GRÜN

Unser Glaube ist der Sieg, der die Welt
überwunden hat. *(1.Joh 5,4)*

I Mt 15,21-28 (Ev.) II Röm 10,9-17.(18) (Ep.)
III Mk 9,17-27 IV Jes 49,1-6*
V Joh 9,35-41 VI Eph 4,1-6

Such, wer da will, ein ander Ziel (Nr. 346)
Psalm 25,8-15

18. SONNTAG NACH TRINITATIS GRÜN

Dies Gebot haben wir von ihm, dass, wer Gott liebt,
dass der auch seinen Bruder liebe. *(1.Joh 4,21)*

I Mk 12,28-34 (Ev.) II Röm 14,17-19 (Ep.)
III Mk 10,17-27 IV Jak 2,1-13
V 2.Mose 20,1-17* VI Eph 5,15-21

Herzlich lieb hab ich dich, o Herr (Nr. 397)
oder In Gottes Namen fang ich an (Nr. 494)
Psalm 1

DAS KIRCHENJAHR

ERNTEDANKFEST   GRÜN

Aller Augen warten auf dich, Herr, und du gibst ihnen
ihre Speise zur rechten Zeit. *(Ps 145,15)*

I Lk 12,(13-14).15-21 oder: Mt 6,25-34 (Ev.)   II 2. Kor 9,6-15 (Ep.)
III Jes 58,7-12*   IV 1. Tim 4,4-5
V Mt 6,19-23   VI Hebr 13,15-16

Ich singe dir mit Herz und Mund (Nr. 324)
oder Nun preiset alle Gottes Barmherzigkeit (Nr. 502)
Psalm 104,10-15.27-30

19. SONNTAG NACH TRINITATIS   GRÜN

Heile du mich, Herr, so werde ich heil;
hilf du mir, so ist mir geholfen. *(Jer 17,14)*

I Mk 2,1-12 (Ev.)   II Eph 4,22-32 (Ep.)
III Mk 1,32-39   IV Jak 5,13-16
V Joh 5,1-16   VI 2. Mose 34,4-10*

Nun lasst uns Gott dem Herren Dank sagen
und ihn ehren (Nr. 320)
Psalm 32,1-5.10-11

20. SONNTAG NACH TRINITATIS   GRÜN

Es ist dir gesagt, Mensch, was gut ist und
was der Herr von dir fordert,
nämlich Gottes Wort halten und Liebe üben
und demütig sein vor deinem Gott. *(Mi 6,8)*

I Mk 10,2-9.(10-16) (Ev.)   II 1. Thess 4,1-8 (Ep.)
III 1. Mose 8,18-22*   IV 1. Kor 7,29-31
V Mk 2,23-28   VI 2. Kor 3,2-9

Wohl denen, die da wandeln (Nr. 295)
Psalm 119,101-108

21. SONNTAG NACH TRINITATIS GRÜN

Lass dich nicht vom Bösen überwinden,
sondern überwinde das Böse mit Gutem. *(Röm 12,21)*

I Mt 5,38-48 (Ev.)	II Eph 6,10-17 (Ep.)
III Mt 10,34-39	IV Jer 29,1.4-7.10-14*
V Joh 15,9-12.(13-17)	VI 1. Kor 12,12-14.26-27

Ach Gott, vom Himmel sieh darein (Nr. 273)
oder Zieh an die Macht, du Arm des Herrn (Nr. 377)
Psalm 19,10-15

22. SONNTAG NACH TRINITATIS GRÜN

Bei dir ist die Vergebung, dass man dich fürchte.

(Ps 130,4)

I Mt 18,21-35 (Ev.)	II Phil 1,3-11 (Ep.)
III Mt 18,15-20	IV Röm 7,14-25a
V Mi 6,6-8*	VI 1. Joh 2,(7-11).12-17

Herr Jesu, Gnadensonne (Nr. 404)
Psalm 143,1-10

23. SONNTAG NACH TRINITATIS GRÜN

Dem König aller Könige und Herrn aller Herren,
der allein Unsterblichkeit hat,
dem sei Ehre und ewige Macht. *(1.Tim 6,15.16)*

I Mt 22,15-22 (Ev.)	II Phil 3,17.(18-19).20-21 (Ep.)
III Joh 15,18-21	IV Röm 13,1-7
V Mt 5,33-37	VI 1. Mose 18,20-21.22b-33*

In dich hab ich gehoffet, Herr (Nr. 275)
Psalm 33,13-22
oder wie 21. Sonntag nach Trinitatis

DAS KIRCHENJAHR

REFORMATIONSFEST ROT

Einen andern Grund kann niemand legen als den,
der gelegt ist, welcher ist Jesus Christus. *(1. Kor 3,11)*

I Mt 5,2-10.(11-12) (Ev.)   II Röm 3,21-28 (Ep.)
III Mt 10,26b-33   IV Gal 5,1-6
V Jes 62,6-7.10-12*   VI Phil 2,12-13

Nun freut euch, lieben Christen g'mein (Nr. 341)
oder Ist Gott für mich, so trete gleich alles wider mich
(Nr. 351)
Psalm 46,2-8

24. SONNTAG NACH TRINITATIS GRÜN

Mit Freuden sagt Dank dem Vater, der euch tüchtig
gemacht hat zu dem Erbteil der Heiligen im Licht.
(Kol 1,12)

I Mt 9,18-26 (Ev.)   II Kol 1,(9-12).13-20 (Ep.)
III Pred 3,1-14*

Mitten wir im Leben sind (Nr. 518)
Psalm 39,5-8

DRITTLETZTER SONNTAG GRÜN
DES KIRCHENJAHRES

Siehe, jetzt ist die Zeit der Gnade,
siehe, jetzt ist der Tag des Heils! *(2. Kor 6,2)*

I Lk 17,20-24.(25-30) (Ev.)   II Röm 14,7-9 (Ep.)
III Lk 11,14-23   IV Hiob 14,1-6*
V Lk 18,1-8   VI 1. Thess 5,1-6.(7-11)

Wir warten dein, o Gottes Sohn (Nr. 152)
oder Mitten wir im Leben sind (Nr. 518)
Psalm 90,1-14.(15-17)

VORLETZTER SONNTAG DES KIRCHENJAHRES

GRÜN

> Wir müssen alle offenbar werden
> vor dem Richterstuhl Christi. *(2. Kor 5,10)*

I Mt 25,31-46 (Ev.)
II Röm 8,18-23.(24-25) (Ep.)
III Lk 16,1-8.(9)
IV Offb 2,8-11
V Jer 8,4-7*
VI 2. Kor 5,1-10

Es ist gewisslich an der Zeit (Nr. 149)
Psalm 50,1.4-6.14-15.23
oder wie letzter Sonntag des Kirchenjahres

Der Gottesdienst an diesem Sonntag kann auch als Bittgottesdienst um Frieden gehalten werden.

BUSS- UND BETTAG

VIOLETT

> Gerechtigkeit erhöht ein Volk; aber die Sünde
> ist der Leute Verderben. *(Spr 14,34)*

I Lk 13,(1-5).6-9 (Ev.)
II Röm 2,1-11 (Ep.)
III Mt 12,33-35.(36-37)
IV Offb 3,14-22
V Lk 13,22-27.(28-30)
VI Jes 1,10-17*

Aus tiefer Not lasst uns zu Gott (Nr. 144)
oder Nimm von uns, Herr, du treuer Gott (Nr. 146)
Psalm 51,3-14

LETZTER SONNTAG DES KIRCHENJAHRES (EWIGKEITSSONNTAG)

GRÜN

> Lasst eure Lenden umgürtet sein und eure Lichter
> brennen. *(Lk 12,35)*

I Mt 25,1-13 (Ev.)
II Offb 21,1-7 (Ep.)
III Lk 12,42-48
IV Jes 65,17-19.(20-22).23-25*
V Mk 13,31-37
VI 2. Petr 3,(3-7).8-13

Wachet auf, ruft uns die Stimme (Nr. 147)
Psalm 126

DAS KIRCHENJAHR

GEDENKTAG DER ENTSCHLAFENEN (TOTENSONNTAG)
GRÜN ODER WEISS

> Herr, lehre uns bedenken, dass wir sterben müssen, auf dass wir klug werden. *(Ps 90,12)*

I Joh 5,24-29 (Ev.) II 1. Kor 15,35-38.42-44a (Ep.)
III Dan 12,1b-3* IV Phil 1,21-26
V Mt 22,23-33 VI Hebr 4,9-11

Warum sollt ich mich denn grämen (Nr. 370)
Psalm 102 in Auswahl

ALLGEMEIN BEGANGENE TAGE

KONFIRMATION
ROT

I Mt 7,13-16a (Ev.) II 1. Tim 6,12-16 (Ep.)
III Joh 6,66-69 IV 1. Kor 3,21b-23
V 5. Mose 30,11-20a VI Spr 3,1-8*

Du hast mich, Herr, zu dir gerufen (Nr. 210)
oder Herr Christ, dein bin ich Eigen (Nr. 204)
Psalm 67,2-8

KIRCHWEIHE
ROT

I Lk 19,1-10 (Ev.) II Offb 21,1-5a (Ep.)
III Mk 4,30-32 IV Jos 24,14-16
V Jes 66,1-2* VI Hebr 8,1-6

Ich lobe dich von ganzer Seelen (Nr. 250)
oder Die Kirche steht gegründet (Nr. 264)
Psalm 84,2-13

BITTGOTTESDIENST UM DIE EINHEIT DER KIRCHE

ROT

I Joh 17,1a.11b-23
oder
Mt 13,31.33.(34-35)

II Eph 4,2b-7.11-16
oder
1. Kor 1,10-18

Komm, Heiliger Geist, Herre Gott (Nr. 125)
oder Sonne der Gerechtigkeit (Nr. 262)

BITTGOTTESDIENST UM DIE AUSBREITUNG DES EVANGELIUMS

ROT

I Mt 9,35-38
oder
Joh 4,32-42
Mt 5,13-16
Mt 11,25-30

II Jes 42,1-8
oder
Jes 49,8-13
Röm 11,25-32
Eph 4,15-16
1. Joh 4,7-12

Wach auf, du Geist der ersten Zeugen (Nr. 241)

BITTGOTTESDIENST UM FRIEDEN

ROT

I Mt 5,2-10.(11-12)
oder
Mt 16,1-4
Joh 14,27-31a

II 1. Tim 2,1-4
oder
Mi 4,1-4
Phil 4,6-9

Es wird sein in den letzten Tagen (Nr. 426)
oder Komm in unsre stolze Welt (Nr. 428)
oder Gib Frieden, Herr, gib Frieden (Nr. 430)

DAS KIRCHENJAHR

ANDERE GEDENKTAGE

26. DEZEMBER, TAG DES ERZMÄRTYRERS STEPHANUS — ROT

I Mt 10,16-22 (Ev.)   II Apg (6,8-15).7,55-60 (Ep.)

Vom Himmel kam der Engel Schar (Nr. 25)
Psalm 119,81-82.84-86

28. DEZEMBER, TAG DER UNSCHULDIGEN KINDER — WEISS

I Mt 2,13-18 (Ev.)   II Offb 12,1-6.(13-17) (Ep.)

Vom Himmel kam der Engel Schar (Nr. 25)

1. JANUAR, TAG DER BESCHNEIDUNG UND NAMENSGEBUNG JESU — WEISS

I Lk 2,21 (Ev.)   II Gal 3,26-29 (Ep.)

Freut euch, ihr lieben Christen all (Nr. 60)
Psalm 8

2. FEBRUAR, TAG DER DARSTELLUNG DES HERRN (LICHTMESS) — WEISS

I Lk 2,22-24.(25-35) (Ev.)   II Hebr 2,14-18 (Ep.)

Im Frieden dein, o Herre mein (Nr. 222)
oder Mit Fried und Freud ich fahr dahin (Nr. 519)
Psalm 48,2-3a.9-11
oder Psalm 8

LITURGISCHER KALENDER 954

25. MÄRZ, TAG DER ANKÜNDIGUNG DER GEBURT DES HERRN   WEISS

I Lk 1,26-38 (Ev.)   II Gal 4,4-7 (Ep.)

O lieber Herre Jesu Christ (Nr. 68)
Psalm 45,2a-3.(5.7).8.18
oder Psalm 98

24. JUNI, TAG DER GEBURT JOHANNES DES TÄUFERS   WEISS

I Lk 1,57-67.(68-75).76-80 (Ev.)   II Apg 19,1-7 (Ep.)

Wir wollen singn ein' Lobgesang (Nr. 141)
Psalm 92,2-11

29. JUNI, TAG DER APOSTEL PETRUS UND PAULUS   ROT

I Mt 16,13-19 (Ev.)   II Eph 2,19-22 (Ep.)

Herr, mach uns stark im Mut, der dich bekennt (Nr. 154)
oder Ich lobe dich von ganzer Seelen (Nr. 250)
Psalm 89,2.6-8.(16-17)
oder Psalm 22 II

2. JULI, TAG DER HEIMSUCHUNG MARIÄ   WEISS

I Lk 1,39-47.(48-55).56 (Ev.)   II 1. Tim 3,16 (Ep.)

Mein Seel, o Herr, muss loben dich (Nr. 308)
oder Hoch hebt den Herrn mein Herz (Nr. 309)
Psalm 45,2a.3.(5.7).8.18
oder Psalm 98

29. SEPTEMBER, TAG DES ERZENGELS   WEISS
MICHAEL UND ALLER ENGEL

I Lk 10,17-20 (Ev.)   II Offb 12,7-12a.(12b) (Ep.)

Heut singt die liebe Christenheit (Nr. 143)
Psalm 103,19-22
oder Psalm 148

1. NOVEMBER, GEDENKTAG   ROT
DER HEILIGEN

I Mt 5,2-10.(11-12) (Ev.)   II Offb 7,9-12.(13-17) (Ep.)

Ist Gott für mich, so trete gleich alles wider mich
(Nr. 351)
Psalm 89,2.6-8.(16-17)
oder Psalm 22 II

BEIGABEN ZUR LIEDERKUNDE

EINFÜHRUNG

Am Schluss jedes Liedes werden in diesem Gesangbuch die Verfasser von Text und Melodie, gegebenenfalls auch von Satz und Kanon genannt. Beigefügt ist die Jahreszahl der ältesten bekannten Quelle, für das Mittelalter auf Handschriften, in späterer Zeit auf Drucke bezogen. Ist der Zeitpunkt der Entstehung eines Liedes bekannt und liegt er mehr als ein Jahr vor der ersten Veröffentlichung, wird er in Klammern vorangesetzt. Etliche Melodien sind aus dem weltlichen Musizieren übernommen; das Stichwort »geistlich« markiert dann den Übergang in den Kirchengesang. Wird ein Lied auf eine Melodie gesungen, die von einem anderen Lied entlehnt ist, wird auf den Haupttext dieser Melodie verwiesen. Manchmal ist über den Noten des Liedes eine mögliche Ausweichmelodie angegeben. Eine Reihe von Liedern stammt von mehreren Autoren oder aus verschiedenen Zeiten und Orten; die Aufzählung der Daten spiegelt den Weg der Überlieferung, den ein Lied durchlaufen hat, bis es zur heutigen Gestalt fand. Diese muss manchmal noch vereinheitlicht werden: so sind jetzt in einigen Fällen Leittöne an den Zeilenschlüssen anders gesetzt, als sie bisher regional gebräuchlich waren.

Die »Liedgeschichte im Überblick« (Nr. 956) ist zum einen zeitlich gegliedert nach Jahrhunderten mit theologiegeschichtlichen Unterteilungen; mit fließenden Übergängen in Vor- und Nachgeschichte ist zu rechnen. Zum anderen ist sie räumlich gegliedert; die Bezeichnungen sind als geprägte Landschaften und Sprachgebiete zu verstehen, nicht als staatlich-politische Territorien. Die Autoren, die mehreren Gruppierungen angehören könnten, sind nach Ort und Zeit ihres Liedbeitrags aufgenommen. Für das Mittelalter bietet sich eine eher gattungsmäßige Gliederung an. In der kurzen Charakteristik jeder Epoche werden die wesentlichen Merkmale aus Zeit- und Theologiegeschichte, aus Literatur und Musik umschrieben.

Im Verzeichnis der Dichter und Komponisten (Nr. 957) ist hinter dem Namen des jeweiligen Verfassers in Klammern die

Ziffer angegeben, unter der er in der »Liedgeschichte im Überblick« eingeordnet ist. Am Ende jedes Lebenslaufs ist der spezielle Beitrag des Verfassers im Evangelischen Gesangbuch mit Liednummer notiert. Zusätzlich sind in dieses Verzeichnis wichtige Gesangbücher unter dem Stichwort des Ortes ihrer Veröffentlichung sowie einige überblickartige Sammelartikel aufgenommen worden.

ABKÜRZUNGEN

T	Text
M	Melodie
S	Satz
K	Kanon
(T) und (M)	Vorlage für eine spätere Bearbeitung
T* und M*	Bearbeitung einer älteren oder fremdsprachigen Vorlage
?	Verfasserschaft ist fraglich
→	Hinweis auf ein Stichwort im Verzeichnis der Dichter und Komponisten, bei dem Näheres zu ersehen ist.
Jh.	Jahrhundert
Str.	Strophe

LIEDGESCHICHTE IM ÜBERBLICK

I. 1. BIS 15. JAHRHUNDERT

(1) SPÄTANTIKE

Die christliche Kirche war von Anfang an eine singende Kirche. Psalmen und andere poetische Texte des Alten Testaments dienten als Gesänge und Gebete in Gottesdienst und häuslicher Andacht. Im Neuen Testament sind Lobgesänge (Cantica) und Christuslieder überliefert (Kol 3,16). Diese griechische Dichtung setzte sich fort in der Kunstprosa der Kirchenväter und in den Liturgien der orthodoxen Kirchen des Orients.

> CANTICA:
> Lobgesang der Maria (Magnificat) Lk 1,46-55;
> Lobgesang des Zacharias (Benedictus) Lk 1,68-79;
> Lobgesang des Simeon (Nunc dimittis) Lk 2,29-32
> CHRISTUSLIEDER:
> Phil 2,6-11; Kol 1,15-20; 1.Tim 3,16; Offb 5,12 u.a.

Auf Bischof → Ambrosius geht der abendländische lateinische Hymnus zurück: in der Form ein vierzeiliges Strophenlied, im Inhalt ein lobpreisendes Bekenntnis zu dem dreieinigen Gott in den Festzeiten des Kirchenjahrs und in den Gebetszeiten des Tageslaufs. Die Liturgiereform unter Papst → Gregor I. förderte vielgestaltige, oft recht kunstvolle einstimmige Gesänge (»gregorianischer Choral«): Vertonungen der regelmäßig gebrauchten Gottesdiensttexte (Ordinarium), biblische oder freie Kehrverse zu den Psalmen (Antiphonen). Priester, Solisten und eine Chorgruppe (Schola) führten nun den Gesang aus, nicht mehr die versammelte Gemeinde.

LIEDERKUNDE

HYMNEN: Ambrosius, Gregor I., Prudentius
Clemens; 469, 786.5
ORDINARIUM: Kyrie 178 – Gloria 179, 180 – Sanctus
185 – Agnus Dei 190 (435);
ferner Gloria Patri 177, Vaterunser 186, 187 und das im
Rang eines Glaubensbekenntnisses stehende
Te Deum 191 (331); Halleluja 181, Responsorium 201

(2) MITTELALTER

Vor der Jahrtausendwende traten neue lateinische Singmodelle auf, u.a. wurden vorgegebene Melodiebögen mit Texten unterlegt, so beim Kyrie (Tropen) und bei der letzten Silbe des Halleluja (Sequenzen). Die Sequenz entwickelte sich zu einer dreizeiligen Strophenform; der Endreim wurde nun als prägendes Stilmittel auf alle poetischen Gattungen übertragen. Den althochdeutschen Evangelienerzählungen und ersten Hymnenübersetzungen folgten die deutschen Einzelstrophen der Leisen (nach dem abschließenden Kyrieleis benannt), die bei Pilgerreisen und Prozessionen, bei Predigtgottesdiensten und geistlichen Oster- und Weihnachtsspielen vom Volk angestimmt wurden. Die Mehrstimmigkeit entfaltet sich.

HYMNEN: Hrabanus Maurus; 3 (→ Kempten um 1000), 92, 453, 470
ANTIPHONEN: 19, 125, 156, 421, 518
TROPIERTES KYRIE: 178.4
SEQUENZEN: Wipo von Burgund, Langton; 149
LEISEN: 22, 23, 75, 99, 124, 214, 498

Im hohen und späten Mittelalter entstanden gefühlsbewegte Hymnen der Passions- und Abendmahlsfrömmigkeit, Zeugnisse aus geistlicher Minne und Mystik, Übersetzungen aus der lateinischen Liturgie und Übernahmen aus dem weltlichen Musizieren (Kontrafakturen), Lieder aus Volkstum und Brauchtum (Cantiones). Nonnenklöster (→ Medingen) und Bruderschaften (→ Hohenfurt) vermitteln in ihren Handschriften einen Eindruck von Umfang und Vielfalt des geistlichen Singens.

Hymnen: Arnulf von Löwen, Hus, Johann von Jenstein, Thomas von Aquin. Lateinische Lieder: 29, 75, 77, 100, 105, 119, 183, 192. Lateinisch-deutsch: 35. Deutsche Lieder: von Laufenberg, Mönch von Salzburg; 69, 100, 105, 120, 125, 138, 183, 518. Kontrafakturen: z.B. 158, 243, 289, 521. Böhmen: 78. Italien: Franz von Assisi. Frankreich: M 19, M 98

II. 16. JAHRHUNDERT

(1) REFORMATION

Die Glaubensbewegung der Reformation löste eine impulsive Singbewegung aus. »Singen und Sagen« wurden in Dienst genommen, um das neu entdeckte Evangelium von Gottes Gnade in Jesus Christus für den verlorenen Menschen zu verkündigen; auch im Lied sollte das biblische Wort unter dem Volk lebendig sein. Durch den konsequent genutzten Buchdruck bekam das Liedgut rasch eine Breitenwirkung: Flugblätter, kleine Sammlungen (Achtliederbuch → Nürnberg 1523/24; Enchiridien = Handbüchlein → Erfurt 1524), mehrstimmiges Chorbuch (→ Wittenberg 1524), einstimmige Gemeindegesangbücher (wichtig → Wittenberg 1529 und → Leipzig 1545). Neben Wittenberg bildeten sich Liedzentren in Nürnberg und Augsburg, Straßburg und Konstanz. Starke Beachtung fanden die Gesangbücher der → Böhmischen Brüder und der → Genfer Psalter.

Die Dichter und Sänger der Reformation, besonders intensiv → Luther, knüpften in Übersetzung, Umformung und Erweiterung an das Liedgut der alten und mittelalterlichen Kirche an. Von Geist und Gestalt des Volkslieds ausgehend, schufen sie ein Kirchenlied, das alle Themen und Typen umfasst: aktuelle Zeit- und Bekenntnislieder, exemplarische Psalm- und Bibellieder, christozentrische Festlieder, katechetische Lehrlieder und ausgesprochene Gottesdienstlieder. Der Gemeindegesang trat liturgisch vollberechtigt neben Predigt und Gebet; bis heute ist das geistliche Singen ein unverzichtbares Element des evangelischen Gottesdienstes.

Die Gemeinde sang einstimmig ohne Begleitung (dies meint das Wort »Choral«). Vor allem in den Städten gab es Kantoreien aus Schülern und Bürgern; in den mehrstimmigen Liedsätzen war die Melodie meist als Tenorstimme verarbeitet (z.B. 140). Das Kirchenlied erlangte schließlich einen angesehenen Rang in der Haus-, Schul- und Kunstmusik.

> SACHSEN / THÜRINGEN: Agricola, Camerarius, Cruciger, Eber, Jonas, Luther, Melanchthon, Müntzer, Speratus, Walter; lateinisch 146, deutsch 149.
> HESSEN: Alber. NIEDERDEUTSCHLAND: Bonnus, Decius, Freder, Lossius, Slüter. PREUSSEN: Albrecht von Preußen, Gramann, Kugelmann. LAUSITZ / SCHLESIEN / BÖHMEN: Herman, Leisentrit, Triller. BÖHMISCHE BRÜDER: Herbert, Vetter, Weiße. UNGARN: Sztárai. ÖSTERREICH / ITALIEN / BAYERN: Grünwald, Heyden, Hofhaimer, Isaac, Reißner, Senfl; 274, 521. OBERDEUTSCHLAND / SCHWEIZ: A. Blarer, Th. Blarer, Zwick, Zwingli. ELSASS / STRASSBURG: Dachstein, Englisch, Greiter, Hubert; M 159. FRANKREICH / GENF: Bourgeois, Davantès, Franc, Goudimel, de Sermisy.

(2) SPÄT-REFORMATION UND FRÜH-ORTHODOXIE

In den konfessionellen Kämpfen um die reine Lehre, besonders in der Abwehr der Gegenreformation, trat nun im Lied die Bitte um Erhaltung der Kirche in den Vordergrund. Beharrlich wurde das lutherische Liedgut in einer Reihe von verbindlichen, den jeweiligen Sonntagen zugeordneten, auswendig gesungenen Kernliedern gepflegt. Daneben fand der → Genfer Psalter weite Verbreitung (→ Lobwasser) oder rief neue Psalmbereimungen (→ Becker) hervor.

Krieg, Pest und Hunger ließen die Kreuz- und Trostlieder entstehen, in die die Sehnsucht nach einem seligen Sterben und dem lieben Jüngsten Tag einfloss. Als Gegenbewegung zu einer äußerlichen Rechtgläubigkeit blühte mancherorts eine innerliche, emotionsbetonte Gläubigkeit auf, beeinflusst von der mittelalterlichen Jesusmystik und der Bildersprache des Hohenlieds, vermittelt durch die Andachtsbücher von → Moller und Johann Arnd.

In der Praxis der Kirchenmusik gewann die homophone Liedbearbeitung mit der Melodie im Sopran an Bedeutung (Kantionalsatz; z.B. 30 u.a.). Immer häufiger veröffentlichten namentlich genannte und bekannte Komponisten ihre Liedsammlungen.

>SACHSEN: Becker, Calvisius, Faber, Hartmann, Mühlmann, Selnecker; 158, 304. THÜRINGEN: Bienemann, Helmbold, Keuchenthal, Rutilius, Schneegaß, Spangenberg, Steurlein, Vulpius. NORD- / WESTDEUTSCHLAND: Fischer, Ludecus, Nicolai, Niege, Praetorius, Rumpius, Stolzhagen; 345, 472. PREUSSEN: Eccard, Lobwasser; 473. LAUSITZ / SCHLESIEN: Behm, Ebert, Gesius, Herberger, Moller, Ringwaldt, Sartorius, Teschner; 60. ITALIEN / SÜDDEUTSCHLAND / ELSASS: Gastoldi, Haßler, Regnart, Schalling, Serranus; 30. NIEDERLANDE: M 22. ENGLAND: M 55

III. 17. JAHRHUNDERT

(1) KONFESSIONALISMUS UND BAROCK-KULTUR

Das Lebensgefühl dieser Zeit war geprägt von den Schrecken des Dreißigjährigen Krieges, der als Glaubenskampf begann und sich zu einem Machtkampf der europäischen Staaten ausweitete. Ganz Deutschland lag verwüstet, zwei Drittel der Bevölkerung waren ausgelöscht. In Dichtung, Musik und bildender Kunst drückte sich eine spannungsvolle Polarität aus: Vergänglichkeit, Todesnähe, Weltflucht einerseits, Sinnenfreude, Lebensgenuss, Weltsucht andererseits.

LIEDERKUNDE

Die persönlichen Anliegen des Einzelnen wurden nun verstärkt in das Liedgut einbezogen: Tageszeitenlieder und darin auch ein neues Verhältnis zur Natur, Klage- und Vertrauenslieder und darin trotz schwerem Leid doch Lob und Dank, Festlieder mit dem Blick auf die Passion und mit dem Ausblick auf die himmlische Welt. Die herausragenden Gedichte → Gerhardts im Klanggewand von → Crüger und → Ebeling spiegeln das Ich im Wir der Gemeinde, die eigene Glaubenserfahrung im Horizont der Heilstat Gottes; eine seelsorgerlich tröstende und ermutigende Ausrichtung ist zu spüren. Andere Dichter sind stärker von mystischer Gottesschau oder allegorischer Liebeslyrik geprägt. Erst allmählich fanden diese Lieder der Privatandacht den Weg in die kirchlichen Gesangbücher.

Im gelehrten Kunsthandwerk standen weltliche wie geistliche Autoren auf der Höhe der Zeit. Als stilbildend erwiesen sich die Regeln von → Opitz: natürliche Wortbetonung im Vers und reiner Endreim. In diesem Sinne bearbeitete man auch Lieder der Tradition (→ Hannover 1646). Typisch für Barocklieder sind kunstvolle Vers- und Strophenformen (Alexandriner z.B. 321, 495; sapphische Strophe z.B. 81, 447), blumige Titel und wortgewaltiger Überschwang zu allen Gelegenheiten des Lebens. Dichterbünde und Sprachgesellschaften veredelten die deutsche Sprache und schufen so die Grundlagen für eine Blütezeit des Kirchenlieds.

Die Melodiegestaltung geriet unter den Einfluss der aus Italien übernommenen Oper. Eine Melodie empfand man mehr oder weniger als solistische Oberstimme (Monodie) über einem harmonisch-akkordlichen Gefüge (Generalbass). Für den Kirchengesang wurde die Orgel das bevorzugte Begleitinstrument. Das Tonartensystem stützte sich nun auf Dur und Moll, nicht mehr auf die alten Kirchentonarten. In rhetorisch-sprechenden und malerisch-abbildenden Motivformeln suchte man eine engere Wort-Ton-Beziehung zu erreichen.

SACHSEN: Demantius, Fleming, Krieger, Liscow, Olearius, Rinckart, Schein, H. Schütz, Ulich, Wilhelm II. von Sachsen-Weimar; 350. THÜRINGEN / HESSEN: J.R. Ahle, J.G. Ahle, Bornschürer, Melchior Franck, Michael Franck, Helder, Homburg, Meyfart, Neumark, Niedling, Schenck, Winer. NIEDERDEUTSCHLAND: Denicke, Gesenius, Rist, Schop, Sonnemann, Spee, Stegmann, Weßnitzer, von Zesen; 113. BRANDENBURG / besonders BERLIN: Crüger, Ebeling, Gerhardt, Hintze, Schirmer, von Schwerin. PREUSSEN / besonders KÖNIGSBERG: Albert, Fabricius, Held, Sohren, Stobäus, Thilo, Weissel, G. Werner. LAUSITZ / SCHLESIEN: Apelles von Löwenstern, Cunrad, J. Franck, Gryphius, Hammerschmidt, Heermann, Jan, Keimann, Opitz, Peter, Scheffler, Scheidt, Thebesius. ÖSTERREICH / BAYERN: von Birken, Clausnitzer, Corner, Österreicher, Wegelin. UNGARN: Péczeli Király. ELSASS: Sudermann. NIEDERLANDE: Camphuysen, Oudaan. ENGLAND: Milton, Reading.

(2) REFORM-ORTHODOXIE UND FRÜH-PIETISMUS

Im allmählichen Wiederaufbau nach dem Dreißigjährigen Krieg machte sich eine neue Frömmigkeit bemerkbar: Geistliche Erfahrung und gelebter Glaube wurden bedeutsamer als dogmatische Korrektheit der Lehre. Immer entschiedener klang der Ruf zu Buße und Bekehrung, Heiligung und persönlicher Heilsgewissheit. Die Erweckten sammelten sich sowohl bei den Reformierten (Theodor Undereyk) wie bei den Lutheranern (Philipp Jakob Spener) zu Hausbibelkreisen und Erbauungsstunden (Collegia pietatis). Vielfach distanzierten sie sich vom gottesdienstlichen Leben der Volkskirche; die Schranken der Konfessionen wurden zunehmend durchlässiger.

LIEDERKUNDE

Das geistliche Singen, enthusiastisch und impulsiv gepflegt, konzentrierte sich auf individuelle Seelenlieder und erweckliche Gruppenlieder. Die Sprache klingt innerlich-erbaulich, bisweilen missionarisch-kämpferisch, der Inhalt ist Ausdruck einer unmittelbaren Jesus-Beziehung. Die Melodien schlossen sich der Art der Solo-Aria an; insbesondere im Dreierrhythmus der »hüpfenden Weisen« (Daktylus) zeigt sich eine geistliche Aufbruchstimmung.

> SACHSEN / THÜRINGEN / ANHALT: Arnold, Crasselius, Drese, Freystein, Gastorius, Gotter, Herzog, Müller, Nachtenhöfer, Rodigast, J. H. Schröder, Schwarzburg-Rudolstadt. NORD- / WESTDEUTSCHLAND: Lorenzen, Neander, Scriver; 89, 403. OSTPREUSSEN: Rostock. SCHLESIEN: Knorr von Rosenroth. SÜDDEUTSCHLAND: Briegel, Löhner, Ruopp, J.J. Schütz, Strattner; 352

IV. 18. JAHRHUNDERT

(1) PIETISMUS UND ORTHODOXIE

Der Geist einer pietistischen Glaubenshaltung und Lebensführung, bisher auf die Erwecktenkreise konzentriert, breitete sich nun auf Fürstenhöfe, Universitäten und Landeskirchen aus, und in verschiedenen Wellen von Erweckungs- und Gemeinschaftsbewegungen lebt der Pietismus bis heute weltweit fort. In gottesdienstlichen Festliedern und allgemeinen Trostliedern wurde das Erbe der Väter weiterhin geachtet und benutzt; doch trat es in den Hintergrund gegenüber den bibeldurchtränkten Gebets- und Betrachtungsliedern, den Jesus- und Jüngerliedern einer entschiedenen Nachfolge. Durch seine Ausdrucksfähigkeit der Seelenregungen bereitete der Pietismus eine neue Epoche der deutschen Lyrik vor.

Es bildeten sich verschiedene Zentren mit starker Ausstrahlungskraft: Halle mit einer pädagogisch-karitativen Wirkung; das entsprechende Liedgut ist umfassend bei → Freylinghausen (→ Halle 1704) gesammelt. Herrnhut mit einem gemeinschaftsbildenden und universalökumenischen Akzent; dem geistlichen Lied wuchsen durch die Singstunde, die Liedliturgien und die Bildung von Posaunenchören neue Wirkungsmöglichkeiten zu. In Württemberg wurde ein nüchterner Biblizismus, in der Erweckungsbewegung am Niederrhein eine weltabgewandte Gottesanbetung gepflegt. Etliche Dichter und Musiker stimmten in Methode und Ziel mit dem Pietismus nicht überein; gleichwohl sind ihre Werke von dessen Gestalt und Gehalt durchdrungen.

Die Melodien passten sich im ausgeglichenen Rhythmus (Isometrik) zunehmend dem schlichten Duktus des weltlichen Volkslieds an. In → Bachs Orgelwerken, Kantaten und Passionen und → Händels Oratorien erreichte die Kirchenmusik einen glanzvollen Höhepunkt.

> SACHSEN / THÜRINGEN / ANHALT / besonders HALLE: Allendorf, Arends, Bach, von Bogatzky, Freylinghausen, Günther, Herrnschmidt, Löscher, Nehring, Neuß, Rambach, Witt; 219. NORDDEUTSCHLAND: Neumeister, Telemann. LAUSITZ / SCHLESIEN / besonders HERRNHUT: David, Mentzer, Reimann, Rothe, Schmolck, Tollmann, von Zinzendorf; 465. SÜDDEUTSCHLAND / besonders WÜRTTEMBERG: Dretzel, F. K. Hiller, Ph. F. Hiller, J. B. König, Stötzel. NIEDERRHEIN: Tersteegen. ENGLAND: Händel; (465).

(2) AUFKLÄRUNG UND BIBELFRÖMMIGKEIT

Die Wurzeln eines aufgeklärten Denkens reichen weit in das westeuropäische Geistesleben zurück; auch die theologische Orthodoxie und der kirchliche Pietismus gehören trotz ihres inneren Gegensatzes zu den Wegbereitern. Neue naturwissenschaftliche Entdeckungen, naturrechtliche Erkenntnisse in Bezug auf Obrigkeit und Volk, die kritische Vernunft als oberstes Prinzip und der Fortschritt als leuchtende Hoffnung ließen die biblische Offenbarungsreligion als überholt erscheinen. Die Ideen von Toleranz, Gewissensfreiheit, Weltbürgertum und Lebensglück durch Tugend und Pflicht bestimmten nun den Zeitgeist.

Das Kirchenlied wurde als geeignetes Mittel angesehen, Religion und Humanität zu fördern; in belehrender Sprache diente es als Einstimmung und Echo auf eine moralisierende Predigt. Nur wenige Beispiele haben die Zeiten überdauert: die Reflexionen über Gott den Schöpfer und die ethischen Appelle zur Nächstenliebe (→ Gellert). Andere Dichter kleideten ihre Gedanken in ein hymnisches Pathos (→ Klopstock) oder drückten ihre Kritik am herrschenden Rationalismus in einem schlichten Bibelglauben aus (→ M. Claudius).

Die Aufklärung empfand das alte Liedgut in Form und Inhalt als höchst unzeitgemäß. Es wurde entweder dem herrschenden Geschmack angepasst und bis zur Unkenntlichkeit umgedichtet oder aber ausgeschieden und durch flache, symbolarme Neudichtungen ersetzt. In den reformierten Kirchen wich der Liedpsalter → Lobwassers der Neubereimung durch → Jorissen, der aber die Genfer Melodien als wesentliches Liedelement beibehielt.

Während die weltliche Musik die Blüte der Klassik erlebte, sank die Kirchenmusik auf ihren Tiefstand. Beim Singen kam man mit wenigen Lehnmelodien aus; neu entstandene Melodien gaben sich nüchtern oder gefühlig ohne rhythmische Vielfalt und ohne melodischen Schwung. Das Tempo des Singens verlangsamte sich immer mehr; es sollte Würde und Feierlichkeit darstellen. Nach jeder Liedzeile fügte der Organist improvisierend Zwischenspiele ein.

SACHSEN / THÜRINGEN: Gellert, Herder, J.A. Hiller, Zollikofer; 336, 507. NORDDEUTSCHLAND / DÄNEMARK: M. Claudius, Cramer, Klopstock, J.A.P. Schulz; 356. BERLIN: Bürde. LAUSITZ / SCHLESIEN: Franz, Chr. Gregor. SÜDDEUTSCHLAND: Buttstett, Chr. von Schmid. SCHWEIZ: Geßner, Stapfer. NIEDERRHEIN: Jorissen. FRANKREICH: Borderies; 54. ENGLAND: Wade.

V. 19. JAHRHUNDERT

Die deutsche Klassik in ihren bedeutenden Dichtungen und die Romantik in ihrer Hinwendung zum Volkstümlichen, zum christlich-verklärten Mittelalter und zum religiös-künstlerischen Lebensentwurf bereiteten den Boden für eine neue Wertschätzung des Kirchenlieds. Die nationalen Motive der Freiheitskriege gegen Napoleon und die geistlichen Impulse der Erweckungsbewegungen gaben ihm das prägende Profil. In gefühlvollen Fest- und Glaubensliedern suchten die Dichter das kirchliche Bekenntnis aktuell auszusprechen. Ihr eigenständigster Beitrag ist das Missionslied, das am Pietismus anknüpfte und den Blick für die weltweite Verbreitung des Evangeliums öffnete; Missionsgesellschaften hatten tatkräftig vorgearbeitet. Meist abseits von gottesdienstlichen Gelegenheiten entstand das geistliche Volkslied in seiner speziellen Stilisierung von Text und Melodie. Der angelsächsische Bereich wird erstmals in diesem Gesangbuch berücksichtigt.

Aus einem neuen Geschichtsbewusstsein von Volkstum und Kirchlichkeit wurde das wertvolle Liedgut früherer Epochen wieder entdeckt (→ Arndt), umfassend gesammelt (→ Knapp, → Layriz; Texte bei Philipp Wackernagel, Albert Fischer / Wilhelm Tümpel, Melodien bei → Zahn) und von der jungen Wissenschaft der Germanistik systematisch nach Herkunft und Verbreitung erforscht. Die landeskirchlichen Gesangbücher übernahmen zunehmend das verschüttete Erbe in ursprünglicher oder maßvoll überarbeiteter Fassung. Erste Schritte zur Vereinheitlichung des geistlichen Singens wurden kirchenamtlich eingeleitet (Eisenacher Entwurf 1854 mit 150 Kernliedern).

> SACHSEN / THÜRINGEN / ANHALT: Falk, Gebhardi, Harder, Hey, Holzschuher, Krummacher, Riedel, von Weling. NORDDEUTSCHLAND: Franke, Hensel, Kliefoth, Ph. Spitta, von Strauß und Torney. BERLIN: Herrosee, Knak. OSTPREUSSEN / BALTIKUM: Gortzitza, Hausmann. LAUSITZ / SCHLESIEN: Fickert, Garve, Hoffmann von Fallersleben, von Reuß, K. F. Schulz. SIEBENBÜRGEN: 531. BAYERN: Layriz, Puchta, Ranke, Rückert, Zahn.

LIEDERKUNDE

WÜRTTEMBERG: Chr. G. Barth, Blumhardt, Knapp, Silcher. RHEINLAND: Arndt, Brentano, Koch; 207. POLEN: 53. BÖHMEN: 47, 48. ÖSTERREICH: F. X. Gruber, Mohr; 49. SCHWEIZ: Nägeli, Oser, Riggenbach. ELSASS: F. Spitta; 207. ENGLAND / NORDAMERIKA: Brooks, Ellerton, Helmore, How, Lyte, Monk, Neale, Scholefield, Stone, Wesley.

VI. 20. JAHRHUNDERT

(1) SINGBEWEGUNG UND KIRCHENKAMPF

Nach dem Ersten Weltkrieg mit seinen Umbrüchen in Staat, Kirche und Gesellschaft bereiteten Luther-Renaissance und Liturgiebelebung den Boden für einen neuen Zugang zu Gottesdienst und Kirchenjahr. Aus der kritischen Auseinandersetzung mit Neuromantik und Kulturprotestantismus erwuchsen die Jugend-, Sing- und Orgelbewegung, die ihren Niederschlag in zahlreichen Liederbüchern und Chorsammlungen fanden (→ Jöde, Richard Gölz, Gottfried Grote, → Riethmüller und → Stier).

Ein wichtiges Anliegen der Singbewegung war die Vergegenwärtigung der Reformationszeit. Durch romantische Verklärung ritterlicher Ideale und bündischer Lebensformen ergaben sich auch Berührungsflächen mit der nationalsozialistischen Bewegung; Anpassung an den Zeitgeist und geistige Mittäterschaft blieben in der Kirche nicht aus. Selbst im geistlichen Singen war die kirchliche Haltung gespalten: Die regimekonformen »Deutschen Christen« gaben einige von allen alttestamentlichen Spuren gereinigte Gesangbücher heraus. Die »Bekennende Kirche« hielt in Wort und Geist am reformatorischen Liedgut fest und nahm Lieder aus den Erfahrungen des Kirchenkampfs auf; als gesungene Gemeindelieder wurden sie weithin erst nach Kriegsende bekannt. Die Melodien orientierten sich bewusst an den Modellen der Tradition.

LIEDGESCHICHTE 956

Das Streben nach Vereinheitlichung im Kirchengesang führte zu zwei wichtigen Ergebnissen: »Deutsches Evangelisches Gesangbuch« (DEG 1915) als Angebot eines überregionalen Liedbestandes und »Evangelisches Kirchengesangbuch« (EKG 1950) als Ergebnis der theologischen Bekenntnis- und kirchenmusikalischen Singbewegung; nach und nach wurde es von allen deutschen Landeskirchen und der evangelischen Kirche in Österreich als Stammteil eingeführt, ergänzt durch landeskirchliche Regionalteile. Dieses Gesangbuch erwies sich in der Zeit der organisatorischen Trennung der Kirchen in Deutschland-Ost und Deutschland-West als einigendes Band der Gemeinschaft im geistlichen Singen.

> SACHSEN / THÜRINGEN: Geilsdorf, Mauersberger, (J. Petzold), Stier, Veigel. NIEDERSACHSEN / SCHLESWIG-HOLSTEIN / HAMBURG: H. Claudius, Mahrenholz, Micheelsen, Pötzsch, Rode.
> BRANDENBURG / besonders BERLIN: Bonhoeffer, Jöde, Kaestner, Klepper, Lütge, Riethmüller, S. Rothenberg, G. Schwarz, Vogel, F. Werner.
> OST- UND WESTPREUSSEN: Abramowski, Hesekiel.
> BAYERN / WÜRTTEMBERG / BADEN / HESSEN: Budde, Fronmüller, Lahusen, Marx, Müller-Osten, Pezold, Reger, Rein, R. A. Schröder, Zöbeley.
> RHEINLAND / WESTFALEN: von Bodelschwingh, Lörcher, Thate. SCHWEIZ: Enderlin, Vischer.
> ENGLAND / NORDAMERIKA: Bell, Coffin, Crum, Draper, Farjeon, Vaughan Williams, Woodward.

(2) NEUES LIED UND ÖKUMENE

Nach der Notsituation des Zweiten Weltkriegs und der Nachkriegszeit ereignete sich nach 1960 der Aufbruch eines vielfältigen neuen Singens. Anregungen kamen durch Gottesdienste mit Jazz-Elementen, Spirituals (225, 499) und biblische Chansons, Antriebe durch Preisausschreiben und Werkstattgespräche, Anforderungen durch Jugendveranstaltungen, »Gottesdienste in anderer Gestalt« und Kirchentage, Angebote durch Liedermacher, Arbeitsgemeinschaften, kirchen-

LIEDERKUNDE

musikalische Verbände von Kirchen und Freikirchen (Christlicher Sängerbund). Feiern und Feste lebendiger Liturgie spiegelten das Bemühen um eine zeitgemäße Auslegung biblischer Texte und christlicher Themen mit dem Ziel, die weltweiten Probleme der Gegenwart aufzunehmen. Arrangements und Stilmittel aus Protestsong und Popularmusik wurden aufgegriffen. Durch Schallplatten, Einzelblätter, Sammlungen und schließlich durch landeskirchliche Beihefte fand das neue Liedgut Eingang in die Kirchengemeinden.

Zugleich wuchs ein stärkeres Bewusstsein von weltweiter und konfessioneller Ökumene. Geistliche Lieder aus anderen Ländern und Kulturen, aus Kirchen und Kommunitäten (→ Taizé), aus Liederbüchern wie »Schalom« 1971 und »Cantate Domino« 1974 fanden in Übertragungen und Bearbeitungen weite Verbreitung. Die »Arbeitsgemeinschaft für Ökumenisches Liedgut« (AÖL, seit 1969; Veröffentlichungen u.a. »Gemeinsame Kirchenlieder« 1973 und das Kinderliederbuch »Leuchte, bunter Regenbogen« 1983) stellte gemeinsam verantwortete Gesänge bereit, die in Auswahl in das katholische Einheitsgesangbuch »Gotteslob« 1975, in das Gesangbuch der Alt-Katholiken »Lobt Gott, ihr Christen« 1986 und in das vorliegende Gesangbuch übernommen wurden.

Das »Evangelische Gesangbuch« bietet die Vielfalt der traditionellen und zeitgenössischen Lieder, die Weite der Ökumene und die Breite der Zielgruppen in einer Fülle von anregenden alten und neuen Singformen (Liedsatz, Kanon, Singspruch, liturgischer Gesang, Refrain- und Erzähllied).

SACHSEN / THÜRINGEN / ANHALT: Häußler, Hertzsch, Jentzsch, Kroedel, J. Petzold, L. Petzold. MECKLENBURG / BRANDENBURG / BERLIN (OST): Abel, Bietz, W. Fischer, Henkys, Ochs, Th. Rothenberg, Rutenborn, Schlenker, W. Schulz, Th. Werner. NIEDERSACHSEN / SCHLESWIG-HOLSTEIN / BERLIN (WEST): Arfken, Baltruweit, Barbe, Block, Brodde, Gwinner, Heinecke, Ihlenfeld,

H. König, Kornemann, Lotz, J. Schwarz, Wiese.
NORDRHEIN-WESTFALEN: Bücken, Denkhaus,
Edelkötter, F. Gottschick, Hechtenberg, Heuser,
Janssens, von Lehndorff, Lohmann, Reda, Ruppel,
Valentin, Zils. HESSEN / RHEINLAND-PFALZ /
SAARLAND: F. K. Barth, Beuerle, Eckert, Fries,
A. M. Gottschick, Heurich, Klein, Leonhardt,
Neubert, Pröger, Puls, Rohr, O. Schulz, Seuffert,
Trautwein, Chr. Weiß, Zenetti. BADEN: Boßler,
E. Gruber, Hopfer, Schneider, Schweizer, Simoneit,
Stein, Zipp. WÜRTTEMBERG: Bertram, Bornefeld,
E. Hofmann, Lüders, Rommel, Stern. BAYERN: Dörr,
Hampe, Höppl, F. Hofmann, Joppich, Köbler,
G. Thurmair, M.L. Thurmair, Walz, E. Weiss. POLEN:
Kucz. MÄHREN: 18. UNGARN: Gyöngyösi. ÖSTER-
REICH: Ferschl. SCHWEIZ: Jenny, Marti, Nievergelt,
Th. Schmid. FRANKREICH: Berthier, Deiss, Fraysse.
NIEDERLANDE / BELGIEN: Barnard, den Besten,
ter Burg, Geraedts, Huijbers, Kremer, Lam, de Marez
Oyens, Mehrtens, Nooter, Oosterhuis, Schulte Nord-
holt, de Sutter, Wit. ENGLAND / NORDAMERIKA:
Anders, Green, Kaan, Leupold, Utech.
SKANDINAVIEN: Ellingsen, Frostenson, Göransson,
Hovland, Kverno, Ruuth, Widestrand. ISRAEL:
Ben-Chorin; 433, 434, 489. AFRIKA: Kyamanywa,
Maraire. LATEIN- / SÜDAMERIKA: Cartford, Potter;
M 171, M 188.

DIE DICHTER
UND KOMPONISTEN

957

ABEL, Otto (VI,2), geb. 1905 in Berlin, Kantor und Organist, Landeskirchenmusikdirektor von Berlin-Brandenburg, Verlagslektor; gest. 1977 in Tettnang (Württemberg). –
T* 54, MS 65

ABRAMOWSKI, Richard (VI,1), geb. 1862 in Groß-Plowenz (Westpreußen), Stadtmissionsinspektor in Berlin, Pfarrer in Milken bei Lötzen; gest. 1932 in Elbing (Westpreußen). –
T* 513

AGRICOLA (Schnitter), Johann (II,1), geb. um 1492 in Eisleben, Schüler und Freund Luthers, Rektor in Eisleben, Dozent der Theologie in Wittenberg, Hofprediger in Berlin; gest. 1566 in Berlin. – T 343 (?)

AHLE, Johann Georg (III,1), geb. 1651 in Mühlhausen (Thüringen), Sohn von Johann Rudolf → Ahle, Organist in Mühlhausen; dort gest. 1706. – M 444

AHLE, Johann Rudolf (III,1), geb. 1625 in Mühlhausen (Thüringen), Kantor in Erfurt, Organist und später Bürgermeister in seiner Heimatstadt; gest. 1673 in Mühlhausen. –
(M) 161, M 375, (M) 450, M 577

ALBER, Erasmus (II,1), geb. um 1500 in Bruchenbrücken bei Friedberg (Hessen), Schüler Luthers, Schriftsteller, Reformator in Hessen und Brandenburg; Superintendent in Neubrandenburg (Mecklenburg); dort gest. 1553. –
T 6, 308, 442, 458, T* 469

ALBERT (Alberti), Heinrich (III,1), geb. 1604 in Lobenstein (Vogtland), Schüler seines Vetters Heinrich → Schütz in Dresden, Domorganist in Königsberg (Ostpreußen); dort gest. 1651. – TM 445, M 593

ALBRECHT, Alois (VI,2), geb. 1936 in Backnang (Württemberg), Jugendseelsorger, Pfarrer in Bamberg, Domkapitular, Generalvikar der Erzdiözese Bamberg. – T 555, 641

DICHTER UND KOMPONISTEN

ALBRECHT von Preußen, Markgraf von Brandenburg-Ansbach, Herzog von Preußen (II,1), geb. 1490 in Ansbach (Franken), letzter Hochmeister des Deutschen Ordens; 1525 wandelte er das preußische Ordensland in ein weltliches Herzogtum um, führte mit → Speratus und → Gramann die Reformation ein; gest. 1568 in Tapiau (Ostpreußen). – T 364 (Str. 1–3)

ALLENDORF, Johann Ludwig Konrad (IV,1), geb. 1693 in Josbach (Oberhessen), Student bei August Hermann Francke in Halle, lutherischer Hofprediger in Köthen, wo er die pietistischen »Cöthnischen Lieder« herausgab; Pfarrer in Wernigerode und Halle; dort gest. 1773. – T 66

AMBROSIUS, Aurelius (I,1), geb. um 339 in Trier, erzogen in Rom, 374 Bischof von Mailand; nach ostkirchlichem Vorbild führte er den wechselchörigen Psalmengesang im Westen ein und verfasste Hymnen in lateinischer Sprache, die stilbildend für die Entwicklung des Kirchenlieds wurden; gest. 397 in Mailand. – (T) 4, (T) 485, (T) 784.2

ANDERS, Charles Richard (VI,2), geb. 1929 in Frederick (Maryland/USA), Pfarrer der Lutherischen Kirche, zuletzt in Tamarac (Florida) und Minneapolis (Minnesota). – M 269

APELLES von Löwenstern (Apelt), Matthäus (III,1), geb. 1594 in Neustadt (Oberschlesien), Lehrer und Kantor, Hofkapellmeister in Oels-Bernstadt (Schlesien), Kaiserlicher Rat in Breslau; gest. 1648 in Breslau. – M 247, TM 502

ARENDS, Wilhelm Erasmus (IV,1), geb. 1677 in Langenstein (Harz), Student bei August Hermann Francke in Halle, Pfarrer in Krottorf und Halberstadt; dort gest. 1721. – T 164

ARFKEN, Ernst (VI,2), geb. 1925 in Rotenburg (Wümme), Kirchenmusiker und Theologe, Pfarrer und Lehrbeauftragter in Göttingen. – T* 188

ARNDT, Ernst Moritz (V), geb. 1769 in Groß Schoritz auf Rügen, Professor der Geschichte in Greifswald, während der Freiheitskriege patriotischer Schriftsteller; Professor in Bonn; durch seine Schrift »Von dem Wort und dem Kirchenliede« 1819 Anreger der Gesangbuchreform nach der Aufklärung; 1848 Abgeordneter der Nationalversammlung in Frankfurt; gest. 1860 in Bonn. – T 213, 357

LIEDERKUNDE

ARNOLD, Gottfried (III,2), geb. 1666 in Annaberg (Erzgebirge), an der Urgemeinde orientierter Pietist, zeitweilig im Gegensatz zur Kirche; Professor der Geschichte in Gießen, gest. 1714 als Superintendent in Perleberg. – T 388

ARNULF von Löwen (I,2), geb. um 1200 in Löwen (Belgien), Zisterziensermönch in Villers (Brabant), seit 1240 Abt, Verfasser lateinischer Passionsgedichte; gest. 1250 in Villers. – (T) 85

BACH, Johann Sebastian (IV,1), geb. 1685 in Eisenach, 1703 Organist in Arnstadt, 1707 in Mühlhausen, 1708 in Weimar, dort 1714 Konzertmeister, 1717 Hofkapellmeister in Köthen, seit 1723 Thomaskantor und Universitätsmusikdirektor in Leipzig; mit der Bestimmung »zu Gottes Ehre und Recreation des Gemüts« verwirklichte er die lutherische Musikauffassung, durch seine freien wie choralgebundenen Orgelwerke, Kantaten, Messen, Oratorien und Passionen wurde er zum bedeutendsten Schöpfer evangelischer Kirchenmusik; gest. 1750 in Leipzig. – M 37, S 70, S 535

BACH, Philipp Emanuel (IV,2), geb. 1714 in Weimar, Sohn Johann Sebastian → Bachs, Kammermusikus bei Friedrich II. in Berlin, Kantor und Musikdirektor in Hamburg, gest. 1788. – MS 598

BALTRUWEIT, Fritz (VI,2), geb. 1955 in Gifhorn (Niedersachsen), Pfarrer und Liedermacher in Garbsen (Hannover). – M 432, M 583, TMS 612, M 613, 624, 630

BARBE, Helmut (VI,2), geb. 1927 in Halle, Kantor in Berlin-Spandau und Lehrer an der Kirchenmusikschule, 1972 Landeskirchenmusikdirektor von Berlin (West), Professor an der Hochschule der Künste in Berlin. – T* 55

BARNARD, Willem (Guillaume van der Graft) (VI,2), geb. 1920 in Rotterdam, Pfarrer in Nijmegen, Amsterdam und bei Rozendaal, Dozent in Brüssel. – (T) 97

BARTH, Christian Gottlob (V), geb. 1799 in Stuttgart, Pfarrer in Möttlingen (Württemberg), Förderer der Mission, Jugend- und Volksschriftsteller, Gründer des Calwer Verlags; gest. 1862 in Calw. – T 257, 262/263 (Str. 2.4.5)

BARTH, Friedrich Karl (VI,2), geb. 1938 in Kassel, Pfarrer in Bad Hersfeld, Frankfurt/Main, Bad Wildungen. – T 420, 577, 581, 589, 591, 599, 604, 625, 631

DICHTER UND KOMPONISTEN

BARTSCH, Martin (VI,2), geb. 1942 in Lübbecke (Westfalen), Landeskirchenmusikdirektor der Evangelischen Kirche von Kurhessen-Waldeck. – M 544, 588, 595

BAYIGA, Bayiga (VI,2), ursprünglicher Taufname Alfred Bayiga (betont mit dem Doppelnamen seine afrikanische Identität), Pfarrer der Presbyterianischen Kirche. – T* 568

BECKER, Cornelius (II,2), geb. 1561 in Leipzig, Pfarrer in Rochlitz (Sachsen) und Leipzig, dort Professor der Theologie; verfasste 1602 als lutherisches Gegenstück zum reformierten Liedpsalter von → Lobwasser den »Psalter Davids gesangweise«, den u.a. Heinrich → Schütz mit Melodien und Liedsätzen versehen hat; gest. 1604 in Leipzig. –
T 276 (Str. 1–4), (T) 288, T 295, 296, 474 (Str. 1)

BEHM, Martin (II,2), geb. 1557 in Lauban (Oberlausitz), Lehrer und Pfarrer in seiner Heimatstadt; dort gest. 1622. –
T 71, 500, 501

BELL, George Kennedy Allen (VI,1), geb. 1883 auf Hayling Island (England), Dozent in Oxford, Dekan in Canterbury und anglikanischer Bischof in Chichester; er unterstützte die Widerstandsbewegung gegen den Nationalsozialismus in Deutschland und prägte die ökumenische Bewegung nach dem Krieg; gest. 1958 in Canterbury. –
(T) 269

BEN-CHORIN, Schalom (Fritz Rosenthal) (VI,2), geb. 1913 in München, 1935 ausgewandert nach Israel, Schriftsteller und Publizist in Jerusalem; gest. 1999 dort. – T 237, 613

BERGSMA, Johannes (VI,2), geb. 1928 in Rotterdam, Professor für Liturgie, Propst und Regionaldechant in Hannover, Domkapitular. – T* 546

BERTHIER, Jacques (VI,2), geb. 1923 in Auxerre (Burgund), Organist in Paris; der 1940 gegründeten ökumenischen »Communauté de Taizé« verbunden. – MS 178.12, 181.6, 789.1–7, K 566, 569, 570, MS 596, K 600

BERTRAM, Hans Georg (VI,2), geb. 1936 in Gießen, Kantor und Organist, Professor an der Hochschule für Kirchenmusik in Esslingen/Neckar (Württemberg). – M 533, K 540

BESTEN, Adriaan Cornelis (Ad) den (VI,2), geb. 1923 in Utrecht, Lyriker und Essayist, Dozent an der Universität Amsterdam. – (T) 313

LIEDERKUNDE

BEUERLE, Herbert (VI,2), geb. 1911 in Düsseldorf, Kantor in Berlin, Organist in Dassel (Niedersachsen) und Singwart des freikirchlichen Christlichen Sängerbundes, Kantor im Burckhardthaus in Gelnhausen; dort gest. 1994. – K 178.14, K 180.4, M 277, K 448, M 574, 651

BIENEMANN (Melissander), Kaspar (II,2), geb. 1540 in Nürnberg, streng lutherischer Pfarrer, Generalsuperintendent von Pfalz-Neuburg und in Altenburg (Thüringen); dort gest. 1591. – T 367

BIETZ, Hartmut (VI,2), geb. 1942 in Cottbus, Kantor und Organist in Berlin-Treptow, Verlagslektor in Berlin. – M 306

BIRKEN (Betulius), Siegmund von (III,1), geb. 1626 in Wildstein bei Eger (Böhmen), Hofmeister und Prinzenerzieher an europäischen Höfen; er gehörte zum Nürnberger Dichterkreis »Löblicher Hirten- und Blumenorden an der Pegnitz«; gest. 1681 in Nürnberg. – T 88, 384

BISCHOFF, Paul (VI,2), geb. 1935 in Fellbach, Dipl.-Ing. und Kirchenmusiker in Sindelfingen, auch beim Süddeutschen Rundfunk tätig. – M 628

BITTGER, Hans-Hermann (VI,2), geb. 1933 in Bottrop, Pfarrer in Essen. – T 572

BLANK, Gerhard (VI,2), geb. 1933 in Karlsruhe, Kirchenmusiker, Dozent am bischöflichen Institut für Kirchenmusik in Fulda, Bezirkskantor in Marburg. – M 576

BLARER, Ambrosius (II,1), geb. 1492 in Konstanz, Benediktinermönch und Prior im Kloster Alpirsbach (Schwarzwald), das er 1522 verließ; als Reformator in seiner Vaterstadt und in Süddeutschland tätig; 1548 musste er aus Konstanz fliehen; Pfarrer in der Schweiz; gest. 1564 in Winterthur. – T 127, 244

BLARER, Thomas (II,1), geb. 1499 in Konstanz, Bruder von Ambrosius → Blarer, Jurist, Schüler Luthers und dessen Begleiter zum Reichstag nach Worms, Mitreformator seiner Vaterstadt; seit 1536 Bürgermeister, er musste 1548 wie sein Bruder die Stadt verlassen; gest. 1567 auf Schloss Unter-Girsberg (Thurgau). – T 216

BLARR, Oskar Gottlieb (VI,2), geb. 1934 in Sandlack bei Bartenstein (Ostpreußen), Kirchenmusiker in Düsseldorf. – M 627

DICHTER UND KOMPONISTEN

BLOCK, Detlev (VI,2), geb. 1934 in Hannover, Pfarrer in Bad Pyrmont. – T* 143, T 211, T* 229

BLUMHARDT (der Ältere), Johann Christoph (V), geb. 1805 in Stuttgart, theologischer Lehrer am Missionshaus in Basel, Pfarrer in Möttlingen (Württemberg); gest. 1880 in Bad Boll. – T 375

BODELSCHWINGH, Friedrich von (VI,1), geb. 1877 in Bethel bei Bielefeld, Sohn und Nachfolger von »Vater« Bodelschwingh als Leiter der Betheler Anstalten; gest. 1946 in Bethel. – T 93, 540

BÖHMISCHE Brüder (II,1) – eine auf → Hus zurückgehende christliche Gemeinschaft des 15. Jahrhunderts in Böhmen und Mähren, 1467 als »Brüder-Unität« freikirchlich organisiert; 1501 gab Lukas von Prag (um 1460–1529) der Gemeinschaft das tschechische Gesangbuch mit 88 Liedern, das erste volkssprachige Gesangbuch überhaupt. Durch den Zuzug von Waldensern aus der Mark Brandenburg bildete sich ein deutscher Zweig der Böhmischen Brüder, der auch Verbindung zur Reformation Luthers suchte. 1531 ließ → Weiße das erste deutschsprachige Brüdergesangbuch drucken; 1544 erschien in Nürnberg unter Jan Roh als Herausgeber die 2. Auflage und 1566 in Eibenschitz (Mähren) die umfangreichste Ausgabe mit 343 Liedern durch Michael Tham und seine Mitarbeiter → Herbert und → Vetter. Durch Gegenreformation und Dreißigjährigen Krieg fast ganz ausgerottet, fanden die Nachkommen der Böhmischen Brüder bei → von Zinzendorf in Herrnhut als »Erneuerte Brüderunität« eine neue Heimat für Leben, Glauben und Singen.

1501/1531: M* 5, M* 68, M* 77, M* 78, M* 105
1531: M* 104, M* 344, M* 439
1544: T 5, M* 38, M* 100, T 105, TM* 243, (M) 319, M 441
1566: M* 108, M* 262/263, M* 471
1661: M* 475

BOGATZKY, Karl Heinrich von (IV,1), geb. 1690 in Jantkawe (Niederschlesien), Schüler August Hermann Franckes; als geistlicher Berater adliger Kreise und Erbauungsschriftsteller – weit verbreitet das »Güldene Schatzkästlein der Kinder Gottes« – lebte er zunächst in Schlesien, seit 1746 im Waisenhaus in Halle; dort gest. 1774. – T 241

BONHOEFFER, Dietrich (VI,1), geb. 1906 in Breslau, Vikar in Barcelona, Dozent für Systematische Theologie in New York, Studentenpfarrer in Berlin, Auslandspfarrer in London und theologischer Berater des Ökumenischen Rates der Kirchen, 1935 Leiter des illegalen Predigerseminars der Bekennenden Kirche in Finkenwalde, aufgrund seines Widerstandes gegen das nationalsozialistische Regime verhaftet, 1945 im Konzentrationslager Flossenbürg hingerichtet. – T 65

BONNUS (van Bunnen), Hermann (II,1), geb. 1504 in Quakenbrück bei Osnabrück, Schüler Luthers und Melanchthons, Lehrer in Greifswald und am dänischen Hof in Schleswig, erster evangelischer Superintendent in Lübeck, Reformator von Stadt und Stift Osnabrück; Gesangbücher und Lieder in niederdeutscher Sprache; gest. 1548 in Lübeck. – T 75 (Str. 2–3)

BORDERIES, Jean François (IV,2), geb. 1764, katholischer Priester, ging während der Französischen Revolution nach London ins Exil, 1827 Bischof von Versailles; dort gest. 1832. – (T) 45

BORNEFELD, Helmut (VI,2), geb. 1906 in Stuttgart-Untertürkheim, Kantor und Organist in Heidenheim (Württemberg); dort gest. 1990. – K 173, 549

BORNSCHÜRER, Johann (III,1), geb. 1625 in Schmalkalden, Pfarrer in Thüringen, Dekan in Tann (Rhön); dort gest. 1677. – T 205

BORTNJANSKY, Dimitri (IV,2), geb. 1751 in Goluchoff (Ukraine), Musiker, Dirigent der Hofsängerkapelle in Petersburg; dort gest. 1825. – M 617

BOSSLER, Kurt (VI,2), geb. 1911 in Duisburg-Ruhrort, Organist und Musiklehrer in seiner Heimatstadt, Dozent in Freiburg/Breisgau und in Heidelberg; dort gest. 1976. – M 237

BOTTLÄNDER-HARBERT, Rosemarie (VI,2), geb. 1926 in Braunschweig, Journalistin und Schriftstellerin in Odenthal-Glöbusch. – T 576

BOURGEOIS, Loys (II,1), geb. um 1510 in Paris, Kantor in Genf, schuf als Mitarbeiter Calvins die Melodien zu den

1551 neu erschienenen → Genfer Psalmen; gest. nach 1561 in Paris. – M* 271, M* 294, M 300, 524

BRENTANO, Clemens (V), geb. 1778 in Ehrenbreitstein, gab mit Achim von Arnim in Heidelberg die Volksliedsammlung »Des Knaben Wunderhorn« heraus; gest. 1842 in Aschaffenburg. – T 509

BRIEGEL, Wolfgang Carl (III,2), geb. 1626 in Königsberg (Unterfranken), Organist in Schweinfurt, Hofkapellmeister in Gotha und in Darmstadt; dort gest. 1712. – M* 33, 59, 161

BRODDE, Otto (VI,2), geb. 1910 in Gilgenburg bei Osterode (Ostpreußen), Professor an den Musikhochschulen in Hamburg und Lübeck; maßgeblich beteiligt an der Entstehung des Evangelischen Kirchengesangbuches 1950; gest. 1982 in Hamburg. – T* 356 (Str. 2)

BROOKS, Phillips (V), geb. 1835 in Boston, Bischof von Massachusetts; gest. 1893 in Boston. – (T) 55

BUDDE, Karl (VI,1), geb. 1850 in Bensberg bei Köln, Professor für Altes Testament in Bonn, Straßburg und Marburg; dort gest. 1935. – T* 514

BÜCKEN, Eckart (VI,2), geb. 1943 in Berlin, Referent der Rheinischen Kirche in Düsseldorf. – T 228, 432, 557, 629, 642

BÜRDE, Samuel Gottlieb (IV,2), geb. 1753 in Breslau, Jurist, Hofrat und Kanzleidirektor in Berlin; dort gest. 1831. – T 298

BURG, Willem (Wim) ter (VI,2), geb. 1914 in Utrecht, Kirchenmusiker, Chordirigent und Musikpädagoge, zuletzt in Amsterdam und Nijmegen; gest. 1995 in Maarn (Niederlande). – M 311

BUTTSTETT, Franz Vollrath (IV,2), geb. 1738 in Erfurt, Organist in Weikersheim und Musikdirektor in Rothenburg/Tauber; dort gest. 1814. – (M) 530

CALVISIUS (Kallwitz), Seth (II,2), geb. 1556 in Gorsleben bei Heldrungen/Unstrut (Thüringen), Kantor an der evangelischen Fürstenschule zu Pforta, seit 1594 Thomaskantor in Leipzig; dort gest. 1615. – M* 469, M* 473

CAMERARIUS (Kammermeister), Joachim (II,1), geb. 1500 in Bamberg, Professor für die klassischen Sprachen in Tübingen und Leipzig, Freund und Biograph Melanchthons; gest. 1574 in Leipzig. – (T) 366

LIEDERKUNDE

CAMPHUYSEN, Dirk Raphaelszoon (III,1), geb. 1586 in Gorinchem (Niederlande); Sprachlehrer in Utrecht, Prediger in Vleuten, Buchhändler und Gesangbuchherausgeber; gest. 1627 in Dokkum. – M 117

CARAWAN, Guy (VI,2), geb. 1928 in Los Angeles, Studium der Soziologie, Sänger und Liedersammler, aktiver Bürgerrechtler. – TM 636

CARTFORD, Gerhard M. (VI,2), geb. 1923 in Fort Dauphin (Madagaskar), Kirchenmusiker in USA, Beauftragter für liturgische Erneuerung und Kirchenmusik in Lateinamerika. – M 431

CLAUDIUS, Hermann (VI,1), geb. 1878 in Langenfelde (Holstein), Urenkel von Matthias Claudius; zunächst Lehrer, dann Schriftsteller in Grönwohld bei Hamburg; dort gest. 1980. – T 52

CLAUDIUS, Matthias (IV,2), geb. 1740 in Reinfeld bei Lübeck, Studium der Theologie, Rechts- und Staatswissenschaft, Sekretär in Kopenhagen, Redakteur in Hamburg, seit 1771 Herausgeber des »Wandsbecker Boten«; mit → Klopstock und → Herder befreundet; gest. 1815 in Hamburg. – T 482, 508

CLAUSNITZER, Tobias (III,1), geb. 1619 in Thum bei Annaberg (Erzgebirge), Feldprediger in schwedischen Diensten, Pfarrer und Kirchenrat in Weiden (Oberpfalz); gest. 1684 in Weiden. – (T) 89, T 161

COELHO, Terrye (VI,2), geb. 1952 in Camp Roberts (Kalifornien), Komponist und Autor. – (T) K 558

COFFIN, Henry Sloane (VI,1), geb. 1877 in New York, Pfarrer der Presbyterianischen Kirche, Professor und Präsident des Union Theological Seminary in New York; gest. 1954 in Lakeville (Connecticut). – (T) 19 (Str. 3)

CORNER, David Gregor (III,1), geb. 1585 in Hirschberg (Schlesien), katholischer Pfarrer in Retz und Mautern bei Krems (Niederösterreich), Benediktinermönch und Abt im Stift Göttweig, Rektor der Universität Wien, Herausgeber der Sammlung »Groß Catholisch Gesangbuch«; gest. 1648 in Stift Göttweig (Niederösterreich). – T 7 (Str. 7)

COUSSEMAKER, Ch. Edmont Henri (V), geb. 1805 in Bailleul (Nord), Richter und Musikwissenschaftler; gest. 1876 in Lille. – M 546

DICHTER UND KOMPONISTEN

CRAMER, Johann Andreas (IV,2), geb. 1723 in Jöhstadt bei Annaberg (Erzgebirge), Freund und Biograf → Gellerts, Konsistorialrat in Quedlinburg, Hofprediger in Kopenhagen, Professor der Theologie in Kiel; sein Gesangbuch für Schleswig-Holstein 1780 enthält viele rationalistische Umarbeitungen älterer Lieder; gest. 1788 in Kiel. – T 221

CRASSELIUS (Krasselt), Bartholomäus (III,2), geb. 1667 in Wernsdorf (Sachsen), Student bei August Hermann Francke, Pfarrer in Nidda (Hessen) und Düsseldorf; dort gest. 1724. – T 328

CRUCIGER (Kreuziger), Elisabeth, geb. von Meseritz (II,1), geb. um 1500 auf dem Adelssitz Meseritz (Ostpommern), Nonne in Treptow/Rega, durch Johannes Bugenhagen mit der Reformation bekannt gemacht, Ehefrau des Magdeburger Predigers und Professors Caspar Cruciger, Kollege Luthers an der Universität Wittenberg; die erste Liederdichterin der evangelischen Kirche; gest. 1535 in Wittenberg. – T 67

CRÜGER, Johann (III,1), geb. 1598 in Groß-Breesen bei Guben (Niederlausitz), Theologiestudent in Wittenberg, Kantor an St. Nikolai und Lehrer am Grauen Kloster in Berlin, befreundet mit Paul Gerhardt, sein Hauptwerk »Praxis pietatis melica« wurde mit 44 Auflagen das führende Gesangbuch des 17. Jahrhunderts; gest. 1662 in Berlin. – M 9, 11, 36, M* 81, M 112, 133, 218, S 320, M* 321, M* 322, S 324, M* 326, M 396, 415, MS 447, M 459, 460, M* 528

CRUM, John Macleod Campbell (VI,1), geb. 1872 in Mere Old Hall (England), anglikanischer Pfarrer, Domherr von Canterbury; gest. 1958 in Farnham (Surrey/England). – (T) 98

CUNRAD, Christiana, geb. Tilesius (III,1), geb. 1591 in Brieg (Schlesien), verheiratet mit dem Arzt und Poeten Caspar Cunrad; gest. 1625 in Breslau. – T 204

DACHSTEIN, Wolfgang (II,1), geb. um 1487 in Offenburg (Baden), Student in Erfurt gleichzeitig mit Luther, Dominikanermönch, Organist in Straßburg und Mitverfasser der Straßburger Gottesdienstordnung von 1524; gest. 1553 in Straßburg. – M 83, 222, (M II) 299

DAVANTÈS (Antesignanus), Pierre (II,1), geb. um 1525 in Rabastenne bei Tarbes, Erfinder einer Buchstaben-Notenschrift für den → Genfer Psalter und wahrscheinlich der Verfasser der in der vollständigen und endgültigen Ausgabe von 1562 neu erschienenen Melodien; gest. 1561 in Genf. – M 282, 290, 301, (M) 322

DAVID, Christian (IV,1), geb. 1692 in Senftleben (Mähren), Zimmermann, katholisch, Übertritt zur evangelischen Kirche, Erweckungsprediger in seiner Heimat; brachte die ersten Exulanten der Böhmisch-Mährischen Brüder nach Sachsen, Mitbegründer der Siedlung Herrnhut, später Missionar der Brüdergemeine in Livland, der Schweiz, Holland, Grönland und Nordamerika; gest. 1751 in Herrnhut. – T 262/263 (Str. 1.6)

DECIUS (Deeg oder Tech), Nikolaus (II,1), geb. um 1485 in Hof (Oberfranken), Mönch, Propst am Frauenstift Steterburg bei Wolfenbüttel; Lehrer in Braunschweig, wo er die ältesten Gemeindegesänge in niederdeutscher Sprache schuf; 1524 Mitreformator von Stettin, Pfarrer und Kantor in mehreren ost- und westpreußischen Gemeinden, Hofprediger in Königsberg, später wieder Pfarrer in Mühlhausen bei Elbing (Westpreußen); dort gest. nach 1546. – M*T 179 (Str. 1–3), M*T 190.1

DEISS, Lucien (VI,2), geb. 1921 in Eschbach bei Haguenau/Unterelsass, katholischer Theologe und Bibelwissenschaftler, Liturgieberater beim 2. Vatikanischen Konzil. – M 429

DEMANTIUS, Christoph (III,1), geb. 1567 in Reichenberg (Böhmen), Kantor in Zittau und Freiberg (Sachsen); gest. 1643 in Freiberg. – (T) 524

DENICKE, David (III,1), geb. 1603 in Zittau (Oberlausitz), Privatdozent der Rechtswissenschaften in Jena und Königsberg, Hofmeister bei Herzog Georg von Braunschweig-Lüneburg, Konsistorialrat in Hannover; 1646 gab er zusammen mit → Gesenius in Hannover das »Neu ordentlich Gesang-Buch« heraus, in dem erstmals ältere Lieder sprachlich umgestaltet wurden; gest. 1680 in Hannover. – T 160, 196, T* 288 (Str. 1–6)

DENKHAUS, Lotte (VI,2), geb. 1905 in Orsoy (Niederrhein), Pfarrfrau in Velbert, Bremen und Bonn, Schriftstellerin; gest. 1986 in Bonn. – T 315

DICHTER UND KOMPONISTEN

DÖRR, Friedrich (VI,2), geb. 1908 in Wolframs-Eschenbach (Mittelfranken), Professor für Systematische Theologie in Eichstätt; dort gest. 1993. − T 784.2 (Str. 3), 786.5

DRAPER, William Henry (VI,1), geb. 1855 in Kenilworth (England), Pfarrer in Shrewsbury, Yorkshire und Axbridge; gest. 1933 in Clifton bei Bristol. − (T) 514

DRESE, Adam (III,2), geb. 1620 in Weimar, Hofkapellmeister in Weimar, Jena und Arnstadt, befreundet mit Heinrich → Schütz und der Familie → Bach; gest. 1701 in Arnstadt. − M 391

DRETZEL, Cornelius Heinrich (IV,1), geb. 1697 in Nürnberg, dort Organist; gest. 1775 in Nürnberg. − M* 230

DYKES, John Bacchus (V), geb. 1823 in Kingston-upon-Hull (England), Pfarrer der Church of England in Durham; gest. 1876 in Ticehurst (Sussex). − M 618

EBELING, Johann Georg (III,1), geb. 1637 in Lüneburg, Theologe, Kantor an St. Nikolai in Berlin als Nachfolger von → Crüger; er gab 120 Lieder von Paul Gerhardt in neuen Vertonungen heraus, Gymnasiallehrer und Kantor in Stettin; dort gest. 1676. − M 302, 370, 449

EBER, Paul (II,1), geb. 1511 in Kitzingen (Unterfranken), Schüler und Anhänger Melanchthons, Professor für alte Sprachen, dann für Naturwissenschaften, Generalsuperintendent in Wittenberg; dort gest. 1569. − T* 366

EBERT, Jakob (II,2), geb. 1549 in Sprottau (Schlesien), Rektor in Soldin, Schwiebus und Grünberg, Professor der Theologie in Frankfurt/Oder; dort gest. 1614. − T 422

ECCARD, Johannes (II,2), geb. 1553 in Mühlhausen (Thüringen), Organist in Augsburg, Kapellmeister in Königsberg und Berlin; gest. 1611 in Berlin. − (M) 203, T* 473

ECKERT, Eugen (VI,2), geb. 1954 in Frankfurt/Main, Sozialarbeiter, Pfarrer in Offenbach. − T* 171, T 584

EDELKÖTTER, Ludger (VI,2), geb. 1940, Musikpädagoge in Drensteinfurt (Münsterland). − K 436, M 622, 637

ELLERTON, John F. (V), geb. 1826 in London, Pfarrer in Mittelengland und bei London, Herausgeber englischer Reformgesangbücher; gest. 1893 in Torquay (Südwest-England). − (T) 266, (T) 490

LIEDERKUNDE

ELLINGSEN, Svein (VI,2), geb. 1929 in Kongsberg (Norwegen), Dichter und Maler in Saltrød (Norwegen). – (T) 212, 383, 601

ENDERLIN, Fritz (VI,1), geb. 1883 in Arbon, Germanist und Schriftsteller in Bellinzona und Zürich; gest. 1971 in Zürich. – T 294 (Str. 2–3), 309

ENGLISCH (Endlich), Johann (II,1), geb. 1502 in Buchsweiler (Elsass), als gräflicher Schreiber wegen seiner evangelischen Überzeugung entlassen, Lehrer in Straßburg, Vikar am Münster; gest. 1577 in Straßburg. – (T) 222

ERFURT 1524 (II,1) – »Ein Enchiridion oder Handbüchlein« mit 25 Liedern und 15 Melodien, nach dem Achtliederbuch → Nürnberg 1523/24 das älteste evangelische Gesangbuch. – M* 67, M* 125, M* 126, M* 215, M* 498

FABER, Zachäus (II,2), geb. 1554 in Beucha bei Grimma, Rektor in Torgau, Pfarrer in Sachsen, seit 1607 in Hohenleina bei Eilenburg; dort gest. 1628. – T 159

FABRICIUS (Schmied), Jakob (III,1), geb. 1593 in Köslin (Pommern), Pfarrer in seiner Heimatstadt, Hof- und Feldprediger im Heer Gustav Adolfs von Schweden, Generalsuperintendent von Hinterpommern, Professor in Stettin; dort gest. 1654. – T 249

FALK, Johannes Daniel (V), geb. 1768 in Danzig, satirischer Schriftsteller in Weimar, baute den »Lutherhof« zum ersten großen Rettungshaus für verwahrloste Kinder aus; gest. 1826 in Weimar. – T 44 (Str. 1)

FARJEON, Eleanor (VI,1), geb. 1881 in London, Schriftstellerin und Kinderbuchautorin; gest. 1965 in Hampstead (London). – (T) 455

FERKINGHOFF, Bernhard (VI,2), geb. 1934 in Eschweiler (Aachen), Jugendseelsorger, Generalrat der Oblatenkongregation in Rom; gest. 1987 in Lahnstein. – T 555

FERSCHL, Maria (VI,2), geb. 1895 in Melk/Donau, Lehrerin und Schriftstellerin; gest. 1982 in Saulgau (Württemberg). – T 17

FICKERT, Georg Friedrich (V), geb. 1758 in Barzdorf (Schlesien), Pfarrer in Reichau und Groß-Wilkau; gest. 1815 in Groß-Wilkau. – T 255

DICHTER UND KOMPONISTEN

FIGUERA LÓPEZ, María Pilar (VI,2), geb. 1939 in Cadiz (Spanien), Theologin, Psychologin in Madrid. – (T) 640

FINK, Karl (VI,2), geb. 1923 in Höchst/Main, Kantor in Eltville und Kirchenmusikdirektor; gest. 1977. – M 551

FISCHER, Christoph (II,2), geb. 1518 in St. Joachimsthal (Böhmen), Reformator der Grafschaft Henneberg (Schmalkalden), Pfarrer in mitteldeutschen Gemeinden, Hofprediger und Generalsuperintendent in Celle; dort gest. 1597. – T 79

FISCHER, Wolfgang (VI,2), geb. 1932 in Dresden, Domkantor in Brandenburg/Havel, Referent für Kirchenmusik und Kantor in Berlin. – K 419

FLEMING, Paul (III,1), geb. 1609 in Hartenstein (Erzgebirge), Barocklyriker; er begleitete als Arzt eine holsteinische Gesandtschaft nach Russland, dann nach Persien; gest. 1640 in Hamburg. – T 368

FLESCH-THEBESIUS, Marlies (VI,2), geb. 1920 in Frankfurt/Main, Journalistin, Gemeindepfarramt und Auftrag für Mission und Ökumene in Frankfurt. – T* 564

FRANC, Guillaume (II,1), geb. um 1515 in Rouen/Seine, in Genf als Musiklehrer und reformierter Kantor an St Pierre; auf Veranlassung Calvins der musikalische Bearbeiter der beiden ersten Ausgaben des → Genfer Psalters 1542 und 1543; seit 1545 Kantor in Lausanne; dort gest. 1570. – (M) 81, (M) 108, M 255, (M) 271, (M) 294, M* 379, (M) 658

FRANCK, Johann (III,1), geb. 1618 in Guben (Niederlausitz), Rechtsanwalt, Ratsherr und Bürgermeister in seiner Heimatstadt; dort gest. 1677. – T 218, 396

FRANCK, Melchior (III,1), geb. 1580 in Zittau (Oberlausitz), Musiker in Augsburg und Nürnberg, Hofkapellmeister in Coburg; dort gest. 1639. – M 119, 150

FRANCK, Michael (III,1), geb. 1609 in Schleusingen (Thüringen), Bäcker in seiner Heimatstadt, Lehrer in Coburg; dort gest. 1667. – TM 528

FRANKE, August Hermann (V), geb. 1853 in Sundern bei Gütersloh, Professor der Theologie in Halle und Kiel; gest. 1891 in Montreux (Schweiz). – T 394

FRANKE, Johann Friedrich (IV,2) geb. 1717 in Krautheim (bei Weimar), Theologe, im Dienst der Brüdergemeine; gest. 1780 in Basel. – M 562

FRANZ, Ignaz (IV,2), geb. 1719 in Protzan (Schlesien), Priester in Glogau und Schlawa, Rektor des Priesterseminars in Breslau; dort gest. 1790. – T* 331

FRANZ (Franziskus) VON ASSISI (Giovanni Bernardone) (I,2), geb. 1182 in Assisi, Sohn eines reichen Tuchhändlers, seit 1208 übernahm er das urchristliche Armutsideal mit Verzicht auf Besitz, strenger Askese, Krankenhilfe und Wanderpredigt; gest. 1226 als Einsiedler bei Assisi. – (T) 514, (T) 515; früher wurde ihm das Friedensgebet (T) 416 zugeschrieben.

FRAYSSE, Claude (VI,2), geb. 1941, Musiklehrer und Posaunist in Romans (Frankreich). – M 272

FREDER, Johannes (II,1), geb. 1510 in Köslin (Pommern), Luthers Hausgenosse, Lehrer und Pfarrer in Hamburg; Superintendent und Professor in Stralsund, Greifswald, Rügen und Wismar, dichtete in niederdeutscher Sprache; gest. 1562 in Wismar. – T 203

FREYLINGHAUSEN, Johann Anastasius (IV,1), geb. 1670 in Gandersheim, Leiter des Waisenhauses in Halle; Herausgeber der pietistischen Liedersammlung »Geistreiches Gesang-Buch« → Halle 1704; gest. 1739 in Halle. – T 356 Str. 1

FREYSTEIN, Johann Burchard (III,2), geb. 1671 in Weißenfels, Rechtsanwalt, Hofrat in Dresden; dort gest. 1718. – T 387

FRIEDRICH, Peter (VI,2), geb. 1944 in Lübbecke (Westfalen), Pfarrer in Greven-Reckenfeld und Bielefeld, Landeskirchenrat. – T 544

FRIES, Margareta, geb. Pabst (VI,2), geb. 1906 in Halle, Designerin und Pfarrfrau in Treptow/Rega (Pommern) und Frankfurt/Main; dort gest. 1983. – T 424

FRITZSCHE, Gerhard (VI,2), geb. 1911 in Dittmannsdorf (bei Flöha/Sachsen), Jugendwart im Kirchenkreis Kamenz; 1944 in Südrussland vermisst. – T 543

FRONMÜLLER, Frieda (VI,1), geb. 1901 in Lindau, Kantorin in Fürth; gest. 1992 in Nürnberg. – M 510

FROSTENSON, Anders (VI,2), geb. 1906 in Südschweden, Journalist, Pfarrer in Lovö bei Stockholm, Schlossprediger in Drottningholm. – (T) 268, 610

GARVE, Karl Bernhard (V), geb. 1763 in Jeinsen bei Hannover, 1784 Lehrer in Niesky; Prediger der Brüdergemeine in Amsterdam, Ebersdorf, Norden, Berlin und Neusalz/Oder; gest. 1841 in Herrnhut. – T 415

GASTOLDI, Giovanni Giacomo (II,2), geb. um 1556 in Caravaggio (Lombardei), Sänger und Kapellmeister in Mantua, dann am Dom in Mailand; gest. 1622. – MS 398

GASTORIUS (Bauchspieß), Severus (III,2), geb. 1646 in Öttern bei Weimar, Kantor in Jena; dort gest. 1682. – M 372

GEBHARDI, Ernst Ludwig (V), geb. 1787 in Nottleben bei Erfurt, Organist, Musiklehrer und Komponist in Erfurt; dort gest. 1862. – K 26

GEERKEN, Gerd (VI,2), geb. 1935 in Wildeshausen bei Bremen, Musiklehrer in Altenberge. – M 629

GEILSDORF, Paul (VI,1), geb. 1890 in Plauen (Vogtland), Kantor und Organist in Chemnitz; dort gest. 1976. – M 378

GEISEL, Gustav (VI,2), geb. 1923 in Frankfurt/Main, Kantor, Dozent an der Frankfurter Kirchenmusikschule; dort gest. 1985. – M 649

GELETZKY, Johann (II,2), Mitherausgeber des Brüdergesangbuches von 1566, Vorsteher der Gemeinde zu Fulnek (Mähren), später zu Grödlitz (Böhmen); gest. 1568. – T 537

GELLERT, Christian Fürchtegott (IV,2), geb. 1715 in Hainichen bei Freiberg (Erzgebirge), Theologe, Professor der Dichtkunst, Beredsamkeit und Moral in Leipzig; Dichter von Fabeln, Lustspielen und der »Geistlichen Oden und Lieder«; gest. 1769 in Leipzig. –
T 42, 91, 115, 412, 451, 506, 598

GENFER Psalter (II,1) (auch französischer Reim- oder Hugenotten-Psalter) – Sammlung der in Strophenform nachgedichteten biblischen Psalmen. Der Reformator Johannes Calvin lernte die Gattung des Psalmlieds in Straßburg kennen und gab dort 1539 eine kleine Zahl französischer Psalmlieder von Clément Marot (1495–1544) und aus eigener Produktion heraus (zu M 76 dichtete er seinen Psalm 36). In Genf nahm Calvin weitere Psalmlieder Marots in liturgischen Gebrauch, der Genfer Kantor Guillaume → Franc übernahm die musikalische Gestaltung der Ausgaben 1542 und 1543 mit 50 Psalmen. Seit 1548 arbeitete Théodore de Bèze (Beza, 1519–1605) an der Vervollständigung des Reimpsalters, → Bourgeois betreute musikalisch die Ausgabe

1551 mit 83 Psalmen. Die vollständige und endgültige Sammlung aller Reimpsalmen erschien 1562, der musikalische Bearbeiter war wohl → Davantès. In den deutschsprachig reformierten Kirchen setzte sich die Übersetzung von → Lobwasser 1573 durch, die später durch die von → Jorissen 1798 ersetzt wurde.

GERAEDTS, Jacobus Franciscus Maria (Jaap) (VI,2), geb. 1924 in 's-Gravenhage, Komponist und Musikjournalist. – M 312

GERHARDT, Paul (III,1), geb. 1607 in Gräfenhainichen (Sachsen), Hauslehrer in Berlin, 1651 Propst in Mittenwalde (Mark Brandenburg), 1657 Pfarrer an St. Nikolai in Berlin; 1667 seines Amtes enthoben, weil er als überzeugter Lutheraner dem Toleranzedikt des reformierten Großen Kurfürsten nicht zustimmen konnte, 1669 Archidiakonus in Lübben (Spreewald); dort gest. 1676.

Seine etwa 130 Lieder bezeugen auf dem Hintergrund des Dreißigjährigen Krieges persönliches Gottvertrauen und christliche Heilserfahrung; → Crüger und → Ebeling vertonten viele seiner Gedichte. – T 11, 36, 37, 39, 58, 83, 84, T* 85, T 112, 133, 283, 302, 322, 324, 325, 351, 361, 370, 371, 446, 447, 449, 477, 497, 503, 529

GESENIUS, Justus (III,1), geb. 1601 in Esbeck bei Elze (Hannover), Pfarrer in Braunschweig und in Hildesheim, Generalsuperintendent des Fürstentums Calenberg-Göttingen in Hannover; gab mit seinem Freund → Denicke 1646 das »Neu ordentlich Gesang-Buch« heraus; gest. 1673 in Hannover. – T 82

GESIUS (Göß), Bartholomäus (II,2), geb. um 1560 in Müncheberg bei Frankfurt/Oder, studierte Theologie, Kantor und Lehrer in Frankfurt/Oder; dort gest. 1613. –
M 60, M* 109, T* 119, M* 141, M* 158, (M) 308, (M) 361, M* 422, S 477, (M) 525

GESSNER, Georg (IV,2), geb. 1765 in Dübendorf bei Zürich, Pfarrer am Waisenhaus, später am Großmünster in Zürich, Professor der Theologie; gest. 1843 in Zürich. – T 332

GÖRANSSON, Harald (VI,2), geb. 1917 in Norrköping (Schweden), Professor an der Königl. Musikhochschule in Stockholm, Mitglied des schwedischen Gesangbuchkomitees. – M 180.3

DICHTER UND KOMPONISTEN

GORTZITZA, Wilhelm (V), geb. 1811 in Neidenburg (Ostpreußen), Lehrer in Lyck; dort gest. 1889. – T* 513

GOSSNER, Johannes Evangelista (V), geb. 1773 in Hausen bei Günzburg a. d. Donau, katholischer Religionslehrer in Düsseldorf, trat 1826 zur evangelischen Kirche über, Pfarrer in Berlin, Begründer der »Goßnerschen Mission«; gest. 1858. – T 562

GOTTER, Ludwig Andreas (III,2), geb. 1661 in Gotha, Hofrat in seiner Heimatstadt; dort gest. 1735. – T 404

GOTTSCHICK, Anna Martina (VI,2), geb. 1914 in Dresden, Redakteurin in Aue (Erzgebirge), Verlagsmitarbeiterin in Kassel; dort gest. 1995. – T 154 (Str. 1–5)

GOTTSCHICK, Friedemann (VI,2), geb. 1928 in Breslau, Kantor in Düsseldorf, Leiter der Kirchenmusikschule im Rheinland, Professor an der Musikhochschule in Düsseldorf, Kantor in Bethel. – MK 176, TM 381

GOUDIMEL, Claude (II,1), geb. um 1514 in Besançon (Frankreich), um 1550 Notendrucker, zeitweilig in Metz; gab vierstimmige Liedsätze zum → Genfer Psalter heraus; gest. 1572 bei der Hugenottenverfolgung in Lyon. – S 140

GRAHL, Kurt (VI,2), geb. 1947 in Markneukirchen (Vogtland), Kirchenmusiker, Organist und Chorleiter in Leipzig, Kirchenmusikdirektor. – M 632

GRAMANN (Poliander), Johann (II,1), geb. 1487 in Neustadt/ Aisch (Mittelfranken), Rektor der Thomasschule in Leipzig, 1519 Ecks Schreiber bei der Disputation mit Luther, dann Anhänger Luthers, der ihn 1525 als Pfarrer nach Königsberg empfahl; mit → Speratus Reformator des Ordenslandes Preußen; gest. 1541 in Königsberg. – T 289 (Str. 1–4)

GREEN, Frederick Pratt (VI,2), geb. 1903 in Liverpool, Pfarrer, zeitweilig methodistischer Bischof von York und Hull, lebt in Norwich. – (T) 410

GREGOR I., der Große (I,1), geb. um 540 in Rom, Staatsbeamter, dann Benediktinermönch, 590 Papst, Liturgiereformer und Förderer des römischen Kirchengesangs; gest. 604 in Rom. – (T) 470

GREGOR, Christian (IV,2), geb. 1723 in Bad Dirsdorf (Schlesien), Mitglied der Herrnhuter Brüdergemeine, Organist, Diakon, Bischof und später an der Spitze der Unität; gab

1778 das Gesangbuch und 1784 das Choralbuch der Brüdergemeine heraus und überarbeitete insbesondere die Lieder von → Zinzendorfs für den Gemeindegebrauch; gest. 1801 in Berthelsdorf. – T* 198 (Str. 2), 251, 350, 391, MS 561

GREITER, Matthäus (II,1), geb. um 1490 in Aichach bei Augsburg, Dominikanermönch und Kantor am Münster in Straßburg, verließ 1524 unter dem Einfluss der Reformation das Kloster, wurde 1528 evangelischer Hilfsprediger an St. Stephan und St. Martin; musikalischer Mitarbeiter der Straßburger Reformatoren; dort gest. 1550. – M 76, M* 280?, wahrscheinlich auch das Straßburger Kyrie und Gloria von 1524: M 178.2 und 180.1

GRENZ, Gerhard (VI,2), geb. 1930 in Hamburg, Gemeindepfarrer, Schulpfarrer in Kassel. – T 577

GRUBER, Erich (VI,2), geb. 1910 in Sulzbach an der Murr, Chemiker, Musiklehrer in Danzig, Landesjugendwart in Baden, Sing- und Posaunenwart in Kassel; gest. 1971. – M*S 167

GRUBER, Franz Xaver (V), geb. 1787 in Unterweizberg bei Hochburg/Inn (Österreich), Lehrer und Organist in Arnsdorf bei Salzburg, Chorleiter in Hallein; dort gest. 1863. – M 46

GRÜNWALD, Georg (II,1), geb. um 1490 in Kitzbühel (Tirol), Schuhmacher, 1526 Vorsteher der Täufergemeinde; 1530 als Wiedertäufer in Kufstein (Tirol) verbrannt. – T 363

GRYPHIUS (von Greif), Andreas (III,1), geb. 1616 in Glogau (Schlesien), während des Dreißigjährigen Krieges Studien in Danzig und Leiden, Syndikus der Landstände des Fürstentums Glogau; Dichter des deutschen Barock; gest. 1664 in Glogau. – T 527

GÜNTHER, Cyriakus (IV,1), geb. 1650 in Goldbach bei Gotha, Lehrer in Eisfeld (Thüringen) und Gotha; dort gest. 1704. – T 405

GWINNER, Volker (VI,2), geb. 1912 in Bremen, Kantor und Organist in Bremen und Dresden, Kirchenmusikdirektor in Lüneburg, Professor an der Hochschule für Musik in Hannover. – M 50

GYÖNGYÖSI, Vilmos (Wilhelm Güttler) (VI,2), geb. 1915 in Miskolc (Ungarn), Pfarrer der deutschen evangelischen Gemeinde in Budapest, danach in ungarischen Gemeinden, zuletzt in Frankfurt/Main; gest. 1995 in Rüsselsheim. – T* 96

HÄHLKE, Christian (VI,2), geb. 1952 in Hermannsburg (Lüneburger Heide), Pfarrer in Unnau, Obermörsbach (Westerwald), Wolzhausen (Hessen), Höchstenbach. – M 642

HÄNDEL, Georg Friedrich (IV,1), geb. 1685 in Halle, als Student der Rechtswissenschaft Organist am reformierten Dom in Halle, Studien in Hamburg und Italien, seit 1711 Kapellmeister und Komponist in London; Schöpfer zahlreicher Opern und Oratorien; gest. 1759 in London. – MS 13

HÄUSSLER, Gerhard (VI,2), geb. 1920 in Görmin bei Greifswald, Klavierdozent und Kantor in Erfurt. – M 418

HALFFTER, Cristóbal (VI,2), geb. 1930 in Madrid, Dirigent und Komponist in Villafranca (Nordspanien). – M 640

HALLE 1704 ff. (IV,1) – »Geistreiches Gesang-Buch«, die einflussreichste Liedersammlung des deutschen Pietismus, herausgegeben von → Freylinghausen, die musikalischen Mitarbeiter sind unbekannt. – M 1, M* 12, M* 328, M* 329, M* 386, M 388, (M) 479. – Halle 1708: M* 450. – Halle 1714: M* 303

HALLER, Eduard (VI,2), geb. 1922 in München, verh. mit Ursula → Haller, Dozent für Altes Testament in Neuendettelsau (Mittelfranken), Pfarrer im Toggenburg (St. Gallen). – T* 606

HALLER, Ursula (VI,2), geb. 1924 in Zürich, verh. mit Eduard → Haller, – T* 606

HAMILTON, Frank (VI,2), geb. 1934, Folk-Sänger in Decatur (Georgia/USA). – TM 636

HAMMERSCHMIDT, Andreas (III,1), geb. 1612 in Brüx (Böhmen), Organist in Wesenstein und Freiberg (Sachsen), Kantor in Zittau (Oberlausitz); dort gest. 1675. – M 34

HAMPE, Johann Christoph (VI,2), geb. 1913 in Breslau, Pfarrer, theologischer Publizist und Schriftsteller; gest. 1991 in Hohenschäftlarn bei München. T 454 (Str. 1.2.6)

HANNOVER 1646 (III,1) – »Neu ordentlich Gesang-Buch«, herausgegeben von → Gesenius und → Denicke. – T* 35, M* 288. – Auflage Lüneburg 1652: – T 288 (Str. 7). – Auflage Lüneburg 1657: – T 10 (Str. 4), T* 113

HANSEN, Ernst (VI,2), geb. 1923 in Itzehoe, Dozent an der Ev.-Luth. Landvolk-Hochschule auf dem Koppelsberg bei

Plön und Studienleiter im Gemeindedienst der Nordelbischen Kirche in Hamburg. – T 610

HARDER, August (V), geb. 1775 in Schönerstedt bei Leisnig (Sachsen), Student der Theologie, dann Sänger, Pianist, Gitarrist, Komponist und Schriftsteller in Leipzig; dort gest. 1813. – M 503

HARTMANN, Thomas (II,2), geb. 1548 in Lützen bei Merseburg, Lehrer in Königsberg und Liebemühl (Ostpreußen), Pfarrer in Wismar und Eisleben; dort gest. 1609. – T 107 (Str. 2)

HASSLER, Hans Leo (II,2), geb. 1564 in Nürnberg, studierte Musik in Venedig, Organist in Augsburg, Prag, Nürnberg, Ulm und Dresden; Komponist von weltlichen und geistlichen Liedbearbeitungen; gest. 1612 in Frankfurt/Main. – (M) 85

HAUSMANN, Julie (V), geb. 1826 in Riga, Erzieherin im Baltikum, Musiklehrerin in St. Petersburg; gest. 1901 in Wösso (Estland). – T 376

HECHTENBERG, Dieter (VI,2), geb. 1936 in Neufechingen (Saar), Kantor und Katechet in Düsseldorf, Oppenheim, Bremen. – TM 305, T 306

HEERMANN, Johann (III,1), geb. 1585 in Raudten (Schlesien), Pfarrer in Köben/Oder, heimgesucht von Schrecken des Krieges und Bedrängnissen der Gegenreformation, von familiärem Leid und körperlichen Leiden; mit seinen Liedersammlungen »Haus- und Herzmusik« 1630 und »Sonn- und Festtagsevangelia« 1636 ist er der bedeutendste Liederdichter zwischen Luther und → Gerhardt; gest. 1647 in Lissa (Polen). – T 72, 81, 111, 217, 234, 247, 248, 495, 496

HEINECKE, Walter (VI,2), geb. 1909 in Seyda (Sachsen), Pfarrer in Tornow bei Landsberg, Bierbergen bei Hameln und Hannover; gest. 1992 in Hildesheim. – T 240

HEINEN, Karin (VI,2), geb. 1941 in Krefeld, Schulleiterin in Aachen. – T 555

HELD, Heinrich (III,1), geb. 1620 in Guhrau (Schlesien), Rechtsanwalt in Fraustadt, später Kämmerer und Ratsherr in Altdamm bei Stettin; gest. 1659 in Stettin. – T 12, 134

DICHTER UND KOMPONISTEN

HELDER, Bartholomäus (III,1), geb. 1585 in Gotha, Lehrer in Friemar bei Gotha, Pfarrer in Remstädt bei Gotha; dort gest. 1635. − TM 349

HELMBOLD, Ludwig (II,2), geb. 1532 in Mühlhausen (Thüringen), Professor der Philosophie in Erfurt und Superintendent in Mühlhausen; dort gest. 1598. − T 320, 365

HELMORE, Thomas (V), geb. 1811 in Kidderminster (England), Chormeister der königlichen Kapelle in London; dort gest. 1890. − M* 19

HENKYS, Jürgen (VI,2), geb. 1929 in Heiligenkreutz (Ostpreußen), Pfarrer, 1965 Dozent am Sprachenkonvikt in Berlin (Ost), 1991 Professor für Praktische Theologie an der Humboldt-Universität Berlin. − T* 20, 97, 98, 117, 154 (Str. 6), 212, 312, 313, 383, 430, 431, 455, 601

HENSEL, Luise (V), geb. 1798 in Linum bei Fehrbellin (Mark Brandenburg), Erzieherin, zur katholischen Kirche übergetreten; gest. 1876 in Paderborn. − T 484

HERBERGER, Valerius (II,2), geb. 1562 in Fraustadt (Schlesien), dort Pfarrer; von dem Erbauungsschriftsteller ist nur ein Lied überliefert, das 1613 während einer Pestepidemie entstand; gest. 1627 in Fraustadt. − T 523

HERBERT, Petrus (II,1), geb. um 1530 in Fulnek (Mähren), Gesandter der → Böhmischen Brüder in Genf und Württemberg, Pfarrer in Fulnek; Dichter und Übersetzer aus dem Tschechischen, Mitherausgeber des deutschsprachigen Brüdergesangbuchs von 1566; gest. 1571 in Eibenschitz bei Brünn (Mähren). − T* 78, T 245, T 471

HERDER, Johann Gottfried (IV,2), geb. 1744 in Mohrungen (Ostpreußen), Lehrer und Prediger in Riga, Oberpfarrer in Bückeburg, durch Vermittlung Goethes Generalsuperintendent und Konsistorialrat in Weimar; Literatur- und Sprachforscher, Sammler von Volksliedern und Kirchengesängen; gest. 1803 in Weimar. − M* 44, T 74

HERMAN, Nikolaus (II,1), geb. 1500 in Altdorf bei Nürnberg, Lehrer und Kantor in St. Joachimsthal (Böhmen); Dichter und Melodienschöpfer von Kinder- und Erzählliedern, vor allem durch seine Sammlung »Die Sonntagsevangelia über das Jahr in Gesänge verfasset für die Kinder und christlichen Hausväter« 1560; gest. 1561 in St Joachimsthal. −

TM 27, T* 29, M 79, TM 106, T 107 (Str. 1), T* 141, (T) 143, (T) 234 (Str. 1), T 413, T 437, M* 442, T 467, T* 498, T 522 (Str. 1–4)

HERRNSCHMIDT, Johann Daniel (IV,1), geb. 1675 in Bopfingen (Württemberg), Schüler August Hermann Franckes, Hofprediger und Superintendent in Idstein (Nassau), Professor der Theologie und Mitdirektor der Franckeschen Stiftungen in Halle; dort gest. 1723. – T 303

HERROSEE, Karl Friedrich Wilhelm (V), geb. 1754 in Berlin, Hofprediger in Berlin, Superintendent in Züllichau/Oder; dort gest. 1821. – T 333

HERTZSCH, Klaus Peter (VI,2), geb. 1930 in Jena, Professor für Praktische Theologie in Jena. – T 395

HERZOG, Johann Friedrich (III,2), geb. 1647 in Dresden, Rechtsanwalt; gest. 1699 in Dresden. – T 478 (Str. 2–7.9)

HESEKIEL, Martin (VI,1), geb. 1912 in Posen, Pfarrer in Neuenburg, Danzig und Lübeck. – TK 492

HEURICH, Winfried (VI,2), geb. 1940 in Neuhof bei Fulda; Kirchenmusiker in Frankfurt/Main, Dozent an der dortigen Musikhochschule. – M 153, 584

HEUSER, Christine (VI,2), geb. 1930 in Braunschweig, Pfarrfrau in Witten/Ruhr und Düsseldorf, Gemeindemissionarin und Leiterin der Gottesdienst-Werkstatt in Wuppertal. – T 489 (Str. 2)

HEY, Wilhelm (V), geb. 1789 in Leina bei Gotha, Hauslehrer in den Niederlanden, Lehrer in Gotha, Pfarrer in Töttelstedt, Hofprediger in Gotha, Superintendent in Ichtershausen bei Arnstadt; gest. 1854 in Ichtershausen bei Arnstadt. – T 511

HEYDEN, Sebald (II,1), geb. 1499 in Bruck bei Erlangen, Kantor und Rektor der Spitalschule in Nürnberg, 1525 erster lutherischer Rektor der Sebaldusschule; gest. 1561 in Nürnberg. – T 76

HILLER, Friedrich Konrad (IV,1), geb. 1651 in Unteröwisheim bei Bruchsal, Regierungsrat in Stuttgart, Onkel von Philipp Friedrich → Hiller; gest. 1726 in Stuttgart. – T 250

HILLER, Johann Adam (IV,2), geb. 1728 in Wendisch-Ossig bei Görlitz, Hauslehrer und Dirigent der Gewandhauskonzerte in Leipzig, ab 1789 Thomaskantor; dort gest. 1804. – M* 352

DICHTER UND KOMPONISTEN

Hiller, Philipp Friedrich (IV,1), geb. 1699 in Mühlhausen bei Vaihingen/Enz (Württemberg), Schüler von Johann Albrecht Bengel, Pfarrer in Steinheim bei Heidenheim/Brenz; mit seinen Bibelauslegungen und den beiden »Geistlichen Liederkästlein« 1762 und 1767 der bedeutendste Dichter des schwäbischen Pietismus; gest. 1769 in Steinheim. – T 123, 152, 253, 355

Hintze, Jakob (III,1), geb. 1622 in Bernau bei Berlin, Musiker in Stettin und Berlin, nach → Crügers Tod Herausgeber des Gesangbuchs »Praxis pietatis melica«; gest. 1702 in Berlin. – M 371

Hocke, Rolf (VI,2), geb. 1957 in Wolfhagen bei Kassel, Pfarrer in Waldkappel (Nordhessen). – T* 616, 626

Höppl, Karl Albrecht (VI,2), geb. 1908 in Augsburg, Pfarrer; gest. 1988 in Fishach bei Augsburg – T* 490

Hoffmann von Fallersleben, Heinrich August (V), geb. 1798 in Fallersleben (Niedersachsen), Bibliothekar, Dichter und Sprachforscher, Professor in Breslau; mit seiner »Geschichte des deutschen Kirchenliedes bis auf Luthers Zeit« Wegbereiter einer evangelischen Hymnologie; Bibliothekar in Corvey bei Höxter (Westfalen); dort gest. 1874. – T 403 (Str. 2)

Hofhaimer, Paul (II,1), geb. 1459 in Radstadt (Tauern), Organist in Graz, Innsbruck, München, Passau, Augsburg und Salzburg; gest. 1537 in Salzburg. – (M) 232

Hofmann, Ernst (VI,2), geb. 1904 in Ulm, Gemeindeseelsorger, zuletzt in Stuttgart; Mitarbeiter am katholischen Gesangbuch »Gotteslob« 1975; gest. 1999 in Stuttgart. – T 142

Hofmann, Friedrich (VI,2), geb. 1910 in Sondheim, Pfarrer und Kirchenrat, Dekan in Neumarkt; gest. 1998 in Ansbach. – M 239

Hohenfurt 1410/1450 (I,2) – Handschriften aus der Zisterzienser-Abtei Hohenfurt (Böhmen). – (M) 5, 29, 100, 105, 215

Holzschuher, Heinrich (V), geb. 1798 in Wunsiedel (Bayern), Fürsorger in Gefängnissen und Erziehungsanstalten, Erzieher im Kinderrettungswerk in Erfurt, Patrimonialrichter auf Schloss Burg bei Hof/Saale; dort gest. 1847. – T 44 (Str. 2–3)

LIEDERKUNDE

Homburg, Ernst Christoph (III,1), geb. 1607 in Mihla bei Eisenach, Rechtsanwalt in Naumburg/Saale, durch schwere Krankheit zur geistlichen Dichtung geführt; gest. 1681 in Naumburg. – T 86

Hopfer, Gerhard (VI,2), geb. 1926 in Burg bei Magdeburg, Pfarrer in Freiburg. – T 182 (Str. 7–9)

Hoppe, Bodo (VI,2), geb. 1926 in Bromberg, Pastor in freikirchlichen Gemeinden in Steinau a.d. Str., Gießen, Karlsruhe, Leverkusen, Emden. – TM 602

Horn, Reinhard (VI,2), geb. 1955 in Lippstadt (Westfalen), katholischer Theologe, Musikwissenschaftler und Biologe. – K 641

Horst, Peter (VI,2), geb. 1927 in Groß-Leistenau (Westpreußen), Pfarrer in Kassel und Baunatal, Studienleiter für Konfirmandenunterricht. – T 577, 581, 589, 591, 599, 604, 631

Horton, Zilphia (VI,1), geb. um 1910, Musikdirektorin an der »Highlander«-Schule für Arbeiterbildung (Tennessee). Das Lied »We shall overcome« fand sie bei den »CIO-Nahrungsmittel und Tabak«-Arbeitern in South Carolina; gest. 1954. – TM 636

Hovland, Egil (VI,2), geb. 1924 in Mysen (Eidsberg in Norwegen), Organist und Chorleiter in Fredrikstad. – M 212

How, William Walsham (V), geb. 1823 in Shrewsbury (England), Rektor und Dekan in der Grafschaft Shropshire, Pfarrer der Englischen Kirche in Rom, Bischof in East London und Wakefield; gest. 1897 in Leenane (Irland). – (T) 154 (Str. 6)

Hrabanus Maurus (I,2), geb. um 780 in Mainz, Benediktinermönch, Lehrer an der Klosterschule in Fulda, 822 Abt in Fulda, 847 Erzbischof von Mainz; »Lehrer Deutschlands« genannt; gest. 856 in Winkel bei Rüdesheim. – (T) 126

Hubert, Konrad (II,1), geb. 1507 in Bergzabern (Pfalz), Pfarrer an St. Thomas in Straßburg, Mitarbeiter Martin Bucers, Herausgeber der Straßburger Gesangbücher von 1560 und 1572; gest. 1577 in Straßburg. – T 194, 232 (Str. 1–3)

Huijbers, Bernard Maria (VI,2), geb. 1922 in Rotterdam, Jesuit, Komponist und Dirigent, Dozent für Liturgik in Amsterdam und Utrecht. – M 382

DICHTER UND KOMPONISTEN

Hus, Jan (I,2), geb. um 1369 in Husinek (Böhmen), Priester und Prediger, Professor und Rektor der Universität Prag, unter John Wiclifs Einfluss Wegbereiter reformatorischer Strömungen in Böhmen; 1415 beim Konstanzer Konzil verurteilt und verbrannt. – (T) 68

Ihlenfeld, Kurt (VI,2), geb. 1901 in Colmar (Elsass), Pfarrer in Schlesien und Sachsen, Leiter des Eckart-Verlags, Kritiker und Verlagsdirektor in Berlin, Schriftsteller; gest. 1972 in Berlin. – T 94

Isaac, Heinrich (II,1), geb. um 1450 in Flandern, Domorganist in Florenz, kaiserlicher Hofkapellmeister in Innsbruck, Hofkomponist in Augsburg und Torgau; gest. 1517 in Florenz. – (M) 521

Jacobsen, Joseph (VI,1), geb. 1897 in Hamburg, Lehrer an der »Talmud Torah Grund- und Realschule« der orthodoxen jüdischen Gemeinde in Hamburg. Konnte 1939 nach England auswandern, wo er in London und Shefford weiterlehrte; dort gest. 1943. – K 572

Jan (Jähne), Martin (III,1), geb. um 1620 in Merseburg, Kantor in Sorau (Niederlausitz), Rektor in Sagan, Pfarrer in Eckersdorf, durch die Gegenreformation vertrieben, schließlich Kantor in Ohlau; dort gest. um 1682. – M 87

Janssens, Peter (Piet) (VI,2), geb. 1934 in Telgte bei Münster (Westfalen), Musiker, Komponist und Musikverleger in Telgte; gest. 1998 in Münster. – M 178.11, 420, 550, 555, 559, 560, K 581, M 589, K 591, 594, MS 599, M 604, 625, 631

Jenny, Markus (VI,2), geb. 1924 in Stein (St. Gallen), Pfarrer in Saas (Graubünden), Weinfelden, Zürich und Ligerz (Bern), Professor an der Universität in Zürich, Herausgeber ökumenischer Liederbücher; gest. 2001 in Effretikon (Schweiz). – T* 199, T 419 (Str. 3)

Jentzsch, Martin (VI,2), geb. 1879 in Seyda bei Wittenberg, Pfarrer in Delitzsch, Leiter der Flussschiffermission in Berlin, Pfarrer und später Kirchenrat in Erfurt; dort gest. 1967. – T 418

Jöcker, Detlev (VI,2), geb. 1951 in Münster (Westfalen), Verleger und Komponist in Münster. – M 557, TK 623

Jöde, Fritz (VI,1), geb. 1887 in Hamburg, Musikpädagoge, Professor in Berlin, am Mozarteum in Salzburg, an der Musikhochschule in Hamburg, Leiter des Instituts für Jugend- und Volksmusik in Trossingen; gest. 1970 in Hamburg. – T* 31

JOHANN VON JENSTEIN (I,2), geb. 1347 oder 1348 auf Burg Jenstein (Böhmen), Bischof von Meißen, Erzbischof von Prag und Kanzler in Böhmen; gest. 1400 in Rom. – (T) 215

JONAS, Justus (Jobst Koch) (II,1), geb. 1493 in Nordhausen (Harz), Priester und Lehrer des Kirchenrechts in Erfurt, dann Propst und Professor in Wittenberg, Reformator der Stadt Halle, Superintendent und Pastor an der Liebfrauenkirche; starb 1555 als Superintendent in Eisfeld (Thüringen). – T 297 (Str. 1.2.5.6)

JOPPICH, Godehard (VI,2), geb. 1932 in Breslau, Theologe, Kirchenmusiker und Dozent für Gregorianik, 1970–1988 Kantor der Benediktinerabtei Münsterschwarzach, lebt in Rodenbach bei Hanau. – M 783.2, M 783.4, M 784.3, M 785.2, M785.4, M 787

JORISSEN, Matthias (IV,2), geb. 1739 in Wesel (Niederrhein), reformierter Pfarrer in niederländischen Gemeinden, Prediger der deutschen Gemeinde in Den Haag; seine »Neue Bereimung der Psalmen«, um 1793 entstanden und 1798 erschienen, verdrängte die Psalmlieder von → Lobwasser; gest. 1823 in Den Haag. – T 279, 281, 282, 286, 290 (Str. 2.5.7), 300, 597

JUHRE, Arnim (VI,2), geb. 1925 in Berlin, Schriftsteller, Verlagslektor in Hamburg, bis 1995 Literatur-Redakteur beim Deutschen Allgemeinen Sonntagsblatt. – T 556

KAAN, Frederik Herman (Fred) (VI,2), geb. 1929 in Haarlem (Niederlande), Pfarrer in verschiedenen reformierten Gemeinden in England, Mitarbeiter am ökumenischen Gesangbuch »Cantate Domino« 1974. – (T) 229

KAESTNER, Paul (VI,1), geb. 1876 in Altona, Ministerialdirektor für Volksbildung im Preußischen Kultusministerium in Berlin; gest. 1936 in Höchenschwand (Schwarzwald). – T 417 (Str. 1)

KAISER, Kurt (VI,2), geb. 1933, christlicher Liedermacher in Woodland Hills (USA). – M 621

KEIMANN, Christian (III,1), geb. 1607 in Deutsch-Pankraz (Böhmen), Rektor des Gymnasiums in Zittau (Oberlausitz); gest. 1662 in Zittau. – T 34, 402

DICHTER UND KOMPONISTEN

KEMPTEN um 1000 (I,2) – das älteste lateinische Hymnenbuch im deutschen Sprachraum, in dem Melodien aufgezeichnet sind; aus dem Benediktinerkloster Kempten, jetzt in Zürich. – M 3, (M) 126

KEUCHENTHAL, Johannes (II,2), geb. um 1522 in Ellrich (Harz), Pfarrer in St. Andreasberg; dort gest. 1583. Seine Sammlung »Kirchen Gesänge Lateinisch und Deutsch« Wittenberg 1573 ist ein Spiegel des gemeindlichen Singens in nachreformatorischer Zeit. – (T) 29

KHUMALO, Ben (VI,2), geb. 1950 by Vryheid (Südafrika), Pfarrer in Grevenbroich (Rheinland). – T* 633

KLEIN, Richard Rudolf (VI,2), geb. 1921 in Nußdorf (Pfalz), Dozent an den Musikhochschulen Stuttgart, Detmold und Frankfurt/Main. – (M) 18, M 509

KLEPPER, Jochen (VI,1), geb. 1903 in Beuthen/Oder (Schlesien), Theologiestudium in Breslau, Schriftsteller in Berlin, vom nationalsozialistischen Regime in seiner Arbeit behindert und wegen seiner jüdischen Frau verfolgt, ging er 1942 in den Tod. Seine geistlichen Lieder in der Sammlung »Kyrie« wurden bald vertont. – T 16, 50, 64, 208, 239, 379, 380, 452, T* 453 = 783.5, T 457, 486, 532

KLIEFOTH, Theodor (V), geb. 1810 in Körchow bei Wittenburg, Prinzenerzieher und Pfarrer in Ludwigslust, Superintendent und Oberkirchenrat in Schwerin; dort gest. 1895. – T* 92

KLOPSTOCK, Friedrich Gottlieb (IV,2), geb. 1724 in Quedlinburg, studierte Theologie in Jena und Leipzig; berühmt geworden durch die ersten Gesänge seines religiösen Epos »Der Messias«; 1751 ermöglichte ihm der dänische König die Existenz eines freien Schriftstellers, 1770 Legationsrat in Hamburg; dort gest. 1803. Seine »Geistlichen Lieder« 1758 boten Möglichkeiten zum Wechselgesang zwischen Chor und Gemeinde; ältere Choräle dichtete er im Zeitgeschmack um. – (T) 220, T* 650

KNAK, Gustav (V), geb. 1806 in Berlin, Pfarrer in Wusterwitz (Pommern) und an der Bethlehemskirche in Berlin; Förderer der Volks- und Chinamission; gest. 1878 in Dünnow (Pommern). – T 258

LIEDERKUNDE

KNAPP, Albert (V), geb. 1798 in Tübingen, Pfarrer in Sulz/ Neckar, Kirchheim/Teck und Stuttgart; Herausgeber des »Evangelischen Liederschatzes« 1837, mit 3590 Liedern die umfangreichste erbauliche Sammlung; seine Textänderungen haben die Gesangbücher des 19. Jahrhunderts stark beeinflusst; gest. 1864 in Stuttgart. – T* 220, T* 241 (Str. 8), T* 251, T 256, T 462

KNECHTEL, Irmhild (VI,2), geb. 1939 in Kiel, Kirchenmusikerin und Katechetin in Brandenburg, Erzieherin in Dahme/ Mark und in den Neinstedter Anstalten, Lehrbeauftragte für Musik am Kirchlichen Seminar in Eisenach; gest. 1993. – M 652

KNORR VON ROSENROTH, Christian (III,2), geb. 1636 in Alt-Raudten (Schlesien), Hofrat, vielseitiger Forscher, Alchimist, Dichter und Tonsetzer; mit der Herausgabe der »Kabbala denudata« machte er erstmals die mittelalterliche jüdische Mystik bekannt; gest. 1689 in Großalbershof (Oberpfalz). – T 450

KOCH, Minna, geb. Schapper (V), geb. 1845 in Waldböckelheim/Nahe; gest. 1924 in Wernigerode. – M 407

KODÁLY, Zoltán (VI,1), geb. 1882 in Kecskemét (Ungarn), sammelte mit Bartók Volksweisen in Ungarn, auf dem Balkan, und in Nordafrika; Musikkritiker, Dirigent und Lektor, lebte in Paris und Berlin; gest. 1967 in Budapest. – M 616

KÖBLER, Hanns (VI,2), geb. 1930 in Hof, Religionslehrer und Kantor in Freising bei München; gest. 1987 in Freising. – TM 209

KÖNIG, Helmut (VI,2), geb. 1930 in Bremen, Lektor an der Universität in Kalkutta (Indien), Gymnasiallehrer, Herausgeber von Liedersammlungen. – T* 489 (Str. 1)

KÖNIG, Johann Balthasar (IV,1), geb. 1691 in Waltershausen (Thüringen), Musikdirektor und Kapellmeister; gest. 1758 in Frankfurt/Main. Sein »Harmonischer Liederschatz« 1738 ist das reichhaltigste Choralbuch des 18. Jahrhunderts. – M* 330, 400

KOMMUNITÄT GNADENTHAL – M 563, TM 580

KONESAGAR, Aksha (VI,2), geb. 1953 in Sumaddi (Südindien), verh. mit Devadan → Konesagar Kinderheimleiterin, Pfarrfrau in Beiseförth (Nordhessen), dann in Dharwaṛ (Südindien). – T* 626

KONESAGAR, Devadan (VI,2), geb. 1948 in Mustigeri (Südindien), Pfarrer in Beiseförth (Nordhessen), dann in Dharwaṛ (Südindien). – T* 626

KORNEMANN, Helmut (VI,2), geb. 1935 in Lippstadt (Westfalen), Pfarrer in Höxter, Dozent an der Kirchenmusikschule in Herford, Pfarrer in Berlin. – T 454 (Str. 3–5)

KREMER, Gerhardus Marinus (Gerard) (VI,2), geb. 1919 in Amsterdam, Kantor in Amsterdam, Bloemendaal und Aerdenhout; dort gest. 1970. – M 199

KRIEGER, Adam (III,1), geb. 1634 in Driesen (Neumark), ausgebildet bei → Scheidt in Halle, beeinflusst von Heinrich → Schütz; Organist an St. Nikolai in Leipzig, später Hoforganist in Dresden; gest. 1666 in Dresden. – (M) 386, MT 478 (Str. 1)

KROEDEL, Rolf (VI,2), geb. 1934 in Eisenach, Landessingwart der Evangelisch-Lutherischen Kirche in Thüringen, Lehrer und Chorleiter in Hilchenbach (Westfalen). – M 534

KRÖNING, Christian (VI,2), geb. 1933 in Leipzig, Pfarrer in Esenham (Oldenburg) und Bern-Bümpliz; gest. 1986. – M 615

KRUMMACHER, Cornelius Friedrich Adolf (V), geb. 1824 in Ruhrort, Domprediger in Halberstadt, Oberpfarrer in Barby/Elbe; gest. 1884 in Wernigerode. – T 407

KUCZ, Gustav (VI,2), geb. 1901 in Sorau (Schlesien), Archivar, Übersetzer und Dolmetscher. Seit 1948 in Berlin; dort gest. 1963. – T 53 (Str. 1–2)

KUGELMANN, Hans (II,1), geb. um 1495 in Augsburg, kaiserlicher Hoftrompeter in Innsbruck, im Dienst der Fugger in Augsburg, am Hofe → Albrechts von Preußen in Königsberg Hofkapellmeister; dort gest. 1542. – M* 289

KVERNO, Trond (VI,2), geb. 1945, Organist und Musikpädagoge in Oslo. – M 383

KYAMANYWA, Bernhard (VI,2), geb. 1938 in Tansania, Pfarrer der Evangelisch-Lutherischen Kirche in Tansania. – (T) 116

LAFFERTY, Karen (VI,2), geb. 1948 in Alamogordo (USA), Musikerzieherin, Sängerin in New Orleans, zeitweilig in Amsterdam. – MS 182.

LIEDERKUNDE

LAHUSEN, Christian (VI,1), geb. 1886 in Buenos Aires, Kapellmeister in München, Berlin, Hamburg und Frankfurt/Main, Musiklehrer und Chorleiter in Überlingen/Bodensee; gest. 1975 in Überlingen. – M 52, 184, 359, 408, K 493

LAM, Hanna (VI,2), geb. 1928 in Utrecht (Niederlande); mit ter → Burg als Komponist veröffentlichte sie »Bibellieder für die Jugend«, aber auch biblische Frauenlieder; gest. 1988 in Bunnik (Niederlande). – (T) 311

LANGTON, Stephen (I,2), geb. um 1150 in Nordengland, Professor der Theologie in Paris, 1207 Erzbischof von Canterbury; die Verfasserschaft der Pfingstsequenz ist nur wahrscheinlich; gest. 1228 in Slindon (England). – (T) 128

LAUERMANN, Johann (VI,2), geb. 1930 in Theresienfeld (Wiener Neustadt), Professor für Mathematik und Physik in Wien, Organist, Kantor und Chorleiter an der Katholischen Pfarrkirche in Theresienfeld. – M 579

LAUFENBERG, Heinrich von (I,2), geb. um 1390 in Groß-Laufenburg (Schweiz), Priester in Zofingen (Aargau), Domdechant in Freiburg; 1445 zog er sich in das Johanniterhaus in Straßburg zurück; gest. 1460 in Straßburg. – T 468, 517

LAYRIZ, Fridrich (V), geb. 1808 in Nemmersdorf (Oberfranken), Pfarrer in Merkendorf, Bayreuth und Unterschwaningen, dort gest. 1859. – T* 30 (Str. 3–4)

LEHMANN, Christoph (VI,2), geb. 1947 in Peking, Kirchenmusiker in Düsseldorf. – M 638, T* 640

LEHNDORFF, Hans Graf von (VI,2), geb. 1910 in Graditz bei Torgau, Arzt in Berlin und Insterburg; Krankenhausseelsorger in Bonn; dort gest. 1987. – T 428

LEIPZIG 1545 (II,1) – »Geistliche Lieder«, das letzte unter Luthers Mitwirkung mit seiner 3. Vorrede gedruckte Gesangbuch bei Valentin Babst. – (T) 35 (Str. 3), M 82, M* 102, T* 120, M* 232

LEISENTRIT, Johann (II,1), geb. 1527 in Olmütz (Mähren), katholischer Priester, Domdekan und Generalvikar in Bautzen (Niederlausitz), Herausgeber des katholischen Gesangbuchs »Geistliche Lieder und Psalmen« 1567; gest. 1586 in Bautzen. – T* 3

LEONHARDT, Sabine (VI,2), geb. 1919 in Magdeburg, Dolmetscherin in Frankfurt/Main. – T* 410

LEUPOLD, Ulrich S. (VI,2), geb. 1909 in Berlin, Professor für Neues Testament und Kirchenmusik und Direktor am lutherischen Seminar in Waterloo (Ontario); dort gest. 1970. – T* 116

LEUSCHNER, Gitta (VI,2), geb. 1935 in Neisse/Schlesien; lebt in Hurlach bei Landsberg/Lech. – T 272

LIESSE, Jean (VI,2). – M 552

LISCOW, Salomo (III,1), geb. 1640 in Niemitzsch (Niederlausitz), Pfarrer in Otterwisch bei Grimma, später in Wurzen (Sachsen); gest. 1689 in Wurzen. – T 494

LOBWASSER, Ambrosius (II,2), geb. 1515 in Schneeberg (Sachsen), Professor der Rechte in Königsberg; selber Lutheraner, gab er 1573 die erste vollständige deutsche Übersetzung des französischen → Genfer Psalters heraus, die über 200 Jahre das maßgebende Gesangbuch der deutschsprachigen reformierten Gemeinden blieb; gest. 1585 in Königsberg. – T 294 (Str. 1.4), 459

LÖHNER, Johann (III,2), geb. 1645 in Nürnberg, Stadtmusikus und Organist in Nürnberg; dort gest. 1705. – (M) 352

LÖRCHER, Richard (VI,1), geb. 1907 in Cleebronn (Württemberg), Diakon in Steinhagen (Westfalen), Posaunenwart im CVJM-Westbund; gest. 1970 in Spangenberg/Hessen. – M 93

LÖSCHER, Valentin Ernst (IV,1), geb. 1673 in Sondershausen, Superintendent in Jüterbog und Delitzsch, Professor in Wittenberg, Oberkonsistorialrat und Superintendent in Dresden; gest. 1749 in Dresden. – T 90

LOHMANN, Gustav (VI,2), geb. 1876 in Witten/Ruhr, Pfarrer in Remscheid-Lüttringhausen und Stolberg bei Aachen; dort gest. 1967. – T 419 (ohne Str. 3)

LONGARDT, Wolfgang (VI,2), geb. 1930 in Landsberg (Warthe), Gymnasiallehrer, Dozent für musische Erziehung und Katechetik, Fortbildungsreferent für »Gemeindearbeit mit Kindern und ihren Eltern« in Rissen (Hamburg). – T 588

LORENZEN, Lorenz (Laurentius Laurenti) (III,2), geb. 1660 in Husum (Schleswig), Musikdirektor am Dom in Bremen; dort gest. 1722 – T 114, 151

LOSSIUS, Lucas (II,1), geb. 1508 in Vaake (Hessen), Mitarbeiter von Urbanus Rhegius bei der Reformation in Lüneburg, Rektor am dortigen Gymnasium Johanneum; hat die

»Psalmodia« herausgegeben, eine Sammlung mit meist einstimmigen, lateinisch-liturgischen Gesängen. –
M* 75, M* 470

LOTZ, Hans-Georg (VI,2), geb. 1934 in Gießen, Professor an der Hochschule für Musik in Hamburg. – TM 235

LUDECUS (Lüdecke), Matthäus (II,2), geb. um 1540 in Wilsnack (Mark Brandenburg), Domdekan in Havelberg; dort gest. 1606. – T* 29

LÜDERS, Rüdeger (VI,2), geb. 1936 in Stuttgart, Liedermacher für die »Kino-Gottesdienste« in Stuttgart-Bad Cannstatt. – MT 425 (Str. 1)

LÜTGE, Karl (VI,1), geb. 1875 in Ahstedt bei Hildesheim, Lehrer in Bremervörde, Organist der Zwölfapostelkirche in Berlin; gest. 1967 in Korbach. – M* 319

LUNDBERG, Lars Åke (VI,2), geb. 1935 in Vänersborg (Schweden), Pfarrer und Stiftsadjunkt in Stockholm. – M 610

LUTHER, Martin (II,1), geb. 1483 in Eisleben, Jura-, dann Theologiestudent als Augustinereremit und Priester in Erfurt, seit 1508 Lektor für Philosophie an der Universität Wittenberg, seit 1517 Professor für Bibelauslegung; die Vorlesungen über den Psalter und den Römerbrief 1513 bis 1516 führten zu neuen theologischen Einsichten, 1517 Thesenanschlag gegen den Ablass; Wartburgaufenthalt mit der Übersetzung des Neuen Testaments; 1525 Heirat mit Katharina von Bora, Festigung einer evangelischen Kirche durch Visitationen, Katechismen 1529 und die vollständige Bibelübersetzung 1534, die die neuhochdeutsche Schriftsprache prägte; gest. 1546 in Eisleben.

Luthers geistliche Dichtung begann 1523 mit dem Lied auf die beiden evangelischen Märtyrer in Brüssel und mit der Ballade vom Ratschluss Gottes (TM 341); danach schuf er Psalmlieder (TM 273 [Str. 1–5], T 280, T 297 [Str. 3–4 »Wär Gott nicht mit uns diese Zeit«], TM I 299), übersetzte lateinische Hymnen (TM* 4, TM* 126), erweiterte mittelalterliche deutsche Leisen und Antiphon-Strophen (T 23, 124, 125, 214, 518) und stellte Fest- und Katechismuslieder bereit (TM* 101, T [M] 102, T* 138, T* 183, T* 215, T 231, TM 519). Bis 1529 kamen vor allem liturgische Gesänge hinzu (M 149, M 178.3, M 190.2, TM* 191, TM* 192, TM 362,

TM* 421=784.10); die weiteren Lieder erschienen bald nach ihrer Entstehung in den jeweiligen Neuauflagen der Gesangbücher (TM 24, T 25, TM 193, TM 202, T 319, TM* 344, T* 470=785.5, T 520 [Str. 7]). Die wichtigsten reformatorischen Gesangbücher → Nürnberg 1523/1524, → Erfurt 1524, → Wittenberg 1524, → Wittenberg 1529, → Leipzig 1545.

LYONGA, Irmhild (VI,2), geb. 1931 in Freiburg/Breisgau, Übersetzerin, Gemeindediakonin, Landesbeauftragte für Kindergottesdienstarbeit der Presbyterianischen Kirche in Kamerun, Pfarrerin in Bad Säckingen. – T* 568

LYTE, Henry Francis (V), geb. 1793 in Ednam (Schottland), Pfarrer in Irland, Schottland und in Lower Brixham (Devonshire); gest. 1847 in Nizza (Frankreich). – (T) 488

MÄRZ, Claus-Peter (VI,2), geb. 1947 in Leipzig, Professor für Exegese des Neuen Testaments am Philosophisch-Theologischen Studium Erfurt. – T 632

MAHRENHOLZ, Christhard (VI,1), geb. 1900 in Adelebsen bei Göttingen, Musikwissenschaftler, dann Pfarrer in Göttingen und Großlengden, seit 1930 im Landeskirchenamt Hannover und Honorarprofessor an der Universität Göttingen; maßgeblich beteiligt an der Entstehung des Evangelischen Kirchengesangbuchs 1950; gest. 1980 in Hannover. – T 276 (Str. 5)

MALAN, César (V), geb. 1787 in Genf, Pfarrer und Doktor der Theologie; gest. 1864 in Genf. – M 611

MARAIRE, Dumisani Abraham (VI,2), geb. 1939, aus der Methodistischen Kirche in Zimbabwe, Musiker und Lehrbeauftragter für afrikanische Musik in Seattle (Washington). – MS 181.5

MAREZ OYENS, Tera de (VI,2), geb. 1932 in Velsen (Niederlande), Chor- und Orchesterdirigentin in Hilversum, Dozentin für Komposition und moderne Musik am Konservatorium in Zwolle; gest. 1996 in Hilversum. – M 427

MARTI, Kurt (VI,2), geb. 1921 in Bern (Schweiz), Pfarrer in Leimiswil, Niederlenz (Aargau) und Bern, Schriftsteller. – T 153, 550

MARX, Karl (VI,1), geb. 1897 in München, Professor für Komposition in München, Graz und Stuttgart; dort gest. 1985. – K 118

LIEDERKUNDE

MAUERSBERGER, Rudolf (VI,1), geb. 1889 in Mauersberg (Erzgebirge), Organist in Lyck und Aachen, Landeskirchenmusikwart in Thüringen, Kreuzkantor in Dresden; dort gest. 1971. – M 41

MEDINGEN um 1320/1350/1380/1460 (I,2). – Handschriftliche liturgische „Orationalien" mit einzelnen deutschen geistlichen Liedern aus dem Zisterzienserinnenkloster Medingen bei Lüneburg. – (M)T 23 (Str. 1), T 100 (Str. 1), T 214 (Str. 1)

MEHRTENS, Frederik August (Frits) (VI,2), geb. 1922 in Hoorn (Niederlande), Organist in Amsterdam, Dozent am theologischen Seminar der reformierten Kirche in Driebergen, Mitarbeiter am niederländischen »Liedboek voor de Kerken« 1973; gest. 1975 in Amsterdam. – M 20, 313

MELANCHTHON (Schwarzerdt), Philipp (II,1), geb. 1497 in Bretten (Baden), 1518 Professor für Griechisch in Wittenberg, Luthers enger Mitarbeiter, Verfasser der Augsburgischen Konfession 1530, nach Luthers Tod ein auf Ausgleich bedachter Kirchenpolitiker; in der humanistischen Tradition dichtete er nur lateinische Lieder; gest. 1560 in Wittenberg. – (T) 141, (T) 143, (T) 246 (Str. 1)

MENTZER, Johann (IV,1), geb. 1658 in Jahmen (Oberlausitz), Pfarrer in Merzdorf, Hauswalde und Kemnitz bei Herrnhut, dem pietistischen Dichterkreis um von → Zinzendorf nahe stehend; gest. 1734 in Kemnitz. – T 330

METTERNICH, Josef (VI,2), geb. 1930 in Köln, Pfarrer in Köln-Mülheim. – T 555

MEYFART, Johann Matthäus (III,1), geb. 1590 in Jena, Lehrer, dann Rektor des Gymnasiums in Coburg, Professor der Theologie und Pfarrer in Erfurt; dort gest. 1642. – T 150

MICHEELSEN, Hans Friedrich (VI,1), geb. 1902 in Hennstedt (Dithmarschen), Kirchenmusiker in Berlin und Hamburg, Professor an der Musikhochschule; gest. 1973 in Hennstedt. – M 15

MILTON, John (III,1), geb. 1608 in London, bedeutender englischer Dichter, Sekretär in Cromwells Staatsrat; gest. 1674 in London. – (T) 454

MÖNCH VON SALZBURG (wahrscheinlich Pseudonym für Erzbischof Pilgrim II. von Salzburg) (I,2), geb. wohl im Waldviertel (Österreich), Erzbischof von Salzburg; dort gest. 1396. An seinem geistlichen Fürstenhof entstanden singbare deutsche Übersetzungen lateinischer Hymnen und Sequenzen. – (M) 344

MOHR, Joseph (V), geb. 1792 in Salzburg, katholischer Priester in Ramsau, in Oberndorf bei Salzburg, in Hintersee und Wagrain; dort gest. 1848. – T 46

MOLEFE, Stephan Cuthbert (VI,2), geb. um 1915, gehört der Sprachgemeinschaft Suthu an; römisch-katholischer Priester in Südafrika; gest. 1987. – TMS 609

MOLLER, Martin (II,2), geb. 1547 in Kropstädt bei Wittenberg, zuerst Kantor, dann Pfarrer in Löwenberg (Niederschlesien), Sprottau, Görlitz; Verfasser viel gelesener Andachtsbücher mit mittelalterlichen Texten, die die Liederdichtung stark beeinflussten; gest. 1606 in Görlitz. – T* 128, T* 146

MONK, William Henry (V), geb. 1823 in Brompton bei London, Organist, Chormeister und Professor am King's College in London, musikalischer Herausgeber des englischen Gesangbuchs »Hymns Ancient and Modern« 1861; gest. 1889 in Stoke Newington bei London. – M 488

MÜHLMANN, Johann (II,2), geb. 1573 in Wiederau bei Pegau (Sachsen), Pfarrer in Naumburg, Laucha und Leipzig, später auch Professor der Theologie; gest. 1613 in Leipzig. – T 399

MÜLLER, Michael (III,2), geb. 1673 in Blankenburg (Harz), Student bei August Hermann Francke in Halle, Hauslehrer in Schloss Schaubeck bei Ludwigsburg (Württemberg); dort gest. 1704. – T 73

MÜLLER-OSTEN, Kurt (VI,1), geb. 1905 in Breslau, seit 1933 Pfarrer, Prälat und Propst der Evangelischen Landeskirche von Kurhessen-Waldeck, zuletzt in Marburg/Lahn; dort gest. 1980. – T 51, 359, 578

MÜNTZER, Thomas (II,1), geb. um 1490 in Stolberg (Harz), Mönch und hochgebildeter Theologe, evangelischer Prediger in Zwickau, wo er schwärmerische Gruppen kennen lernte; 1523 Pfarrer in Allstedt (Thüringen), wo er mit seiner »Deutschen evangelischen Messe« und seinem »Deutschen Kirchenamt« vor Luther reformatorische Gottesdienstliturgien einführte; stellte sich gegen Fürsten und Kirchen und schloss sich dem thüringischen Bauernheer an, das 1525 bei Frankenhausen vernichtend geschlagen wurde; er selbst wurde vor Mühlhausen hingerichtet. – T* 3

NACHTENHÖFER, Kaspar Friedrich (III,2), geb. 1624 in Halle, Pfarrer in Meeder bei Coburg, dann in Coburg; gest. 1685 in Coburg. – T 40

NÄGELI, Hans Georg (V), geb. 1773 in Wetzikon bei Zürich, Musikpädagoge, Komponist und Verleger; förderte den Schul- und Kirchengesang in der Schweiz; gest. 1836 in Zürich. – M 332

NAGEL, Matthias (VI,2), geb. 1958 in Löhne (Westfalen), Kirchenmusiker in Düsseldorf-Garath, Lehrbeauftragter im Fach Orgelimprovisation in Essen. – M 634

NEALE, John Mason (V), geb. 1818 in London, Pfarrer der Anglikanischen Kirche, Übersetzer von griechischen und lateinischen Hymnen ins Englische; gest. 1866 in Grinstead (England). – (T) 19 (Str. 1–2)

NEANDER (Neumann), Joachim (III,2), geb. 1650 in Bremen, Rektor an der Lateinschule der reformierten Gemeinde in Düsseldorf; Frühprediger in Bremen; dort gest. 1680. Seine »Bundes-Lieder und Dank-Psalmen« 1680, zu denen er selbst solistische Melodien schrieb, waren bahnbrechend für die pietistischen Gesangbücher in der reformierten und lutherischen Kirche. – (M) 166, (T) 198 (Str. 2), (T) 316/317, TM 327, M* 386, T 504

NEHRING, Johann Christian (IV,1), geb. 1671 in Goldbach bei Gotha, Rektor in Essen, Inspektor am Waisenhaus in Halle, Pfarrer in Nauendorf und in Morl bei Halle; dort gest. 1736. – T 262/263 (Str. 3.7)

NETZ, Hans-Jürgen (VI,2), geb. 1954 in Bredstedt/Nordfriesland, Sozialpädagoge in Düsseldorf, Geschäftsführer beim Evangelischen Jugendferienwerk Rheinland-Westfalen. – T 589, 630, 638

NEUBERT, Gottfried (VI,2), geb. 1926 in Zwönitz bei Aue (Erzgebirge), Organist und Kantor in Frankfurt/Main; dort gest. 1983. – TM 314, 536

NEUMARK, Georg (III,1), geb. 1621 in Langensalza (Thüringen), als Student der Rechtswissenschaften in Königsberg (Ostpreußen) im Künstlerkreis um Simon Dach, Bibliothekar in Weimar; dort gest. 1681. – TM 369

DICHTER UND KOMPONISTEN

NEUMEISTER, Erdmann (IV,1), geb. 1671 in Uichteritz bei Weißenfels, Pfarrer in Eckartsberga, Hofprediger in Weißenfels, Superintendent in Sorau (Niederlausitz), seit 1715 Hauptpastor an St. Jakobi in Hamburg; dort gest. 1756. – T 353

NEUSS, Heinrich Georg (IV,1), geb. 1654 in Elbingerode (Harz), Rektor in Blankenburg, Pfarrer in Wolfenbüttel, Superintendent und Konsistorialrat der Grafschaft Stolberg-Wernigerode; gest. 1716 in Wernigerode. – T 389

NICOLAI, Philipp (II,2), geb. 1556 in Mengeringhausen (Waldeck), Pfarrer in Herdecke/Ruhr, Prediger der lutherischen Untergrundgemeinde in Köln, Hofprediger in Wildungen, Pfarrer in Unna (Westfalen), Hauptpastor an St. Katharinen in Hamburg; dort gest. 1608. – TM 70, 147

NIEDLING, Johannes (III,1), geb. 1602 in Sangerhausen, Lehrer am Gymnasium in Altenburg; gest. 1668 in Altenburg. – T 131?

NIEGE, Georg (II,2), geb. 1525 in Allendorf/Werra (Hessen), als Landsknecht im Schmalkaldischen Krieg, in Schottland und den Niederlanden, der »fromme Hauptmann« genannt, dann in Verwaltungsämtern in Buxtehude, Stade, Minden, Lage und Herford; gest. 1588 in Herford. – T 443

NIEVERGELT, Edwin (VI,2), geb. 1917 in Winterthur (Schweiz), Organist und Kantor, Dozent an der Universität Zürich. – T 464

NILSSON, Paul (VI,1), geb. 1866, Pfarrer in Sjögerstad (Schweden); gest. 1951. – (T) 545

NKUINJI, Abel (VI,2), Pfarrer der Presbyterianischen Kirche in Kamerun und Frankreich. – (T) M 608

NOOTER, Jan (VI,2), geb. 1922 in Amsterdam, mennonitischer Pfarrer in Akkrum, 's Gravenhage und Utrecht. – (T) 430

NÜRNBERG 1523/1524 (II,1) – »Etlich christlich Lieder, Lobgesang und Psalm«, das sog. Achtliederbuch als erste Sammlung einzelner Liederblätter, gedruckt bei Jobst Gutknecht. – M* 342

LIEDERKUNDE

OCHS, Volker (VI,2), geb. 1929 in Düsseldorf, Dozent für Kirchenmusik, Landessingwart der Evangelischen Kirche in Berlin-Brandenburg. – M 21, 28, 278, 348, 417

ÖSTERREICHER, Georg (III,1), geb. 1563 in Wiebelsheim bei Windsheim (Mittelfranken), Lehrer und Kantor in Windsheim, dort gest. 1621. – (M) 530

OLEARIUS, Johann (III,1), geb. 1611 in Halle, Dozent in Wittenberg, Superintendent in Querfurt, Hofprediger und Generalsuperintendent in Halle, dann in Weißenfels; dort gest. 1684. – T 38, 139, 162, 197 (Str. 1–2)

OMBRIE, Dominique (VI,2), (Mme Beaupere), geb. 1933 in Frankreich, Lehrerin für klassische Schriften, Theologin, Autorin, Musikerin in Sainte Foy les Lyon. – (T) M 564

OOSTERHUIS, Hubertus Gerardus Josephus Henricus (Huub) (VI,2), geb. 1933 in Amsterdam, Jesuit, Studentenpfarrer in Amsterdam; Beiträge zur Erneuerung von Liturgie und Gemeindegesang. – (T) 312, 382, 427, 546

OPITZ, Martin (von Boberfeld) (III,1), geb. 1597 in Bunzlau (Schlesien), Gymnasiallehrer in Weißenburg (Siebenbürgen), Sekretär in Breslau und Brieg; gest. 1639 in Danzig. – (T) 450

OSER, Friedrich (V), geb. 1820 in Basel, Pfarrer in Waldenburg (Baselland), Strafanstaltsprediger in Basel, zuletzt Pfarrer in Benken bei Basel; dort gest. 1891. – T 377

OUDAAN, Joachim Frants (III,1), geb. 1629, Ziegelbrenner und Liederdichter in Rotterdam, bei den Mennoniten; gest. 1692. – (T) 117

PÉCZELI KIRÁLY, Imre (Emerich) (III,1), geb. um 1585 in Pécseli (Ungarn), Pfarrer in Komárom und Érsekújvár; gest. um 1641. – (T) 96

PETER, Christoph (III,1), geb. 1626 in Weida (Sachsen), Lehrer und Kantor in Großenhain und Guben (Niederlausitz); dort gest. 1669. – M* 233

PETZOLD, Johannes (VI,1 und 2), geb. 1912 in Plauen (Vogtland), Lehrer, Kirchenmusiker in Bad Berka bei Weimar, Dozent an der Kirchenmusikschule in Eisenach; dort gest. 1985. – M 16, 208, 236, TM 270, M 292, K 340, K 411, M 554

Petzold, Lothar (VI,2), geb. 1938 in Leipzig, Handelskaufmann, Pfarrer, Redakteur und in der Diakonenausbildung tätig. – T 534, 649

Pezold, Gustav (VI,1), geb. 1850 in Stetten/Heuchelberg (Württemberg), Pfarrer in Niedernhall und Friedrichshafen, Dekan in Brackenheim und Kirchheim/Teck; dort gest. 1931. – M II 254

Pötzsch, Arno (VI,1), geb. 1900 in Leipzig, Erzieher und Fürsorger in den Brüdergemeinen Kleinwelka und Herrnhut, Pfarrer in Wiederau bei Rochlitz (Sachsen), Marinepfarrer in Cuxhaven und Helgoland, Pfarrer in Cuxhaven; dort gest. 1956. – T 224, 408, 533, 541, 644

Potter, Doreen (VI,2), geb. 1925 in Panama, Liedkomponistin und Mitarbeiterin am ökumenischen Gesangbuch »Cantate Domino« 1974; gest. 1980 in Genf. – M* 229

Praetorius, Michael (II,2), geb. 1571 in Creuzburg/Werra, Organist in Frankfurt/Oder, Wolfenbüttel, Dresden; Komponist und Musikgelehrter; in seinem 1244 Liedbearbeitungen umfassenden Sammelwerk »Musae Sioniae« seit 1605 gab er das musikalische Erbe der Reformation weiter; gest. 1621 in Wolfenbüttel. – S 29, S 30, S 69, T* 121, K 181.7, M* 308, M* 318, M* 451

Pröger, Johannes (VI,2), geb. 1917 in Gotha, Pfarrer in Gauersheim und Religionslehrer in Kirchheimbolanden (Pfalz); gest. 1992 in Konz bei Trier. – T 47 (Str. 3–4)

Prudentius Clemens, Aurelius (I,1), geb. 348 in Spanien, Rechtsgelehrter und Statthalter, zuletzt in Rom; mit seinen Hymnensammlungen neben → Ambrosius der sprachmächtigste altchristliche Liederdichter; gest. nach 405. – (T) 499 (Str. 1–2)

Puchta, Heinrich (V), geb. 1808 in Cadolzburg (Mittelfranken), Professor in Speyer, Pfarrer in Eyb bei Ansbach und in Augsburg; dort gest. 1858. – T 512

Puls, Hans (VI,2), geb. 1914 in Straßburg, Dozent für Französisch in Ottweiler und Saarbrücken. – M 419

Räder, Friedrich (V), geb. 1815 in Elberfeld, Kaufmann; gest. 1872. – T 611

LIEDERKUNDE

RAMBACH, Johann Jakob (IV,1), geb. 1693 in Glaucha bei Halle/Saale, Schüler und Nachfolger August Hermann Franckes als Professor der Theologie in Halle, Professor und Superintendent in Gießen, Herausgeber eines Kirchen- und eines Hausgesangbuchs; gest. 1735 in Gießen. – T 200

RANKE, Friedrich Heinrich (V), geb. 1798 in Wiehe (Thüringen), Pfarrer in Rückersdorf bei Nürnberg, Dekan in Thurnau, Professor in Erlangen, Konsistorialrat in Bayreuth und Ansbach, Oberkonsistorialrat in München; dort gest. 1876. – T 13, T* 45

READING, John (III,1), Organist in London; dort gest. 1692. – M 45?

REDA, Siegfried (VI,2), geb. 1916 in Bochum, Organist in Bochum, Berlin und Mülheim/Ruhr, Leiter der Kirchenmusikabteilung an der Folkwangschule Essen; gest. 1968 in Mülheim/Ruhr. – M 64

REDERN, Hedwig von (V), geb. 1866 in Berlin, Mitbegründerin des Gebetsbundes der Frauenmission; gest. 1935 in Potsdam. – T 618

REGER, Max (VI,1), geb. 1873 in Brand (Fichtelgebirge), Universitätsmusikdirektor in Leipzig, Hofkapellmeister in Meiningen, zuletzt in Jena; gest. 1916 in Leipzig. Mit seinem umfangreichen Orgelwerk, mit Motetten und Kantaten wichtig für die musikalische Auslegung des evangelischen Kirchenlieds. – S 482

REGNART, Jakob (II,2), geb. um 1540 vermutlich in Douai (Flandern), Kapellmeister in Innsbruck und Prag; dort gest. 1599. – (M) 345

REIMANN, Johann Balthasar (IV,1), geb. 1702 in Breslau, Organist in seiner Heimatstadt, dann in Hirschberg (Schlesien); dort gest. 1749. – M* 40

REIN, Walter (VI,1), geb. 1893 in Stotternheim (Thüringen), Musikdozent in Kassel, Frankfurt/Main und Weilburg/Lahn, Professor an der Hochschule für Musikerziehung in Berlin; gest. 1955 in Berlin. – K 22

REISSNER (Reusner), Adam (II,1), geb. um 1500 in Mindelheim bei Augsburg, Privatgelehrter in Straßburg und Frankfurt/Main, Anhänger des Kaspar von Schwenckfeld; gest. 1582 (?) in Mindelheim. − T 275

REJCHRT, Luděk (VI,2) geb. 1939 in Pardubice, Pfarrer der evang. Kirche in Prag. − (T) M 553

REUSS, Eleonore Fürstin, geb. Gräfin zu Stolberg-Wernigerode (V), geb. 1835 in Gedern (Hessen), lebte in Jänkendorf (Oberlausitz), später auf Schloss Ilsenburg (Harz); dort gest. 1903. − T 63

RIEDEL, Carl (V), geb. 1827 in Cronenberg bei Elberfeld, Kapellmeister in Leipzig; dort gest. 1888. − T* 48

RIESS, Jochen (VI,2), geb. 1931 in Essen, Pfarrer in Baunatal, Kenia, Marburg, England, Holland. − T 634

RIETHMÜLLER, Otto (VI,1), geb. 1889 in Stuttgart-Bad Cannstatt, Pfarrer in Esslingen/Neckar, Leiter des evangelischen Reichsverbandes weiblicher Jugend im Burckhardthaus in Berlin-Dahlem; gest. 1938 in Berlin. Wegweisend wurde er als Übersetzer lateinischer Hymnen und Bearbeiter der Lieder der → Böhmischen Brüder, vor allem als Herausgeber der Jugendgesangbücher »Ein neues Lied« und »Der helle Ton«. −
T* 69, T* 104, T* 223, M* 243, T* 262/263, MT* 485

RIGGENBACH, Christoph Johannes (V), geb. 1818 in Basel, Pfarrer in Bennwil (Baselland), dann Theologieprofessor und Präsident der Missionsgesellschaft in Basel; dort gest. 1890. − (T) 301

RINCKART, Martin (III,1), geb. 1586 in Eilenburg bei Leipzig, Kantor, dann Pfarrer in Eisleben, später in seiner Vaterstadt während des Dreißigjährigen Krieges; gest. 1649 in Eilenburg. − TM 321, T 647

RINGWALDT, Bartholomäus (II,2), geb. 1530 in Frankfurt/ Oder, Lehrer und Prediger, Pfarrer in Langenfeld (Neumark); gest. 1599. − T* 149, T 460

RIST, Johann (III,1), geb. 1607 in Ottensen bei Hamburg, Pfarrer in Wedel bei Hamburg; dort gest. 1667. −
T 33, 61, 80 (Str. 2−5), 323, 475

RODE, Waldemar (VI,1), geb. 1903 in Hamburg, Pfarrer in Hamburg-Uhlenhorst; dort gest. 1960. − T 15

RODIGAST, Samuel (III,2), geb. 1649 in Gröben bei Jena, Dozent in Jena, Rektor des Gymnasiums zum Grauen Kloster in Berlin; gest. 1708 in Berlin. – T 372

RÖCKLE, Gerhard (VI,2), geb. 1933 in Leonberg, Prälat in Stuttgart. – T* 558

ROHR, Heinrich (VI,2), geb. 1902 in Oberabtsteinach (Odenwald), Lehrer, kath. Kirchenmusikdirektor in Mainz; gest. 1997 dort. – M 17, 178.5–8

ROMMEL, Kurt (VI,2), geb. 1926 in Kirchheim/Teck, Pfarrer in Friedrichshafen, Jugendpfarrer in Stuttgart-Bad Cannstatt, Pfarrer in Schwenningen, Redakteur in Stuttgart. –
TM 57, TM 168, T 425 (Str. 2–3), T* 491, TM 575, T 585, TM 614, T 628

ROSE, Kurt (VI,2), geb. 1908 in Bernburg/Saale, Lehrer, Predigthelfer, Schriftsteller in Celle. –
T 547, T 555 (Str. 2), T 583

ROSTOCK (Rostkowski), Bernhard (III,2), geb. 1690 in Kallinowen (Masuren), Lehrer in Lyck, Pfarrer in Kallinowen; Übersetzer deutscher Kirchenlieder ins Masurische; dort gest. 1759. – (T) 513

ROTHE, Johann Andreas (IV,1), geb. 1688 in Lissa bei Görlitz, Hauslehrer, 1722 durch → von Zinzendorf als Pfarrer nach Berthelsdorf berufen, wo er bei den Anfängen der Brüdergemeine in Herrnhut mitwirkte; Pfarrer in Hermsdorf bei Görlitz und Thommendorf bei Bunzlau; dort gest. 1758. – T 354

ROTHENBERG, Samuel (VI,1), geb. 1910 in Solingen-Gräfrath, Singpfarrer der Bekennenden Kirche in Brandenburg, Verlagsleiter im Evangelischen Jungmännerwerk, Pfarrer in Korbach/Waldeck; dort gest. 1997. – MS 380, MS 487

ROTHENBERG, Theophil (VI,2), geb. 1912 in Solingen-Gräfrath, Kantor in Berlin, Dozent und Landessingwart. –
S 54, K 543

RÜCKERT, Friedrich (V), geb. 1788 in Schweinfurt, Privatdozent in Jena, Redakteur in Stuttgart, Professor für orientalische Sprachen in Erlangen, später in Berlin; gest. 1866 in Neuses bei Coburg. – T 14

DICHTER UND KOMPONISTEN

Ruf, Sabine (VI,2), geb. 1956 in Marktbreit (Main), Pfarrerin in Niederasphe bei Marburg/Lahn und Bieber bei Gelnhausen. – T* 616

Rumpius, Daniel (II,2), geb. 1549, Pfarrer in Kreien (Mecklenburg), später in Marienfließ bei Pritzwalk; gest. um 1600. – (MT) 69 (Str. 2–4)

Ruopp, Johann Friedrich (III,2), geb. 1672 in Straßburg, Pfarrer in elsässischen Gemeinden, wegen seiner pietistischen Haltung ausgewiesen, Inspektor am Waisenhaus in Halle; dort gest. 1708. – T 390

Ruppel, Paul Ernst (VI,2), geb. 1913 in Esslingen/Neckar, Kantor und Singwart des Christlichen Sängerbundes. – K 2, MK 132, T 236, M 260, M 291, K 310, K 338, K 339, K 456, MS 463, K 466, (MT) 499 (Str. 1–2), K 541, 548

Rutenborn, Günter (VI,2), geb. 1912 in Dortmund, Pfarrer in Senzke (Westhavelland), Potsdam und Berlin; gest. 1976 in Berlin. – T 284

Rutilius (Rüdel), Martin (II,2), geb. 1551 in Bad Salzelmen bei Schönebeck/Elbe, Pfarrer in Teutleben und Weimar; dort gest. 1618. – T 233

Ruuth, Anders (VI,2), geb. 1926 in Stockholm, Pfarrer und Professor in Argentinien, Propst in Schweden. –
(T) M 171

Salwey, Thomas (Herwarth v. Schade) (VI,2), geb. 1926 in Breslau, Pastor und Oberkirchenrat in Hamburg, Prof. an der Staatlichen Musikhochschule. – M 585

Saretzki, Karl-Heinz (VI,2), geb. 1942 in Bethel, Diakon und Landesposaunenwart in Bochum. – S 615

Sartorius (Schneider), Joachim (II,2), geb. 1548 in Reibnitz bei Hirschberg (Schlesien), Kantor und Lehrer in Schweidnitz (Schlesien); dort gest. um 1600. – T 293

Schalling, Martin (II,2), geb. 1532 in Straßburg, Pfarrer in Regensburg, Bamberg, Vilseck, Amberg und Generalsuperintendent der Oberpfalz, Pfarrer in Nürnberg; dort gest. 1608. – T 397

Scheffler, Johann (Johannes Angelus Silesius) (III,1), geb. 1624 in Breslau, Leibarzt des Herzogs von Oels (Schlesien), trat 1653 zur römisch-katholischen Kirche über, Priester und Hofmarschall beim Fürstbischof von Breslau, einer der Führer der Gegenreformation in Schlesien; Vertreter christlicher Mystik im 17. Jahrhundert; gest. 1677 in Breslau. – T 385 (ohne Str. 3), 400, 401 (ohne Str. 4), 411

SCHEIDT, Samuel (III,1), geb. 1587 in Halle, Hoforganist in seiner Heimatstadt; stilbildend durch die »Tabulatura nova« ab 1624 mit Orgelvariationen zu Chorälen und durch das »Görlitzer Tabulaturbuch« 1650 als erstem Orgelbegleitbuch zum Gemeindegesang; gest. 1654 in Halle. – M* 131

SCHEIN, Johann Hermann (III,1), geb. 1586 in Grünhain bei Aue (Erzgebirge), Studium der Rechtswissenschaften, Hofkapellmeister in Weimar, Thomaskantor in Leipzig, sein »Cantional« 1627 wurde Vorbild für viele lutherische Gesangbücher; gest. 1630 in Leipzig. – M* 92, M* 345, TM* 525

SCHENCK, Hartmann (III,1), geb. 1634 in Ruhla bei Eisenach, Pfarrer in Bibra bei Meiningen, später in Ostheim vor der Rhön; dort gest. 1681. – T 163

SCHIRMER, Michael (III,1), geb. 1606 in Leipzig, Pfarrer, Konrektor des Gymnasiums zum Grauen Kloster in Berlin; wegen seiner schweren Krankheit »der deutsche Hiob« genannt; gest. 1673 in Berlin. – T 9, 130

SCHLAUDT, Bernd (VI,2), geb. 1950 in Montabaur, Kirchenmusiker in Schwalbach/Ts. – TK 643

SCHLENKER, Manfred (VI,2), geb. 1926 in Berlin, Domkantor in Stendal, Landeskirchenmusikdirektor und Leiter der Kirchenmusikschule in Greifswald. – M 94, M I 254, M I 360, M 426, 428, 601

SCHMID, Christoph von (IV,2), geb. 1768 in Dinkelsbühl, katholischer Priester und Schriftsteller in Augsburg; dort gest. 1854. – T 43

SCHMID, Theo (VI,2), geb. 1892 in Hallau (Schweiz), Lehrer, Jugendsekretär des Blauen Kreuzes, Gemeindehelfer und Katechet; gest. 1978 in Zürich. – T* 167

SCHMIDT, Marianne (VI,2), geb. 1940 in Hamburg. Religions- und Sozialpädagogin in Hamburg und Hannover. – T 624

SCHMOLCK, Benjamin (IV,1), geb. 1672 in Brauchitschdorf (Schlesien), Pfarrer in Schweidnitz, dichtete über 1000 Lieder, zuletzt gelähmt und erblindet; gest. 1737 in Schweidnitz. – T 62, 135, 166, 206, 423

SCHNATH, Gerhard (VI,2), geb. 1926 in Bielefeld, Pfarrer in Westfalen, Pastor des Deutschen Evangelischen Kirchentages, Dekan des Kirchenkreises Fulda; gest. 1988. – T 560 (Str. 1, 4)

SCHNEEGASS, Cyriakus (II,2), geb. 1546 in Bufleben bei Gotha, Pfarrer in Tambach und Friedrichroda (Thüringen); dort gest. 1597. – T 398

SCHNEIDER, Martin Gotthard (VI,2), geb. 1930 in Konstanz, Theologe und Kirchenmusiker, Landeskantor für Südbaden, Dozent und Chorleiter in Freiburg. – TM 169, 334, 646

SCHÖNE, Gerhard (VI,2), geb. 1952 in Dresden, Liedermacher und Schriftsteller in Berlin. – T* 633

SCHÖNHALS-SCHLAUDT, Dorle (VI,2), geb. 1953 in Alzey, Kantorin, lebt in Waldems-Esch. – TK 592

SCHOLEFIELD, Clement Cotterill (V), geb. 1839 in Edgbaston bei Birmingham (England), Pfarrer, Seelsorger am Eton College; gest. 1904 in Godalming. – MS 266

SCHOP, Johann (III,1), geb. um 1590 in Niedersachsen, Leiter der Ratsmusik in Hamburg; dort gest. 1667. –
(M) 33, M 61, 325, 475

SCHRÖDER, Johann Heinrich (III,2), geb. 1666 in Springe/Deister, Pfarrer in Meseberg bei Magdeburg; dort gest. 1699. – T 373, 386

SCHRÖDER, Rudolf Alexander (VI,1), geb. 1878 in Bremen, Innenarchitekt und Maler, Lyriker und Übersetzer aus alten und neuen Sprachen; predigte in der Kriegszeit als Lektor in seinem Wohnort Bergen bei Traunstein (Oberbayern); gest. 1962 in Bad Wiessee. – T 184, 378, 487

SCHÜTZ (Sagittarius), Heinrich (III,1), geb. 1585 in Köstritz bei Gera, studierte Jura und ließ sich in Venedig zum Musiker ausbilden, Hoforganist in Kassel, Hofkapellmeister in Dresden; mit doppelchörigen Psalmen, Motetten und geistlichen Konzerten der größte Kirchenkomponist vor → Bach, für das Gesangbuch wichtig durch die Vertonung des Liedpsalters von → Becker; gest. 1672 in Dresden. – M 259, MS 276, MS 295, M 356, M 357, MS 461

SCHÜTZ, Johann Jakob (III,2), geb. 1640 in Frankfurt/Main, Rechtsanwalt und Reichsrat; 1670 veranlasste er Spener zur Einrichtung der Erbauungsstunden (Collegia pietatis), trennte sich später von der lutherischen Kirche und unterstützte separatistische pietistische Gruppen wie den Quäker William Penn und sein Siedlungswerk in Nordamerika; gest. 1690 in Frankfurt/Main. – T 326

SCHULTE NORDHOLT, Jan Willem (VI,2), geb. 1920 in Zwolle (Niederlande), Professor in Leiden, Lyriker und Essayist, Übersetzer altkirchlicher und mittelalterlicher Hymnen; gest. 1995 in Wassenaar. – (T) 20

SCHULZ, Johann Abraham Peter (IV,2), geb. 1747 in Lüneburg, Musiklehrer in Polen und in Berlin, Kapellmeister in Rheinsberg und Kopenhagen; gest. 1800 in Schwedt/Oder. – M 43, 482

SCHULZ, Karl Friedrich (V), geb. 1784 in Wittmannsdorf (Niederlausitz), Musiklehrer in Züllichau/Oder, dann Konrektor in Fürstenwalde; dort gest. 1850. – MS 333

SCHULZ, Otmar (VI,2), geb. 1938 in Brandenburg, Pfarrer, Studienleiter in Arnoldshain, Direktor des Ev. Informationszentrums in Kassel, Beauftragter für publizist. Ausbildung in Hannover. – T* 19, TM 210, 267, T* 410

SCHULZ, Walter (VI,2), geb. 1925 in Burg Stargard (Mecklenburg), Pastor in Mecklenburg, zuletzt Oberkirchenrat in Schwerin. – T* 269, TM 409, T 426, T* 431

SCHWARZ, Gerhard (VI,1), geb. 1902 in Reußendorf (Schlesien), Leiter der Kirchenmusikschulen in Berlin-Spandau und in Düsseldorf; gest. 1994 in Imshausen. – M 51, 578

SCHWARZ, Joachim (VI,2), geb. 1930 in Stolp (Pommern), Kantor, Dozent an der Fachschule Brüderhaus Rickling, dann bei der Arbeitsstelle für Gottesdienst und Kirchenmusik in Hannover; gest. 1998 in Fassberg. – TK 175, M 228

SCHWARZBURG-RUDOLSTADT, Ämilie Juliane Gräfin zu, geb. Gräfin von Barby (III,2), geb. 1637 als Flüchtlingskind auf der Heidecksburg bei Rudolstadt, wo sie später als Fürstin gewirkt hat; gest. 1706 in Rudolstadt. – T 329, 530

DICHTER UND KOMPONISTEN

SCHWEIZER, Rolf (VI,2), geb. 1936 in Emmendingen (Baden), Kantor in Mannheim und Pforzheim. – K 190.4, M 226, 285, 287, 416, 491, 547, TM 639

SCHWERIN, Otto von (III,1), geb. 1616 in Wietstock bei Ueckermünde, Berater des Kurfürsten Friedrich Wilhelm in Berlin, holte 1666 die ersten Hugenotten nach Brandenburg; gest. 1679 in Berlin. – T 476?, 526

SCRIVER, Christian (III,2), geb. 1629 in Rendsburg, Pfarrer in Stendal, Magdeburg, Quedlinburg,; gest. 1693 in Quedlinburg. – T 479

SEATTLE, Häuptling (V), geb. um 1786, Häuptling der Duwamish und Suquamish, eines Fischerstamms an der Westküste Nordamerikas, bemühte sich um gute Beziehungen zwischen Indianern und Siedlern. Als die Regierung 1854 das Land aufkaufen wollte, erbat er den freien Zugang zu dem Land seiner Vorfahren, das den Indianern heilig ist; gest. 1866. – (T) 635

SEEGER, Pete(r) (VI,2), geb. 1919 in Patterson (New York), Volksliedsammler, Folksänger und Liedermacher. – TM 636

SELNECKER, Nikolaus (II,2), geb. 1530 in Hersbruck bei Nürnberg, Hofprediger in Dresden, Professor in Jena und Leipzig, Generalsuperintendent in Wolfenbüttel, Superintendent in Leipzig und Hildesheim; gest. 1592 in Leipzig. – T 157, 246 (Str. 2–7), M* 320

SENFL, Ludwig (II,1), geb. vor 1490 in Basel, Organist in Augsburg, Leiter der Hofkantorei in München; gest. 1543 in München. – (M) 280

SERMISY, Claudin de (II,1), geb. um 1495 in Frankreich, Hofkapellmeister in Paris; gest. 1562 in Paris. – (M) 364

SERRANUS (Seeger), Johann Baptista (II,2), geb. 1540 in Lehrberg bei Ansbach (Franken), Kantor in Ansbach, Pfarrer in Vincenzenbronn bei Fürth; dort gest. 1600. – M* 366

SEUFFERT, Josef (VI,2), geb. 1926 in Steinheim/Main, katholischer Theologe in Mainz. – MS 178.10

SIEBALD, Manfred (VI,2), geb. 1948 in Baumbach bei Rotenburg/Fulda, Dozent für Amerikanistik in Mainz. – T 621

SIEMONEIT, Hans Rudolf (VI,2), geb. 1927 in Wesel, Kantor und Dozent in Baden und Westfalen. – M II 360

LIEDERKUNDE

SILCHER, Friedrich (V), geb. 1789 in Schnait/Remstal (Württemberg), Musiklehrer in Ludwigsburg, Universitätsmusikdirektor in Tübingen; gest. 1860 in Tübingen. – M 376

SLÜTER, Joachim (II,1), geb. um 1490 in Dömitz/Elbe (Mecklenburg), Kaplan und dann Reformator von Rostock; Herausgeber des ersten niederdeutschen Gesangbuchs von 1525; gest. 1532 in Rostock. – T 179 (Str. 4)

SOHREN, Peter (III,1), geb. um 1630 in Elbing (Westpreußen), Kantor und Lehrer in Elbing, dann in Dirschau (Westpreußen) und wieder in Elbing; Herausgeber von Gesangbüchern, u. a. von → Crügers »Praxis pietatis melica« 1668; gest. um 1692 in Elbing. – M 329

SONNEMANN, Ernst (III,1), geb. 1630 in Ahlden/Aller, Konrektor in Celle, Pfarrer in Einbeck; dort gest. 1670. – T* 122

SOSA, Pablo (VI,2), Pfarrer der Methodistischen Kirche, Komponist und Chorleiter in Buenos Aires. – T* 568

SPANGENBERG, Cyriakus (II,2), geb. 1528 in Nordhausen (Harz), Pfarrer in Eisleben, Generaldekan der Grafschaft Mansfeld; Pfarrer in Schlitz (Oberhessen) und Vacha/Werra; gest. 1604 in Straßburg. – T 100 (Str. 2–5), M* 469

SPEE, Friedrich (von Langenfeld) (III,1), geb. 1591 in Kaiserswerth bei Düsseldorf, Jesuit, Seelsorger und Prediger, Professor in Paderborn, Köln und Trier; mutig bekämpfte er das Unwesen der Hexenprozesse; gest. 1635 in Trier. – T 7 (Str. 1–6), 32, 80 (Str. 1), 110, 538

SPERATUS, Paul (II,1), geb. 1484 in Rötlen bei Ellwangen, Priester in Dinkelsbühl und Würzburg, als Anhänger Luthers Prediger in Österreich und Ungarn, Pfarrer in Iglau (Mähren), in Olmütz als Ketzer zum Feuertod verurteilt, aber begnadigt; über Wittenberg, wo er sich an den ersten reformatorischen Liedsammlungen beteiligte, 1524 von → Albrecht von Preußen nach Königsberg berufen, erster lutherischer Bischof von Pomesanien in Marienwerder (Westpreußen); dort gest. 1551. – T 342

SPITTA, Friedrich (V), geb. 1852 in Wittingen (Niedersachsen), Sohn von Philipp → Spitta, Konviktsinspektor in

Halle, Pfarrer in Oberkassel und Privatdozent in Bonn, Professor in Straßburg und Göttingen, Liturgiker und Hymnologe; gest. 1924 in Göttingen. – T* 222, 242, T 259

SPITTA, Philipp (V), geb. 1801 in Hannover, aus einer Hugenottenfamilie stammend, zunächst Uhrmacher, dann Theologe, Pfarrer in niedersächsischen Gemeinden, Superintendent in Wittingen bei Uelzen, in Peine und zuletzt in Burgdorf; dort gest. 1859. – T 136, 137, 358, 374, 406, 510

STAPFER, Johannes (IV,2), geb. 1719 in Münsingen (Bernerland), Pfarrer in Aarburg, Professor in Bern; gest. 1801 in Bern. – T 290 (Str. 1.3.4.6)

STEGMANN, Josua (III,1), geb. 1588 in Sülzfeld bei Meiningen, Superintendent der Grafschaft Schaumburg und Lehrer am Gymnasium in Stadthagen, Professor der Theologie in Rinteln/Weser, durch die Gegenreformation schwer bedrängt; gest. 1632 in Rinteln. – T 347

STEIN, Paulus (VI,2), geb. 1931 in Dresden, Jugendpfarrer in Mannheim, Dekan in Karlsruhe; dort gest. 1993. – T 287 (Str. 2–4), 499 (Str. 3)

STERN, Hermann (VI,2), geb. 1912 in Abetifi (Ghana/Afrika), Lehrer, Kirchenmusiker in Ebingen (Württemberg); gest. 1978 in Hohengehren bei Esslingen/Neckar. – K 174, 605

STEURLEIN, Johann (II,2), geb. 1546 in Schmalkalden, Stadtschreiber in Wasungen/Werra, Organist und Bürgermeister in Meiningen; dort gest. 1613. – MT? 59 (Str. 3–6), M 501

STIER, Alfred (VI,1), geb. 1880 in Greiz (Thüringen), Kantor in Limbach (Sachsen) und in Dresden, Landeskirchenmusikdirektor, Landessingwart von Sachsen-Anhalt in Ilsenburg (Harz), trug durch die Singwochenarbeit, durch Schriften und Liedsätze wesentlich zur Erneuerung der Kirchenmusik bei; gest. 1967 in Ilsenburg. – K 261

STIER, Ewald Rudolph (V), geb. 1800 in Fraustadt (Posen), theologischer Lehrer am Baseler Missionsseminar, Pfarrer in Frankleben bei Merseburg und Barmen-Wichlinghausen, Privatgelehrter in Wittenberg, Superintendent in Schkeuditz und Eisleben; dort gest. 1862. – T 593

LIEDERKUNDE

STOBÄUS, Johann (III,1), geb. 1580 in Graudenz (Westpreußen), Domkantor und Hofkapellmeister in Königsberg (Ostpreußen); dort gest. 1646. – M 346

STÖTZEL, Johann Georg (IV,1), geb. 1711 in Mihla bei Eisenach, Lehrer und Hofkantor in Stuttgart; dort gest. 1793. – M* 12

STOLZHAGEN, Kaspar (II,2), geb. 1550 in Bernau bei Berlin, Rektor und Pfarrer in Stendal, Superintendent der deutschen Gemeinde in Iglau (Mähren); dort gest. 1594. – T 109

STONE, Samuel John (V), geb. 1839 in Whitmore (England), anglikanischer Pfarrer; gest. 1900 in London. – (T) 264

STOODT, Marianne (VI,2), geb. 1927 in Darmstadt, Lehrerin in Darmstadt. – T 603

STRATTNER, Georg Christoph (III,2), geb. um 1645 in Gols am Neusiedler See (Ungarn), Kirchenmusiker in Frankfurt/Main und Weimar; gest. 1704 in Weimar. – M 504

STRAUCH, Peter (VI,2), geb. 1943 in Wetter/Ruhr, Pastor und Präses im Bund Freier evangelischer Gemeinden in Witten. – TM 590

STRAUSS UND TORNEY, Viktor von (V), geb. 1809 in Bückeburg, Jurist, Religionswissenschaftler und Sprachforscher in Dresden; dort gest. 1899. – T 238, 648

STURM, Julius (V), geb. 1816 in Köstritz, Pfarrer in Göschitz bei Schleiz, später in seinem Geburtsort, gest. 1896. – T 571

SUDERMANN, Daniel (III,1), geb. 1550 in Lüttich, Erzieher der im »Brüderhof« zu Straßburg wohnenden Studenten, Anhänger Kaspar von Schwenckfelds und Verehrer der alten Mystiker; gest. nach 1631 in Straßburg. – T* 8

ŠURMAN, Bedřich (VI,2), geb. 1929 in Ostrau (Mähren), Pfarrer in Prag und Frankfurt/Main. – T* 553

SUTTER, Ignace de (VI,2), geb. 1911 in Gent, Priester und Dozent in Löwen, Förderer des Kirchenlieds im flämischen Gottesdienst; gest. 1988 in Belsele (Flandern). – M 97

SZTÁRAI, Mihály (II,1), Franziskanermönch aus Ungarn; für die Reformation gewonnen, gründete er viele evangelische Gemeinden im südlichen Ungarn; gest. um 1575. – (T) 284

TAIZÉ → Berthier

DICHTER UND KOMPONISTEN

TALBOT-PONSONBY, Evelyn John (VI,2), geb. 1915 in Surrey (England), Laiendiakon der Kirche von England in Berkhamstad (Hearts). – T* 555

TELEMANN, Georg Philipp (IV,1), geb. 1681 in Magdeburg, Organist in Leipzig, Kapellmeister in Sorau und Eisenach, Musikdirektor in Frankfurt/Main und an den fünf Hauptkirchen Hamburgs; mit Opern und Festmusiken, Passionen und Kantaten ein überaus schöpferischer Komponist; gest. 1767 in Hamburg. – K 335, M* 361, M* 479

TERSTEEGEN, Gerhard (IV,1), geb. 1697 in Moers, Kaufmann in Mülheim/Ruhr, dann Bandwirker, um abgeschieden leben zu können; Laientheologe und tiefgründiger Mystiker des reformierten Pietismus; seine Lieder besingen die pilgernde Gemeinschaft der Gläubigen und die kindlich vertrauende Anbetung Gottes; gest. 1769 in Mülheim/Ruhr. – T 41, 140, 165, 252, 392, 393, TM* 480, T 481, 617, 645

TESCHNER, Melchior (II,2), geb. 1584 in Fraustadt (Schlesien), Kantor in Fraustadt, Pfarrer im benachbarten Oberpritschen; dort gest. 1635. – M 523

THATE, Albert (VI,1), geb. 1903 in Düren, Kirchenmusiker in Düsseldorf; dort gest. 1982. – K 483

THEBESIUS, Adam (III,1), geb. 1596 in Seifersdorf bei Liegnitz (Schlesien), Pfarrer in Mondschütz, Wohlau und Liegnitz; dort gest. 1652. – T 87

THILO (Thiel), Valentin (III,1), geb. 1607 in Königsberg, dort Professor der Beredsamkeit und Mitglied des Dichterkreises um Simon Dach; gest. 1662 in Königsberg. – T 10 (Str. 1–3)

THOMAS VON AQUIN (I,2), geb. um 1225 in Roccasecca bei Aquino (Unteritalien), lehrte in Paris, Köln, Rom und Neapel; der überragende Philosoph und Theologe des Hochmittelalters; gest. 1274 in Fossanuova. -- (T) 223

THURMAIR, Georg (VI,2), geb. 1909 in München, Redakteur katholischer Zeitungen und Schriftsteller, Mitherausgeber geistlicher Liederbücher; gest. 1984 in München; verh. mit Maria Luise → Thurmair. – T 265

THURMAIR (-Mumelter), Maria Luise (VI,2), geb. 1912 in Bozen (Südtirol), Schriftstellerin in München. –
T 178.6–8, 227

LIEDERKUNDE

TINDLEY, Charles Albert (V), geb. 1851 in Berlin (Maryland) als Sohn eines Sklaven, methodistischer Pfarrer in New Jersey, Maryland und Delaware; gest. 1933 in Philadelphia. – (T) 636

TOLLMANN, Gottfried (IV,1), geb. 1680 in Lauban (Schlesien), Pfarrer in Leuba bei Görlitz; gest. 1766 in Leuba. – T 505

TRAUTWEIN, Dieter (VI,2), geb. 1928 in Holzhausen (Hessen), verh. mit Ursula → Trautwein, Pfarrer in hessischen Gemeinden, Stadtjugendpfarrer und Propst in Frankfurt/Main. – TM 56, T* 96, TM 170, T* 268, T 278, M 315, T 417 (Str. 2), T* 427, 565, 567, 568, 582, M 603, 606 T* 609

TRAUTWEIN, Ursula (VI,2), geb. 1932 in Mangalore (Indien), Krankenschwester, Gemeindehelferin, Religionslehrerin, Mitarbeit im ökumenischen und entwicklungspolitischen Bereich. – T (Str. 3) und T* 608

TRILLER, Valentin (II,1), geb. um 1493 in Guhrau (Schlesien), Pfarrer in Oberpantenau bei Nimptsch (Schlesien); dort gest. 1573. – (M) 29, TM* 167 (Str. 1)

TRUNK, Roger (VI,2), geb. 1930 in Fortschwihr (bei Colmar/Elsass), Pastor und Musiker in Straßburg. – T* 605

TÚRMEZEI, Erzsébet (VI,2), geb. 1912 in Tamási (Ungarn). Lehrerin, Diakonisse in Budapest. – (T) 616

ULICH, Johann (III,1), geb. 1634 in Leipzig, Organist in Torgau, Kantor in Wittenberg; dort gest. 1712. – M 402

UTECH, George (VI,2), geb. 1931 in Le Mars (Iowa/USA), Pfarrer. – (T) 431

VALENTIN, Gerhard (VI,2), geb. 1919 in Berlin; Lehrer und Schauspieler in Berlin, Referent für musisch-kulturelle Bildungsarbeit im Landesjugendpfarramt Düsseldorf; gest. 1975 in Hemer-Deilinghofen. – T* 266, T 277 (Str. 2–5), T 554, 573

VAUGHAN WILLIAMS, Ralph (VI,1), geb. 1872 in Down Ampney (England), Organist in London, Dozent in Oxford und London; dort gest. 1958. – M* 55, M 154

VEIGEL, Gotthold (VI,1), geb. 1913 in Heilbronn, Pfarrer in Halle, Floh bei Schmalkalden und Speele bei Hannoversch-Münden. – M 224

VESPER, Stefan (VI,2), geb. 1956 in Düsseldorf, Pädagogischer Mitarbeiter am Katholisch-Sozialen Institut in Bad Honnef. – K 635

VETTER, Georg (II,1), geb. 1536 in Hohenstadt (Mähren), Schulleiter und Prediger in Jungbunzlau, später in Mährisch Weißkirchen; Konsenior der Böhmisch-Mährischen Brüder-Unität in Selowitz; dort gest. 1599. – T 108

VISCHER, Wilhelm (VI,1), geb. 1895 in Davos/Graubünden, reformierter Pfarrer in Tenniken (Baselland), Dozent an der Kirchlichen Hochschule in Bethel, Pfarrer in Lugano, Privatdozent in Basel, zuletzt Professor für Altes Testament in Montpellier (Südfrankreich); dort gest. 1988. – T 271

VOGEL, Heinrich (VI,1), geb. 1902 in Pröttlin (Westprignitz), Pfarrer, 1935 Dozent an der Hochschule der Bekennenden Kirche in Berlin, 1946 Professor für Systematische Theologie in Berlin; dort gest. 1989. – T 292, 587

VOSS, Karl-Ludwig (VI,2), geb. 1940 in Breslau, Pfarrer in Helsingborg und Niedergrenzebach (Schwalm), Dekan in Cölbe bei Marburg. – T* 545

VULPIUS (Fuchs), Melchior (II,2), geb. um 1570 in Wasungen (Thüringen), Lehrer und Kantor in Schleusingen und Weimar; dort gest. 1615. – K 31, M* 59, M 88, MS 103, M 293, MS 437, M 438, MS 467, T*M 516

WADE, John Francis (IV,2), geb. 1711, Lateinlehrer am englischen katholischen College in Douai (Frankreich), zuletzt in Lancashire (England); dort gest. 1786. – (T) 45

WALTER, Johann (II,1), geb. 1496 in Großpürschütz bei Kahla (Thüringen), Stadtkantor in Torgau, Hofkapellmeister in Dresden, dann wieder in Torgau; dort gest. 1570. Das »Geistliche Gesang-Buchlein« mit seinen kunstvollen Liedsätzen wurde das erste evangelische Chorgesangbuch; seit 1525 hat er → Luther bei der musikalischen Gestaltung der »Deutschen Messe« beraten; durch Komposition wie durch Organisation der Kantoreien der »Urkantor« der lutherischen Kirche. – TM 145, T 148 (Str. 1–8), T 195, M 196, 274, 440, M* 518

WALZ, Friedrich (VI,2), geb. 1932 in Schillingsfürst (Mittelfranken), Pfarrer in Nürnberg, Studentenpfarrer in Erlangen, zuletzt kirchlicher Beauftragter für Hörfunk und Fernsehen; gest. 1984 in Schillingsfürst. – TM 18, T 95, 225

WEGELIN, Josua (III,1), geb. 1604 in Augsburg, Pfarrer in Budweiler und Augsburg, durch Krieg und Gegenreformation mehrmals vertrieben, Pfarrer in Preßburg; dort gest. 1640. – (T) 122

WEISS, Christa, verh. Werner (VI,2), geb. 1925 in Essen-Werden, Dozentin und Schriftstellerin in Altenkirchen (Westerwald), Gelnhausen und Wuppertal. – T 360, 491, (T) 610

WEISS, Ewald (VI,2), geb. 1906 in Wolhynien, Dozent an der Evangelischen Kirchenmusikschule Erlangen/Bayreuth, dann in Nürnberg; dort gest. 1998. – M 178.13, 190.3

WEISSE, Michael (II,1), geb. um 1488 in Neiße (Schlesien), Franziskanermönch in Breslau, schloss sich 1518 den Böhmischen Brüdern an, 1522 Vorsteher der Brüdergemeine in Landskron (Böhmen) und Fulnek (Mähren), Pfarrer der deutschen Brüdergemeine in Landskron und Fulnek; gest. 1534 in Landskron. 1531 gab er das erste deutsche Gesangbuch der → Böhmischen Brüder heraus, mit 157 Liedern das umfangreichste der Reformation; es enthält teils Übertragungen aus dem Tschechischen und Lateinischen, teils originale Dichtungen Weißes und den mittelalterlichen Melodienreichtum in Hymnen, Wechselgesängen und geistlichen Volksliedern. – T* 68, 77, T 103, 104, 144, 318, 438, 439, (T) 520, 650

WEISSEL, Georg (III,1), geb. 1590 in Domnau (Ostpreußen), Rektor in Friedland (Ostpreußen), Pfarrer in Königsberg; dort gest. 1635. – T 1, (T) 113, T 346

WELING, Anna Thekla von (V), geb. 1837 in Neuwied/Rhein, seit 1886 in Blankenburg (Thüringen) evangelistisch tätig, Gründerin und Leiterin des Evangelischen Allianzhauses in Blankenburg; dort gest. 1900. – T* 264

WERNER, Fritz (VI,1), geb. 1898 in Berlin, 1924 Kirchenmusiker in Babelsberg, Potsdam und Heilbronn/Neckar; dort gest. 1977. – M 457, 486

WERNER, Georg (III,1), geb. 1589 in Preußisch-Holland (Ostpreußen), Lehrer, Rektor, Pfarrer in Königsberg; dort gest. 1643. – T 129

WERNER, Theodor (VI,2), geb. 1892 in Homberg bei Kassel, Pfarrer in Hermannsburg und Schwerin, 1946 Landessuperintendent in Schwerin, Pfarrer in Moringen (Niedersachsen); gest. 1973 in Celle. – T* 488

WESLEY, Samuel Sebastian (V), geb. 1810 in London, Organist, zuletzt in Gloucester; dort gest. 1876. – M 264

WESSNITZER, Wolfgang (III,1), geb. 1629, Organist in Hamburg und Celle; gest. 1697 in Celle. – M 86

WIDESTRAND, Olle (VI,2), geb. 1932, Kirchenmusiker in Jönköping (Schweden). – M 268

WIEMER, Rudolf Otto (VI,2), geb. 1905 in Friedrichroda (Thüringen), Lehrer in Böhmen, Thüringen und Niedersachsen, Schriftsteller in Göttingen. – T 560 (Str. 2 u. 3)

WIESE, Götz (VI,2), geb. 1928 in Celle, Kantor in Hermannsburg, Loccum, Northeim; Landeskirchenmusikdirektor in Hannover. – M 95, 177.3

WIESENTHAL, Karl-Wolfgang (VI,2), geb. 1935 in Moosburg (Landshut), Musiker und Studioleiter in Berlin. – M 556

WILHELM II., Herzog von Sachsen-Weimar (III,1), geb. 1598 in Altenburg; gest. 1662 in Weimar. – T 155? (Str. 1–3)

WILLMS, Wilhelm (VI,2), geb. 1930 in Essen, Pfarrer, Propst in Heinsberg. – T 559, 594, 622, 637

WINER, Johann Georg (III,1), geb. 1583 in Walldorf bei Meiningen, Pfarrer in Thüringen, zuletzt in Heinrichs bei Suhl; dort gest. 1651. – M 230

WIPO (Wigbert) von Burgund (I,2), geb. um 995 wahrscheinlich in Solothurn, Hofkaplan, Einsiedler im Böhmerwald, Geschichtsschreiber und Dichter; gest. nach 1048. – (T) 101

WIT, Jan (VI,2), geb. 1914 in Nijmegen (Niederlande), dort Pfarrer, Dozent für Hymnologie an der Universität Groningen; gest. 1980 in Groningen. – (T) 199

WITT, Christian Friedrich (IV,1), geb. um 1660 in Altenburg, Organist und Hofkapellmeister in Gotha; dort gest. 1716. – M 135

WITTENBERG 1524 (II,1) – Das »Geistliche Gesang-Buchlein« von → Walter, ein in Stimmbüchern gedrucktes Chorgesangbuch mit Luthers erster Vorrede, der früheste unter den Wittenberger Lieddrucken und für einige Melodien in dieser Form die älteste Quelle. –

M* 23, 124, 138, 183, 214

WITTENBERG 1529 (II,1) – »Geistliche Lieder aufs neu gebessert zu Wittenberg«, das grundlegende erste Gemeindegesangbuch Luthers, für das er seine zweite Vorrede schrieb, gedruckt bei Joseph Klug. – M* 35, 99, M 297, M* 343

WOODWARD, George Ratcliffe (VI,1), geb. 1848 in Birkenhead (England), anglikanischer Geistlicher; gest. 1934 in St Pancras. – (T) 117

ZAHN, Johannes (V), geb. 1817 in Eschenbach/Pegnitz bei Nürnberg, Rektor in Altdorf; er setzte sich für die Wiedergewinnung der reformatorischen Melodien ein und gab von 1889 an das historische Sammelwerk von 8806 Melodien des deutschen evangelischen Kirchengesangs heraus; gest. 1895 in Neuendettelsau. – M 14

ZENETTI, Lothar (VI,2), geb. 1926 in Frankfurt/Main, kath. Stadtjugendpfarrer in Frankfurt, dann Gemeindepfarrer und Dekan. – T 226, T* 382, T 551, 552, 574, 579, 651

ZESEN, Philipp von (III,1), geb. 1619 in Priorau bei Dessau, Barockdichter in Holland und Hamburg; dort gest. 1689. – T 444

ZILS, Diethard (VI,2), geb. 1935 in Bottrop (Westfalen), Dominikanermönch und Priester, Referent für Liturgie und Jugendseelsorge in Düsseldorf. –

T* 311, T 429, 627, T* 640

ZINZENDORF, Nikolaus Ludwig Graf von (IV,1), geb. 1700 in Dresden, Schüler des Franckeschen Pädagogiums in Halle, 1721 Hof- und Justizrat in Dresden; er nahm die um ihres Glaubens willen vertriebenen Mährischen Brüder in seinem Gut Berthelsdorf auf und gründete 1727 die Herrnhuter Brüdergemeine, wurde ihr erster Bischof; 1736 aus Sachsen verwiesen, verlegte er seine Gemeindearbeit in die Wetterau mit der Ronneburg, Schloss Marienborn und Herrnhaag; im Baltikum, in Westindien und Nordamerika missionarisch und ökumenisch tätig, seit 1756 wieder in Herrnhut; dort gest. 1760.

Mit seinen »Singstunden«, den Liturgien und Litaneien,

mit seinen 2000 Liedern hat er das geistliche Singen als gemeinschaftbildende Glaubensäußerung verstanden. – T 198 (Str. 1), (T) 251, 254, 350, 391, T 586

ZIPP, Friedrich (VI,2), geb. 1914 in Frankfurt/Main, dort Kirchenmusiker, später in Freiburg, Komponist und Musikschriftsteller; dort gest. 1997. – M 424

ZÖBELEY, Rudolf (VI,1), geb. 1901 in Mannheim-Rheinau, Pfarrer in Baiertal bei Heidelberg und Eppingen (Baden), Religionslehrer in Mannheim; gest. 1991 in München. – M 452

ZOLLER, Alfred Hans (VI,2), geb. 1928 in Reutti (Neu-Ulm), dort Organist und Kantor. – TM 542

ZOLLIKOFER, Georg Joachim (IV,2), geb. 1730 in St. Gallen (Schweiz), Pfarrer in Murten (Kanton Fribourg) und in Leipzig; er gab 1766 sein rationalistisch geprägtes Gesangbuch mit veränderten alten Kernliedern und eigenen aufklärerischen Dichtungen heraus; gest. 1788 in Leipzig. – T 414

ZWICK, Johannes (II,1), geb. um 1496 in Konstanz, Rechtsgelehrter in Basel, Pfarrer in Riedlingen/Donau und Konstanz, wo er mit den Brüdern → Blarer die Reformation durchführte; durch das erste Konstanzer Gesangbuch 1533/34, vor allem durch das »Neu Gsangbüchle« Zürich 1540 mit seiner Vorrede wurde er ein Bahnbrecher des Kirchengesangs im oberdeutsch-schweizerischen Raum; gest. 1542 in Bischofszell (Thurgau). – T 440, 441

ZWINGLI, Huldrych (Ulrich) (II,1), geb. 1484 in Wildhaus (Kanton St. Gallen), Pfarrer in Glarus und Feldprediger der Eidgenossen in Italien, Leutpriester in Einsiedeln, seit 1519 am Großmünster in Zürich, wo er die Reformation durchführte; gefallen 1531 in der Schlacht bei Kappel. – TM 242

ÖKUMENISCHE LIEDER 958

Dies Verzeichnis enthält alle Lieder und Gesänge dieses Gesangbuchs, die von der Arbeitsgemeinschaft für Ökumenisches Liedgut (AÖL) bearbeitet worden sind (sog. ö-Lieder).
Die in der Liste mit ö gekennzeichneten Lieder stimmen in Text- und Melodiegestalt mit der von der AÖL erarbeiteten Fassung völlig überein.
Ein eingeklammertes ö weist darauf hin, dass (meist geringfügige) Abweichungen von dieser Fassung bestehen, z.B. in der Auswahl der Strophen.
Wenn in einem Lied nur einzelne ö-Strophen enthalten sind, werden diese in Spalte 1 genannt, außerdem wird darauf hingewiesen, ob die Melodie (M) abweicht.
Ist bei einem Lied eine GL-Nummer vermerkt (Spalte 2), so findet sich dieses Lied auch im katholischen Gebet- und Gesangbuch »Gotteslob« (GL).
Betrifft dies nur einzelne Strophen, so werden diese in Spalte 3 genannt. Auf abweichende Strophenzählung wird hingewiesen (EG=GL).

EG		1	2 GL	3
ö	311	Abraham, Abraham, verlass dein Land		
(ö)	347	Ach bleib mit deiner Gnade	1–4,6	
ö	528	Ach wie flüchtig, ach wie nichtig		657
ö	440	All Morgen ist ganz frisch und neu		666
(ö)	179	Allein Gott in der Höh sei Ehr	1–3	457	1–3
ö	543	Alles ist eitel (Kanon)		
(ö)	345	Auf meinen lieben Gott	1	
ö	443	Aus meines Herzens Grunde		669	1,2,6=3
(ö)	299	Aus tiefer Not schrei ich zu dir	2,5	
ö	175	Ausgang und Eingang (Kanon)		
ö	361	Befiehl du deine Wege		

ÖKUMENISCHE LIEDER

			1	2	3
ö	786.5	Bevor des Tages Licht vergeht		696	
	491	Bevor die Sonne sinkt	and.M.	702	
ö	329	Bis hierher hat mich Gott gebracht			
ö	418	Brich dem Hungrigen dein Brot		618	
ö	140	Brunn alles Heils			
(ö)	120	Christ fuhr gen Himmel	2	228	2
(ö)	99	Christ ist erstanden	1	213	1
(ö)	190.2	Christe, du Lamm Gottes	M.Abw.	482	
ö	516	Christus, der ist mein Leben		662	
	77	Christus, der uns selig macht	8, M.Abw.	181	
ö	227	Dank sei dir, Vater, für das ewge Leben		634	
ö	336	Danket, danket dem Herrn (Kanon)		283	
ö	605	Danket dem Herrn (Kanon)			
ö	301	Danket Gott, denn er ist gut		227	
(ö)	285	Das ist ein köstlich Ding	1–2	271	1–2
	94	Das Kreuz ist aufgerichtet	and.M.		
ö	606	Daß ich springen darf			
ö	178.7	Der am Kreuze starb			
ö	64	Der du die Zeit in Händen hast		157	
ö	49	Der Heiland ist geboren			
ö	548	Der Herr ist auferstanden			
ö	482	Der Mond ist aufgegangen			
ö	457	Der Tag ist seiner Höhe nah			
ö	266	Der Tag, mein Gott, ist nun vergangen			
ö	110	Die ganze Welt, Herr Jesu Christ		219	
ö	444	Die güldene Sonne bringt Leben und Wonne			
ö	449	Die güldne Sonne voll Freud und Wonne			
(ö)	437	Die helle Sonn leucht' jetzt herfür	3		
ö	16	Die Nacht ist vorgedrungen		111	
ö	435	Dona nobis pacem (Kanon)			
ö	168	Du hast uns, Herr, gerufen		505, 514	
ö	441	Du höchstes Licht, du ewger Schein		557	1–3, 7–8 = 4–5

LIEDERKUNDE

		1	2	3
50	Du Kind, zu dieser heilgen Zeit	and.M.		
(ö) 302	Du meine Seele, singe	1,2,4,8		
75	Ehre sei dir, Christe	M.Abw.		
ö 26	Ehre sei Gott in der Höhe (Kanon)			
(ö) 575	Ein Kind ist angekommen			
ö 576	Ein kleines Kind, du großer Gott		46	
ö 2	Er ist die rechte Freudensonn (Kanon)			
(ö) 452	Er weckt mich alle Morgen	1–3,5		
(ö) 499	Erd und Himmel sollen singen	1–2		
(ö) 281	Erhebet er sich, unser Gott	3		
ö 106	Erschienen ist der herrlich Tag		225	
ö 105	Erstanden ist der heilig Christ			
(ö) 30	Es ist ein Ros entsprungen	1,3	132	1,3
ö 8	Es kommt ein Schiff, geladen		114	1–6
(ö) 47	Freu dich, Erd und Sternenzelt	1		
ö 510	Freuet euch der schönen Erde			
ö 239	Freuet euch im Herren allewege			
(ö) 36	Fröhlich soll mein Herze springen	1–12		
(ö) 503	Geh aus, mein Herz, und suche Freud	1–5,7–10, 13–15		
ö 489	Gehe ein in deinen Frieden			
ö 189	Geheimnis des Glaubens: Deinen Tod, o Herr, verkünden wir		360,5	
ö 201	Gehet hin in alle Welt			
ö 23	Gelobet seist du, Jesu Christ		130	
ö 103	Gelobt sei Gott im höchsten Thron		218	

ÖKUMENISCHE LIEDER

			1	2	3
ö	119	Gen Himmel aufgefahren ist		230	
ö	425	Gib uns Frieden jeden Tag			
ö	260	Gleichwie mich mein Vater gesandt hat		641	
(ö)	142	Gott, aller Schöpfung heilger Herr		605	1–5,7
(ö)	445	Gott des Himmels und der Erden	1,2,5–7		
ö	199	Gott hat das erste Wort			
ö	3	Gott, heilger Schöpfer aller Stern		116	1,3–6
ö	180.2	Gott in der Höh sei Preis und Ehr		464	
ö	165	Gott ist gegenwärtig			
ö	409	Gott liebt diese Welt		297	
ö	381	Gott, mein Gott, warum hast du mich verlassen?		308	
(ö)	214	Gott sei gelobet und gebenedeiet	1	494	1
ö	411	Gott, weil er groß ist (Kanon)			
ö	379	Gott wohnt in einem Lichte		290	
ö	331	Großer Gott, wir loben dich		257	
ö	181.2	Halleluja (8. Psalmton)		531,5	
ö	181.3	Halleluja (9. Psalmton)		531,6	
ö	181.8	Halleluja, Amen (Kanon)			
ö	483	Herr, bleibe bei uns (Kanon)		18,8	
ö	277	Herr, deine Güte reicht, so weit der Himmel ist		301	
ö	178.5	Herr, erbarme dich		463	
ö	178.10	Herr, erbarme dich		358,3	
ö	155	Herr Jesu Christ, dich zu uns wend		516	1–2, 4 = 3
(ö)	238	Herr, vor dein Antlitz treten zwei	1–2		
ö	397	Herzlich lieb hab ich dich, o Herr			
(ö)	81	Herzliebster Jesu, was hast du verbrochen	1–4	180	1–4
ö	646	Heut war ein schöner Tag			
ö	419	Hilf, Herr meines Lebens		622	
(ö)	504	Himmel, Erde, Luft und Meer	2,3,5		

LIEDERKUNDE

			1	2	3
ö	507	Himmels Au, licht und blau			
ö	467	Hinunter ist der Sonne Schein		705	
ö	54	Hört, der Engel helle Lieder			
ö	97	Holz auf Jesu Schulter			
(ö)	529	Ich bin ein Gast auf Erden	1,7,8		
ö	486	Ich liege, Herr, in deiner Hut			
(ö)	324	Ich singe dir mit Herz und Mund	1–8,12–13, 17–18		
(ö)	37	Ich steh an deiner Krippen hier	1–4	141	1–4
ö	382	Ich steh vor dir mit leeren Händen, Herr		621	
ö	400	Ich will dich lieben, meine Stärke		558	
ö	291	Ich will dir danken, Herr		278	
(ö)	517	Ich wollt, dass ich daheime wär	1–9,12		
(ö)	43	Ihr Kinderlein, kommet	1–6		
ö	132	Ihr werdet die Kraft des Heiligen Geistes empfangen			
ö	222	Im Frieden dein, o Herre mein		473	
ö	398	In dir ist Freude			
(ö)	41	Jauchzet, ihr Himmel	1–4	144	1–4
(ö)	150	Jerusalem, du hochgebaute Stadt	1,4–7		
ö	391	Jesu, geh voran			
ö	396	Jesu, meine Freude			
(ö)	115	Jesus lebt, mit ihm auch ich	1,2,5,6		
(ö)	526	Jesus, meine Zuversicht	1,2,6,7		
ö	314	Jesus zieht in Jerusalem ein			
ö	509	Kein Tierlein ist auf Erden			
(ö)	125	Komm, Heiliger Geist, Herre Gott	1	247	1
(ö)	225	Komm, sag es allen weiter	1–3		
ö	428	Komm in unsre stolze Welt			
ö	48	Kommet, ihr Hirten			
ö	98	Korn, das in die Erde			

ÖKUMENISCHE LIEDER

			1	2	3
ö	181.6	Laudate omnes gentes			
ö	161	Liebster Jesu, wir sind hier, dich und dein Wort		520	
	243	Lob Gott getrost mit Singen	T. Abw.		
ö	316	Lobe den Herren, den mächtigen König der Ehren		258	1–3,5 = 4
(ö)	447	Lobet den Herren alle, die ihn ehren	1–3,6–10	671	1–3, 6–8 = 4–6, 10 = 7
ö	460	Lobet den Herrn und dankt ihm seine Gaben			
ö	337	Lobet und preiset, ihr Völker, den Herrn (Kanon)		282	
ö	332	Lobt froh den Herrn, ihr jugendlichen Chöre			
ö	27	Lobt Gott, ihr Christen alle gleich		134	1–3,6 = 4
	500	Lobt Gott in allen Landen	and. M.		
(ö)	429	Lobt und preist die herrlichen Taten des Herrn	Kehrvers		
ö	1	Macht hoch die Tür		107	
ö	473	Mein schönste Zier		559	
ö	408	Meinem Gott gehört die Welt			
(ö)	385	Mir nach, spricht Christus, unser Held	1,2,4–6	616	1–2, 4–6 = 3–5
(ö)	10	Mit Ernst, o Menschenkinder	1,3,4	113	1,4 = 3
ö	474	Mit meinem Gott geh ich zur Ruh			
(ö)	518	Mitten wir im Leben sind	1	654	1
ö	450	Morgenglanz der Ewigkeit		668	1
	484	Müde bin ich, geh zur Ruh	and. M.		
	124	Nun bitten wir den Heiligen Geist	M. Abw.	248	1
ö	322	Nun danket all und bringet Ehr		267	1–2, 5–6 = 3–4, 8–9 = 5–6
ö	321	Nun danket alle Gott		266	
ö	290	Nun danket Gott, erhebt und preiset			

LIEDERKUNDE

			1	2	3
(ö)	288	Nun jauchzt dem Herren, alle Welt	1,2,5,6	474	1,2,5,6
ö	520	Nun legen wir den Leib ins Grab			
(ö)	289	Nun lob, mein Seel, den Herren	2–5		
ö	477	Nun ruhen alle Wälder			
ö	294	Nun saget Dank und lobt den Herren		269	
ö	207	Nun schreib ins Buch des Lebens			
ö	22	Nun sei uns willkommen (Kanon)			
ö	532	Nun sich das Herz von allem löste			
(ö)	481	Nun sich der Tag geendet, mein Herz	1,3–5		
ö	265	Nun singe Lob, du Christenheit		638	1,2,4,5
(ö)	35	Nun singet und seid froh	1–3		
ö	44	O du fröhliche			
(ö)	85	O Haupt voll Blut und Wunden	6,8,9,10	179	8–10 = 5–7
(ö)	7	O Heiland, reiß die Himmel auf	1–6	105	1–6
(ö)	130	O Heilger Geist, kehr bei uns ein	1–3		
ö	235	O Herr, nimm unsre Schuld		168	
(ö)	72	O Jesu Christe, wahres Licht	1	643	
(ö)	136	O komm, du Geist der Wahrheit	1–4,6–7		
(ö)	190.1	O Lamm Gottes, unschuldig	1,3	470	1,3 = 2
	76	O Mensch, bewein dein Sünde groß	T.Abw.	166	
ö	521	O Welt, ich muss dich lassen		659	
(ö)	84	O Welt, sieh hier dein Leben	1–6,8,10		
ö	236	Ohren gabst du mir			
ö	492	Ruhet von des Tages Müh (Kanon)			

ÖKUMENISCHE LIEDER

			1	2	3
(ö)	403	Schönster Herr Jesu	1,3,4	551	1,3,4
ö	466	Segne, Herr, was deine Hand (Kanon)			
(ö)	326	Sei Lob und Ehr dem höchsten Gut	1–8		
ö	178.8	Send uns deinen Geist			
ö	172	Sende dein Licht und deine Wahrheit (Kanon)			
ö	190.4	Siehe, das ist Gottes Lamm (Kanon)			
ö	287	Singet dem Herrn ein neues Lied		273	
ö	305	Singt das Lied der Freude über Gott		272	
ö	306	Singt das Lied der Freude, der Freude			
ö	541	Singt Frieden auf Erden (Kanon)			
ö	376	So nimm denn meine Hände			
ö	427	Solang es Menschen gibt auf Erden		300	
ö	262	Sonne der Gerechtigkeit		644	
ö	442	Steht auf, ihr lieben Kinderlein			
ö	46	Stille Nacht, heilige Nacht		145	T.Abw.
ö	178.6	Tau aus Himmelshöhn			
ö	57	Uns wird erzählt von Jesus Christ			
ö	163	Unsern Ausgang segne Gott			
ö	186	Vater unser im Himmel (mittelalterlich)		362	
ö	783.8	Vater unser im Himmel (auch 784.8; 785.8; 786.12)		691	
ö	421	Verleih uns Frieden gnädiglich		310	
ö	456	Vom Aufgang der Sonne (Kanon)			
(ö)	24	Vom Himmel hoch, da komm ich her	1–6,15	138	1–6 = 2–7, 15 = 8
(ö)	538	Vom Himmel hoch, o Engel, kommt			
(ö)	365	Von Gott will ich nicht lassen	1,3,5–7		

LIEDERKUNDE

			1	2	3
ö	244	Wach auf, wach auf, 's ist hohe Zeit			
ö	147	Wachet auf, ruft uns die Stimme		110	
(ö)	372	Was Gott tut, das ist wohlgetan	1–2, 4,6	294	1–2, 4=3, 6=4
ö	539	Was soll das bedeuten			
ö	511	Weißt du, wie viel Sternlein stehen			
(ö)	522	Wenn mein Stündlein vorhanden ist	1,3,4	658	1,3=2, 4=3
ö	366	Wenn wir in höchsten Nöten sein			
ö	369	Wer nur den lieben Gott lässt walten	1,2,7	296	1,2,7=3
(ö)	530	Wer weiß, wie nahe mir mein Ende	1,2		
ö	271	Wie herrlich gibst du, Herr, dich zu erkennen			
(ö)	282	Wie lieblich schön, Herr Zebaoth	1,3,4,6		
(ö)	70	Wie schön leuchtet der Morgenstern	4	554	4
ö	11	Wie soll ich dich empfangen			
(ö)	79	Wir danken dir, Herr Jesu Christ, dass du für uns gestorben bist	1,3,4	178	1,3,4
	462	Wir danken dir, Herr Jesu Christ, dass du unser Gast gewesen bist	and.M.		
(ö)	458	Wir danken Gott für seine Gaben			
ö	184	Wir glauben Gott im höchsten Thron		276	
ö	17	Wir sagen euch an den lieben Advent		115	
ö	651	Wir sind mitten im Leben		655	
ö	100	Wir wollen alle fröhlich sein		223	
(ö)	167	Wir wollen fröhlich singen	1–4		
(ö)	295	Wohl denen, die da wandeln	3,4	614	4=3
ö	38	Wunderbarer Gnadenthron			
(ö)	377	Zieh an die Macht, du Arm des Herrn	1,2	304	
(ö)	32	Zu Bethlehem geboren	1–4	140	1–4

LIEDER AUS ANDEREN LÄNDERN UND SPRACHEN

959

Die Christenheit ist eine weltweite Gemeinschaft. Das wird auch an den Liedern deutlich, die sie über Länder- und Sprachgrenzen hinweg miteinander teilt.
In den folgenden Aufstellungen werden Gesänge, die in den alten Sprachen (Hebräisch, Griechisch, Lateinisch) wurzeln und die ein gemeinsames Erbe bilden, nicht aufgeführt. Für Lieder, die auf dem Weg durch verschiedene Sprachräume zu uns gekommen sind, wird die für das Lied typische Herkunft genannt. Nicht wenige Melodien, die vor langer Zeit übernommen wurden, haben sich so eingebürgert, dass sie hier ebenfalls nicht aufgeführt werden.

Afrika

643 Viele kleine Leute (Teil des Textes)

Belgien

97 Holz auf Jesu Schulter (Melodie)

China

454 Auf und macht die Herzen weit (Melodie)

England

19 O komm, o komm, du Morgenstern
45 Herbei, o ihr Gläub'gen
55 O Bethlehem, du kleine Stadt
98 Korn, das in die Erde (Text)
154 Herr, mach uns stark (Text Str. 6, Melodie)
229 Kommt mit Gaben und Lobgesang (Text)

LIEDERKUNDE

- 264 Die Kirche steht gegründet
- 266 Der Tag, mein Gott, ist nun vergangen
- 269 Christus ist König, jubelt laut
- 410 Christus, das Licht der Welt (Text)
- 454 Auf und macht die Herzen weit (Text)
- 455 Morgenlicht leuchtet
- 488 Bleib bei mir, Herr
- 490 Der Tag ist um, die Nacht kehrt wieder
- 514 Gottes Geschöpfe, kommt zuhauf
- 618 Weiß ich den Weg auch nicht (Melodie)

Frankreich

- 54 Hört, der Engel helle Lieder
- 98 Korn, das in die Erde (Melodie)
- 178.12 Kyrie (Taizé)
- 181.6 Laudate omnes gentes / Lobsingt, ihr Völker alle (Taizé)
- 272 Ich lobe meinen Gott
- 410 Christus, das Licht der Welt (Melodie)
- 416 O Herr, mach mich zu einem Werkzeug deines Friedens (Text)
- 429 Lobt und preist die herrlichen Taten des Herrn (Melodie)
- 546 Wer leben will wie Gott auf dieser Erde (Melodie)
- 564 Im Frieden mach uns eins
- 566 Gloria in excelsis Deo (Taizé)
- 569 Laudamus te, Domine (Taizé)
- 570 Sanctus (Taizé)
- 596 Laudate Dominum (Taizé)
- 600 Magnificat anima mea Dominum (Taizé)
- 608 Alles, was wir sind
- 789 Gemeinsames Gebet (Taizé)
- Die Lieder des Genfer Psalters (vgl. Nr. 957)

Griechenland

- 185.4 Heiliger Herre Gott (Agios o Theos)

Indien

- 626 Freude, die überfließt

ANDERE LÄNDER UND SPRACHEN

Israel

237	Und suchst du meine Sünde (Text)
433	Wir wünschen Frieden euch allen (Hevenu schalom alejchem)
434	Der Friede des Herrn (Kanon) (Schalom chaverim)
489	Gehe ein in deinen Frieden
573	Lobt den Herrn (Melodie)
613	Freunde, dass der Mandelzweig (Text)

Italien

44	O du fröhliche (Melodie)
515	Laudato si

Kamerun

568	Preisen lasst uns Gott, den Herrn

Korea

565	Höre, höre uns, Gott

Lateinamerika

171	Bewahre uns, Gott
188	Vater unser, Vater im Himmel (Melodie)
229	Kommt mit Gaben und Lobgesang (Melodie)
567	Ehre sei Gott

Niederlande

20	Das Volk, das noch im Finstern wandelt
97	Holz auf Jesu Schulter (Text)
117	Der schöne Ostertag
199	Gott hat das erste Wort
311	Abraham, Abraham, verlass dein Land
312	Kam einst zum Ufer
313	Jesus, der zu den Fischern lief
382	Ich steh vor dir mit leeren Händen, Herr
427	Solang es Menschen gibt auf Erden
430	Gib Frieden, Herr, gib Frieden
546	Wer leben will wie Gott auf dieser Erde (Text)
597	Mein ganzes Herz (Text)

LIEDERKUNDE

Norwegen

- 212 Voller Freude über dieses Wunder
- 383 Herr, du hast mich angerührt
- 601 Gottes Lob wandert (Text)

Österreich

- 17 Wir sagen euch an den lieben Advent (Text)
- 46 Stille Nacht
- 50 Der Heiland ist geboren
- 579 Das Weizenkorn muss sterben (Melodie)

Polen

- 53 Als die Welt verloren

Russland, Ukraine

- 178.9 Kyrie eleison (orthodoxe Liturgie)
- 181.4 Halleluja (orthodoxe Liturgie aus Kiew)
- 307 Gedenk an uns, o Herr / Selig sind, die da geistlich arm sind
- 617 Ich bete an die Macht der Liebe (Melodie)

Schweden

- 180.3 Ehre sei Gott in der Höhe
- 268 Strahlen brechen viele aus einem Licht
- 545 Wir gehn hinauf nach Jerusalem
- 610 Herr, deine Liebe ist wie Gras und Ufer

Schweiz

- 153 Der Himmel, der ist (Text)
- 242 Herr, nun selbst den Wagen halt
- 271 Wie herrlich gibst du, Herr, dich zu erkennen
- 301 Danket Gott, denn er ist gut (Text)
- 309 Hoch hebt den Herrn mein Herz
- 332 Lobt froh den Herrn
- 464 Herr, gib uns unser täglich Brot
- 550 Das könnte den Herren der Welt ja so passen (Text)
- 611 Harre, meine Seele (Melodie)
  Die Lieder des Genfer Psalters (vgl. Nr. 957)

ANDERE LÄNDER UND SPRACHEN

Spanien

640 Lass uns den Weg der Gerechtigkeit gehn

Südafrika

609 Masithi Amen (Singt »Amen«)
633 Sanftmut den Männern

Tansania

116 Er ist erstanden, Halleluja

Tschechien und Slowakei

18 Seht, die gute Zeit ist nah
47 Freu dich, Erd und Sternenzelt
48 Kommet, ihr Hirten
553 Besiegt hat Jesus Tod und Nacht
Die Lieder der Böhmischen Brüder (vgl. Nr. 957)

Ungarn, Siebenbürgen

96 Du schöner Lebensbaum des Paradieses
284 Das ist köstlich
531 Noch kann ich es nicht fassen
616 Auf der Spur des Hirten

USA

182 Halleluja. Suchet zuerst Gottes Reich (Melodie)
225 Komm, sag es allen weiter (Melodie)
431 Gott, unser Ursprung
499 Erd und Himmel sollen singen (Melodie)
582 Lasst uns Brot brechen
619 Er hält die ganze Welt
621 Ins Wasser fällt ein Stein (Melodie)
635 Jeder Teil dieser Erde (Text)
636 We shall overcome

Zimbabwe

181.5 Halleluja

LIEDERKUNDE

FREMDSPRACHIGE LIEDER

45 Herbei, o ihr Gläub'gen *Englisch Str. 1*

53 Als die Welt verloren *Polnisch Str. 1–2*

96 Du schöner Lebensbaum *Ungarisch Str. 1–4*

116 Er ist erstanden, Halleluja *Kisuaheli Str. 1 mit Kehrvers*

185.4 Heiliger Herre Gott / Agios o Theos *Neugriechisch*

199 Gott hat das erste Wort *Niederländisch Str. 1–4*

229 Kommt mit Gaben und Lobgesang *Englisch Str. 1–3*

264 Die Kirche steht gegründet *Englisch Str. 1–3*

266 Der Tag, mein Gott, ist nun vergangen *Englisch Str. 1–5*

268 Strahlen brechen viele aus einem Licht *Schwedisch Str. 1–5*

272 Ich lobe meinen Gott *Französisch*

279 Jauchzt, alle Lande, Gott zu Ehren *Französisch Str. 1–4:*
Roger Chapal 1970 nach Theodor de Bèze 1562
und Valentin Conrart 1679

316 Lobe den Herren, den mächtigen König der Ehren
Englisch: Catherine Winkworth 1858
Französisch: Ch. Pfender 1908, Rév. 1977
Polnisch: aus Spiewnik 1976
Schwedisch: Z. Topelius 1869
Tschechisch: Vsetin 1909 / 1915 / 1970 je Str. 1

321 Nun danket alle Gott
Englisch: Catherine Winkworth 1858
Französisch: Cantique spirituel 1758, Rév. 1977 je Str. 1–3

336 Danket, danket dem Herrn *Französisch*

433 Wir wünschen Frieden euch allen /
Hevenu schalom alejchem *Neuhebräisch*

434 Der Friede des Herrn geleite euch /
Schalom chaverim *Neuhebräisch*

ANDERE LÄNDER UND SPRACHEN

456 Vom Aufgang der Sonne *Französisch*

515 Laudato si *Italienisch-Deutsch*

555 Unser Leben sei ein Fest *Englisch Str. 1*

565 Höre, höre uns, Gott *Koreanisch*

567 Ehre sei Gott *Spanisch*

568 Preisen lasst uns Gott, den Herrn *Mungáka*
Englisch
Französisch
Spanisch

582 Lasst uns Brot brechen *Englisch*

605 Danket dem Herrn *Englisch*
Französisch

609 Masithi Amen *Xhosa*

619 Er hält die ganze Welt *Englisch*

626 Freude, die überfließt *Kannaḍa*

633 Sanftmut den Männern *Zulu*

636 We shall overcome *Englisch*

VERZEICHNIS
DER URHEBERRECHTLICH
GESCHÜTZTEN STÜCKE UND
IHRER RECHTSINHABER:

2 K (24); 15 (4); 16 (4); 17 (8); 18 T (32); 18 M-Begleitstimmen (9);
19 T (24); 20 T (26); 20 M (12); 21 M (26); 22 K (4); 28 M (26);
31 T (18); 31 M (17); 41 M (17); 47 T, 3-4 (17); 50 T (17); 50 M (10);
51 (4); 52 (4); 53 T, 1-2 (17); 54 T (17); 54 s (4); 55 T (17); 56 (26);
57 (26); 64 T (17); 64 M (4); 65 T (14); 65 M s (17); 69 T, 2-4 (26);
93 T (19); 93 M (17); 94 T (17); 94 M (6); 95 (26); 96 T (4); 97 T (26);
97 M (2); 98 T (26); 104 T (26); 116 T (16); 117 T (26); 118 K (4);
132 M (24); 142 T (62); 143 T (22); 153 T (66); 153 M (26); 154 T (7a);
154 M (21); 167 (26); 168 (26); 169 (8/15); 170 (26); 171 T (26);
171 M (70); 173 K (7a); 174 T (74); 175 K (23); 176 T (58);
177.3 M (77); 178.5 M (8); 178.6 (8); 178.7 (8); 178.8 (8);
178.10 M s (1); 178.11 M (13); 178.12 M s (10a); 178.13 M (7a);
178.14 K (9); 180.2 T (30); 180.3 M (58a); 180.4 K (26); 181.5 s (28);
181.6 M s (10a); 182 (8a); 182 T, 7-9 (19); 184 M (4); 184 T (27);
188 T (26); 190.3 M (7a); 190.4 K (15); 199 M (12); 199 T (29);
201 M (4); 208 (17); 209 (5); 210 (24); 211 T (33); 212 T (26);
212 M (20); 223 T (26); 224 (4); 225 T (5); 226 T (26); 226 M (71);
227 T (8); 228 T (26); 228 M (23); 229 T (26); 229 M (25); 235 (24);
236 T (26); 236 M (24); 237 T (10); 237 M (52) 239 T (17); 239 M (7a);
240 T (59); 254 M, 1 (26); 254 M, 2 (4); 260 M (7a); 261 K (17);
262 T (26); 265 T (8); 266 T (26); 267 (26); 268 T (26); 268 M (76);
269 T (4); 269 M (3); 270 (26); 271 T (75); 272 M (10); 276 T, 5 (65);
277 (26); 278 T (26); 278 M (4); 284 T (69); 285 M (7a); 287 M (7a);
287 T, 2-4 (7a); 291 M (24); 292 T (17); 292 M (24); 294 T, 2-3 (34);
301 T (30); 305 (8/15); 306 M (26); 309 T (34); 310 K (18); 311 T (5);
311 M (7); 312 T (26); 312 M (12); 313 T (26); 313 M (12); 314 (26);
315 (26); 319 M (64); 334 (5); 338 K (18); 339 K (18); 340 K (26);
348 M (26); 356 T, 2 (4); 359 T (19); 359 M (4); 360 T (5);
360 M, 1 (6); 360 M, 2 (72); 378 T (27); 378 M (26); 379 T (17);
380 (4); 381 (5); 382 (8); 383 T (26); 383 M (20); 395 T (60);
408 (4); 409 (26); 410 T (4); 411 K (67); 416 M (7a); 417 T, 1 (63);
417 T, 2 M (26); 418 (17); 419 T M (5); 419 K (57); 420 (13); 424 (9);
425 (5); 426 T (26); 426 M (6); 427 T (26); 427 M (12); 428 T (4);
428 M (6); 429 T (26); 429 M (7a); 430 T (26); 431 T (26); 431 M (54);

RECHTSINHABER

432 т (26); 432 м (28а); 436 к (11); 448 к (26); 452 т (17);
452 м (19); 453 т (17); 454 т, 1-2 + 6 (5); 454 т,3-5 (10); 455 т (26);
456 к (18); 457 (17); 463 м (18); 464 т (29); 466 к (18); 483 к (4);
485 (26); 486 (17); 487 м (4); 487 т (27); 488 т (16); 489 т (35);
490 т (26); 491 (5); 492 к (17); 493 к (4); 499 (24); 509 м (9);
510 м (24); 532 т (17); 533 т (68); 533 м (26); 534 (26); 767 т (110);
774 т (111); 783.2 м (1а + 62а); 783.4 м (1а + 62а) ;783.8 м (30);
784.2 т,3 (55); 784.3 м (1а + 62а); 784.4 м (30); 785.2 м (1а + 62а);
785.4 м (1а + 62а); 785.8 м (30); 786.5 т (55); 786.12 м (30);
787 м (1а + 62а); 789.1 м s (10а); 789.2 м s (10а); 789.3 м s (10а);
789.4 м s (10а); 789.5 м s (10а); 789.7 м s (10а); 806 т (112);
807 т (107); 808 т (102); 819 т (105); 855 т (103); 864 т (104);
869 т (106); 870 т (104); 873 т (108); 874 т (108); 877 т (108);
878 т (108); 881 т (108); 882 т (108); 885 т (108); 886 т (108);
889 т (108); 890 т (108); 893 т (108); 894 т (108); 897 т (108);
898 т (108); 926 т (103); 927 т (103); 934 т (109); 935 т (109);
943 т (101).

REGIONALTEIL HESSEN

536 (26); 540 т (161); 540 к (26); 541 (24); 542 (5); 543 (18);
544 т (163); 544 м (26); 545 т (185); 546 т (8); 547 (26);
548 к (17); 549 к (4); 550 (26); 551 т (137); 551 м (5); 552 т (137);
552 м (172); 553 т (183); 553 м (175); 554 т (143); 554 м (26); 555 (13);
555 т (e) (137); 556 т (170); 556 м (186); 557 т (26); 557 м (136);
558 (140); 559 (13); 560 (13); 563 к (138); 564 т (4); 564 м (139);
566 к (8); 567 т (26); 568 т (26); 569 (8); 570 (8); 572 т (130);
572 к (169); 573 т (26); 574 (9); 575 (8/15); 576 т (162); 576 м (26);
577 т (134); 578 (4); 579 т (137); 579 м (171); 580 (138); 581 (13);
582 т (26); 583 т (178); 583 м (142); 584 (141); 585 т (5);
585 м (143); 587 т (26); 588 т (15); 588 м (26); 589 (13); 590 (10);
591 (13); 592 (182); 594 (13); 595 м (26); 596 (8); 599 (13); 600 (8);
601 т (26); 601 м (6); 602 (132); 603 (8/15); 604 (13); 605 (74);
605 т(f) (184); 606 т (14); 606 м (8/15); 608 (26); 609 (26); 610 (26);
612 (142); 613 т (10); 613 м (142); 614 (26); 615 м s (10); 616 т (168);
618 т (174); 620 (24); 621 (140); 622 (11); 623 (136); 624 т (180);
624 м (131); 625 (13); 626 т (167); 627 (5); 628 (5); 629 т (26);
629 м (5); 630 (142); 631 (13); 632 т (173); 632 м (165); 633 т (181);
634 т (176); 634 м (26); 635 (142); 636 (133); 637 (11); 638 (142);
639 (4); 640 (142); 641 (135); 642 т (53); 642 м (166); 643 (179);
644 т (68); 646 (180а); 649 т (26); 649 м (164); 651 (26); 652 м (26).

RECHTSINHABER

VERLAGE

- (1) Verlag Haus Altenberg, Düsseldorf
- (1a) Abtei Münsterschwarzach
- (2) Apostolaat voor Kerkelijke Leven, Westerlo/Belgien
- (3) Augsburg Publishing House, Minneapolis
- (4) Bärenreiter-Verlag, Kassel
- (5) Gustav Bosse Verlag, Kassel
- (6) Deutscher Verlag für Musik/Breitkopf und Härtel, Wiesbaden
- (7) Verlag G.F. Callenbach, Baarn
- (7a) Carus-Verlag, Stuttgart
- (8) Christophorus-Verlag, Freiburg
- (8a) CopyCare Deutschland, Neuhausen
- (9) Fidula-Verlag, Boppard
- (10) Hänssler-Verlag, Neuhausen
- (10a) Verlag Herder, Freiburg
- (11) impulse-Musikverlag, Drensteinfurt
- (12) Interkerkelijke Stichting voor het Kerklied, Leidschendam
- (13) Peter Janssens Musik Verlag, Telgte
- (14) Chr. Kaiser/Gütersloher Verlagshaus, Gütersloh
- (15) Verlag E. Kaufmann, Lahr
- (16) Lutherischer Weltbund, Genf
- (17) Merseburger Verlag, Kassel
- (18) Verlag Möseler, Wolfenbüttel
- (19) mundorgel Verlag GmbH, Köln
- (20) Norsk Musikforlag, Oslo
- (21) Oxford University Press, Oxford
- (22) Quell Verlag, Stuttgart
- (23) Mechthild Schwarz-Verlag, Fassberg
- (24) Verlag Singende Gemeinde, Wuppertal
- (25) Stainer & Bell, London
- (26) Strube Verlag, München
- (27) Suhrkamp Verlag, Frankfurt/Main
- (28) United Methodist Church, Cashel, Zimbabwe
- (28a) tvd-Verlag, Düsseldorf
- (29) Theologischer Verlag Zürich
- (30) Verband der Diözesen Deutschlands, Bonn
- (32) Verlag der Ev.-luth. Mission, Erlangen
- (33) Verlag Vandenhoeck und Ruprecht, Göttingen
- (34) Verein zur Herausgabe des Gesangbuchs der ev.-ref. Kirchen der deutschspr. Schweiz, Zürich
- (35) Voggenreiter-Verlag, Bonn-Bad Godesberg

RECHTSINHABER

VERLAGE
REGIONALTEIL HESSEN

- (130) Bistum Essen
- (131) Calwer Verlag, Stuttgart
- (132) Christlicher Liederverlag Gisela Hoppe, Hatten
- (133) Essex-Musikvertrieb, Bergisch Gladbach
- (134) Verlag Peter Hammer, Wuppertal
- (135) Kontakte Musikverlag, Lippstadt
- (136) Menschenkinder Verlag, Münster
- (137) J. Pfeiffer Verlag, München
- (138) Präsenz-Verlag, Hünfelden
- (139) Sefim, Hay-les-Roses
- (140) Slezak Verlag, Hamburg
- (141) Studio Union im Lahn Verlag, Limburg
- (142) TVD, Düsseldorf
- (143) Friedrich Wittig Verlag, Hamburg

AUTOREN:

- (52) Boßler, Kurt, – Rechtsnachfolge
- (54) Cartford, Gerhard, St. Paul MN
- (55) Dörr, Friedrich, – Eichstätt
- (57) Fischer, Wolfgang, Berlin
- (58) Gottschick, Friedemann, Lüneburg
- (58a) Göransson, Harald, Lidingö
- (59) Heinecke, Walter, – Rechtsnachfolge
- (60) Hertzsch, Klaus Peter, Jena
- (62) Hofmann, Ernst, – Rechtsnachfolge
- (62a) Joppich, Godehard, Rodenbach
- (63) Kaestner, Paul, – Rechtsnachfolge
- (64) Lütge, Karl, – Rechtsnachfolge
- (65) Mahrenholz, Christhard, – Rechtsnachfolge
- (66) Marti, Kurt, Bern
- (67) Petzold, Johannes, – Rechtsnachfolge
- (68) Pötzsch, Arno, – Rechtsnachfolge
- (69) Rutenborn, Günter, – Rechtsnachfolge
- (70) Ruuth, Anders, Uppsala
- (71) Schweizer, Rolf, Pforzheim
- (72) Siemoneit, Hans Rudolf, Bünde
- (74) Stern, Hermann, – Rechtsnachfolge
- (75) Vischer, Wilhelm, – Rechtsnachfolge
- (76) Widestrand, Olle, Jönköping
- (77) Wiese, Götz, Celle

RECHTSINHABER

AUTOREN
REGIONALTEIL HESSEN

- (161) Bodelschwingh Erbengemeinschaft, Bethel
- (162) Bottländer-Harbert, Rosemarie, Odenthal
- (162a) Coelho, Terrye
- (163) Friedrich, Peter, Bielefeld
- (164) Geisel, Anneliese, Frankfurt/Main
- (165) Grahl, Kurt, Leipzig
- (166) Hählke, Christian, Höchstenbach
- (167) Hocke, Rolf, Waldkappel, und Aksha und Devadan Konesagar, Dharwar
- (168) Hocke, Rolf, Waldkappel, und Sabine Ruf, Biebergemünd
- (169) Jacobsen, Hanoch, Haifa
- (170) Juhre, Arnim, Hamburg
- (171) Lauermann, Johann, Felixdorf (Österreich)
- (172) Liesse, Jean
- (173) März, Claus-Peter, Erfurt
- (174) Redern, Hedwig von, Rechtsnachfolge
- (175) Rejchrt, Luděk, Prag
- (176) Rieß, Jochen, Tepoztlan (Mexiko)
- (177) Röckle, Gerhard, Stuttgart
- (178) Rose, Kurt, Celle
- (179) Schlaudt, Bernd, Waldems
- (180) Schmidt, Marianne, Hannover
- (180a) Schneider, Martin Gotthard, Freiburg
- (181) Schöne, Gerhard, Berlin
- (182) Schönhals-Schlaudt, Dorle, Waldems
- (183) Šurman, Bedřich, Bad Vilbel
- (184) Trunk, Roger, Straßburg
- (185) Voss, Karl Ludwig, Schwalmstadt
- (186) Wiesenthal, Karl-Wolfgang, Berlin

RECHTSINHABER

TEXTE

(101) Erzbischöfliches Ordinariat Bamberg
(102) Gütersloher Verlagshaus, Gerd Mohn, Gütersloh
(103) Christian Kaiser Verlag, München
(104) Verlag E. Kaufmann, Lahr
(105) Kreuz Verlag, Stuttgart
(106) Lissner, Monheim-Baumberg
(107) Lippische Landeskirche, Detmold, und Ev.-ref. Kirche
(108) Luth. Verlagshaus, Edition Stauda, Hannover
(109) Neukirchener Verlag, Neukirchen-Vluyn
(110) Theologischer Verlag Zürich
(111) Vandenhoeck & Ruprecht, Göttingen
(112) Vereinigte Evangelisch-Lutherische Kirche Deutschlands, Hannover, gemeinsam mit Evangelische Kirche der Union

ALPHABETISCHES VERZEICHNIS DER LIEDER UND GESÄNGE

Bei Liedern, deren Melodie auch für andere Lieder verwendet wird, ist mit M und Liednummer(n) darauf hingewiesen.
Bei Liedern, die ihre Melodie von einem anderen Lied entlehnt haben, wird dieses mit kursiver *Nummer* angegeben.
Lieder, von denen sich im Gesangbuch nur die Melodie findet, sind in *Kursivschrift* aufgeführt.

487	Abend ward, bald kommt die Nacht	
311	Abraham, Abraham, verlass dein Land	
246	Ach bleib bei uns, Herr Jesu Christ	M *193*
347	Ach bleib mit deiner Gnade	M *516*
233	Ach Gott und Herr, wie groß und schwer	
273	Ach Gott, vom Himmel sieh darein	
	Ach lieber Herre Jesu Christ,	
203	– der du ein Kindlein worden bist	M *462*
468	– weil du ein Kind gewesen bist	
528	Ach wie flüchtig, ach wie nichtig	
185.4	*Agios o Theos (Heiliger Herre Gott)*	
440	All Morgen ist ganz frisch und neu	
463	Alle guten Gaben	
637	Alle Knospen springen auf	
195	Allein auf Gottes Wort will ich	
179	Allein Gott in der Höh sei Ehr	
180.4	Allein Gott in der Höh sei Ehr *(Kanon)*	
232	Allein zu dir, Herr Jesu Christ	
461	Aller Augen warten auf dich, Herre	
352	Alles ist an Gottes Segen	M *123,252*
543	Alles ist eitel *(Kanon)*	
608	Alles, was wir sind	
53	Als die Welt verloren	
28	Also hat Gott die Welt geliebt	

LIEDER UND GESÄNGE

51	Also liebt Gott die arge Welt	
338	Alte mit den Jungen sollen loben *(Kanon)*	
	An Wasserflüssen Babylon	*83*
112	Auf, auf, mein Herz, mit Freuden	
122	Auf Christi Himmelfahrt allein	M 149
616	Auf der Spur des Hirten	
345	Auf meinen lieben Gott	
73	Auf, Seele, auf und säume nicht	M 27
454	Auf und macht die Herzen weit	
443	Aus meines Herzens Grunde	M 505
	Aus meines Jammers Tiefe	*379*
540	Aus tausend Traurigkeiten *(Kanon)*	
144	Aus tiefer Not lasst uns zu Gott	M II 299
299	Aus tiefer Not schrei ich zu dir	M II 144, 283, 367
578	Aus ungewissen Pfaden	
175	Ausgang und Eingang *(Kanon)*	
361	Befiehl du deine Wege	M 63, 430
650	Begrabt den Leib in seine Gruft	
406	Bei dir, Jesu, will ich bleiben	M 251
553	Besiegt hat Jesus Tod und Nacht	
786.5	Bevor des Tages Licht vergeht	
491	Bevor die Sonne sinkt	
171	Bewahre uns, Gott	
329	Bis hierher hat mich Gott gebracht	M 253, 506
488	Bleib bei mir, Herr! Der Abend bricht herein	
789.7	Bleib mit deiner Gnade bei uns	
789.2	Bleibet hier und wachet mir mir	
33	Brich an, du schönes Morgenlicht	
418	Brich dem Hungrigen dein Brot	
420	Brich mit den Hungrigen dein Brot	
140	Brunn alles Heils, dich ehren wir	M 300
120	Christ fuhr gen Himmel	M 99
99	Christ ist erstanden	M 120
101	Christ lag in Todesbanden	
202	Christ, unser Herr, zum Jordan kam	
	Christe, du Beistand deiner Kreuzgemeine	*247*

ALPHABETISCHES VERZEICHNIS

469	Christe, du bist der helle Tag	
190.2	Christe, du Lamm Gottes	
92	Christe, du Schöpfer aller Welt	
350	Christi Blut und Gerechtigkeit	M 79
410	Christus, das Licht der Welt	
516	Christus, der ist mein Leben	M 207,347
77	Christus, der uns selig macht	
269	Christus ist König, jubelt laut	
652	Christus spricht: Ich bin die Auferstehung	
	Da Christus geboren war	38
639	Damit aus Fremden Freunde werden	
227	Dank sei dir, Vater, für das ewge Leben	M 460
334	Danke für diesen guten Morgen	
336	Danket, danket dem Herrn *(Kanon)*	
605	Danket dem Herrn *(Kanon)*	
333	Danket dem Herrn! Wir danken dem Herrn	
301	Danket Gott, denn er ist gut	
59	Das alte Jahr vergangen ist	
513	Das Feld ist weiß	
285	Das ist ein köstlich Ding	
284	Das ist köstlich	
292	Das ist mir lieb, dass du mich hörst	
63	Das Jahr geht still zu Ende	M 361
550	Das könnte den Herren der Welt ja so passen	
94	Das Kreuz ist aufgerichtet	
221	Das sollt ihr, Jesu Jünger, nie vergessen	M 460
20	Das Volk, das noch im Finstern wandelt	
579	Das Weizenkorn muss sterben	
223	Das Wort geht von dem Vater aus	M 79
580	Dass du mich einstimmen lässt in deinen Jubel	
606	Dass ich springen darf und mich freuen	
375	Dass Jesus siegt, bleibt ewig ausgemacht	
14	Dein König kommt in niedern Hüllen	
424	Deine Hände, großer Gott	
189	Deinen Tod, o Herr, verkünden wir	
29	Den die Hirten lobeten sehre	M 39
645	Der Abend kommt, die Sonne sich verdecket	M 271

LIEDER UND GESÄNGE

178.7	Der am Kreuze starb (Oster-Kyrie)	M *178.5*
470	Der du bist drei in Einigkeit *(auch 785.5)*	
64	Der du die Zeit in Händen hast	
257	Der du in Todesnächten	M *523*
547	Der Eselreiter	
434	Der Friede des Herrn geleite euch *(Kanon)* (Schalom chaverim)	
169	Der Gottesdienst soll fröhlich sein	
49	Der Heiland ist geboren	
173	Der Herr behüte deinen Ausgang *(Kanon)*	
118	Der Herr ist auferstanden *(Kanon)*	
548	Der Herr ist auferstanden *(Kanon)*	
274	Der Herr ist mein getreuer Hirt	
153	Der Himmel, der ist, ist nicht der Himmel, der kommt	
594	Der Himmel geht über allen auf *(Kanon)*	
479	Der lieben Sonne Licht und Pracht	
482	Der Mond ist aufgegangen	
69	Der Morgenstern ist aufgedrungen	
117	Der schöne Ostertag	
438	Der Tag bricht an und zeiget sich	M *244*
472	Der Tag hat sich geneiget	M *349*
457	Der Tag ist seiner Höhe nah	
490	Der Tag ist um, die Nacht kehrt wieder	M *255*
266	Der Tag, mein Gott, ist nun vergangen	
544	Der Weg ist so lang	
648	Des Jahres schöner Schmuck entweicht	M I *644*
319	Die beste Zeit im Jahr ist mein	
634	Die Erde ist des Herrn. Geliehen	
595	Die Erde ist des Herrn und was darinnen ist	
505	Die Ernt ist nun zu Ende	M *443*
360	Die ganze Welt hast du uns überlassen	
110	Die ganze Welt, Herr Jesu Christ	
561	Die Gnade unsers Herrn Jesu Christi	
444	Die güldene Sonne bringt Leben und Wonne	
449	Die güldne Sonne voll Freud und Wonne	
437	Die helle Sonn leucht' jetzt herfür	
527	Die Herrlichkeit der Erden	M *521*
264	Die Kirche steht gegründet	

ALPHABETISCHES VERZEICHNIS

471	Die Nacht ist kommen	
16	Die Nacht ist vorgedrungen	
476	Die Sonn hat sich mit ihrem Glanz	M 271
459	Die Sonn hoch an dem Himmel steht	
42	Dies ist der Tag, den Gott gemacht	M 24
40	Dies ist die Nacht, da mir erschienen	
231	Dies sind die heilgen zehn Gebot	M 498
328	Dir, dir, o Höchster, will ich singen	M 241, 414
435	Dona nobis pacem *(Kanon)*	
623	Du bist da, wo Menschen leben *(Kanon)*	
422	Du Friedefürst, Herr Jesu Christ	
649	Du gibst die Saat und auch die Ernte	
592	Du Gott stützt mich *(Kanon)*	
87	Du großer Schmerzensmann	
602	Du hast gesagt: »Ich bin der Weg«	
210	Du hast mich, Herr, zu dir gerufen	
168	Du hast uns, Herr, gerufen	
240	Du hast uns, Herr, in dir verbunden	M 330
216	Du hast uns Leib und Seel gespeist	M 364
224	Du hast zu deinem Abendmahl	
441	Du höchstes Licht, du ewger Schein	
533	Du kannst nicht tiefer fallen	
50	Du Kind, zu dieser heilgen Zeit	
	Du Lebensbrot, Herr Jesu Christ	*329*
302	Du meine Seele, singe	
74	Du Morgenstern, du Licht vom Licht	M 442
96	Du schöner Lebensbaum des Paradieses	
485	Du Schöpfer aller Wesen	
784.2	Du starker Herrscher, wahrer Gott	M 453

177.1 Ehr sei dem Vater und dem Sohn *(1532)*
177.2 Ehr sei dem Vater und dem Sohn *(1532/1856)*
177.3 Ehre sei dem Vater und dem Sohn *(1987)*
  75 Ehre sei dir, Christe
567 Ehre sei Gott
180.1 Ehre sei Gott in der Höhe *(1524)*
180.3 Ehre sei Gott in der Höhe *(1986)*
  26 Ehre sei Gott in der Höhe *(Kanon)*

LIEDER UND GESÄNGE

362	Ein feste Burg ist unser Gott	
575	Ein Kind ist angekommen	
576	Ein kleines Kind, du großer Gott	
83	Ein Lämmlein geht und trägt die Schuld	
557	Ein Licht geht uns auf in der Dunkelheit	
389	Ein reines Herz, Herr, schaff in mir	M 72
413	Ein wahrer Glaube Gottes Zorn stillt	M 300
493	Eine ruhige Nacht *(Kanon)*	
256	Einer ist's, an dem wir hangen	M 147
552	Einer ist unser Leben	
386	Eins ist Not! Ach Herr, dies eine	
591	Einsam bist du klein *(Kanon)*	
619	Er hält die ganze Welt in seiner Hand	
228	Er ist das Brot, er ist der Wein	
2	Er ist die rechte Freudensonn *(Kanon)*	
116	Er ist erstanden, Halleluja	
583	Er ruft die vielen her	
452	Er weckt mich alle Morgen	
499	Erd und Himmel sollen singen	
193	Erhalt uns, Herr, bei deinem Wort	M 246
281	Erhebet er sich, unser Gott	M 76
151	Ermuntert euch, ihr Frommen	M 148
	Ermuntre dich, mein schwacher Geist	33
390	Erneure mich, o ewigs Licht	M 72
106	Erschienen ist der herrlich Tag	M 107, 111, 162
105	Erstanden ist der heilig Christ	
439	Es geht daher des Tages Schein	
342	Es ist das Heil uns kommen her	M 113
30	Es ist ein Ros entsprungen	
31	Es ist ein Ros entsprungen *(Kanon)*	
	Es ist genug	375
149	Es ist gewisslich an der Zeit	M 122
356	Es ist in keinem andern Heil	
358	Es kennt der Herr die Seinen	M 357
560	Es kommt die Zeit	
8	Es kommt ein Schiff, geladen	
378	Es mag sein, dass alles fällt	
174	Es segne und behüte uns *(Kanon)*	

ALPHABETISCHES VERZEICHNIS

	Es sind doch selig alle, die	76
	Es spricht der Unweisen Mund wohl	196
426	Es wird sein in den letzten Tagen	
280	Es wolle Gott uns gnädig sein	

47	Freu dich, Erd und Sternenzelt	
524	Freu dich sehr, o meine Seele	M 298
626	Freude, die überfließt	
510	Freuet euch der schönen Erde	
34	Freuet euch, ihr Christen alle, freue sich	
239	Freuet euch im Herren allewege	
789.3	Freuet euch im Herrn und preiset	
613	Freunde, dass der Mandelzweig	
129	Freut euch, ihr Christen alle, Gott schenkt	M 133
60	Freut euch, ihr lieben Christen all	
641	Friede mit dir *(Kanon)*	
36	Fröhlich soll mein Herze springen	
159	Fröhlich wir nun all fangen an	
111	Frühmorgens, da die Sonn aufgeht	M 106
612	Fürchte dich nicht, gefangen in deiner Angst	

307	Gedenk an uns, o Herr	
503	Geh aus, mein Herz, und suche Freud	
489	Gehe ein in deinen Frieden	
189	Geheimnis des Glaubens: Deinen Tod	
201	Gehet hin in alle Welt	
137	Geist des Glaubens, Geist der Stärke	M 388
139	Gelobet sei der Herr	M 321
23	Gelobet seist du, Jesu Christ	
103	Gelobt sei Gott im höchsten Thron	
119	Gen Himmel aufgefahren ist	
371	Gib dich zufrieden und sei stille	
430	Gib Frieden, Herr, gib Frieden	M 361
425	Gib uns Frieden jeden Tag	
260	Gleichwie mich mein Vater	
566	Gloria *(Kanon)*	
535	Gloria sei dir gesungen *(auch 147,3)*	M 147
142	Gott, aller Schöpfung heilger Herr	M 300

LIEDER UND GESÄNGE

211	Gott, der du alles Leben schufst	M 72
138	Gott der Vater steh uns bei	
445	Gott des Himmels und der Erden	M 593
432	Gott gab uns Atem, damit wir leben	
199	Gott hat das erste Wort	
3	Gott, heiliger Schöpfer aller Stern	
180.2	Gott in der Höh sei Preis und Ehr	
165	Gott ist gegenwärtig	M 327
598	Gott ist mein Lied	
409	Gott liebt diese Welt	
162	Gott Lob, der Sonntag kommt herbei	M 106
381	Gott, mein Gott, warum hast du mich	
392	Gott rufet noch. Sollt ich nicht endlich	M 271
587	Gott ruft dich, priesterliche Schar	M 451
12	Gott sei Dank durch alle Welt	
214	Gott sei gelobet und gebenedeiet	M 217
431	Gott, unser Ursprung, Herr des Raums	
160	Gott Vater, dir sei Dank gesagt	M 271
208	Gott Vater, du hast deinen Namen	
205	Gott Vater, höre unsre Bitt	M 275
348	Gott verspricht: Ich will dich segnen	
411	Gott, weil er groß ist *(Kanon)*	
379	Gott wohnt in einem Lichte	
514	Gottes Geschöpfe, kommt zuhauf	
620	Gottes Liebe ist wie die Sonne	
601	Gottes Lob wandert	
5	Gottes Sohn ist kommen	
554	Gottes Volk geht nicht allein	
572	Gottes Wort ist wie Licht in der Nacht *(Kanon)*	
331	Großer Gott, wir loben dich	
181.4	Halleluja *(orthodox)*	
789.4	Halleluja *(Taizé)*	
181.1	Halleluja *(5. Psalmton)*	
181.2	Halleluja *(8. Psalmton)*	
181.3	Halleluja *(9. Psalmton)*	
181.5	Halleluja *(1965)*	
181.8	Halleluja, Amen *(Kanon)*	

ALPHABETISCHES VERZEICHNIS

182	Halleluja. Suchet zuerst Gottes Reich	
405	Halt im Gedächtnis Jesus Christ	M *196*
611	Harre, meine Seele	
128	Heilger Geist, du Tröster mein	
185.2	Heilig *(gregorianisch)*	
185.1	Heilig *(1564)*	
185.3	Heilig *(1726)*	
185.4	Heiliger Herre Gott (Agios o Theos)	
45	Herbei, o ihr Gläub'gen	
483	Herr, bleibe bei uns *(Kanon)*	
204	Herr Christ, dein bin ich Eigen	
67	Herr Christ, der einig Gotts Sohn	M *404*
198	Herr, dein Wort, die edle Gabe	M *388*
277	Herr, deine Güte reicht, so weit	
610	Herr, deine Liebe ist wie Gras und Ufer	
586	Herr, der du einst gekommen bist	
283	Herr, der du vormals hast dein Land	M II *299*
512	Herr, die Erde ist gesegnet	M *388*
267	Herr, du hast darum gebetet	
383	Herr, du hast mich angerührt	
220	Herr, du wollest uns bereiten	M *147*
178.5	Herr, erbarme dich *(1952)*	M *178.6–8*
178.10	Herr, erbarme dich *(1964)*	
178.11	Herr, erbarme dich *(1973)*	
196	Herr, für dein Wort sei hoch gepreist	M *405*
628	Herr, gib mir Mut zum Brückenbauen	
436	Herr, gib uns deinen Frieden *(Kanon)*	
464	Herr, gib uns unser täglich Brot	M *300*
	Herr Gott, dich loben alle wir	*300*
191	Herr Gott, dich loben wir	
423	Herr, höre, Herr, erhöre	M *521*
155	Herr Jesu Christ, dich zu uns wend	M *194,197*
219	Herr Jesu Christ, du höchstes Gut	M *89*
217	Herr Jesu Christe, mein getreuer Hirte	M *214*
89	Herr Jesu, deine Angst und Pein	M *219*
404	Herr Jesu, Gnadensonne	M *67*
534	Herr, lehre uns, dass wir sterben müssen	
154	Herr, mach uns stark im Mut	

LIEDER UND GESÄNGE

242	Herr, nun selbst den Wagen halt	
197	Herr, öffne mir die Herzenstür	M 155
91	Herr, stärke mich, dein Leiden	M 81
247	Herr, unser Gott, lass nicht zuschanden	
270	Herr, unser Herrscher, wie herrlich bist du	
238	Herr, vor dein Antlitz treten zwei	M 322
367	Herr, wie du willst, so schick's mit mir	M II 299
590	Herr, wir bitten: Komm und segne uns	
261	Herr, wohin sollen wir gehen *(Kanon)*	
251	Herz und Herz vereint zusammen	M 406
397	Herzlich lieb hab ich dich, o Herr	
148	Herzlich tut mich erfreuen	M 151, 500
	Herzlich tut mich verlangen	*85*
81	Herzliebster Jesu, was hast du verbrochen	M 91
143	Heut singt die liebe Christenheit	M II 644
109	Heut triumphieret Gottes Sohn	M 121
646	Heut war ein schöner Tag	
433	Hevenu schalom alejchem	
	(Wir wünschen Frieden euch allen)	
61	Hilf, Herr Jesu, lass gelingen	
419	Hilf, Herr meines Lebens	
647	Hilf uns, Herr, in allen Dingen	
504	Himmel, Erde, Luft und Meer	
507	Himmels Au, licht und blau	
467	Hinunter ist der Sonne Schein	
309	Hoch hebt den Herrn mein Herz	M 271
97	Holz auf Jesu Schulter	
565	Höre, höre uns, Gott *(Kanon)*	
54	Hört, der Engel helle Lieder	
617	Ich bete an die Macht der Liebe	
529	Ich bin ein Gast auf Erden	M 185
200	Ich bin getauft auf deinen Namen	M 330
	Ich dank dir schon durch deinen Sohn	*451*
349	Ich freu mich in dem Herren	M 71, 472
253	Ich glaube, dass die Heiligen	M 329
90	Ich grüße dich am Kreuzesstamm	M 76
354	Ich habe nun den Grund gefunden	M 330

ALPHABETISCHES VERZEICHNIS

296	Ich heb mein Augen sehnlich auf	M 366
486	Ich liege, Herr, in deiner Hut	
250	Ich lobe dich von ganzer Seelen	M 294
638	Ich lobe meinen Gott, der aus der Tiefe	
272	Ich lobe meinen Gott von ganzem Herzen	
209	Ich möcht', dass einer mit mir geht	
585	Ich rede, wenn ich schweigen sollte	
343	Ich ruf zu dir, Herr Jesu Christ	
324	Ich singe dir mit Herz und Mund	M 322
37	Ich steh an deiner Krippen hier	
374	Ich steh in meines Herren Hand	M 297
382	Ich steh vor dir mit leeren Händen, Herr	
497	Ich weiß, mein Gott, dass all mein Tun	
357	Ich weiß, woran ich glaube	M 358
340	Ich will dem Herrn singen *(Kanon)*	
335	Ich will den Herrn loben allezeit *(Kanon)*	
400	Ich will dich lieben, meine Stärke	
291	Ich will dir danken, Herr	
276	Ich will, solang ich lebe	M 393
315	Ich will zu meinem Vater gehn	
517	Ich wollt, dass ich daheime wär	
43	Ihr Kinderlein, kommet	
6	Ihr lieben Christen, freut euch nun	M 442
132	Ihr werdet die Kraft *(Kanon)*	
222	Im Frieden dein, o Herre mein	
564	Im Frieden mach uns eins	
368	In allen meinen Taten	M 521
359	In dem Herren freuet euch	
275	In dich hab ich gehoffet, Herr	M 205
398	In dir ist Freude	
498	In Gottes Namen fahren wir	M 231
494	In Gottes Namen fang ich an	M 326
631	In Gottes Namen wolln wir finden	
621	Ins Wasser fällt ein Stein	
351	Ist Gott für mich, so trete	
380	Ja, ich will euch tragen	
127	Jauchz, Erd, und Himmel, juble hell	M 76

LIEDER UND GESÄNGE

41	Jauchzet, ihr Himmel	
279	Jauchzt, alle Lande, Gott zu Ehren	M 294
635	Jeder Teil dieser Erde *(Kanon)*	
150	Jerusalem, du hochgebaute Stadt	
88	Jesu, deine Passion	
252	Jesu, der du bist alleine	M 352
391	Jesu, geh voran	
373	Jesu, hilf siegen, du Fürste des Lebens	M 66
78	Jesu Kreuz, Leiden und Pein	
396	Jesu, meine Freude	
86	Jesu, meines Lebens Leben	
164	Jesu, stärke deine Kinder	M 147
581	Jesus Brot, Jesus Wein *(Kanon)*	
123	Jesus Christus herrscht als König	M 352
102	Jesus Christus, unser Heiland, der den Tod	
215	Jesus Christus, unser Heiland, der von uns	
313	Jesus, der zu den Fischern lief	
66	Jesus ist kommen, Grund ewiger Freude	M 373
115	Jesus lebt, mit ihm auch ich	M 526
526	Jesus, meine Zuversicht	M 115
353	Jesus nimmt die Sünder an	M 402
62	Jesus soll die Losung sein	M 402
314	Jesus zieht in Jerusalem ein	
181.7	Jubilate Deo *(Kanon)*	
312	Kam einst zum Ufer	
615	Kehret um und ihr werdet leben	
509	Kein Tierlein ist auf Erden	
604	Kennt ihr die Legende von Christophorus	
577	Kind, du bist uns anvertraut	M 161
589	Komm, bau ein Haus	
126	Komm, Gott Schöpfer, Heiliger Geist	
156	Komm, Heiliger Geist, erfüll die Herzen	
125	Komm, Heiliger Geist, Herre Gott	
465	Komm, Herr Jesu, sei du unser Gast *(Kanon)*	
170	Komm, Herr, segne uns	
428	Komm in unsre stolze Welt	
134	Komm, o komm, du Geist des Lebens	M 401

ALPHABETISCHES VERZEICHNIS

225	Komm, sag es allen weiter	
48	Kommet, ihr Hirten	
259	Kommt her, des Königs Aufgebot	
213	Kommt her, ihr seid geladen	M *133*
363	Kommt her zu mir, spricht Gottes Sohn	M *249*
393	Kommt, Kinder, lasst uns gehen	M *276*
229	Kommt mit Gaben und Lobgesang	
39	Kommt und lasst uns Christus ehren	M *29*
98	Korn, das in die Erde	
178.1	Kyrie eleison *(gregorianisch)*	
178.2	Kyrie eleison *(1524)*	
178.3	Kyrie eleison *(Luther)*	
178.9	Kyrie eleison *(orthodox)*	
178.12	Kyrie eleison *(Taizé) (auch 789.6)*	
178.13	Kyrie eleison *(1983)*	
178.14	Kyrie eleison *(Kanon)*	
192	Kyrie eleison *(Litanei)*	
178.4	Kyrie, Gott Vater in Ewigkeit	

190.3	Lamm Gottes, du nimmst hinweg	
496	Lass dich, Herr Jesu Christ	M II *495*
417	Lass die Wurzel unsers Handelns	
157	Lass mich dein sein und bleiben	M *523*
414	Lass mich, o Herr, in allen Dingen	M *328*
640	Lass uns den Weg der Gerechtigkeit gehn	
614	Lass uns in deinem Namen	
384	Lasset uns mit Jesus ziehen	M *325*
582	Lasst uns Brot brechen und Gott dankbar sein	
607	Lasst uns miteinander *(Kanon)*	
569	Laudamus te *(Kanon)*	
596	Laudate Dominum	
181.6	Laudate omnes gentes (Lobsingt, ihr Völker alle) *(auch 789.1)*	
515	Laudato si	
593	Licht, das in die Welt gekommen	M *445*
401	Liebe, die du mich zum Bilde	M *134*
415	Liebe, du ans Kreuz für uns erhöhte	
629	Liebe ist nicht nur ein Wort	

LIEDER UND GESÄNGE

624	Lieber Gott, ich danke dir	
206	Liebster Jesu, wir sind hier, deinem	M *161*
161	Liebster Jesu, wir sind hier, dich und	M *163,206,577*
243	Lob Gott getrost mit Singen	M *136,395*
316	Lobe den Herren, den mächtigen *(ö)*	M *317*
317	Lobe den Herren, den mächtigen	M *316*
303	Lobe den Herren, o meine Seele	
447	Lobet den Herren alle, die ihn ehren	M *304*
448	Lobet den Herren alle, die ihn ehren *(Kanon)*	
304	Lobet den Herren, denn er ist	M *447*
460	Lobet den Herrn und dankt ihm	M *221,227*
337	Lobet und preiset, ihr Völker *(Kanon)*	
181.6	Lobsingt, ihr Völker alle (Laudate omnes gentes) *(auch 789.1)*	
573	Lobt den Herrn	
332	Lobt froh den Herrn, ihr jugendlichen	
300	Lobt Gott, den Herrn der	M *140,142,413,464,571*
293	Lobt Gott den Herrn, ihr Heiden all	M *377*
27	Lobt Gott, ihr Christen alle gleich	M *73*
500	Lobt Gott in allen Landen	M *148*
429	Lobt und preist die herrlichen Taten	
387	Mache dich, mein Geist, bereit	
525	Mach's mit mir, Gott, nach deiner Güt	M *385,412*
1	Macht hoch die Tür	
600	Magnificat anima mea *(Kanon)*	
323	Man lobt dich in der Stille	M *289*
609	Masithi Amen	
451	Mein erst Gefühl sei Preis und Dank	M *587*
597	Mein ganzes Herz erhebet dich	
339	Mein Herz ist bereit *(Kanon)*	
473	Mein schönste Zier und Kleinod bist	M *474*
308	Mein Seel, o Herr, muss loben dich	
584	Meine engen Grenzen	
310	Meine Seele erhebt den Herren *(Kanon)*	
408	Meinem Gott gehört die Welt	

ALPHABETISCHES VERZEICHNIS

402	Meinen Jesus lass ich nicht	M 62, 353
355	Mir ist Erbarmung widerfahren	M 369
385	Mir nach, spricht Christus, unser Held	M 525
10	Mit Ernst, o Menschenkinder	M 365
108	Mit Freuden zart zu dieser Fahrt	
519	Mit Fried und Freud ich fahr dahin	
474	Mit meinem Gott geh ich zur Ruh	M 473
518	Mitten wir im Leben sind	
450	Morgenglanz der Ewigkeit	
455	Morgenlicht leuchtet	
484	Müde bin ich, geh zur Ruh	
146	Nimm von uns, Herr, du treuer Gott	M 344
531	Noch kann ich es nicht fassen	M I 85
394	Nun aufwärts froh den Blick gewandt	M 322
124	Nun bitten wir den Heiligen Geist	
322	Nun danket all und bringet Ehr	M 238, 265, 324, 394
321	Nun danket alle Gott	M 139
290	Nun danket Gott, erhebt und preiset	M 458
341	Nun freut euch, lieben Christen g'mein	
571	Nun geh uns auf, du Morgenstern	M 300
93	Nun gehören unsre Herzen	
644	Nun ist vorbei die finstre Nacht	M I 648, M II 143
9	Nun jauchzet, all ihr Frommen	
288	Nun jauchzt dem Herren, alle Welt	
4	Nun komm, der Heiden Heiland	
	Nun lasst uns den Leib begraben	520
58	Nun lasst uns gehn und treten	M 320
320	Nun lasst uns Gott dem Herren	M 58, 446
520	Nun legen wir den Leib ins Grab	M 650
289	Nun lob, mein Seel, den Herren	M 323
502	Nun preiset alle Gottes Barmherzigkeit	
477	Nun ruhen alle Wälder	M 521
294	Nun saget Dank und lobt	M 245, 250, 279, 286
480	Nun schläfet man	
207	Nun schreib ins Buch des Lebens	M 516
22	Nun sei uns willkommen *(Kanon)*	
532	Nun sich das Herz von allem löste	M 255

LIEDER UND GESÄNGE

478	Nun sich der Tag geendet hat	M 586
481	Nun sich der Tag geendet, mein Herz	M 521
265	Nun singe Lob, du Christenheit	M 322
35	Nun singet und seid froh	
55	O Bethlehem, du kleine Stadt	
158	O Christe, Morgensterne	
255	O dass doch bald dein Feuer brennte	M 490,532
330	O dass ich tausend Zungen hätte	M 200,240,354
44	O du fröhliche	
388	O Durchbrecher aller Bande	M 137,198,512
318	O gläubig Herz, gebenedei	
495	O Gott, du frommer Gott	M 496
194	O Gott, du höchster Gnadenhort	M 155
85	O Haupt voll Blut und Wunden	M 529,531
7	O Heiland, reiß die Himmel auf	
130	O Heilger Geist, kehr bei uns ein	M 70
131	O Heiliger Geist, o heiliger Gott	
416	O Herr, mach mich zu einem Werkzeug	
235	O Herr, nimm unsre Schuld	
	O Herre Gott, dein göttlich Wort	*195*
	O Jesu Christ, meins Lebens Licht	*203*
72	O Jesu Christe, wahres Licht	M 211,389,390
71	O König aller Ehren	M 349
136	O komm, du Geist der Wahrheit	M 243
19	O komm, o komm, du Morgenstern	
190.1	O Lamm Gottes, unschuldig	
399	O Lebensbrünnlein tief und groß	
68	O lieber Herre Jesu Christ	
76	O Mensch, bewein dein Sünde groß	M 90,127,281
113	O Tod, wo ist dein Stachel nun	M 342
80	O Traurigkeit, o Herzeleid	
521	O Welt, ich muss dich	M 84,368,423,477,481,527
84	O Welt, sieh hier dein Leben	M 521
	O wie selig seid ihr doch, ihr Frommen	*415*
	O wir armen Sünder	*75*
789.5	Oculi nostri (Unsere Augen sehn stets auf den Herren)	

ALPHABETISCHES VERZEICHNIS

176 Öffne meine Augen
236 Ohren gabst du mir

245 Preis, Lob und Dank sei Gott dem Herren   M 294
568 Preisen lasst uns Gott, den Herrn

492 Ruhet von des Tages Müh *(Kanon)*

185.5 Sanctus *(Kanon)*
570 Sanctus *(Kanon)*
633 Sanftmut den Männern, Großmut den Frauen
230 Schaffe in mir, Gott, ein reines Herze
434 Schalom chaverim *(Kanon)*
     (Der Friede des Herrn geleite euch)
627 Schalom, Schalom! Wo die Liebe wohnt
218 Schmücke dich, o liebe Seele
135 Schmückt das Fest mit Maien
403 Schönster Herr Jesu
453 Schon bricht des Tages *(auch 783.5)*   M 784.2
574 Segne dieses Kind
466 Segne, Herr, was deine Hand *(Kanon)*
562 Segne und behüte uns durch deine Güte
 21 Seht auf und erhebt eure Häupter
226 Seht, das Brot, das wir hier teilen
551 Seht, der Stein ist weggerückt
 18 Seht, die gute Zeit ist nah
 95 Seht hin, er ist allein im Garten
326 Sei Lob und Ehr dem höchsten Gut   M 114,494
599 Selig seid ihr
307 Selig sind, die da geistlich arm sind
178.8 Send uns deinen Geist (Pfingst-Kyrie)   M 178.5
172 Sende dein Licht und deine *(Kanon)*
190.4 Siehe, das ist Gottes Lamm *(Kanon)*
104 Singen wir heut mit einem Mund
287 Singet dem Herrn ein neues Lied
537 Singet frisch und wohlgemut
536 Singet fröhlich im Advent
609 Singt Amen

LIEDER UND GESÄNGE

306	Singt das Lied der Freude, der Freude	
305	Singt das Lied der Freude über Gott	
541	Singt Frieden auf Erden *(Kanon)*	
286	Singt, singt dem Herren neue Lieder	M *294*
412	So jemand spricht: Ich liebe Gott	M *525*
376	So nimm denn meine Hände	
234	So wahr ich lebe, spricht dein Gott	M *344*
427	Solang es Menschen gibt auf Erden	
325	Sollt ich meinem Gott nicht singen	M *384*
262	Sonne der Gerechtigkeit *(ö-Fassung)*	M *263*
263	Sonne der Gerechtigkeit	M *262*
442	Steht auf, ihr lieben Kinderlein	M *6,74*
407	Stern, auf den ich schaue	
542	Stern über Bethlehem	
46	Stille Nacht	
	Straf mich nicht in deinem Zorn	*387*
268	Strahlen brechen viele aus einem Licht	
346	Such, wer da will, ein ander Ziel	
182	Suchet zuerst Gottes Reich in dieser Welt	

178.6	Tau aus Himmelshöhn (Advents-Kyrie)	M *178.5*
13	Tochter Zion, freue dich	
549	Trachtet nach dem, was droben ist *(Kanon)*	
588	Tragt in die Welt nun ein Licht	
248	Treuer Wächter Israel'	M *38*
15	Tröstet, tröstet, spricht der Herr	
166	Tut mir auf die schöne Pforte	

237	Und suchst du meine Sünde	
57	Uns wird erzählt von Jesus Christ	
555	Unser Leben sei ein Fest	
789.5	Unsere Augen sehn stets auf den Herren (Oculi nostri)	
163	Unsern Ausgang segne Gott	M *161*

523	Valet will ich dir geben	M *157,257*
783.8	Vater unser *(auch 784.8; 785.8; 786.12)*	
186	Vater unser im Himmel *(gregorianisch)*	

ALPHABETISCHES VERZEICHNIS

558	Vater unser im Himmel *(Kanon)*	
344	Vater unser im Himmelreich	M 146, 234
187	Vater unser in dem Himmel	
188	Vater unser, Vater im Himmel	
421	Verleih uns Frieden *(auch 784.10)*	
395	Vertraut den neuen Wegen	M 243
249	Verzage nicht, du Häuflein klein	M 363
643	Viele kleine Leute *(Kanon)*	
212	Voller Freude über dieses Wunder	
456	Vom Aufgang der Sonne *(Kanon)*	
24	Vom Himmel hoch, da komm ich her	M 42
538	Vom Himmel hoch, o Engel, kommt	
25	Vom Himmel kam der Engel Schar	
365	Von Gott will ich nicht lassen	M 10
65	Von guten Mächten treu und still umgeben	

241	Wach auf, du Geist der ersten Zeugen	M 328
114	Wach auf, mein Herz, die Nacht ist hin	M 326
446	Wach auf, mein Herz, und singe	M 320
145	Wach auf, wach auf, du deutsches Land	
244	Wach auf, wach auf, 's ist hohe Zeit	M 438
147	Wachet auf, ruft uns	M 164, 220, 256, 258, 535
370	Warum sollt ich mich denn grämen	
372	Was Gott tut, das ist wohlgetan	M 152
364	Was mein Gott will, gescheh allzeit	M 216
539	Was soll das bedeuten	
636	We shall overcome	
642	Weil Gott die Welt geschaffen hat	
56	Weil Gott in tiefster Nacht erschienen	
618	Weiß ich den Weg auch nicht	
511	Weißt du, wie viel Sternlein stehen	
622	Weißt du, wo der Himmel ist	
559	Welcher Engel wird uns sagen	
632	Wenn das Brot, das wir teilen	
298	Wenn der Herr einst die Gefangnen	M 524
506	Wenn ich, o Schöpfer, deine Macht	M 329
522	Wenn mein Stündlein vorhanden ist	
82	Wenn meine Sünd' mich kränken	

LIEDER UND GESÄNGE

366	Wenn wir in höchsten Nöten sein	M 296
168.4	Wenn wir jetzt weitergehen	
546	Wer leben will wie Gott	
369	Wer nur den lieben Gott lässt walten	M 355
530	Wer weiß, wie nahe mir mein Ende	
475	Werde munter, mein Gemüte	M 647
278	Wie der Hirsch lechzt nach frischem	
271	Wie herrlich gibst du, Herr	M 160, 309, 392, 476, 645
501	Wie lieblich ist der Maien	
282	Wie lieblich schön, Herr Zebaoth	
	Wie nach einer Wasserquelle	524
70	Wie schön leuchtet der Morgenstern	M 130
11	Wie soll ich dich empfangen	
	Wir danken dir, Herr Jesu Christ,	
79	– dass du für uns gestorben bist	M 223, 350
121	– dass du gen Himmel g'fahren bist	M 109
462	– dass du unser Gast gewesen bist	M 203
107	– dass du vom Tod erstanden bist	M 106
458	Wir danken Gott für seine Gaben	M 290
545	Wir gehn hinauf nach Jerusalem	
183	Wir glauben all an einen Gott	
184	Wir glauben Gott im höchsten Thron	
508	Wir pflügen und wir streuen	
17	Wir sagen euch an den lieben Advent	
651	Wir sind mitten im Leben	
625	Wir strecken uns nach dir	
152	Wir warten dein, o Gottes Sohn	M 372
100	Wir wollen alle fröhlich sein	
167	Wir wollen fröhlich singen	
141	Wir wollen singn ein' Lobgesang	
254	Wir wolln uns gerne wagen	
433	Wir wünschen Frieden euch allen (Hevenu schalom alejchem)	
52	Wisst ihr noch, wie es geschehen	
630	Wo ein Mensch Vertrauen gibt	
297	Wo Gott der Herr nicht bei uns hält	M 374
563	Wo zwei oder drei *(Kanon)*	
295	Wohl denen, die da wandeln	

ALPHABETISCHES VERZEICHNIS

38	Wunderbarer Gnadenthron	M 248
327	Wunderbarer König	M 165
603	Zachäus, böser reicher Mann	
377	Zieh an die Macht, du Arm des Herrn	M 293
133	Zieh ein zu deinen Toren	M 129, 213
258	Zieht in Frieden eure Pfade	M 147
32	Zu Bethlehem geboren	
556	Zu Ostern in Jerusalem